Heiko Hooge

Uganda Ruanda

IWANOWSKI'S REISEBUCHVERLAG

Uganda
Ruanda

3. Auflage 2013

Salm-Reifferscheidt-Allee 37 • 41540 Dormagen
Telefon 0 21 33/2 60 311 • Fax 0 21 33/26 03 33
info@iwanowski.de
www.iwanowski.de

Titelfoto: Berggorillas, Heiko Hooge, Sankt Augustin
Alle anderen Farbabbildungen: siehe Bildnachweis Seite 600
Redaktionelles Copyright, Konzeption und deren ständige Überarbeitung: Michael Iwanowski
Karten: Palsa-Grafik, Lohmar
Titelgestaltung sowie Layout-Konzeption: Studio Schübel, München
Layout: Ulrike Jans, Krummhörn

Gesamtherstellung: Stückle-Druck, Ettenheim
Printed in Germany

ISBN: 978-3-86197-076-7

Inhaltsverzeichnis

ÜBERBLICK

REISEROUTEN

REISEROUTEN

REISEROUTEN

REISEROUTEN

REISEROUTEN

! Außerdem weiterführende Informationen zu folgenden Themen:

Verzeichnis der Karten und Grafiken:

Farbkarten
vordere Umschlagklappe: Highlights Uganda/Ruanda
hintere Umschlagklappe: Kampala

INTERESSANTES

Legende

- Hauptstraße/beschr. Route
- Nebenstraße/beschr. Route
- Piste/beschr. Route
- Berge
- Höhle
- Ortschaften
- Sehenswürdigkeiten
- Aussichtspunkt
- Nationalpark
- Wasserfall
- Burg/Fort
- Ausgrabungsstätten
- wichtiges Gebäude
- Universität
- Golfplatz
- Int. Flughafen
- Nat. Flughafen
- Landepiste
- Bahnhof
- Busbahnhof
- Mini-Bus
- Internetcafé
- Fähre
- Tankstelle
- Krankenhaus/Apotheke
- Campingplatz
- Einkaufen
- Wanderhütte
- Zeltcamp/Restcamp
- Camp/Lodge
- Rangerstation
- Picknickplatz
- Markt
- Post
- Bank
- Denkmal
- Museum
- Theater
- Bibliothek
- hist. Gebäude
- Kirche/Kathedrale
- Moschee/Tempel
- Ruinen
- Botan. Garten/Wald
- Tor/Parkeingangstor
- Information
- Zoo
- Polizei

So geht's:

*Das Buch ist so aufgebaut, dass dem Reiseteil ein Einblick in **Geschichte und Kultur** sowie andere Aspekte des Reisezieles (Kap. 1-2) vorausgehen. Diesem Einblick folgen **allgemeine Tipps** zur Planung und Ausführung einer Reise (**Gelbe Seiten, Allgemeine** und **Regionale Reisetipps**, Kap. 3+4).*

*Im Anschluss folgt der **Reiseteil** (ab Kap. 5), in dem auf alle wichtigen und wesentlichen Sehenswürdigkeiten eingegangen wird.*

*Ein **ausführliches Register** im Anhang (Kap. 15) gibt Ihnen die Möglichkeit, schnell und präzise den gesuchten Begriff zu finden.*

I. EINLEITUNG

Uganda, die Perle Afrikas, wie einst der britische Premierminister *Winston Churchill* das Land im zentralen Ostafrika nannte, war durch seine Vergangenheit lange von der Reiselandkarte verschwunden. Erst Ende der 1980er Jahre erholte sich das Land wieder von den Schrecken der Diktaturen und entwickelte sich in den 1990ern zu einem der stabilsten und wirtschaftlich erfolgreichsten Staaten im östlichen Afrika. Auch wenn heute noch vielen beim Wort Uganda als erstes *Idi Amin* einfällt, so ist dieser doch seit mehr als 30 Jahren nur noch Geschichte. Heute wartet auf Sie ein seit Jahren politisch stabiles Land mit einer der höchsten Wirtschaftswachstumsraten des Kontinents. Bei westlichen Politikern steht Uganda hoch im Kurs. Auch die beiden Ex-Präsidenten der USA, *Clinton* und *Bush*, machten dem Land am Viktoria-See ihre Aufwartung.

Raften, Wandern und Staunen

Seit einigen Jahren rückt nun Uganda mit seinen **Naturschönheiten**, vom Weißen Nil mit seinen zahlreichen Wasserfällen, dem riesigen Viktoria-See bis hin zum Ruwenzori-Gebirge und den berühmten wie seltenen **Berg-Gorillas**, wieder in den Blickpunkt der Reisenden. Sie kommen aus den unterschiedlichsten Gründen zum Äquator. Die einen zum Wildwasser-Rafting auf dem Weißen Nil. Die anderen für Naturerlebnisse und Safaris in den wunderschönen **Nationalparks** wie dem Murchison Falls oder dem Queen Elizabeth. Wieder andere bevorzugen Wanderungen und Tierbeobachtungen bei den Berg-Gorillas im Bwindi-Park oder den Schimpansen im Kibale-Wald. Und Bergsteiger können sich bei einem **atemberaubenden Panorama** im Ruwenzori-Gebirge an dessen 5.000er-Gipfeln versuchen. Uganda ist so vielfältig, dass es auch Sie in seinen Bann ziehen wird.

Die zweite Heimat der Dian Fossey

Das kleine Nachbarland **Ruanda**, einst Teil der Kolonie Deutsch-Ostafrika, hatte es nicht minder schwer in der Vergangenheit. Wer verbindet mit dem Namen Ruanda nicht den Völkermord, dem 1994 rund 800.000 Menschen zum Opfer fielen? Das war nicht immer so. In der Zeit der Belgier waren Orte wie Gisenyi mondäne Badeorte und seit *Dian Fossey* gilt Ruanda als das **Land der Berg-Gorillas** schlechthin, auch wenn nur ein Teil ihrer Heimat, die Virunga-Vulkane, zum ruandischen Staatsgebiet gehört. Auch Ruanda hat sich seit den schweren Zeiten Mitte der 1990er Jahre erfreulich weiterentwickelt und ist seit dem Jahr 2000 auch wieder für Touristen offen. Diese kommen erst langsam wieder in das **Land der Tausend Hügel**, wie Ruanda auch genannt wird, aber sie erleben ein Land noch abseits der großen Touristenwege. Die Wunden der Vergangenheit sind noch nicht verheilt, aber man spürt im ganzen Land, dass die Menschen wieder etwas Gemeinsames aufbauen wollen und so rückt auch der **Tourismus** wieder verstärkt in den Mittelpunkt. Die **Menschen** in Ruanda sind aufgeschlossen und freundlich und so wird eine Reise in das Land der Virunga-Vulkane und des Kivu-Sees zu einem ganz besonderen Erlebnis.

Die beiden Länder gelten bei Zoologen als außerordentlich interessant. Nicht nur der Berg-Gorillas wegen, auch sonst lebt hier eine **einmalige Vielfalt an Primaten**, von den Schimpansen über die Goldene Diadem-Meerkatze bis zu den seltenen Ruwenzori-Guerezas. Auch mehr als 1.000 Vogelarten sind hier beheimatet, wobei der Schuhschnabel sicherlich die außergewöhnlichste ist.

Das vorliegende Reise-Handbuch „Uganda & Ruanda" ist in einen ausführlichen **landeskundlichen** und in einen für den Reisepraktiker gedachten **touristischen Teil** gegliedert. Unter jeder Rubrik wird zuerst Uganda und im Anschluss Ruanda dargestellt. Im **landeskundlichen Teil** finden Sie vielseitige Informationen zur Geschichte, Geographie, Wichtiges zur Flora und Fauna und zum komplexen Politik- und Sozialfeld. Gerade im Fall von Ruanda ist ein solches Basiswissen wichtig, um Gesehenes und Erlebtes in Gesamtzusammenhänge einordnen zu können. Die Gelben Seiten, der **reisepraktische Teil** – gegliedert in **allgemeine und regionalspezifische Reisehinweise** – bietet dem Individualreisenden eine Fundgrube für die persönliche Reiseplanung. Der **Reiseroutenteil** gibt Ihnen die notwendigen Hinweise zur Reiseplanung. In diesem Abschnitt werden besonders interessante Gebiete des Landes beschrieben, die wir bewusst für Sie ausgewählt haben: Städte, Landschaften, Naturparks, bedeutende kulturelle und historische Orte. Das nötige Hintergrundwissen können Sie sich hier aneignen, damit das Gesehene nicht vordergründig auf der Ebene des flüchtigen Eindrucks verbleibt.

In der Zeit nach *Idi Amin* und *Milton Obote* in Uganda sowie nach dem Völkermord in Ruanda haben sich beide Länder in den vergangenen Jahren erfreulich weiterentwickelt. Trotz allem werden Sie nicht alles so vorfinden, wie Sie es vielleicht auf Reisen in anderen Ländern gewohnt sind. Aber die Menschen in diesen beiden Ländern werden mit ihrer Freundlichkeit und Hilfsbereitschaft helfen, Engpässe zu überwinden, und ich bin mir sicher, dass Sie eine interessante, erlebnisreiche und unvergessliche Reise vor sich haben. Ich wünsche Ihnen eine intensive und interessante Reisevorbereitung und hoffe, egal mit welchen eigenen Erlebnissen und Geschichten Sie auch wiederkommen mögen, dass Sie feststellen und erzählen können: Uganda und Ruanda sind eine Reise wert.

Es wird unvergesslich!

Zum Schluss möchte ich mich noch an dieser Stelle bei all jenen bedanken, die mich bei meiner Arbeit zu diesem Reiseführer unterstützt haben, und ohne die das Buch in diesem Umfang und der Aktualität nicht möglich gewesen wäre. Ein großer Dank gilt meiner Mutter und André Müller, die sich mit großem Einsatz meiner Manuskripte annahmen und mir viele wichtige Hinweise gaben. Ein herzliches Dankeschön an Yves für die Hilfe und vor allem die Geduld, Thomas und Barbara Breuer, Frau Meder (Berggorilla & Regenwald Direkthilfe e.V.), Ehepaar Helm für ihre Geschichten aus Ugandas früheren Zeiten, Chris Oryema von der Uganda Wildlife Authority und Petra Kühn für ihre literarische Unterstützung. Und die vielleicht wichtigsten am Schluss: alle meine Freunde in Uganda und Ruanda, die mich mit ihrer Gastfreundschaft, ihrer Hilfe und ihrem Wissen bei meinen monatelangen Recherchen unterstützt haben.
Thanks a lot for the big support: Herman Tenywa, Arnold Kwesiga Kagwisagye, Joseph Mbogga (alle Uganda) und Jeff Mugaragu, Fred Bazimya (Ruanda).

Sankt Augustin im April 2013

Uganda auf einen Blick

Fläche	241.550 km² (davon 46.669 km² Wasseroberfläche)
Einwohner	35 Mio. Ew. (180 pro km², Stand 2012). 49,9 % 0-14 Jahre, 48,1 % 15-64 Jahre, 2,1 % 65 Jahre und älter.
Bevölkerung	50 % Bantu (darunter 16,9 % Baganda), 26 % Niloten, 5 % Sudanesen, 1 % Asiaten und Europäer
Bevölkerungswachstum	3,58 % (Platz 3 weltweit), 6,69 geborene Kinder pro Frau (Platz 2 weltweit)
Kindersterblichkeit	63 von 1.000 Geburten (2010)
HIV / Aids	6,5 % der Bevölkerung HIV positiv, Platz 10 weltweit (2009)
Analphabetenquote	bei Männern: 22 %, Frauen: 42 % (Stand 2001)
Hauptstadt	Kampala (1,6 Mio. Einwohner 2012)
Amtssprachen	Englisch und Kisuaheli (daneben div. Bantu- und nilotische Sprachen)
Währung	Uganda Shilling (1 Euro = ca. 3.400 Uganda Shilling)
Religion	41 % Katholiken, 42 % Protestanten (darunter 36% Anglikaner), 12 % Muslime, restl. Bevölkerung Anemisten (Naturreligionen)
Flagge	schwarz-gelb-rote Längsstreifen, die sich einmal wiederholen, in der Mitte ein weißer Kreis mit dem Nationalvogel, dem Kronenkranich
Nationalfeiertag	9.Oktober (Tag der Unabhängigkeit)
Staats- und Regierungsform	Präsidialrepublik (im Commonwealth) seit 1967; Verfassung von 1995, Wahlrecht ab 18 Jahren. Das Parlament hat 375 Mitglieder (350 gewählt, 25 Vertreter von gesellschaftlichen Gruppen werden vom Präsidenten ernannt)
Staats- und Regierungschef	Yoweri Museveni (Staatspräsident seit 1986), Amama Mbabazi (Regierungschef seit 2011); Der Staatspräsident wird alle 5 Jahre direkt vom Volk gewählt.
Wirtschaftskraft nach BSP	Platz 106 von 183 (IWF 2012)
Ausfuhrprodukte	Kaffee, Tee, Gold, Tabak
Inflation	10,4 % im Jahr 2010 (10,9 % im 10-Jahresdurchschnitt)
Wirtschaftswachstum	5,8 % (2010)
Bruttoinlandsprodukt	17,12 Mrd. US$ (489 US$ BIP pro Einwohner) 51,9 % Dienstleistungen (13 % der Beschäftigten), 24,5 % Industrie (5 % der Beschäftigten) (2010)
Außenhandel	Import: 4,47 Mrd. US$ (34 % Maschinen, 22 % Rohstoffe); Importländer: 14 % Kenia, 13 % Indien, 11 % Arab. Emirate, 9 % China, 5 % Südafrika, 4 % Frankreich, 4 % Japan,. Export: 2,94 Mrd. US$ (63 % Kaffee, 7 % Gold); Exportländer: 13,5 % Sudan, 12 % Benelux, 9 % Kenia, 7,5 % jeweils Ruanda und Arab. Emirate, 7,4 % Schweiz, 5,2 % Deutschland
Auslandsverschuldung	8,51 Mrd. US$ (2010)
Klima	Durch die Höhenlage gemäßigtes tropisches Klima. Durchschnittliche Temperaturen von 14 bis 28 °C. Trockenzeit von Juni bis September und von Ende Dezember bis Anfang Februar. Große Regenzeit von Mitte März bis Juni, Kleine Regenzeit von Oktober bis Dezember.
Höhe	durchschn. 1.000-1.500 m, höchster Punkt: 5.109 m (Ruwenzori)
Landwirtschaft	23,6 % am BIP / 82 % der Beschäftigten. Kaffee (80 % Robusta, 20 % Arabica), Fisch, Tee, Tabak, Baumwolle, Schnittblumen sowie Gemüse und Obst
Bodenschätze	Gold, Kobalt, Kupfer, Kalkstein, Erdöl
Städte	15 % der Ugander leben in städtischen Gebieten: Kampala: 1,6 Mio. Ew.; Kira: 180.000 Ew.; Gulu: 155.000 Ew.; Lira: 110.000 Ew.; Mbale: 92.000 Ew.; Jinja: 90.000 Ew.; Mbarara: 84.000 Ew.; Entebbe: 80.000 Ew.; Kasese: 75.000 Ew.; Masaka: 75.000 Ew.; Soroto: 67.000 Ew.: Njeru: 65.000 Ew.; Fort Portal 48.000 Ew.

Die Regionen und Distrikte Ugandas

Die Republik Uganda ist verwaltungstechnisch in vier Regionen aufgeteilt, die sich ursprünglich in insgesamt 56 Distrikte sowie 961 Unterdistrikte aufteilten. Seit Beginn des Jahres 2006 wurde die Aufteilung der Distrikte jedoch zum politischen Spielball und somit zur Farce. Seitdem ist ihre Zahl auf 111 gestiegen, hauptsächlich um lokale Politiker zu begünstigen. *56 Distrikte*

Neben den Distrikten spielen die alten Königreiche zum Teil noch eine Rolle. Ein Großteil der Distrikte gehört zum Territorium eines dieser traditionellen Königreiche. Die Verwaltung der Königreiche ist u. a. für die Verteilung der Geldmittel an die Distriktverwaltungen zuständig.

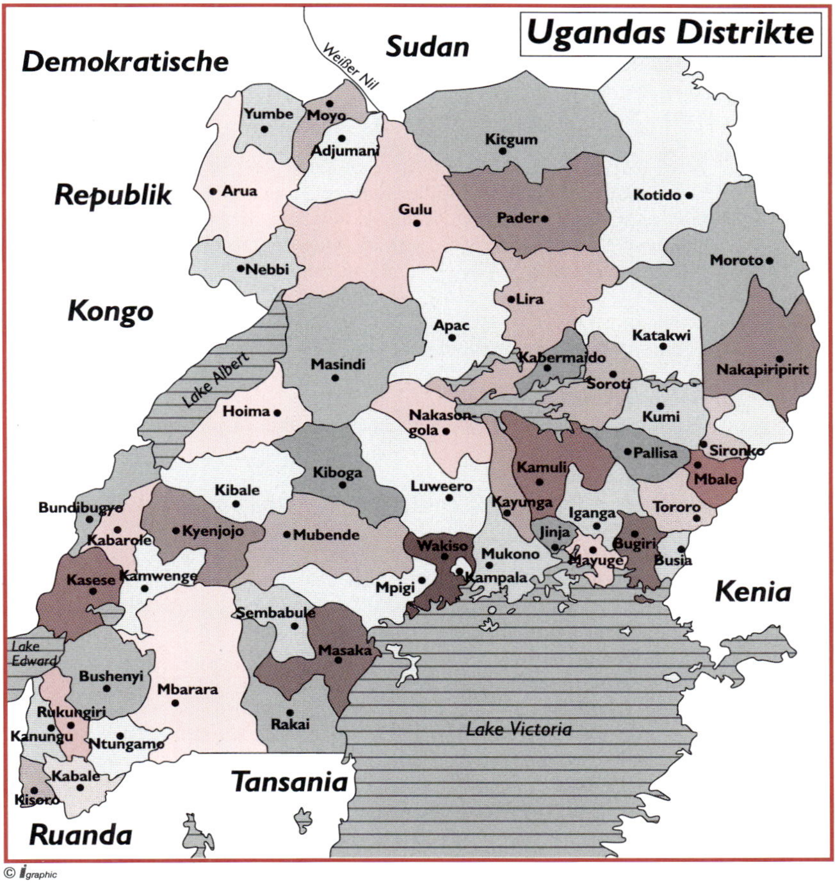

Nord-Region (84.658 km² Fläche, ca. 7.000.000 Einwohner)
Dazu gehören die Distrikte: Abim, Adjumani, Agago, Alebtong, Amolata, Amudat, Amuru, Apac, Arua, Dokolo, Gulu, Kaabong, Kitgum, Koboko, Kole, Kotido, Lamwo, Lira, Maracha, Moroto, Moyo, Nakapiripirit, Napak, Nebbi, Nwoya, Otuke, Oyam, Pader, Yumbe und Zombo.

West-Region (54.917 km² Fläche, ca. 8.000.000 Einwohner)
Dazu gehören die Distrikte: Buwejo, Buliisa, Bundibugyo, Bushenyi, Hoima, Ibanda, Isingiro, Kabale, Kabarole, Kamwenge, Kanungu, Kasese, Kibale, Kiruhura, Kiryandongo, Kisoro, Kyegegwa, Kyenjojo, Masindi, Mbarara, Mitooma, Ntungamo, Rubirizi, Rukungiri und Sheema.

Ost-Region (39.953 km² Fläche, ca. 8.500.000 Einwohner)
Dazu gehören die Distrikte: Amuria, Budaka, Bududa, Bugiri, Bukedea, Bukwa, Bulambuli, Busia, Butaleja, Buyende, Iganga, Jinja, Kaberamaido, Kaliro, Kamuli, Kapchorwa, Katakwi, Kibuku, Kumi, Kween, Luuka, Manafwa, Mbale, Mayuge, Namayingo, Namutumba, Ngora, Pallisa, Serere, Sironko, Soroti und Tororo.

Zentral-Region (61.510 km² Fläche, ca. 8.000.000 Einwohner)
Dazu gehören die Distrikte: Buikwe, Bukomansimbi, Butambala, Buvuma, Gomba, Kalangala, Kalungu, Kampala, Kayunga, Kiboga, Kyankwanzi, Luweero, Lwengo, Lyantonde, Masaka, Mityana, Mpigi, Mubende, Mukono, Nakaseke, Nakasongola, Rakai, Sembabule und Wakiso.

Die Königreiche umfassen heute folgende Distrikte:

Königreich Acholi
Zu diesem Königreich gehören die heutigen nördlichen Distrikte Gulu, Kitgum und Pader.
Königreich Ankole
Zu diesem Königreich gehören die heutigen Distrikte Bushenyi, Mbarara und Ntungamo.
Königreich Buganda
Zu dem einstmals mächtigen Königreich gehören die heutigen Distrikte Kampala, Kayunga, Kiboga, Luweero, Masaka, Mpigi, Mubende, Mukono, Nakasongola, Rakai, Sembabule und Wakiso.
Königreich Bunyoro
Zum Königreich gehören die Distrikte Hoima, Kibale und Masindi.
Königreich Busoga
Zum diesem Königreich gehören u. a. die Distrikte Buyende, Namayingo, Namutumba, Mayuge, Iganga, Jinja, Luuka, Kamuli, Kaliro,
Königreich Toro
Ihm gehören die Distrikte Bundibugyo, Kabarole, Kamwenge, Kasese und Kyenjojo an.

Ruanda auf einen Blick

Fläche	26.338 km² (davon 1.390 km² Wasseroberfläche)
Einwohner	11,7 Mio. Einwohner (468 pro km², Stand 2012) 42,9 % 0-14 Jahre, 54,7 % 15-64 Jahre, 2,4 % 65 Jahre und älter.
Bevölkerung	99 % Afrikaner (84 % Bahutu, 14 % Batutsi, 1 % Batwa), 1 % Asiaten & Europäer
Bevölkerungswachstum	2,8 % (2012), 4,81 geborene Kinder pro Frau
Kindersterblichkeit	63 von 1.000 Geburten (2012)
Lebenserwartung	durchschnittlich 58,4 Jahre (Männer 56,9, Frauen 59,9 Jahre)
HIV / Aids	2,9 % der Bevölkerung sind HIV positiv (2009)
Analphabetenquote	Männer 23,7 %; Frauen 35,3 %
Hauptstadt	Kigali mit 1,3 Mio. Einwohnern (2012)
Sprachen	Kinyarwanda, Französisch, Englisch
Religion	56 % Katholiken, 37 % Protestanten, 5 % Muslime und 2 % Naturreligionen
Währung	Ruanda-Franc (Franc Rwandais); Kurs 1 EUR = ca. 800 RWF
Flagge	obere Hälfte hellblau mit einer gelben Sonne auf der rechten Seite, untere Hälfte zweistreifig gelb und grün
Nationalfeiertag	01. Juli (Unabhängigkeitstag)
Staats- und Regierungsform	seit 1962 Präsidialrepublik mit einem Zweikammer-Parlament: Abgeordnetenhaus (80 Sitze, Wahlperiode 5 Jahre) und ein Senat mit 26 Senatoren (Legislaturperiode 5 Jahre).
Staats- und Regierungschef	Paul Kagame (Staatsoberhaupt seit April 2000); Pierre Damien Habumuremyi (Regierungschef seit Okt. 2011)
Wirtschaftskraft nach BSP	Platz 141 von 183 (IWF 2012)
Ausfuhrprodukte	Tee, Kaffee, Tantalit, Blumen
Inflation	2,1 % in 2010 (12 % im 10-Jahre-Durchschnitt)
Wirtschaftswachstum	7,5 % (2010)
Bruttoinlandsprodukt	5,6 Mrd. US$ (BIP 541 US$ pro Kopf)
Außenhandel	Import: 1,3 Mrd. US$ (50 % Konsumgüter, 22 % Brennstoffe); Importländer: 20 % Kenia, Uganda 18 %, 8,4 % Arab. Emirate, 5,3 % China. Export: 293 Mio. US$ (39 % Tee, 37 % Kaffee, 18 % Tantalit); Exportländer: 36 % Kenia, 15 % Kongo, 9 % China
Auslandsverschuldung	1 Mrd. US$ (2011)
Klima	durch die Höhenlage gemäßigtes und ausgeglichenes Klima mit mittleren Tagestemperaturen von 20 bis 24 °C, nachts selten unter 15 °C. Große Regenzeit Februar bis Mai, kleine Regenzeit Mitte September bis November.
Höhe	zwischen 1.400 m und 4.407 m (Mt.Karisimbi)
Landwirtschaft	40 % des BIP. Kaffee, Tee, Bananen, Gemüse
Bodenschätze	Zinn, Erdgas
Städte	19 % der Ruander leben in städtischen Gebieten; Kigali: 1.300.000 Einwohner, Gitarama: 110.000 Einwohner, Butare: 89.000 Einwohner, Ruhengeri: 82.000 Einwohner, Gisenyi: 80.000 Einwohner, Kibuye 79.000 Einwohner, Cyangugu: 76.000 Einwohner, Byumba: 71.000 Einwohner, Kibungo 65.000 Einwohner.

Die Provinzen Ruandas

5 Provinzen

Seit dem 1. Januar 2006 ist in Ruanda die regionale Gebietsreform in Kraft. Die ehemals zwölf Provinzen wurden abgeschafft und durch fünf neue Provinzen (Intara) ersetzt. Diese sind wiederum in insgesamt 30 Distrikte (Uturere, früher 106) und 416 Sektoren unterteilt.

Die 5 Provinzen sind:

- **Ostprovinz mit Kigabiro als regionale Hauptstadt**

Die neue Ostprovinz besteht aus den ehemaligen Provinzen Umutara und Kibungo sowie einigen Gebieten von Byumby und Nyamata (Kigali-Ngali). Sie grenzt im Norden an Uganda, im Westen an Tansania und im Süden an Burundi. Die Ostprovinz ist eingeteilt in sieben Distrikte und Zentrum der Haustierzucht. Neben Rindern zur Milchgewinnung werden Schafe, Schweine, Ziegen, Geflügel und Bienen gehalten. Neben der Tierhaltung werden eine Reihe von Nutzpflanzen angebaut. Dazu gehören verschiedene Gemüsesorten sowie vor allem Maniok, Bohnen und Mais. An Früchten wachsen dort Bananen, Ananas und Erdbeeren. Die Ost-Provinz hat rund 2,6 Mio. Einwohner.

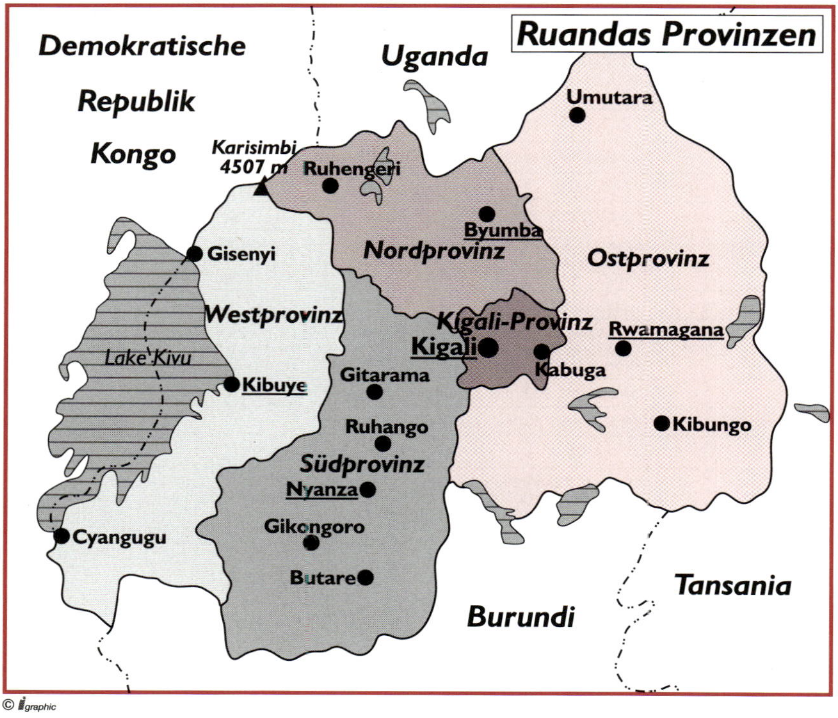

▸ Nordprovinz mit Kinihira als regionale Hauptstadt

Die neue Nordprovinz bildete sich aus der ehemaligen Provinz Ruhengeri sowie Gebieten von Byumba und Nyamata (Kigali-Ngali). Sie ist eingeteilt in fünf Distrikte und liegt sich auf einer durchschnittlichen Höhe von 2.000 m. Ihr höchster Punkt ist Mt. Karisimbi mit 4.507 m. Die Stromversorgung sichern die zwei Wasserkraftwerke Mukungwa und Ntaruka. 95 % der 1,8 Mio. Einwohner leben von Landwirtschaft.

▸ Westprovinz mit Bwishyura als regionale Hauptstadt

Die neue Westprovinz besteht aus den ehemaligen Provinzen Cyangugu, Kibuye und Gisenyi, mit einem kleinen Gebiet der früheren Ruhengeri-Provinz. Die in sieben Distrikte eingeteilte Westprovinz mit 2,5 Mio. Einwohnern erstreckt sich entlang des Kivu-Sees. Der landwirtschaftliche Sektor ist der wichtigste Wirtschaftszweig u. a. mit dem Anbau von Sorghum-Hirse, Süßkartoffeln, Tomaten und Zwiebeln. Der Fischfang am Kivu-See spielt ebenfalls eine große Rolle, wichtigste Art ist der *limnotrissa miodon.*

▸ Südprovinz mit Busasamana als regionale Hauptstadt

Die neue Südprovinz besteht aus den ehemaligen Provinzen Gitarama, Butare, Gikongoro und Kibuye sowie einigen Gebieten der früheren Provinz Nyamata (Kigali-Ngali). Sie ist ferner eingeteilt in acht Distrikte. Die Südprovinz verfügt über einige kultivierbare Sumpfgebiete die ideal für den Anbau von Reis, Soja und Mais sind. Auch Tee und Kaffeeplantagen spielen eine große Rolle, so wächst dort der bekannte Bourbon-Maraba-Kaffee. Die Provinz hat etwa 2,6 Mio. Einwohner.

▸ Kigali-Provinz mit Kigali als regionale Hauptstadt

Die neue Provinz Kigali besteht aus der Stadt Kigali und angrenzenden Teilen der früheren Provinz Nyamata (Kigali-Ngali). Sie ist ferner eingeteilt in drei Distrikte (Gasabo, Kicukiro, Nyarugenge). Als Hauptstadt des Landes ist die Provinz das Herz der Wirtschaft und der Politik. Über 90 % der nicht landwirtschaftlichen Produktion entstehen hier. Daneben spielt der Dienstleistungssektor bereits eine signifikante Rolle.

2. LAND UND LEUTE

Die Geschichte Ugandas

Zeittafel Uganda

Frühzeit

Vor 15 Mio. Jahren	Frühmensch *Dryopithecus*
Ab 3000 v. Chr.	Einwanderung von Jäger- und Sammlervölkern aus Zentralafrika
Etwa 500 n. Chr.	Einführung und Verbreitung der Süßkartoffel und der Banane

Zeit der Königreiche

ab 12. Jh.	Gründung des **Königreiches Bunyoro-Kitara** mit der 1. Dynastie der Batembusi (bis ca. 1350).
1350–1500	Blütezeit des Bunyoro-Kitara-Reiches unter der Bacwezi-Dynastie
Ende 15. Jh.	Einwanderung des Luo-Volkes
Ca. 1500	Beginn der **Babiito-Dynastie** im Bunyoro-Reich
1786-1835	Regierungszeit von *Omakuma Kyebambe III.* (Bunyoro-Reich)
Ab 1840	Ankunft der ersten Araber, Beginn erster Islamisierungen
1862	Die Forscher *Speke* und *Grant* erreichen als **erste Europäer** Bunyoro
1884	*König Mutesa I.* von Buganda stirbt und sein Sohn Mwanga besteigt den Thron.
1885	Unterzeichnung des Vertrages zum Abschluss der Berliner „Kongo-Konferenz“ (koloniale Aufteilung Afrikas) am 26. Februar
1889	Sturz von König Kiwewa und Bürgerkrieg zwischen den Christen und Muslimen

Britische Kolonialzeit

1890	Am 1. Juli „Kongo-Folgekonferenz“ in Berlin, Abschluss des so genannten „Helgoland-Sansibar-Vertrages“. Uganda wird endgültig den Briten zugesprochen.
1894	Im August wird Uganda zum **britischen Protektorat** erklärt.
1897	Im Juli greift **König Mwanga** mit seinen Truppen die Briten an, wird aber vernichtend geschlagen und flieht.
1898	Die Könige *Kabalega* und *Mwanga* gehen ins Exil auf die Seychellen. Die Briten annektieren das **Königreich Ankole.**

1914	Die „West-Nile-Provinz" an der Nordgrenze zum Kongo wird annektiert.
1952	Die erste **Unabhängigkeitspartei** wird gegründet, der *Uganda National Congress* (UNC).
1953	Nachdem *König Mutesa II.* sich gegen die britische Administration stellt, wird er abgesetzt und nach Großbritannien ins Exil gebracht.
1958	Erste Wahl mit einer größeren Anzahl afrikanischer Kandidaten. Gründung der *Uganda People's Union* (UPU)
1959	Teile der UNC gründen mit der UPU die neue Partei Uganda People's Congress (UPC), Vorsitzender wird Milton Obote.
1962	Benedicto Kiwanuka (DP) wird erster Premierminister Ugandas.

Unabhängigkeit

1963	**Erste freie Wahl** ohne britische Beteiligung.
1964	24. April Referendum über eine Gebietsreform
1966	Am 2. März übernimmt Premierminister Milton Obote nach Außerkraftsetzung der Verfassung das Amt des Präsidenten. König Mutesa II. flieht nach London ins Exil.
1969	König Mutesa II. von Buganda stirbt in seinem Exil in London.
1971	Nach einem Militärputsch setzt sich *Idi Amin Dada* am 25.01. als neuer Staatschef ein.
1972	Idi Amin vertreibt alle Asiaten aus Uganda.
1973	Die brutale Herrschaft Amins wird immer sichtbarer. Oppositionelle „verschwinden".
1978	Idi Amin erklärt Tansania den Krieg und überfällt den Nordwesten des Landes.
1979	Im März marschieren tansanische Truppen in Kampala ein und stürzen Idi Amin. Am 13. April wird *Yusuf Lule* (1911–1985) neuer Präsident. Bereits am 20. Juni wird er wieder abgesetzt und am 28. Juni durch *Godfrey Binaisa* ersetzt

Milton Obote

1980	Am 15. Dezember beginnt die zweite Amtszeit von *Milton Obote.*
1982	Gründung der Widerstandsbewegung **National Resistence Army** (NRA) unter Führung von *Yoweri Museveni*
1985	Am 27. Juli wird Präsident Obote abgesetzt Bilanz: 500.000 Tote. *Tito Okello* wird am 29. Juli neuer Präsident

Das neue Uganda

1986	Am 25. Januar wird Kampala von den Rebellen der NRA eingenommen. Neuer Staatschef wird am 30. Januar *Yoweri Museveni.*

1995	Verkündung einer neuen Verfassung mit Festlegung auf ein „Movement-System“ (ohne Parteien) und der Wahl des Präsidenten für fünf Jahre mit einer Wiederwahlmöglichkeit
1996	Erste Präsidentenwahl im Mai. Yoweri Museveni gewinnt mit 74,2 %.
2003	Ex-Diktator Idi Amin stirbt am 16. 8. im Alter von 75 Jahren im Exil in Saudi-Arabien.
2005	Das Parlament entscheidet am 12. Juli über eine Verfassungsänderung, die es Präsident Museveni wieder ermöglicht, zu kandidieren. Am 10. Oktober stirbt Ex-Diktator Milton Obote.
2006	Bei den Parlaments- und Präsidentschaftswahlen im Februar wird Präsident Museveni mit 59 % im Amt bestätigt. Im gleichen Monat werden unter dem Albert-See Ölvorkommen entdeckt.
2008	Im März wird ein Friedenvertrag mit der LRA vereinbart, Rebellenführer Joseph Kony verweigert jedoch die Unterschrift. Weitere Ölfunde im Dezember (Buffalo1) und Januar (Giraffe1) im Amuru-Distrikt sollen 400 Mio. Barrel Öl beinhalten.
2009	Im Februar findet eine Kabinettsumbildung statt. Die Gattin des Präsidenten wird Ministerin für die Krisenregion Karamoja. Im August kommt *Olara Otunna*, ehemaliger Außenminister unter *Okello* und späterer UN-Mitarbeiter, nach 23 Jahren Exil nach Uganda zurück. Seine Ankündigung zur Kandidatur zur Präsidentenwahl bringt Unruhe in die Opposition. Mitte September eskaliert der Konflikt zwischen Präsident Museveni und dem König von Buganda. Bei Ausschreitungen in einigen Stadtteilen von Kampala zwischen königstreuen Jugendlichen und der Polizei kommen 20 Menschen ums Leben.
2010	Nach internationalem Druck zieht Museveni im Januar seine Unterstützung eines Parlamentsantrages für die Einführung der Todesstrafe für Homosexuelle zurück. Auf Grund von Meinungsverschiedenheiten zwischen Regierung und den beteiligten Ölfirmen, wird die Förderung der mittlerweile auf 1 Mrd. Barrel geschätzten Vorkommen wohl erst 2015 beginnen. Am 16. März zerstört ein Feuer die zum UNESCO-Weltkulturerbe zählenden Kasubi-Königsgräber.
2011	Bei der Präsidentenwahl erreicht Amtsinhaber Museveni 68,38 % der Stimmen, sein größer Konkurrent Besigye 26,01 % (Wahlbeteiligung 59,3 %).
2012	Im Dezember wird erneut ein Gesetz eingebracht, dass Homosexualität unter lebenslange Haft- oder sogar die Todesstrafe stellen soll. Die EU und USA haben Sanktionen angekündigt.

Frühgeschichte Ugandas

Die ersten Hominiden

Das Rift Valley, der ostafrikanische Grabenbruch, hat in den letzten hundert Jahren Forschern immer wieder Einblicke in die Frühgeschichte der Menschen in Afrika ermöglicht. Durch Fossilien und andere Grabungsfunde wissen wir heute, dass im Bereich des heutigen Uganda schon vor mehr als einer Million Jahren Menschen lebten. Die Funde in Uganda sind nicht zu vergleichen mit den zahlreichen berühmten Funden anderer Länder der Region wie Kenia, Tansania und Äthiopien. Dennoch wurde in Uganda ein sehr interessanter Fund im Moroto-Distrikt gemacht. Dort fanden sich Fossilien des halbaufrecht gehenden **Dryopithecus**, der vor ca. 15 Mio. Jahren lebte. Weitere Funde datieren erst aus der frühen Steinzeit. Als älteste Fundstellen gelten Nsongezi am Kigezi-Fluss und Sango Bay am Viktoria-See, die beide auf etwa 50.000 bis 150.000 Jahre geschätzt werden.

Frühe Menschenfunde

Vor 10.000 Jahren war bereits fast das gesamte Gebiet des heutigen Uganda besiedelt. Die Bestimmung hinsichtlich der ethnischen Gruppen ist im Nachhinein schwierig. Anhaltspunkte zu den Ethnien gibt es erst seit etwa 500 v. Chr. In den meisten Gebieten Ugandas waren zu dieser Zeit hauptsächlich Bantu sprechende Völker anzutreffen. Das Wort „Bantu" heißt ins Deutsche übersetzt „Menschen". Seit etwa 5000 v. Chr. betrieben die **Bantu-Völker** Ugandas Ackerbau. Ab etwa 500 n. Chr. fanden neue Feldfrüchte Einzug nach Ostafrika, wie die Süßkartoffel und die Banane. Im 10. Jh. waren die Bantu-Gruppen in weiten Teilen Ugandas etabliert und lebten in festen politischen Einheiten, in der Regel in Form von Familien-Clans.

Frühe Besiedlung

Völkerwanderungen

Viele Völker Afrikas wanderten im Laufe der Geschichte immer wieder auf dem Kontinent zu neuen Siedlungsgebieten. Teilweise verließen sie dabei Afrika sogar in Richtung Asien und Europa. Durch fehlende Aufzeichnungen aus den frühen Jahrtausenden ist die Bevölkerungsentwicklung immer noch Stoff akademischer Diskussionen. Unstrittig ist, dass die ersten modernen Menschen in Ostafrika sogenannte **Jäger und Sammler** waren. Sie kamen vor etwa 3.000 Jahren aus dem Bereich des heutigen Kongo und stehen verwandtschaftlich in Beziehung zu den wenigen heute noch lebenden Jäger- und Sammlervölkern, wie den *Khoisan* im Südlichen Afrika, den *Hadza* in Tansania, den *Batwa* in Ruanda und den *Pygmäen* Zentralafrikas, von denen noch einige wenige an der ugandisch-kongolesischen Grenze leben. Zahlreiche Funde von **Felszeichnungen** nahe der ostugandischen Stadt Mbale zeigen große Übereinstimmungen mit den Felsmalereien der Khoisan.

Frühe Kunst

In den letzten Jahrhunderten vor unserer Zeitrechnung kam es zur Einwanderung zahlreicher Bantu-Völker. Diese Bantu-Völker verdrängten die alteingesessenen Jäger- und Sammlervölker immer mehr. Die ab etwa 300 v. Chr. neu einwandernden Völker brachten die Technik der Eisenverarbeitung mit und läuteten so das **Eisenzeitalter** ein. Neben den Bantu-Völkern drängten nilotische Völker vom Gebiet des heutigen Südsudan aus nach Süden und wanderten nach Uganda ein.

Sogar kuschitische Hirtenvölker aus dem Gebiet des heutigen Äthiopien wanderten südwärts und vermischten sich teilweise mit den Bantu. So entstanden neue Volksgruppen, die zum Teil mächtige Aristokratien bildeten.

Zeit der Königreiche

Die Herausbildung von Königreichen

Ab dem 13./14. Jh. begannen sich im Gebiet des heutigen Uganda mehrere Königreiche herauszubilden. Weitere Reiche entstanden zwischen dem 15. und 18. Jahrhundert. Im Süden und Westen waren es Buganda, Bunyoro-Kitara, Kooki, Mpororo und Nkore. Im Norden schlossen sich die Clans zum Acholi-Reich zusammen und im Osten entstand das Busoga-Reich. Außerhalb dieser Reiche lebten die Menschen in dezentralen Verbänden. Die Dörfer wurden meist von einem Ältestenrat regiert, bei dem es schon Grundformen von Demokratie gab.

Erstes Königreich

Als erstes zurzeit nachweisbares Königreich auf ugandischem Boden, entstand das **Königreich Bunyoro-Kitara**. Anhand archäologischer Stätten im Mubende- und Ntusi-Distrikt geht man heute davon aus, dass dieses Königreich schon weit vor dem 14. Jh. bestanden haben muss. Die erste herrschende Dynastie im Bunyoro-Kitara-Reich ist laut mündlicher Überlieferung die der **Batembusi**. Ihre Zeit wird mit 1100 bis 1350 angegeben. Je nach mündlicher Version der Geschichte werden zwischen 10 und 22 Könige dieser Dynastie genannt. Woher die Batembusi kamen, ist Teil von Geschichten und Legenden. „Kinyoro" heißt eine dieser Legenden. In ihr wird von *Ruhanga* berichtet, dem Herrscher des Jenseits, der selbst das Königreich gegründet haben soll.

König *Ndahura* gilt als Gründer der **Bacwezi-Dynastie**, die eine der erfolgreichsten und mächtigsten des Reiches war. Während ihrer Blütezeit von 1350 bis ca. 1500 umfasste das Königreich Bunyoro-Kitara fast ganz Mittel- und Westuganda und sein Einflussgebiet reichte bis nach Westkenia, Nordwest-Tansania und in den Kongo. Die Bacwezi waren wahrscheinlich, wie ihre Vorgänger-Dynastie, eines anderen ethnischen Ursprungs.

Vermischt

Wahrscheinlich waren es Niloten aus dem Sudan, oder vielleicht sogar Kuschiten aus Äthiopien. Für die Theorie, dass sie aus Äthiopien stammen, spricht, dass sie die praktizierte Regierungsform bereits aus ihrem Ursprungsland kannten. Wie die Batembusi nahmen die Bacwezi die vorherrschende Bantu-Sprache an und vermischten sich im Verlauf der Zeit mit der Bantu-Bevölkerung. König Ndahura ist eine wichtige historische Figur. Er spielte eine führende Rolle in der zweiten Hälfte des 14. Jh. Laut Überlieferung soll er die langhornigen **Ankole-Rinder** eingeführt sowie den Kaffeeanbau nach Uganda gebracht haben – ein weiteres Indiz für seine eventuelle äthiopische Ursprungsheimat.

Den Erzählungen zufolge kam König Ndahura bei einem seiner Feldzüge in Gefangenschaft. Zwar entkam er später, sein Sohn *Wamala* war allerdings bereits zu seinem Nachfolger gekrönt worden, da man König Ndahura für tot hielt. Aus

Liebe zu seinem Sohn verzichtete er auf seinen Anspruch und überließ ihm den Thron. Erstaunlich ist, dass die Dynastie nur aus zwei Generationen bestand. König Wamala soll spurlos verschwunden sein. Da er keinen Nachfolger hinterließ, endete damit die Bacwezi-Dynastie. Wahrscheinlicher ist allerdings, dass das Ende der Dynastie mit dem Vordringen und den Eroberungen der *Luo* aus dem heutigen Kenia Ende des 15. Jh. zu tun hatte. Interessant ist auch, dass sich einige Königsfamilien der benachbarten Reiche auf die Dynastie berufen und sich als deren Nachfolger fühlen.

Ankole-Rind

Trotz des Endes der zweiten Dynastie herrschte mit Beginn des 16. Jh. bis etwa zur Mitte des 18. Jh. das Bunyoro-Kitara-Reich noch über einen Großteil des Seen-Gebietes im Süden und Westen Ugandas.

Sagen in der Geschichte

Die **Luo**, ein zu den nilotischen Völkern zählender Stamm aus dem Südosten des Sudan, drangen ab dem Ende des 15. Jh. in das Gebiet des heutigen Uganda ein. Sie zogen entlang des Nil und siedelten zunächst im nördlichen Bereich des Bunyoro-Kitata-Reiches. Die Luo splitterten sich dann in drei Gruppen auf. Die eine Gruppe verblieb in Pubungu (Pakwach), die zweite besiedelte und besetzte das Gebiet westlich des Nils, die dritte zog weiter nach Süden und besetzte nach und nach das Herzland von Bunyoro-Kitara.

Die **Nachfolgedynastie Babiito** wurde eingeleitet durch König *Rukidi*. Der traditionellen Sage nach war Rukidi ein Sohn von Ndahura und einer Mukidi-Frau. Die Bedrängung durch die Luo geht einher mit der Gründung weiterer Königreiche, die sich als Teil oder Nachfolge der Bacwezi verstehen. Dazu gehören die **Königreiche Buganda** und **Ankole** sowie Ruanda, Burundi und Karagwe, das heute zu Tansania gehört. Die Kinyoro- und Kiganda-Erzählungen stimmen darin überein, dass Buganda von einem Teil der **Babiito-Dynastie** gegründet wurde.

Das **Ankole-Reich** nimmt allerdings auch König *Ruhinda*, Sohn von Ndahura, als seinen Gründer in Anspruch. Im Ankole-Reich wurden die Bacwezi-Traditionen wohl am weitesten fortgeführt. Das größte Symbol der Einheit des Reiches war eine königliche Trommel (*Bagyendwaza*), die schon König *Wamala* gehörte. Der 5. Omakuma (König) von Bunyoro, *Olimi I.*, verfolgte im 16. Jh. eine Expansionspolitik und attackierte andere Königreiche. Olimi war insbesondere an Rindern interessiert, die es in Buganda nicht allzu zahlreich gab. So bemächtigte er sich des Ankole-Reiches, zog sich aber nach einigen Jahren wieder von dort zurück, da sich der Legende nach die Sonne verfinsterte. Dies ist durchaus möglich, denn nach Berechnungen ereignete sich in Afrika im Jahre 1520 eine Sonnenfinsternis. Wenn man dieses Jahr als Anhaltspunkt nimmt und davon ausgeht, dass die vier Vorgänger der Babiito-Dynastie mindestens 40 Jahre geherrscht haben, dann läge die **Gründung** der Babiito-Dynastie sowie die des Buganda- und Ankole-Reiches etwa zwischen 1450 und 1500.

Omakuma = König

Rinderzüchter und Ackerbauern

Bunyoro blieb zunächst das größte und einflussreichste Königreich in Uganda bis etwa zum Ende des 17. Jh. **Buganda** war zu diesem Zeitpunkt (bis Ende des 17. Jh.) noch ein relativ kleines Königreich, das wegen seiner fruchtbaren und ertragreichen Gebiete hauptsächlich Ackerbau betrieb. **Ankole** dagegen war ein Reich, in dem die Viehzucht einen wichtigen Stellenwert einnahm. Die Einwohner waren in zwei Klassen geteilt. In die Rinder züchtenden **Bahima** und die **Bairu**, die Ackerbau betrieben. Das Königreich Ankole wurde regiert von einem *Omugabe*.

Wie in Bunyoro und Buganda handelte es sich um eine Erbmonarchie, in der in der Regel der älteste Sohn des Königs dessen Nachfolge antrat. Die Positionen der lokalen Größen waren für die Bahima reserviert. Zudem bildete sich zu dieser Zeit noch ein weiteres Reich, das kleine **Königreich der Busoga**. Es befand sich östlich von Buganda und grenzte an den Kyoga-See im Norden und an den Viktoria-See im Süden. Die Busoga sind eng mit den Buganda verwandt, was sich in ihrer Sprache und in ihren Traditionen deutlich zeigt. Ein weiteres kleines Königreich zu dieser Zeit, das nur etwa 100 Jahre Bestand hatte, war **Mpororo** (gegründet ca. 1650). Es lag in der Kigezi-Region sowie im nördlichen Ruanda, bis es sich Mitte des 17. Jh. auflöste.

Kasubi-Königshaus in Kampala

Bugandas Blütezeit

Bugandas Aufstieg

Ende des 17. Jh. war Buganda nicht nur dabei, sein Territorium zu vergrößern, sondern auch die inneren Strukturen zu festigen. Unter *Kabaka Mutebi* wurden systematisch unbequeme traditionelle Clan-Führer gegen ausgewiesene loyale Persönlichkeiten ausgetauscht. Zum Ende des 18. Jh. hin waren praktisch alle lokalen Führer dem Kabaka ergeben. Buganda ging einige lose Partnerschaften mit anderen Königreichen ein. Dazu gehörten Busoga und Karagwe (im nördlichen Tansania). Außerdem bestand eine Friedensvereinbarung mit Ankole, das sich in der Zwischenzeit weiter ausgebreitet und große Teile des Königreiches Mpororo einverleibt hatte. Mitte des 19. Jh. erstreckte sich Buganda von Mubende (westlich des Viktoria-Nils) entlang des Viktoria-Sees und seinem Hinterland bis südlich zum Akagera-Fluss.

Das **Bunyoro-Reich** hingegen sah sich neuen Schwierigkeiten ausgesetzt. Zum Ende der Herrschaft von König *Kyebambe III.* entschlossen sich einige Prinzen, gegen den alternden König zu rebellieren. Die für das Reich folgenschwerste Rebellion fand unter Prinz *Kaboyo* im Jahre 1830 in Toro statt. Er ernannte sich selbst zum König und erklärte sein Gebiet um Toro für unabhängig. Dadurch beraubte er Bunyoro einer seiner wichtigsten Salzquellen (in Katwe).

Der Tod von *Omakuma Kyebambe III.* führte zu weiterer innerer Instabilität des Reiches. Auch die beiden ihm folgenden Omakuma waren zu schwach, um das Reich zu einen und zu festigen. Erst König *Kamurasi*, der 1852 den Thron bestieg,

Die Königreiche im Gebiet der großen Seen Ende des 19. Jahrhunderts

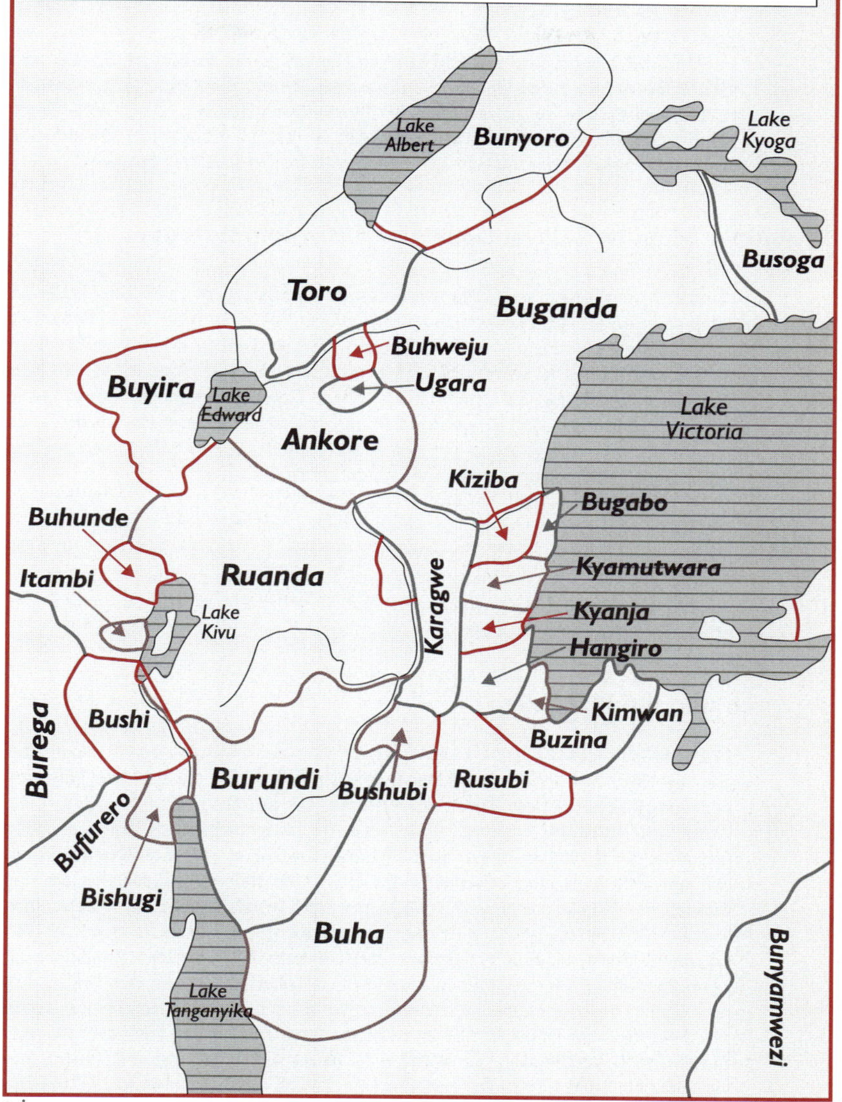

konnte den Verfall des Bunyoro-Reiches stoppen. Das gelang ihm vor allem durch die Ermordung einiger sich auflehnender Prinzen in der Schlacht von Kokoitwa. Kamurasis Amtszeit fiel zusammen mit dem ersten Auftreten der Araber, die als Händler in das Gebiet um den Viktoria-See kamen. Die Araber ließen sich in Gondoroko nieder und fielen von dort in die relativ kleinen und schutzlosen Luo-Reiche in Acholi ein.

Die ersten Europäer

Im Jahre 1862 begrüßten die Abgesandten Kamurasis die **Forscher Speke und Grant**, die ersten Europäer, die je Bunyoro erreichten. Zwei Jahre später besuchte **Samuel Baker** mit seiner Frau den Norden von Bunyoro. Der reiche Großwildjäger und Hobbyforscher verbrachte fast ein Jahr im Königreich. Er entdeckte als erster Europäer den Mwatanzige-See und taufte ihn in Albert-See um.

Arabische Händler, Sklavenjäger und die ersten Europäer

Kontakte mit Völkern außerhalb des heutigen Uganda gab es spätestens Ende des 18. Jh., als Nyamwezi-Händler aus dem heutigen Tansania nach Buganda kamen. Sie handelten vor allem mit Kleidung und Haushaltswaren, die gegen Elfenbein und Sklaven getauscht wurden. Ab 1840 machten sich auch Araber auf den Weg ins Innere Ostafrikas. Sie brachten vor allem Gewehre und ihre Religion, den Islam, mit. Die Pfade der Sklavenhändler und arabischen Missionare wurden auch von den ersten europäischen Forschern genutzt, als sie sich aufmachten, das für Europa noch unbekannte Terrain für sich zu entdecken.

Nil-Entdeckung

Von 1860 bis 1863 zogen die berühmten Forscher Grant und Speke auf diesen Wegen entlang, um die Quellen des Nils zu finden. 1862 stand John Speke am Abfluss des Nils aus dem Viktoria-See und schrieb darüber: „Die Landschaft war wunderschön, nichts kann sie übertreffen. Die Expedition hat nun ihren Sinn erfüllt. Der alte Vater Nil, ohne Zweifel, entspringt dem Viktoria Nyanza."

Ägypten und die Nilquellen

Nach der Entdeckung des Viktoria-Sees als eine der zwei Nilquellen, wollte der damalige ägyptische Vizekönig *Khedive Ismail* (1863–1879) die gesamte Nilregion dem **Großägyptischen Reich** einverleiben, das zu dieser Zeit den Sudan, die Küste des Roten Meeres und einige Teile im Osten Äthiopiens umfasste. 1871 ernannte Ismail *Samuel Baker* zum Generalgouverneur von **Equatoria**. Dieses war ein nicht ganz eindeutig definiertes Gebiet im südlichen Sudan, das um den Bereich der Nilquellen am Viktoria-See erweitert werden sollte. Als Baker seinen Posten 1872 bezog, erklärte er sogleich das Königreich Bunyoro zum Teil von Equatoria. Bunyoros König Kabalega beantwortete diese verbale Annexion mit dem Überfall auf die ägyptischen Truppen in Masindi. Baker war gezwungen, sich nach Patiko in Acholi zurückzuziehen und wurde schließlich wegen seines erfolglosen Wirkens abberufen. Ein Krieg zwischen Ägypten und den anvisierten Gebieten wurde wahrscheinlich nur durch *Emin Pasha* verhindert, der als Generalgouverneur seit 1878 eingesetzt war. Emin Pasha ließ von Bunyoro ab und wandte sich dem Gebiet des westlichen Nil zu, das von arabischen Händlern kontrolliert wurde. Nach den Mahdisten-Aufständen im Sudan 1883 waren seine Truppen vom Mutterland isoliert und abgeschnitten. So mussten die ägyptischen Truppen Uganda verlassen und erreichten 1889 die ostafrikanische Küste. Damit endete der Versuch, den Bereich der Nilquellen dem ägyptischen Großreich einzuverleiben.

Ausblick vom Speke-Denkmal auf die Nilquelle

Die Zeit der neuen Religionen

Als Mitte des 19. Jh. die ersten Sklavenjäger der Suaheli von der Ostküste an den Viktoria-See kamen, war das Königreich Buganda unangefochten die regionale Macht. Mit *Kabaka Mutesa* hatten die Sklavenhändler einen Verbündeten gefunden. Im Laufe der Zeit führten die Suaheli einige Clan-Führer in den Islam ein. Etwa zum selben Zeitpunkt lieferten sich französische Katholiken und britische Protestanten einen Wettlauf um die Seelen der Einwohner Bugandas. Die neuen Religionen brachten die Aristokratie und die lokalen Führer mehr und mehr von den traditionellen Kiganda-Gesetzen und dem traditionellen Glauben ab. Unversehens war das Reich in einen **Religionswettlauf** geraten.

Christentum fasst Fuß

Im Jahre 1884 starb König *Mutesa* und sein Sohn *Mwanga*, ein selbstbewusster junger Mann, übernahm den Thron. Mwanga, der sich zuerst zu keiner Religion hingezogen fühlte, versuchte die religiösen Gruppen und ihre Führer gegen einander auszuspielen und hatte damit anfangs auch Erfolg. Der junge König geriet allerdings immer mehr in die Fänge eines muslimischen Beraters. Der brachte ihn 1885 dazu Bischof Hannington zu exekutieren und außerdem 50 Christen aufs Grausamste zu töten. 1887 wandte sich Mwanga an die verbliebenen traditionellen Führer, die ihm halfen, sämtliche von außen eingebrachten Religionen sowie deren Anhänger zu vertreiben.

Eine seltsame **Allianz aus Christen und Moslems** versammelte sich in der Not und versuchte, genau das zu verhindern. Gemeinsam kämpften sie gegen den König und seine traditionellen Anhänger und stürzten ihn 1888. Den Moslems gelang es anschließend, die Macht an sich zu reißen und einen ihrer Religion wohl gesonnenen König zum Thron zu verhelfen.

Seltsame Allianz

Mit König *Kiwewa* kamen die Christen vom Regen in die Traufe, denn er ließ sie stärker verfolgen als sein Vorgänger. Als sich aber auch Kiwewa mehr und mehr wieder auf die traditionelle Kiganda stützte, begannen die Muslime erneut zu putschen und stürzten „ihren" König. Als Folge dieser muslimischen Willkür kam es 1889 zum Bürgerkrieg zwischen christlichen und muslimischen Bugandern. Diesmal siegte die christliche Fraktion und alle Muslime mussten Kampala verlassen. Ein Teil verließ Buganda ganz und schloss sich den Truppen von König *Kabalega* in Bunyoro an. Der ehemalige König Mwanga wurde als rechtmäßiger Kabaka wieder inthronisiert

Holzrelief am Namugongo-Schrein

Die Kolonialzeit

Tauziehen zwischen Deutschland und England

Nachdem die Moslems aus dem Reich verbannt waren, rangen frankophone Katholiken und anglophone Protestanten um die Vormachtstellung im Königreich. Da die Streitigkeiten um afrikanische Kolonien mittlerweile nicht mehr nur verdeckt ausgetragen wurden, befürchteten einige europäische Staaten, dass ein Kampf um afrikanisches Territorium zu einem Krieg in Europa führen könnte.

Aufteilung Afrikas

Besonders Belgien hatte Angst, seine Ansprüche gegen die großen Länder Europas im Streitfall nicht durchsetzen zu können. So ersuchte der belgische König Leopold II 1884 den Deutschen Kaiser Wilhelm I die Streitigkeiten auf zivilem Wege zu lösen. Reichskanzler Bismarck lud 1884 zu einer Konferenz nach Berlin, die als „Kongo-Konferenz" in die Geschichtsbücher einging (im englischen Sprachraum als „Berliner Konferenz" bezeichnet). Auf dieser Konferenz wurde Afrika praktisch am Tisch an die anwesenden Staaten verteilt. Deutschland bekam Gebiete im westlichen Afrika (Togo, Kamerun) sowie Deutsch-Südwest und Deutsch-Ostafrika (inklusive der Königreiche Ruanda und Urundi). Im Februar 1889 kam der deutsche Kaufmann *Carl Peters* nach Buganda und unterzeichnete für seine **Deutsche Ostafrika-Gesellschaft** einen Vertrag mit König *Mwanga*.

1890 unterzeichnete Deutschland die später als **„Helgoland-Sansibar-Vertrag"** bekannt gewordene Vereinbarung, in der Uganda den Briten überlassen wurde. Aus der Namensgebung des Vertrages entstand im Laufe der Zeit die irrige Annahme, es handele sich um einen Tausch der beiden Inseln. Sansibar ist aber zu keiner Zeit deutsches Hoheitsgebiet gewesen und war zum Zeitpunkt der Unterzeichnung ein selbstständiges Sultanat.

British East Africa

Nach der Unterzeichnung des Vertrages in Berlin reiste im Dezember des gleichen Jahres *Captain Lugard* als Repräsentant der **British East Africa Company** (Britische Ostafrika-Gesellschaft) nach Kampala. Er hoffte an Stelle der Deutschen mit Mwanga einen neuen Vertrag unterzeichnen zu können. Der König aber zeigte sich zunächst unbeeindruckt und verweigerte sich. Lugard jedoch griff hart durch. Mit Hilfe der Protestanten wurden Mwanga und seine katholischen Freunde auf eine Insel im Viktoria-See vertrieben. Der Kabaka floh später von dort nach Bukoba im Königreich Karagwe (Nord-Tansania). Im März 1892 kehrte er nach Buganda zurück und ihm blieb nichts anderes übrig, als den ihm diktierten Vertrag mit den Briten zu unterzeichnen. Im Oktober 1892 kehrte Lugard nach Großbritannien zurück und im November bestimmte die britische Regierung *Sir Gerald Portal* als neuen Kommissar für Buganda. Im März 1893 traf er in Kampala ein. Mwanga fügte sich in sein Schicksal und unterzeichnete schon einen Monat später einen neuen Vertrag, in dem Großbritannien dem Königreich seinen Schutz anbot. Im Gegenzug bekam das britische Königshaus das Recht, Steuern zu erheben und auszugeben.

Buganda wird britisch

Das **britische Protektorat Uganda** hatte ursprünglich nur die Größe des Königreiches Buganda. Doch Lugard wollte mehr. Im August 1891 unterzeichnete er mit dem **Omugabe von Ankole** einen Vertrag, der den Waffenhandel von Ankole aus in den Süden von Bunyoro verhindern sollte. Lugard vertrieb die Bunyoro-Armee aus Toro und setzte deren König *Kasagama* wieder ein. Anschließend ließ er einige Forts entlang der Grenze errichten, um ein erneutes Eindringen der Bunyoro nach Toro zu verhindern.

Im August 1894 wurde Uganda offiziell zum britischen Protektorat erklärt. Es folgte im Juni 1896 die einseitige Erklärung der Briten, die das Königreich Bunyoro zum Teil des britischen Protektorats Uganda erklärte. Das erste offizielle Abkommen zwischen Briten und der Führung von Bunyoro sollte jedoch erst 1933 unterzeichnet werden.

Zum Ende des 19. Jh. umfasste das Protektorat Uganda die Königreiche Buganda, Bunyoro, Ankole und Toro. Die britische Verwaltung schaffte es zwar, diese Territorien zu vereinen, tat aber ansonsten alles, um Uganda im Inneren zu spalten. Zum einen wurden Protestanten gegenüber Katholiken, Muslimen und traditionellen Glaubensrichtungen bevorzugt, zum anderen wurden mehr und mehr Clan-Führer außerhalb Bugandas mit Bugandern besetzt. So säten die Briten bereits die Konflikte für die kommenden Jahrzehnte.

Uganda wird größer

Das britische Protektorat Uganda

Die Grenzen Ugandas unterlagen während der britischen Herrschaft einer ständigen Veränderung. Im Süden und Westen gab es zwar theoretische Grenzen, die sprachlich und vertraglich an die jeweiligen Königreiche angelehnt waren. Doch die Grenzen dieser Königreiche veränderten sich ständig. Auch reichten die von Großbritannien beherrschten Königreiche nicht immer direkt an die Gebiete der anderen europäischen Nationen (namentlich Deutschland und Belgien) heran. In den ersten 15 Jahren des 20. Jh. wurde das Protektorat dadurch immer größer. Der Grund war nicht das Zusammenführen ethnischer oder kulturell verwandter Gruppen und Gebiete, vielmehr hatte man Angst, dass die nicht im europäischen Besitz befindlichen Gebiete von anderen europäischen Nationen einverleibt werden könnten.

Die **Kigezi-Region** war so ein Gebiet. Sie lag jenseits von Buganda, aber nahe der deutschen und belgischen Kolonialgebiete. So wurde diese Region mit kleinen und kleinsten Königreichen im Jahre 1911 von den Briten besetzt und annektiert. Die örtlichen Führer wurden durch Bugander ersetzt, was zu jahrelangen Unruhen in dieser Region führte, bis sich die Briten 1929 entschlossen, die traditionellen Führer wieder einzusetzen. Die Gebiete nördlich des Nils waren zunächst nur von untergeordneter Rolle gewesen. Doch 1911 beschloss der Gouverneur Ugandas, Lango zu annektieren und 1913 kamen Acholi und Karamoja hinzu.

West Nile Province

Das letzte Stück im ugandischen Puzzle der Reiche und Regionen war die „West Nile Province". Die Provinz war bis 1910 an Belgien vermietet, kam dann erst unter sudanesische Verwaltung, bevor sie 1914 endgültig ein Teil Ugandas wurde. Die einzige Änderung betraf anschließend die Grenze zur britischen Kronkolonie Kenia. Ursprünglich ging das Protektorat Uganda bis zum Rift Valley. Da sich der Bereich des ostafrikanischen Grabenbruchs aber nicht gut von der weit entfernt liegenden Hauptstadt Entebbe regieren ließ, unterstellte man ihn der Kolonialverwaltung im näher gelegenen Nairobi. Seitdem markiert der Mount Elgon die Grenze der beiden ostafrikanischen Staaten.

Die Briten regierten ihr Protektorat mit Hilfe des traditionellen **Kiganda-Systems**. Sie stülpten den anderen Provinzen die Buganda-Herrschaft einfach über und ließen sie die administrative Arbeit machen. Für die anderen Volksgruppen hatte das oft einen fatalen Bruch mit ihren Traditionen zur Folge. Wie bei den Karamoja, die in ihrer Tradition nie einen „Chief" gekannt hatten, sondern alles gemeinsam im Clan oder im Ältestenrat besprachen. Den Bugandern schien diese Rolle zu gefallen, sorgte sie doch für Privilegien bis in die Unabhängigkeit hinein. Uganda gehörte zu Zeiten König George V. (1910-1936) zu den selbstständigsten unter den britischen Afrikakolonien und die Ugander genossen eine gewisse Autonomie. Da es kaum europäische Farmer gab, war die Baumwollproduktion fast vollständig in der Hand afrikanischer Farmer. 1920 wurden gerade mal 500 km² Land von weißen Farmern bestellt.

Büste König George V. im Sheraton Garten, Kampala

Vorwiegend afrikanische Farmer

Die **politische Dezentralisierung** des Landes wurde durch die 1949 in Kraft tretende „Local Government Ordinance" verstärkt. Mit dieser wurde das Protektorat in 18 neuen Distrikten organisiert. Die Region, die am meisten unter dem föderalen System zu leiden hatte, war der Norden. Vernachlässigt im Bereich der Bildung, der Infrastruktur und der politischen Vertretung in der Zentralverwaltung, verkam der Norden zum Armenhaus des Protektorats. Durch die fehlende Infrastruktur war es für die Farmer schwierig, ihre Waren zu handeln.

Der Ruf nach **Unabhängigkeit** in Afrika nach dem Ende des 2.Weltkrieges war in Uganda zunächst relativ leise. Das lag an verschiedenen Faktoren: an der nur geringen Landnutzung von Weißen, dem hohen Grad an afrikanischer Selbstverwaltung auf lokaler Ebene und der sicheren politischen Stellung der protestantischen Buganda-Elite. Die erste Unabhängigkeitspartei gründete sich in Uganda erst 1952. Der **Uganda National Congress** (UNC) bekam, außer aus dem benachteiligten Norden, anfangs nicht viel Unterstützung. Der als unbeliebt geltende *Kabaka Mutesa II.* stellte sich 1953 gegen die britische Administration. Er wetterte gegen eine weitergehende Zusammenarbeit mit den britischen Gebieten Kenia und Tansania und gegen einen vereinten ostafrikanischen Staat. Als der britische Gouverneur ihm zudem nicht einmal Garantien über eine Beibehaltung des föderalen Status für Buganda gab, erklärte er, Buganda würde für sich die Unabhängigkeit propagieren. Der Gouverneur erklärte damit *Mutesa II.* als nicht mehr loyal gegenüber den Briten, setzte ihn ab und schickte ihn nach Großbritannien ins Exil. Das verhalf dem einst nicht beliebten König zu ungeheurer Popularität.

Erste Partei-Gründung

High Court of Uganda

Als Mutesa II. 1955 nach Uganda zurück kam, wurde er fast wie ein Nationalheld gefeiert. Leider nutzte er die landesweite Popularität nicht, um Uganda weiter zu einen, sondern handelte neue Privilegien für Buganda aus. Das neue **Buganda-Abkommen** wurde am 18. Oktober 1955 unterzeichnet. In der so genannten „Lancaster-House-Verfassung" wurden einige Sonderrechte für das Königreich Buganda festgeschrieben, was den Neid anderer Bevölkerungsteile weckte.

1956 wurde eine weitere Partei gegründet, die **Democratic Party** (DP). Deren Anführer, *Matayo Mugwanya*, wurde von Mutesa als Kandidat für den Posten des Premierministers mit der Begründung abgelehnt, er sei katholisch. Die Gründung der Partei war der Versuch, den bisher als Bürger zweiter Klasse angesehenen Katholiken des Landes eine Stimme zu geben. Die Ausrichtung auf hauptsächlich katholische Mitglieder und damit auf die katholische Wählerschaft, machte den Erfolg der Partei von Anfang an fraglich.

Das unabhängige Uganda

Der lange Weg zur Unabhängigkeit

Die ersten Wahlen

Zu den ersten Wahlen in Uganda, bei der 1958 eine nennenswerte Anzahl Afrikaner ins Parlament gewählt werden konnte, gründete sich die **Uganda People's Union** (UPU). Die UPU war die erste öffentliche Vereinigung von nicht bugandischen Führern. Von daher war die Gründung ein wichtiger Schritt hin zu einer „Polarisierung" der ugandischen Politik. Im Jahr 1959 teilte sich die UNC auf und die nicht bugandischen Mitglieder schlossen sich mit der UPU zusammen und gründeten den **Uganda People's Congress** (UPC). Als Vorsitzender wurde *Milton Obote* gewählt.

Die Wahl zur Vorbereitung der Unabhängigkeit fand im Mai 1961 statt und die drei Parteien DP, UPC und KY waren die Favoriten. Da die Bugander zum Wahlboykott aufriefen, konnte die DP mit Deutlichkeit gewinnen. So wurde der DP Abgeordnete *Benedicto Kiwanuka* nach der formellen Regierungsübergabe am 1. März 1962 erster Premierminister. Das erste Mal in der Geschichte des Landes, dass ein Katholik die Geschicke des Landes bestimmt. Die neue Regierung bereitete die Wahlen zur Unabhängigkeit vor, die noch im selben Jahr stattfanden. Auf Grund des vorherigen Wahlsieges der DP, fanden sich die UPC und KY zu einer ungleichen Koalition zusammen, die nicht mehr verband als der Wunsch, die Katholiken von der Macht fernzuhalten. Bei den Wahlen gewann die UPC 43 Sitze, die DP 24 und die KY 24 (davon allein 21 aus Buganda). Die absolute Mehrheit der UPC-KY mit 67 zu 24 wählte den UPC-Vorsitzenden Milton Obote zum neuen Premierminister, der Uganda am 9. Oktober 1962 für **unabhängig** erklärte.

Unabhängigkeit

Das erste Regime Obote

Flagge Ugandas

Obote errichtete eine Regierung unter religiösen und ethnischen Gesichtspunkten. Das Königreich Buganda behielt dabei eine Form von Eigenständigkeit, die den anderen Königreichen des Landes verwehrt blieb. Trotzdem gab es von Beginn an Spannungen zwischen Premierminister *Milton Obote* und *König Mutesa II.* von Buganda. Eine der Fragen, in der beide in Streit gerieten, war die des Staatsoberhauptes. Um den Streit beizulegen, wurde 1963 beschlossen, auf Queen Elizabeth als Staatsoberhaupt zu verzichten. Da Obote eine Monarchie für ganz Uganda ablehnte, wurde vereinbart, das neue Amt eines **repräsentativen Präsidenten** zu schaffen. So wurde der König als Sir Edward Mutesa im Oktober zum Präsidenten gewählt.

Durch die so genannten „lost counties" von Bunyoro, die durch ein Referendum am 24. April 1964 mit 80 % der Wählerstimmen wieder zum Königreich Bunyoro zurückkehrten, zerbrach im August 1964 das Bündnis im Streit und beendete die UPC-KY Allianz. Die Spannungen zwischen Obote und Mutesa gipfelten 1966 in der so genannten „Verfassungskrise". Obote setzte die Verfassung außer Kraft und erkannte Mutesa die Präsidentschaft ab. Mutesa rief die Vereinten Nationen an, die sich jedoch nicht in den internen Streit einmischen wollten.

Erste Staatskrise

Obote ließ unterdessen seine Armee vor dem Königspalast aufmarschieren. Mutesa blieb nur die Flucht ins **Exil**. Während der Erstürmung des Königspalastes wurden etwa 2.000 Königsanhänger inhaftiert und kamen später unter mysteriösen Umständen ums Leben. Im April 1966 gab Obote seine neue Verfassung bekannt, in der er den Einflussbereich des Premierministers veränderte und sich selber zum **Präsidenten auf Lebenszeit** ernannte. Im September 1967 wurde die Verfassung erneut geändert. Die Königreiche wurden abgeschafft und stattdessen wurde das Land in Provinzen eingeteilt. Er gab der Armee weit reichende

Befugnisse, dazu gehörte auch die Möglichkeit von Festnahmen und Internierung ohne Verhandlung. Obote stützte seine Macht nun zunehmend auf das Militär – durch seine Politik hatte er sich eine Menge Feinde geschaffen, vor allem bei den Bugandern. 1969 wurden die DP sowie alle anderen Parteien verboten. Einher gingen zahlreiche Verhaftungen, darunter der DP-Führer *Benedicto Kiwanuka*, die königliche Familie von Buganda, muslimische Führer und zahlreiche Rechtsanwälte, Studenten und Journalisten.

Idi Amins Aufstieg

Am 11. Januar 1971 flog Obote zu einer Commonwealth-Konferenz nach Singapur. Kurz vorher hatte er seinem Armeechef eine Mitteilung überbracht, in der er eine Erklärung für das Verschwinden von vier Millionen Dollar aus dem Militärbudget verlangte, sowie die Aufklärung eines Doppelmordes an einem Brigadeoffizier und seiner Frau in Gulu. Der angesprochene Armeeführer war kein geringerer als *Idi Amin*. Er sah nur einen Ausweg den Fragen seines Präsidenten aus dem Weg zu gehen: die Macht im Land selber zu übernehmen.

Das Land unter Idi Amin

Staatsstreich

Der Putsch

Am Morgen des 25. Januar 1971 wurden die Bewohner Kampalas von einem Militärputsch überrascht, bei dem sich General Idi Amin als neuer Staatschef einsetzen ließ. Ebenso überraschend war, dass sein Putsch und die daraus resultierende Machtergreifung, mit großen Jubelstürmen begrüßt wurde. In Uganda schien es, als freuten sich außer den Freunden Obotes, alle Bevölkerungsgruppen, sogar die Buganda, denen Amin während Obotes Zeit als Armeechef besonders übel nachstellte. Der Grund war aber nicht die große Popularität von Amin, sondern lediglich die große Abneigung gegen Obote, der ihren König vertrieben und ihr Königreich aufgelöst hatte.

Amin hatte durchaus erkannt, dass die Buganda eine Schlüsselrolle spielten, wollte er das Land einigermaßen sicher regieren. Um seine frühere Brutalität ein wenig vergessen zu machen, verfügte er die Rückkehr des Leichnams von König Mutesa, um ihm ein Begräbnis in Uganda zu ermöglichen. Wie so viele Militärherrscher vor, und auch nach ihm, versprach er die baldige Rückkehr zu einer zivilen Regierung und Neuwahlen. Doch schon bald zeigten sich die wahren Züge Amins.

US-Magazin Newsweek vom Aug. 1975

Konflikt mit den Asiaten

Schon bald nach seinem Putsch begann Amin einen „Neidfeldzug" gegen die im Land lebenden Asiaten, die hauptsächlich indischer Abstammung waren. Die meisten von ihnen waren Händler und bildeten die Mittelschicht, die in weit besseren Verhältnissen lebte als die meisten Ugander. Auf Grund dieser Tatsache war es Amin ein

Leichtes, die Bevölkerung von seinen eigenen Misserfolgen abzulenken und die Asiaten als Sündenbock für die allgemeine schlechte wirtschaftliche Lage darzustellen. Mitte 1972 ließ er alle Asiaten aus Uganda vertreiben und konfiszierte deren Vermögen. Die Vertreibung aller Asiaten, ganz gleich ob Ausländer oder offizielle ugandische Staatsbürger, stieß am Anfang auf breite Zustimmung in der Bevölkerung und förderte Amins Popularität.

Wirtschaftskrise

Vielen Ugandern waren die Asiaten auf Grund ihrer wirtschaftlichen Stellung schon lange ein Dorn im Auge gewesen. Auch profitierten die zahlreichen Plünderer, die sich über das Eigentum der Asiaten hermachten. Monate danach sah die Bevölkerung die Sache nicht mehr so eindeutig. Mussten doch vor allem die Menschen in den Städten miterleben, wie die Versorgung zusammenbrach und die Regierung ebenso wenig wie Privatleute in der Lage waren, die Handelsgeschäfte der Asiaten im selben Umfang weiterzuführen.

Amins Innen- und Außenpolitik

Hinter dem Schleier der anfänglichen Popularität Amins, begann sein Feldzug für die Sicherung der absoluten Macht. Dazu gehörte das „Aufräumen" in der Armee, besonders die Entfernung der Soldaten aus den ethnischen Gruppen der Acholi und Lango. Bis Ende 1973 waren 13 der ehemals 23 führenden Armeeoffiziere ermordet sowie 8 von 20 Kabinettsmitgliedern von Obotes Regierung. Besondere öffentliche Aufmerksamkeit weckte 1973 die Ermordung des früheren Premierministers *Benedicto Kiwanuka* und des stellvertretenden Vorsitzenden der Makerere-Universität durch Idi Amin. Bereits im Jahre 1974 versank das ganze Land in Amins **Terror**. Während seiner 8-jährigen Herrschaft sollen 300.000 Menschen von ihm und seinen Helfern, meist unter dem Deckmantel des „State Research Bureau", ermordet worden sein. Viele von ihnen auf bestialische und grausame Weise. Hauptzielgruppe für Amin und seine Leute waren die nördlichen ethnischen Gruppen, Intellektuelle und andere Politiker. All das geschah mit – zumindest moralischer – Unterstützung fast aller afrikanischen Führer.

Titelbild des Spiegel 1975

Anfang vom Ende Amins

1975 wurde Idi Amin zum **Präsidenten der Organisation für Afrikanische Einheit** (OAU) gewählt. Die einzige kritische Stimme Afrikas gegen die Herrschaft Amins kam aus Tansania. Der dortige Staatschef *Julius Nyerere* sagte, es sei heuchlerisch das Apartheid-System Südafrikas zu geißeln, nicht aber dieselbe Vorgehensweise eines anderen afrikanischen Landes unter „schwarzer" Führung. Etliche Politiker aus Uganda gingen nach Tansania ins Exil, allen voran Milton Obote und Yoweri Museveni. 1975 weigerte sich Nyerere, einem Treffen der OAU in Kampala beizuwohnen. Mit dieser Haltung zog der tansanische Präsident den Zorn des Despoten auf sich. Auch weil sich die Landbevölkerung in Uganda langsam immer stärker gegen ihn stellte, suchte Amin sein Heil im Krieg.

Krieg mit Tansania

1978 erklärte Idi Amin dem Nachbarland Tansania den Krieg und bombardierte die Städte Bukoba und Musoma. Das durch die sozialistische Staatsform wirtschaftlich darniederliegende Tansania mobilisierte seine letzten Kräfte, um den Aggressor wieder aus dem Land zu vertreiben und den von ihm besetzten Teil Tansanias zurückzuerobern. Mit Hilfe der in Tansania lebenden Exil-Ugander und Sympathisanten der **Uganda National Liberation Front** (UNLF/UNLA) unter Führung von *Professor Yusuf K. Lule* konnten die Truppen Amins geschlagen werden. Im März 1979 marschierten die tansanisch-ugandischen Truppen in Kampala ein. Idi Amin flüchtete kurz vor der Einnahme der Hauptstadt ins Exil nach Saudi-Arabien, wo er bis zu seinem Tod am 16. 8.2003 lebte.

Sieg gegen Amin

Das zweite Obote-Regime

Obotes Rückkehr

Nach der Flucht Amins begann eine unheilvolle Reihe von politischen Intrigen. Tansania hatte sich nach dem Sieg über Amin wieder zurückgezogen. Milton Obote erklärte nach der Flucht Amins seinen Anspruch auf die Führung Ugandas, doch noch zögerte er, in das Land zurückzukehren. Zunächst gelang es der UNLF, sich durchzusetzen und Professor Lule als neuen Präsidenten einzusetzen. Durch die vielen Rückkehrer aus dem Exil war die Situation jedoch schwierig. Es bildeten sich drei verschiedene Regierungen innerhalb von nur 20 Monaten. Professor Lule blieb nur 68 Tage im Amt.

Professor Lule wird Präsident

Der überraschend zum Nachfolger bestimmte *Godfrey Lukongwa Binaisa* konnte sich auch nicht lange halten. In Mai 1980 tauchte ein alter Bekannter der ugandischen Politik auf der Bildfläche auf, der Veteran *Paulo Muwanga*. Er galt als Freund Obotes und viele sahen in ihm einen Vorboten der alten UPC-Partei, deren Mitglieder seit dem Sturz von Obote vor allem in Tansania im Exil lebten und auf eine Rückkehr warteten. Auch die frühere Democratic Party mit ihrem neuen Führer *Paul Kawanga Ssemogerere* versuchte sich wieder auf der politischen Bühne.

In den **Wirren der Nach-Amin-Ära** wurden für den Dezember 1980 allgemeine Wahlen in Uganda beschlossen. Die beiden wichtigsten und größten Parteien, die in dieser ersten Wahl seit 1962 antraten, waren die DP unter Paul Ssemogerere und die UPC mit Milton Obote an der Spitze. Einige Monate vor der Wahl hatte sich eine neue Partei gegründet, die **UPM** (Uganda Patriotic Movement) unter Führung des jungen Intellektuellen *Yoweri Museveni*. Die Wahlen waren von Korruption und Betrug gekennzeichnet.

Obote erneut gewählt

Museveni prangerte öffentlich die Wahlfälschungen an und musste daraufhin aus der Hauptstadt flüchten. Mit 28 jungen Gefolgsleuten begann er im Februar 1981 seinen Kampf gegen das Obote-Regime. In Europa wurde die Rückkehr des rechtmäßigen und von Amin gestürzten Präsidenten Milton Obote begrüßt.

Der Terror bleibt

1982 gründete Museveni die **Widerstandsarmee NRA** (National Resistance Army). Viele der rekrutierten Mitkämpfer waren Waisen, die während ihrer Kindheit im ersten Obote-Regime oder unter Idi Amin ihre Eltern verloren hatten. Die Operationen der NRA begannen vom so genannten Luwero-Dreieck aus, das nördlich von Kampala liegt. Von hier aus wollte die NRA Obote mittels eines Guerilla-Krieges entmachten. Obotes Antwort war unvorstellbar grausam. Er ließ das Luwero-Gebiet stürmen und tötete tausende von Zivilisten. Die Welt nahm wieder keine Notiz davon.

Organisierter Widerstand

Obotes Schreckensherrschaft entwickelte sich zu etwas, was selbst die leidgeprüften Ugander sich nicht hatten vorstellen können. Wer geglaubt hatte, mit dem Ende des Idi Amin-Regimes würde Ruhe einkehren in das von jahrelangem Terror gebeutelte Land, der irrte sich gewaltig. Obote stand seinem Vorgänger in Sachen Grausamkeit kaum nach. Obote konnte es nicht verstehen, dass das Militär nicht in der Lage war, den Aufstand zu beenden und endlich wieder Ruhe im Land herzustellen. Es kam immer öfter zu Meinungsverschiedenheiten, bis die Militärkommandanten Präsident Obote 1985 kurzerhand absetzten. Während Obotes zweiter Herrschaft sollen an die 500.000 Menschen ihr Leben verloren haben.

Das neue Uganda

Musevenis NRA und NRM

Die Machtübernahme von Musevenis NRA/NRM und seinen jungen Freiheitskämpfern wurde im Süden und Westen des Landes mit großem Jubel gefeiert. In den anderen Landesteilen hielt sich der Jubel in Grenzen, hatten sie doch in den Jahren davor durch diverse Regime profitieren können und jetzt Angst, die neue Regierung könne das zu ihrem Nachteil auslegen. Für viele Ugander aus dem Norden des Landes war es eine besondere Schmach, glaubte man doch seit Jahrzehnten, den Bantus im Süden und Westen weit überlegen zu sein. So brachen kurz nach der Machtübernahme Musevenis in diesen Landesteilen bewaffnete Aufstände aus. Die neue Regierung hatte alle Hände voll zu tun, die Einheit des Landes zu bewahren.

Blick vom Sheraton-Hotel auf Kampala

Yoweri Museveni übernahm ein Land, das nach jahrzehntelanger Terrorherrschaft traumatisiert war. Kaum ein anderes Volk hatte nach der Unabhängigkeit Ähnliches mitmachen müssen. Auch das Ausland war nach den brutalen Diktaturen, Militärputschen und Bürgerkriegen ohne große Illusion. Eine von Musevenis ersten Handlungen war die Trennung und Umformierung seiner Befreiungsarmee NRA (National Resistance Armee) in eine Staatsarmee (UPDF – Uganda People's Defense Force) und in eine Partei bzw. Bewegung, das National Resistance Movement (NRM), zu Deutsch: Nationale Widerstandsbewegung.

Vom Einparteienstaat und Demokratie

Yoweri Museveni war trotz seiner durch militärische Gewalt erzwungenen Machtübernahme keineswegs ein neuer Obote oder Amin. Er überraschte alle Beobachter, im In- wie im Ausland, zunächst positiv. Eine neue Regierung über alle politischen, ethnischen und religiösen Grenzen hinweg wurde gebildet. Mit dieser Politik der **nationalen Aussöhnung** wollte er auch die negativen Stimmen in den nördlichen Landesteilen beruhigen. Dies galt auch für die lange bekämpfte UPC. Die neue NRM-Regierung unter Museveni versuchte durch die Einführung einer Art Volksdemokratie in Form von lokalen Ortsräten, genannt „Resistance Councils", die Bevölkerung vor Ort an der Meinungsbildung und der Realisierung von Politik zu beteiligen. Damit sollte das Prinzip der politischen Verantwortlichkeit eingeführt und gestärkt werden.

Friedlichere Zeiten

Museveni führte Recht und die Gerichtsbarkeit wieder ein, lockerte die Pressefreiheit, ermöglichte die Rückkehr der Asiaten und anderer Exil-Ugander und berief die dringend herbeigesehnte **Menschenrechtskommission**. *Idi Amin* und *Milton Obote* entgingen aber ihrer gerechten Strafe.

Auf wirtschaftlichem Gebiet war eine Menge Arbeit notwendig, um nach jahrzehntelangem Niedergang, Rezession und Inflation das Land wieder auf die Beine zu stellen. In Wirtschaftsfragen trat Museveni pragmatisch auf und ermunterte das Ausland zu investieren. Ebenso öffnete er sein Land wieder dem **Tourismus**, obwohl die Infrastruktur stark gelitten hatte. Dafür wurde er mit einem durchschnittlichen Wirtschaftswachstum von 10 % in seiner ersten Amtszeit belohnt. Am beeindruckendsten aber war, dass Uganda unter Museveni langsam eine Gesellschaft wurde, in der die ethnische oder religiöse Zugehörigkeit nicht den Alltag bestimmte. Er war der erste Präsident Ugandas, dem es gelang, eine wirkliche Nation zu formen.

1993 steigerte Museveni seine Popularität, indem er die **Königreiche** Buganda, Toro und Bunyoro wieder auferstehen ließ. Im Juli 1993 kam der zuvor in London lebende und in Cambridge ausgebildete Sohn von Mutesa II., *Roland Mutebi*, nach über 20 Jahren im Exil zurück nach Uganda und wurde in einer großen Feier zum 36. Kabaka von Buganda gekrönt. Im folgendem Jahr machte man sich an die Arbeit zu einer neuen **Verfassung**, die im Juli 1995 verkündet wurde. Auf Basis dieser Verfassung sollten Mitte 1996 Wahlen stattfinden, um wieder einen demokratisch gewählten Präsidenten an der Spitze des Landes zu haben.

Königreiche kommen wieder

Nach der neuen Verfassung waren außer dem NRM keine weiteren Parteien mehr zugelassen. Die Demokratie sollte über gewählte Personen und ihre Ideen und nicht mehr über verschiedene Parteien laufen. Zudem wurde die Amtszeit des Präsidenten auf zwei Amtszeiten à fünf Jahre beschränkt. Die Amtszeit vor der Gültigkeit der neuen Verfassung sollte nicht zählen.

Die erste Präsidentenwahl fand im Mai 1996 statt und Museveni gewann die Wahlen souverän. Der amtierende Präsident konnte sich gegen seine beiden Kontrahenten *Paul Kawanga Ssemogerere* und *Mohamed Mayanja* mit 74,2 % der Stimmen durchsetzen. Sein Herausforderer Paul Ssemogerere, ehemaliger Parteichef der DP und auch für kurze Zeit Premierminister unter Museveni, bekam 23 % der Stimmen. Obwohl internationale Beobachter den Wahlen einen fairen Charakter bescheinigten, akzeptierte der unterlegene Ssemogerere das Ergebnis aufgrund von angeblichen Wahlfälschungen nicht und boykottierte die darauf stattfindenden Parlamentswahlen. Bei diesen Parlamentswahlen, bei denen keine Parteien, sondern nur Kandidaten gewählt werden konnten, gewannen die meisten Kandidaten ihren Wahlkreis, die sich mit der politischen Ideen der NRM identifizierten.

Frau am Tomatenstand

Der Westen, zuvor jeweils auch mit den Diktatoren sympathisierend, war mittlerweile von Museveni sehr angetan. Das lag vor allem an seinem kapitalistischen **Wirtschaftskurs** und der Einhaltung aller von Weltbank und Währungsfonds geforderten Kriterien, mit denen er einen sehenswerten wirtschaftlichen Aufschwung schaffte. Nur das Demokratieverständnis bereitete im Westen Kopfschmerzen. Gilt doch die Einparteien-Demokratie, egal wie sie organisiert ist und aus welchem Grund sie praktiziert wird, im Westen als Diktatur.

Liebling des Westens

Museveni antwortete stets auf die Frage nach der Weigerung zur Einführung einer Mehrparteien-Demokratie mit dem Argument, dass das Land Stabilität mehr brauche als viele Parteien, die das ethnische Problem, das jahrelanges Unheil brachte, wieder verschärfen würde. Er machte aber immer klar, dass er für demokratische Entscheidungen sei. So standen Personen und ihre Ideen innerhalb einer Partei, Museveni nannte es **Bewegung**, zur Wahl. Trotz einiger Vorbehalte aus dem Westen gegen die neue Verfassung, begannen die Führer der westlichen Welt, Museveni ihre Aufwartung zu machen. Auch der damalige deutsche Bundespräsident Roman Herzog besuchte Uganda Anfang 1996. Später folgten die amerikanischen Präsidenten *Bill Clinton* (1998) und *George W. Bush* (2003).

Bei den nächsten turnusmäßigen Wahlen im Jahre 2001 wurde Museveni mit 69,3 % der Stimmen zum zweiten Mal wiedergewählt. Sein größter Rivale, *Dr. Kizza Besigye*, bekam 28 %. Wahlbeobachter konstatierten zwar erhebliche Unregelmäßigkeiten im Vorfeld und während der Parlaments- wie auch der Präsidentschaftswahlen, dennoch gelang es vielen unabhängigen Kandidaten ins Parlament einzuziehen. Nach den Wahlen verbesserte sich die Lage der Opposition etwas.

Die aktuelle politische Lage

Idi Amins Tod

Im August 2003 verstarb der ehemalige Diktator *Idi Amin* im Exil in Saudi-Arabien. Anfang 2004 begann eine Diskussion über eine **Verfassungsänderung**, die Museveni eine dritte Wiederwahl ermöglichen sollte. Die Meinungen darüber gingen, auch bei seinen Anhängern, weit auseinander.

Anfang 2005 spitzte sich die Diskussion um eine Verfassungsänderung zu. Im Mai 2005 gaben die Regierungen Großbritanniens und Irlands die Streichung von Hilfsgeldern bekannt, um Präsident Museveni unter Druck zu setzen. Es sollte bei der Wahl auch über die Einführung einer **Mehrparteien-Demokratie** entschieden werden. Die Opposition befürchtete, dass durch Manipulationen beide Fragen zu Gunsten Musevenis entschieden würden und die gerade entstandene Parteienopposition wieder zerschlagen würde. Im Laufe der Diskussionen änderte die Regierung ihr Vorgehen. Wahrscheinlich auf Druck aus dem Ausland, entschied die Regierung, die Frage der Verfassungsänderung in puncto Wiederwahl aus dem Referendum herauszunehmen und diese Änderung allein vom Parlament entscheiden zu lassen. Abgestimmt werden sollte nur noch zwischen dem so genannten „Movement-System" und einem Mehrparteien-System. Präsident Museveni entschied sich, für das Mehrparteien-System zu werben, das er selber vor knapp zwei Jahrzehnten abschaffte. Er hoffte damit, den Westen nach der Verfassungsänderung des Parlaments vom 12. Juli 2005, bei der die Beschränkung der Wiederwahl des Präsidenten aufgehoben wurde, zu beruhigen.

Das umstrittene, 12,5 Mio. US$ teure, Referendum fand am 28. Juli 2005 statt. Nach offiziellen Angaben stimmten 92,5 % der Wähler für eine Mehrparteien-Regierung. Die Wahlbeteiligung lag auf Grund eines Wahlboykotts der Opposition bei offiziell 47 %, in Kampala bei 19 %, was die Opposition als Erfolg feierte.

Die letzten Wahlen

Am 10. Oktober 2005 starb der ehemalige Diktator Milton Obote im Exil. Nach der Verfassungsänderung stand Präsident Museveni am 23. Februar 2006 wieder zur Wahl. Bei den Wahlen 2006 spielten neben den traditionellen Parteien, wie der Democratic Party (DP) und dem Uganda Peoples Congress (UPC), auch das „Forum for Democratic Change" (FDC) eine größere Rolle. FDC-Kandidat Kizza Besigye galt als größter Rivale im Kampf um das Präsidentenamt. Aber der Amtsinhaber Museveni gewann die Wahl mit 59 % der Stimmen. Sein größter Herausforderer Besigye erhielt 37 %. Die Witwe des ehemaligen Diktators Milton Obote holte als Kandidatin der UPC 0,9 % der Stimmen. Die Wahlbeteiligung lag bei 75 % der 10,8 Mio. eingeschriebenen Wähler. Die politische Lage wurde in den folgenden Jahren schwieriger, da sich das Regime um Museveni hauptsächlich um den Machterhalt kümmerte und die Opposition immer mehr unter Druck setzt. Der Fund von Erdölvorkommen unter dem Lake Albert und die Aussicht auf viel Geld haben schon weit vor der Förderung zu Verteilungskämpfen geführt. Auf Grund von Querelen zwischen Regierung und Erdölkonsortium um den Bau einer Raffinerie verzögert sich die Erdölförderung mindestens bis zum Jahr 2015. Bei den Wahlen 2011 wurde Amtsinhaber Museveni mit über 68 % der Stimmen wiedergewählt.

Die Geschichte Ruandas

Schnell-Überblick Geschichte

Frühgeschichte

Vor 700 v. Chr.	In Ruanda leben einfache Jäger und Sammler, die Vorfahren der heutigen Batwa.
Ab 700 v. Chr.	Bantu-Völker wandern von Zentralafrika nach Ruanda ein.
10.-14.Jh.	Einwanderung von Rinderzüchtern, den heutigen Batutsi
11.-14.Jh.	Bildung einer „Herrscher-und-Untertan"-Beziehung zwischen den Batutsi und den Bahutu
15. Jh.	Das Königreich Ruanda wird von Nachbarn besiegt und seiner königlichen Trommel beraubt (Rwoga).
16.Jh.	Ruanda wird mit König Ruganzu II Ndori (1510-43) wieder selbstständig
1853	König Kigeli IV. Rwabuguli wird Herrscher über Ruanda (bis 1896).

Die deutsche Zeit

1884	Am 15. November beginnt die Berliner „Kongo-Konferenz". Das Königreich Ruanda wird dabei Deutschland zugestanden.
1885	Kaiser Wilhelm I. gibt am 27. Februar einen Schutzbrief heraus, der die Besetzung ostafrikanischer Gebiete legitimiert. Am 27. Mai wird Carl Peters zum Reichskommissar ernannt.
1891	Deutsch-Ostafrika wird als deutsche Kronkolonie dem Außenministerium unterstellt.
1894	Graf von Goetzen unternimmt als erster Deutscher eine Reise nach Ruanda
1898	Die Deutschen gründen die erste Militärstation in Ruanda.
1906	Graf von Goetzen teilt die Verwaltung von Urundi-Ruanda wieder auf.
1907	Am 15. November wird Richard Kandt kaiserlicher Resident im Königreich Ruanda.
1908	Kigali wird offiziell Sitz der deutschen Kolonialverwaltung für Ruanda.
1911	Unterzeichnung eines Grenzvertrages mit Belgien, in dem der genaue Grenzverlauf zwischen Ruanda und Belgisch-Kongo festgelegt wird
1912	Als letzter Deutscher wird am 22. April Albert H. Schnee neuer Gouverneur von Deutsch-Ostafrika (bis 14.11.1918).

Die belgische Zeit

1916	Am 6. Mai marschieren die belgischen Truppen in Kigali ein.
1920	Nach dem Versailler Vertrag werden alle deutschen Kolonien ab dem 20. Januar dem Völkerbund unterstellt. Deutsch-Ostafrika wird aufgeteilt und das Verwaltungsmandat über Ruanda und Burundi wird Belgien übertragen.
1925	Am 25. April wird Ruanda verwaltungstechnisch ein Teil der Kolonie Belgisch-Kongo.
1931	König Musinga wird von den Belgiern abgesetzt und durch seinen Sohn Mutare III. Rudahigwa ersetzt.
1932	Der Anbau von Kaffee beginnt.
1946	Nach der Auflösung des Völkerbundes wird Ruanda Treuhandgebiet der Vereinten Nationen unter belgischer Verwaltung.
1959	Am 25. Juli stirbt König Rudahigwa und wird am 28. Juli beigesetzt. Anschließend wird Kigeli V. als neuer König von Ruanda bestimmt.

	Nach der Ermordung von *Mbonyumutwa* dem Chef der Bahutu-Bewegung, kommt es Anfang November zu ethnischen Auseinandersetzungen.
1960	Bei den Kommunalwahlen zwischen dem 26. Juni und dem 31. Juli gewann die Bahutu-Partei PARMEHUTU 70,4 % der Stimmen.
Das unabhängige Ruanda	
1961	Am 15. Januar bekommt Ruanda die innere Autonomie und am 25. Januar wird die Macht an die provisorische Regierung abgegeben.
1962	Ruanda erlangt am 1. Juli die völlige Unabhängigkeit.
1973	Bei einem Militärputsch wird Präsident *Kayibanda* von Generalmajor *Habyarimana* abgesetzt.
1979	Gründung der RRWF (Rwandan Refugee Welfare Foundation) durch im Exil lebende Batutsi.
1983/88	Bei den Wahlen wird Habyarimana ohne Gegenkandidat im Amt bestätigt.
1990	Einmarsch der RPF von Uganda aus nach Ruanda. Ihr Anführer *Rwigema* kommt dabei ums Leben.
1993	Vereinbarung zwischen den Vereinten Nationen und dem ruandischen Präsidenten, in der sich die Regierung zur Umsetzung diverser Reformen innerhalb von 37 Tagen verpflichtet. Am 5. Oktober wird die UN-Mission UNAMIR als Beobachtungstruppe in Ruanda stationiert.
1994	Am 6. April kommen der ruandische und der burundische Präsident beim Abschuss ihres Flugzeuges ums Leben. Am selben Tag noch beginnt der Völkermord. Bis Mitte Juli sterben ca. 800.000 Ruander auf bestialische Weise. Nach der Ermordung von 10 belgischen Soldaten zieht Belgien am 13. April seine Blauhelme ab. Am 4. Juli nimmt die RPF Kigali ein und erklärt am 18. Juli den „Krieg“ für beendet. Im November beschließt die UN einen Strafgerichtshof zum Thema Ruanda einzusetzen. Die schon in der „Arusha-Vereinbarung“ beschlossene Übergangsregierung wird im Dezember eingerichtet.
1996	Im März verlassen die UN-Truppen das Land.
2000	Übergangspräsident *Bizimungu* tritt im März zurück und Paul Kagame wird sein Nachfolger.
2002	Wegen der großen Zahl an Verdächtigen, die in Gefängnissen auf ihre Verhandlung warten, wird eine neue Form der Gerichtsbarkeit eingeführt: die alten Traditionen folgenden **Gacaca-Gerichte** auf dörflicher Ebene.
2003	Im Juli wird eine neue Verfassung verabschiedet und im August Präsidenten-Wahlen. die *Paul Kagame* mit 95,05 % der Stimmen gewinnt.
2004	Der französische Außenminister *Michel Barnier* beendet im April seinen Ruanda-Besuch vorzeitig, nachdem Vorwürfe über die Verstrickung Frankreichs in den Völkermord laut werden.
2005	Es kommt zu diplomatischen Spannungen zwischen Deutschland und Ruanda, nachdem Rose Kabuye, die Protokollchefin von Präsident Kagame, in Frankfurt verhaftet wurde.
2010	Im August wird Paul Kagame bei den von der UNO und Opposition als nicht fair eingestuften Wahlen mit 93,08 % der Stimmen wiedergewählt.
2012	Eine französische Untersuchung kommt zu dem Schluss, dass die Rakete auf das Flugzeug des damaligen Präsidenten Juvénal Habyarimana 1994 nicht im Auftrag von Paul Kagame, sondern Mitgliedern der Präsidentengarde abgefeuert worden sei. Kagame wird aber auch für die zunehmende Destabilisierung des östlichen Kongo mitverantwortlich gemacht.

Frühgeschichte Ruandas

Völkerwanderungen

Jäger und Sammler

Die ersten Menschen in Ruanda waren Jäger und Sammler, wahrscheinlich die Vorfahren der heutigen Batwa. Sie sind relativ klein vom Körperwuchs und leben ausschließlich von der Jagd und vom Sammeln von Früchten und Wurzeln. Die Batwa lebten lange in einem „einsamen Paradies", bis etwa ab 700 v. Chr. die ersten Bantu sprechenden Bauern auf ihrem Weg von Zentralafrika nach Ruanda kamen. Auf der Suche nach Land für ihre Agrarwirtschaft war das überaus fruchtbare Ruanda für die eintreffenden Bantus sehr viel versprechend. Die Batwa sahen sich erstmals einer Konkurrenz gegenüber, die Land rodete, um darauf Ackerbau zu betreiben. So zogen sich die Batwa mehr und mehr in die verbleibenden Wälder zurück. Von diesen Bantu stammt die heute als **Bahutu** (Hutu) bekannte Volksgruppe ab.

Die folgenden Einwanderer waren Viehzüchter. Ihre Ankunft ist nicht genau zu datieren. Wahrscheinlich kamen sie irgendwann zwischen dem 11. und 14. Jh. Diese Menschen unterschieden sich äußerlich durch einen sehr schlanken Körperbau und eine höhere Statur als die Batwa und Bahutu. Sie nannten sich **Batutsi** (Tutsi), was so viel heißt wie „Die Rinder-Besitzer". Die Batutsi kamen wahrscheinlich aus Nordostafrika, vielleicht aus dem Gebiet des heutigen Äthiopien.

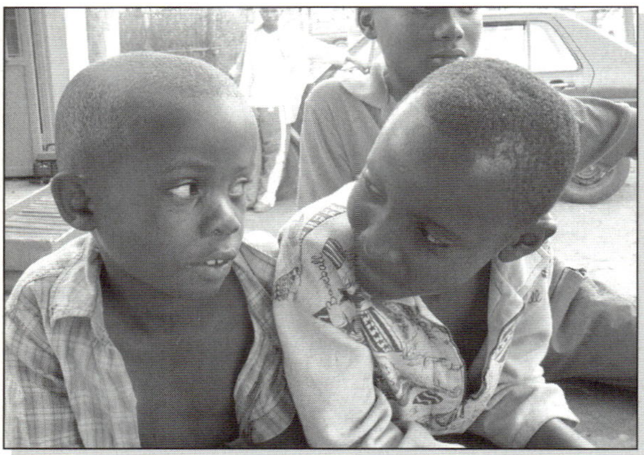

Ruanda: Kinder einer Nation

Etablierung der drei ethnischen Gruppen

Herren und Diener

Im Laufe der Zeit bildete sich zwischen den Batutsi und den Bahutu eine Hierarchie heraus. Diese entstand entweder durch die Eroberung der Bahutu durch die ankommenden Batutsi oder aber durch eine allmähliche Entwicklung der Beziehungen im Zusammenleben der beiden Völker. In der Hierarchie bildeten die Batutsi das überlegene Herrschervolk, das über die Bahutu herrschte. Dieses „Herr-und-Diener"-Verhältnis nennt man in Ruanda „Ubuhake". Daraus entstand ein Monarchiesystem, das von einem Batutsi-König (Mwami) angeführt wurde. Die zurückgezogen lebenden Batwa, denen nach Ankunft der Rinder züchtenden Batutsi noch weniger ursprüngliches Land zum Leben blieb und deren Zahl im Laufe der Jahrhunderte kontinuierlich schrumpfte, lernten die Sprache der beiden anderen Völker. Ruanda ist daher neben Burundi das einzige Land Afrikas, in der alle ethnischen Gruppen dieselbe Sprache sprechen, das *Kinyarwanda*.

Königreich Ruanda

Ruanda kennt eine lange Tradition der **mündlichen Geschichtsüberlieferung**, die im Laufe der Jahrhunderte mit allerlei Mythen und Legenden vermischt wurde. In der Geschichte zur Entstehung des Königreiches wird vom *Abanyiginya*, dem Gründer der Dynastie, erzählt. Er soll nicht als gewöhnlicher Mensch geboren worden, sondern einem Gefäß für Milch entstiegen sein.

Die Urahnin aller Ruander lebte im Himmel zusammen mit Nkuba *(Donner). Sie kreierte eine Tonfigur und bestrich diese mit Speichel. Dann legte sie diese in ein Holzgefäß mit Milch und einem Herzen eines geschlachteten Bullen. Das Gefäß wurde unentwegt mit frischer Milch aufgefüllt und nach neun Monaten erwuchs daraus* Sabizeze. *Als Sabizeze von seiner Herkunft erfuhr, war er böse auf seine Mutter, da sie das Geheimnis seiner Herkunft ausgeplaudert hatte und er beschloss, den Himmel zu verlassen. Er ging zusammen mit seiner Schwester* Nyampundu, *seinem Bruder* Mututsi *und einigen Batwa auf die Erde. Sabizeze wurde von* Kabeja *empfangen, der zum Abazigaba-Clan gehörte und zu dieser Zeit der König dieser Region war. Wahrscheinlich in einem Gebiet beim heutigen Akagera-Nationalpark. Sabizeze bekam später einen Sohn namens* Gihanga, *der der Gründer des Königreiches Ruanda wurde. Ruandische Historiker glauben, das Gihanga Ende des 10. oder Anfang des 11. Jh. das Königreich regierte.*

Bevor die ersten Europäer kamen, glaubten die Ruander (wie viele andere so genannte „Naturvölker" auch), sie wären der Mittelpunkt der Welt. Ihr *Mwami* (König) war die alles überragende Autorität im Reich. Die Menschen glaubten, dass wenn der herrschende König nicht der direkte Nachfolger wäre, so seien sie in Gefahr. Auch das Wohlergehen des Volkes sollte mit dem Wohlergehen des Königs verbunden sein. Ruandas königliche Trommeln, die nur von einem Mitglied des Familienclans aus speziellen Bäumen und mit magischen Elementen hergestellt werden durften, hatten die gleiche Stellung wie der König selbst. An der Trommel hingen die Genitalien der Feinde, die der König getötet hatte. Der Verlust einer Trommel an ein anderes Volk war gleich bedeutend mit einer Annektierung durch ein anderes Volk. Diese Sitte gibt es bei vielen Bantu sprechenden Völkern Afrikas.

Als Ruandas königliche Trommel „Rwoga" im 15. Jh. an das benachbarte Königreich des Königs *Ndahiro II. Cyaamatare* verloren ging, war dies ein schwerer Schlag für das ruandische Volk. Die „Rwoga"-Trommel wurde später wahrscheinlich durch die „Karinga"-Trommel, die letzte ihrer Art, ersetzt, als König *Ruganzu II. Ndori* Ruanda wieder zurückeroberte und Ruandas Stolz durch die militärischen Erfolge wieder herstellte. Das Schicksal dieser „Karinga" ist nicht bekannt. Es heißt, dass sie während der Kolonialzeit noch vorhanden war, aber kurz nach der Unabhängigkeit verlieren sich die Spuren.

Kolonialzeit

Die ersten Europäer

Der erste Europäer, der Ruanda besuchte, war der Österreicher *Dr. Oscar Baumann*. Er reiste von 1892 bis 1893 im Gebiet der Großen Seen und erreichte dabei auch den Süden Ruandas. Der erste Deutsche, der am 4. Mai 1894 seinen Fuß auf ruandischen Boden setzte, war *Graf Gustav Adolf von Goetzen*. Das König-

Der erste Deutsche in Ruanda

Dr. Oscar Baumann

reich Ruanda gehörte damals bereits seit neun Jahren zur Kolonie Deutsch-Ostafrika, ohne dass es je von einem Deutschen besucht worden war. Von Götzen überquerte an den Fällen des Rusumu-Flusses die Grenze in das Königreich Ruanda und zog weiter bis zum Kivu-See. Während seiner Reise besuchte er auch den damaligen König *Kigeli IV. Rwabugiri* in Nyanza.

Kurz nach dem ersten Besuch eines Deutschen im Königreich Ruanda, kamen vor allem Missionare ins Land. Zuerst katholische, später auch protestantische. Sie waren die Ersten, die westliche Medizin, neue Anbaumethoden und Schulbildung mit ins Königreich brachten. Die erste Schule wurde 1907 in Nyanza als Schule für die Söhne der königlichen Familien eröffnet.

Die deutsche Phase

Neue Kolonie

Nachdem die europäischen Mächte im Laufe des 19. Jh. begannen, den afrikanischen Kontinent unter sich aufzuteilen, begannen auch gleichzeitig die Spannungen zwischen den aufstrebenden Kolonialmächten sich zu verstärken. Immer wieder kam es zu territorialen Streitigkeiten. Um diese beizulegen, fand vom 15.11.1884 bis zum 26. 2.1885 die so genannte **„Kongo-Konferenz"** statt. Auf dieser Konferenz wurde das Königreich Ruanda der neuen Kolonie Deutsch-Ostafrika zugeschlagen. De facto blieb das kleine Königreich allerdings erst einmal unbehelligt. Erst 1894 kam der erste Deutsche, *Graf von Goetzen*, ins Königreich. Während dieser Zeit herrschte König Kigeli IV. *Rwabugiri*, der seit 1853 an der Macht war. Er war den fremden und offiziell neuen Herrschern eher freundlich gesinnt, was sicherlich auch damit zusammenhing, dass die Deutschen dem entlegendsten Teil ihrer Kolonie zunächst nicht viel Aufmerksamkeit schenkten.

Ruanda wird deutsch

Nach dem Tod des Königs wurde 1896 König *Yuhi V. Musinga* sein Nachfolger. Er war ebenfalls den Europäern sehr freundlich gesinnt, obwohl die Deutschen 1898 ihren ersten Militärposten in Ruanda gründeten. Diese erste Militärstation am östlichen Ufer des Kivu-Sees sollte eventuellen Ansprüchen Belgiens im benachbarten Belgisch-Kongo entgegenwirken. Das Königreich war ursprünglich noch um einiges größer als heute und umfasste den gesamten Kivu-See und reichte im Norden bis an den Edward-See. Die Grenzstreitigkeiten konnten nicht behoben werden und so beschlossen beide Staaten im Jahr 1900 eine Kommission zu

INFO Herzog Adolf Friederich zu Mecklenburg-Schwerin

Im Jahr 1907 leitete *Herzog Friederich zu Mecklenburg* die größte deutsche Forschungsexpedition der Kolonialzeit durch Ruanda. Unter der Leitung des Herzogs reisten insgesamt 2.230 Mann. Darunter befanden sich Wissenschaftler (Anthropologen, Ärzte, Botaniker, Geologen, Topographen und Zoologen) sowie eine ganze Reihe von Trägern und Soldaten. Im August 1907 wurde Mecklenburg vom ruandischen König empfangen. Nach seiner Rückkehr nach Europa erschien über die Expedition 1909 sein Buch „Ins Innere Afrikas".

berufen, um die strittigen Punkte zu klären. Diese Kommission tagte von 1901 bis 1902, aber erst 1910 konnten sich Deutsche und Belgier in Brüssel endgültig auf einen Grenzverlauf einigen. 1911 wurde der Vertrag zur endgültigen Regelung des Grenzverlaufes zwischen beiden Kolonien von Deutschland und Belgien unterzeichnet. Darin wurde festgelegt, dass der Kivu-See zwischen Ruanda und dem Kongo geteilt wird und der Rusisi-Fluss die Grenze zwischen beiden Gebieten markiert.

Gut organisiertes Königreich

Die Deutschen waren etwas überrascht als sie feststellten, dass das westliche Territorium in der Kolonie so gut organisiert war. Es gab feste hierarchische Strukturen, eine festgelegte Machtverteilung und eine funktionierende Landwirtschaft. So übernahmen die Deutschen die vorgefundene Gesellschaftsstruktur. Sie brauchten dazu nur mit den Batutsi entsprechende Abkommen zu schließen und sie in das koloniale Machtgefüge mit einzubeziehen. Die zahlenmäßig weit überlegene Gruppe der Bahutu wurde von den Batutsi größtenteils kontrolliert, und so wurden sie ein fester Teil der Kolonie.

Die Kolonialverwaltung der beiden Königreiche Ruanda und Urundi befand sich in Usumbura (heute Bujumbura, Hauptstadt des Nachbarlandes Burundi). Graf von Goetzen, 1906 Gouverneur von Deutsch-Ostafrika, teilte die Gebiete verwaltungstechnisch wieder auf und am 15.11.1907 wurde Richard Kandt kaiserlicher Resident für das Königreich Ruanda. Am 19.10.1908 wurde der Ort Kigali **Sitz der Kolonialverwaltung**.

Richard Kandt, Kigali-Museum

Turbulenzen durch den 1. Weltkrieg

Die Spannungen in Europa verschärften sich im Jahre 1914 rasend schnell und mündeten schließlich im Ersten Weltkrieg. Dieser machte auch vor Afrika nicht halt. Deutschlands Verwalter in Kigali, Hauptmann *Max Wintgens*, organisierte nach dem Ausbruch des Krieges den Widerstand in dieser Region. Er befehligte 100 deutsche Soldaten und 1.000 einheimische Kräfte. Dieses Häuflein Soldaten konnte aber die anrückenden belgischen Truppen nicht wirklich stoppen. So marschierten die Belgier vom Kongo aus kommend am 6. Mai 1916 in Kigali ein. Von nun an sollten die Belgier die Geschicke des kleinen Königreiches lenken. Nach dem Abzug der Deutschen kam es aber erst einmal zu Rivalitäten zwischen Belgien und England.

Der Verlust der Kolonien

England wollte sich gerne Ruanda und Burundi einverleiben, um so den Traum von einer Verbindung von Kairo bis zum Kap der Guten Hoffnung in Südafrika zu verwirklichen. Belgien wiederum schielte auf die gesamte Kolonie Deutsch-Ostafrika, um so Zugang zum Viktoria-See und zum Indischen Ozean zu bekommen. Unter der Vermittlung zweier Unterhändler wurde am 30. Mai 1919 die so genannte **Orts-Milner-Konvention** unterzeichnet. Darin wurde vereinbart, dass Belgien die beiden Königreiche Ruanda und Urundi zugesprochen bekam, sich aber aus dem von ihm besetzten Kigoma und vom Ufer des Viktoria-Sees zurückziehen musste. Am 20. Januar 1920 wurden die deutschen Kolonien an den Völkerbund übertragen und die Verwaltungsmandate offiziell vergeben.

Verwaltungsanschluss an Belgisch-Kongo

Der Kaffee kommt

Am 25. April 1925 trat ein Gesetz in Kraft, das die beiden Königreiche Ruanda und Urundi verwaltungstechnisch der Kolonie Belgisch-Kongo anschloss, allerdings mit einigen Ausnahmeregelungen, um nicht gegen die Auflagen des Völkerbundes zu verstoßen. Offiziell war das Gebiet nur in Treuhandverwaltung und durfte nicht den Status einer Kolonie bekommen. Im Jahre 1927 begann Belgien mit der Erforschung der Bodenschätze. Der Kaffee wurde 1932 eingeführt. Der Anbau von Kulturpflanzen wurde durch Zwangsarbeit gesichert, was einige Bewohner zur Flucht in das Nachbarland Uganda veranlasste, wo für gleiche Arbeiten wenigstens keine Löhne bezahlt wurden. Unter Gouverneur *Voisin* kam es seit 1930 zur Politik der **aktiven Unterstützung des feudalen Systems**, um sich damit längerfristig die Herrschaft zu sichern. Auch die Kirche beteiligte sich daran, die unter Bischof *Léon Classen* begann, die Batutsi eindeutig zu bevorzugen.

Dorfalltag in Ruanda

Dies sollte weit reichende Folgen für die Entwicklung dieser beiden Länder haben. Bischof Classen gehörte auch zu einer Gruppe von Belgiern, die 1931 erwirkte, dass König *Musinga* abgesetzt wurde. Er war ihnen zu kritisch und vor allem negativ gegenüber der christlichen Missionierung eingestellt. 1934/35 führte die belgische Verwaltung eine Volkszählung durch. Da die Einteilung in die drei Volkgruppen anhand von rein äußerlichen Merkmalen sich als schwierig herausstellte, nahm man die soziale Stellung bzw. Lebensweise als Grundlage der Einteilung. Dazu diente zur Vereinfachung der Besitz von Rind. Die Batutsi sind traditionell Rinderzüchter, die Bahutu Feldbauern, die nur wenige Kühe halten und die Batwa, besitzen als Jäger und Sammler keine Rinder. Laut Gesetz wurden alle Ruander mit mehr als zehn Rindern zu „Batutsi" erklärt. Mit bis zu zehn Rindern waren „Bahutu" und ohne Rinderbesitz waren demzufolge „Batwa". Diese Zugehörigkeiten wurden erfasst und später auch auf den Ausweisen vermerkt. Hier wurde das Fundament für die späteren ethnischen Probleme gelegt.

Mandat der Vereinten Nationen

Nach dem Zweiten Weltkrieg änderte sich der Status von Ruanda geringfügig. Der Völkerbund wurde aufgelöst und die Vereinten Nationen (UN) wurden gegründet. Ruanda war ab 1946 ein so genanntes belgisches Treuhandgebiet der UN. Die europäischen Kolonialmächte sahen sich nach dem Zweiten Weltkrieg immer häufiger dem Ruf nach Unabhängigkeit ihrer afrikanischen Kolonien ausgesetzt.

Auch in Ruanda wurden die Rufe immer lauter. Als am 25.7.1959 König *Rudahigwa* starb, gab es Unruhe im Land. Es hatte sich das Gerücht verbreitet, der König sei von den Belgiern vergiftet worden. Am 28.7.1959 wurde der König beigesetzt und nach alter Sitte sein Nachfolger bestimmt. Dies wurde *Jean-Baptiste Ndahindurwa*, unter dem königlichen Namen *Kigeli V*.

Die Jahre vor der Unabhängigkeit

Zwischen 1957 und 1959 wurden einige Parteien gegründet, die sich alle den Einsatz für die Unabhängigkeit auf die Fahnen geschrieben hatten. Das Jahr 1959 geriet dann zum Wendepunkt für das Land. Nach dem Angriff auf den Chef der Bahutu-Bewegung, *Mbonyumutwa*, welcher den Batutsi-Mitgliedern der Partei UNAR angelastet wurde, kam es im November 1959 zu einer Art Bürgerkrieg. In der ersten Novemberwoche wurden Tausende von Batutsi ermordet. Ein Großteil flüchtete in die Nachbarländer oder wurde in Flüchtlingslagern im Südosten des Landes untergebracht. Am 9. November wurde der Ausnahmezustand ausgerufen. Dieser wurde erst am 14.11.1960 wieder aufgehoben. Die belgische Regierung, die Kolonialverwaltung und die anderen politischen Parteien in Ruanda gaben dem König und der UNAR die eigentliche Schuld an den Auseinandersetzungen.

Wechsel der Machtverhältnisse

Die 120 durch die Unruhen „frei gewordenen" so genannten Chefposten wurden vom neuen Leiter der belgischen Kolonialverwaltung in Ruanda allesamt mit Bahutu besetzt. Da der Oberste Rat des Landes nicht mehr tagen konnte – ein Großteil der Mitglieder befand sich im Exil – wurde dieser am 12.1.1960 abgesetzt und am 4.02.1960 durch einen provisorischen Sonderrat ersetzt. Die vier politischen Parteien entsendeten insgesamt sechs Vertreter, davon nur einen für die UNAR. Die drei den Bahutu nahe stehenden Parteien schlossen sich zu einer Koalition zusammen und erklärten am 30.4.1960 den König für abgesetzt.

Bei den Kommunalwahlen in Ruanda zwischen dem 26. Juni und dem 31. Juli gewann die **Bahutu-Partei PARMEHUTU** mit 70,4 % der Stimmen. Fortan arbeitete die belgische Regierung nur noch mit der Bahutu-Partei zusammen.

Das unabhängige Ruanda

Die Erste Republik

Ruanda bekam am 15. Januar 1961 die innere Autonomie und am 25. des Monats wurde die Macht an eine provisorische Regierung abgegeben. Am 1. Juli 1962 erlangte Ruanda dann seine völlige Unabhängigkeit. Erst einmal an der Macht, nutzte die neue Regierung auch gleich ihre Vormachtstellung. Um diese zu sichern, wurden Quoten eingeführt. Die Anzahl der Batutsi entsprach etwa 9 % der Bevölkerung. So wurde verfügt, dass die Batutsi auch nur 9 % der Jobs, 9 % der Schulplätze und so weiter bekamen.

Erste Flagge Ruandas

Erste Batutsi-Vertreibungen

Ethnische Konflikte

Viele Batutsi verließen aus Angst vor weiteren Repressalien zu hunderten Ruanda, um in die Nachbarländer ins Exil zu gehen. Auch ein kleiner 3-jähriger Junge war 1960 unter den Flüchtlingen. Sein Name: *Paul Kagame*, der heutige Präsident des Landes. Einige Batutsi schlossen sich in den Nachbarländern zu Widerstandgruppen zusammen, um von dort aus Angriffe als Vergeltungsmaßnahmen auf ruandisches Gebiet zu unternehmen. Diese konnten allerdings nicht verhindern, dass bis Ende 1963 fast 10.000 Batutsi ihr Leben ließen.

Im Jahr 1965 fanden erneut Wahlen statt, bei denen Präsident *Kayibanda* bestätigt wurde. *Juvenal Habyarimana* wurde Verteidigungsminister. Bei den Wahlen vier Jahre später wurde Kayibanda im Amt bestätigt und seine Partei PARMEHUTU in MDR (Mouvement Démocratique Républicain) umbenannt. Korruption und diktatorische Züge bestimmten zunehmend das Handeln des Regimes. Verwaltungsvorschriften wie die Quotenregelung, wurden mittlerweile so strikt angewandt, dass auch bei den Bahutu der Unmut stieg.

Die Zeit unter Präsident Habyarimana

1973 setzte Verteidigungsminister Generalmajor Habyarimana bei einem Militärputsch Präsident Grégoire Kayibanda ab, da er nach einer „Säuberungsaktion" in der Bildungselite einen militanten Aufstand der Batutsi befürchtete. 1975 wurde eine Einheitspartei gegründet, die den Namen MRND (Mouvement Révolutionnaire et National pour le Développement) erhielt. 1978 wurden wieder Wahlen abgehalten, bei denen Habyarimana in seinem Amt bestätigt wurde. Das Gleiche passierte bei den Wahlen in den Jahren 1983 und 1988. Keine große Überraschung, denn er war jeweils der einzige Kandidat.

Trotz der weiterhin undemokratischen und korrupten Verhältnisse im Land gab es doch auch kleine positive Fortschritte. Dazu zählt eine **Bildungsreform** zur „Ruandarisierung" des Landes, in der die Sprache *Kinyarwanda* einen größeren Stellenwert bekam und auch stärker auf die ruandische Kultur eingegangen werden sollte.

Auf dem Weg zur Schule

Der „Bahutu-Batutsi"-Konflikt wurde in dieser Phase „zurückgestellt". Dafür kam es zu Rivalitäten zwischen den Bahutu im Norden und im Süden des Landes. Da der Präsident aus dem Norden Ruandas kam, wurde er beschuldigt, diesen Landesteil in seiner Politik zu bevorzugen. Aber auch die allgemeine Unzufriedenheit wuchs, da die ruandische Wirtschaft durch hohe Ölpreise und niedrige Erzeugerpreise für landwirtschaftliche Waren auf dem Weltmarkt schwer zu kämpfen hatte und der Staat fast bankrott war.

Der Widerstand organisiert sich

1979 gründete sich in Uganda die RRWF (*Rwandan Refugee Welfare Foundation*) durch die im Exil lebenden Batutsi. Ein Jahr später wurde die Organisation in RANU (*Rwandan Alliance for National Unity*) umbenannt. Als 1981 der spätere ugandische Präsident Museveni seinen Kampf gegen das zweite Obote-Regime begann, waren zwei Männer an seiner Seite, die auch für das Nachbarland Ruanda bald eine entscheidende Rolle spielen sollten: *Paul Kagame* und *Fred Rwigema*.

Am 1. Oktober 1990 marschierte die RPF unter Führung von *Fred Rwigema* von Uganda aus in den Norden Ruandas ein. Ihr Ziel war die Einführung der Demokratie und die Beendigung der Rassengesetze. Habyarimana begann daraufhin, die ruandische Nationalarmee aufzurüsten. 1990 verfügte sie über 5.000 Soldaten. 1991 waren es 24.000 und 1992 schon 35.000 Mann, die unter Waffen standen. Die ruandische Armee wurde vom Ausland zumindest mit Waffen unterstützt. Zu den Waffenlieferanten zählten Frankreich, Südafrika und die USA. Der ersten Invasion der RPF folgten Repressalien gegen Batutsi, die noch in Ruanda lebten, genauso wie für oppositionelle Bahutu, vor allem aus dem Süden des Landes. Tausende wurden inhaftiert und für Monate ohne Anklage im Gefängnis gehalten.

Einige westliche Staaten übten Druck auf Präsident Habyarimana aus. Im November 1990 versprach er, auf die Forderung nach einem Mehrparteien-System sowie nach Abschaffung der ethnischen Personalausweise einzugehen. Aber davon wurde nichts umgesetzt.

Druck des „Westens" nimmt zu

Die ruandische Armee übte weiter in Manövern und rekrutierte neue Soldaten. Es wurde eine zivile Organisation geschaffen, der viele Bahutu beitraten. Diese nannte sich „Interahamwe", was so viel bedeutet wie „die, die zusammenhalten". Man schätzt, dass zwischen Oktober 1990 und Dezember 1992 wahrscheinlich bis zu 2.000 Batutsi und oppositionelle Bahutu von der Regierung umgebracht wurden.

Vereinbarung mit der UN

Bei der oben erwähnten ersten Invasion im Oktober 1990 kam der Führer der RPF, Rwigema, ums Leben. Neuer Führer der RPF wurde *Paul Kagame*, der die Guerilla-Taktik fortführte und seine Truppen stetig erweitern konnte. Ende 1992 kämpften bereits 12.000 Leute für die RPF. Mittlerweile unterstützten französische Truppen die ruandische Regierungsarmee. Der internationale Druck auf die Regierung in Kigali nahm zu und Habyarimana unterzeichnete nach Verhandlungen im tansanischen Arusha im August 1993 eine Vereinbarung, die innerhalb von 37 Tagen, unter den Augen einer Abordnung der Vereinten Nationen, umgesetzt werden sollte. In dieser Vereinbarung ging es um eine neue Gesetzgebung und deren Durchsetzung, Teilung der politischen Macht, die Rückführung der Flüchtlinge und die Einsetzung eines 70-köpfigen Übergangsparlaments. Aber die Umsetzung erwies sich aufgrund der Hardliner auf beiden Seiten als schwierig. Vor allem das Radio heizte die Stimmung weiter an. Besonders „Radio-Télévision libre des Mille Collines" tat sich hervor, wenn es galt, Batutsi als Feinde darzustellen.

Es brodelt

Ende des Jahres begann die UN mit der Entsendung der Beobachtungseinheit UNAMIR (UN Assistence Mission for Rwanda). Die Verhandlungen waren fast zum Stillstand gekommen. Die Stimmung im Land wurde immer aufgeladener. So begannen im März 1994 die ersten Ruander, das Land zu verlassen. Vielleicht ahnten sie, oder wussten sogar, was kommen würde.

Der Völkermord

Flugzeugabsturz – der Beginn

Am 6. April 1994 wurde ein Flugzeug mit Ruandas Präsident Habyarimana und Burundis neuem Präsidenten *Cyprien Ntaryamira* kurz nach dem Start vom Flughafen Kigali von einer Rakete abgeschossen. Beide Präsidenten kamen dabei ums Leben. Innerhalb von Stunden nach dem Abschuss, dessen Hintergründe bis heute nicht aufgeklärt werden konnten, begann das Töten in Ruanda. Aufgrund der relativ schnell nach dem Attentat gegebenen Befehle zum Morden sowie dem planmäßigen Vorgehen der Akteure, geht man heute davon aus, dass der Völkermord schon von langer Hand geplant gewesen sein muss. Innerhalb von Stunden wurden systematisch Straßenbarrikaden errichtet, gezielt Menschen (Batutsi und oppositionelle Bahutu) verhaftet bzw. gleich an Ort und Stelle umgebracht. Es gab regelrechte schwarze Listen, auf denen die so genannten „Feinde“ verzeichnet waren. Die Befehle wurden von ganz oben über die Präfekturen bis hinunter zu den Gemeinden gegeben.

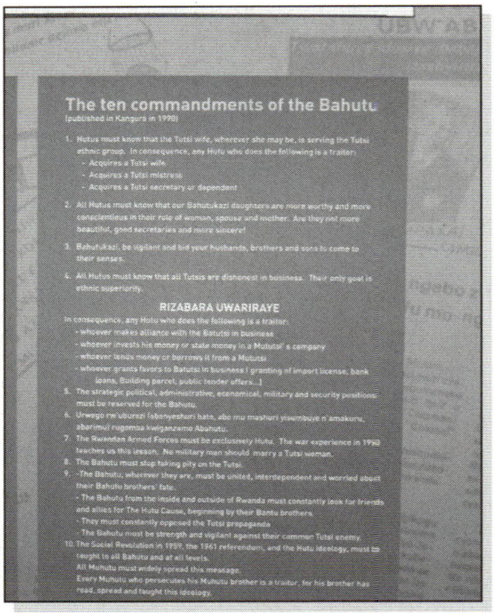

„Die zehn Gebote der Bahutu“ – ausgestellt in der Gedenkstätte

Alle erdenklichen Tötungswerkzeuge kamen zum Einsatz. Von Gewehren und Pistolen bis zu Messern und Macheten. In nur drei Monaten wurden so 800.000 bis 1.000.000 Menschen getötet! Unvorstellbar. Es gab keine Familie, die nicht in irgendeiner Weise davon betroffen war.

Das Unfassbare geschieht

Nachdem die internationalen Medien den heraufziehenden Konflikt kaum erwähnten, kam Ruanda nun schlagartig in die Schlagzeilen der Weltpresse. Allein die tausenden von Leichen, die in den Flüssen und Seen schwammen, waren unübersehbare Anklage gegen das geschehende Gräuel. Es gab aber durchaus auch kleine positive Lichtblicke – trotz der unglaublichen Ereignisse – während dieser Zeit: Bahutu, die sich weigerten zu töten, Batutsi zum Teil unter Lebensgefahr versteckten oder ihnen halfen zu fliehen. Aufflammende Menschlichkeit in einem Meer aus Blut und Terror. Am 8. April, nur zwei Tage nach dem Beginn des Genozids, startete die RPF eine Offensive gegen die ruandische Armee. Gleichzeitig bildete sich nach der Ermordung des Präsidenten eine neue MRND-Regierung in Kigali. Später musste die Regierung auf Grund der anhaltenden Kämpfe nach Gitarama ausweichen.

Vitrine in der Völkermordgedenkstätte Gisozi

Die UN und der Völkermord

Die Mission der Vereinten Nationen, UNAMIR, hatte zu diesem Zeitpunkt 2.500 Mann in Ruanda stationiert. Als reine Beobachter geschickt, sahen sie dem Treiben hilflos zu, ohne die technischen Möglichkeiten zum Eingreifen zu haben und ohne weitere Mandatserweiterung durch die UN-Zentrale in New York. Nachdem zehn belgische UN-Soldaten getötet wurden, wurde die Mission auf 250 Mitarbeiter reduziert.

Am 30. April wurde das Thema Ruanda im UN-Sicherheitsrat acht Stunden lang diskutiert, ohne dass auch nur ein einziges Mal das Wort Genozid oder Völkermord benutzt wurde. Bei Erwähnung des Begriffes Genozid oder Völkermord wäre die UN verpflichtet gewesen in Ruanda einzugreifen. So schaute die Welt weiterhin untätig zu. Währenddessen versuchten immer mehr Menschen, Ruanda zu verlassen. Zehntausende waren auf der Flucht in die Nachbarländer. Im Mai beschloss die UN eine 6.800 Mann starke Truppe nach Ruanda zu schicken. Wegen Streitigkeiten über die Kosten und den Transport der Soldaten, wurde die ganze Aktion immer wieder verschoben. Unterdessen stieß die RPF auf Kigali zu. Ende Mai befanden sich der Flughafen und die Kanobe-Kaserne in der Hand der Befreiungsbewegung. Im Juni kündigte Frankreich an, selber eine Truppe von 2.500 Mann zu schicken (Operation Türkis), bis die UN Truppen in Ruanda eintreffen würden. Die Franzosen schufen eine später kontrovers diskutierte „Sicherheitszone“ im Südwesten des Landes.

RPF vor dem Sieg

Am 4. Juli 1994 nahm die RPF endgültig Kigali ein und begann eine Übergangsregierung zu bilden. Die verbliebenen Mitglieder der Bahutu-Regierung flohen in den Kongo. Ihr folgten weitere Bahutu, die nun Vergeltungsmaßnahmen der Batutsi befürchteten. Um die kongolesische Stadt Goma entstanden riesige **Flüchtlingslager**. Die humanitäre Situation dort war katastrophal.

Nach dem Genozid

Am 18. Juli erklärte die RPF den Krieg für gewonnen und rief einen **Waffenstillstand** aus. Es wurde versucht, eine breit angelegte Regierung zusammenzustellen und Pastor *Bizimungu* wurde als Präsident berufen. Der neue Premierminister hieß *Faustin Twagiramungu*. RPF-Führer Paul Kagame wurde Verteidigungsminister und Vizepräsident. Ende Juli entschied die UN endgültig über die Entsendung von Truppen. Diese erreichten Ruanda im August und lösten damit die französische „Operation Türkis“ ab. International wurde inzwischen anerkannt, dass es sich in

Ein Pastor wird neuer Präsident

INFO Paul Rusesabagina – Ruandas Oskar Schindler

Paul Rusesabagina war Anfang der 1990er Jahre Manager eines renommierten Hotels in Ruandas Hauptstadt Kigali. Er hatte Theologie in Kamerun und Hotelführung in Kenia studiert. Die Schwierigkeiten, in Afrika wirtschaftlich zu überleben, kannte er gut. Er wusste, wen er schmieren musste, um die Versorgung des Hotels zu gewährleisten. Er lernte, mit wem er sich gut stellen musste, und dass man vielen Versprechen misstrauen sollte. Doch was er im Frühjahr 1994 erlebte, ließ ihn fast den Glauben an die Menschheit verlieren.

Hotel Des Mille Collines – Zufluchtsort für Tausende Ruander

Paul Rusesabagina ist selber ein Bahutu und mit einer Batutsi-Frau verheiratet. Damals war er aber vor allem eines: ein Hotelmanager. Er leitete das „Hotel Des Mille Collines“, ein Fünf-Sterne-Idyll, beliebt bei ausländischen Touristen, ruandischen Generälen und UNO-Offizieren. Nach der beginnenden Gewalt war es die Präsenz von Ausländern, die das Hotel zu einem halbwegs sicheren Ort machte. Innerhalb von Tagen hatten sich tausende von Batutsi in das Hotel geflüchtet. Mitten im Chaos behielt Rusesabagina die Nerven, organisierte Nachschub, als die Vorräte ausgingen und ließ Wasser aus dem Pool schöpfen, als die Leitungen gekappt wurden. Immer wieder musste er mit Generälen verhandeln, immer wieder standen Bahutu-Milizen mit Macheten in der Lobby. Paul Rusesabagina tat das, was er immer getan hatte: Er lud sie zu einem Drink ein und verhandelte.

Einer der bittersten Momente war jener, als die UN-Truppen abzogen. Rund 2.500 Blauhelme hielten sich im Land auf, um ein zwischen Bahutu und Batutsi vereinbartes Friedensabkommen zu überwachen. Als die Gewalt eskalierte, empfahl *Kofi Annan*, damals Leiter der zuständigen Abteilung für Friedensmissionen, den Abzug. Paul Rusesabagina hatte auf die Blauhelme vertraut. Völlig schutzlos waren sie nun den Bahutu-Milizen mehr denn je ausgeliefert. Einzige Hilfe schienen die heranrückenden Batutsi-Rebellen zu sein.

Paul Rusesabagina versuchte verzweifelt, die Milizen bei Laune zu halten, um so die im Hotel befindlichen Flüchtlinge weiterhin schützen zu können. Nach langen quälenden Tagen erreichten die Rebellen endlich die Umgebung Kigalis und befreiten schließlich auch die eingeschlossenen Flüchtlinge im Hotel Des Mille Collines. Paul Rusesabagina zog nach diesen Ereignissen mit seiner Familie nach Belgien. Durch seinen Kampf gelang es ihm, über 1.000 Ruandern das Leben zu retten. Mittlerweile ist seine Geschichte Hollywood-Star Nick Nolte verfilmt verfilmt worden. Heute lebt der 57-Jährige mit seiner Frau und vier Kindern in Brüssel und betreibt ein Transportunternehmen.

Text: Thomas Breuer

Ruanda tatsächlich um einen Völkermord gehandelt hatte. Das war im Sommer 1994, als alles vorbei war.

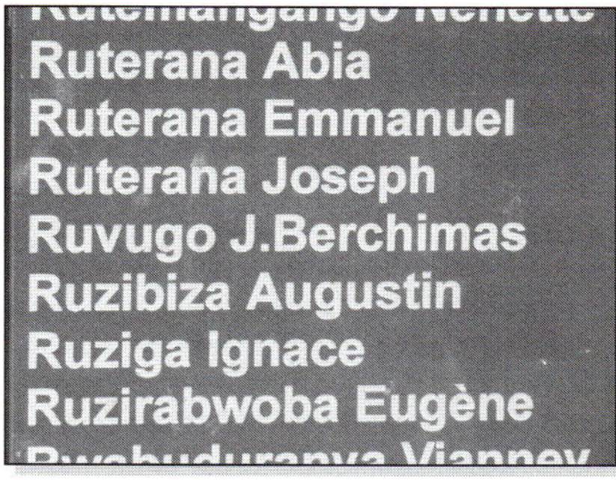

Opfertafel in Gisozi

Die in der so genannten **„Arusha-Vereinbarung“** von 1993 vorgesehene 70-köpfige Übergangsregierung wurde offiziell im Dezember 1994 in das Amt eingeführt. Einen Monat zuvor, im November 1994, hatte die UN bereits beschlossen, ein **internationales Strafgericht zur Aufklärung des Völkermordes** in Ruanda einzusetzen. Trotz der Beendigung des Genozids und der Schaffung einer Übergangsregierung, kam es in den folgenden drei Jahren immer wieder zu Überfällen und Morden auf beiden Seiten. Vor allen um die Flüchtlingslager herum gab es immer wieder Auseinandersetzungen. Bahutu-Extremisten begingen von dort aus Überfälle in Ruanda, RPF-Truppen überfielen ihrerseits Flüchtlingslager auf der Suche nach Mördern und Anführern des Genozids. Nach der Stabilisierung der Lage verließen die UN-Truppen im März 1996 Ruanda, gleichzeitig kamen Flüchtlinge in großer Zahl zurück.

Das heutige Ruanda

Die Regierung Paul Kagame

Im März 2000 trat Präsident *Bizimungu* zurück und machte damit Paul Kagame Platz, der im April, genau 40 Jahre nach seiner Flucht als 3-jähriges Kind ins Exil nach Uganda, als 5. Präsident Ruandas nach der Unabhängigkeit vereidigt wird. Im Juli 2000 forderte die Organisation für Afrikanische Einheit (OAU) die Weltgemeinschaft auf, Ruanda unter die Arme zu greifen, da alle den Völkermord erst verleumdet und dann nicht eingegriffen hätten. Im Juni 2002 warteten noch 115.000 Verdächtige des Genozids auf ihre Verhandlung. Da die Vielzahl der Verdächtigen das Justizsystem von Ruanda überforderte, wurde ein neues Verfahren eingeführt. Diese neuen Gerichtsverfahren wurden **„Gacaca“** (wörtlich: Gras) genannt und basieren auf den traditionellen Gerichtsverfahren der Dörfer (s. Kapitel *Gesellschaft Ruandas*).

Traditionelle Gerichtsverfahren

In der ersten Hälfte 2003 ließ man insgesamt 30.000 Verdächtige frei. Darunter befanden sich alle, die während des Genozids zwischen 14 und 18 Jahre alt waren und nach Jugendstrafrecht nicht zu einer längeren Strafe verurteilt wurden, als sie schon in Untersuchungshaft saßen. Zudem sehr alte oder sehr kranke Insassen und all jene, die geringerer Vergehen angeklagt waren.

Sieg der RPF

Im Juli 2003 wurde die neue **ruandische Verfassung** verabschiedet und damit endete die so genannte Übergangsregierung. Im August 2003 folgten die ersten

Wahlen seit dem Genozid, die im Allgemeinen erstaunlich friedlich durchgeführt werden konnten. Präsident Paul Kagame wurde mit 95,05 % für eine Periode von sieben Jahren wieder gewählt. Sein Gegenkandidat *Faustin Twagiramungu* kam nur auf 3,5 %. Im September des gleichen Jahres folgten zudem Parlamentswahlen.

Ruandas neue Flagge

Heute, rund zwanzig Jahre nach dem Völkermord, stellt sich Ruanda wieder als ein ruhiges und friedvolles afrikanisches Land dar. Ruanda erhält im Vergleich zur seiner Größe relativ viel Entwicklungshilfe, zeigt aber auch selber große Anstrengungen das Land zu modernisieren und die Wirtschaftsbedingungen zu verbessern.

Menschenrechtsverletzungen

Jedoch trüben einige politische Entwicklungen im Land die doch insgesamt positiven Aussichten. Präsident Kagame regiert mit fester Hand und lässt der Opposition kaum Raum, wie das umstrittene Wahlergebnis von 93 % für ihn bei den Wahlen von 2010 zeigt. Zudem werden immer wieder Menschenrechtsverletzungen, vor allem hinsichtlich der Meinungs-, Presse- und Versammlungsfreiheit angeprangert. Auch wird schon jetzt bezweifelt, dass Kagame 2016 freiwillig, wie von der Verfassung vorgesehen, nicht mehr zu den Präsidentschaftswahlen antreten wird. Zudem wird ihm vorgeworfen, die Rebellen im benachbarten Kongo zu unterstützen und damit auch für Menschenrechtsverletzungen im Ost-Kongo mitverantwortlich zu sein.

Durch die grausame Geschichte und die schwierige Lebenssituation in einem der am dichtesten besiedelten Gebiete der Erde haben die Ruander für ihren Neuanfang jedoch mehr als Respekt verdient.

Landschaftlicher Überblick Uganda und Ruanda

Klima

Übersicht

Uganda und Ruanda liegen zwischen den beiden Armen des Grabenbruchs, einem Gebiet das durchschnittlich über 1.000 m hoch liegt. Während weite Teile Ugandas relativ flach sind, zeichnet sich ein Großteil Ruandas durch eine ausgeprägte Hügellandschaft aus. In beiden Ländern wird das Klima durch die Bergketten Ruwenzori und Virunga sowie die großen Seen bestimmt.

Von Seen und Bergen geprägt

Es gibt keine Jahreszeiten in unserem europäischen Sinne. Vielmehr teilt sich das Jahr in Regen- und Trockenzeiten ein. Die Trockenzeit in **Uganda** liegt zwischen Juni und September sowie Dezember und Februar. Diese Zeit kann daher als die **beste Reisezeit** für das Land gelten, insbesondere bei geplanten Bergtouren im Ruwenzori-Gebirge. Dann gelten die mittleren Monate der Trockenzeit als die besten (Juli/August und Dezember/Januar).

Die Karuma Falls

In **Ruanda** kann man das Jahr in vier Klimazeiten einteilen. In die lange Trockenzeit (*Impeshyi*) von Mitte Juni bis Ende September und die kurze (*Urugaryi*) von Mitte Dezember bis Ende Januar. Sowie in die große Regenzeit (*Itumba*) von Mitte Januar bis Mitte Juni und die kurze Regenzeit (*Umuhindo*) von Ende September bis Mitte Dezember. Die feuchteste Zeit liegt zwischen Februar und Mai, wenn die meisten Landesteile durchschnittlich 150 bis 200 mm Niederschlag pro Monat verzeichnen.

Temperaturen

Die durchschnittlichen Höchsttemperaturen liegen in den meisten Gebieten zwischen 20 und 27 °C. Die durchschnittlichen Mindesttemperaturen schwanken zwischen 12 und 18 °C. Die heißeste Gegend in Uganda, mit Temperaturen auch weit über 30 °C, ist die Ebene nordöstlich vom Albert-See und das Karamoja-Gebiet an der sudanesischen Grenze. Die kälteste Gegend, mit Temperaturen bis unterhalb des Gefrierpunktes, ist die Bergregion des Ruwenzori. In Ruanda liegt die wärmste Region an der Grenze zu Tansania im Bereich des Akagera-Nationalparks. Die kältesten Regionen sind hier die Höhen der Virunga-Vulkane.

Angenehmes Klima

Luftfeuchtigkeit

In den eher ebenen Flächen Ugandas ist das Klima warm und trocken. In den Bergregionen um das Ruwenzori-Gebirge und die Virunga-Vulkane ist der jährliche Niederschlag erhöht. Durch die geringeren Temperaturen auf Grund der Höhe hält sich die Luftfeuchtigkeit in Grenzen. Eine höhere Luftfeuchtigkeit tritt nur in den Gebieten der größeren Seen auf. Insbsondere im Bereich des Viktoria-Sees ist die Luftfeuchtigkeit erhöht.

Durchschnittliche Luftfeuchtigkeit in Entebbe / Uganda und Kigali / Ruanda in %												
	Jan	Feb	Mär	Apr	Mai	Jun	Jul	Aug	Sep	Okt	Nov	Dez
Entebbe	65	68	72	78	80	78	77	77	75	73	74	71
Kigali	76	78	81	82	80	75	64	59	69	69	83	80

Niederschläge

Regen unterschiedlich verteilt

Die meisten Regionen in Uganda erhalten zwischen 1.000 und 2.000 mm Regen pro Jahr, womit Uganda ausreichend Niederschlag für eine üppige Vegetation und somit auch für seine Landwirtschaft bekommt. Ausnahme ist der äußerste Norden, wo in manchen Jahren gerade mal 100 mm Niederschlag gemessen werden (Jahresmittelwert unter 700 mm). Am ergiebigsten regnet es im Ruwenzori-Massiv mit über 3.000 mm pro Jahr. Trotz der so genannten Trocken- und Regenzeiten kann es im Gebiet um den Viktoria-See und im Westen Ugandas das ganze Jahr über regnen.

Für Ruanda gelten ähnliche Werte. Hier liegt das niederschlagsärmste Gebiet im Osten an der Grenze zu Tansania, das feuchteste um die Virunga-Vulkane. Im Gebiet des Kivu-Sees kann es theoretisch ebenfalls das ganze Jahr über regnen.

Landschaften

Uganda

Zwischen See und Grabenbruch

Uganda befindet sich in einer geographischen Lage von: 29-35° östlicher Länge, 1° südlicher und 4° nördlicher Breite. Das Land hat eine Grenzlänge von insgesamt 2.698 km, angrenzend an die Länder: Kenia (933 km Grenze), die Demokratische Republik Kongo (765 km Grenze), den Sudan (435 km Grenze), Tansania (396 km Grenze) und Ruanda (169 km Grenze). Das **Ostafrikanische Binnenland** wird in der südlichen Landeshälfte vom Äquator durchschnitten. Ein Großteil des Landes liegt auf einem mehr oder weniger hügeligen Plateau von 1.000 bis 1.500 m Höhe, das im Osten von den Ufern des Viktoria-Sees begrenzt wird. Durch den Abfluss des Weißen Nil bei der Stadt Jinja entstand in Zentraluganda eine weite Sumpflandschaft mit weiteren Seen, wie dem verzweigten Kyoga- und dem Kwania-See. Im Westen Ugandas verläuft der **Zentralafrikanische Grabenbruch** (englisch: Albertine Rift Valley), auf dessen Grund einige große Seen liegen (Albert, George, Edward). Zwischen den Seen des Grabenbruchs erhebt sich das **Ruwen-**

Klimatabelle Uganda

Entebbe (1145 m)

	Jan.	Feb.	Mär.	Apr.	Mai	Jun.	Jul.	Aug.	Sep.	Okt.	Nov.	Dez.
Mittlere Max. Temp.	27	26	26	25	25	25	25	25	26	26	26	26
Mittlere Min. Temp.	17	18	18	18	17	16	16	16	16	17	17	17
Regenmenge (mm)	75	95	155	250	240	115	75	75	75	80	130	115

Fort Portal (1540 m)

	Jan.	Feb.	Mär.	Apr.	Mai	Jun.	Jul.	Aug.	Sep.	Okt.	Nov.	Dez.
Mittlere Max. Temp.	27	27	26	26	25	25	25	25	25	25	25	26
Mittlere Min. Temp.	12	13	14	14	14	13	13	13	13	14	14	12
Regenmenge (mm)	20	75	125	190	130	85	60	110	195	210	165	75

Gulu (1110 m)

	Jan.	Feb.	Mär.	Apr.	Mai	Jun.	Jul.	Aug.	Sep.	Okt.	Nov.	Dez.
Mittlere Max. Temp.	32	32	31	29	28	28	26	27	28	29	29	31
Mittlere Min. Temp.	17	18	18	18	18	17	17	17	17	17	17	16
Regenmenge (mm)	10	35	85	160	200	140	155	215	165	140	95	30

Jinja (1145 m)

	Jan.	Feb.	Mär.	Apr.	Mai	Jun.	Jul.	Aug.	Sep.	Okt.	Nov.	Dez.
Mittlere Max. Temp.	29	30	29	28	27	27	27	28	28	29	30	29
Mittlere Min. Temp.	15	15	15	15	15	14	14	15	15	15	15	14
Regenmenge (mm)	50	70	120	170	130	65	50	105	80	95	100	85

Kabale (1950 m)

	Jan.	Feb.	Mär.	Apr.	Mai	Jun.	Jul.	Aug.	Sep.	Okt.	Nov.	Dez.
Mittlere Max. Temp.	24	24	23	22	22	23	23	24	24	24	23	23
Mittlere Min. Temp.	10	10	11	12	11	10	9	10	11	11	11	10
Regenmenge (mm)	50	100	125	120	95	25	20	45	95	100	115	90

Kampala (1155 m)

	Jan.	Feb.	Mär.	Apr.	Mai	Jun.	Jul.	Aug.	Sep.	Okt.	Nov.	Dez.
Mittlere Max. Temp.	28	28	27	26	26	25	25	26	27	27	27	27
Mittlere Min. Temp.	18	18	18	18	17	17	17	16	17	17	17	17
Regenmenge (mm)	45	60	125	170	135	75	50	85	90	100	125	105

Masindi (1145 m)

	Jan.	Feb.	Mär.	Apr.	Mai	Jun.	Jul.	Aug.	Sep.	Okt.	Nov.	Dez.
Mittlere Max. Temp.	31	31	30	29	29	28	27	27	28	29	30	30
Mittlere Min. Temp.	12	12	13	13	13	12	12	12	12	12	13	12
Regenmenge (mm)	20	50	10	140	135	95	100	45	120	125	110	45

Mbale (1150 m)

	Jan.	Feb.	Mär.	Apr.	Mai	Jun.	Jul.	Aug.	Sep.	Okt.	Nov.	Dez.
Mittlere Max. Temp.	32	32	31	29	28	28	27	28	28	29	30	31
Mittlere Min. Temp.	16	17	17	17	17	16	16	15	15	16	16	16
Regenmenge (mm)	25	60	90	160	175	130	110	135	105	80	65	40

zori-Gebirge mit Afrikas dritthöchster Bergspitze (5.109 m) nach dem Kilimandscharo in Tansania (5.895 m) und dem Mount Kenya (5.199 m). Am Ruwenzori befinden sich noch einige der letzten **Bergnebelwälder**.

Wunderschöne Berglandschaften

Landschaft um den Mount Elgon

Weiter südlich beginnen die Virunga-Vulkane, sich in die Höhe zu strecken. Ähnlich wie im Ruwenzori-Gebirge finden sich hier in den Hochlagen Hochmoore und eine afroalpine Pflanzenwelt. Das **Virunga-Gebiet** teilt sich Uganda mit seinen Nachbarstaaten Ruanda und der D. R. Kongo.

Im Norden des Landes ist es merklich flacher. Zur Grenze zum Sudan hin liegt die Karamoja-Ebene. Diese wird im Osten durch den hoch aufragenden Mount Elgon (4.321 m) begrenzt, der zur Hälfte schon zu Kenia gehört. In diesem Gebiet befinden sich hauptsächlich Savannen und Dornbuschgebiete.

Ruanda

Das kleine Binnenland Ruanda hat eine nur 893 km lange Grenze. Die angrenzenden Länder sind Burundi (290 km Grenze), die D. R. Kongo (217 km Grenze), Tansania (217 km Grenze) und Uganda (169 km Grenze). Das Land ist ausgesprochen **hügelig**, nur im Osten zur Grenze nach Tansania wird es etwas flacher. Dort befinden sich ausgedehnte Savannengebiete, die durch kleine Seen und Hügel strukturiert werden. In weiten Teilen sind die einst bewaldeten Hügel des Landes überwiegend kultiviert. Die ursprüngliche Vegetation ist hier meist nicht mehr zu erkennen. Durch den regelmäßigen Niederschlag ist es fast das ganze Jahr über grün.

Fast immer grün

Im Nordwesten des Landes liegen die **Virunga-Vulkane** im Dreiländereck zu Uganda und dem Kongo. Hier, wie in dem im Südwesten gelegenen Nyungwe-Wald, finden sich noch Reste des dichten **Nebelwaldes**, der einst weite Teile von Westruanda überzog. Der Westen Ruandas wird begrenzt durch den Kivu-See, die bergige Landschaft zieht sich aber auf der kongolesischen Seite weiter.

Gewässer

Die Flüsse – Adern des Lebens

Die Anzahl der Flüsse, ihre Größe und Länge sind für viele Länder Afrikas von entscheidender Bedeutung für die Landwirtschaft und die Lebensqualität der Menschen. Besonders in den Gebieten, die vom Regen nicht so reich gesegnet sind. Da in Uganda und Ruanda die Niederschlagsmengen in vielen Gebieten relativ hoch sind, haben hier die Flüsse nur lokal eine größere Bedeutung. Schiffsverkehr ist wegen der geringen Tiefe der Flüsse oder häufiger Stromschnellen und Wasserfälle in beiden Ländern nicht möglich.

Baum mit Kormoran-Kolonie im Nil

Mit Abstand der wichtigste Fluss in Uganda ist der **Weiße Nil**. Er entspringt dem Viktoria-See, fließt dann als so genannter „Viktoria-Nil" in nördlicher Richtung durch den Kyoga-See und dann weiter Richtung Osten zum Albert-See. Diesen verlässt der Nil direkt wieder einige Kilometer nördlich in Richtung Norden, ab hier manchmal als „Albert-Nil" bezeichnet. Für die Menschen im Norden ist der Weiße Nil eine wichtige Wasserquelle, da hier wesentlich weniger und weniger zuverlässig Regen fällt als im Bereich zwischen Viktoria- und Kyoga-See.

Sagenumwobener Nil

Ein weiterer wichtiger Fluss für den Norden Ugandas ist der Achwa. Er wird durch mehrere kleine Flüsse im Bereich nördlich des Kyoga-Sees gebildet und fließt von dort in nordwestlicher Richtung, wo er an der Grenze zum Sudan in den Weißen Nil mündet.

Im Osten gibt es einige Flüsse im Gebiet zwischen Mount Elgon und dem Kyoga-See. Einer der wichtigsten ist der Kelim, der direkt von den Hängen des Mount Elgon gespeist wird und sich dann in den Sümpfen des Opeta-Sees verliert. Im Westen gibt es mehrere Flüsse, die aus den diversen Seen in diesem Landesteil entspringen bzw. in diesem enden. Zum Beispiel der Kofu, der nach dem Zusammenfluss mit dem Mpongo dann Nkusi genannt wird und zwischen Kyoga und Albert-See fließt.

In **Ruanda** gibt es auf Grund der hügeligen und bergigen Landschaft zahlreiche Bäche und kleine Flüsse. Nur wenige von ihnen erreichen größere Ausmaße. Die Wasserläufe im trockenen Osten spielen hier lokal die größte Rolle. Allen voran der **Akagera**, der sich entlang der Grenze zu Tansania schlängelt und später in den Viktoria-See mündet. Im äußersten Norden ebenfalls wichtige Wasserquellen für die Bevölkerung, sind der Muvumba und der Karangaza, die beide in den Akagera-Fluss münden. Wichtigster Fluss in Zentral- und Südruanda ist der **Akanyaru**, der aus dem Nyabarongo hervorgeht. Der Akanyaru bildet über weite Strecken die natürliche Grenze zum Nachbarland Burundi.

Die Seen

• Der Viktoria-See

Afrikas größter See

Der Viktoria-See ist mit 68.800 km² der größte See in Ostafrika und gleichzeitig auch der **größte Binnensee Afrikas**. Die Fläche des Sees teilen sich die drei Staaten Uganda, Kenia und Tansania. Auf Uganda entfällt dabei ein Anteil von etwa 45 % der Seefläche. Der Viktoria-See liegt auf einer Höhe von 1.143 m und hat eine durchschnittliche Wassertiefe von 40 m.

• Die Seen des Grabenbruchs

Unter den drei großen ugandischen Seen im Grabenbruch, an der Grenze zum Kongo, ist der **Albert-See** (unter Idi Amin auch Lake Mobuto Sese Seko genannt) das mit Abstand größte Gewässer. Er hat eine Fläche von 5.347 km² und liegt auf einer Höhe von 619 m. Weiter südlich liegt der **George-See** (auch Dweru-See genannt) mit einer Fläche von 250 km². Der auf einer Höhe von 914 m liegende See ist Bestandteil des Queen-Elizabeth-Nationalparks. Über den Kazinga-Kanal hat der George-See eine Verbindung zum **Edward-See**. Dieser ist etwas größer als sein nördlicher Nachbar. Allerdings gehört nur der kleine nordöstliche Teil des Sees zum ugandischen Staatsgebiet und ist Teil des Queen-Elizabeth-Nationalparks. Der größere Teil des Edward-Sees liegt auf dem Gebiet der D. R. Kongo.

Pelikane

Einziger See am Grabenbruch in **Ruanda** ist der **Kivu-See**, der mit einer Größe von 2.650 km² größte See Ruandas. Von diesem See gehört allerdings nur etwa ein Drittel der Fläche zum ruandischen Staatsgebiet. Etwa in der Mitte des auf einer Höhe von 1.462 m liegenden Sees verläuft die Grenze zwischen den Staaten Ruanda und der D. R. Kongo.

Die Nationalparks Ugandas

Bwindi-Impenetrable-Nationalpark

Rund 450 km südwestlich von Kampala liegt der 331 km² große Bwindi-Impenetrable-Nationalpark. Er ist das bekannteste Ziel in Uganda für alle, die die Berg-Gorillas beobachten möchten. Sie erreichen den Park über die gute Straße von Kampala nach Kabale und dann weiter über eine Piste Richtung Nordwesten.

Paradiese mit Primaten

Kibale-Nationalpark

Der Kibale-Nationalpark ist 766 km² groß und wurde 1993 gegründet. Er ist einer der an Primatenarten reichsten Wälder der Welt. Insgesamt leben hier 13 Primatenarten, darunter unsere nächsten Verwandten, die selten gewordenen **Schimpansen**. Hier befindet sich die größte Population dieser Menschenaffen in Uganda.

Nicht nur für Besucher, sondern auch für die Forscher ist dieses Waldgebiet, etwa 350 km von Kampala entfernt, von größtem Interesse. Internationale Forscherteams, wie die des Jane-Goodall-Instituts, sind ebenso vertreten wie die der

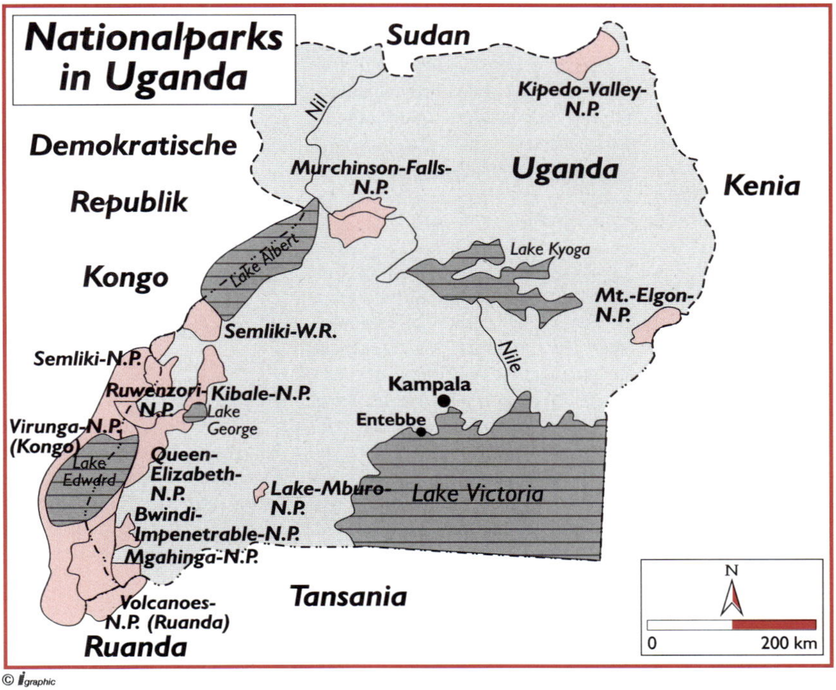

Schimpanse bei der Mahlzeit

heimischen Makerere-Universität. Höhepunkt des Besuchs in diesem Nationalpark ist sicherlich die Beobachtung von Schimpansen. Die Chance, diese Tiere bei einer Wanderung zu sehen, liegt bei über 90 %.

Kidepo-Valley-Nationalpark

Der Kidepo-Valley-Nationalpark hat eine Größe von 1.442 km² und liegt im äußersten Norden Ugandas an der Grenze zum Sudan, rund 700 km von Kampala entfernt. Das Kidepo-Tal ist Heimat für eine **große Vielfalt an Säugetieren**, darunter die seltene Rothschildgiraffe. Der Park ist von Zeit zu Zeit nicht zu erreichen, da die einzige Brücke Richtung Park (Kaabong Bridge) des Öfteren durch eine Flut zerstört wird.

Lake-Mburo-Nationalpark

Der kleine (260 km²) Park schützt den namensgebenden See und seine Umgebung. Er liegt im Südwesten des Landes, etwa 240 km von Kampala und ist gut zu erreichen auf der Straße Masaka – Mbarara, die direkt am Nationalpark vorbeiführt. Im Park leben viele Huftierarten, wie Impalas, Oribi, Topis und Zebras. Die Tierwelt am Wasser ist besonders gut während einer Bootstour auf dem See zu erkunden. Lake Mburo ist ganzjährig gut zu besuchen und bietet auch Möglichkeiten zum „Safari-Wandern".

Klein, aber fein

Defassa-Wasserbock

Mgahinga-Gorilla-Nationalpark

Der Mgahinga-Gorilla-Nationalpark liegt rund 500 km von Kampala entfernt und ist mit 38 km² der kleinste der ugandischen Nationalparks. Aber deswegen nicht weniger wichtig, schützt er doch – als einer von zwei Parks – die vom Aussterben bedrohten **Berg-Gorillas**. Zusammen mit dem ruandischen Parc National des Volcans und dem kongolesischen Parc National de Virunga bildet der Park das Virunga-Schutzgebiet. Die Regenzeit im Parkgebiet fällt auf die Monate Februar bis März und September bis Dezember. Die höchste Niederschlagsmenge fällt statistisch im Oktober, die niedrigste im Juli. Die Vegetation des Parks besteht zu 60 % aus Bambus. Außer den Berg-Gorillas sind auch noch weitere Tiere im Park heimisch, wie Elefanten, Büffel, Buschböcke und der Ruwenzori-Turaco.

Mount-Elgon-Nationalpark

Der Park liegt im äußeren Nordosten Ugandas an der Grenze zu Kenia, etwa 250 km von Kampala. Diese Grenze durchschneidet den Berg fast genau zur

INFO Naturschutz

In den Nationalparks Ugandas wurde der Schutz der Wildtiere in den Jahren nach dem Bürgerkrieg anhaltend verbessert. So konnten sich vor allem in den großen Parks wie Murchison und Queen Elizabeth die Tierbestände wieder einigermaßen erholen, auch wenn die Populationszahlen der 1960er Jahre noch nicht erreicht sind. Problematisch bleiben aber die anderen Schutzgebiete (Wildlife Reserves) sowie einige Korridore, die den Tieren ein Wandern von einem Park zum anderen ermöglichen sollen. Diese Korridore sind meist keine ausgewiesenen Schutzzonen und werden daher auch nicht kontrolliert. Hier kommt es auch heute noch zu andauernden Wildereien. Betroffen ist vor allem der Korridor zwischen Murchison- und Queen-Elizabeth-Park, dem so genannten **Kafu Basin**. Dies war bereits zu Zeiten der Buganda-Könige ein königliches Jagdgebiet, allerdings in Jagdzeit und Anzahl sehr begrenzt. Heute haben die Wilderer keine Hemmungen mehr, was das Abschießen der Tiere angeht. Zwar ist in Uganda die Jagd auf die meisten Wildtiere verboten, in der Praxis wird das aber, wenn überhaupt, nur in den Nationalparks und einigen Wildtier-Reservaten kontrolliert. Jagdkonzessionen gibt es nur für die so genannte Sportjägerei, bei der meist wohlbetuchte Touristen die Genehmigung erhalten, ein Wildtier zu schießen. Einen Kaffernbüffel zu erlegen, kostet zum Beispiel 600 US$. Die Einnahmen aus dem Jagdtourismus werden dann unter dem Landbesitzer, dem Jagdveranstalter und der Distriktregierung geteilt.

Solche „Jagdfarmen" gibt es zum Beispiel um den Lake-Mburo-Nationalpark herum. Die Regierung wünscht sich mehr private und lokale Initiativen, um private Naturschutzgebiete und auch „Jagdfarmen" zu etablieren. Hintergrund ist der Wunsch, den Menschen aufzuzeigen, dass sie auf legalem Weg sehr viel mehr mit Wildtieren verdienen können als mit dem Verkauf des so genannten „Bush-Meat".

Unbestritten ist mittlerweile der wichtige Einfluss des Natur- und Safari-Tourismus auf die Schutzbemühungen um die Nationalparks und Reservate. Unter diesem Gesichtspunkt ist die Steigerung der Besucherzahlen der Nationalparks in den letzten Jahren, positiv für die Zukunft des Naturschutzes in Uganda zu sehen. Kamen im Jahr 1999 nur 36.943 Besucher in Ugandas Nationalparks, so waren es im Jahr 2003 bereits 102.567 Besucher. Die Besucherzahlen sind je nach Schutzgebiet recht unterschiedlich. Hauptfaktoren sind der Bekanntheitsgrad, die Erreichbarkeit, die Angebote vor Ort (Safaris, Wandern, Bergsteigen, etc.) und die Unterkunftsmöglichkeiten. Der Mount-Elgon-Nationalpark soll hier als Beispiel für die Besucherzahlen und Entwicklungen dienen:

- Beginnend 1995, wo der Park 491 Besucher hatte, kamen 1997 erstmals über tausend Gäste (1.081) und 2004 dann sogar 3.609. Interessant ist, dass bis auf 1995, in all den Jahren die Zahl der ugandischen Besucher immer höher war als die der ausländischen Besucher. Das gilt besonders für die Zahl der Ugander, die aus der direkten Umgebung des Parks kommen.
- Als Beispiel die Besucherzahlen für 2004: Ugander 1.569 (davon 1.152 aus der Umgebung), 1.035 ugandische Schüler und Studenten, Ausländer 1.005 (davon 387, die in Uganda leben).

- Interessant ist es, sich auch die Verteilung der Besucherzahlen über das Jahr anzuschauen, wobei auffallend ist, dass trotz Regenzeit das ganze Jahr über relativ gleichmäßig Gäste kommen. Durchschnittlich kamen pro Monat 2004 zwischen 220 und 340 Besucher. Nur in zwei Monaten war die Zahl höher: im August 412 und im Juli 457. Den besucherärmsten Monat gab es im November 2004 mit 179 Besuchern. Die meisten ausländischen Gäste kamen mit 156 Besuchern im Juli, die wenigsten im November (35).

Zu den großen Attraktionen Ugandas gehören sicherlich die **Menschenaffen**, die allein ein Großteil der Touristen anziehen. Nicht nur die berühmten Berg-Gorillas, sondern auch die Schimpansen ziehen die an der Natur interessierten Reisenden in ihren Bann. Sie sind noch etwas zahlreicher in Uganda vertreten und in zahlreichen Schutzgebieten anzutreffen.

Zahl der Schimpansen in Uganda

Waldreservate (Forest Reserves)		Nationalparks / Wildlife Reserves	
Budongo	640	**Murchison Falls**	20
Bugoma	630	**Semuliki-Park**	50
Kagombe	90	**Semuliki WR**	60
Itwara	130	**Ruwenzori**	500
Kasyoha-Kitomi	410	**Kibale**	1.420
Kalinzu	230	**Cyambura**	50
Otzi	25	**Maramagambo**	220
Wambabya	130	**Bwindi**	210
Muhangi	25		

Außerhalb dieser geschützten Gebiete leben noch ca. 110 Tiere. Das ergibt eine Gesamtpopulation von 4.950 Schimpansen für Uganda.

Hälfte. Die 4.321 m hohe Spitze gehört allerdings noch zum ugandischen Staatsgebiet. Erst seit 1993 genießt der 1.145 km² große Park den vollen Schutzstatus. Die kenianische Hälfte des Mt. Elgon ist nicht so sehr geschützt, dort gibt es nur ein kleines Naturschutzgebiet an der Nordostflanke des Berges.

Der Mt.-Elgon-Nationalpark ist auf gut asphaltierten Straßen über die Stadt Mbale gut zu erreichen.

Murchison-Falls-Nationalpark

Nil-Fälle

Im Nordwesten des Landes, im oberen Bereich des Albert-Sees, liegt etwa 230 km von Kampala entfernt der Murchison-Falls-Nationalpark. Der 3.877 km² große Nationalpark beherbergt all jene Tiere, die sich ein Reisender in Afrika meist so vorstellt. Elefanten und Büffel, Löwen und Leoparden, Hyänen und Schakale, Flusspferde und Warzenschweine, um nur einige wenige aufzuzählen. Insgesamt 76 Säugetier- und 450 Vogelarten leben im Park. Zusammen mit den angrenzenden Wildreservaten von Bugungu und Karuma bedeckt das so genannte Murchison-Falls-Schutzgebiet (Protected Area) eine Fläche von 5.025 km². Die größte Attraktion des Parks ist aber sicherlich der Weiße Nil und die namensgebenden Murchison-Wasserfälle. Der Park ist das ganze Jahr über zu besuchen. Trockenzeit herrscht von Dezember bis Februar und im Juni, Juli. Die feuchtesten Monate sind April und November. Im angrenzenden Budongo Forest (Kanio Pabidi) können auch Wanderungen mit Schimpansen-Beobachtung unternommen werden.

Im Murchison-Falls-Nationalpark

Queen-Elizabeth-Nationalpark

Eines der ältesten Schutzgebiete in Uganda ist der 1.978 km² große Queen-Elizabeth-Nationalpark. Er erstreckt sich an der Nordostseite des Edward-Sees bis zum nordöstlich davon gelegenen Lake George, von Kampala etwa 400 km entfernt. Die Entstehung des Parks geht auf eine Epidemie der Schlafkrankheit zurück, bei der Anfang des 20. Jh. viele Menschen das Gebiet verließen. Heute gehört er zu den eindrucksvollsten Parks in Uganda mit einer großen Fülle an Tierarten. Der Park ist einfach zu erreichen über die Straße von Mbarara nach Kasese, die den Nationalpark durchquert.

Ruwenzori-Nationalpark

Alpine Landschaften

Der 996 km² große Ruwenzori-Nationalpark (auch Rwenzori geschrieben) schützt den Kernbereich des Ruwenzori-Gebirges. Das Gebirge, von dem einige Historiker annehmen, es handele sich hier um die so genannten Mondberge, in denen der Nil entspringt. Hier befindet sich die höchste Erhebung Ugandas, die Margherita-Spitze, mit 5.109 m auch gleichzeitig der dritthöchste Berg Afrikas. Sie erreichen den Nationalpark am besten von Kasese aus. Die Straße von Fort Portal über Kasese Richtung Queen-Elizabeth-Nationalpark führt praktisch am Gebirge entlang. Bei der Fahrt haben Sie je nach Wetter schon eine herrliche Aussicht auf das Ruwenzori-Gebirge.

Semliki-Nationalpark

Der 220 km² große Semliki-Nationalpark liegt am gleichnamigen Fluss im Westen Ugandas, direkt an der Grenze zum Kongo. Er „versteckt" sich etwas von ugandische Seite aus hinter den Ausläufern des Ruwenzori-Gebirges. Zu erreichen ist er über eine Piste von Fort Portal aus, etwa 390 km von Kampala entfernt. Der Nationalpark schützt den einzigen **Tiefland-Regenwald** Ugandas, den Bwamba Forest. Er erstreckt sich unterhalb des Albert-Sees und beherbergt verschiedene

Primatenarten (9 Arten), Vögel wie den Doppelhornvogel und über 300 Arten von Schmetterlingen. Landschaftlich ist der Park geprägt vom nahen Ruwenzori-Gebirge. Im Park gibt es heiße Quellen und den Mulingo-Wasserfall. Der Semliki-Park ist während der Regenzeit über die dann aufgeweichte Piste nur sehr schlecht zu erreichen. Beste Reisezeit ist vor allem die Trockenzeit von Juni bis September und Dezember bis März. Die Luftfeuchtigkeit ist hier das ganze Jahr recht hoch und es kann sehr warm werden.

am besten in der Trockenzeit

Die Nationalparks Ruandas

Akagera-Nationalpark

Das Akagera-Gebiet bildet einen auffälligen Gegensatz zur bewirtschafteten Hügellandschaft des übrigen Ruanda. Das schöne Naturschutzgebiet an der Grenze zu Tansania umfasst eine typisch afrikanische **Savannen-Landschaft**: Gruppen von struppigen Akazien sind durchsetzt mit Grasland-Lichtungen, ein Dutzend sumpfgesäumte Seen bezeichnen den windungsreichen Lauf des namensgebenden Akagera-Flusses. Die faszinierende Landschaft beheimatet eine Reihe von Großwildarten. Elefanten- und Büffelherden sind beim Trinken an einem See zu beobachten, mit etwas Glück stößt man auf Löwen, Leoparden oder auch Tüpfelhyänen. Zudem sind Giraffen, Zebras und mehr als ein Dutzend Antilopenarten, wie die grazile Schwarzfersen-Antilope (Impala), das winzige Bleichböckchen und die Elendantilope, die größte Antilopenart der Welt, zu sehen.

Zebras im Akagera-N.P.

Einzige Savanne Ruandas

Der Park ist von Kigali aus Richtung Osten in etwa 2 bis 2 ½ Stunden zu erreichen. Es gibt ein recht gutes Hotel im Park, für den ein Allradfahrzeug benötigt wird.

Nyungwe-Forest-Nationalpark

Der Nyungwe-Wald ist der jüngste der drei Nationalparks Ruandas. Der Wald wurde aber bereits 1933 erstmalig unter Schutz gestellt. Er gehört mit 13 verschiedenen Affenarten zu den an Primatenarten reichsten Wäldern der Welt. Darunter ist auch eine Population von rund 500 Schimpansen. Zudem tummeln sich über 525 Vogelarten und 120 Schmetterlingsarten im zwischen 1.600 und 2.950 m hoch gelegenen Waldgebiet. Ebenso interessant ist die üppige Pflanzenwelt. Der 970 km^2 große Park ist von Kigali aus über Gitarama und Gikongoro in ca. 3 ½ Std. zu erreichen.

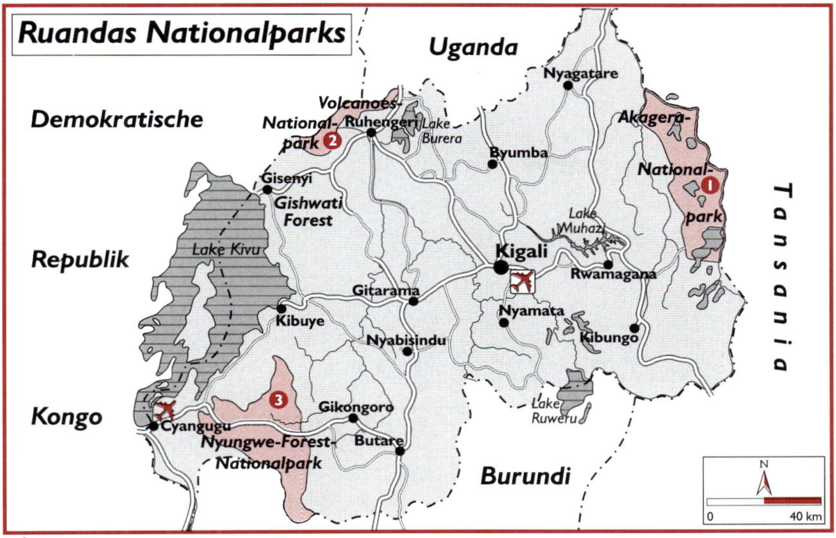

Volcanoes-Nationalpark

Im Schutz des „Parc National des Volcans“ gelegen, bilden die dicht bewaldeten Hänge der Virunga-Vulkane die passende Kulisse für ein **unvergessliches Naturerlebnis**: das Aufspüren der berühmten „Gorillas im Nebel“. Der Aufstieg in den Bambuswald gibt einen weiten Blick über das Land frei. Dann erlebt der Wanderer die geheimnisvolle Geborgenheit des Regenwaldes, den Widerhall von Vogelstimmen und die Schatten der seltenen „Golden Monkeys“. Die Begegnung mit einem alten „Silberrücken“ ist überwältigend: Obwohl bis zu dreimal so schwer wie ein Mann mittlerer Größe, sind diese ausgewachsenen Gorillas bemerkenswert friedfertig und duldsam gegenüber Menschen. Hinzu kommt das unbeschreibliche Gefühl der Gemeinsamkeit und des Wiedererkennens beim Blick in die Augen dieser nächsten Verwandten des Menschen. Der Park ist von Kigali in ca. 2 ½ Stunden über Ruhengeri zu erreichen. Es gibt mehrere Unterkünfte unterschiedlicher Preiskategorien.

Dian Fosseys Erbe

Pflanzenwelt

Ruanda und weite Teile Ugandas waren bis vor einigen hundert Jahren noch vollständig bewaldet: an den Berghängen des Ruwenzori und der Virungas mit dichtem Berg-Nebelwald, in den Ebenen zwischen den Gebirgsketten und im Bereich des Viktoria-Sees mit Regenwald. Nur im Norden Ugandas und im Osten Ruandas liegen schon seit Jahrtausenden Baumsavannen, in denen Akazien (*Acacia*

Kulturlandschaft in Nordruanda

sp.) die dominierenden Pflanzen sind. Entlang der sie durchziehenden Flüsse stehen Galeriewälder wie lang gezogene Inseln in der Landschaft, die auch in der Trockenzeit noch grün sind.

Alle Vegetationsbereiche haben ihre ganz eigene Pflanzenwelt. In Uganda und Ruanda sind über 22.000 verschiedene Pflanzenarten zu Hause. Darunter die beeindruckenden Riesenlobelien und die bis zu 10 m hohe Baumheide.

Zu den genannten großen Vegetationsbereichen kommen noch kleine lokale hinzu, bei denen sich oftmals auf kleinem Raum endemische Pflanzen finden. Interessant sind zum Beispiel das Ruisizi-Tal als tiefster Punkt Ruandas (950 m über dem Meeresspiegel) und die Lavafelder im Bereich der westlichen

INFO Exkurs Epiphyten

Epiphyten sind Pflanzen, die auf anderen Pflanzen wachsen, ohne diese zu parasitieren. Ihre Wurzeln reichen in der Regel nicht zum Boden, sondern breiten sich in dem Substrat aus, das sich auf den besiedelten Untergründen – Stämmen, Ästen, usw. – ablagert. von dort beziehen sie auch ihr Wasser und ihre Mineralstoffe. Häufiger Nebel begünstigt ihr Vorkommen, da die Feuchtigkeit an der Pflanzenoberfläche kondensiert und die Transpiration verringert. Weltweit existieren etwa 25.000 Pflanzenarten, die epiphytisch leben. Mit etwa 15.000 Arten stammen die meisten aus der Familie der Orchideen. In unseren Breitengraden gibt es nur wenige Epiphyten, die hier alle zu den Flechten und Moosen gehören.

Im Laufe der Evolution haben diese Pflanzen die verschiedensten Anpassungen an ihren „Mangelstandort“ hervorgebracht. Bei manchen sind Teile der Sprossachse oder Blätter zu einem Wasserspeichergewebe umgewandelt. Manche haben auch Einrichtungen zur schnellen Wasseraufnahme entwickelt: So z. B. die Bromelien, die mit ihren Blatt-Trichtern Wasser sammeln, oder die Orchideen mit ihren „Luftwurzeln“. Aufgrund ihrer großen Widerstandsfähigkeit zählen viele Zimmerpflanzen zu dieser Gruppe (denn seltenes Gießen und Düngen sowie trockene Heizungsluft sind hier häufige (und harte) Lebensbedingungen), z.B. der Weihnachtskaktus, viele Orchideen und die häufigste „Büropflanze“ überhaupt: *Ficus benjamini*, ein Semi-Epiphyt, der seinen Lebenszyklus als Sämling auf einem Baum beginnt, später Wurzeln bis auf den Boden austreibt und seinen Trägerbaum völlig überwächst und ihn letztlich absterben lässt.

Virunga-Vulkane. Hier kann eine Neubesiedelung mit speziell angepassten Pflanzen beobachtet werden.

Wenn man heute durch Ruanda und Südwest-Uganda fährt, fällt auf, dass weite Strecken bereits landwirtschaftlich genutzt werden. Dadurch wurde ein Großteil der ursprünglichen Vegetation in den beiden Ländern zerstört. Heute nehmen beweidete Savannen und die landwirtschaftliche Kulturlandschaft allein in Ruanda über 80 % der Fläche ein.

Tierwelt

Überblick

Uganda gehört neben Kenia und Tansania zu den besonders an **Großtierarten reichen Gebieten Ostafrikas**. Die Anzahl der Tiere ist allerdings seit der starken Wilderei in den 1970er und 1980er Jahre stark zurückgegangen. Die Tierherden sind dadurch kleiner geworden als die in den beiden genannten Nachbarstaaten. Einige Tierarten wurden in Uganda während dieser Zeit sogar völlig ausgerottet, wie z. B. die beiden Nashornarten, das Breitmaul- und das Spitzmaulnashorn. Seit der politischen Stabilisierung des Landes Ende der 1980er Jahre konnten sich die meisten Tierbestände im Laufe der Jahre wieder erholen. Sie haben aber bis zum heutigen Zeitpunkt nicht wieder die Zahlen von vor 40 Jahren erreicht. Vielleicht werden diese Zahlen auch nie mehr erreicht, da die Zerstörung der natürlichen Lebensräume rasant fortgeschritten ist.

Wilderei

Das immer noch hohe Bevölkerungswachstum wird auch in den nächsten Jahrzehnten mit einem weiteren Raubbau an der Natur einhergehen. Zur Lebensraumzerstörung der Wildtiere kommt gleichzeitig das Problem der Jagd. Das so genannte „Bush Meat", das Fleisch der armen Leute, führt in vielen Gebieten außerhalb der Schutzzonen zu enormem Jagddruck. Die Tierpopulationen können aber auf Dauer nur überleben, wenn ihnen außer in den Nationalparks und Reservaten Korridore und Ausweichflächen bleiben.

Raubbau an der Natur

Impalas

Für die **Tierwelt Ruandas** gilt im Prinzip das Gleiche wie für Uganda, auch wenn hier nur ein relativ kleines Gebiet des Landes zu den für Ostafrika sonst so typischen Savannen-Landschaften mit ihren Großtieren zählt. Die Dezimierung der Tiere begründet sich hier ebenfalls in den politischen Problemen der letzten Jahrzehnte, die im Völkermord von 1994 gipfelten. Seit Ende der 1990er Jahre geht es auch in Ruanda mit den Tierbeständen in den Savannengebieten wieder aufwärts und die vorhandenen Schutzgebiete werden wieder effektiver geschützt. Die Situation in den restlichen Wäldern in Ruanda ist etwas schwieriger, aber die Stabilisierung der Berg-Gorilla-Bestände gibt Anlass zur Hoffnung.

- **Säugetiere**

In Afrika liegt Uganda, nach dem 12 mal größeren Kongo, mit 311 Arten an zweiter Stelle der an Säugetieren artenreichsten Länder des Kontinents (Platz 9 in der Welt). Das schwerste Landsäugetier, der Elefant, lebt hauptsächlich in den Savannengebieten. Seine Bestände haben unter den Bürgerkriegen und politischen Unruhen der letzten Jahrzehnte besonders gelitten. Für die nicht minder imposanten Nashörner, die in Uganda und Ruanda ursprünglich denselben Lebensraum mit den Elefanten teilten, kam sogar das endgültige Aus. In Uganda bestehen Pläne, Nashörner wieder anzusiedeln, da die Sicherheit der Tiere nun besser gewährleistet ist. Die ersten Tiere aus Kenia sind bereits eingetroffen und werden in einem speziellen Reservat (*Ziwa Sanctuary*) unter Bewachung gehalten. Bis diese dann auch wieder die Nationalparks bevölkern, werden allerdings noch einige Jahre vergehen.

Land der Flusspferde

Die massigen **Flusspferde** sind dagegen in Uganda noch recht häufig. Man begegnet ihnen in den größeren Flüssen (z.B. dem Nil) und in kleineren Seen.

In den Savannen leben eine ganze Reihe von **Antilopen** und anderen Hörnträgern. Dazu gehört die Uganda-Kob, die große Elendantilope, der wachsame Topi (auch Leierantilope genannt) und der Defassa-Wasserbock genauso wie der Kaffernbüffel und die Giraffe. In Uganda kommt eine seltene Unterart der Giraffe vor, die Rothschildgiraffe.

Wo Huftiere sind, sind **Raubtiere** meist nicht fern. Allen voran der Afrikanische Löwe, der Leopard, der Gepard, die Streifenhyäne (Norduganda) und die häufigere Tüpfelhyäne. Etwas kleiner bleiben die Servalkatzen. Noch kleinere Räuber sind die Mangusten und Otter. Bei den Schweinen ist häufig das Warzenschwein zu sehen, dazu das etwas versteckt im Wald lebende Pinselohr- und das scheue Riesen-Waldschwein.

Reich an Primaten

Vielfältig sind die Arten der **Primaten**. Insgesamt 19 sind in Uganda und Ruanda anzutreffen. Am bekanntesten in beiden Ländern sind sicherlich die zwei hier lebenden Menschenaffenarten, der **Schimpanse** und der **Berg-Gorilla**. Zudem gibt es noch eine ganze Reihe von verschiedenen Meerkatzenarten. Diese mittelgroßen Affen leben vor allem in Galerie- und Bergwäldern. Die bekannteste Art ist die weit verbreitete Grüne Meerkatze. Aber auch seltene Meerkatzenarten, wie die Goldene und die Silberne Diadem-Meerkatze finden sich in den Wäldern Ugandas und Ruandas.

Die an ein Nachtleben angepassten Tiere werden Besucher der beiden Länder meist nicht zu Gesicht bekommen. Dazu gehören neben Eulen und Fledermäusen auch so urweltlich anmutende Tiere wie das Schuppentier und das Erdferkel.

• Vögel

Ein Scharlachspint

Mit mehr als 1.000 Vogelarten sind die beiden Länder ein regelrechtes **Vogelparadies** (in Uganda alleine sind zur Zeit 1.017 Arten beschrieben). Besonders in den feuchten Gebieten der Sümpfe, aber auch an den Seen und Flüssen der beiden Länder gibt es eine Fülle von Vögeln zu beobachten. Darunter den markanten Schuhschnabel, aber auch diverse Storcharten, wie den Marabu, den Sattelstorch und den Nimmersatt. Am Wasser finden sich viele der verschiedenen Reiherarten wie der Silber-, Seiden-, Kuh- und der Nachtreiher. Des Weiteren Pelikane, Enten, Kormorane und Lieste, mit unserem Eisvogel verwandte Vögel. Unter den Greifvögeln sind die Schrei-Seeadler an den Seen am häufigsten zu sehen und, wie der Name schon sagt, auch zu hören.

Vielfalt an Vögeln

In Gärten mit vielen Blüten sind manchmal die Nektarvögel zu beobachten. Wie die Kolobris in Amerika, so ernähren sich die Nektarvögel Afrikas vom süßen Saft der Blüten.

• Reptilien und Amphibien

Amphibien sind meist nur zu sehen, wenn man sie auch finden möchte. Es sei denn, es tummelt sich mal ein Frosch in der Toilette einer Regenwaldbehausung. Reptilien dagegen sind häufiger zu beobachten, mit Ausnahme der meist scheuen **Schlangen**. In warmen und trockenen Gebieten (Savannen) sind Agamen häufig anzutreffen. Im Buschland das Chamäleon, das sich mit seiner zeitlupenhaften Bewegung seiner Beute nähert, um es dann mit seiner langen klebrigen Zunge zu fangen. In größeren Gewässern sind häufig Nil-Krokodile (*Crocodilus niloticus*) anzutreffen. Sie sonnen sich gerne auf den Sandbänken der Flüsse. Auch recht groß werden die Nil-Warane (*Varanus niloticus*), die im Gegensatz zum Krokodil strikte Einzelgänger sind. Unter den Schlangen heben sich die großen Würgeschlangen wie der Felsenpython (*Python sebae*) besonders hervor.

Chamäleons und Warane

Nil-Krokodil

• Fische

In den Seen und Flüssen der beiden Länder tummeln sich diverse Fischarten. Dazu gehören die für die Menschen besonders wichtigen Speisefische wie der Tilapia oder der Nilbarsch. Die bekanntesten Fischarten sind sicher die **Buntbarsche** (*Cichliden*) aus den großen Seen Ostafrikas (s. S. 378). Es gibt hunderte von verschiedenen Arten, und dabei ausgesprochen schöne und bunte. Vor allem die Jungfische der meisten Cichliden-Arten sind sehr schön gezeichnet. Sicher auch ein Grund, warum die Buntbarsche in Europa beliebte Aquarienfische geworden sind.

• Insekten und Gliedertiere

Ein Teil dieser Tiergruppe ist für viele Reisende keine gern gesehenes Lebewesen – vor allem die Mücken, Tse-Tse-Fliegen und anderen stechenden Insektenarten. Doch das ist bei weitem nicht alles, was die Insektenwelt Ostafrikas zu bieten hat. Bizzar geformte Käfer, manchmal sogar bunt, fleißige Bienen und staatenbildende Krabbeltiere. Hier stechen vor allem die Termiten hervor, deren Bauwerke überall in den Savannen zu sehen sind.

Schmetterlingsschwärme

Wenn Sie von April bis Juni reisen, dann werden Sie von einer Insektengruppe regelrecht fasziniert sein – den **Schmetterlingen**. Zu hunderten, wenn nicht zu tausenden, fliegen sie um Wasserpfützen oder mineralhaltige Stellen herum. Ein traumhafter Anblick.

KLEINES KALEIDOSKOP OSTAFRIKANISCHER SÄUGETIERE

Defassa-Wasserbock
(*Kobus ellipspyrmus defassa*)
Der Defassa-Wasserbock ist einer von 13 Unterarten des Wasserbocks, der in weiten Teilen Afrikas zu finden ist. Wie der Name schon sagt, bevorzugen die Tiere die Nähe zum Wasser. Bei Gefahr flüchten sie oft ins Wasser eines Sees oder durchqueren die Flüsse. Ihr Fell wird durch die Schweißdrüsen mit einer öligen Schicht bedeckt, was ihr Fell oft strähnig aussehen lässt.
Ein etwa 13 kg schweres Jungtier wird nach einer Tragzeit von 9 Monaten geboren. Nur in sehr seltenen Fällen kommt es zu Zwillingsgeburten. Nach einem halben Jahr beginnt die Entwöhnungszeit der Jungtiere von der Mutter und mit etwas über einem Jahr sind die Tiere geschlechtsreif. Die jungen männlichen Wasserböcke werden allerdings erst im Alter von etwa 6 bis 7 Jahren zum Decken kommen. Wasserböcke ernähren sich hauptsächlich von Gras, seltener von Laub, und brauchen täglich Wasser. Ihre Hauptfeinde sind Löwen und Wildhunde sowie Leoparden für jüngere Tiere.

Defassa-Wasserbock

Topi oder **Leierantilope** (*Damaliscus lunatus topi*)
Das Topi ist eine von neun Unterarten der Afrikanischen Leierantilope, die gebietsweise von West- über Ost- bis nach Südafrika vorkommt. Das Topi bevorzugt trockene

Savannengebiete. Es lebt in kleinen Gruppen (5 bis 20) zusammen, bei denen zumindest ein Tier aufmerksam die Umgebung beobachtet. Dabei sieht man häufig ein Topi auf einem Termitenhügel stehen. Ihre Feinde sind alle größeren Raubtiere wie Löwe, Leopard, Gepard, Hyäne und Wildhund.

Topi

Nach einer Tragzeit von 7 ½ bis 8 Monaten wird ein Kalb geboren, das bei der Geburt 10 bis 12 kg wiegt und sofort stehen und laufen kann. Die weiblichen Topis werden mit knapp zwei Jahren geschlechtsreif, die männlichen mit drei bis vier Jahren. Topis werden rund 15 Jahre alt.

Uganda-Kob oder **Uganda-Moorantilope** (*Kobus kob thomasi*)
Die Uganda-Kop oder auch Uganda-Moorantilope genannt, lebt im Südosten des Sudan, im Nordwesten Kenias und im Norden Ugandas.
Uganda-Kobs leben in Herden von 6-20 Tieren, die aus Weibchen mit ihren Jungtieren bestehen. Böcke dagegen leben in Junggesellen-Einheiten oder einzeln. Nur während der Brunft sind die adulten Böcke territorial. Diese sehr unterschiedlich großen Reviere werden gegen eindringende andere adulte Böcke verteidigt. Die Uganda-Kob hat eine Tragzeit von 8 ½ bis 9 Monaten und die Jungtiere werden mit einem Gewicht von vier bis fünf Kilogramm geboren. Nach einem halben Jahr beginnt die Entwöhnungszeit der Jungtiere von der Mutter und mit etwas über einem Jahr sind die Tiere bereits geschlechtsreif. Allerdings kommen die jungen männlichen Uganda Kobs erst im Alter von etwa 3 bis 4 Jahren zum Decken, wenn sie mit ihrem Territorialverhalten beginnen. Ihre Lebenserwartung beträgt etwa 14 Jahre.

Uganda-Kob

Rothschild-Giraffe
(*Giraffa camelopardalis rothschildi*)
Der Lebenszyklus der Giraffen beginnt nach 450 bis 465 Tagen Tragzeit. In der Regel wird ein Jungtier geboren, das bei der Geburt 95 bis 100 kg wiegt und etwa 1,80 m hoch ist. Nach 15 bis 17 Monaten entwöhnt es sich von der Mutter. Männliche Tiere werden mit ca. 3 ½ Jahren und Weibchen mit 4 bis 5 Jahren geschlechtsreif. Die Lebenserwartung beträgt bis zu 25 Jahre (im Zoo bis 30 Jahre). Die Körperhöhe dieser imposanten Tiere beträgt 4 bis 5,80 m. Auch der lange Hals der Giraffen besteht, wie bei jedem Säugetier, aus 7 Halswirbeln. Die Hinterbeine sind etwas kürzer als die Vorderbeine, weshalb der Rücken

nach hinten abschüssig wirkt.
Beide Geschlechter tragen Hörner, 2 bis 5 an der Zahl. Diese sind Schädelfortsätze aus Knochen, die an der Spitze gerundet und mit Haut überzogen sind. Giraffen haben ein gutes Sehvermögen und können Artgenossen in 1 km Entfernung erkennen. Die Fellzeichnung ist bei jedem Tier individuell, wie ein Fingerabdruck sozusagen. Es kommen auch auf Grund von Pigmentstörungen sehr helle Tiere und sogar Schwärzlinge vor. Ihre Nahrung besteht hauptsächlich aus jungen Blättern und Trieben. Besonders beliebte Futterpflanze ist die Akazie. Die Blätter der Akazie werden mit der fast 50 cm langen Zunge von den Bäumen abgezogen. Die Giraffen schlafen nur wenige Stunden am Tag und das meistens im Stehen.

Rothschild-Giraffe

Die in Uganda beheimatete und sehr seltene Rothschild-Giraffe unterscheidet sich von der im restlichen Ostafrika lebenden Maasai-Giraffe durch den etwas gedrungeneren Körperbau und ihre ungefleckten Unterbeine. Diese Unterart war ursprünglich in ganz Westkenia und Uganda zu Hause. Durch die Bürgerkriege in Uganda wurde sie hier aber völlig ausgerottet. Nur in Westkenia überlebte die Rothschild-Giraffe (benannt nach Baron Rothschild). 1977 wurden 70 Tiere im Nakuru-Nationalpark in Kenia angesiedelt, um die vom Aussterben bedrohte Unterart zu retten. Durch die gute Vermehrung werden sie jetzt wieder in Schutzgebiete in ihrem ursprünglichen Verbreitungsgebiet im Westen Kenias sowie in Uganda angesiedelt.

Kaffernbüffel

Kaffernbüffel (*Syncerus caffer*)
Der Kaffernbüffel ist der einzige Vertreter seiner Gattung auf dem afrikanischen Kontinent und nicht direkt mit den Wasserbüffeln Asiens verwand. Er gibt zwei Unterarten: den eigentlichen Kaffernbüffel und den Rot- oder Waldbüffel in Zentral- und Westafrika.
Der eigentliche Kaffernbüffel hat ein dunkelbraunes bis schwarzes Fell, das mit zunehmendem Alter spärlicher wird. In der Ernährung sind sie relativ anspruchslos und haben sich im Gegensatz zu anderen Wiederkäuern nicht auf bestimmte Gräser oder Blätter spezialisiert.
Zum Abkühlen und zum Schutz vor lästigen Insekten suhlen sich die Büffel gerne im Schlamm. Ansonsten werden ihnen lästige Insekten von den Madenhackern entfernt. Diese Vögel ziehen so einen Nutzen aus der „Partnerschaft“ zum Büffel. Auch die

Kuhreiher halten sich gerne in der Nähe der Kaffernbüffel auf, da sie den von ihnen hochgescheuchten Insekten nachstellen. Den Kern der Büffelherden bilden die Muttertiere mit ihren bis zu zwei Jahre alten Jungtieren.
Die **Herdengröße** schwankt beträchtlich von 50 bis zu 2.000 Tieren! Einzelne Männchen schließen sich zu Bullenherden zusammen, die meist nicht größer sind als 20 Tiere.
Die Herden kennen kein Territorialverhalten und wandern bis zu 30 km am Tag. Um die Rangordnung der Bullen innerhalb der Herde zu klären, kommt es regelmäßig zu Scheinkämpfen. Zur Fortpflanzungszeit, wenn die Kühe empfängnisbereit sind, kann es auch zu Kämpfen um die Begattung dieser Kühe kommen. In der Regel sind diese Kämpfe sehr kurz. Der Unterlegene dreht schnell ab und zeigt die Flanke.
Alte und kranke Tiere sondern sich oft von der Herde ab und werden dann ohne den Schutz der Herde leicht zur Beute von Löwen.
Die Körperlänge der Kaffernbüffel beträgt 2,20 bis 3,40 m, die Schulterhöhe 1 bis 1,70 m. Alle 2 Jahre wird nach einer Tragzeit von 340 Tagen ein Jungtier geboren, das bei der Geburt 55 bis 60 kg wiegt. Nach 6 Monaten wird das Kalb eigenständig und mit 2 Jahren endet die Mutter-Kind Beziehung. Mit etwa 5 Jahren sind die jungen Büffel geschlechtsreif. Die Lebenserwartung beträgt ca. 16 Jahre (im Zoo 20 bis 26 Jahre).

Afrikanischer Steppenelefant

(*Loxodonta africana*)
Der afrikanische Elefant kommt in zwei Unterarten auf dem Kontinent vor, dem Steppenelefanten und dem etwas kleineren Wald- oder Rundohrelefanten. Der afrikanische Vertreter der Rüsseltiere unterscheidet sich vom asiatischen Elefanten durch größere Ohren, eine flache Stirn und dadurch, dass beide Geschlechter Stoßzähne tragen (bei den asiatischen Elefanten nur die männlichen Tiere).
Das schwerste Landsäugetier der Erde kann eine Höhe von bis zu 3,80 m erreichen (meist 2,50 bis 3,50 m) und wiegt dabei bis zu 7,5 t. Nach einer Tragzeit von 22 Monaten kommt in der Regel ein Jungtier zur Welt. Es wiegt bei der Geburt schon 90 bis 135 kg. Das Muttertier bleibt dabei in der Herde. Die anderen weiblichen Tiere nehmen manchmal bei der Geburt das Muttertier in ihre Mitte und beschützen sozusagen den Geburtsvorgang und die wichtigen Stunden danach. Die Entwöhnung des Elefantenjungen von der Mutter findet erst nach etwa 2 Jahren statt. In einem Alter zwischen 8 und 12 Jahren werden Elefanten geschlechtsreif und erreichen dann eine Lebenszeit von 50 bis 70 Jahren. Dass Elefanten nicht noch älter werden, hat viel mit ihren Zähnen zu tun, die sich abnutzen und mit der Zeit sozusagen „verbraucht“ sind.

Afrikanischer Steppenelefant

Elefanten ernähren sich von Gräsern, Laub, Zweigen und Rinde. In der jeweiligen Saison kommen auch mal Früchte dazu.

Breitmaulnashorn

Breitmaulnashorn
(*Ceratotherium simum*)
Beim Breitmaulnashorn werden zwei Unterarten unterschieden. Das Nördliche (*C. simum cottoni*) und das Südliche (*C. simum simum*).
Das Breitmaulnashorn ist ein Bewohner der afrikanischen Kurzgrassteppen. Es ernährt sich von Gras, daher auch seine namensgebende breite Schnauze.
Breitmaulnashörner sind sowohl tagsüber, als auch nachts unterwegs. Wie bei allen Nashörnern ist ihr Sehvermögen schlecht ausgebildet. Einen Menschen erkennen sie erst in einer Entfernung von etwa 30 bis 35 Metern. Ihr Geruchssinn hingegen ist vorzüglich.
Das Breitmaulnashorn ist das geselligste der fünf lebenden Nashornarten. Weibchen ohne Kälber bilden mit ihresgleichen sowie Halbwüchsigen zusammen kleine Trupps von bis zu sechs erwachsenen Tieren. Die einzelnen Mitglieder dieser kleinen sozialen Einheiten scheinen sich gut zu kennen und begrüßen sich jeweils durch freundlichen Nasenkontakt. Jede Weibchengruppe lebt in einem festen Gebiet von etwa 9 bis 15 km² Fläche. Dieses wird das ganze Jahr hindurch durchstreift und höchstens verlassen, wenn bei ungünstigen klimatischen Bedingungen das Wasser oder das Nahrungsangebot zu knapp wird. Die Gebiete benachbarter Nashorngruppen überlappen sich gegenseitig, Streitigkeiten zwischen Gruppen scheinen aber kaum vorzukommen.
Nashornbullen erreichen eine Schulterhöhe von 1,90 m, Nashornkühe bleiben mit 1,70 m etwas kleiner. Dabei bringen sie etwa 2,3 t auf die Waage (Weibchen 1,8 t). Nach einer Tragzeit von 490 Tagen wird ein Jungtier geboren. Es wiegt bei der Geburt stolze 80 kg. Die Nashornweibchen werden mit 6 Jahren geschlechtsreif (Männchen mit 10 Jahren) und bekommen nur etwa alle 4 Jahre neuen Nachwuchs. Die Lebenserwartung dieser mächtigen Tiere liegt bei ca. 45 Jahren.

Flusspferde

Flusspferd
(*Hippopotamus amphibius*)
Der wissenschaftliche Name *Hippopotamus* stammt aus dem griechischen *hippos potamos*, was so viel wie Pferd im Fluss heißt. Trotz des Namens ist das Flusspferd enger mit den Schweinen als mit den Pferden verwandt. Der Name „Nilpferd“ kommt daher, dass die ersten Flusspferde am Nil entdeckt wurden, wo sie heute aber ausgerottet sind.
Das Flusspferd kommt heute ausschließlich in Afrika südlich der Sahara vor. Es ist in stehenden und langsam fließenden Gewässern mit Wassertemperaturen von 18 bis 35 °C zu finden.

Flusspferde leben in Gruppen von bis zu 20 Tieren, die aus einem Bullen mit mehreren Weibchen und ihren Jungtieren bestehen. Ältere Bullen leben manchmal auch als Einzelgänger. Diese Gruppen haben feste Territorien zu Wasser und zu Lande. Die Markierung der Reviergrenzen wird durch den Bullen vorgenommen, indem er seinen Kot mit kreisenden Schwanzbewegungen verteilt.
Gegenüber Artgenossen werden die Reviere erbittert verteidigt. Zwischen rivalisierenden Bullen kann es zu schweren Kämpfen kommen, die sogar tödlich enden.
Flusspferde sind gut an ein Leben im Wasser angepasst. An Land kann ihre empfindliche Haut tagsüber schnell einen Sonnenbrand bekommen. Einer der Gründe, warum sie sich tagsüber hauptsächlich im Wasser aufhalten. Vor den Einwirkungen des Wassers und der Sonne sind die Tiere durch einen rosafarbenen Hautdrüsenschleim geschützt, der bei Erregung stärker abgesondert wird. Im Wasser sind sie oft bis auf die Nasenlöcher untergetaucht. Diese lassen sich auch verschließen, so dass die Flusspferde bequem bis zu zehn Minuten unter Wasser bleiben können.
Vorwiegend nachts kommen sie an Land und fressen Gras, ihr Tagesbedarf liegt bei rund 50 kg Pflanzenmasse. Flächen in der Nähe langsam dahinströmender afrikanischer Flüsse, die an glatte grüne Rasen erinnern, sind in der Regel die Weideflächen der Flusspferde.
Das einzige Junge wird nach einer Tragezeit von acht Monaten im Schutz eines Dickichts an Land geboren und wiegt bei der Geburt ca. 30 kg. Es wird unter Wasser gesäugt und von der Mutter energisch verteidigt. Flusspferde werden bis zu 50 Jahre alt.

Ostafrikanischer Löwe (*Panthera leo massaicus*)
Der Löwe ist seit Jahrhunderten das Symbol für Macht und Stärke. Selbst bei uns in Europa zieren Löwen die Wappen adeliger Familien oder von Städten und Gemeinden. In Afrika ist der Löwe bei vielen Völkern das Symbol für den Herrscher. Sein Fell ziert die Könige oder tapfere Krieger. Am äthiopischen Kaiserhof wurden auch immer lebende Löwen gehalten.
Nicht von ungefähr wird der Löwe der „König der Tiere" genannt.
Im Gegensatz zu anderen Katzenarten leben Löwen in großen Familiengruppen zusammen. Diese können bis zu 30 Tiere umfassen. Ihr Revier ist unterschiedlich groß, je nach Rudelgröße und Nahrungsangebot schwankt es zwischen 20 und 400 km².

Löwe

Ihre Hauptbeute sind Huftiere aller Art, besonders Antilopen und Zebras. Aber auch einzelne Kaffernbüffel, Giraffen, ja sogar Jungtiere von Elefanten oder Flusspferden können zu ihrer Beute werden.
Mit einem Geburtsgewicht von stolzen 1,3 kg kommen nach 105 bis 110 Tagen Tragzeit durchschnittlich 2 bis 4 Junge zur Welt. Schon nach einigen Monaten versuchen sie, ihre Nahrung auf Fleisch umzustellen und üben bereits im Spielen ihre Fähigkeiten, die sie später bei der Jagd benötigen werden. Die Löwinnen werden mit etwa 3 Jahren ge-

schlechtsreif, die Löwenmänner erst mit 5 bis 6 Jahren. Sie erreichen ein Alter von 12 bis 15 Jahren, in Menschenhand bis zu 25 Jahren.

Ostafrikanischer Leopard (*Panthera pardus massaicus*)
Leoparden sind in weiten Teilen der Alten Welt zuhause. Die verschiedenen Unterarten haben sich an ein Leben in unterschiedlichen Lebensräumen angepasst. Sei es in den Regenwäldern Sumatras, den Bergregionen Arabiens oder den Savannen Afrikas. Auch in Afrika selber bewohnt der Leopard höchst unterschiedliche Lebensräume. Seine Verbreitung reicht von der westafrikanischen Küste über den Sahel und das Kongogebiet bis hinunter ins Südliche Afrika.

Leopard

Der Ostafrikanische Leopard lebt überwiegend in Savannen- und Berglandschaften. Er ist ein Einzelgänger und nur für die kurze Paarungszeit kommen zwei Tiere zusammen. Die Beute besteht aus kleinen Antilopen, Buschschliefern, Affen und Warzenschweinen. Wenn möglich, bringt der Leopard seine Beute hoch in einen Baum. Dort kann er geschützt vor anderen Raubtieren (vor allem Löwen und Hyänen) fressen. Aber vor allem hängt dort der Rest der Mahlzeit sicher, so das der Leopard zu einem späteren Zeitpunkt seine Mahlzeit fortsetzen kann.
Leoparden bekommen nach einer Tragzeit von 90 bis 105 Tagen meist 2 bis 4 Junge, die bei der Geburt 500 bis 600 Gramm wiegen. Mit 3 Monaten fangen sie an, sich von der Mutter zu entwöhnen und mit 3 bis 4 Jahren werden sie geschlechtsreif. Ihre Lebenserwartung in freier Wildbahn beträgt etwa 15 Jahre, in menschlicher Obhut über 20 Jahre.

Gepard

Gepard (*Acinonyx jubatus*)
Der Gepard war ursprünglich weit verbreitet. In weiten Teilen Afrikas bis hinüber nach Asien. Heute findet man ihn nur noch im Afrika südlich der Sahara. In Asien ist er bis auf einige dutzend Tiere bereits ausgerottet. In Afrika lebt er vor allem in den offenen Gras- und Buschsavannen. Diese gut zu überblickenden Landschaften ermöglichen es dem schnellen Gepard, seine Beute zu lokalisieren und mit einer Geschwindigkeit von bis zu 110 km/h zu jagen. Zu seinen bevorzugten Beutetieren zählen kleine bis mittelgroße Antilopenarten, wie die Thompson-Gazelle, die Grant-Gazelle und die Impala.
Bei der Jagd pirscht sich der Gepard auf 50 bis 100 m heran und versucht dann, in einem

kurzen Sprint die Beute zu erlegen. Dabei wird die Beute quasi überrannt. Der Gepard läuft in die Beine des Opfers, das daraufhin das Gleichgewicht verliert und stürzt. Dann drückt der Jäger dem Beutetier mit den Zähnen die Kehle zu. Anders als bei Großkatzen üblich, zerbeißt er nicht die Nacken- oder Halswirbel um seine Beute zu töten, sondern erstickt diese. Danach muss der Gepard möglichst schnell fressen, denn andere Raubtiere wie Hyänen oder Löwen vertreiben ihn oft von der Beute. Er kann wegen seines eher schmächtigen und leicht gebauten Körpers seine geschlagene Beute nicht verteidigen. Der Gepard ist etwa 120 bis 150 cm groß und einen Schwanz von 60 bis 80 cm Länge. Im Gegensatz zu anderen Katzen verfügt er über harte Fußsohlen mit nicht einziehbaren Krallen. Dies ermöglicht dem Geparden einen schnellen Antritt, bei dem er bereits nach zwei Sekunden 60 km/h erreicht.
Im Alter von etwa 3 Jahren sind Geparden geschlechtsreif. Die Tragzeit beträgt etwa 95 Tage. Zur Welt kommen meist 1 bis 3 Junge, selten mehr. Das Weibchen bringt sie in einem Bau zur Welt, in dem sie für etwa 8 Wochen bleiben. Die Jungen haben auf dem Rücken lange graue Haare, die wahrscheinlich zu ihrer Tarnung dienen. Wenn sie 3 Monate alt sind, fallen diese Haare rasch aus. Trotz dieser natürlichen Schutzvorrichtungen sterben schätzungsweise 95 % der Geparde vor dem Erreichen des ersten Lebensjahres; meistens fallen sie Räubern zum Opfer. Haben sie die erste kritische Phase überstanden, können sie ein Lebensalter von 15 Jahren erreichen.

Serval

Serval (*Leptailurus serval*)
Der Serval ist eine schlanke, hochbeinige Katze aus dem östlichen und zentralen Afrika. Sein beigefarbenes Fell hat mittelgroße schwarze Flecken. Er wird zwischen 50 und 60 cm hoch und 8 bis 16 kg schwer. Das Territorium einer Serval-Katze misst etwa 10 km², das des Katers manchmal doppelt so viel. Es überlappt sich allerdings mit denen der Servale in der Nachbarschaft. Die Kernzone, als alleiniges Gebiet, umfasst nur etwa 1 bis 2 ½ km². Die Tiere lieben deckungsreiches Gelände, in dem es viel hohes Gras oder Buschland gibt. Das wiederum bedingt ein gutes Gehör, da die Sicht in einem solchen Gelände nicht besonders gut ist. Die Servale sind dämmerungsaktive Tiere, das heißt sie sind bevorzugt am frühen Morgen und am frühen Abend unterwegs. Außerhalb der Schutzgebiete gehen sie oftmals auch in eine rein nachtaktive Lebensweise über. Sie ernähren sich von kleinen Säugetieren bis zur Hasengröße. Dazu stehen auch Vögel und Reptilien auf der Speisekarte. Der Serval bekommt nach einer Tragzeit von 74 Tagen 1 bis 3 Jungtiere, nur selten sind es 4 oder sogar 5. Nach 4 bis 5 Monaten wird der Nachwuchs von der Mutter entwöhnt und mit 1 ½ bis 2 ½ Jahren geschlechtsreif. Die Lebenserwartung liegt um die 15 Jahre. In Menschenobhut auch schon mal über 20.

Tüpfelhyäne (*Crocuta crocuta*)
Die Hyänen gaben der Wissenschaft lange Rätsel auf, ließen sie sich doch nicht so ganz in das gängige Schema der anderen Raubtiere einordnen. Auf Grund der äußeren Erscheinung wurden sie lange als Verwandte der Hundeartigen angesehen. Nach genaueren Untersuchungen weiß man heute, dass die Hyänen eher zur Verwandtschaft der Katzenähnlichen gehören. Sie bilden innerhalb dieser Gruppe aber eine eigene Familie mit 3 Gattungen. Die Gattung Hyaena umfasst 2 Arten, die Streifenhyäne und die Braune Hyäne. Zu den beiden anderen Gattungen gehört nur je eine Art, der Erdwolf und die Tüpfelhyäne.
Die Tüpfelhyäne ist die am häufigsten vorkommende Hyänenart in Afrika. Sie lebt in ganz Afrika südlich der Sahara, mit Ausnahme des Kongobeckens. Wie der Name verrät, haben die Tiere ein schwarz getüpfeltes Fell von brauner Farbe. Daher leitet sich der wissenschaftliche Name ab. Crocus bedeutet „Safranfarben“ und nimmt Bezug auf die braune Fellfarbe.
Die Tiere werden 1,20 bis 1,80 m lang, bei einem Gewicht von 40 bis 65 kg. Nach 105-110 Tagen werden 1 bis 5 Jungtiere geboren (meist 2 bis 3). Sie wiegen bei der Geburt etwa 1 bis 1,2 kg und sind einheitlich braun gefärbt. Mit zwei Monaten beginnt das Fell, sich zu ändern und bekommt langsam die typische Fleckenzeichnung.
Mit 1 Jahr beginnen sie, sich langsam von der Mutter zu entwöhnen. Teilweise werden sie aber noch im Alter von über 1 ½ Jahren gesäugt. Mit 2 bis 3 Jahren erreichen sie die Geschlechtsreife. In Menschenobhut werden sie bis zu 24 Jahre alt.
Sie leben selten einzeln, meist in einer Familiengruppe oder sogar in einem großen Clan.

Tüpfelhyänen und Geier

Hyänen haben eine stark ausgeprägte Nacken- und Kiefermuskulatur. Sie sind in der Lage große Futterbrocken über längere Strecken zu tragen und können mir ihrem Gebiss einen Huftierknochen aufbrechen. Beide Geschlechter sind etwa gleich groß, wobei die Weibchen der Tüpfelhyäne etwa um ein Fünftel schwerer sind als die Männchen. Die Identifizierung der Geschlechter wird etwas erschwert, da bei den männlichen Hyänen die Hoden in einer Hodentasche liegen. Bei den Hyänen sind Ohren und Nase hervorragend ausgebildet. Aber auch die Augen sind sehr gut.
Es gibt keine bestimmte Paarungszeit. Die Weibchen werden während ihrer zwei Tage andauernden Empfängnisbereitschaft mehrere Male begattet.
Hyänen sind Allesfresser. In erster Linie verzehren sie Aas, aber auch Wurzeln und Früchte. Reicht das „gefundene“ Nahrungsangebot nicht aus, gehen die Tiere auch auf die Jagd und können Beute bis hin zu einem Zebra schlagen.

Afrikanischer Wildhund (*Lycaon pictus*)
Der Afrikanische Wildhund, auch Hyänenhund genannt, ist mittlerweile ein äußerst seltenes Tier. Ursprünglich war er in weiten Teilen Zentral- und Ostafrikas zu finden.

Heute ist er vielerorts ausgestorben und kommt nur noch in wenigen Schutzgebieten vor. Die größte Gefahr, mit Ausnahme der Lebensraumzerstörung, geht von den Haushunden und ihren Krankheiten aus. Dies ist mit ein Grund, warum die ansonsten nicht sehr scheuen Tiere außerhalb der Schutzgebiete nicht mehr zu finden sind. Selbst im berühmten Ngorongoro-Krater, wo vor 30 Jahren noch Rudel bei der Jagd beobachtet werden konnten, sind sie verschwunden.

Afrikanischer Wildhund

Die Wildhunde sind so genannte Hetzjäger, das heißt, sie hetzen ihre Beute bis zur Erschöpfung. Das geschieht in gemeinschaftlicher Arbeit. In der Regel stürmt der Leithund als Erster los. Er erreicht dabei Geschwindigkeiten bis zu 55 km/h und kann so mehrere Kilometer laufen. Die Hunde wechseln sich bei der Hetze ab, bis die erschöpfte Beute langsamer wird. Dann stürzen sich alle Tiere auf das Beutetier und zerreißen es regelrecht. Als Beutetiere kommen vor allem mittelgroße Antilopen in Frage, aber auch gelegentlich Zebras.

Die Wildhündinnen werfen nach 60 bis 80 Tagen Tragzeit 3 bis 16 Welpen (durchschnittlich 7). Diese werden bei der Jagd mit der Mutter oder einer „alten Tante" zurückgelassen und später vom Rudel wieder aufgesucht. Die Geschlechtsreife der jungen Wildhunde beginnt mit 18 Monaten, ihre Lebenserwartung beträgt etwa 10 Jahre.

Schabrackenschakale

Schabrackenschakal (*Canis mesomelas*)

Der Schabrackenschakal ist die wohl häufigste der drei in Afrika vorkommenden Schakalarten. Er lebt hauptsächlich in Savannen und Steppengebieten bis nach Asien. Nur der Streifenschakal (*C. adustus*) hat ein ähnlich großes Verbreitungsgebiet, bevorzugt aber eher waldreiche Gebiete. Der Goldschakal (*C. aureus*) dagegen kommt nur in Ostafrika vor.

Schakale haben einen sehr abwechslungsreichen Speiseplan. Sie ernähren sich von kleinen Säugetieren, Vögeln und Vogeleiern, Reptilien, großen Insekten und Früchten.

Nach einer Tragzeit von nur 9 Wochen bekommen die Weibchen einen Wurf von 3 bis 6 Welpen. Sie wiegen bei der Geburt 200 bis 250 Gramm und beginnen mit 8 Wochen, sich von der Mutter zu entwöhnen. Nach etwa 20 Monaten beginnt die Geschlechtsreife. Die Lebenserwartung beträgt rund 10 Jahre.

Finger- oder Kapotter (*Aonyx capensis*)
Die Heimat der Fingerotter ist das Afrika südlich der Sahara. Sie kommen hier in einem Streifen von Westafrika bis hinüber nach Südäthiopien vor. Von dort weiter südwärts bis nach Südafrika (ausgenommen die trockenen Gebiete der Karoo und der Kalahari-Wüste). Ihr Fell ist dunkelbraun gefärbt, wobei der Bauch etwas heller ist. Die Otter leben am Meer genauso wie an Flüssen und Seen. Sie sind Einzelgänger und besitzen ihr eigenes Territorium. Ihre bevorzugte Nahrung sind Krebse (60-70 %), Frösche (20 %) und Fisch (5-10 %). Daneben werden auch mal Würmer und Insekten vertilgt. So macht er dem Fleckenhalsotter keine Konkurrenz, da dieser sich hauptsächlich von Fisch ernährt. Die Beute wird im Wasser gefangen. Dabei tauchen die Otter durchschnittlich 17 bis 26 Sekunden in bis zu 1,50 m Tiefe.
Die Fingerotter bringen nach einer Tragzeit von 63 Tagen 1 bis 2 Junge zur Welt. Die Lebenserwartung beträgt etwa 10 Jahre.

Fleckenhalsotter

Fleckenhalsotter (*Lutra [Hydrictis] maculicollis*)
Diese Otterart ist in Afrika südlich der Sahara weit verbreitet. Sie lebt meist in sumpfigen Gebieten oder am Uferbereich der Seen. Der Fleckenhalsotter verdankt seinen Namen den unregelmäßigen Flecken am Hals und auf dem Bauch. Seine Hauptnahrung besteht aus Fisch und gelegentlich aus kleinen Krebstieren, die er im Wasser jagt. Sein Hauptfeind, neben Krokodilen und Schlangen, ist der Mensch, der ihn als Nahrungskonkurrenz bekämpft. Außerdem verfangen sich die Tiere oft in den Netzen der Fischer. Durch die starke Zersiedlung der Uferbereiche rund um die Seen schwindet auch sein Lebensraum zusehends.

Zebramanguste

Zebramanguste (*Mungo mungo*)
Diese am Rücken gestreiften Vertreter der Schleichkatzen kommen in weiten Teilen Afrikas südlich der Sahara vor – mit Ausnahme des Kongobeckens und der westafrikanischen Küste.
Sie leben in Gruppen von 6 bis 20 Tieren und bleiben als Gruppe immer zusammen, um sich gegenseitig vor Feinden zu warnen. So gehen sie auch zusammen auf Nahrungssuche, Insekten und Larven sind ihre

Hauptmahlzeit. Sie verspeisen aber auch junge Vögel oder Mäuse und Reptilien. Schlangen werden dabei von mehreren Tieren gleichzeitig angegriffen.
Als Unterschlupf suchen sich die Zebramangusten alte Termitenhügel und bauen dort die Luftschächte für ihre Zwecke aus. In diesen Bau flüchten sie immer bei Gefahr, besonders beim Anflug von großen Greifvögeln. Hier werden nach einer Tragezeit von 8 Wochen auch die 3 bis 5 Jungtiere geboren. Die Jungen kommen blind zur Welt und öffnen erst nach 10 Tagen ihre Augen. Die ganze Gruppe kümmert sich um die Jungtiere. Führen mehrere Weibchen Nachwuchs, so wird dieser auch von jedem anderen Muttertier gesäugt. Nach 6 Monaten sind die Mangusten bereits so groß wie ihre Eltern. Mit 9 bis 10 Monaten sind die jungen Zebramangusten geschlechtsreif und erreichen ein Alter von etwa 10 Jahren.

Warzenschwein (*Phacochoerus africanus massaicus*)
Ihren Namen verdanken die Warzenschweine den verknorpelten Hautgebilden am Kopf, die nicht mit dem Schädelknochen verwachsen sind und wie Warzen anmuten. Warzenschweine leben in Familienverbänden, bestehend aus den Elterntieren und den Jungen des letzten Wurfes. Gelegentlich sind auch noch die Jungen des Vorjahres dabei. Diese Gruppen bewohnen mit Vorliebe verlassene Höhlen von Erdferkeln. Ist Gefahr im Verzug, flüchten die Tiere in die Höhlen. Dabei verschwinden die Jungen als Erste unter der Erde. Die Eltern folgen, indem sie mit ihrem Hinterteil voran in die Höhle kommen. So ist gewährt, dass die Tiere einem Angreifer immer die gefürchteten Eckzähne zuwenden können.
Die Nahrung der Warzenschweine besteht hauptsächlich aus kurzem Gras und Kräutern. Ihre Körperhaltung während der Nahrungsaufnahme ist ebenso ungewöhnlich wie charakteristisch. Dazu kicken die Tiere die Vorderläufe ein und fressen praktisch „kniend".
Ebenso wie die Nahrungssuche steht täglich ein Besuch an einer Wasserstelle auf dem Programm. Dort suhlen die Tiere ganz nach Schweineart ausgiebig im Schlamm, um Hautparasiten loszuwerden. Später scheuern sie sich den getrockneten Schlamm an Felsbrocken oder Termitenbauten wieder ab. Begegnen sich Mitglieder einer Rotte, gehört hier neben der Begrüßung durch Grunzlaute ein gegenseitiges Reiben zur sozialen Hautpflege.

Warzenschwein

Warzenschweine können zweimal pro Jahr Junge zur Welt bringen. Die Keiler kämpfen um das Recht der Paarung miteinander. Diese Kämpfe werden in der Regel durch Stirndrängen und Schnauzenstöße entschieden. Die besonders großen oberen Eckzähne dienen bei diesen Auseinandersetzungen nur als Drohsignal. Nach einer Tragezeit von 170-175 Tagen bringt die Sau 2 bis 6 Junge zur Welt. Die Frischlinge werden mehrere Monate lang gesäugt und sind nach etwa 1 Jahr selbstständig. Die Geschlechtsreife

erreichen Warzenschweine im Alter von 1 bis 2 Jahren, die Lebensdauer beträgt bis zu 18 Jahre.
Hauptfeinde der Warzenschweine sind Löwen, Leoparden und Hyänen. Bei den wehrhaften Warzenschweinen haben die Jäger allerdings kein leichtes Spiel.

Riesen-Waldschwein (*Hylochoerus meinerzhageni*)
Das Verbreitungsgebiet des Riesen-Waldschweins erstreckt sich entlang des Urwaldgürtels von Liberia bis nach Ostafrika. Als Lebensraum bevorzugt es waldreiche Gebiete mit undurchdringlichem Dickicht aber auch offenem Hochwald.
Dem Riesen-Waldschwein wächst im Vergleich zu anderen Wildschweinarten am Hinterkopf und Hals eine dichte Mähne langer, schwarzer Borsten, die bis zu 18 Zentimeter lang werden können. Die Eber können eine Länge von 1,80 Metern und eine Höhe von 1,10 Metern erreichen, bei einem Gewicht von bis zu 250 Kilogramm.

Riesen-Waldschwein

Ein weiteres charakteristisches Merkmal ist ein Wulst, der hinter dem Kopf des Riesen-Waldschweins ansetzt und am Hals Falten schlägt. Schließlich sind die großen Warzen, die vom Nasenrücken bis an die Ohren reichen, sehr auffallend.
Das Riesen-Waldschwein ernährt sich von Gras, Laub, frischen Trieben sowie Früchten. Im Gegensatz zu der Mehrzahl seiner Verwandten wühlt es nicht. Der Familienverband besteht aus einer Sau, den Frischlingen von bis zu 3 Würfen und einem erwachsenen Keiler, der die Gruppe beschützt.
Da die Riesen-Waldschweine auch gern Gemüse und andere Feldfrüchte fressen, werden sie von Landwirten bejagt, wenn sie auf Äckern die Ernte plündern. In manchen Ländern werden außerdem die Stoßzähne als Elfenbein angeboten.
Die Hauptursachen für die Bedrohung des Riesen-Waldschweins sind allerdings die Zerstörung des tropischen Regenwaldes und die Jagd der Tiere als Nahrungsquelle (Bush Meat).
Die immer weiter fortschreitende Entwaldung zerstört den Lebensraum des Riesen-Waldschweins und führt so zu immer kleineren, isolierten Populationen. Um seinen Fortbestand langfristig zu sichern, ist der Schutz seines Lebensraumes daher von großer Wichtigkeit.

Langhaar-Schimpansen (*Pan trogolodytes schweinfurthii*)
Schimpansen sind die nächsten lebenden Verwandten des Menschen. Sie leben in waldreichen Gebieten in West- und Zentralafrika. Die Schimpansen werden heute in mehrere Unterarten eingeteilt. In Uganda lebt der Langhaar-Schimpanse, der, wie der Name schon sagt, durch sein im Verhältnis zu den anderen Unterarten langes Fell auffällt.

Langhaar-Schimpanse

Ein Schimpansen-Baby wird nach einer Tragzeit von 225 Tagen mit einem Gewicht von knapp 2 kg geboren. Nach einer etwa 7 Jahre dauernden Kindheit folgt eine Zeit des Erwachsenwerdens, bis die Tiere mit 11 bis 13 Jahren geschlechtsreif sind. Ab 35 bis 40 Jahre beginnt das „Alter", die Lebensdauer beträgt etwa 45 bis 50 Jahre (im Zoo 55 Jahre). Schimpansen leben in Gruppen von 30 bis 60 Tieren. Sie ernähren sich sehr abwechslungsreich mit pflanzlicher und tierischer Kost. Darunter fallen Früchte, Blätter, Rinde, Samen, Termiten und Ameisen, Ducker, Schweine und gelegentlich sogar kleinere Affen. Zum Schlafen bauen sie sich einfache „Nester", die jeden Abend neu errichtet werden. Ihre einzigen Feinde sind der Leopard und der Mensch.

Berg-Gorilla (*Gorilla beringei beringei*)
Der Berg-Gorilla ist einer von mehreren Unterarten des Gorilla, der in Teilen West- und Zentralafrikas vorkommt. Die Gorillas leben in Familiengruppen, in der Regel 4 bis 14 Tiere. Diese Gruppen werden von einem adulten Männchen, dem so genannten Silberrücken, angeführt. Nach einer Tragzeit von etwa 260 bis 280 Tagen wird in der Regel ein Jungtier geboren. Die Häufigkeit von Zwillingen ist ähnlich wie beim Menschen. Das Geburtsgewicht der Gorillababys beträgt ca. zwei Kilogramm. Die Jungtiere werden mit 3 bis 4 Jahren erwachsen und selbstständig und mit etwa 7 Jahren geschlechtsreif. Die Lebenserwartung der Berg-Gorillas beträgt 25 bis 40 Jahre, in Menschenhand sogar über 45 Jahre. Sie ernähren sich im Gegensatz zu den Schimpansen rein pflanzlich. Sie halten sich dabei zu 90 % auf dem Boden auf und durchstreifen Gebiete von ca. 10 bis 25 km². In der Natur haben die Gorillas, zumindest die Jungtiere, nur den Leopard als Feind. Größte Bedrohung ist aber sicherlich der Mensch durch Jagd und Lebensraumzerstörung (siehe auch S. 498 und 538ff).

Berg-Gorilla

Die Wirtschaft Ugandas

Überblick

Ugandas Reichtum ist vor allem der relativ üppige und recht zuverlässige Regen. Er ermöglicht es, auf den fruchtbaren vulkanischen Böden eine ertragreiche Landwirtschaft zu betreiben. Hinzu kommen einige Bodenschätze wie Gold, Kobalt, Kupfer und Kalkstein. Das wirtschaftliche Herz des Landes ist die Hauptstadt Kampala. Hier befindet sich auch das Gros der ugandischen Industrie, vor allem das verarbeitende Gewerbe. Größere Industrieproduktion außerhalb von Kampala gibt es in der Zementherstellung und bei der Verarbeitung landwirtschaftlicher Produkte (Tabak, Zuckerrohr, Baumwolle).

Wirtschaftsindikatoren 2005	
BIP (Bruttoinlandsprodukt)	6 Mrd. US$
BIP pro Kopf	288 US$
Arbeitslosenquote	65 %
Wirtschaftswachstum	4,9 % (2003)
Inflationsrate	5,7 % (2004)
Handelsimporte	1,4 Mrd. US$ (2003)
Handelsexporte	0,5 Mrd. US$ (2003)
Einfuhren von D	30,4 Mio. / 2,9 % (2003)
Ausfuhren nach D	31,7 Mio. / 2,3 % (2003)
Devisenreserven	1,16 Mrd. US$ (2004)
Auslandsverschuldung	4,3 Mrd. US$ (2003)

Die Infrastruktur ist relativ gut, die Straßen zu den wichtigsten Städten sind asphaltiert, das gilt auch für die besonders wichtige Strecke von Kampala nach Kenia zum dortigen Hafen Mombasa, der für das Binnenland Uganda von besonderer Bedeutung ist. In Bezug auf andere Transportwege gibt es noch Nachholbedarf. Der Schienenverkehr ist veraltet und sehr langsam, der Schiffsverkehr auf dem Viktoria-See wurde bisher schlecht gemanagt. Nur noch zwei Frachtschiffe sind von ugandischer Seite aus unterwegs.

Uganda ist Mitglied der **East African Community** (EAC), der Ostafrikanischen Gemeinschaft. In den nächsten Jahren soll ein Binnenmarkt mit fast 80 Mio. Einwohnern entstehen, auf einer Fläche, die der Größe Westeuropas entspricht. Am 2. März 2004 unterzeichneten die Staatschefs von Tansania, Kenia und Uganda das Protokoll zur Weiterentwicklung der EAC zu einer Zollunion.

Bank in Kampala

Landwirtschaft

Der landwirtschaftliche Sektor in der ugandischen Volkswirtschaft ist mit Abstand der größte in Bezug auf die Beschäftigten (80 %) genauso wie beim Anteil am Brutto-Inlandsprodukt (40 %). Zwei Drittel der ländlichen Bevölkerung leben allerdings von Subsistenzwirtschaft. Außer den Nahrungsmitteln zum täglichen Bedarf wie Kochbananen, Reis, Maniok und Bohnen werden **Agrarprodukte** für den Export erzeugt. Dazu gehören Kaffee, Baumwolle, Tabak und Tee. Allein der Kaffee bringt 63 % des gesamten Exporterlöses. Der Anteil am Tabak konnte in den letzten Jahren etwas gesteigert werden, da Simbabwe als einer der größten Tabakproduzenten des Kontinents seit Jahren mit starken Produktionsrückgängen zu kämpfen hat. Als neue Devisenbeschaffer im landwirtschaftlichen Bereich sind zu erwähnen: Süßwasser-Fisch (vor allem Tilapia aus dem Viktoria-See, in Europa daher als „Viktoria-Barsch" vermarktet), Vanille, Honig, Trockenfrüchte, Schnittblumen und neuerdings auch der Anbau von Aloe. Da die Pflanze trockenes und warmes Klima liebt, ist das vielleicht eine Chance für die bisher wirtschaftlich eher vernachlässigte Karamoja-Region im Nordosten Ugandas.

Getreidemühle in Butiaba

Außenhandel und Industrie

Der Außenhandel spielt für Uganda eine immer größere Rolle, vor allem in Bezug auf den Export von Bodenschätzen. Dazu gehören Gold, Kupfer, Kalkstein und Kobalt. Die industrielle Produktion ist noch unterentwickelt. Zu den wichtigsten Produktionswerken gehören die Zementfabriken (Hima, Tororo), die Brauereien sowie die Zuckergewinnung und Tabakverarbeitung. Der Strom wird in Uganda fast ausschließlich aus Wasserkraft gewonnen (99,12 %). Die restlichen 0,88 % entfallen auf mit Diesel betriebene Generatoren. Insgesamt produziert Uganda 792 Mio. kWh (1998) Strom, was aber bei Weitem nicht mehr ausreicht. Teilweise wird daher Strom aus dem Nachbarland Kenia importiert.

Wachsender Außenhandel

Besonders kritisch wird es, wenn der Viktoria-See Niedrigwasser hat wie im Jahre 2004 und die Turbinen des Wasserkraftwerkes in Jinja nicht die volle Leistung bringen können. Dann werden zusätzlich große Dieselgeneratoren zur Stromerzeugung genutzt, was den Strom in Uganda recht teuer macht. Seit Jahren wird daher über ein weiteres Wasserkraftwerk am Nil diskutiert, das an den Bujagali-Fällen entstehen soll. Dann würde man allerdings den dort beginnenden Wassersport-Tourismus (Rafting, Kanu) beeinträchtigen bzw. ganz lahm legen. Of-

Lebensmittelgeschäft in Kasese

fiziell ist der Bau des Kraftwerkes an den Fällen bereits beschlossen, doch die Finanzierung ist noch unklar.

Tourismus und Infrastruktur

Langsame Erholung

Einst in den 1960er Jahren bei Afrikareisenden sehr beliebt, so ist Uganda seit Idi Amins Zeiten kein wirkliches touristisches Ziel mehr gewesen. Nach einer leichten Erholung Anfang der 1990er Jahre brachen die Besucherzahlen 1999 auf Grund der Vorfälle beim Überfall auf Touristen im Bwindi-Impenetrable-Nationalpark wieder ein. Nach dem 11. September 2001 und dem Irakkrieg erholt sich der Tourismussektor jetzt wieder langsam. Interessant ist es, sich die Besucherzahlen und deren Entwicklung in den letzten Jahren anzuschauen. Im Jahre 2004 kamen nach offizieller Statistik insgesamt 512.378 Besucher nach Uganda (in Klammern jeweils die Zahlen von 2002). Den weitaus größten Teil stellen die Besucher aus den Nachbarstaaten, die in der offiziellen Statistik zwar als Touristen auftauchen, in Wirklichkeit aber meist private Besucher oder Handels- bzw. Geschäftsleute sind. Zieht man die Einreisenden aus den drei Nachbarstaaten Kenia, Tansania und Ruanda ab, kommt man auf 159.133 Besucher für 2004, was wohl der Zahl der wirklichen Touristen am nächsten kommt.

Werbung für Uganda in den 1970ern

Die größte Gruppe stellen die Briten mit 22.402 (15.171), gefolgt von den Amerikanern mit 18.898 (11.922), den Indern mit 9.366 (5.708) und den Deutschen mit 4.241 (3.230). Es folgen Kanada mit 3.669, die Niederlande mit 3.313 und China mit 1.798 Besuchern.

Im Bereich der **Hotellerie** konnten in den letzten Jahren gute Fortschritte erzielt werden. Mittlerweile haben alle Nationalparks Unterkünfte in meist unterschiedlichen Komfort- und Preisklassen, mit Ausnahme des Ruwenzori-Parks, wo naturgegeben auf den Wanderrouten nur einfache Hütten zur Übernachtung zur Verfügung stehen. Nächstes Ziel ist es nun auch in den Wildschutz-Reservaten (Wildlife Reserves) für adäquate Unterkünfte zu sorgen. Hier ist vor allem privates Engagement gefragt.

Mittlerweile gibt es eine Vielzahl professioneller **Reiseagenturen** (so genannte Incoming-Agenturen), die ausländische Gäste während ihres Urlaubs in Uganda betreuen. Auch immer mehr europäische Reiseveranstalter entdecken Uganda für ihr Programm, auch wenn die Großen der Branche bislang fehlen.

Flugverkehr

Trotz der für Uganda weiter unbefriedigenden Situation, keine eigene internationale Fluggesellschaft zu besitzen, sind die Anbindungen nach Europa durch ausländische Fluglinien in den letzten Jahren weiter ausgebaut worden. Die ehemalige staatliche Fluglinie Air Uganda war 1998 in Konkurs gegangen, da eine Privatisierung missglückte. Seitdem versuchen private ugandische Fluggesellschaften diese Lücke zu schließen – bislang eher mit mäßigem Erfolg. Die ambitionierte Billig-fluglinie AfricaOne musste nach einem ruinösen Preiskampf mit Kenya Airways ihre hochfliegenden Pläne (geplant waren u. a. Flüge von Entebbe nach Frankfurt-Hahn) einstellen und ging 2003 ebenfalls in Konkurs.

INFO Korruption

Die Korruption ist in Uganda ein sehr aktuelles Thema, in das sich selbst der Präsident aktiv einbringt und zu dem sich auch die Presse freimütig äußert. Nach dem von Johann Graf Lambsdorff entwickelten *Corruption Perception Index* (CPI) rangiert Uganda auf Platz 34 der korruptesten Länder, bei 133 untersuchten Staaten. Immerhin ist eine leichte und stete Verbesserung zu beobachten. Das *Uganda Debt Network* (UDN) hat eigens eine „Anti-Corruption Coalition" ins Leben gerufen.

Weitere Informationen dazu unter: www.udn.or.ug.

Ausblick

Sollte sich die politische Situation des Landes nicht verschlechtern, so hat Uganda gute Aussichten seinen seit Ende der 1980er Jahre eingeschlagenen Wirtschaftskurs mit einer der höchsten Wachstumsraten Afrikas erfolgreich weiterzuführen. Die Inflation scheint unter Kontrolle, wenn auch auf einem im Vergleich zu Europa hohen Niveau. Im Jahr 2004 betrug die Inflationsrate 5,7 %. Ugandas **Besucherzahlen** steigen seit Jahren an, so dass die Hoffnungen berechtigt sind, den Wirtschaftszweig „Tourismus" weiter auszubauen. Der Tourismus soll damit, wie schon in vielen anderen Ländern in dieser Region, zu einer wichtigen Devisenquelle werden. Durch den weiteren Ausbau der Ostafrikanischen Gemeinschaft (mit Kenia und Tansania) hat Uganda die Möglichkeit, seine Produkte besser in der Region zu vermarkten und gleichzeitig die Chance, seine Attraktivität für Investoren zu steigern.

Wachsende Zahl von Touristen

Speke Hotel, Kampala

Uganda galt lange als eines von AIDS am schlimmsten betroffenen Länder. Mittlerweile haben andere Länder wie Südafrika die Schlagzeilen auf ihrer Seite. Das liegt unter anderem daran, dass Uganda seine Infektionsrate in den letzten Jahren aus unterschiedlichen Gründen drastisch senken konnte.

Die Wirtschaft Ruandas

Überblick

Ruanda bietet in puncto Wirtschaft ein ambivalentes Bild. In der **Landwirtschaft** ist das Land durch meist ausreichend Wasser und sehr fruchtbare Böden in einem ausgeglichenen Klima sehr begünstigt. Allerdings ist in dem am dichtesten besiedelten Land Afrikas das Ackerland knapp.

Wirtschaftsindikatoren 2005	
Bruttoinlandsprodukt (BIP)	1,703 Mrd. US$ (2001)
Wachstum Bruttoinlandsprodukt (BIP)	5,5 % (2004)
BIP pro Kopf	220 US$ / Jahr
Inflationsrate	12 % (2004)
Arbeitslosigkeit	keine offiziellen Angaben
Handelsimporte	127 Mrd. FRW (2000)
Handelsexporte	24 Mrd. FRW (2000)
Staatshaushalt	368 Mrd. FRW (ca. 525 Mio. Euro)
- davon laufender Haushalt	265 Mrd. FRW (ca. 378 Mio. Euro)
- davon Entwicklungshaushalt	103 Mrd. FRW (ca. 147 Mio. Euro)
Anteil Geberfinanzierung des Staatshaushaltes	57 %
Auslandverschuldung	1,283 Mrd. US$ (2001)

Im Bereich der Industrie sieht es in Ruanda dagegen nicht so rosig aus. Der in Ruanda wenig bedeutende Wirtschaftszweig stellt einfache Verbrauchsgüter für den heimischen Markt her (Getränke, Textilien, Zigaretten, Baumaterial, Seifen). Es fehlen aber seit Jahren Investoren, die den **industriellen Sektor** weiter ausbauen.

Abgesehen von den politischen Schwierigkeiten des Landes in den letzten Jahrzehnten, ist die unsichere Lage in der Region (Kongo, Burundi) ein negativer Faktor in der weiteren wirtschaftlichen Entwicklung. Dazu spielt die Größe des Landes sicherlich eine Rolle. Der Heimatmarkt ist bei 8,7 Millionen Menschen mit zumeist geringem oder keinem nennenswerten Einkommen nicht sonderlich attraktiv für Investoren.

Die **Binnenlage** Ruandas im Herzen Afrikas ist für eine exportorientierte Wirtschaft auch nicht von Vorteil, da alle Güter über weite Landwege transportiert werden müssen. Im Bereich der Infrastruktur dagegen ist die Größe des Landes wiederum ein Vorteil.

Die Steuereinnahmen konnten in den letzten Jahren kontinuierlich gesteigert werden, doch der Staat verfügt immer noch nicht über genügend Einnahmen, um seine Ausgaben zu finanzieren. Der ruandische Staatshaushalt hängt daher zu etwas mehr als der Hälfte von **ausländischer Unterstützung** ab. Mit einem Bruttoinlandsprodukt (BIP) pro Kopf von ca. 220 US$ pro Jahr bleibt Ruanda eines der ärmsten Länder der Welt (Human Development Index / Index der menschlichen Entwicklung: Platz 159 von 177). Über 60 % der Bevölkerung leben unterhalb der Armutsschwelle, davon 20 % sogar unterhalb der Schwelle absoluter Armut.

Wichtigster Faktor Landwirtschaft

Die Landwirtschaft (93 % aller Ruander leben auf dem Land, 90 % in Subsistenzwirtschaft) bleibt wichtigster Faktor der erfassten Wirtschaftsleistungen, gefolgt vom Dienstleistungsbereich und vom Industriesektor.

Der Bausektor bleibt Motor des bescheidenen Wirtschaftswachstums, mit einem Anstieg um 15,6 % bzw. 10 % in den Jahren 2003 und 2004. Der Aufschwung des Dienstleistungsgewerbes (Gastgewerbe, Telekommunikation) setzt sich vor allem in der Hauptstadt fort.

Landwirtschaft

Ruandas wirtschaftliches Rückgrat ist die Landwirtschaft, in der auch der überwiegende Teil der ruandischen Bevölkerung arbeitet. Der Hauptteil der Agrarwirtschaft dient zur Ernährung der eigenen Bevölkerung. So sind Gemüse (Kartoffeln, Süßkartoffeln, Maniok, Kochbananen), Reis und Obst (Bananen, Mangos, Papayas) auf den meisten Feldern Ruandas zu finden. Diese sind auf Grund der vulkanischen Erde besonders nährreich und dadurch sehr ertragreich. Trotzdem reicht der Anbau nicht in allen Bereichen und zwingt dadurch das arme Land zu Importen. Außer den im Land selber verbrauchten landwirtschaftlichen Produkten, sind die so genannten „**Cash Crops**" für das Land von Bedeutung. Also jener Anbau von Pflanzen, die durch den Export Devisen bringen.

Teeblätter

Da ist in Ruanda in erster Linie der **Tee** zu nennen, der durch die Böden und die Höhenlage qualitativ gut ist und recht gute Handelspreise erzielen kann. Im Jahr 2001 wurden 78.000 t Grüner und 17.800 t Schwarzer Tee exportiert. Der Tee wird über den Auktionsmarkt in Mombasa/Kenia, dem zweitgrößten der Welt, hauptsächlich nach Großbritannien exportiert. 2005 wurde am Markt erstmalig für Tee aus Ruanda mehr bezahlt (1,70 US$ pro Kilo) als für kenianischen (1,66 US$ pro Kilo), jahrzehntelang der Klassenprimus in Afrika. Damit macht allein der Tee 36 % der Exporteinnahmen aus. In Ruanda arbeiten etwa 60.000 Menschen in der Teeproduktion.

Bester Tee Afrikas

Kaffee dagegen ist für Ruanda nicht mehr so wichtig, was sicher mit den in den letzten Jahren immer wieder sinkenden Kaffeepreisen zu tun hat. Angebaut werden verschiedene Sorten des Arabica-Kaffees, vornehmlich von Kleinbauern. 2004 produzierte Ruanda 29.000 t Kaffee, der dem Land 32 Mio. US$ einbrachte. Nur 3 % der Erträge aus dem Kaffeeanbau werden in Ruanda verkauft und getrunken. Insgesamt sind die Exporterlöse der traditionellen Produkte Kaffee und Tee aber nicht zufriedenstellend. Wegen anhaltender niedriger Weltmarktpreise bleiben sie hinter den Erwartungen zurück.

Kaffeeanbau seit 1932

Über 90 % aller landwirtschaftlichen Betriebe haben eine Fläche von weniger als einem Hektar. Im Sommer 2005 wurde ein Gesetz zur Landreform diskutiert, das

Kaffeekirschen

den verbrieften Erwerb von Land ermöglichen und hierdurch mehr Anreize für Investitionen geben soll als im jetzigen System.

Der sich in Ostafrika ausbreitende Anbau von **Schnittblumen** für den arabischen und europäischen Markt hat mittlerweile auch Ruanda erreicht. Durch die schlechte Fluganbindung an Europa dürfte sich der Anbau aber mittelfristig in Grenzen halten.

Nahrungssektor im Mittelpunkt

Von Regierungsseite wird immer wieder überlegt, den Agrar- und Nahrungsmittelsektor weiterzuentwickeln, um eine bessere Versorgung der Bevölkerung sicherzustellen und gleichzeitig weniger importieren zu müssen. So wird zum Beispiel versucht, Investoren zum Aufbau einer Tomatenmark-Industrie zu gewinnen. Ruanda verbrauchte 2001 ganze 759 t Tomatenmark, das für 868.000 US$ importiert werden musste. Ein Großteil davon kommt aus Italien. Da auch in den Nachbarregionen (Burundi, Ostkongo) der Verbrauch über 100 t pro Jahr liegt (mit steigender Tendenz), könnte sich ein solches Vorhaben durchaus lohnen. Um weitere Verbesserungen zu erreichen, hat die Regierung begonnen, staatliche Plantagen und Firmen zu verkaufen. Das gilt vor allem im Bereich der Teefabriken und -Plantagen.

Außenhandel und Industrie

Als zunehmend schwierig und außerordentlich belastend für Wirtschaft und Bevölkerung erweist sich die **Energiesituation**: Klimatische Änderungen haben dazu geführt, dass die ruandischen Stauseen nicht mehr genug Regenwasser erhalten, um die Generatoren ausreichend antreiben zu können. Zudem ist der Energiebedarf im Land mit der wirtschaftlichen Erholung der vergangenen Jahren deutlich angestiegen. Regelmäßige Stromabschaltungen sind die Folge. Mit dem Ziel der nachhaltigen Verbesserung der Energieversorgung hat die Regierung im Frühjahr 2005 einen Vertrag mit einem internationalen Konsortium geschlossen, wonach beabsichtigt ist, innerhalb der nächsten zwei Jahre am Kivu-See ein 30-MW-Kraftwerk zu errichten, das mit dem im See vorkommenden Methangas betrieben werden soll. Ab 2007 ist geplant, das Kraftwerk

Methangas-Kraftwerk

Geschäftszeile in Kigali

in Betrieb zu nehmen. Dies würde Ruandas Kapazitäten für die Stromerzeugung verdoppeln. Bisher produziert das Land 97 Millionen Kilowattstunden (2001). Zur Zeit werden 40 % des Stroms in Ruanda über thermische Generatoren gewonnen, über fossile Brennstoffe (Erdöl, Steinkohle) 2,3 %.

Um das Staatsdefizit zu verringern und dringend benötigte Waren gegen Devisen im Ausland kaufen zu können, sind Exporte von enormer Wichtigkeit. Damit Exporterlöse nicht nur über landwirtschaftliche Güter wie Tee oder Kaffee erzielt werden, muss über kurz oder lang auch im Industriebereich investiert werden. Um den Handel für Ruanda in Ostafrika zu erleichtern und die Märkte in den wesentlich größeren Nachbarländern zu öffnen, stellte Ruanda im November 2004 einen Antrag auf **Mitgliedschaft in der East African Community** (Ostafrikanische Gemeinschaft, EAC).

Tourismus und Infrastruktur

Erste Fortschritte

Der Tourismus in Ruanda steht erst am Anfang und die touristische Infrastruktur ist noch sehr bescheiden. Trotzdem konnten zumindest im Hotelbereich in den letzten Jahren einige **Fortschritte** erzielt werden. Hierzu zählt die Wiedereröffnung des Akagera Hotels im gleichnamigen Nationalpark und die Investitionen der südafrikanischen Southern-Sun-Hotelgruppe am Kivu-See (Kivu Sun Hotel, Gisenyi). Die Regierung möchte mittelfristig erreichen, dass nicht nur mehr Touristen ins Land kommen, sondern dass diese vor allem länger bleiben. Denn ein Großteil der Besucher kommt nur für wenige Tage nach Ruanda, da das Land häufig nur als „Anhängsel" einer Uganda-Reise angeboten wird. Im Jahr 2004 blieb jeder Tourist durchschnittlich nur 4 Tage im Land (An- und Abreisetage mitgezählt). Dabei hat das Land weitere Reize, die durchaus einen längeren Aufenthalt lohnen.

Fremdenverkehrsamt in Kigali

Das **Büro für Tourismus und Nationalparks** arbeitet sehr intensiv daran, Ruanda wieder auf die touristische Landkarte zu setzen und es dort auch zu etablieren. Mit Hilfe aus Deutschland war es Ruanda in den letzten Jahren möglich, an allen wichtigen Reisemessen der Welt teilzunehmen. Bei der weltweit größten Messe, der Internationalen Tourismus-Börse (ITB) in Berlin, schaffte das Land 2004 einen 7. Platz und 2005 sogar den 4. Platz unter den besten Messeständen.

Bei den Besucherzahlen gibt es durchaus schon Erfolge. Besuchten 2003 rund 16.000 Besucher die drei ruandischen Nationalparks, waren es 2004 schon 25.000. Für die kommenden Jahre ist man optimistisch, etwa 30.000 Besucher in den Parks begrüßen zu dürfen.

Das Tourismusministerium sucht weiter nach potenziellen Investoren in verschiedenen Bereichen. Dazu gehört die Etablierung eines modernen **Passagier-Schnellbootes** auf dem Kivu-See, um die Städte Gisenyi und Cyangugu zu verbinden. Auf diese Art könnte man eine Alternative für Touristen bieten, die vom Gorilla-Trekking in den Virungas über den See zum Nyungwe Forest wollen, um Schimpansen zu beobachten. Ein Lieblingskind des Ministeriums ist die Schaffung eines „**Cultural Village**" in Nyanza, der alten Hauptstadt des Königreiches Ruanda. Hier soll, so der Wunsch, den Besuchern ein Einblick in die Kultur und in das Leben der Ruander vor dem Eintreffen der Europäer gegeben werden. Weiterhin werden aber auch Investoren für Hotelprojekte gesucht. Vor allem um den Nyungwe-Forest-Nationalpark herum ist es mit guten Unterkünften noch schlecht bestellt.

Zukunftspläne

Die **Infrastruktur** im Straßenbereich ist für so ein armes Land wie Ruanda relativ gut. Das liegt sicherlich daran, dass das Land sehr klein ist und der Umfang des Straßennetzes damit überschaubar. Die rund 1.000 km Hauptstraßen zwischen den großen Städten sind asphaltiert. Nur die Pisten zu abgelegenen Orten sind manchmal in einem schlechten Zustand, das heißt, dort sind Allradfahrzeuge von großem Nutzen.

Besuchermagnet Berg-Gorilla

Der öffentliche Verkehr in Ruanda wird hauptsächlich durch **private Minibusse** abgewickelt, die hier „Taxis" heißen. Nur auf wenigen Verbindungen (wie z. B. zwischen Kigali und Butare) sind auch größere Busse im Einsatz. In den Städten sind zudem die einfachen Zweirad-Taxis von Bedeutung: zum einen als schnelles und billiges Transportmittel und zum anderen als Möglichkeit, Geld zu verdienen. Die Motorrad-Taxis heißen *Umumotari* (oder ans französische angelegt: Taxi-Moto) und die Fahrrad-Taxis nennt man *Bannyonzi* (Taxi-Velo).

Es gibt heute konkrete Pläne, eine **Eisenbahnlinie** von Tansania aus nach Ruanda zu bauen. Die neue Strecke mit Meter-Spurweite soll vom Isaka Dry Port in Tansania bis nach Kigali führen. In Tansania erhält die neue Strecke dann Anschluss an das bestehende Netz der Tanzanian Railways Cooperation (TRC), mit Anschluss bis Daressalam. Bis das Projekt verwirklicht wird, dürften allerdings noch einige Jahre ins Land ziehen.

Kaum Flugverkehr

Im **Flugsektor** ist Ruanda noch unterentwickelt. Das liegt vor allem an der Größe des Landes und den dadurch geringen Entfernungen, die Inlandsflüge unnötig werden lassen. Als Binnenland ist aber die Fluganbindung an das Ausland von großer Bedeutung. Ruanda verfügt nur über einen internationalen Flughafen in Kigali, Ortsteil Kanombe. Das Passagieraufkommen ist mit rund 150.000 Fluggästen/Jahr sehr gering, was der einzigen ruandischen Fluglinie Rwandair zu schaffen macht. Auf absehbare Zeit wird Rwandair ein rein regionaler Anbieter bleiben. So wird auch in Zukunft Ruanda nur durch ausländische Fluggesellschaften mit der Welt verbunden.

Um in heutiger Zeit international mithalten zu können, ist die Infrastruktur im Kommunikationsbereich besonders wichtig. Auf dem Gebiet der **Telekommunikation** liegt allerdings noch einiges im Argen. Das Festnetz wird von der staatlichen Telefongesellschaft Rwandatel betrieben. Zudem gibt es noch einen kleinen Anbieter, Artel, im ländlichen Bereich. Einen Anschluss zu bekommen, kann außerhalb der Hauptstadt schon mal etliche Monate in Anspruch nehmen. Um die Situation zu verbessern, ist geplant, die staatliche Rwandatel (30.000 Telefonanschlüsse 2004) zu privatisieren. Zudem soll die südafrikanische Firma MTN eine Festnetzlizenz erhalten. Seit einigen Jahren gibt es ein **Mobilfunknetz** in Ruanda, das von der südafrikanischen Mobilfunkfirma MTN betrieben wird. Ihr ruandischer Ableger MTN-Rwandacell, an dem der ruandische Staat zurzeit (2005) mit 28 % beteiligt ist, hat noch das Monopol im Land. Die Erreichbarkeit ist in und um die Städte herum und entlang der Hauptrouten gut. Abseits davon befinden sich noch einige Funklöcher.

Mobile Kommunikation

Generell ist die Einführung des Mobilfunks ein Segen für Afrika, da heute die Menschen schneller miteinander verbunden werden können als noch vor zehn Jahren. Obwohl die Gesprächsgebühren und Preise für SIM-Karten in Ruanda weit billiger sind als in Europa, scheitert der Erwerb oft noch an den hohen Handypreisen.

Im Bereich **Internet** hat sich in Ruanda, mit Ausnahme Kigalis, noch nicht viel getan. Zwar gibt es mittlerweile in jeder größeren Stadt mindestens ein Internetcafé, aber durch die unverlässlichen und langsamen Telefonleitungen sowie die Stromausfälle ist das Surfen im Internet noch ein mühsames und für die Bevölkerung auch teures Unterfangen.

Ausblick

Nach dem Völkermord und dem schlechten Gewissen einiger westlicher Staaten, hat Ruanda in den letzten Jahren vermehrt Hilfe für seinen weiteren Aufbau bekommen. Im Bereich Landwirtschaft und Tourismus sind schon kleine Fortschritte zu erkennen. Der hohe Bevölkerungszuwachs macht aber einen Großteil des Wirtschaftswachstums wieder zunichte. Ohne eine wirksame Familienpolitik, womit die Wachstumsrate kontrolliert werden könnte, wird es in absehbarer Zeit zu keiner nennenswerten Verbesserung der wirtschaftlichen Verhältnisse in der Bevölkerung kommen.

Die Gesellschaft Ugandas

Bevölkerung

Uganda – ein Vielvölkerstaat

Wie die meisten afrikanischen Länder ist Uganda in seinen Grenzen ein vom kolonialen Europa geschaffenes Land. Die Grenzziehung richtete sich damals nach politischen und wirtschaftlichen Interessen, nicht nach ethnischen Gesichtspunkten. Daher finden sich in Uganda ein ganze Reihe von Völkern und ethnischen Gruppen wieder, die sehr unterschiedliche Sprachen sprechen und unterschiedliche Kulturen leben – mit allen Vor- und Nachteilen, die dies für ein gemeinsames Leben in einem gemeinsamen Staat mit sich bringt.

Reisepass Uganda

• Bevölkerungsstruktur

Das Bevölkerungsstruktur hat sich in Uganda in den letzten Jahrzehnten stetig verändert. Heute ist die Gruppe der 15- bis 29-Jährigen die alles dominierende Altersgruppe. Die Familien sind sehr jung und haben viele Kinder. Die Jugend ist meist arbeitslos, und die großen Familien haben oft nicht genug Land, um sich selbst zu ernähren. Jede Frau in Uganda bekommt, statistisch gesehen, sieben Kinder. Durch ein atemberaubendes **Bevölkerungswachstum** von 3,3 % wird die Regierung vor schwierige Aufgaben gestellt. Immer mehr Bürger erwarten staatliche Leitungen, seien es Kindergärten und Schulen oder medizinische Versorgung.

Gleichzeitig mit dem Bevölkerungsanstieg steigt die Waldvernichtung durch den immer größer werdenden Bedarf an Feuerholz und Ackerland. Die landwirtschaftliche Fläche ist aber kaum noch zu vergrößern, möchte man die letzten natürlichen Ressourcen nicht auch noch opfern. Die durchschnittlich hohe Anzahl von Kindern pro Familie führt später dazu, dass das Ackerland der Familie durch viele Erben immer kleiner wird und mittlerweile oft eine Familie nicht mehr ernähren kann. Dies und die Verheißung auf ein besseres Leben zieht immer mehr Menschen in die großen Städte.

Eine junge Gesellschaft

Während in Europa die Umkehr der Alterspyramide zu Problemen in der Altersfinanzierung führt, erlebt Uganda genau das Gegenteil. Hier verschiebt sich die demographische Entwicklung immer mehr zu Gunsten der Jüngeren. Waren 1969 noch 51,4 % der Einwohner unter 18, waren es 2002 bereits 56,1 %. Gleichzeitig sank der Anteil der über 60-Jährigen von 5,9 % im Jahr 1969 auf 4,5 % im Jahr 2002. Besonders zu denken gibt die Tatsache, dass die wirtschaftlich wichtigste Gruppe der 30- bis 60-Jährigen in der Bevölkerung nur ganze 17 % (2002) ausmacht, vor allem auch mit Blick auf die hohe HIV-Rate in der ugandischen Bevölkerung (ca. 3 %). Nach Angaben des Gesundheitsministeriums lebten im Jahr 2005 800.000 Ugander mit einer HIV-Infektion.

Die ethnischen Gruppen und Völker

Die in Uganda lebenden Völker lassen sich in vier große Gruppen einteilen:
die Pygmäen, die Bantu, die Niloten und die so genannten Sudanische Gruppe.
Die Bantu stellen den weitaus größten Teil der ugandischen Bevölkerung. Unter ihnen sind die Buganda mit 17 % das zahlenmäßig größte Volk.

Traditionelle Hütte in Uganda

• Die Pygmäen

Die Pygmäen gehören zu den ältesten noch lebenden Bevölkerungsgruppen in Afrika. Sie sind Nachfolger der ursprünglich in ganz Afrika beheimateten Jäger-und-Sammler-Völker, die durch die modernen Bantu und andere Volksgruppen in den letzten Jahrhunderten mehr und mehr verdrängt wurden. Heute gibt es nur noch wenige dieser ursprünglichen Völker in Afrika. Darunter zählen die Buschmänner im südlichen Afrika, die Hadza in Tansania und die Pygmäen im zentralen Afrika. In Uganda leben Mitglieder zweier Pygmäenvölker, die der Bambuti und Teile des Batwa-Volkes (s. Ruanda-Kapitel).

Bambuti

Die Bambuti (auch *Basua* genannt) leben im Westen Ugandas, an der Grenze zum Kongo. Ihr Gebiet gehört heute zu den Distrikten Bundibujo und Kasese. Teile des Volkes leben auch im Ituri-Wald im Kongo. Sie kamen wahrscheinlich ursprünglich aus dem Kongo-Becken und waren vor der Vertreibung durch die Bantu die bestimmende Volksgruppe im Ruwenzori-Gebirge.

Als typische Vertreter der Jäger und Sammler, ziehen sie als Nomaden durch ihr Gebiet und leben von der Jagd, vom Sammeln von Früchten, Beeren, Eiern, Honig und Wurzeln. Die Männer sind dabei für die Jagd zuständig, die Frauen für das Sammeln. Sie bauen sich temporäre runde Hütten aus Blättern, die nur einen kleinen Eingang haben und auf allen Vieren betreten werden. Die Bambuti werden durchschnittlich nur 1,50 m groß und sind meist nackt. Hin und wieder besteht ihre Kleidung aus einem Lederstreifen als Gürtel und einem Stück Rindenstoff, das zwischen die Beine gezogen wird und vorne und hinten vom Gürtel gehalten wird. Die Kleidung ist bei Männern und Frauen gleich. Ihre Sprache ist das *Kumbuti*, eine sehr komplexe Sprache.

Das Volk hat durch die Naturzerstörung der letzten Jahrzehnte sehr gelitten. Die einzige Möglichkeit nach ihren alten Traditionen zu leben, boten die Natur- und Wildschutzgebiete. Dort kollidierten ihre Interessen aber mit denen der Naturschützer, so dass sie die Gebiete verlassen mussten, wie das am Semliki-Fluss, das 1993 zum gleichnamigen Nationalpark erklärt wurde. In den Jahren 1960-1980 wurden die Bambuti als Touristen-Attraktion bekannt. Die Präsentation ihrer Kultur wurde zu ihrer Haupt-Einnahmequelle, bis der Tourismus durch den Bürgerkrieg ausblieb. In Uganda leben nach der letzten Statistik nur noch 72 Menschen dieses ursprünglichen Volkes.

• Die Bantu-Völker

Die Bantu-Völker sind über ganz Ost- und Südafrika bis hinüber zum Kongo verteilt. Sie stammen ursprünglich aus dem Nordwesten Zentralafrikas und verbreiteten sich von dort im Laufe der letzten Jahrtausende. Genaue Angaben über die Wanderungen sind heute schwierig und lassen sich nur durch Funde von alten Gebrauchsgegenständen rekonstruieren. So kann man feststellen, welche handwerklichen und landwirtschaftlichen Fähigkeiten zu welchem Zeitpunkt und an welchem Ort aufkamen.

Die Bantu-Völker leben im Gegensatz zu den Pygmäen als Bauern. Sie haben gelernt, Pflanzen anzubauen und wurden dadurch sesshaft. Diese Lebensform begünstigte die Entstehung von Staatengebilden. So entstanden bald die ersten Königreiche in Uganda. Die Bantu-Völker leben in der südlichen Landeshälfte Ugandas, unterhalb der Linie vom Weißen Nil, dem Kyogc-See und dem Mount Elgon.

Baganda

Die Baganda sind das größte Volk innerhalb der Bantu-Völker. Sie stellen allein 17 % der Gesamtbevölkerung Ugandas. Gleichzeitig leitet sich aus ihrem Namen der heutige **Staatsname** Uganda den die Briten seinerzeit einführten. Sie leben im Gebiet westlich des Nil bis hinauf zum Kyoga-See und weiter um den Viktoria-See herum. Das entspricht den heutigen Distrikten Kampala, Mpigi, Mukono, Masaka, Kalangala, Kiboga, Rakai und Mubende. Ihre Sprache ist das *Luganda*.

Die ursprüngliche **Religion** der Baganda kannte drei Formen von Geistern. Der Glaube an *Balubaale* besagt, dass es sich um außergewöhnliche Menschen handelte, die nach ihrem Tod weiter aktiv sind. Sie stehen zusätzlich für spezielle Orte oder Naturphänomene. So zum Beispiel der *Balubaale* für den Viktoria-See (Mukasa), den Wamala-See (Wamala), die Blitze (Kiwanuka), die Erdbeben (Musisi) und den Himmel (Ggulu). Die *Mizimu* sind die allgemeinen Geister der Verstorbenen. Da die Baganda glaubten, dass nur der Körper stirbt, aber nicht der Geist (Einzahl: *Omuzimbu*). Das heißt, dass nur einige wenige der *Mizimu* zu einem *Balubaale* wurden (es gibt insgesamt 73). Einige dieser Mizimu können in natürliche Dinge eindringen (z. B. in Felsen). Diese werden dann *Misambwa* genannt. Der Schöpfer der Welt heißt bei den Baganda *Katonda*. Er erschuf den Himmel und die Erde und war ein besonderer *Balubaale*. Für Katonda wurden drei Tempel errichtet, sie alle stehen in Kyaggwe.

Banyoro

Die Banyoro leben im Westen Ugandas, in den Distrikten Hoima, Masinsi und Kibale. Sie stellen etwa 3 % der ugandischen Bevölkerung. Wie die Baganda sind auch sie in einem Königreich organisiert. Der König selber wird hier *Omukama* genannt. Die Namensgebung der Neugeborenen erfolgt bei den Banyoro erst nach einigen Monaten. Bei den Jungen nach drei, bei Mädchen nach vier Monaten. Generell kann jeder innerhalb der Familie (Mutter, Großeltern, Tanten, u.s.w.) sich Namen für das Kind aussuchen. Sollte der Vater bekannt sein, hat er allerdings das letzte Wort in der Diskussion. Zusätzlich zum allgemeinen Vornamen, bekommt das Kind noch einen traditionell-historischen Vornamen (*Mpaako*). Bei Zwillingen sind die Namen auf Grund der besonderen Geburt traditionell festgelegt, diese kann sich die Familie nicht selber aussuchen.

Batooro

Das Volk der Batooro lebt im Südwesten Ugandas, in den Distrikten Kabarole und Kasese. Ihre Sprache nennen sie *Rutooro* und sie stellen etwa 3 % der ugandischen Bevölkerung. Die Batooro gehörten ursprünglich zum Königreich Bunyoro. Durch Prinz *Kaboyo* kam es im Jahr 1830 zur Abspaltung, und das eigenständige **Königreich Toro** wurde gegründet. Auch der neue König wurde hier wie bei den Banyoro *Omukama* genannt. Später wurde das kleine Königreich vom Banyoro-König *Kabalega* wieder einverleibt bis der Brite Lugarddie Königeiche wieder trennte. 1967 wurde Toro mit den anderen Königreichen abgeschafft und fand erst 1993 wieder seine Fortsetzung, allerdings ohne jegliche politische Macht.

Bakonjo und Bamba

Diese beiden Völker verbindet die gleiche Kultur. Sie leben im Südwesten Ugandas im Ruwenzori-Gebiet an der Grenze zum Kongo.

Die Bakonjo leben im Distrikt Kasese, vom Queen-Elizabeth-Nationalpark bis hinüber zum Ruwenzori-Gebirge. Die Bamba leben im Gebiet nördlich des Ruwenzori. Zusammen stellen sie 2 % der ugandischen Bevölkerung. Die jungen Männer werden beschnitten, womit deren Aufnahme in die Männergesellschaft gefeiert wird. Da das Fest nur alle 15 bis 17 Jahre stattfindet, nehmen auch schon sehr junge Knaben ab drei Jahren am Beschneidungsritual teil.

Es gibt aber auch einige Unterschiede zwischen den beiden Gruppen. So fallen die Bamba-Männer durch ihre **Schmucknarben** am Körper auf. Die Bakonjo, obwohl Bantu, sind leidenschaftliche Jäger. Neben dem reinen Erwerb von Fleisch als Nahrung, werden regelrechte Jagdwettkämpfe veranstaltet. Der traditionelle „Spaß" am Jagen ist in den Gebieten außerhalb des Queen-Nationalparks mittlerweile ein Problem, da in den Korridoren zwischen den Schutzgebieten Tiere verstärkt gejagt werden. Heutzutage allerdings nicht nur zum eigenen Gebrauch, sondern auch zum Gelderwerb.

Banyankore

Die Banyankore leben im Süden Ugandas, in den heutigen Distrikten Mbarara, Bushenyi und Ntungamo. Ihr früheres Königreich Nkore wurde später von den Briten um einige kleine Reiche (Igara, Sheema, Buhweju) erweitert und Ankore genannt. Das Volk der Banyankore lebte ursprünglich in einem Kastensystem mit zwei Kasten, den Bahima (Hirten) und den Bairu (Landwirte). Die Gesellschaft war zudem in Clans aufgeteilt, wobei ein Clan über zwei Kasten verlaufen konnte.

Bakiga

Im südlichen Zipfel, an der Grenze zu Ruanda, ist das Volk der Bakiga zuhause. Sie leben verteilt über die beiden Distrikte Kabale und Rukungiri. Durch rasantes Bevölkerungswachstum (heute 7 % der Bevölkerung) und nicht genügend Land sind viele Bakiga schon vor Jahrzehnten in andere Landesteile Ugandas ausgewandert. Die Sprache der Bakiga heißt *Rukiga*.

Das Volk ist in Clans unterteilt. Diese werden jeweils von einem Führer geleitet (*Omukuru w'omuryango*). Es gibt einen Hauptclan mit Namen *Basigi*, dessen Führer eine bedeutendere Rolle einnimmt als die anderen. Einem Mann ist es nicht erlaubt, innerhalb seines Clans zu heiraten.

Banyarwanda/Bafumbira

In der Nachbarschaft westlich der Bakiga leben die Banyarwanda, auch Bafumbira genannt. Es ist das Gebiet des heutigen Distriktes Kisoro. Wie der Name schon verrät, handelt es sich um die gleiche ethnische Gruppe wie in Ruanda. Banyarwanda heißt nichts anderes als „die Menschen von Ruanda". Ihr Gebiet gehörte bis 1910 noch zum Königreich Ruanda, wurde aber durch Grenzverträge der damaligen europäischen Kolonialstaaten abgetrennt und Uganda zugesprochen. In Uganda spricht man daher bei den Banyarwanda lieber von den Bafumbira.

Basoga

Die Basoga sind die östlichen Nachbarn der Baganda. Sie leben östlich des Nil zwischen Viktoria und Kyoga-See in den Distrikten Jinja, Kamuli und Iganga. Von den später eingewanderten Luo übernahmen sie einige kulturelle Bräuche. So etwa die Ziehung des 6. Zahns im Unterkiefer während der Pubertät. Dies passiert beim Ritual zur Aufnahme in die Männerwelt. Auch die Zeremonie beim Tod einer Person wurde von den Luo übernommen. In Uganda zählen sich heute 8 % der Bevölkerung zu den Basoga.

Basamia/Bagwe

Die beiden kleinen Völker leben im Osten Ugandas an der Grenze zu Kenia, zwischen Mount Elgon und dem Viktoria-See (Tororo- und Iganga-Distrikt). Obwohl sie heute die gleiche Kultur verbindet, glauben sie jeweils, von einem anderen Volk abzustammen. Die Basamia glauben, sie stammen von den Joluo in Kenia ab, die Bagwe von den Banyala aus Kenia. Daher lassen sich die Basamia mit dem Kopf Richtung Südosten begraben, die Bagwe mit dem Kopf nach Osten.

Banyole

Das Volk der Banyole lebt im Osten Ugandas, im Distrikt Tororo. Bisher nahm man an, dass es sich bei den Banyole um eine Untergruppe der Basoga handelt. Im Verhalten und der Sprache sind sie jedoch den Basamia und Bagwe sehr ähnlich. Wie die Bagwe glauben die Banyole, dass sie von den Banyala aus Kenia abstammen.

Bagwere

Die Bagwere leben im Pallisa-Distrikt, in Ugandas Osten. Ihre Sprache wird *Lugwere* genannt. Auch sie haben einige traditionelle Eigenheiten. Wenn zum Beispiel Bagwere-Frauen schwanger werden, dürfen sie nicht zu einem Nest des *Nansungi* genannten Vogels schauen. Sie glauben, dass dadurch eine Fehlgeburt ausgelöst würde. Nach der Geburt darf die Frau das Haus erst mal nicht verlassen. Ihr werden dann Bananenblätter gebracht, die ihr zum Schlafen dienen. Während der ersten Wochen nach der Geburt darf sie ferner keine von der Familie des Mannes zubereiteten Speisen essen. Sie wird entweder von ihrer eigenen Familie oder von den Nachbarn versorgt. Täglich soll sie Kochbananen essen, die mit Schale gekocht werden. Sollte die Banane beim Schälen oder Essen zerbrechen, so darf die Banane nicht weiter gegessen werden, um Unglück zu vermeiden.

Bagisu

Im Gebiet des Mount Elgon leben die Bagisu. Sie haben eine eher einfache Gesellschaftsstruktur, die auf Familienclans aufbaut und kennen keinen König. Jeder dieser Familienclans hat einen Älteren als Clanführer (*Umwami we sikuha*). Diese Clanführer werden auf Grund ihres Alters und ihres Besitzes ausgesucht. Er ist zuständig für Regeln und Ordnung innerhalb des Clans.

- ### Die nilotischen Völker

Ostafrikas Hirten

Der Ursprung dieser Völker liegt, wie der Name schon verrät, im Bereich des Nil. Es wird angenommen, dass das Herkunftsgebiet dieser großen ethnischen Gruppe im heutigen Sudan liegt. Von dort wanderten sie entlang der Sahara nach Westen, sowie Richtung Süden. Bekannteste Vertreter dieser ethnischen Gruppe sind die **Maasai** und **SaMburo** aus Kenia. Ursprünglich nomadisierende Hirten, sind heute einige nilotische Völker auch sesshaft, zum Beispiel als Fischer.

In Uganda unterscheidet man drei Untergruppen: die Niloten der Savanne, des Hochlandes und die der Seen und Flüsse. Letztere werden unter dem Begriff Luo zusammengefasst. Alle diese Völker gehören gleichzeitig zur nilo-saharanischen Sprachengruppe.

Luo
Die Luo kamen vom Süden des Sudan und wanderten in Richtung Süden und Südwesten Ugandas. Als Grund der Wanderungen nimmt man Dürre, Überbevölkerung und den Druck anderer sich ausbreitender Völker an, die vom Norden her Richtung Luo-Land unterwegs waren.

Acholi
Die Acholi bestehen aus mehreren kleinen ethnischen Gruppen, die seit der Einwanderung der Luo zusammen eine gewisse Einheit bilden. Wissenschaftler gehen davon aus, dass sie aus dem Zusammenwachsen von Luo und Madi entstanden sind. Acholi sprechen die Luo-Sprache und sind kulturell eng mit den Alur am westlichen Nil, den Jopadhola in Ostuganda und den Joluo in Kenia verwandt. Sie leben im ehemaligen Acholi-Distrikt, der heute in die beiden Distrikte Gulu und Kitgum aufgeteilt ist.

Alur
Das Volk der Alur lebt im Nordwesten Ugandas, in der Nachbarschaft vieler kleiner Völker wie den Okebu, Lendu, Kakwa und Aringa (alle auf kongolesischer Seite).

Jopadhola
In Ostuganda sind die Jopadhola zuhause. Als kleines zu den Luo zählendes Volk sind sie ganz

Afrikas Reichtum – die Kinder

von Bantu-Völkern umgeben. Wahrscheinlich kamen sie Mitte des 16. Jh. vom Norden hierher. Wie die Acholi glauben sie an ein höheres Wesen namens *Jok*.

Sebei
Die Sebei sind das einzige Volk, das in Uganda zu den so genannten **Hochland-Niloten** gezählt wird. Sie sind mit den Kalenjin in Kenia verwandt und leben am Mount Elgon (Kapchorwa-Distrikt).

Langi
Das Volk der Langi lebt im zentralen Bereich des nördlichen Uganda (oberhalb des Kyoga-Sees). Sie gehören wie die folgenden Völker zur Untergruppe der **Savannen-Niloten** (Plain-Nilotes).

Karimojong
Ihre Heimat ist der Nordosten Ugandas. Vom Grenzgebiet zu Kenia bis hinauf zur Grenze des Sudan. Das Gebiet umfasst die heutigen Distrikte Kotido und Moroto. Zwischen den Karimojong und anderen Völkern der Region kommt es immer mal wieder zu Problemen. Hauptsächlich wegen der Rinder, da die Karimojong glauben, wie viele andere nilotische Völker auch, dass alle Rinder im Besitz der Karimojong sind. Vor allem mit den Teso gibt es daher immer wieder Auseinandersetzungen.
Für viele nilotische Völker spielen die Rinder eine große Rolle. Sie tragen oft Namen, und Tiere mit bestimmten Farben und Mustern sind besonders wertvoll. Das unterschiedliche Aussehen der Rinder wird auch mit speziellen Namen belegt. Hier einige Beispiele:

Gaju = *bedeutet ein Rind mit braunem Fell*
Nkungu = *ist ein Rind ohne Hörner*
Kyasha = *ist ein Rind mit weißen Flecken im Gesicht*
Kisa = *das Fell der Tiere ist hauptsächlich weiß*
Kiremba = *das Fell der Tiere ist hauptsächlich schwarz*
Rugaju = *ein Bulle mit braunem Fell*
Ngabo = *ein Rind mit weißen Punkten überall auf dem Körper*

Teso
In den Distrikten Soroti und Kumi, östlich des Kyoga-Sees, leben die Teso (auch Iteso). Sie sollen erst im beginnenden 18. Jh. hierher gekommen sein.

Kumam
Die Kumam leben in Zentraluganda im nordöstlichen Bereich des Kyoga-Sees. Sie sprechen eine gleichnamige Sprache, die eine Mischung aus Luo (2/3) und Ateso (1/3) darstellt.

Kakwa
Im Arua-Distrikt, ganz weit im nordwestlichen Teil Ugandas gelegen, ist die Heimat der Kakwa.

• Die sudanischen Völker

Unter den Begriff „Sudanische Völker" werden in Uganda die ethnischen Gruppen im so genannten „West-Nile"-Gebiet zusammengefasst. Sie werden auch als Madi-Moru-Gruppe bezeichnet. Nicht dazu gehören die ebenfalls in diesem Gebiet lebenden Kakwa.

Lubara
Sie sind die größte der ethnischen Gruppen im westlichen Nilgebiet. Sie sprechen eine Sudansprache mit Ursprung im Osten des Sudan. Sie stellen 4 % der gesamten Bevölkerung Ugandas.

Madi
Die Madi leben an den östlichen Ufern des Nil an der Grenze zum Sudan. Sie sind verwandt mit dem im Südsudan lebenden Volk der Bari.

Metu
Gegenüber den Madi, auf der anderen Seite des Nils vor der Grenze zum Sudan, leben die Metu. Sie haben einen ausgeprägten Sinn für Schönheit. Sie reiben sich regelmäßig ihre Körper mit einer Mischung (*Era*) aus roter Erde, Öl und Butter ein – vor allem zu Festen, in Vorbereitung zu Tänzen und sonstigen wichtigen Anlässen. Gleichzeitig soll dies bei Hautverletzungen eine heilende Wirkung haben. Frauen reiben sich mit dem Era auch ihre geflochtenen Haare ein.

Okebu
Die Okebu leben in den Grasebenen in der nordwestlichen Ecke Ugandas, oberhalb des Albert-Sees. Ihren Geschichten nach folgten sie einst dem Volk der Lendu über den Nil. Ihnen selber soll dann das Volk der Madi gefolgt sein. Drei Viertel ihres Volkes leben jenseits der Grenze im Kongo.

Die Sprachen

Kisuaheli wichtigste Sprache Ostafrikas

Insgesamt gibt es 40 Sprachen in Uganda. Zwei Sprachen davon (*Nyang'i, Singa*) werden allerdings nicht mehr praktiziert, so dass man von 38 noch „lebenden" Sprachen ausgeht. Die Sprachen teilen sich in Sprachgruppen auf, wovon es in Uganda zwei gibt: die Familie der **Bantu-Sprachen** und die Familie der **Nilo-Saharanischen Sprachen**. Zudem gibt es noch Sprachen in Uganda, die Ihren Ursprung in den umliegenden Ländern haben. Dazu zählt Kisuaheli, die wichtigste Sprache Ostafrikas. Englisch als wichtigste europäische Sprache ist gleichzeitig Staatssprache in Uganda. Durch die indischen Einwanderer spielen auch die Sprachen Hindi und Gujarati eine gewisse Rolle. Von den **Bantu-Sprachen** ist das *Luganda*, die Sprache der Baganda vom Königreich Buganda, die wichtigste. Sie ist am weitesten verbreitet. Das lugandische Alphabet kommt ohne die Buchstaben

INFO Theater – Ursprung und Tradition

Der Ursprung des Theaters in Afrika ist aus dem Erzählen von Geschichten, Fabeln, Gleichnissen und Volksweisheiten herzuleiten. Sie wurden normalerweise von den Großeltern an die Enkel weitergegeben. Die Geschichten handelten vom Leben im Allgemeinen oder waren religiös inspiriert. Sie wurden immer weiter ausgeschmückt, bis sogar Tanz, Musik und Gesang dazu kamen. Nicht nur Großeltern und Enkel waren mit den Geschichten befasst, das ganze Dorf nahm daran teil, oder ein bestimmter Zirkel im Dorf traf sich abends im Mondschein.

Die geläufigsten Geschichten finden sich auch in den traditionellen Liedern wieder, die wiederum später nachgespielt wurden. Erst begleiteten einfache Gesten den Gesang, später war das Spiel wichtiger als das Singen selbst. Diese Geschichten wurden dann bei Dorffesten oder bei Versammlungen aufgeführt. Teilweise entstanden dadurch schon so etwas wie Festivals, indem sich mehrere Dörfer zum Theaterspielen trafen. In den letzten Jahrzehnten haben die Schulen immer stärker diese Tradition übernommen. In den meisten ugandischen Schulen werden heute alte Lieder und Geschichten im Unterricht behandelt und für Schulfeste auf die Bühne gebracht.

Eine Form von Theater sind auch die **traditionellen Zeremonien**. Hier werden nach festgeschrieben Regeln Lieder gesungen, Tänze aufgeführt, spezielle Kleidungsstücke angelegt und unterschiedliche Situationen gespielt.

Eine typische Zeremonie in Uganda behandelt die **Geburt von Zwillingen**, das so genannte „Bath of Twins". Zwillinge spielen in der Kultur Ugandas eine wichtige Rolle. So ändern nach der Geburt der Zwillinge die Eltern ihre Namen. Bei den Baganda wird die Mutter fortan *Nnalongo* genannt, der Vater *Ssalongo*.

Nach der Geburt von Zwillingen wird dann eine festgelegte Zeremonie abgehalten. Die Eltern kommen gemeinsam in eine extra dafür errichtete Hütte. Nun werden Lieder gesungen und die Babys werden auf ihre Namen „getauft". Wenn es Jungen sind, heißen sie immer *Kato* und *Waswa*. Wenn es sich um Mädchen handelt, heißen sie *Nakato* und *Babirye*. Wenn es zweieiige Zwillinge sind, je ein Junge und ein Mädchen, können sich die Eltern je einen Jungen- und einen Mädchennamen von beiden Namen für ihre Kinder aussuchen. Es werden weiter Lieder gesungen, und das Dorf verspricht dem glücklichen Elternpaar, sie in den ersten Wochen nach der Geburt zu unterstützen.

Eine weitere Zeremonie ist die der **Hochzeit**, dem wichtigsten Fest im Leben. Dazu gehört die Vorstellung des jeweiligen Partners bei den jeweiligen Eltern. Der nächste Schritt ist die Festlegung des „Brautpreises". In einer speziellen Zeremonie wird die Herausgabe der Tochter zelebriert und gefeiert, bevor dann die eigentliche Vermählung stattfinden kann. Nach der Hochzeit wohnt die Frau für einen Monat in der eigens für das Paar neu gebauten Hütte und darf sich in dieser Zeit niemandem außer ihrem Gatten zeigen. Für sie wird extra hinter der Hütte ein eigenes „Plumpsklo" errichtet, mit einem Stroh-, Holz- oder Mattenzaun davor. Nach dieser ersten Zeit kocht die Braut zum ersten Mal, was mit einer weiteren Zeremonie verbunden ist. Alle diese Schritte folgen den traditionellen Regeln mit den dafür vorgesehenen Handlungen, Geschichten und Liedern.

Die Familie ist für die Einhaltung, aber auch für das Einstudieren von Liedern und die Aufführung zeremonieller Stücke verantwortlich. Innerhalb dieser Zeremonien, oder auch aus ihnen heraus, entwickelte sich im Laufe der Zeit ein **eigenständiges Theater**. Meist vermischt mit Musik, Gesang und Tanz.

Q und X aus. Generell weist die Sprache einen hohen „L“-Anteil aus und wenig „R“, im Gegensatz zu den Sprachen im westlichen Uganda, wo es genau umgekehrt ist. Dadurch kommt es oft zu zwei verschiedenen Schreibweisen. Zum Beispiel „Lubaga“ und „Rubaga“ (der Name eines Hügels und einer Kirche in Kampala). Für die Baganda heißt es Lubaga. Da aber in der Politik und Verwaltung in den letzten Jahrzehnten viele Ugander aus dem Westen tätig waren, wurden Namen nach ihrer Tradition geschrieben, und für sie heißt es „Rubaga“. Heute versucht man vermehrt, die offizielle Schreibweise an den vor Ort lebenden Völkern zu orientieren. So wird die Stadt Lira im Nordwesten offiziell Lira geschrieben (da hier das „R“ vorherrscht), auch wenn viele Baganda in Kampala die Stadt „Lila“ nennen.

Sprache und Aussprache

Die **Nilo-Saharanischen Sprachen** sind im Norden von Uganda verbreitet und meist eng miteinander verwandt. Sie sind vom Aufbau her etwas komplexer als die Bantu-Sprachen. Die Nilo-Saharanischen Sprachen spielen außerhalb ihrer ethnischen Bereiche keine besondere Rolle im modernen Uganda.

Die Religionen

Die christlichen Kirchen

Die ersten Missionare, die nach Uganda kamen, waren Franzosen, die von Tansania aus über den Viktoria-See fuhren. In der Nähe des heutigen Entebbe kamen sie am 17. Februar 1879 erstmals nach Uganda. Eine der überlieferten Geschichten erwähnt einen französischen Missionar, der einen traditionellen Blutsvertrag mit der Mutter des Toro-Königs *Kyebambes* schloss. *Omukago* wird dieser Bund der Blutsbrüderschaft genannt. Dabei trifft man sich am frühen Morgen und setzt sich auf einer besonderen Matte gegenüber. Ein Messer und zwei Kaffeebohnen liegen in der Mitte. Dann nimmt der erste das Messer, ritzt sich in den Bauch und tunkt die Kaffeebohne in das Blut und gibt sie seinem Gegenüber zu essen. Das Gleiche passiert in umgekehrter Richtung. Darauf folgt ein Schwur, loyal und aufrichtig zu sein und dem Anderen und seinen Kindern ewig zur Seite zu stehen. Später erklärten die christlichen Missionare dieses traditionelle Gesetz für barbarisch.

Glasfenster im Namugongo-Schrein

Kaffee mit Blut

Nach der Ankunft der französischen Missionare kamen alsbald auch englische Protestanten nach Uganda. Ein regelrechtes Wettrennen um „die Seelen“ der Ugander entbrannte. Nach der Machtübernahme der Engländer wurden zwar die Protestanten etwas begünstigt, dafür galten die Katholiken als Gegenpol zur Kolonialmacht, was ihnen weiteren Zulauf bescherte. Heute zählen sich rund 80 % der Ugander zum christlichen Glauben, etwa zur Hälfte geteilt in Katholiken und Protestanten. Letztere haben in den letzten Jahren vermehrt Zulauf bekommen, was vor allem an den amerikanischen Freikirchen und ihrer Missionsarbeit liegt.

Die Christus-Kirche in Kampala

Der Islam in Uganda

Der Islam kam durch die Händler der ostafrikanischen Küste nach Uganda. Vor allem die Suaheli kamen in der ersten Hälfte des 19. Jh. auf der Suche nach neuen Handelswegen und Waren nach Uganda. Mit der Etablierung der Handelsbeziehungen wurde gleichzeitig der Glaube vermittelt. Dies geschah allerdings nicht so systematisch wie einige Jahre später bei den Missionaren des Christentums. Durch die zeitnahe Einführung beider Weltreligionen konnte sich zunächst keine der beiden Religionen entscheidend durchsetzen. Oberhand hatte im jeweiligen ugandischen Königreich immer gerade die Religion, die der jeweilige Herrscher bevorzugte. Dadurch ergaben sich auch durchaus Spannungen zwischen dem Islam und dem Christentum.

Religion und Machthaber

Die Kolonisierung Ugandas durch die Engländer brachte dann die weitere Verbreitung des Christentums mit sich und stellte den Islam vorerst ins Abseits. Erst später, nach der Unabhängigkeit, sollte der Islam unter dem Diktator *Idi Amin* eine Renaissance in Uganda erleben. Idi Amin stellte die islamische Religion in den Mittelpunkt, als er sich vom ehemaligen Verbündeten Israel brüskiert abwandte. Hier entsprach der Islam und die Zuwendung hin zu arabischen Ländern einem politischen Kalkül. Nach der Absetzung Amins war das Christentum wieder vorherrschend in der politischen Elite des Landes. Heute gilt in Uganda Religionsfreiheit, der Anteil der Muslime beträgt rund 10 %. Die beiden wichtigsten Feiertage der Muslime sind in Uganda offizielle Feiertage (*Idd-el-Fitre* und *Iddi-Adhuha*).

Naturreligionen

Die Naturreligionen sind eng verbunden mit einem traditionellen Glauben, der nicht mit den großen Weltreligionen in Zusammenhang steht. Im traditionellen Glauben spielen oftmals Geister eine große Rolle, sei es die der Verstorbenen oder eher götterähnliche Wesen.

Traditioneller Glaube behauptet sich

In etlichen Naturreligionen spielt ein alles überragender Schöpfergott eine große Rolle. Seit der Ankunft der ersten Händler und Missionare wurde versucht, diesen traditionellen Glauben durch den einer Weltreligion, im Falle Ugandas den Islam und das Christentum, zu ersetzen. Der Prozess dauert bis zum heutigen Tage an, was wiederum heißt, dass die Missionierung nicht überall „erfolgreich" war. In den städtischen Gebieten ist ein Verlust des traditionellen Glaubens schon stark zu spüren. Auf dem Land hingegen, vor allem in den abgelegenen Gebieten, hat der traditionelle Glaube auch heute noch durchaus eine starke Bedeutung, wenngleich mit abnehmender Tendenz. Interessant ist, dass die großen Weltreligionen statistisch bereits in Uganda weit verbreitet sind, aber selbst in Städten den alten Glauben nicht vollständig verdrängen konnten. Verschiedene Glaubensweisen, heute als Aberglaube oft verspottet, haben sich erhalten.

Das Bildungssystem

Schulbildung

Das Schulsystem in Uganda steht auf drei Säulen. Es gibt **staatliche Schulen**, die erst ab der Sekundarstufe kostenpflichtig sind, dann die **Missionsschulen**, die zwar kostenpflichtig sind, aber für Bedürftige so genannte Stipendien vergeben sowie **private Schulen**, deren Schüler für den Besuch finanziell voll aufkommen müssen. Letztere gelten wie in den meisten Ländern Afrikas als die besten Schulen, da hier, auf Grund des besseren Gehaltes gegenüber dem staatlichen Schuldienst, meist die besseren Lehrer arbeiten. Zudem achten die Eltern auf die gute Bildungsarbeit, da sie dafür ja entsprechend zahlen müssen. In allen drei Bereichen des Schulsystems wird dann noch in Schule (*non boarding School*) und Internat (*boarding School*) unterschieden.

Kinder mit selbstkreiertem Spielzeug

Die Grundschule *(Ordinary School)* dauert in Uganda sieben Jahre. In den ersten beiden Schuljahren findet der Unterricht nur vormittags statt. Ab dem 3. Schuljahr ist in der Regel ein Ganztagsbetrieb vorgesehen. Der Schulbesuch in diesen sieben Jahren ist theoretisch kostenfrei, allerdings müssen die Eltern einen Beitrag an die Schule für „Extra-Ausgaben" entrichten, der bei etwa 10 € pro Jahr liegt. Dazu kommt noch Geld für Bücher, Hefte und Stifte. Die weiterführende Schule *(Secondary School)* dauert vier Jahre (Klassen 8 bis 11).

Schulkosten

Hier sind jetzt auch in den staatlichen Schulen Schulgebühren fällig. Die Gebühren richten sich nach der Schule – je besser die Schule (oder ihr Ruf), desto teurer das Lernen. Das Schuljahr ist in Uganda in drei Abschnitte eingeteilt. Für jeden Abschnitt werden bei den einfachen Secondary Schools ca. 68 € fällig (also rund 200 € im Jahr), bei den besseren maximal 180 € (540 € im Jahr). Das ist für arme Familien oft nicht mehr zu leisten, so dass das Gros der ugandischen Kinder nur die ersten sieben Jahre der Grundschule besucht.

Die **Schulferien** liegen jeweils zwischen den drei Abschnitten des Schuljahres. Die 1. Schulzeit ist von Anfang Februar bis Anfang Mai. Dann folgen kurze Ferien und die 2. Schulzeit dauert von Mitte Mai bis Mitte August. Nach etwas längeren Ferien folgt die 3. Schulzeit von Anfang September bis Ende November. Anfang Dezember finden immer die Abschlussprüfungen und Examina statt, danach folgen die großen Ferien bis Ende Januar/Anfang Februar.

Schule in Uganda

Um einen Abschluss mit Universitätsberechtigung zu erhalten, folgt im Anschluss noch die zweijährige Oberstufe *(Advanced Secondary School)*. Die Preise für den Schulbesuch sind ähnlich dem der vorangegangenen Sekundarstufe. Nach Klasse 13. hat dann ein ugandischer Schüler bei bestandener Prüfung die Berechtigung zum Studieren (Abitur). Der Besuch einer **Universität** ist ebenfalls kostenpflichtig. Pro Semester werden, je nach Uni, 230 bis 540 € fällig. Für die Schüler mit den besten Abschlussprüfungen gibt es vom Staat Stipendien für das Studium an einer Uni. Das sind in der Regel die Kinder aus den teuren Privatschulen, was heißt, dass die Stipendien an die Kinder mit ohnehin schon reichen Eltern gehen.

Interessante Einblicke ins Schulwesen brachte eine Umfrage des Bildungsministeriums im Jahr 2004 zum „Schuleschwänzen". Die Antworten fielen je nach Wohnort recht unterschiedlich aus. Antworteten in den Städten zum Beispiel 56 % die Kosten seihen zu hoch, gaben dies auf den Dörfern nur 31 % als Grund an. Insgesamt gehen allerdings 91 % der Kinder zwischen 6 und 12 in die Schule, zumindest zeitweise. Alarmierend war für die Regierung die steigende Zahl derer, die bei der Frage: Warum Mädchen endgültig die Schule verlassen, angaben, die Mädchen würden heiraten. Und zwar mittlerweile 25,6 %. Die Versorgung der Grundschulen auf dem Land scheint allerdings gute Fortschritte zu machen. 83 % der Schüler gaben an, ihr Schulweg sei kürzer als 3 km. Allerdings wurden die Kinder, die aufgrund des langen Schulweges gar nicht erst zur Schule gehen, hierbei nicht berücksichtigt.

Warum Kinder nicht zur Schule gehen

Universitäten

Die besten und größten Universitäten liegen, wie in den meisten Ländern, in der Hauptstadt. So auch in Uganda. Die älteste und berühmteste Universität Ugandas ist die **Makerere-Universität** in Kampala. Sie galt von den 1950er bis zu den frühen 1970er Jahren als die beste Uni Ostafrikas und eine der besten des Kontinents. Die folgenden Diktaturen haben leider dem Ansehen und der Reputation der Makerere-Universität schwer geschadet. Seit den 1990er Jahren versucht das Bildungsministerium, die Uni wieder an den alten Standard und die alten Erfolge heranzuführen, aber es wird wohl noch etwas dauern, bis dieses Ziel erreicht ist.

Die Popularität Kampalas und der ugandischen Unis in der Region ist allerdings in den letzten Jahren gestiegen. Das sieht man vor allem am Erfolg der Internationalen Universität von Kampala, wo die Mehrzahl der ausländischen Studenten ein-

Bildung in der Hauptstadt

geschrieben ist. Mittlerweile gibt es auch in größeren Provinzstädten Universitäten oder Zweigstellen, so dass nicht alle gut gebildeten Schüler gezwungen sind, in die Hauptstadt zu kommen. Denn wie in vielen so genannten Entwicklungsländern ist die **Flucht der Bildungselite** in die Hauptstadt ein ernstes Problem, da gerade auf dem Land die Lehrer und Ärzte fehlen. Doch viele Studenten ziehen es nach einen absolvierten Studium in Kampala vor, in der Hauptstadt zu bleiben. Erst einmal an das städtische Leben in einer modernen afrikanischen Großstadt gewöhnt, wollen viele nicht mehr zurück in ihre Dörfer und kleinen Städte.

Der moderne Staat

Ugandas Staatswappen

Zu den Insignien eines modernen Staates gehören auch die Nationalhymne, eine Nationalflagge und ein Wappen. Die ugandische Nationalhymne wurde zur Unabhängigkeit des Landes im Jahre 1962 von *George Wilberforce Kakomoa* geschrieben und komponiert.

Das offizielle **Wappenschild** Ugandas repräsentiert die nationale Identität: Schild und Speere für die Wehrbereitschaft; Sonne und Wasser für den Ursprung allen Lebens (der Nil); den Kranich als Nationalvogel, wie den Springbock für den Wildreichtum; eine Trommel für die Traditionsverbundenheit; die Vegetation für das landwirtschaftliche Potenzial. Auf dem Wappen ist zu lesen: *For God And My Country*, sicherlich stark von den Missionaren und den englischen Kolonialherren beeinflusst.

INFO Die Nationalhymne Ugandas

„Oh Uganda, Land of Beauty!"

Oh, Uganda! may God uphold thee,
We lay our future in thy hand;
United, free for liberty
together we'll always stand.

Oh, Uganda! the land of freedom,
Our love and labour we give;
And with neighbours all
At our country's call
In peace and friendship we'll live.

Oh, Uganda! the land that feeds us,
By sun and fertile soil grown;
For our own dear land,
We'll always stand,
The Pearl of Africa's Crown.

Die Gesellschaft Ruandas

Bevölkerung

Eine Nation und drei Völker?

Ruanda gehört zu den wenigen Ländern Afrikas, in denen eine sehr überschaubare Anzahl von ethnischen Gruppen lebt. Es ist allerdings auch recht klein. Dabei stellt sich die Frage, ob es sich bei den drei Gruppen, die man in Ruanda unterscheidet, wirklich um ethnische Gruppen handelt, oder vielleicht doch eher um Bezeichnungen der sozialen Stellung innerhalb der Gesellschaft (Kaste). Oder beides? Die Meinungen hierzu gehen auseinander. Anzunehmen ist, dass wahrscheinlich die Benennung unterschiedlicher ethnischer Gruppen im Laufe der Zeit während des „Zusammenwachsens" eine andere Bedeutung bekam.

Traditionelle Kallebassen

- **Batutsi**

Die Angehörigen der ursprünglich ethnischen Gruppe der Batutsi, sind wahrscheinlich aus dem Nordosten (Äthiopien, Sudan) nach Ruanda eingewandert. Sie waren Hirten und sind mit ihren Rinderherden auf der Suche nach neuem Lebensraum Richtung Südwesten gezogen, ähnlich wie einige nilotische Völker in den Nachbarländern (Stichwort Maasai). Auf den grünen Hügeln von Ruanda blieben die Batutsi mit ihren Herden, stießen dort aber auf zwei ethnische Gruppen, die schon vor ihnen dort lebten.

- **Bahutu**

Die Bahutu gehören zu den Bantu-Völkern, die aus Zentralafrika nach Südosten wanderten. Sie waren Ackerbauern, die bereits über weitreichende Kenntnisse im Feldanbau verfügten. Das niederschlagsreiche Land zwischen den großen Seen war für sie ideal. Bei ihrer Ankunft war das Gebiet noch stark bewaldet. In diesen Wäldern lebte bei ihrer Ankunft bereits ein anderes Volk – die Batwa.

- **Batwa – die Vergessenen**

Wenn von Ruanda die Rede ist, dann meist von den oben genannten beiden Volksgruppen. Über die Batwa ist in Europa so gut wie nichts bekannt. Dabei waren sie es, die zuerst in dem Gebiet des heutigen Ruanda heimisch waren. Die Batwa gehören noch zu den ursprünglichen so genannten **Jäger- und-Sammler-Völkern**, von denen es in Afrika kaum noch welche gibt. Sie lebten in den Wäldern Ruandas und in denen der angrenzenden Gebiete als Nomaden und ernährten sich von der Jagd auf kleine bis mittelgroße Tiere sowie dem Sammeln von Früchten, Knollen, Wurzeln und Beeren. Heute lebt nur noch ein kleiner Rest dieses Volkes, da ihr Lebensraum, der Wald, fast vollständig zerstört wurde. *Nomaden*

Die Entwicklung der Gesellschaft

Im Laufe der Jahrhunderte entwickelten sich differenzierte Formen des Zusammenlebens zwischen diesen verschiedenen Volksstämmen. Grundeinheit war die patrilineare Familie, das heißt, die Besitztümer und teilweise die Ämter wurden über die väterliche Linie weitergegeben. Eine oder mehrere Familien bewohnten einen Hügel, der ihren Einflussbereich markierte. Das Land war das gemeinsame Eigentum der Familie, die jeweils von ihrem Ältesten vertreten wurde. Das Land war das gemeinsame Eigentum dieser Familie(n), die jeweils von ihrem Ältesten vertreten wurde. Dem Ältesten stand ein „Ältestenrat", der alle älteren Familienangehörigen umfasste, zur Beratung zur Seite. Dabei war er durch den Ältestenrat und die Traditionen gebunden.

Der König ist der Boss!

Die Bedeutung der Ältesten in der Gesellschaft war durch deren Kontakt mit den Ahnen gefestigt. Mit diesen hielten sie spirituell Kontakt. Aus der Führung einer Familiensippe entstand in der nächsten Stufe die Herrschaft über mehrere Familiengruppen (*Cheferien*). Über diese Herrschaftsstrukturen wurden auch die ersten **sakralen Königtümer** entwickelt. Diese wurden meist durch einen *Abiru* legitimiert, der durch mündliche Überlieferungen von Riten und religiösen Handlungen den Herrschaftsanspruch des Königs untermauerte. Im sakralen Königtum verloren teilweise die alten Bezugspunkte der Gesellschaft, z. B. die Ahnen, an Bedeutung. Der König war oftmals der alleinige Besitzer des Landes und damit Gebieter über die Ressourcen.

Traditionelle Dachdeckung in Ruanda

Damals spielten in der Gesellschaft auch feudalähnliche Beziehungen in Bezug auf Land und Rinder eine Rolle. In dieser *Ubuhake*-Beziehung gab zum Beispiel ein Adeliger einem Bauern eine Kuh. Dieser besaß dann das Recht auf die Milch und die männlichen Nachkommen. Nach einer bestimmten Zeit musste der Bauer die Kuh wieder abgeben, inklusive ihrer weiblichen Nachkommen. Für das Nutzungsrecht an der Kuh musste der Bauer Dienste beim Adeligen verrichten.

Landrechte und Landnutzung

Diese Art der Beziehung in Bezug auf die Landnutzung nannte sich *Ibikingi*. Hier wurde Land vom König (*Mwami*) direkt an einen Amtsträger oder Viehzüchter vergeben. Dieser hatte dann damit die vollen Rechte über das Land erworben. Er konnte das Nutzungsrecht auch weiterreichen und war nur dem Mwami gegenüber verantwortlich. Von einem Viehzüchter, der das Recht auf Nutzung des Landes erhielt, wurde erwartet, dass er dem Besitzer des Landes bei der Aufzucht seines Viehs half. Von einem Bauern verlangte man, dass er bei der Bewirtschaftung der Felder des Lehnherrn half. Wann die so gestaltete Vergabe von Land (*Ibikingi*) genau begann, ist heute schwer zu sagen. Sie wurde aber bereits vor dem 19. Jh. eingeführt. Sinn und Zweck war die Absicherung der oberen Schicht, klare Rollenverteilung sowie die Festigung dieser sozialen Strukturen. Aber auch diese Beziehungen waren im Laufe der Zeit immer wieder Änderungen unterworfen.

Im 16. Jh. gab es im Gebiet des heutigen Ruanda etwa 50 so genannter *Cheferien*, aus denen sich dann die ersten Königreiche bildeten. Im Ursprung war das Königreich Ruanda nur eines von vielen im heutigen Gebiet Ruandas. Es hatte sich zu einem starken sakralen Königreich entwickelt, das von einem *Mwami* (König) geleitet wurde. Neben den Abiru (Hütern des Traditionellem und der Rituale) hatte die Königinmutter eine weitere wichtige Funktion. Sie war meist nicht die leibliche Mutter des Königs, sondern wurde abwechselnd von einer der Familiensippen gestellt. Im 17. Jh. begann es mit kriegerischen Mitteln zu expandieren. Der Hauptgrund, so glaubt man, war wohl der zunehmende Landmangel. Neben dem *Abiru* hatte die Königinmutter eine weitere wichtige Funktion. Sie war meist nicht die leibliche Mutter des Königs, sondern wurde abwechselnd von einer der Familiensippen gestellt.

Veränderung der Gesellschaft

Die Hauptfigur der Expansion Ruandas im 19. Jh. war *Kigeri IV. Rwabugiri*. Er herrschte als letzter unabhängiger König in Ruanda von 1853 bis 1895. Unter ihm gingen nicht nur die kriegerischen Eroberungen weiter, sondern es wurden auch einige einschneidende Veränderungen in der Gesellschaft vorgenommen. So wurden auf Grund der Landverknappung erstmals auch **private Weiderechte** direkt vom *Mwami* vergeben und damit gleichzeitig die Kompetenzen der Familienführer beschnitten. Es wurde üblich, dass der Anführer einer Soldatentruppe die Verwaltung über ein neuerobertes Gebiet bekam. Als Neuerung wurden die Ämter zweier Distriktschefs eingeführt, von denen einer für die Vergabe von Ackerland, für die Regelung von Streitigkeiten in Bezug auf die Felder und für die Erhebung der Abgaben für die bäuerliche Nutzung zuständig war. Der andere besaß die gleichen Kompetenzen in Bezug auf die Nutzung des Landes als Weideflächen. Diese Distriktchefs wurden direkt vom *Mwami* ernannt oder auch abgesetzt. Sie selber ernannten ihrerseits ihnen unterstellte Vertreter für die einzel-

INFO Die letzten Könige Ruandas

Die Könige Ruandas werden jeweils mit einem Doppelnamen bezeichnet. Der erste Name bezeichnet den Thronnamen mit der entsprechenden Ziffer der Reihenfolge des auftretenden Thronnamens. Der dann folgende Name ist der ursprüngliche Name des Königs vor seiner Machtübernahme. Die letzten Könige Ruandas waren:

Kigeri IV. Rwabugiri	reg. 1853 bis 1895
Yuhi V. Musinga	reg. 1895 bis 1931, gest. 1944
Mutare III. Rudahigwa	reg. 1931 bis 1959
Kigeri V. Ndahindurwa	reg. 1959 bis 1960

nen Hügel. Die Gebiete der Distriktchefs waren kleiner als die der Armeechefs. Dadurch, und durch die Tatsache der „kontrollierenden Konkurrenz" untereinander, verschaffte sich der *Mwami* eine stärkere Position. Er konnte allerdings auch an einem Distriktchef vorbei einen „Hügelposten" vergeben. Diese waren dann ihm direkt unterstellt. Diese Vergabe geschah meist an unterprivilegierte, die dem Mwami dadurch besonders verpflichtet waren. Auch dies diente zur Machtstärkung.

Die Begriffe Bahutu und Batutsi

Das „Ba" hat Bedeutung

Zunächst gilt es zu klären, wie die unterschiedlichen Begriffe Hutu oder Bahutu für ein und dieselbe Gruppe zustande kamen. In Europa ist es üblich geworden, von den Volksgruppen in Ruanda als Hutu, Tutsi und Twa zu sprechen. Fragen Sie einen Ruander, zu welcher Volksgruppe er gehört, wird er mit Bahutu, Batutsi oder Batwa antworten. Diese Begriffe hörten auch die ersten Europäer in Ruanda und so wurden diese Bezeichnungen erst einmal so übernommen. Später orientierte man sich in Europa bei der der Namensgebung an den Ausführungen der Sprachwissenschaftler. In der Sprache *Kinyarwanda*, wie in vielen anderen afrikanischen Sprachen auch, wird die Mehrzahl eines Wortes mit der Veränderung der ersten Silbe bestimmt. Nicht wie im Deutschen durch die Änderung bzw. die Ergänzung der letzten Silbe.

Einfaches Leben auf dem Land

Die Silbe zum Ausdruck der Einzahl lautet in *Kinyarwanda* „ba", die für Mehrzahl lautet „wa". Also, ein Bahutu, aber mehrere Wahutu. Für Sprachenwissenschaftler ist damit der Wortteil „hutu" das Stammwort. Daher rührt die europäische Bezeichnung „Hutu" für diese ethnische Gruppe. Im Kinyarwanda wird aber auch das Volk (als ein Volk) als Bahutu bezeichnet, womit die korrekte, von den Menschen selber gebräuchliche Bezeichnung, Bahutu wäre (gleichsagend auch für Batutsi oder Batwa). Darum haben wir uns in diesem Buch trotz des vielleicht ungewohnten Klanges dafür entschieden, die korrekten ruandischen Bezeichnungen zu verwenden.

• Die Begriffe Batwa, Bahutu und Batutsi in vorkolonialer Zeit

Durch das Zusammenwachsen der drei ethnischen Gruppen in einem Staatsgebilde hat sich der Sinn dieser Bezeichnungen im Laufe der Zeit verändert. Während die Batwa immer die Jäger und Sammler blieben, die gleichzeitig fast rechtlos waren, stand der Begriff Batutsi für die herrschende Schicht. Je mehr Rinder, desto reicher. Dieser Reichtum war den Feldbauern Bahutu als „Unterschicht" quasi schon von Berufswegen verwehrt. Im ursprünglich aus verschiedenen ethnischen Gruppen geformten Königreich Ruanda, begannen sich mit der Zeit durch Vermischung die körperlich-ethnischen Unterschiede zu verwischen. Als die Europäer nach Ruanda kamen, waren die drei Begriffe längst ein Kastenbegriff geworden und keine ethnische Herkunftsbezeichnung.

Die Europäer in ihrem „Rassendenken" begannen die unterschiedlichen äußeren Merkmale zu analysieren und festzuhalten, obwohl diese nicht immer eindeutig waren. Die Belgier legten nach ihrer Machtübernahme Wert darauf, dass die so genannten „ethnischen Rassen" sauber getrennt sein sollten. Die belgische Kolonialmacht führte daher Personalausweise ein, auf denen die jeweilige **ethnische Zugehörigkeit** vermerkt wurde.

Die Bevölkerung heute

Die erste unabhängige Regierung Ruandas übernahm das System der „Rasseneinteilung" von den Belgiern. Demnach sind etwa 84 % der Bevölkerung Bahutu, 15 % Batutsi und 0,5 % Batwa. Die Bezeichnung im Personalausweis wurde nach dem Völkermord abgeschafft. Die neue Regierung unter *Paul Kagame* versucht damit ein neues Nationalgefühl zu schaffen, indem sich alle als Ruander sehen. Die Bevölkerung Ruandas gehört zu den Ärmsten der Welt. Etwa 60 % der Einwohner leben unterhalb der Armutsgrenze. Die Kindersterblichkeit liegt bei 107 von 1.000 Neugeborenen und die HIV-/AIDS-Rate soll 9 % betragen. Das größte Problem bei der Bekämpfung der Armut ist das Bevölkerungswachstum. Von 1960 bis 1993 stieg die Bevölkerungszahl von ca. 3 auf 7,5 Mio. Einwohner. Durch die geringe Größe des Landes ergibt sich in einigen Gebieten eine Bevölkerungsdichte von 400-500 Menschen pro km^2! Das ist doppelt so viel wie im nicht gerade dünn besiedelten Deutschland (233/km^2). Die Geburtenrate liegt bei durchschnittlich 5,6 Kindern pro Frau.

Traditioneller Tanz in Butare

Die Sprachen

Kinyarwanda

Ein Land – eine Sprache

Kinyarwanda (*Kinyaruanda*) ist die nationale Sprache Ruandas. 98,3 % der Bevölkerung sprechen sie als Muttersprache. Mit einer einheitlichen Sprache gesegnet, haben es vor allem die Kinder im nationalen Bildungssystem einfacher als in anderen afrikanischen Ländern. So findet der Grundschulunterricht in Ruanda ausschließlich auf Kinyarwanda statt. Kinyarwanda ist eine Bantusprache, die außer in Ruanda noch in Uganda (ca. 532.000), in der Demokratischen Republik Kongo (ca. 250.000) und in Tansania (ca. 88.000) gesprochen wird. Der Hauptanteil der Sprecher in diesen Ländern sind Flüchtlinge aus Ruanda. Außer im Nachbarland Burundi gibt es sonst kein afrikanisches Land, in dem alle ethnischen Gruppen ein und dieselbe Sprache sprechen. Darüber hinaus ist *Kirundi*, die Sprache der Burundi, dem Kinyarwanda so ähnlich, dass Burunder und Ruander sich mühelos in ihrer jeweiligen Sprache unterhalten können.

Europäische Sprachen

Englisch und Französisch

Neben Kinyarwanda sind auch Französisch und Englisch Staatssprache und viele Ruander sprechen eine dieser beiden europäischen Sprachen. Das Französische ist ein Überbleibsel aus der belgischen Verwaltungszeit und wird hauptsächlich von Bahutus gesprochen. Das Englische kam mit der Rückkehr der Flüchtlinge nach Ruanda. Viele Tausend Batutsi verbrachten teilweise Jahrzehnte in den Nachbarländern Tansania und Uganda und lernten dort in den Schulen Englisch. Nach der Vertreibung des Völkermord-Regimes 1994 wurde zunächst daran gedacht, Französisch als Staatssprache zu streichen. Auf Druck Frankreichs entschied sich die neue Regierung dann beide Sprachen gleichberechtigt in den Schulen zu unterrichten.

Kisuaheli

Die wichtigste Sprache Ostafrikas wird auch in Ruanda von einigen als Fremdsprache gesprochen. Vor allem von ehemaligen Flüchtlingen, die eine längere Zeit im Nachbarland Tansania verbrachten. Aber auch als Handelssprache ist Kisuaheli

INFO Die Nationalhymne Ruandas

Zur Unabhängigkeit Ruandas wurde das Lied „Rwanda rwacu" als neue Hymne des selbstständigen Staates ausgewählt. Dieses Lied basiert auf einem **alten Volkslied**. Dieser Text und diese Musik stammten von *Michael Habarurema*. Nach dem Völkermord entschied man sich, eine neue, die Einheit des ruandischen Volkes symbolisierende Nationalhymne einzuführen. Seit dem 1. Januar 2002 gilt diese neue Nationalhymne. Sie wurde geschrieben von *Bosco Hashakaimana* (Musik) und *Faustin Murigo* (Text).

Die neue Hymne:

Rwanda inziza gihugu cyacu
Wuje imisozi, ibiyaga n'ibirunga
Ngobyi iduhetse gahorane ishya
Rekatukurate tukuvuge ibigwi
Wowe utubumbiye hamwe twese
Abanyarwanda uko watubyaye
Berwa, sugira, singizwa iteka

Die englische Übersetzung:

Rwanda, our beautiful and dear country
Adorned of hills, lakes and volcanoes
Motherland, would be always filled of happiness
Us all your children: Abanyarwanda
Let us sing your glare, proclaim your high facts
You, maternal bosom of us all. Would be admired
forever, prosperous and cover of praises.

wichtig, da die Nachbarländer der ostafrikanischen Wirtschaftszone (Kenia, Tansania, Uganda) die wichtigsten Wirtschaftspartner Ruandas sind.

Die Religionen

Christentum und andere Religionen in Ruanda

Mit den Europäern kam auch die christliche Religion nach Ruanda. Die Missionare waren in ihrem Sinne selten so „erfolgreich" wie in diesem kleinen Königreich. Die christliche Religion nimmt seitdem eine starke Stellung in Ruanda ein. Sie ist fast überall vertreten und wirkt sehr lebendig, vor allem, wenn man die zahlreichen Kirchen und aktiven Gemeinden als Maßstab nimmt.

Die **Katholiken** sind dabei die größte christliche Gruppe, der 65 % der Ruander angehören. Selbst *Papst Johannes Paul II.* besuchte dieses kleine Land im Jahre 1990. Die zweite Gruppe stellen mit 9 % die **Protestanten**. In den letzten Jahren sind vor allem die christlichen Sekten und die Freikirchen aus den USA hinzugekommen. Etwa 25 % der Ruander richten sich noch nach dem traditionellen Glauben (siehe S. 111). Daneben gibt es noch eine kleine Minderheit von Muslimen, die etwa ein Prozent der Bevölkerung ausmachen.

Kirche in Ruanda

Ursprünglicher Glaube

Der traditionelle Glaube der Ruander dreht sich um ein höheres Wesen mit Namen *Imana*. Während Imanas Wirken die Welt beeinflusst, kommt er des Nachts in seine Heimat Ruanda. Im Glauben können Wörter einen magischen Einfluss haben, daher wird Imana häufig bei der Namensgebung der Kinder bemüht oder im Zusammenhang mit Hochzeit und Tod. Solche Schwüre lauten dann zum Beispiel: „Möge Imana mich streicheln" oder „Lass Imana mich begleiten". Wenn eine Frau nach langem Warten endlich schwanger wird, so sagt man: „Endlich hat Imana dich von deiner Scham befreit".

Namen mit magischem Einfluss

Häufig sind auch Geschichten, in denen Imana den Menschen magische Gaben schenkt, die Menschen diese dann aber regelmäßig durch Gier und Unglauben wieder verlieren. Ein neuer Mensch wird nicht alleine durch eine Befruchtung gezeugt. Es gibt einen Erschaffungsakt durch Imana vor der Entstehung jeden Lebens. Daher lässt eine junge Frau am Abend einige Tropfen Wasser in einem Gefäß. Imana, wie ein Töpfer, braucht das Wasser, um die Erde zu formen und das Wasser in die Gebärmutter einzusetzen.

Nach der Geburt entscheidet er, ob das Leben des neugeborenen Menschen glücklich oder unglücklich verlaufen soll. Sollte später ein Mensch vom Pech verfolgt sein, arm sein oder krank, dann heißt es *Ruremakwaci* war sein Schöpfer. Dieser „Spitzname" wird für Imana verwendet, wenn er zu „müde" war bei der Geburt oder die Person von ihm „zum Unglücklichsein vorgesehen" wurde. Bei der Geburt von Behinderten wird Imana mit dem gleichen Namen betitelt, in diesen Fällen hat er „nicht erfolgreich" gearbeitet.

Die Geister der Ahnen

Traditionell glauben die Ruander an den unbändigen Lebenswillen einer Seele, der ihnen die Kraft zum (Über-)Leben gibt. Auch Tiere besitzen diese willensstarke Seele. Im Unterschied zum Menschen stirbt diese allerdings beim Tod des Tieres. Die Seele des Menschen hingegen lebt fort und verwandelt sich in eine Art Geist, *Bazimu* genannt. Diese Geister leben in der Unterwelt (*Ikuzimu*). Jeder Bazimu behält seinen irdischen Namen, aber nicht seine soziale Stellung. Sie kehren immer wieder an irdische Plätze zurück, besonders dorthin, wo der weltliche Körper lebte. Sie leben dann in der früheren Hütte oder in einer extra für sie errichteten kleinen „Ersatzhütte". Diese soll den Bazimu milde stimmen, denn Bazimu gelten generell als schlecht. Sie bringen Krankheit, Unglück und Missernten. Um herauszufinden, warum ein Bazimu gekommen ist, um Unglück zu bringen, müssen spirituelle Sitzungen mit „Geisterbeschwörern" abgehalten werden.

Das heutige politische System

Das Parlament von Ruanda hat zwei Kammern. Die „Chambre des Députés" und den Senat. Das Parlament hat insgesamt 106 Mitglieder, davon sitzen 80 in der „Chambre des Députés". Der Senat hat 26 Abgeordnete, wobei zwölf davon direkt gewählt werden und der Rest bestimmt wird (acht davon vom Präsidenten). Das Parlament kennt drei Sitzungsperioden, die jeweils am 5. der Monate Februar, Juni und Oktober beginnen.

Die Bürger Ruandas wählen den Präsidenten direkt (alle sieben Jahre) und zudem Parteien für das Parlament. Eine ethnische Ausrichtung ist den Parteien verboten, auch wenn dies im Alltag nicht immer zu vermeiden ist. So ist der aktuelle Präsident Paul Kagame ein Batutsi und sein oppositioneller Herausforderer ein Bahutu, was in der Öffentlichkeit auch so wahrgenommen wird. Es wird sicher

INFO Die Präsidenten Ruandas

28.01.1961 - 26.10.1961:	Dominique Mbonyumutwa (Übergangspräsident)
26.10.1961 - 05.07.1973:	Grégoire Kayibanda
05.07.1973 - 06.04.1994:	Juvénal Habyarimana
09.04.1994 - 03.07.1994:	Theodore Sindikubwabo
19.07.1994 - 23.03.2000:	Pasteur Bizimungu
seit 23.03.2000:	Paul Kagame

noch Jahrzehnte dauern, bis dieses Denken aus den Köpfen der Menschen verschwunden ist.

Das Land ist verwaltungstechnisch unterteilt in **fünf Provinzen**, 30 Distrikte und 470 Sektoren. Die letzten Wahlen der lokalen Regierungen fanden im Frühjahr 2006 statt. Bei diesen wurde erstmals eine Frau, *Aisa Kirabo Kakira*, zur Bürgermeisterin Kigalis gewählt. Während in der Hauptstadt mittlerweile fast 50 % der Abgeordneten Frauen sind, sind es in den anderen Provinzen durchschnittlich nur 26 %. Die Wahlperiode beträgt fünf Jahre, womit 2011 die nächsten lokalen Wahlen stattfinden.

Die neue Nationalflagge Ruandas

Das Bildungssystem

Die Zahl der Ruander, die nicht lesen und schreiben können, ist relativ hoch. Etwa 40 % der Bevölkerung sind davon betroffen. Der Bürgerkrieg hat in der Vergangenheit entscheidend dazu beigetragen, dass die Kinder den Schulen fernblieben bzw. der Unterricht ausfiel. Im Jahr 2000 gab es in Ruanda rund 2.000 Schulen und etwa 1,5 Mio. Schüler, hauptsächlich im Grundschulbereich. Mittlerweile dürften es wohl an die zwei Mio. Schüler sein. Um mehr Kindern auch einen Schulbesuch über die Grundschule hinaus zu ermöglichen, wurde in den letzten Jahren in Orten mit zwei Grundschulen jeweils eine davon in eine Secondary School umgewandelt. Die verbleibende Grundschule wurde dann dementsprechend erweitert.

Steigende Schülerzahlen

Nach dem Genozid und der Machübernahme der neuen Regierung wurde Ende der 1990er das Schulsystem reformiert und dadurch auch **private Schulen** zugelassen. Diese sind, wie die Green Hills Academy in Kigali, besonders für die englischsprachigen Exilrückkehrer wichtig, da in den meisten staatlichen Schulen noch Französisch vorherrscht. Heute sind zwar nur 1,5 % der Grundschulen privat organisiert, aber bereits 51 % der weiterführenden Schulen. 2001gab es in Ruanda 400 weiterführende Schulen mit etwa 141.000 Schülern. Der Aufbau der Schulen folgt entweder dem englischen oder dem französischen Schulsystem, die Abschlussexamina sind dann für alle Schüler gleich. Außer der staatlichen Nationaluniversität in Butare haben sich zwei private **Universitäten** in Kigali etabliert. Die Freie Universität Kigali und die Katholische Universität.

Das Schulsystem

Die Schüler in Ruanda gehen zuerst sechs Jahre in die Grundschule (Primary School). Danach folgt für drei Jahre die Mittelstufe (Secondary School) und anschließend drei Jahre Oberstufe (A-Level). Das heißt, dass ein Schüler nach zwölf Schuljahren die Qualifikation zur Universität erwerben kann. Für den Schulbesuch werden Schulgebühren verlangt, die gestaffelt sind nach Schule und Klasse. Für den Besuch der sechsten Klasse Grundschule werden zum Beispiel 18 € pro Schuljahr (zahlbar in drei Teilen zu je 6 €) fällig.

Gesundheitssystem

Trotz AIDS ist die Malaria in Ruanda das primäre Problem in den Krankenhäusern und Arztpraxen. Zusammen mit der HIV-Infektion, Tuberkulose, Atemwegs- und Hauterkrankungen macht sie mehr als die Hälfte der medizinischen Fälle aus. Ein weiteres Problem sind die Folgen des Genozids mit vielen Patienten im Bereich der Orthopädie und mit posttraumatischen Problemen.

Wenig Ärzte – viele Patienten

In Ruanda gibt es 300 Mediziner (2005), das heißt auf 28.000 Menschen kommt ein Arzt. Da einige Ärzte in der Forschung arbeiten, ist die tatsächliche Zahl pro Arzt sogar noch höher. Ruanda hat vier gut ausgestattete Krankenhäuser und 45 Distrikt-Hospitäler. Dazu kommen noch 400 so genannte Gesundheitszentren (Health Centre), in denen keine Ärzte, sondern Krankenschwestern arbeiten und sich um eine Notversorgung kümmern. Sie helfen zum Beispiel bei einfachen bis mittelschweren Verletzungen, führen Impfprogramme durch und geben Hilfestellung bei Schwangerschaften. Die Krankenschwestern sowie das medizinische Personal werden am Kigali Health Institute ausgebildet. Dort lernen bis zu 1.000 Studenten in drei Jahren ihren Beruf.

Entwicklungszusammenarbeit

Ruanda ist Schwerpunktland der deutschen Entwicklungshilfe in Afrika. Seit der Wende in der Entwicklungspolitik in den 1990er Jahren, bei der auf die so genannte „Gießkannenmethode" zugunsten einer Schwerpunktförderung verzichtet wurde, spielt die Zusammenarbeit mit Ruanda eine große Rolle. So gibt es weit reichende Projekte in der Bildung, dem Gesundheitswesen und der wirtschaftlichen Infrastruktur. Neben Ruanda gehören in Afrika noch weitere Länder zu den Schwerpunktgebieten der deutschen Entwicklungshilfe. Dazu zählen alle ehemaligen deutschen Kolonien (Burundi, Kamerun, Namibia, Tansania und Togo) sowie Äthiopien.

Das Partnerschafts-Logo

Auf Initiative des damaligen Ministerpräsidenten Dr. Bernhard Vogel und des ruandischen Außenministers François Ngarukiyintwali wurde im Juni 1982 die Partnerschaft Rheinland-Pfalz – Ruanda begründet. Insgesamt gibt es heute in Rheinland-Pfalz 56 Gemeinden oder Landkreise, die partnerschaftliche Beziehungen zu ruandischen Gemeinden unterhalten, während mehr als 250 ruandische und rheinland-pfälzische Schulen miteinander in Kontakt stehen. An der Partnerschaft beteiligen sich auch Kirchen, Universitäten und Fachhochschulen, Verbände, Unternehmen, gesellschaftliche Gruppen und weitere Bildungseinrichtungen.

Afrika ist der Kontinent der **tausend Farben**. Ein Genuss darin zu schwelgen und die Vielfalt der Menschen zu erleben.

Das **Ruwenzori-Gebirge** gehört zu den schönsten Bergen Afrikas. Die Regenwaldzone mutet an wie ein Märchenwald.

Auf verschiedenen **Wanderrouten** lässt sich das Ruwenzori-Gebirge erkunden.

Mit Wasser sind große Teile Ugandas ausreichend gesegnet. Die **Sipi-Fälle** am Mount Elgon.

Bei den **Bujagali-Falls** des Weißen Nil beginnen die beliebten Wildwasserfahrten.

Vom **Sheraton** auf dem Nakasero-Hügel hat man einen herrlichen Blick auf **Kampala** mit seinen modernen Hochhäusern.

Sattgrüne Hügel, die **Tee-Plantagen** im Westen von Uganda.

Der Nil fließt durch den Kyoga- und den Albert-See. Dazwischen liegen die **Murchison Falls** im gleichnamigen Nationalpark.

Wenn man von Uganda und Ruanda spricht, denkt man unweigerlich an die berühmten **Berg-Gorillas**.

In Uganda ist auch unser nächster Verwandter zu Hause - der **Schimpanse**.

In den **Nationalparks** von Ruanda und Uganda gibt es viel zu entdecken: Kuhantilope, Oribi, Grüne Meerkatze, Husarenaffe, Nilflughunde, Tausendfüßler (von oben nach unten).

Die **Vogelwelt** beider Länder ist einzigartig, vom riesigen Strauß bis zum winzigen Nektarvogel: Scharlachspint, Schildrabe, Schreiseeadler, Sattelstorch, Palmgeier, Graurückenwürger (von oben nach unten).

Die **Pflanzenwelt** in Uganda ist unglaublich vielfältig: Flammenbaum, Lilienblüte, Blüten von „Scadoxus cyrtanthiflorus“, sowie Blüten aus dem Regenwald und eine „Lobelia bequaertii“.

Das einzige Savannengebiet in Ruanda wird geschützt durch den **Akagera-Nationalpark**. Ein Blick auf den Ihema-See.

Ruanda - **Land der Tausend Hügel** wird das Land genannt. Hier die Hügellandschaft nordöstlich von Ruhengeri.

Die beiden **Virunga-Vulkane** *Mikeno* und *Karisimbi* in einer morgendlichen Stimmung.

Virunga – die Kette der Vulkane fasziniert die Menschen seit Jahrhunderten.

Die Menschen leben mit den Vulkanen und von ihnen. Hier die Hauptgeschäftsstraße in **Gisenyi** und im Hintergrund der 2002 zuletzt ausgebrochene Virunga-Vulkan Nyiragongo.

Das National - Museum in **Butare** bietet Kindern eine Ausbildung in traditionellen Handwerksberufen. Bildung und Berufsausbildung bilden den Grundstein für eine bessere Zukunft.

Ruanda ist ein fruchtbares Land, die Ernte kommt frisch zum **Früchtemarkt.**

Nach dem Terror der letzten Jahrzehnte genießen die Menschen den Frieden. Man wird von der **Freundlichkeit der Ruander** überrascht sein.

Der Westen von Ruanda lädt zum Wandern und Erholen ein, wie hier der **Kivu-See** bei Kibuye.

Entspannung nach den Wanderungen zu den Berg-Gorillas und Schimpansen gibt es zum Beispiel am Pool des Kivu Sun Hotels in **Gisenyi** am Kivu-See.

Butiaba ist ein kleines Fischerdorf am **Albert-See**. Nach dem morgendlichen Fischen auf dem See liegen die Boote der Fischer am Nachmittag aufgereiht am Strand.

Traditionelle Häuser werden selten in Ostafrika, wie hier im Fischerdorf Butiaba am Albert-See.

Tee ist eines der Hauptanbauprodukte in Ruanda und Uganda. Wie dieser Teepflückerin gibt er vielen Menschen auf dem Land Arbeit. Die Qualität des Tees ist sehr gut, auch wenn Ostafrika für seinen Tee nicht so bekannt ist wie Indien oder Sri Lanka.

3. UGANDA ALS REISELAND

Hinweis

In den ***Allgemeinen Reisetipps (Uganda ab S. 141, Ruanda ab S. 295)*** *finden Sie – alphabetisch geordnet – reisepraktische Hinweise für die Vorbereitung Ihrer Reise und Ihres Aufenthalts in Uganda und Ruanda. Die* ***Regionalen Reisetipps (Uganda ab S. 194, Ruanda ab S. 319)*** *geben Auskunft über Unterbringungsmöglichkeiten etc. in den ebenfalls alphabetisch geordneten Städten/Regionen.*

News im Web: www.iwanowski.de

Uganda: Allgemeine Reisetipps A–Z

A

Adressen

In Deutschland und den angrenzenden Staaten unterhält Uganda kein Fremdenverkehrsbüro. Informationen zu Reisen nach Uganda bekommen Sie bei den jeweiligen Reiseveranstaltern (Adressen finden Sie unter dem Stichwort: Reiseveranstalter). Spezielle Fragen kann ggf. das Honorarkonsulat in München (www.uganda.de) beantworten. Infos erhält man auch unter **www.visituganda.com, www.ugandawildlife.org, www.ugandatourismassociation.org**. Unter dem Stichwort *Internetadressen* finden Sie weitere informative Webseiten.

Informationen zur aktuellen Politik und politischer Arbeit in Uganda gibt es bei folgenden Stiftungen:

- **Konrad-Adenauer-Stiftung e.V.**, Länderbüro Uganda, 51B, Prince Charles Drive, Kololo Kampala, Tel. (00256) 041-4259611, Fax: (00256) 041-4255495, www.kas.de/uganda, angelika.klein@kas.de
- **Friedrich-Ebert-Stiftung**, Länderbüro Uganda, 5b, John Babiiha Av., Kampala, Tel.: (00256) 041-4345535, Fax: (00256) 041-4256559, www.fes-uganda.org, info@fes-uganda.org

Kontakte mit Deutschen in Uganda sowie mit an deutscher Kultur interessierten Ugandern:

- **Goethe Zentrum**, 6 Mackinnon Road, Nakasero, Tel. 0414-533410, cultural@goethezentrumkampala.org, www.goethezentrumkampala.org. Ein Ort für alle, die Sprachen lernen und sich austauschen möchten. Im deutschen Kulturinstitut finden immer wieder interessante Veranstaltungen statt.

Informationen zu Menschenaffen und Vermittlung von Patenschaften:

- **Jane Goodall Institute Germany (JGI)**, Orleansstr. 45a, 81667 München, Tel. 089-6661032-7, Fax: 089-6661032-8, geöffnet Mo-Do 9-17 Uhr, Fr 9-14 Uhr, www.janegoodall.de, kontakt@janegoodall.de

Aktivurlaub

Uganda möchte sich als die Destination für Aktivurlaub in Ostafrika etablieren. Daher bieten sich diverse Möglichkeiten vom Wander- und Trekkingurlaub, über Kanu- und Wildwasserfahrten (Rafting) bis zu Bungeespringen und Paragliding. Als Hauptstadt für Aktivurlaub am Wasser gilt Jinja am Weißen Nil / Viktoria-See. Weitere Informationen zu diesem Thema finden Sie auf den Internetseiten der diversen Reiseveranstalter (sehen Sie hier auch unter dem Stichwort „Sport" sowie bei den Regionalen Reisetipps unter „Jinja").

- **Mountain Club of Uganda (MCU)**, Tel.: 0414-344725 oder 077-2843367, -2721100, www.mcu.ug, info@mcu.ug. Dies ist ein seit 1946 bestehender Verein für interessierte Wanderer und Bergsteiger in Uganda mit einer kostenloser Mitgliedschaft (kein Veranstalter für Bergtouren!). Bei bestehendem Interesse Wandertouren mit Gleichgesinnten zu unternehmen, wenden Sie sich direkt an den Verein um Informationen über Termine der von Mitgliedern geplanten Wanderungen oder Camping-Wochenenden zu bekommen.

▶ Alkohol

Sie können in der Regel in allen Hotels und Restaurants sowie in den Supermärkten alkoholische Getränke kaufen. Verschiedene in Uganda gebraute Biersorten sind ebenso zu bekommen wie Hochprozentiges. Weit verbreitet und beliebt in Ostafrika sind dabei Whiskey und Gin. Er gibt auch traditionelle alkoholische Getränke, die meist selbst privat hergestellt werden, aber für westeuropäische Mägen nicht immer zu empfehlen sind. Daher sollten Sie sich vorher gut überlegen, ob ein Probieren das Risiko lohnt. Wegen Alkoholpantscherei sollten Sie alkoholische Getränke nur in versiegelten Flaschen in Supermärkten kaufen.

Das Verkaufen und Ausschenken von Alkohol an Personen unter 18 Jahren ist verboten!

▶ Anreise

Mit dem Flugzeug

Der internationale Flughafen befindet sich in Entebbe, etwa 45 km südlich der Hauptstadt Kampala. Er wird von mehreren internationalen Fluggesellschaften angeflogen. Im Flughafen gibt es u. a. eine Wechselstube und ein Restaurant. Vor dem Flughafengebäude warten Taxifahrer auf Gäste. Um preiswert in die Stadt zu kommen, gibt es öffentliche Minibusse. Da diese nicht auf das Flughafengelände fahren dürfen, finden Sie die Haltestelle außerhalb, hinter dem Parkplatz. Fahrten mit dem Taxi nach Kampala kosten um die 20 € und mehr, je nach Verhandlungsgeschick. Etliche Hotels bieten einen Hoteltransfer an, dieser muss allerdings im Voraus bestellt werden. Wenn Sie etwas Geld auf der Fahrt vom Flughafen nach Kampala sparen möchten, ohne mit schwerem Gepäck zu weit zu laufen, dann empfiehlt es sich, mit einem Taxi nach Entebbe zu fahren (ca. 3 €) und dort vom zentralen Minibus-Stand mit einem öffentlichen Minibus (ca. 2 €) weiter nach Kampala.

Mit dem Bus

Von mehreren Ländern (Kenia, Tansania, Ruanda) aus erreichen Sie Uganda auch per Bus. Die Fahrten sind erheblich länger als mit dem Flugzeug, allerdings auch sehr viel billiger. Überlegen Sie sich gut für welches Busunternehmen Sie sich entscheiden. Hier gilt meist: Je billiger, desto schlechter die Busse. Einige Busunternehmen bieten auf manchen Strecken Getränke und Snacks an. Falls Sie noch kein Visum für Uganda haben, so erhalten Sie dieses meist an den Grenzstationen, es wird allerdings empfohlen, sich das Visum vorab bei der Ugandischen Botschaft in Berlin zu besorgen.
Weitere Informationen über die Anreise mit dem Bus finden Sie unter dem Stichwort: Busreisen und -verbindungen.

Mit dem Auto

Eine Anreise mit dem eigenen Auto aus Europa erfordert eine lange und genaue Planung. Vor allem was die Route und die Sicherheitslage angeht. Einzige denkbare Route zurzeit ist die über Ägypten, Nordsudan, Äthiopien und Kenia nach Uganda. Erkundigen Sie sich aber genau nach der aktuellen Lage in jedem einzelnen Gebiet, das durchfahren werden muss.

> **!!! Wichtig**
>
> *Die Fahrt mit einem Mietwagen von einem Nachbarland nach Uganda und umgekehrt ist in der Regel auf Grund der Mietbestimmungen nicht möglich.*

Fahrten direkt von den Nachbarstaaten nach Uganda bereiten keine Probleme. Achten Sie allerdings auf die speziellen Aus- und Einreisebedingungen für Kraftfahrzeuge. Für in Ostafrika zugelassene Fahrzeuge reicht meist der Versicherungsnachweis. Für Fahrzeuge mit Zulassungen außerhalb Ostafrikas wird ein „Carnet de Passage“ benötigt. Dies bekommen Sie bei den großen Automobilclubs in Europa. Zudem ist an der Grenze eine Haftpflichtversicherung abzuschließen. Es empfiehlt sich auch der Abschluss einer Vollkaskoversicherung in Europa.
Weitere Informationen über die Reise mit dem Auto erhalten Sie unter den Stichwörtern Auto fahren, Automobilclubs, Autoverleih *und* Grenzübergänge.

Mit dem Schiff

Uganda ist ein Binnenland und die Anreise mit einem Schiff oder Boot ist theoretisch nur über einen der großen Seen möglich. Offizielle Grenzstellen gibt es aber nur bei Überfahrten auf dem Viktoria-See (Port Bell bei Kampala). Die Fährverbindungen ins kenianische Kisumu sind seit einiger Zeit eingestellt. Zurzeit verkehren nur noch Frachtschiffe, die allerdings z. T. auch Passagiere mitnehmen. Generell wird von einer Schiffsfahrt auf dem Viktoria-See aufgrund der schlechten und veralteten Schiffe aber abgeraten. Zahlreiche Unfälle in den letzten Jahren haben das bestätigt. Vor illegalen Grenzübertritten über andere Seen wird dringend abgeraten!
Weitere Informationen über das Reisen mit dem Schiff erhalten Sie unter dem Stichwort Schiffsverbindungen.

▶ Apotheken / Ärzte

Apotheken

In allen größeren Orten gibt es die „Pharmacy“ genannten Apotheken. Die Auswahl ist in der Regel nicht so üppig wie in Europa, gegen die gängigsten Leiden und Krankheiten werden Sie aber sicher etwas bekommen können. Da Medikamente im Ausland oft andere Markenbezeichnungen haben, ist es wichtig die Wirkstoffe zu kennen. So kann Ihnen der Apotheker besser helfen. Adressen von Apotheken finden Sie in den „Regionalen Reisetipps“ unter dem jeweiligen Ort. Die Apotheken mit der umfassendsten Auswahl finden Sie in der Hauptstadt Kampala.

Ärzte

Die ärztliche Versorgung in Uganda ist nur in der Hauptstadt Kampala als einigermaßen gut zu bezeichnen. In Kampala gibt es einige gute private Kliniken sowie niedergelassene Ärzte. Außerhalb Kampalas wird es schwieriger eine adäquate ärztliche Behandlung zu bekommen. Zumindest in den größeren Städten wie Masindi, Mbarara oder Mbale sind einige niedergelassene Ärzte sowie kleine Provinzkrankenhäuser zu finden. Die Rechnungen müssen überall sofort in Bar beglichen werden. Sollten Sie eine Auslandskrankenversicherung abgeschlossen haben, können Sie die Rechnungen zu Hause bei der Versicherung zur Rückerstattung einreichen.

Adressen und Telefonnummern von Ärzten und ggf. Kliniken und Krankenhäusern finden Sie bei den „Regionalen Reisetipps" unter dem jeweiligen Ort.

Tipp!

Wenn Sie sich bei schweren Krankheitsfällen besser absichern möchten, raten wir Ihnen sich beim „Flying Doctor Service" anzumelden. Dieser schickt Ihnen einen Arzt auch in entlegenste Gebiete und er wird Sie auch, wenn nötig, mit einem Flugzeug in eine Klinik bringen. Dieser Service gilt in ganz Ostafrika, ersetzt jedoch nicht die Auslandskranken-und Krankenrücktransportversicherung!

Die Mitgliedschaft können Sie bei AMREF Flying Doctors in Deutschland erwerben, für eine 1-monatige Reise kostet die Absicherung 22 € (www.amrefgermany.de).

- ***African Medical Research Foundation**, emergency@flydoc.org, www.amref.org, Hauptbüro des **Flying Doctor Service**, Nairobi, Kenia, Tel.: (254) 20 6992000, Fax: (254) 20 344170*
- ***AMREF Flying Doctors in Uganda**, info.uganda@amref.org, www.amref.org, 29 Nakasero Rd., Kampala, Tel.: (256) 041 4250319, Fax: (256) 041 4344565*

Auto fahren

In Uganda als ehemaliger britischer Kolonie gilt Linksverkehr.
Folgende gesetzlichen Geschwindigkeitsgrenzen sind zu beachten:

innerhalb geschlossener Ortschaften: 40 km/h
auf Hauptstraßen: 60 km/h
auf (ausgebauten) Nationalstraßen: 100 km/h

Das ugandische Straßennetz ist in einem sehr unterschiedlichen Zustand. Die Nationalstraßen sind, vor allem auf den Hauptrouten, in der Regel asphaltiert und in einem recht guten Zustand. Sobald Sie allerdings diese Hauptverbindungsstraßen verlassen, müssen Sie mit Ansammlungen von Schlaglöchern oder mit Pisten rechnen. Folgende Straßen und Abschnitte befinden sich zurzeit in einem guten Zustand, das heißt sind asphaltiert und haben keine bis wenige Schlaglöcher:

Richtung Osten:
- Kampala über Jinja nach Malaba und Busia (beides Grenzorte zu Kenia) sowie nach Tororo.
- Von Tororo über Mbale nach Kapchorwa und Mbale – Soroti.
- Von Iganga über Busembatya nach Mbale.

Nach Norden:
- Kampala nach Masindi und Gulu.

Nach Westen:
- Kampala nach Fort Portal.

Nach Südwesten:
- Kampala über Masaka nach Katuna (Grenze zu Ruanda). Von Masaka nach Bushenyi und Kabale nach Kisoro.

• Für das Führen eines Fahrzeuges in Uganda benötigen Sie einen Internationalen Führerschein. Sollten Sie einen rosafarbenen EU-Führerschein oder bereits den EU-Kartenführerschein besitzen, so reicht dieser aus.
• In Uganda herrscht Gurtpflicht für Fahrer und Beifahrer. Zudem ist die Nutzung von Handys während der Fahrt verboten.
• Achten Sie beim Linksverkehr besonders darauf, dass Sie links in einen Kreisverkehr einfahren. Die Fahrzeuge im Kreisverkehr haben wie in Europa immer Vorfahrt.

Leider ist alle Theorie grau, vor allem in der Großstadt Kampala. Verlassen Sie sich bitte nicht darauf, dass alle anderen Verkehrsteilnehmer sich immer an die Regeln halten und fahren Sie dementsprechend vorsichtig. Lastwagenfahrer meinen aufgrund der Größe ihres Fahrzeugs keine Rücksicht nehmen zu müssen. Weichen Sie lieber rechtzeitig aus. Gleichzeitig zeigen Ihnen Lastwagen meistens an, wenn Sie diese überholen können, indem sie links blinken. Sollten Lastwagen rechts blinken heißt das, dass das Überholen gefährlich ist (z.B. wegen Gegenverkehr). Entgegenkommende Fahrzeuge blinken rechts (für Sie also links), wenn sie mehr Platz brauchen als ihnen auf der Straße zusteht (z.B. weil sie gerade ein Fahrrad überholen oder einem Schlagloch ausweichen).

In der Innenstadt von Kampala und anderen größeren Städten gehören freie Parkplätze der Vergangenheit an. Hier müssen Sie Parkgebühren bezahlen, die sich nach Standort, Tageszeit und Dauer bemessen. Die Parkgebühr wird bei städtischen Bediensteten bezahlt, die in den Straßen patrouillieren. In Jinja zum Beispiel bezahlen Sie rund 0,50 € für 5 Parktickets (1.500 USh). Diese müssen dann beim Parkpersonal abgegeben werden. Mietwagen der großen Firmen haben meist ein Jahres-Parkticket an der Windschutzscheibe, sodass Sie keine Parkgebühren mehr bezahlen müssen.

▶ Automobilclubs

Es gibt in Uganda eine nur sehr eingeschränkt funktionierende landesweite Pannenhilfe. Informationen und Hilfe bekommen Sie von der

• **Automobile Association of Uganda**, Tel.: 0414-255917, Fax: 0414-250814 oder 077-2408368, www.aau.co.ug. Notrufnummer: 077-2366004, 071-2366004.

▶ Autoverleih

Für viele ist die Erkundung eines Landes mit dem Auto die bevorzugte Reisevariante und auch in Uganda lässt sich dieser Wunsch realisieren, ist allerdings weniger üblich. Es gibt die gängigen internationalen Autovermieter und lokale Anbieter. Die lokalen Anbieter sind in der Regel etwas preisgünstiger, doch sind dort Wagen fast ausschließlich mit Fahrer zu bekommen (jeweils im Preis enthalten). Selbstfahrer haben es bei internationalen Leihfirmen leichter, einen Wagen ohne Fahrer zu bekommen. Denken Sie bitte daran, dass die Straßen in Uganda nicht immer asphaltiert sind und dass für viele Strecken abseits der Hauptstraßen Allradfahrzeuge notwendig sind.

Mietwagenfirmen international:

• **Europcar**, Kiwafu Road (nahe Taxi-Park), Tel.: 071-1115169 oder 077-4184834, www.europcar.com.

- **Hertz**, Communications House (Erdgeschoss), 1, Colville Street, Tel.: 041-2347191/3, mobil: 077-450460, 221415, www.hertzuganda.com, info@hertzunganda.com. Zweigstellen im Sheraton Kampala Hotel und am Flughafen Entebbe.

Mietwagenfirmen lokal:
- **Acacia Safaris**, Kimathi Avenue (neben WebCityCafe), Tel.: 0414-253597 oder mobil: 071-2244561, tours@acaciasafari.co.ug, www.acaciasafari.co.ug.
- **Auto Relay**, Entebbe Airport, Tel.: 0414-598888, mobil: 071-4771133.
- **City Cars**, Tank Hill Parade (1. Etage), Muyenga, Tel.: 0414-268611, 077-2412001, citycars@bushnet.net, www.driveuganda.com.
- **Wemtec Car Hire**, 14, Spire Road, Jinja, Tel.: 0434-121314 oder mobil: 077-2221113. Keine Kreditkartenzahlung möglich.

B

Badestrände

Als Binnenland hat Uganda „nur" Seestrände zu bieten, die allerdings nicht weniger schön sind. Da in vielen afrikanischen Seen Bilharziose auftritt, eignen sich die Seen allerdings, trotz der teilweise schönen Strände, nicht immer zum Baden. Erkundigen Sie sich vor dem Baden nach der aktuellen Infektionsgefahr des Sees. Vor dem Baden in den großen ugandischen Seen, wie dem Viktoria-See und dem Albert-See, wird generell abgeraten. Bedenken Sie auch, dass in kleinen, abgelegenen Seen verschiedene Tiere anzutreffen sind, die Badenden gefährlich werden können. Dazu zählen vor allem Krokodile und Flusspferde.

Banken

Die Öffnungszeiten der Banken:
montags bis freitags: 8-15 Uhr
samstags: 9-12 Uhr

In Kampala gibt es eine Reihe von Filialen von internationalen Banken, wie zum Beispiel „Barclays" oder „Standard Chartered Bank", sowie diverse Niederlassungen afrikanischer Banken. Außerhalb der Hauptstadt werden Sie vor allem Bankfilialen der inländischen Bankgesellschaften finden. In den großen Filialen der meisten Banken in Kampala gibt es Bankautomaten, bei denen Sie mit einer Visa- oder Maestro Karte und ihrer PIN-Nummer Geld abheben können. Bedenken Sie jedoch, dass Bankautomaten außerhalb der Hauptstadt nicht häufig zu finden sind und Bargeld oft die bessere Alternative ist.

Auf Reisende, die dringend Geld aus Europa brauchen, haben sich mittlerweile einige Firmen mit einem schnellen und sicheren Geldtransfer spezialisiert. Die beiden bekanntesten sind „Western Union" (www.westernunion.de) und „Moneygram" (www.moneygram.de). Das Geld ist nach der Einzahlung bereits eine Stunde später abrufbar, jedoch hat die Schnelligkeit auch ihren Preis.

Bed & Breakfast

Diese eher typisch englische Form der Unterkunft beginnt sich langsam auch in Uganda und Ruanda zu etablieren, vor allem in Form von sogenannten „Guest Houses" (Gästehäusern). Diese gibt es mittlerweile mit sehr unterschiedlicher Ausstattung, sind jedoch meist eher im unteren Komfortbereich angesiedelt. Am ehesten finden Sie diese Art der Unterkünfte in den mittelgroßen Ortschaften. Im regionalen Reiseteil werden die Gästehäuser jeweils unter den entsprechenden Orten erwähnt.

Behinderte

Ostafrika ist im Vergleich zu Europa und anderen Urlaubsgebieten mit Massentourismus, nicht besonders auf behinderte Reisende eingestellt. Zwar bieten die meisten Airlines in Verbindung mit den Flughäfen Entebbe und Kigali einen gewissen Service (z. B. Abholung mit einem Rollstuhl), doch darüber hinaus kann es schwierig werden. In Hotels und Restaurants können daher Reisende mit Behinderungen schnell an ihre Grenzen stoßen. Lassen Sie sich am besten vor einer Reise gut beraten und stellen Sie Ihre Reise nach Art und Grad der Behinderung und den örtlichen Gegebenheiten mit Hilfe eines Reiseveranstalters bzw. einer örtlichen Agentur zusammen. Für körperlich Behinderte, die ihren Traum von einer Reise zu den Berggorillas verwirklichen möchten, gibt es die Möglichkeit sich von Trägern auf einer Art „Sänfte" zu den Gorillas tragen zu lassen (400 US$). Informationen und Anmeldung bei der Uganda Wildlife Authority (www.ugandawildlife.org).

Botschaften/Konsulate

In Deutschland (auch für Österreich und die Schweiz zuständig):

- **Botschaft der Republik Uganda**, Axel-Springer-Str. 54a (3.Stock), D-10117 Berlin, Tel.: 030-2060990, Fax: 030-24047557, www.ugandaembassyberlin.de, ugembassy@yahoo.de. Öffnungszeiten: Mo-Fr 9-13 Uhr und 14-16 Uhr (Visa-Angelegenheiten nur vormittags)
- **Honorarkonsulat der Republik Uganda**, Friedrich-Ebert-Damm 160 b, 22047 Hamburg, Tel.: 040- 69643500, Fax: 040- 816155, www.honorarkonsulat-uganda-hamburg.de. Sprechzeit Mo-Fr 9-16 Uhr.
- **Honorarkonsulat der Republik Uganda**, Neckarstr. 14, 81677 München, Tel.: 089-331544, Fax: 089-92401883, mail@uganda.de, www.myuganda.de. Sprechzeit Mo-Fr 10-13 Uhr.

Österreich:

- **Generalhonorarkonsulat der Republik Uganda**, Breitenfurter Str. 219, 1230 Wien, A - 1230 Wien, Tel.: +43 - (01) 863 11 40, Fax: +43 - (01) 863 11 43, consulategeneral@uganda.at, www.uganda.at.

In Uganda:

- **Botschaft der Bundesrepublik Deutschland**, 15 Philip Road, Tel.: 0414-501111, Fax: 0414-501115. Postanschrift: Embassy of the Federal Republic of Germany, P.O. Box 7016, Kampala, Uganda. germemb@africaonline.co.ug, www.kampala.diplo.de.
- **Botschaft der Republik Österreich**, 3 Portal Avenue, Tel.: 0312-235104/5, Fax: 0312-235160, www.bmeia.gv.at.

- **Botschaft der Schweiz**, 1-27 Nasser Lane, Tel.: 0414-347282/230, Fax: 0414-347131, www.eda.admin.ch.
- **Botschaft des Königreichs Belgien**, Rwenzori House, Lumumba Avenue, Tel.: 0414-349559, Fax: 0414-347212, www.diplomatie.be/kampala/.
- **Niederlande**, Rwenzori Courts, 2 Nakasero Road, Tel.: 0414-346000, Fax: 0414-231681.
- **Äthiopien**, 3 Kitante Road, Tel.: 0414-348340, Fax: 0414-341885.
- **Kenia**, 4 Lower Terrace, Tel.: 0414-258235/6, Fax: 0414-258239.
- **Nigeria**, 33 Nakasero Road, Tel.: 0414-233691, Fax: 0414-232543.
- **Ruanda**, 2 Nakayima Road, Tel.: 0414-344045, Fax: 0414-258547.
- **Sudan**, 21 Nakasero Road, Tel.: 0414-230001, Fax: 4346573.
- **Südafrika**, 15a Nakasero Road, Tel.: 0414-343543/4, Fax: 0414-348216.
- **Tansania**, 6 Kagera Road, Tel.: 0414-256272, Fax: 0414-343973.

▶ Busreisen/-verbindungen

Old Taxi Park in Kampala

Das Reisen im Land mit sogenannten Überlandbussen ist meist die Domäne der Einheimischen. Nichtsdestotrotz gibt es mittlerweile einige ganz gute und zuverlässige Busunternehmen, die vor allem die Hauptrouten im Land und die Strecken ins benachbarte Ausland bedienen. Diese sind insbesondere für Reisende mit kleinem Budget interessant, da sie preislich kaum zu schlagen sind. Um von den Hauptorten weiter in touristisch interessante Gebiete zu fahren, müssen Sie sich dann allerdings vor Ort meist ein anderes Transportmittel suchen. Die überall verkehrenden Minibusse sind dann meist die letzte Alternative, nicht sehr bequem und leider auch nicht immer besonders sicher.

Regionale Verbindungen: Auf den lokalen und regionalen Strecken verkehren hauptsächlich Minibusse (Taxi oder Matatu genannt). Diese Verbindungen im lokalen und regionalen Bereich finden Sie zu den jeweiligen Ortschaften im Kapitel *Regionale Reisetipps*.

Nationale Verbindungen:
- **Gateway** (Verbindungen von Kampala in die meisten größeren Städte Ugandas), 19 Wilson Road, Tel.: 0414-250930, Mobile 077-2563587, gatewaycoaches@yahoo.com. Z. B. Kampala – Fort Portal 12.000 USh.
- **Horizon** (Verbindung von Kampala nach Kabale und Kisoro) 23 Luwum Street, Tel. 075-2690549, 077-2504555, horizon@swiftuganda.com.
- **Post Bus** (Verbindungen Mo-Sa um 7 bzw. 8 Uhr von Kampala nach Fort Portal, Hoima, Kabale, Kasese, Kisoro (30.000 USh), Lira (25.000 USh), Mbale (18.000 USh), Soroti (25.000 USh) und Tororo (15.000 USh) 35 Kampala Road, Tel.: 0414-255511-5.

Internationale Verbindungen: Es gibt mehrere private Busunternehmen, die die Strecken zwischen Uganda und dem Ausland bedienen. Bei den internationalen Verbindungen ist es üblich, dass feste Sitzplätze gebucht werden. Diese können Sie sich beim Kauf des Tickets aussuchen (soweit sie noch frei sind). Die Hauptroute von Kampala nach Nairobi kennt zwei Streckenführungen. Eine über den Grenzort Busia (weiter über Kisumu nach Nairobi), die andere über den Grenzort Malaba (über Eldoret nach Nairobi).

Preise und Abfahrzeiten entnehmen Sie bitte dem jeweiligen Ort in Regionale Reisetipps.

- **Akamba** (Verbindung nach Eldoret, Nakuru, Nairobi, Namanga, Mombasa, Arusha, Moshi, Daressalam), 28 de Winton Road, Tel.: 0414-250412, mobil: 077-2505539, das älteste Unternehmen auf der Uganda – Kenia Strecke stellte Mitte 2012 aus finanziellen Gründen den Betrieb ein, ob und wann er wieder aufgenommen wird ist zzt. unklar.
- **Gateway** (Verbindung von Kampala nach Nairobi, 20.000 USh), 19 Wilson Road, Tel.: 0414-250930, mobil: 077-2563587, gatewaycoaches@yahoo.com. Eines der größten Busunternehmen der Region.
- **Jaguar** (Verbindung von Kampala nach Kigali und Nairobi), Tel.: 0414-251855. Die Busse sind in Ordnung, erkundigen Sie sich aber vorher, welcher Bus eingesetzt wird. Einige Busse haben DVD an Bord.
- **Kampala Coach** (Verbindung von Kampala nach Nairobi, Mombasa, Daressalam, Juba) Jinja Road, Tel.: 0312-370307, 0773-329242, kampalacoach@yahoo.com. Neues Unternehmen, das den alteingesessenen kenianischen Busunternehmen erfolgreich Konkurrenz macht.
- **Queens Coach**, Oasis Mall, Lower Ground, FB 4, Yusuf Lule Road. Kampala, Tel.: 256773002010, 256713002010, queenscoach@gmail.com, www.queenscoach.com. Von Kampala nach Nairobi, Eldoret, Nakuru.
- **Tawig** (Verbindung von Kampala nach Kenia und Tansania), 10 Makay Road, Tel.: 041-256862/3. Busse starten um 15 Uhr, u. a. nach Nairobi, Kisumu, Nakuru, Arusha, Dar-es-saalam.
- **Scandinavian** (Verbindung von Kampala nach Nairobi, Arusha, Moshi, Daressalam, Lusaka), 8 Colville Street, Tel.: 0312-260409, mobil: 077-2377174. Tickets nach Nairobi kosten 50.000 USh (ca. 23 €), nach Arusha/Moshi 80.000 USh und nach Daressalam 120.000 USh. Zurzeit bestes Linienbusunternehmen. Relativ neue Busse, DVD an Bord. www.scandinaviagroup.com

Eine interessante Internetseite mit Busfahrplänen und Fahrpreisen: www.traveluganda.co.ug/businfo.asp.

C

Camping

Die Infrastruktur für Camping in Uganda wird von Jahr zu Jahr besser. Mittlerweile gibt es eine ganze Reihe von Campingplätzen, auch wenn diese nicht immer nach europäischen Maßstäben eingerichtet sind. Die sanitären Einrichtungen sind oft nur mangelhaft oder fehlen auch mal ganz. Eine grandiose Natur entschädigt jedoch meist für die jeweiligen Unzu-

Trockenes Flussbett in Norduganda

länglichkeiten auf diesen Campingplätzen. Informieren Sie sich vor einer Tour nach den Möglichkeiten, die diese Plätze bieten und planen Sie ihre Reise dementsprechend. In Kampala gibt es einige Geschäfte mit entsprechendem Camping-Zubehör, von der portablen Dusche über einen Benzin- oder Gaskocher bis hin zum Zelt.

Campingplätze finden Sie unter dem jeweiligen Ort in Regionale Reisetipps.

Tipps

- *Versuchen Sie immer den Campingplatz bis zum späten Nachmittag zu erreichen, da es in Afrika immer sehr früh und vor allem sehr schnell dunkel wird.*
- *Stellen Sie Ihr Zelt nie in einem trockenen Flussbett auf, denn dort könnte durch Regen schnell wieder ein reißender Fluss entstehen.*
- *Achten Sie besonders nachts auf Tiere in der Umgebung und deponieren Sie Lebensmittel an einem sicheren Ort.*
- *Vergewissern Sie sich immer, dass Ihr Lagerfeuer vollständig gelöscht ist.*
- *Halten Sie beim Schlafen Ihr Zelt immer verschlossen.*

Camper/Wohnmobile

Uganda ist kein klassisches Camperland wie Südafrika oder Namibia. Bisher konnte sich keine wirkliche Infrastruktur für Camper herausbilden. Zurzeit gibt es daher noch keine Vermieter von Wohnmobilen.

E

Einkaufen

Ein Warenangebot für das tägliche Leben, wie Lebensmittel und einfache Konsumgüter, ist in den meisten Orten der beiden Länder ausreichend vorhanden. Darüber hinaus erhalten Sie weitere Dinge in den Supermärkten der größeren Städte. Auf den täglich stattfindenden Märkten aller Ortschaften gibt es immer eine Auswahl frischer Obst- und Gemüsesorten zu kaufen sowie Eier und Fleisch (Vorsicht wegen der Hygiene!). In Orten mit Tourismuspotential können auf diesen Märkten zum Teil auch Handwerkskunst und Souvenirs erstanden werden.

Seit der Rückkehr der Touristen entwickelte sich die Einkaufskultur für sogenannte Souvenirs mehr und mehr. In beiden Ländern gibt es mittlerweile etliche, meist von Frauen geführte Kooperativen, die sich mit der Herstellung von traditionellen und modernem Kunsthandwerk beschäftigen. Dazu gehören unter anderem Kalebassen, Korbflechtereien, Tonarbeiten, Baumwolltücher, Trommeln, Halsketten und Speere. Die Holzschnitzereien in Uganda kommen jedoch noch größtenteils aus Kenia, in Ruanda zudem auch aus dem Kongo.

In den Geschäften gelten Festpreise. Auf den Märkten gilt das auch für einen Großteil der Lebensmittel. Bei allen anderen Waren sollten Sie handeln, besonders bei den Souvenirs.

Hinweis
Kaufen Sie keine Teile von bedrohten Tieren (z. B. Elfenbein, Felle, Schildpatt und Jagdtrophäen). Helfen Sie so durch Ihr Verhalten, die vom Aussterben bedrohten Tierarten besser zu schützen. Alle bedrohten Tier- und Pflanzenarten unterliegen einer interna-

tionalen Kontrolle. Die Ausfuhr aus Uganda/Ruanda genauso wie die Einfuhr nach Europa ist unter Strafe verboten.

Einreise

Besucher aus EU-Ländern und der Schweiz benötigen für die Einreise nach Uganda ein Visum. Dieses bekommen Sie entweder bei der Botschaft der Republik Uganda in Ihrem Heimatland (über Online-Form, zzt. 38 €) oder bei der Einreise direkt am Flughafen und verschiedenen Grenzübergängen. Es wird empfohlen, sich das Visum vorab zu besorgen. Ein Touristen-Visum kostet vor Ort 50 US$, ein Visum zur mehrfachen Einreise (*multiple entry*) oder für einen längeren Aufenthalt kann vor Ort nicht ausgestellt werden. Das Visum ist bis zu drei Monate gültig. Da sich die Visavorschriften jederzeit ändern können, informieren Sie sich bitte vor der Abreise unter www.auswaertiges-amt.de und www.ugandaembassyberlin.de.

Der Reisepass muss bei Einreise noch mindestens sechs Monate gültig sein und noch mindestens eine freie (leere!) Seite enthalten. Die Erteilung des Visums vor Ort geht in der Regel schnell und unkompliziert. Es ist nur eine normale Einreisekarte (*Arrival Declaration*) auszufüllen, kein gesondertes Visa-Formular.

> **!!! Wichtig**
>
> *Bitte beachten Sie auch die Hinweise zu den Impfvorschriften, s. Gesundheit*

Falls Sie Ihr Visum schon in Europa beantragen möchten, dann wenden Sie sich bitte an die Botschaft Ugandas. Sie können das Formular auf der Internetseite der Botschaft online beantragen. Das ausgefüllte Formular schicken Sie bitte mit einem adressierten Rückumschlag, einem Passfoto, Ihrem Reisepass (hier muss er noch mind. 3 Monate ab Einreisedatum gültig sein) und der Bestätigung der Banküberweisung als Einschreiben an die Botschaft.

Visa-Kosten bei der Botschaft in Deutschland:

Single Entry Visum (einmalige Einreise innerhalb 3 Monate) ...... 38 €
Student Single Entry Visum (für 3 Monate)* .... 28 €
Zuschlag für **Express-Bearbeitung** pro Visum .... 50 €

**) = Das ermäßigte Studentenvisum gilt nur für Schüler und Studenten, die beabsichtigen in Uganda zu studieren. Das Visum gilt zunächst für 3 Monate. Studenten in Uganda erhalten bei ihrer Einreise vom Immigration Department einen Studentenausweis, der für ein Jahr gilt und darüber hinaus verlängert werden kann.*

Hinweis!
Die Konsulate der Republik Uganda sind nicht mehr berechtigt Visa auszustellen.

Für kommerzielle Filmaufnahmen benötigen Sie neben dem Visum eine Drehgenehmigung. Diese erhalten Sie beim **Department of Information and Broadcasting**, Office of the President, P.O. Box 7168, Kampala, Tel.: 0414-345057 / 342316 / 254461, Fax: 0414-256888 / 342259.

Sollten Sie noch Fragen zu Einwanderungsbestimmungen nach Uganda haben, so bekommen Sie weitere Informationen unter: www.immigration.go.ug/.

Elektrizität

Die Stromspannung beträgt in Uganda 240V (Wechselstrom). In der Regel werden Sie in Uganda britische Dreipolstecker vorfinden. In diese passen zwar die in Deutschland üblichen schmalen, zweipoligen Stecker, wenn Sie den Pol der „Kindersicherung" mit einem spitzen Gegenstand nach innen drücken und entsichern („Kindersicherung" steht nicht unter Strom!), die runden zweipoligen Schuko-Stecker passen hingegen nicht! In guten Hotels gibt es zudem zweipolige Steckdosen mit 110V für Rasierapparate. Nehmen Sie daher besser Adapter für britische Steckdosen bzw. einen Weltreiseadapter mit auf Ihre Reise. In Uganda sind Adapter für Steckdosen nur in einigen Geschäften in Kampala zu bekommen.

Denken Sie bitte daran, dass es in Uganda immer wieder zu Stromausfällen kommen kann. Nehmen Sie daher immer auch eine Taschenlampe mit.

Essen & Trinken

Das traditionelle Essen in Uganda hat im letzten Jahrhundert einige Bereicherungen erfahren. Vor allem die indischen und europäischen Einwanderer brachten mit ihrer Esskultur neue Einflüsse mit nach Ostafrika. So finden sich heute in Restaurants und auf den Tellern vor allem der städtischen Bevölkerung neben den traditionellen Gerichten auch Curry und Reis sowie Steak, Weißkohl und Pommes Frites. In den größeren Städten hat sogar bereits Fast Food in Form von Hamburgern Einzug gehalten, auch wenn die internationalen Fast-Food-Ketten hier noch fehlen. Fast Food im Sinne von „schnellem Essen" hat es aber auch schon vor dem Siegeszug des Hamburgers gegeben. An stark frequentierten Stellen (Straßen, Märkte) gab es schon immer den Verkauf von gebratenen Spießen, Maiskolben oder Eiern. Heutzutage findet man in den kleinen Straßenrestaurants auch indisch geprägtes „Fast Food", wie die *Samosas* (frittierte Teigtaschen mit Füllung) und *Chapati* (Fladenbrot).

Der europäische Reisende findet in den gehobenen Restaurants und Hotels heute eine große Auswahl internationaler Speisen. In Kampala gibt es sogar zahlreiche Restaurants mit unterschiedlicher internationaler Küche, darunter chinesisch, italienisch, äthiopisch oder libanesisch. Typisches ugandisches Essen bekommen Sie meist nur in den kleineren oder nicht-touristischen Restaurants.

Speisen in der Natur

Nationalgerichte in Uganda

Wenn Sie in Uganda unterwegs sind, sollten Sie es nicht versäumen, auch mal die heimische Küche zu probieren. Das Nationalgericht ist *Matooke*. Dieser recht feste Brei aus Kochbananen wird mit einer Soße aus verschiedenen Gemüsen (Möhren, Süßkartoffeln, Maniok, etc.) und Fleisch (Rind, Schwein, Ziege, Huhn) serviert. Fleisch ist recht beliebt in Uganda, aber für weite Teile der Bevölkerung relativ teuer. Vor allem gibt es mageres Fleisch von Hühnern, die meist kaum Fleisch an ihren Knochen haben. Auch Fisch als Nahrungsmittel spielt dank der vielen Seen eine große Rolle. Am häufigsten wird *Tilapia* und *Nilbarsch* gegessen, letzterer in Deutschland unter der Bezeichnung „Viktoria-Barsch" im Handel. Damit Sie sich besser zurechtfinden, sind hier einige der gängigsten Speisen kurz erklärt.

- **Lumonde** (Sweet Potatoes): Süßkartoffel wird gekocht, manchmal auch als Püree zubereitet.
- **Matoke**: Zu einem festen Brei zerdrückte Kochbananen.
- **Muwogo** (Cassava): Wurzeln von der gleichnamigen Pflanze (Ihnen vielleicht als Maniok bekannt). Wird gekocht oder frittiert und dann gestückelt oder auch als Püree serviert.
- **Mayunni** (Yams): Wurzel der gleichnamigen Pflanze. Sie wird als Ganzes oder in großen Stücken in Wasser gekocht.
- **Nakati**: Eine Art Mangold. Wird gekocht und als Beilage gereicht.
- **Obulo**: Fester Hirsebrei. Die Hirse wird gestampft und dann mit Wasser zu einem festen Brei gekocht. Wird hauptsächlich im Westen Ugandas gegessen.
- **Omugoyo**: Süßkartoffelpüree mit Bohnen.
- **Posho**: Fester Maisbrei. Die Maiskörner werden getrocknet und dann gestampft, um eine Art Maismehl zu bekommen. Das Maismehl wird mit Wasser zu einem festen Brei gekocht.
- **Irish Potatoes**: Dies bezeichnet die normalen Kartoffeln. Gekocht oder als Pommes Frites.

Getränke

Wie überall in den Tropen sollten Sie daran denken, ausreichend Flüssigkeit zu sich zu nehmen. Bedenken Sie bitte, dass das Leitungswasser in Uganda nicht unserem Trinkwasserstandard entspricht. Trinken Sie daher am besten abgepacktes Mineralwasser, das es landesweit in jedem Geschäft in unterschiedlichen Flaschengrößen zu kaufen gibt.

Traditionell trinkt man in Uganda Wasser, Milch oder selbst gebrautes Bier. Aber auch Tee und Kaffee sind mittlerweile beliebte Getränke Zudem gibt es in Uganda das gängige Sortiment an international üblichen Getränken.

- **Bier**
- **Nile Breweries**, die 1951 gegründete Brauerei gehört heute zum internationalen SAB Miller Braukonzern. Hier werden folgende Biersorten gebraut: Nile Special, Nile Gold, Club, Castle Lager, Eagle Lager und Eagle Extra (www.nilebreweries.com).
- **Uganda Breweries**, die 1946 gegründete Brauerei ist ein Tochterunternehmen der East Africa Breweries und stellt die Marken Bell Lager, Pilsner Lager, Senator und Tusker her (www.eabl.com).

- **Parambot Breweries**, neue Brauerei in Kampala mit der Marke Moonberg (www.moonberg.com).

- **Fruchtsäfte**

Frische Säfte gibt es das ganze Jahr über. Je nach Jahreszeit variiert das Angebot. Abgepackte Fruchtsäfte gibt es in den großen Supermärkten, bis auf die Marke „Splash" sind diese allerdings Importe, meistens aus Südafrika.

- **Softdrinks**

Es gibt die gängigen internationalen Softdrinks, darunter Coca-Cola, Fanta (Orange, Lemon), Sprite, Stoney-Tanguzi (Limonade). Unter der Marke Krest bekommen Sie Bitter Lemon und Tonic Water. Von der Firma Pepsi-Cola gibt es zudem die Marke Mirinda (Orange, Fruity, Lemon).

- **Wein**

In der Regel kommt der Wein, der Ihnen in Uganda angeboten wird, aus Südafrika. Nur hin und wieder wird auch Wein aus Europa angeboten. Neben den großen Hotels bieten auch die großen Supermärkte eine Auswahl an Weinsorten an. In Uganda selber wird nur Fruchtwein hergestellt, darunter ist. Ananaswein sehr populär.

- **Spirituosen**

Die gängigen internationalen Spirituosen gibt es in den großen Hotels sowie in den großen Supermärkten zu kaufen. Es gibt auch einige in Uganda hergestellte Spirituosen. Ein Teil davon wird in kleinen Mengen in „Plastiktüten" (ähnlich unserer Milchtüten, nur kleiner) vertrieben. Dadurch werden die teuren Glasflaschen eingespart und der Alkohol kann billiger angeboten werden. Die „Tüten" enthalten meist 100 ml. Am beliebtesten sind Whiskey und Waragi (Enguli), ein Gin aus Bananen.

- **Lokale Getränke**

- **Malwa**: Hirsebier. Die Hirse wird auf einem Blech über dem Feuer etwas geröstet, dann in einem Gefäß mit Wasser angesetzt und bis zum Gären stehen gelassen.
- **Tonto** (Mwengebigire): Bananenbier
- **Munanansi**: Ein Ananas-Getränk, mit oder ohne Alkohol. Die Ananas wird mit Zucker, Ingwer und Tee (vor der Einführung des Schwarzen Tees wurde „Gartentee" genommen, eine eigene Teekreation aus Blättern des Gartens) ca. 30 Minuten in Wasser gekocht. Dann kommt das Ganze in einen großen sauberen Behälter, um es abzukühlen. Anschließend wird die Flüssigkeit gefiltert. Nach dem Abkühlen kann man das Getränk bereits trinken. Für die Version mit Alkohol lässt man es noch einige Tage gären.

F

Feiertage

Feste Feiertage:

1.1.	New Year's Day (Neujahr)
26.1.	Liberation Day (Tag des Sieges der *NRM*)
8.3.	Women's Day
1.5.	Labour Day (Tag der Arbeit)
3.6.	Martyrer's Day
9.6.	National Hero's Day
9.10.	Independence Day
25.12.	Christmas Day
26.12.	Christmas (Boxing Day)

Variable Feiertage:

Good Friday (Karfreitag)
Easter Monday (Ostermontag)
Whit Monday (Pfingstmontag)
Idd-el-Fitre (Ende des Ramadan)
Iddi-Adhuha (Vertreibung Mohammeds aus Mekka)

An Feiertagen sind alle Büros und Banken geschlossen, aber ein Teil der Geschäfte ist geöffnet. Das Bus- und Minibusangebot ist an Feiertagen etwas eingeschränkt.

Die muslimische Fastenzeit (Ramadan) richtet sich nach dem Mond. Die Periode verschiebt sich jedes Jahr um etwa 10 Tage nach vorne. Die voraussichtlichen Daten für den Ramadan in den folgenden Jahren:

09. Juli bis 8. August 2013 — 28. Juni bis 28. Juli 2014 — 17. Juni bis 17. Juli 2015

Flüge und Flughäfen

Uganda wird zzt. leider nicht direkt von Deutschland aus angeflogen. Nach Entebbe, dem internationalen Flughafen 45 km südwestlich der Hauptstadt Kampala, gibt es jedoch zahlreiche Alternativen mit verschiedenen Fluglinien. Die Preise liegen je nach Saison und Fluglinie bei 600 bis 900 €. Die ehemalige staatliche Fluglinie Air Uganda ging 1998 pleite. Zehn Jahre später wurde Air Uganda von einer privaten Firma neu gegründet, fliegt jedoch nur regionale Ziele an.

Interkontinentale Flüge

- **British Airways**: Flüge von vielen deutschen Flughäfen über London nach Entebbe, zurzeit Di, Do und So hin sowie Mo, Mi und Fr zurück nach London (www.britishairways.com).
- **Brussels Airlines**: Die heute zur Lufthansa gehörende frühere Sabena fliegt 3 Mal pro Woche (Di, Do, Sa) von Brüssel nach Entebbe (Tagesflug), beim Hinflug mit Stopp in Kigali. Anschlussflüge in Deutschland von sieben

Flughäfen sowie von Basel, Zürich und Wien. An den gleichen Tagen geht es im Nachtflug wieder zurück nach Brüssel (www.brusselsairlines.com) .
- **Egypt Air**: Die zur Star Alliance gehörende nordafrikanische Fluglinie fliegt 4 Mal pro Woche (Di, Do, Sa, So) von Frankfurt über Kairo nach Entebbe. Ankunft am nächsten Tag, an dem es auch wieder zurück nach Kairo und Frankfurt geht (www.egyptair.com).
- **Emirates**: Die Fluglinie der Vereinigten Arabischen Emirate fliegt von mehreren deutschen Flughäfen (Frankfurt, Düsseldorf, Hamburg, München, Stuttgart) über Dubai nach Entebbe: Die Anschlüsse in Dubai sind nicht immer ideal, d. h. Sie müssen etliche Stunden Wartezeit in Kauf nehmen. Direkten Anschluss in Dubai nach Entebbe (über Addis Abeba) bekommen Sie mit dem Nachtflug von Frankfurt, Düsseldorf und München täglich außer Dienstag. Beim Rückflug (tägl.) gibt es zurzeit knapp acht Stunden Aufenthalt (www.emirates.com).
- **Ethiopian Airlines**: Als eine der größten afrikanischen Airlines unterhält Ethiopian täglich von Frankfurt aus eine Verbindung über Addis Abeba nach Entebbe (Ankunft nächster Tag) und zurück. Ein Stoppover in Addis Abeba ist ohne Aufpreis möglich (www.ethiopianairlines.com).
- **KLM/Kenya Airways**: Die niederländische KLM bietet zusammen mit der zum Teil ihr gehörenden Kenya Airways täglich zwei Verbindungen von diversen deutschen Flughäfen über Amsterdam und Nairobi nach Entebbe an (www.klm.com).
- **Qatar Airways:** fliegt 4 Mal pro Woche (Di, Do, Fr, Sa) von Doha nach Entebbe. Anschlussflüge in Deutschland von mehreren Flughäfen sowie von Basel, Zürich und Wien. An den gleichen Tagen geht es auch wieder zurück nach Doha mit Anschluss nach Deutschland (www.qatarairways.com).
- **Swiss**: Die zur Lufthansa gehörende Schweizer Fluglinie fliegt 5 Mal pro Woche (Mo, Di, Mi, Fr, Sa) nach Nairobi. Von dort Anschlussflüge nach Entebbe möglich. Daher eine Alternative für Reisegäste aus der Schweiz und Südwest-Deutschland (www.swiss.com).
- **Turkish Airlines**: Die Star-Alliance Fluglinie fliegt seit 2010 fünfmal wöchentlich von Istanbul nach Entebbe, mit Anschluss zu vielen deutschen Flughäfen (www.turkishairlines.com).

Kontinentalflüge
- **Air Burundi**: Die Airline nahm Ende 2012 mit zwei neuen chinesischen Flugzeugen des Typs Xian MA60 ihren Betrieb wieder auf und verbindet Entebbe (EBB) mit Kigali/Ruanda (KGL) und Bujumbura/Burundi (BJM). Die Flugzeit von EBB nach KGL beträgt ca. eine Stunde. Nach 20 Min. Aufenthalt dann weitere 35 Min. bis BJM. Die Preise: EBB-KGL: 150 US$ Hinflug/ 200 US$ Hin- und Rückflug (ein Monat gültig). EBB-BJM: 195 US$ Hinflug/ 300 US$ Hin- und Rückflug (ein Monat gültig). Preise zzgl. Steuern.
- **Air Tanzania**: Die 2007 wieder verstaatlichte Air Tanzania musste 2008 den Flugbetrieb einstellen und versucht sich zurzeit in einem Neuanfang. Geplant sind Flüge mehrmals die Woche zwischen Daressalam und Entebbe, ggf. mit Zwischenlandung auf dem Kilimanjaro International Airport (Arusha/Moshi).
- **Air Uganda**: Die neugegründete Airline verbindet Entebbe (EBB) mit Nairobi

(2 mal Tägl.), Juba (tägl.), Daressalam (Mo,Mi,Fr,So) mit Weiterflug nach Zansibar (Mo,Fr) und Mombasa (Di,Do,So). Hin- und Rückflug nach Nairobi ab 140 US$, alle anderen ab 270 US$ (www.air-uganda.com).

- **Ethiopian Airlines**: Als eine der größten afrikanischen Airlines unterhält die Fluglinie täglich eine Verbindung von Addis Abeba, dem Sitz der Afrikanischen Union, nach Entebbe. Von Entebbe über Addis Abeba (ADD) erreichen Sie fast 30 weitere afrikanische Länder.
- **FastJet**: Die Billig-Fluglinie aus Tansania plant ab Ende 2013 Verbindungen von Tansania (Dar.es-Salaam/Kilimanjaro/Mwanza) nach Entebbe. Informationen auf www.fastjet.com.
- **Fly540**: Die Billig-Fluglinie fliegt von Nairobi aus die wichtigsten Städte der Region an. Die Strecke nach Entebbe wurde jedoch 2013 vorübergehend aus dem Flugplan genommen (www.fly540.com).
- **Kenya Airways**: Die Fluglinie des Nachbarn fliegt 4- bis 8-mal am Tag von Nairobi (NBO) nach Entebbe und zurück. Preis je nach Saison ab 270 US$ (www.kenya-airways.com).
- **Rwandair Express**: Die halbstaatliche ruandische Fluggesellschaft verbindet Entebbe mit Kigali dreimal täglich. Die Flüge kosten zurzeit 199 US$ für Hin- und Rückflug (www.rwandair.com).
- **South African Airways**: Die südafrikanische Fluglinie verbindet Entebbe täglich mit Johannesburg. Ein Hin- und Rückflugticket kostet etwa 600 US$ inkl. Steuern (www.flysaa.com).

Inlands-Linienflüge

Die Flughäfen in Uganda haben folgende Kürzel (Drei-Letter-Code): Adjumani (ADJ), Arua (RUA), Entebbe (EBB), Gulu (ULU), Kitgum (KIT), Moyo (MOY), Pader (PAD).

- **Eagle Air**: Die Fluggesellschaft fliegt folgende Routen: Entebbe Arua (EBB-RUA) 6 Mal die Woche, Entebbe-Moyo (EBB-OYG) 3 Mal die Woche, Entebbe-Pader (EBB-PAD) 3 Mal die Woche, Entebbe-Gulu (EBB-ULU) 3 Mal die Woche, zudem Kidepo Valley-Nationalpark Mo. und Fr. sowie bei Bedarf nach Kotido, Nebbi und Murchison-Falls-Nationalpark. Charterflüge sind möglich zu allen offiziellen Landepisten in Uganda und in die Nachbarländer.
- **United Airlines**: Die Fluggesellschaft fliegt folgende Routen: EBB-RUA täglich einmal, ULU-EBB viermal die Woche, ADJ-EBB fünfmal die Woche, RUA-ADJ 4 Mal die Woche, ADJ-ULU 3 Mal die Woche, MOY-ADJ 3 Mal die Woche, RUA-MOY 3 Mal die Woche. Charterflüge sind möglich zu allen offiziellen Landepisten in Uganda und in die Nachbarländer. Nicht zu verwechseln mit der gleichnamigen amerikanischen Airline.

Inlands-Charterflüge

- **Aerostar Travel**, 13 Impala House, Kampala, Tel.: 0414-32008. Fliegt mit Beechcraft-Flugzeugen.
- **Asante Aviation**, Forest Mall, 32 Sports Lane, Kampala, Tel.: 0312-515184, www.flyasante.com. Fliegt mit Cessna-Grand-Caravan-Flugzeugen.
- **Bukasa Air Service**, 38 Ggaba Road, Kampala, Tel.: 0414-323605, Fax: 0414-323604. Fliegt mit Beech 100, 200 und 1.900.

- **Eagle Air**, 11 Portal Avenue, Kampala, Tel.: 0414-320601 oder 344292, Fax: 0414-344501, eagle@swiftuganda.com. Fliegt mit LET 410, PA34 und Cessna 206.
- **Kampala Aeroclub (KAFTC)**, Kajjansi, Tel.: 0414-223680, mobil: 077-706105/6/7 oder 075-690173, Fax: 0414-268900, www.kaftc.com.
- **West Nile Air**, Pan Africa House, Kimathi Avenue, Kampala. Fliegt mit Cessna 404T.

Kidepo Airfield

Flughäfen

Der internationale Flughafen Ugandas liegt in Entebbe, rund 45 km von der Hauptstadt Kampala entfernt. **Entebbe International Airport** wird geführt durch die staatliche Civil Aviation Authority. Tel.: 0312-352020, 0414-321437.
Daneben gibt es 13 kleinere Flughäfen, Aerodrome genannt. Im regelmäßigen Linienverkehr werden angeflogen: Adjumani, Arua, Gulu, Kitgum und Moyo. Fünf der kleinen Flughäfen haben die Genehmigung zur Abwicklung internationaler Flüge, diese können mit Chartermaschinen zum Beispiel von Kenia oder Tansania aus angeflogen werden.

- **Arua Airfield** liegt im Nordosten. Zurzeit verfügt er über eine 1.800 m lange und 30 m Landepiste. Es ist geplant, die Landebahn in naher Zukunft auf 3.500 m auszubauen und zu asphaltieren.
- **Gulu Airfield** liegt im zentralen Norden und wird oft von Hilfsorganisationen genutzt.
- **Kasese Airfield** liegt ideal für den Besuch des Ruwenzori-Gebirges und des Queen-Elizabeth-Nationalparks. Die Landepiste ist 1.750 m lang und soll ebenfalls in naher Zukunft auf 3.000 m ausgebaut werden, um Flugzeugen bis zur Größe einer B737 die Landung zu ermöglichen.
- **Kidepo Airfield** liegt direkt im Kidepo-Valley-Nationapark. Er ist je nach Flugzeugtyp in etwas über einer Stunde von Entebbe aus zu erreichen. Die Graspiste ist 1.380 m lang.
- **Pakuba Airfield** liegt am Murchison-Falls-Nationalpark. Daher gut geeignet für „Fly-in-Safaris“ zum Beispiel in Kombination mit Kenia.

Die weiteren kleinen Flughäfen sind nur für den Inlandsverkehr zugelassen: Jinja, Kisoro, Lira, Masindi, Mbarara, Moroto, Soroti und Tororo.

▶ Fotografieren

Für viele ist das Fotografieren zur Leidenschaft geworden und Uganda wird Ihnen eine Menge interessanter Motive bieten. Bringen Sie aber am besten Ihr Filmmaterial, Kamerabatterien und genügend Speicherkarten mit, da es außerhalb der Hauptstadt schwierig werden kann, adäquaten Ersatz zu bekommen.

Das Fotografieren von militärischen Einrichtungen und Regierungsgebäuden ist in Uganda strengstens verboten. Dazu gehören auch einige Brücken. Fragen Sie lieber, falls Sie sich nicht sicher sind. Auch wenn Sie Menschen fotografieren möchten, fragen Sie bitte vorher und holen Sie sich das Einverständnis dafür. Das gebietet schon allein der Anstand, den jeder Reisende in einem anderen Land wahren sollte. Zudem gibt es ein Gesetz in Uganda, dass das Fotografieren von Personen ohne deren Erlaubnis unter Strafe stellt.

Seit der Einführung des Klatschblattes „Red Pepper", das gerne kompromittierende Bilder von Personen mit entsprechenden (erfundenen) Geschichten garniert, sind viele Menschen, vor allem in Kampala, etwas empfindlicher geworden. Um Ärger zu vermeiden, fotografieren Sie daher nicht in Geschäften, Restaurants, Bars, Discos u.s.w.

INFO Fotografieren und Filmen

Fotoausrüstung

- Eine möglichst robuste, staubsichere Spiegelreflexkamera mit auswechselbaren Objektiven ist ein geeigneter Kameratyp, um gute Aufnahmen zu machen.
- Wenn Sie außer Landschaftsaufnahmen auch Tieraufnahmen machen wollen, dann kann ein 135 mm langes Teleobjektiv Ihnen schon gute Dienste leisten. Ein 200 mm und noch besser ein 400 mm langes Tele erhöht Ihre Erfolgschancen, um auch scheuere und kleinere Tiere auf Ihren Film zu bannen. Mit einer 600 oder 800 mm langen „Kanone" zu operieren, ist schon etwas für Profis mit entsprechender Erfahrung. Der Bildausschnitt und der Schärfebereich sind sehr klein. Vorteilhaft sind auch Zoom-Objektive. In der Kombination von einem 35-70 mm Zoom und einem weiteren von 80-200 mm Zoom können Sie mit nur zwei Objektiven vom Weitwinkel- bis zum Telebereich fotografieren.
- Da Ihnen in Afrika oft genügend Licht zur Verfügung steht und deshalb sehr kurze Belichtungszeiten möglich sind, werden Sie beim Fotografieren aus dem Auto durch Auflegen der Kamera auch mit Tele ohne Stativ auskommen. Sonst genügt in der Regel ein Bruststativ.
- Sonnenblenden verhindern den direkten Einfall des Sonnenlichtes auf die Frontlinse, und sie schränken die nicht immer gewünschten Lichtreflexe ein. Sie gehören zum unbedingt notwendigen Fotozubehör.
- Genauso wichtig ist der Gebrauch von UV-Filtern. Sie schirmen die fotoschädlichen UV-Strahlen ab und haben die günstige Nebenwirkung, dass sie die Frontlinse vor Staub, Regen, Zerkratzen und Beschädigung schützen.
- Zu Ihrer Fotoausrüstung sollte unbedingt ein Blitzlichtgerät gehören. Ideal ist ein Computerblitz, der Ihnen das Rechnen abnimmt.
- Vergessen Sie bitte nicht, Ersatzbatterien/Akkus, Stromadapter, eine große oder mehrere Speicherkarten für Kamera und Blitzlichtgerät in ausreichender Zahl mitzunehmen.

• Falls Sie noch analog fotografieren, nehmen Sie einen ausreichenden Vorrat an Filmen mit. Zwei bis drei Filme pro Safaritag sind sicher nicht zu viel. Es ist ansonsten fraglich, ob Sie die gewünschten Filme noch bekommen (vor allem Dia-Filme).

Filmausrüstung

Verschiedene Formate sind mittlerweile für den interessierten Filmer im Handel. Je höher Ihre Ansprüche in Bezug auf qualifizierte Tierfilme gesteckt sind, desto größer müssten allerdings die Brennweiten der Objektive sein. Entscheidend beim Filmen ist eine feste Unterlage. Mit dem Auflegen auf den Rahmen des Autofensters ist es nicht immer getan. Ein Autostativ und ein weiteres festes Stativ für das Filmen außerhalb des Autos sollten bei der Ausrüstung nicht fehlen.

Tipps

• *Die **besten Chancen** als Tierfotograf oder -filmer haben Sie in den Morgen- und Abendstunden sowie an Wasserstellen.*
• *Die **Fluchtdistanz** in den Nationalparks und Wildreservaten gegenüber einem Auto ist oft erstaunlich gering. Das sollte Sie jedoch nicht verführen, dem Wild zu dicht „auf den Pelz zu rücken". Ihr oberstes Gebot sollte sein, die Tiere nicht zu beunruhigen. Nähern Sie sich ihnen vorsichtig. Ist es nicht auch ein beglückendes Gefühl, ein Foto gemacht und das Tier nicht gestört zu haben? Auch kleinere Aufnahmen von Tieren in ihrem Biotop sind reizvoll. Es brauchen nicht immer Großaufnahmen zu sein.*
• *Seien Sie vorsichtig beim Fotografieren und Filmen von **wehrhaftem Großwild** wie Büffeln und Elefanten. Sichern Sie sich bei einem eventuellen Angriff einen geeigneten Fluchtweg mit dem Auto.*
• *Beim Fotografieren von **Gorillas** ist zu beachten, dass diese meist im schattigen Unterholz angetroffen werden. Dadurch sind lichtempfindliche Filme erforderlich. Blitzlicht ist nicht erlaubt. Hilfreich ist hier ein kleines Tischstativ, das auf den Boden gesetzt werden kann.*
• *Nicht nur Großwild, sondern auch **kleinere Tiere** sind ein Verweilen, Beobachten und eine Aufnahme wert.*
• *Es ist ratsam, Ihre **Kamera zu Hause auszuprobieren**. Lassen Sie die Verschlusszeiten in einem Fotogeschäft vorher noch einmal überprüfen.*
• *Seien Sie auf Safaris stets bereit, denn die Tiere warten nicht, bis Sie z. B. Ihre Kamera ausgepackt, das richtige Objektiv gewählt und die richtigen Einstellungen vorgenommen haben. Oft sind es nur Sekunden, die Ihnen vielleicht ein Leopard für einen Schnappschuss Zeit lässt.*
• ***Protzen** Sie nicht mit Ihrer Kameraausrüstung. Sie kann sehr leicht ein begehrtes Diebesgut werden. Verschließen Sie sie bei Nichtgebrauch stets sicher.*
• ***Schützen** Sie Ihre Kamera- oder (und) Filmausrüstung vor Stoß, Staub und Hitze.*
• *Die Mitnahme einer **zweiten kleinen Kamera** für Schnappschüsse, hat sich bewährt.*

Frauen allein reisend

Das Reisen für Frauen alleine oder in einer kleinen Frauengruppe ist in Uganda und Ruanda problemlos möglich. Beide Länder gelten als recht sicher, bis auf die üblichen Sicherheitsvorkehrungen, die für beiderlei Geschlecht gelten, wie Vorsicht vor Taschendieben oder vorsichtiges Reisen bei Nacht. Auf einer Reise durch Ostafrika sollte angemessene Kleidung selbstverständlich sein, d. h. Hosen und Röcke mindestens bis zum Knie und nicht „oben ohne". Allein reisende Frauen werden sicher hier und da von Männern angesprochen, jedoch lange nicht vergleichbar mit dem, was Frauen in Nordafrika manchmal erleben. Generell sind ugandische und ruandische Männer europäischen Frauen gegenüber sehr höflich. Sollte sich doch mal ein Mann etwas „aufdrängen", dann hilft es sicher, sehr selbstbewusst aufzutreten.

Im Gegensatz zum Nachbarland Kenia gelten die beiden Länder Uganda und Ruanda nicht als Hochburg für „Sextouristinnen". Der Umgang zwischen einer ausländischen Frau und einem einheimischen Mann ist daher etwas ungezwungener. Sollten Sie sich als Frau auf Ihrer Reise mit einem afrikanischen Mann einlassen, bedenken Sie bitte die kulturellen und materiellen Unterschiede.

Bislang habe ich von Frauen, die alleine in Uganda oder Ruanda unterwegs waren, nur Positives vernommen. Alle kamen begeistert mit einer Fülle von neuen, interessanten und schönen Eindrücken von ihren Reisen zurück.

Kunstvoll: Marktstand in Kampala

Fremdenverkehrsbüro

Weder Uganda noch Ruanda unterhalten ein Fremdenverkehrsbüro in Deutschland oder unseren Nachbarländern. Informationen über die beiden Länder können Sie über das Internet bekommen (sehen Sie unter: *Internetadressen*), für Uganda beim Konsulat in München (sehen Sie unter: *Adressen*) und bei den Reiseveranstaltern. Wenn Sie die Möglichkeit haben, Anfang März die ITB (Internationale Tourismusbörse) in Berlin zu besuchen, können Sie sich direkt an den Messeständen der beiden Länder informieren.

Gesundheit

Reisen in die Tropen sind immer auch verbunden mit Gesundheitsrisiken. Für beide Länder sind wichtige Gesundheitsbestimmungen und Impfvorschriften zu beachten:

Malaria

Malaria wird durch einen Erreger aus der Gruppe der Plasmodien ausgelöst. Dieser wird von weiblichen Anopheles-Mücken durch einen Stich übertragen. Diese Mückenart ist nur in der Dämmerung unterwegs (etwa 18 bis 5 Uhr). Als Überträger muss sie erst einmal eine Person stechen, die den Malariaerreger in sich trägt, um den Erreger aufzunehmen und ihn weitergeben zu können. Der beste Schutz vor Malaria ist daher die Verhinderung von Stichen. Ziehen Sie in den Abendstunden immer langärmlige Baumwollkleidung an. Nutzen Sie in Ihrem Zimmer ein Moskitonetz (falls vorhanden), reiben Sie sich mit Mückenschutzmitteln ein (z. B. Autan oder NoBite) oder/und benutzen Sie Mückenabwehrmittel wie abbrennbare Spiralen oder die „Mückenplättchen", die auf einem elektrisch beheizten Feld verdampfen. Erkundigen Sie sich auch über die Gebiete, in denen Malaria auftritt. Nicht in allen Gegenden Ostafrikas kommt die Malaria vor, was vor allem am Klima liegt (der Malaria-Erreger braucht eine Mindesttemperatur zum Überleben). Generell lässt sich sagen, je höher ein Gebiet liegt, desto geringer ist die Möglichkeit einer Malaria-Übertragung. In Ostafrika fängt die malariafreie Zone ab etwa 1.200 bis 1.600 m.

Immer mehr Tropenärzte empfehlen mittlerweile keine generelle Malaria-Prophylaxe mehr. Durch den übermäßigen Gebrauch der Malaria-Medikamente sind leider in den letzten Jahren immer mehr Resistenzen entstanden. Bei Reisen in Gebiete jenseits von 1.600 m und bei Übernachtungen in Moskito-geschützten Unterkünften (Moskitonetzen) wird häufig empfohlen, die Malaria-Medikamente „stand-by" mitzunehmen, das heißt erst einzunehmen, wenn sich die klassischen Symptome der Malaria, wie Fieber, Schüttelfrost, Gliederschmerzen, Schwindel und Übelkeit, zeigen (und kein Arzt in der Nähe ist). Dann müssen Sie allerdings mehrere Tabletten auf einmal nehmen. Im Endeffekt liegt die Entscheidung über eine Medikamenten-Prophylaxe oder die „Stand-by"-Mitnahme von Malariamitteln in der eigenen Verantwortung und ist von jedem Reisenden persönlich für sich zu entscheiden.

Zur Prophylaxe oder „Stand-by" eignen sich zurzeit für Ostafrika folgende Medikamente: Lariam, Malorone und Riamet. Ein weiteres, in Deutschland zurzeit nicht zugelassenes Medikament ist Demal 200 (zu beziehen über die www.blueturtlegroup.com). Lesen Sie dazu ausführlich den jeweiligen Beipackzettel. Auf jeden Fall sollte bei Verdacht auf Malaria so bald wie möglich ein Arzt konsultiert werden.

Sollten Sie die Symptome erst in Europa bekommen, machen Sie Ihren Hausarzt darauf aufmerksam, dass Sie in den Tropen waren!

Einnahme der Medikamente zur Prophylaxe mindestens eine Woche vor Reisebeginn, und auch über das Reiseende hinaus müssen die Medikamente noch eine gewisse Zeit eingenommen werden (bis zu 4-6 Wochen). Weitere Hinweise zu der Prophylaxe erhalten Sie bei folgenden **Tropeninstituten**:

- **Berlin**: Tel.: 030-301166
- **Düsseldorf**: Tel.: 0211-8117031, -8116800
- **Hamburg**: Tel.: 0900 1234 999 (gebührenpflichtig), www.tropenmedizin.net
- **München**: Tel.: 089- 2180 13500, www.fitfortravel.de
- **Rostock**: Tel.: 0381-4947511

AIDS

Die Immunschwächekrankheit AIDS ist in Afrika weit verbreitet und Uganda gehörte in den 1980er- und 1990er-Jahren zu den Brennpunktgebieten. Mittlerweile hat sich im Bereich Neuansteckung viel getan und die Rate konnte beeindruckend weit nach unten gedrückt werden. Trotzdem ist der Anteil der mit dem HI-Virus angesteckten Menschen in Uganda im Vergleich zu Europa sehr hoch. Es wird daher dringend geraten, bei jedem Geschlechtsverkehr alle nötigen Schutzmaßnahmen zu ergreifen. Ebenfalls als prophylaktische Maßnahme hat sich die Mitnahme von Einmalspritzen bewährt, falls Sie in einem Ort behandelt werden müssen, an dem es keine ungebrauchten Spritzen gibt.

Bilharziose

Diese Krankheit wird durch *Schistosoma* verursacht, kleinste Lebewesen (Saugwürmer), die in ruhigem oder sehr langsam fließendem Süßwasser leben. Ein Großteil der Seen in Uganda und Ruanda ist davon betroffen. Beim Aufenthalt im Wasser dringen diese in die Haut ein und von dort gelangen sie über die Blutbahn in die Leber. Anschließend verbreiten sie sich über die großen Blutgefäße im Körper und befallen vor allem Leber, Harnblase, Darm, und Lunge. Ihre Eier werden mit dem Stuhl oder Urin wieder ausgeschieden.

Die Symptome der Bilharziose sind ein juckender Hautausschlag an der Eintrittsstelle der Larven, eine akute, fieberhafte Erkrankung als Folge der ersten Eiablage sowie die chronische Erkrankung mit Symptomen, die den befallenen Organen entsprechen. Die Diagnose erfolgt in erster Linie durch Nachweis der Eier im Stuhl oder Urin. Eine erfolgreiche medikamentöse Behandlung ist möglich, allerdings kann diese die bereits entstandenen Schäden an den Organen, die von den Tieren verursacht wurden, nicht mehr rückgängig machen.

Daher vermeiden Sie das Baden in Seen, solange Sie nicht sicher sind, dass diese frei von Bilharziose sind. Als bilharziosefrei gelten u.a. der Kivu-See, der Bunyonyi-See und weitere sodahaltige Kraterseen. Auch die meisten Bergseen am Mt. Elgon und im Ruwenzori-Gebirge gelten als bilharziosefrei. Vermeiden Sie es dagegen in den großen Seen wie dem Viktoria-, dem Edward- und dem Albert-See zu baden.

Gelbfieber

Diese Viruserkrankung wird ebenfalls durch Stechmücken übertragen, in diesem Fall durch die Gattung *Aedes*. Es gibt seit Jahren eine wirksame Schutzimpfung, die allerdings nur in speziellen Impfzentren (meist Unikliniken) zu bekommen ist. Die Dauer des

Schutzes beträgt 10 Jahre. Viele Länder verlangen einen Nachweis der Impfung, wenn Sie aus einem Land einreisen, das zu den Gelbfiebergebieten zählt. Laut Gesetz gilt dies auch für Uganda und Ruanda. Allerdings zeigen unsere Erfahrungen, dass bei der Einreise europäischer Touristen in beiden Ländern nicht danach gefragt wird. Darauf sollte man sich aber nicht verlassen.
Weitere Infos erhalten Sie bei den Tropeninstituten (s. Vorseite) oder auf der Website der Weltgesundheitsorganisation: www.who.int.

Meningokokken-Meningitis (Hirnhautentzündung)

Die Meningokokken-Meningitis kommt meist nur lokal oder regional vor, besonders in den semiariden Zonen während der Trockenzeit. 2006 waren in Uganda zwei Distrikte betroffen, Nakapiripirit und Moroto. Die Region liegt im Nordosten von Uganda. Dabei handelte es sich Meningokokken der Serogruppe A. Bei Reisen in diese Gebiete wird eine Schutzimpfung, mindestens zwei Wochen vor Reiseantritt, empfohlen. Für die Meningokokken-Meningitis der Formen A, C, Y, W-135 gibt es Impfstoffe, die gut wirksam sind und kaum Risiken bergen. Die Schutzwirkung der in Deutschland zugelassenen Impfstoffe beträgt zwei bis drei Jahre. Die Impfungen sind meistens gut verträglich und die Wirksamkeit liegt bei 90 %. Impfungen sollen und können auch in einer Epidemiesituation durchgeführt werden, wobei erst bei einer deutlichen und raschen Zunahme von Krankheitsfällen in der unmittelbaren Umgebung eine Impfung sinnvoll ist.

Eine Prophylaxe mit Medikamenten, die sich gegen diese Meningokokken richten (z.B. Rifampicin = Antibiotikum) ist möglich und kann für einen direkt Betroffenen die Zeit bis zur Wirksamkeit der Impfung überbrücken.

Hinweis

Wer an einem Ausflug zur Schimpansen-Insel Ngamba Island interessiert ist und dort an einem Spaziergang mit Schimpansen teilnehmen möchte, benötigt umfangreiche Impfungen, die bei der Anmeldung nachgewiesen werden müssen.
Folgende Impfungen für den Schimpansen-Spaziergang sind Pflicht:
Hepatitis A und B, Masern (Impfnachweis oder Bluttestresultat über Antikörper), Meningokokken-Meningitis (gegen A, C, W, Y), Polio, Tetanus, Gelbfieber und ein negativer Tuberkulose-Test (TB). Alle Impfungen müssen mindestens zwei Wochen alt sein.
Dies gilt nur für eine Teilnahme an dem Schimpansen-Spaziergang. Ansonsten kann die Insel ohne jeglichen Impfnachweis besucht werden!

Schlafkrankheit

Um die Schlafkrankheit ist es in den letzten Jahren immer ruhiger geworden. Das liegt zum einen an der erfolgreichen Eindämmung, aber vielleicht auch daran, dass sie durch gute Behandlungsmethoden ihren Schrecken verloren hat. Die Schlafkrankheit wird durch einige Arten der Tsetse-Fliege übertragen. Diese Fliege sieht etwa so aus wie unsere heimische Bremse.

Die Tsetse-Fliege liebt ein trockenes warmes Klima, weswegen sie nur in den heißen Savannengebieten vorkommt. Ihr Stich ist schmerzhaft, und sie kann selbst durch dicken Jeansstoff hindurch stechen. Daher hilft beim Durchfahren eines Tsetse-Fliegen-Gebietes nur, die Fenster zu schließen. Die oftmals empfohlene helle Kleidung hilft nach unserer Erfahrung nicht wirklich, um die Fliegen fern zu halten.

Um die Tiere zu töten, müssen Sie beherzt zuschlagen, da die Tiere sehr robust sind (es muss „knacken").

Impfungen

Die Gesundheitsvorsorge liegt im Verantwortungsbereich eines jeden Reisenden. Impfungen helfen Ihnen, mit einem guten Gefühl zu reisen und schützen Sie ganz konkret vor der Ansteckung bestimmter Krankheiten. Impfungen, die generell empfohlen werden:

- Hepatitis A und B, Polio, Tetanus

Zur **Einreise nach Uganda** sind keine Impfungen zwingend vorgeschrieben, mit Ausnahme einer Gelbfieber-Impfung. Allerdings scheint die rechtliche Situation nicht ganz klar zu sein. Laut Auskunft der Botschaft Ugandas in Deutschland ist es theoretisch Gesetz, praktisch wird es aber nicht kontrolliert. Das deckt sich auch mit unseren Erfahrungen.

Für die **Einreise nach Ruanda** sind keine Impfungen vorgeschrieben. Generell ist eine **Gelbfieber-Impfung** für Reisen nach Uganda und Ruanda zu empfehlen, wenn Sie aus einem Gelbfieber-Epidemiegebiet in die beiden Länder einreisen (Informationen hierzu unter: www.who.int). Dann kann eine entsprechende Impfbescheinigung verlangt werden.

REISEAPOTHEKE

a. Grundausstattung

2	Verbandspäckchen, steril
1	Dreiecktuch
1 Rolle	Heftpflaster
0,5 m	Pflasterschnellverband
1	Folienrettungsdecke
1	Schere (entfällt ggf., wenn Taschenmesser vorhanden)
1	kleine Splitterpinzette (spitz, auch zum Entfernen von Zecken)
10 Tabletten	Schmerz-/Fiebermittel (z.B. Ibuprofen®, Novalgin®, Paracetamol®)
6 Tabletten	Magen/Darm/Übelkeit (z.B. MCP ratiopharm®)
10 Tabletten	Durchfall (z.B. Imodium® akut)
1 Fläschchen	Wunddesinfektionsmittel (z.B. Kodan®, Betaisodona®)
1	Sonnenschutz (Lippen!) mit hohem Lichtschutzfaktor (z.B. Anthélios®)
1	SamSplint® (Schiene)
2	Schutzhandschuhe (Vinyl oder Latex)

b. Erweiterte Ausstattung

1	Elastische Binde, 8 cm breit
1 Tube	Augensalbe (Bepanthen-Augensalbe®)
1 Tube	Universalheilsalbe (z.B. Bepanthen®, Panthenol®)
1 Päckchen	Second Skin® oder Compeed® (Druckstellen/Blasen an Füßen)
1 Paar	sterile Handschuhe (für Hilfe, wenn jemand anders verletzt ist ... AIDS!)

▶ Grenzübergänge

Die Grenzübergänge sind in der Regel von 6-18 Uhr für die Reisenden geöffnet. Die Hauptgrenzposten nach Kenia (Malaba und Busia) haben etwas längere Öffnungszeiten (bis 20 Uhr). Folgende Grenzübergänge sind für Reisende nach oder von Uganda aus geöffnet:

Von und nach Kenia (von Süd nach Nord):
Busia (Strecke über Kisumu nach Nairobi)
Malaba (Strecke über Eldoret nach Nairobi)
Lwakhakha (südlich des Mt. Elgon)
Suam (nördlich des Mt. Elgon)
Alle anderen Grenzübergänge zwischen den beiden Ländern weiter nördlich sind nicht auf ausländische Reisende eingestellt und zudem schwer erreichbar.

Hinweis
Von Reisen in die Region Karamoja im Nordosten an der Grenze zu Kenia (Distrikte Kaabong, Kotido, Moroto, Nakapiripirit) wird vom Auswärtigen Amt abgeraten, da dort Überfälle nicht ausgeschlossen werden können. Ein Besuch des Kidepo-Nationalparks ist möglich, wenn man mit dem Flugzeug anreist (wird von den Reiseveranstaltern angeboten).

Von und nach Tansania (von West nach Ost):
Kikagati (von Mbarara über Gayaza)
Mutukula (von Masaka über Kalisizo)

Von und nach Ruanda:
Kagitumba (von Mbarara über Ntungamo)
Katuna (Strecke Kabale – Kigali)
Cyanika (Strecke Kisoro – Ruhengeri)
Die beiden anderen Grenzübergänge Kamwezi und Mirama/Kagitumba (am Dreiländereck) sind nur über sehr schlechte Pisten zu erreichen.

Von und nach der D.R. Kongo: Es gibt zahlreiche Grenzübergänge zwischen Uganda und der D. R. Kongo. Bunagana (bei den Virunga-Vulkanen), Ishasha (südlich des Lake Edward), Mpondwe (nördlich des Lake Edward) und Goli (nördlich des Lake Albert) sind einige. Es wird jedoch dringend davon abgeraten, von Uganda aus in die D. R. Kongo einzureisen oder in die Grenzregionen zu reisen. Die neuesten Unruhen Anfang 2013 haben wieder zu Flüchtlingsströmen im Südwesten Ugandas geführt. Erkundigen Sie sich vor Ort noch einmal über die aktuelle Sicherheitslage.

Von und nach dem Süd-Sudan: Trotz einer gewissen Entspannung nach der Unabhängigkeit des Süd-Sudan ist das Bereisen dieser Region mit Vorsicht zu genießen. Es gibt zwei offizielle Grenzübergänge. Der wichtigste ist Nimule (Strecke Gulu nach Juba). Am Dreiländereck Kongo/Sudan/Uganda liegt ein weiterer Grenzübergang zum Süd-Sudan: Oraba (Strecke Nebbi nach Bunia). Bitte erkundigen Sie sich vorher genau über die Sicherheitslage im Süd-Sudan. Zurzeit werden die Grenzübergänge hauptsächlich von lokalen Händlern sowie Hilfskonvois und Mitarbeitern der internationalen Hilfsorganisationen genutzt.

I

Internet

Internet-Adressen

- **www.visituganda.com** > offizielle Webseite des ugandischen Fremdenverkehrsamt. Finanziert von der EU.
- **www.africa-uganda-business-travel-guide.com** > Umfassende Webseite zu touristischen und wirtschaftlichen Themen Ugandas.
- **www.konsulat-uganda.de** > Internetseite der ugandischen Botschaft und des Konsulates in München mit umfangreichen allgemeinen Informationen zu Uganda.
- **www.traveluganda.co.ug** > private Internetseite aus der Schweiz mit Informationen, Werbung und links zu diversen Uganda-Anbietern, Hotels, etc.
- **www.destinationuganda.com** > die gleiche Webseite wie „traveluganda" unter einer anderen Adresse.
- **www.reiseführer-uganda.de** > Webseite des Autors mit aktuellen Informationen zum Reiseführer und Uganda.
- **www.uganda-team.de** > Webseite mit allgemeinen Informationen über Uganda vom Verein Uganda-Team e.V.
- **www.natureuganda.org** > Webseite der East African Natural History Society (Naturhistorische Gesellschaft Ostafrikas). Älteste, 1909 gegründete Gesellschaft für Naturschutz und Forschung im östlichen Afrika.
- **www.myuganda.co.ug** > Allgemeine Seite mit Infos zu Hotels, Wirtschaft, Gesellschaft und Sport.
- **www.allafrica.com** > Hier finden Sie eine große Auswahl tagesaktueller Artikel der wichtigsten ugandischen und afrikanischen Zeitungen und Nachrichtenagenturen.
- **www.musicuganda.com** > Seit zur (modernen) ugandischen Musik, Interpreten und Konzerten.
- **www.berggorilla.org** > Auf dieser Seite finden Sie viele Informationen zu den Berg-Gorillas sowie Aktuelles zu den Schutzgebieten.
- **www.ngambaisland.com** > Internetseite mit Infos zur Schimpanseninsel im Viktoria-See.
- **www.rhinofund.org** > Webseite der Organisation zur Wiederansiedlung von Nashörnern in Uganda.
- **www.birdinginparadise.com** > Auf dieser Webseite bekommen interessierte (Hobby-) Ornithologen Vogelchecklisten der ugandischen Nationalparks.
- **www.victoriancichlids.de** > alles Wissenswerte zu den Viktoria-See-Buntbarschen.
- **www.uganda-community.org** > Internetseite der ugandischen Gemeinschaft in Deutschland.
- **www.barkcloth.de** > Eine Initiative in Kooperation mit der GTZ zur Herstellung und Vermarktung von Rindentuch.
- **www.jugendhilfe-ostafrika.de** > Der Verein fördert das Fahrrad als angepasstes Transportmittel in Ostafrika, organisiert Fahrradpatenschaften und arbeitet dazu mit Projekten auf dem Gesundheits-, Bildungs- und Landwirtschaftssektor zusammen.

Internetcafés

Internetcafés gibt es mittlerweile in allen größeren Städten Ugandas. Außerhalb der Hauptstadt Kampala sind die Verbindungen aber teilweise recht langsam.

Adressen von Internetcafés finden Sie in den *Regionalen Reisetipps* unter der jeweiligen Stadt.

Kartenmaterial

Eine übersichtliche Karte im Maßstab 1:800.000 (Uganda) bzw. 1:335.000 (Ruanda) liegt diesem Reiseführer bei. Sollten Sie zusätzlich noch Karten benötigen, so ist die Auswahl beim Kartenmaterial zu Uganda und Ruanda recht überschaubar. Gängigste und aktuellste Karte für Uganda ist die Macmillan Uganda Travellers Map 1:1.350.000 mit einer allgemeinen Uganda-Karte und detaillierten Karten von Kampala, Murchison-Falls-Nationalpark, Queen-Elizabeth-Nationalpark und dem Ruwenzori-Gebirge. Diese Karte erhalten Sie im guten Reisebuchhandel oder vor Ort.

Für Ruanda zu empfehlen ist die „International Travel Map" 1:400.000, die ebenfalls in Europa im guten Reisebuchhandel erhältlich ist. In Ruanda gibt es auch billige Nachdrucke der Karte zu erwerben. Die vollständige Liste aller erhältlichen Karten für Uganda und Ruanda finden Sie am Ende des Buches unter: *Ausgewählte Buchtipps*.

Kinder

Viele Hotels sind auf Gäste mit Kindern eingestellt, da heimische oder ausländische Familien, die in Uganda wohnen (Diplomaten, Entwicklungshelfer, etc.), gerne an freien Tagen, am Wochenende und in den Ferien mit ihren Kindern verreisen. Bedenken Sie, dass es in Unterkünften innerhalb von Nationalparks Einschränkungen auf Grund der Sicherheitsbestimmungen für Kinder unterhalb eines bestimmten Alters geben kann. Am besten erkundigen Sie sich im Voraus bei Ihrem Reiseveranstalter oder direkt bei dem jeweiligen Hotel.

Kleidung

Für Reisen nach Uganda und Ruanda empfiehlt es sich, leichte, helle Baumwollkleidung mitzunehmen. Tagsüber reichen T-Shirt und leichte (halblange) Hosen. Sollten Sie viel im Fahrzeug sitzen, reichen auch Sandalen als Schuhwerk aus. Zum Wandern ist festes Schuhwerk dringend anzuraten. Für große Wandertouren empfiehlt es sich auch gute Wanderschuhe mitzunehmen. Heutzutage gibt es bequeme und sehr leichte Wanderschuhe, die angenehm zu tragen sind und guten Halt bieten. Für Wanderungen ebenfalls von Vorteil ist eine leichte Regenjacke.

Für den Abend ist es wichtig, etwas Warmes zum Überziehen dabei zu haben. Lange Hemden sind für den Abend generell empfehlenswert, dazu einen Pullover oder eine leichte Jacke. Zum Abendessen in gehobenen Restaurants ist auf eine entsprechende formelle Kleidung zu achten. In Restaurants mit gehobenem Standard erwartet man zumindest lange Hosen und ein Hemd.

In vielen Hotels der $$$- bis $$$$$-Kategorie haben Sie die Möglichkeit, Ihre Wäsche waschen (*Laundry Service*) zu lassen.

Sollten Sie bei einer Reise nach Uganda und Ruanda vorhaben die **Berg-Gorillas** zu besuchen, so denken Sie bitte an folgende Kleidung und Ausrüstung:

- Gartenhandschuhe (zum Festhalten im Teils dornigem Gestrüpp)
- Feste Wanderschuhe
- Pullover oder dickes langärmliges Hemd
- Regenjacke
- Tagesrucksack (am besten wasserfest)
- Wasserflasche

Für Wanderungen im **Ruwenzori-Gebirge**, auf den **Mt. Elgon** und für Gipfeltouren auf die **Virunga-Vulkane** ist zusätzlich folgende Ausrüstung notwendig:

- Gummistiefel (Ruwenzori)
- Isomatte
- Kerzen / Feuerzeug
- Kordel
- Regenfeste Überhose
- Schlafsack
- Sonnenbrille
- Taschenlampe
- Taschenmesser
- Warme Pullover
- Wasserfilter oder -entkeimungstabletten
- ggf. Zelt

Klima, Reisezeit

Uganda und Ruanda haben für uns Europäer ein relativ angenehmes Klima. Weite Teile der beiden Länder liegen über 1.000 m, dadurch liegen die Temperaturen im angenehmen Bereich zwischen 22 und 30 °C. Nur im Bereich des Viktoria-Sees ist die Luftfeuchtigkeit leicht erhöht. Ansonsten erwartet Sie eine eher trockene Wärme.

In den höheren Lagen und im Gebirge (Mt. Elgon, Ruwenzori, Virunga) sind Temperaturen unter 20 °C keine Seltenheit. Nachts kann das Thermometer sogar unter 0 °C fallen! Für Bergtouren ist es daher wichtig, **warme Kleidung** dabei zu haben.

Das Klima wird durch die Trocken- und Regenzeiten bestimmt. Die Trockenzeit liegt im Bereich zwischen Juni und September sowie Dezember und Februar. Die Zeit kann daher als die beste Reisezeit gelten – besonders, wenn Sie vorhaben, eine Ruwenzori-Bergtour zu unternehmen. Dafür sind die mittleren Monate der Trockenzeit die besten (Juli/August und Dezember/Januar).

L

Literatur

Deutsche Literatur sowie deutsche Zeitungen und Magazine sind in Uganda nicht zu bekommen. Ugandische Literatur, meist in englischer Sprache, finden Sie in den zahlreichen Buchhandlungen der Hauptstadt. Eine Liste der in Deutschland erhältlichen Literatur zu Uganda befindet sich im hinteren Teil dieses Buches.

M

Maße und Gewichte

Die Einteilung der Maße und Gewichte erfolgt wie in Deutschland: Gramm und Kilogramm beim Gewicht, Liter beim Volumenmaß, sowie Zentimeter, Meter und Kilometer beim Längenmaß.

Medien

Die Medienauswahl in Uganda ist in den Jahren nach den Diktaturen stetig gestiegen. Heute buhlen zahlreiche Publikationen um Leser, es gibt mehrere Radiostationen und Fernsehkanäle. Die meisten sind allerdings nur in der Hauptstadt und deren Umgebung sowie in den größeren Städten zu empfangen. Uganda erfreut sich seit der Machtübernahme *Musevenis* einer relativ freien und zumindest teilweise regierungskritischen Presse. Eine große Auswahl tagesaktueller Artikel der wichtigsten ugandischen Presseorgane finden Sie unter **www.allafrica.com**. Einige ugandische Zeitungen sind auch selber direkt im Web vertreten.

Tageszeitungen

- **Daily Monitor**, wichtigste Zeitung mit oppositioneller Meinung. Daher sind immer wieder Redakteure auch in Haft. Kostet 1.000 USh. www.monitor.co.ug.
- **The New Vision**, Tageszeitung mit etwa 35.000 täglich verkauften Exemplaren die größte in Uganda. Regierungsnah. Preis: 1.000 USh, www.newvision.co.ug.
- **The Red Pepper**, die Zeitung hatte von Beginn an, einen großen Zuspruch, als sie vor wenigen Jahren gegründet wurde; war es doch die erste Zeitung in Ostafrika, die hauptsächlich Sex und kuriose Geschichten zum Thema hatte. Der Erfolg war so groß, dass die Auflage immer wieder erhöht wurde. Erst wöchentlich, dann dreimal die Woche und nun jeden Wochentag. Um sich auch täglich zu behaupten, wurde ein großer Sportteil hinzugefügt. Kostet 900 USh. www.redpepper.co.ug.

Daneben erscheinen noch: The Mirror, The Sunshine und einige Tageszeitungen in verschiedenen ugandischen Sprachen: Bukedde (für den Osten), Etopu (für den Norden) und Olumuri (für den Westen). Alle drei erscheinen im New-Vision-Verlag.

Wochenzeitungen

- **The East African**, in Uganda, Kenia, Tansania und Ruanda jeden Montag erscheinende Zeitung vom kenianischen Nation-Media-Verlag. Kostet 1.200 USh. Wer sich einen umfassenden Überblick über Politik, Wirtschaft und Kultur in Ostafrika verschaffen möchte, findet hier die wöchentliche Zusammenfassung.
- **The Independent** Wöchentliches ugandisches Nachrichtenmagazin für Politik, Wirtschaft und Gesellschaft, 5.000 USh, www.independent.co.ug.

Fernsehstationen

- EATV (East African Television, privat, Sitz in Tansania)
- LTV (Lighthouse Television, privat)
- Pulse TV (privat)
- TOP TV (privat)
- UTV (Uganda Television, staatlich)
- WBS TV (privat)

Radiostationen

Radio hören ist in Uganda sehr populär. Insgesamt gibt es zurzeit 35 Radiostationen, ein Großteil davon kann allerdings nur in der Hauptstadt Kampala empfangen werden. Hier eine Auswahl mit Angabe der Frequenzen in Kampala:

- BBC World Service – 101,1fm (www.bbc.co.uk/worldservice/africa/)
- Capital FM – 91,3fm (www.capitalfm.exquisitesolution.com)
- Green Channel – 98,0fm (www.ubsonline.co.ug/radios.php)
- K FM – 93,3fm (www.kfm.co.ug)
- Power FM – 104,1fm
- Radio Buganda (CBS) – 88,8fm (www.radiocbsfm.com)
- Radio One – 90,0fm
- RFI Radio France – 93,7fm (www.rfienglish.com)
- Super – 88,5fm
- Ssuubi FM – 104,9fm (www.ssuubifm.net)
- Top Radio – 89,6fm
- Touch FM – 95,9fm (www.touch.fm)
- Star Radio – 87,5 und 100,0fm (www.ubsonline.co.ug/radios.php)
- Voice of Africa – 92,3fm

Weitere Infos zu Sendern finden Sie unter: www.tvradioworld.com.

▶ Motorradvermietung

Es gibt in Uganda und Ruanda (noch) keine auf Motorräder spezialisierten Verleiher. Einige Motorräder werden von den „Adventure“-Firmen in Jinja (Uganda) verliehen. Erkundigen Sie sich bitte dort nach Möglichkeiten.

Nachtleben

Das Nachtleben in Uganda ist recht unterschiedlich. Generell kann man sagen, je größer der Ort, desto größer das Angebot. Ein Nachtleben in unserem westlichen Sinne existiert allerdings nur in der Hauptstadt des Landes. Hier gibt es diverse Möglichkeiten – jede Menge Restaurants, viele Bars und einige Diskotheken bieten etwas für jeden Geschmack. Zudem gibt es ein Casino, Bowlingbahnen, Kinos, Theater und vieles mehr. In den anderen Städten Ugandas beschränkt sich das abendliche Ausgehen zumeist auf Restaurants, Bars und Diskotheken.

Die Adressen finden Sie in den Regionalen Reisetipps *unter den jeweiligen Orten.*

Nationalparks und Schutzgebiete

> **Hinweis**
>
> *s.a. die Karte „Nationalparks Ugandas" auf S. 65.*

Zum Schutz der heimischen Tier- und Pflanzenwelt wurden etliche Nationalparks und Naturschutzgebiete eingerichtet. Sie bilden heute eine der Hauptattraktionen für Uganda- Besucher.

Uganda Wildlife Society

Informationen zu den Schutzgebieten und aktuelle Preise erhalten Sie am jeweiligen Ort in den Informations-Büros der Parkverwaltung, in zahlreichen Reisebüros oder direkt bei der **Uganda Wildlife Authority** (UWA), Plot 7 Kira Road, Kamwokya (in der Nähe des National-Museums), Postanschrift: P.O.B. 3530 Kampala, Tel.: 0414-355000, Fax: 0414-346291, info@ugandawildlife.org, www.ugandawildlife.org. Die UWA ist das staatliche Amt zur Verwaltung der ugandischen Naturschutzgebiete.

Die **Nationalparks in Uganda** mit regionaler Tel. des UWA (soweit vorhanden):

- Bwindi-Impenetrable-Nationalpark (B.I.N.P.), Tel. 0486-24121
- Kibale-Nationalpark (K.N.P.), Tel. 0483-425335, 0486-424121 (information office)
- Kidepo-Valley Nationalpark (K.V.N.P.)
- Lake-Mburo-Nationalpark (L.M.N.P.), Tel. 0392-711346
- Mgahinga-Gorilla-Nationalpark (M.G.N.P.), Tel. 0414-680793, 0392-881348
- Mount-Elgon-Nationalpark (Mt.E.N.P.), Tel. 0256-4544 33170, 0454 435035
- Murchison-Falls-Nationalpark (M.F.N.P.), Tel. 0414 680793, 0392-881348
- Queen-Elizabeth-Nationalpark (Q.E.N.P.), Tel. 0483-44266, 0392-700694
- Ruwenzori-Mountains-Nationalpark (R.M.N.P.), Tel. 0392-841133
- Semuliki-Nationalpark (S.N.P.)

Weitere Schutzgebiete in Uganda, die als „**Wildlife Reserve**" bezeichneten werden:

- **Ostuganda:**
- Pian Upe Wildlife Reserve
- Bokora Wildlife Reserve
- Matheniko Wildlife Reserve
- **Nordwestuganda:**
- Ajai Wildlife Reserve
- Karuma Wildlife Reserve
- Bugungu Wildlife Reserve
- **Süduganda:**
- Semuliki Wildlife Reserve
- Katonga Wildlife Reserve
- Kyambura Wildlife Reserve
- Kigezi Wildlife Reserve

Zudem gibt es eine weitere Schutzform in Uganda, die sogenannten „**Community Wildlife Areas**" (CWA). Hier übernehmen die örtlichen Gemeinden den Schutz, die Entwicklung und Vermarktung und damit auch den gesamten Gewinn durch den Tourismus in dem jeweiligen Gebiet. Dieser Bereich soll in Zukunft weiter ausgebaut werden. Zurzeit gibt es die folgenden anerkannten CWAs:

- Karenga CWA
- Iriri CWA
- Amudat CWA
- Kaiso-Tonya CWA
- Rwengara CWA

Die Eintrittsgebühren für die Nationalparks und Wildlife Reserves in Uganda gelten für 24 Stunden und enthalten **keine weiteren Aktivitäten** wie Gorilla- oder Schimpansen-Trekking. Kinderpreise gelten für Kinder von 5 bis 15 Jahre, Kinder unter 5 Jahren haben freien Eintritt.

Nationalpark-Gebühren (gültig bis Juni 2013, ab 1. Juli 2013 gilt eine neue Preisliste, abrufbar unter www.ugandawildlife.org)			
Kategorie A Murchison Falls, Queen Elizabeth, Lake Mburo, Bwindi Impenetrable, Mgahinga Gorilla, Kibale, Kidepo Valley, Rwenzori Mountains	*Erw.*	1 Tag/Nacht (24h)	35 US$
	Kinder	1 Tag/Nacht (24h)	20 US$
Kategorie B Semuliki, Mount Elgon, Katonga W.R., Semliki W.R.	*Erw.*	1 Tag/Nacht	25 US$
	Kinder	1 Tag/Nacht (24h)	15 US$
Kategorie C Pian-Upe W.R., Matheniko W.R., Ajai W.R., Bokora W.R. und alle weiteren noch nicht genannten Schutzgebiete	*Erw.*	1 Tag/Nacht (24h)	10 US$
	Kinder	1 Tag/Nacht und mehr	frei

Prozente gibt es für Gruppen ab 10 Personen:

Gruppe mit 10-24 Personen - 10 %
Gruppe mit 25-50 Personen - 20 %
Gruppe über 50 Personen - 30 %

Ausländische Studenten mit Internationaler Studentenkarte bekommen 25 % Nachlass auf den Eintrittspreis.

Eintrittspreise für Fahrzeuge sind unterteilt in aus- und inländisch registrierte Fahrzeuge.

	ausländische FZ	*inländische FZ*
Motorrad	30 US$	10.000 USh
PKW	50 US$	20.000 USh
Medium- und Minibus	100 US$	30.000 USh
Allrad und Pick-up	150 US$	30.000 USh
Agenturfahrzeuge	100 US$	30.000 USh
Großer Bus und LKW	150 US$	150.000 USh

Landegebühren für Flugzeuge: 20.000-120.000 USh (bzw. 10-60 US$ für ausländische Fluggeräte) plus Parkgebühren von 5.000 USh pro Tag

Gamedrives (für Privatfahrzeuge ohne Ortskenntnisse inkl. 1 Ranger)

Tagesfahrten	20 US$
Nachtfahrten (19 bis 23 Uhr)	15 US$

Fährgebühren für die Fähre im Murchison-Falls-Nationalpark
Die Fährpreise gelten bei Parkbesuchern pro Tag, egal wie oft sie die Fähre nutzen. Bei den Preisen für die Fahrzeuge spielt hier die aus- oder inländische Zulassung keine Rolle.

Personen	2.000 USh (ca. 1 €)
Fahrzeuge unter 2t (PKW, Allrad, Minibus, Pick-up):	20.000 USh
Fahrzeuge von 2 bis 5t (z.B. kleine LKW):	40.000 USh
Fahrzeuge von 5 bis 10t (Busse und LKW):	80.000 USh
Fahrzeuge von 10 bis 20t	150.000 USh

Die Fähre verkehrt zu folgenden Zeiten: stündlich von 7 bis 12 und von 14 bis 18 Uhr. Die erste Fähre um 7 Uhr ist nur für Besucher des Parks zugelassen, nicht für den Transit! Bei starkem Verkehrsaufkommen fährt die Fähre auch zweimal zur angegebenen Zeit.

Die **Preise der UWA-eigenen Unterkünfte**
Bei Vorausbuchung wird eine Anzahlung von 50 % fällig.

- **Gästehäuser**

Mt. Elgon Kapkwai	DZ / EZ	55.000 / 30.000 USh

- **Hütten (Bandas)**

Kidepo Valley	DZ / EZ Gemeinschaftsbad	50.000 / 40.000 USh
Kidepo Valley	DZ / EZ mit Bad / WC	70.000 / 60.000 USh
Queen Elizabeth (Ishasha)	DZ / EZ	40.000 / 35.000 USh
Lake Mburo	DZ / EZ	40.000 / 35.000 USh
Lake Mburo Safarizelte	DZ / EZ	40.000 / 30.000 USh
Mt. Elgon – Kapkwata/Suam	DZ / EZ	40.000 / 35.000 USh

- **Schlafräume** (Dormitory) bei den Student und Educational Centres (Queen-E.-Nationalpark, M.-Falls-Nationalpark, Lake-Mburo-Nationalpark, Mt.-Elgon-Nationalpark – Kapkwai, Katonga W. R.).
  Kosten pro Bett und Nacht: 10.000 USh

- **Campingplätze**

Kategorie A (Wildnis)	40 US$ pro P. / Nacht (mind. 120 US$, max. 16 Pers.)
Kategorie B (privat)	30 US$ pro P. / Nacht (min. 100 US$, max. 20 Pers.)
Kategorie C (öffentlich)	15.000 USh pro Person/Nacht (min. 45.000 USh).

  Es gibt Wasser, Feuerholz, Feuerplatz, Plumpsklo.

Gorilla-Trekking

Bwindi- und Mgahinga-Nationalpark **500 US$** (inkl. Guide, Parkgebühren).
Im Bwindi-Park gibt es insgesamt neun Gorillagruppen, die an Menschen gewöhnt sind. Eine weitere Gruppe befindet sich im Mgahinga-Nationalpark. Pro Gruppe und Tag sind acht Besucher zugelassen.

Bei Reservierung sind 30 % Anzahlung zu zahlen, 91 Tage vor dem Besuch müssen die restlichen Gebühren gezahlt werden. Falls Sie Ihre Buchung nicht wahrnehmen, verfällt Ihre Anzahlung! Für den Kauf benötigen Sie Ihren Reisepass. In der Hochsaison sollten Sie mindestens **ein Jahr im Voraus buchen**, wenn Sie sicher sein wollen, an einem bestimmten Tag zu den Gorillas zu kommen. In der Nebensaison gibt es hin und wieder auch kurzfristiger das begehrte „Gorilla-Permit". Falls Sie ohne ein Gorilla-Permit in

Berggorilla-Mutter mit Kind

Uganda einreisen, sollten Sie sich als erstes um eine Besuchsgenehmigung in Kampala bemühen, bevor Sie weiterreisen.

Schimpansen-Trekking

Kyambura-Schlucht (Q.E.N.P.)	50 US$ (inkl. Guide, aber ohne Parkgebühren)
Kibale-Nationalpark	150 US$ (inkl. Guide, aber ohne Parkgebühren)
Semuliki W.R.	30 US$ (inkl. Guide, aber ohne Parkgebühren)

Schimpansen-„Gewöhnungsprogramm" (Habituation Experience)

1 Tag	220 US$ (inkl. Guide und Parkgebühren)
2 Tage	400 US$ (inkl. Guide und Parkgebühren)
3 Tage	550 US$ (inkl. Guide und Parkgebühren)
Jeder weitere Tag	100 US$

„Golden Monkey" Trekking

Mgahinga-Nationalpark	50 US$ (inkl. Guide und Parkgebühren)

Geführte Wanderungen

1 bis 4 Std.	15 US$ p. P.
Tagestour über 4 Std.	25 US$ p. P.
Nachttour bis 4 Std. (4-6 Pers.)	30 US$ p. P.
Gorge Walk Mgahinga	10 US$ p. P.
Nature Walk, Murchison	10 US$ p. P.

Bergwanderungen im Ruwenzori-Mountains-Nationalpark

Die Touren sind zu buchen beim Rwenzori Mountaineering Services, Tel. 0483 444936 (Kasese Büro), Tel. 0414 237497 (Kampala Büro), www.rwenzorimountaineeringservices.com.

Central Circuit (7 Tage/6 Nächte)	780 US$, je extra Tag: 120 US$
Besteigung Margherita oder andere Peaks	990 US$

Vulkan-Besteigungen

Mgahinga	60 US$ pro Person/Tag (inkl. Guide u. Parkgebühren)
Mt. Elgon	90 US$ pro Person/Tag (inkl. Guide u. Parkgebühren)

Batwa Trail

Mgahinga	80 US$ pro Person/Tag

Vogelwanderung

Semuliki	100 US$ pro Person/Tag

Bootstouren

Queen Elizabeth	25 US$ pro Person (max. 40 Pers.)
Murchison Falls	25 US$ pro Person (max. 45 Pers.)
Lake Mburo	10 US$ pro Person (max. 8 Pers.)
Katonga Wildlife Reserve	5 US$ pro Person (max. 8 Pers.)

Kleine Boote für exklusive Touren bis 5 Std. kosten 150 US$, Tagestouren 300 US$.

Angel-Genehmigung

Murchison Falls	50 US$ pro Person
Lake Mburo	15 US$ pro Person

Notrufnummern

Es gibt in Uganda und Ruanda noch **kein einheitliches Notrufsystem**. In Uganda hat man mit der Einführung begonnen, die allerdings noch nicht flächendeckend funktioniert. Die Notrufnummer lautet: **999**. Wichtiger sind die lokalen Telefonnummern, die im Kapitel *Regionale Reisetipps* unter den jeweiligen Orten aufgeführt sind. In kleineren Ortschaften hat die Polizei meist kein Telefon. Ambulanzen sind nur in den großen Städten verfügbar!

O

Öffentlicher Nahverkehr

Der normale öffentliche Nahverkehr wird in Uganda, wie eigentlich überall in Afrika, mit Kleinbussen abgedeckt. Die Kleinbusse werden hier Taxis genannt, auch wenn sie mit unserer Vorstellung von Taxi nicht viel gemein haben. Die in Kenia übliche Bezeichnung „Matatu" wird zwar in Kampala teilweise in der Umgangssprache benutzt, hat sich aber landesweit noch nicht richtig durchgesetzt. Die Fahrzeuge sind an ihrem blau karierten Band, das etwa in der Mitte das Fahrzeug umläuft, zu erkennen. Diese „Taxis" dürfen offiziell bis zu 14 Personen befördern. Auf dem Land sind es aber oft auch ein paar mehr. Sie fahren vor allem innerhalb der Großstädte und von den Zentren in die Außenbezirke. Der Tarif ist für unsere Verhältnisse sehr günstig. Man muss allerdings dabei bedenken, dass viele Arbeitnehmer auf die „Taxis" angewiesen sind, um zur Arbeit zu kommen, und jeden Tag zweimal diese Fahrt aus eigener Tasche zahlen müssen.

In den *Regionalen Reisetipps* sind bei den jeweiligen Ortschaften die Plätze, an denen man so ein „Taxi" findet, aufgeführt. Sie starten im Allgemeinen von einem sogenannten „Taxi-Park".

Um Sie nicht zu verwirren, haben wir für diese Hinweise zur besseren Unterscheidung von den „richtigen" Taxis den Begriff „Minibusse" oder auch den kenianischen Ausdruck „Matatu" übernommen.

Für kürzere Strecken oder für Strecken, die normale Autos nicht befahren können, gibt es die sogenannten **Boda-Bodas**. Es gibt sie in der motorisierten Version (Mopeds), oder mit Muskelkraft (Fahrräder). In Kampala werden sie auch für die gewöhnlichen Innenstadtstrecken genommen, weil sie während der Stauzeiten schneller einen Weg durch das Gewusel der Autos und Busse finden. Eine Fahrt mit dem Bodo-Boda ist daher auch ein Abenteuer und nicht immer ungefährlich.

Öffnungszeiten

Allgemeine Öffnungszeiten von Geschäften:
Mo-Fr 8-18 Uhr (manche auch bis 20 Uhr),
Sa 9-16 Uhr, sonntags + feiertags geschlossen.

Allgemeine Öffnungszeiten von Banken: Mo-Fr 8-15 Uhr

P

Post

Porto kostet für
Postkarten nach Europa: 1.800 USh (Afrika: 900 USh)
Briefe nach Europa: 2.700 USh (Afrika: 1.400 USh)

Allgemeine **Öffnungszeiten** der meisten Postämter:
Mo-Fr von 8.30-16.30 Uhr
Sa 9-13 Uhr, sonntags + feiertags geschlossen.
Das Hauptpostamt in Kampala hat längere Öffnungszeiten:
Mo-Fr 8-18 Uhr und samstags von 8-14 Uhr.

Fracht & Pakete
Es gibt die Möglichkeit, wichtige und/oder größere Dinge nach oder von Uganda aus zu versenden. Wenn Sie diese nicht der Post anvertrauen möchten, dann können Sie sich an folgende Firmen wenden (nicht ganz billig!): DHL, Federal Express, TNT und UPS (Adressen in Uganda finden Sie unter *Regionale Reisetipps*: Kampala). Wenn Sie größere Dinge transportieren möchten (nach oder von Uganda), dann können Sie sich an folgendes Speditionsunternehmen wenden:

- **Kuehne & Nagel**, Nakawa House 3. Etage, Plot 7 Port Bell Road, Kampala, Tel.: 0414-223652/53/55, Fax: 0414-223657, nc@kuehne-nagel.com, www.kuehne-nagel.com.

R

Reiseleiter

Örtliche Reiseleiter können Sie meist bei den großen Reise-Agenturen (Tour-Operator) finden. Es gibt aber kaum deutschsprachige ugandische Reiseleiter. Einige deutsche Reiseveranstalter bieten Rund- und Studienreisen mit deutschsprachigen Reiseleitern an. Vor Ort bei den Nationalpark-Büros, in einigen Hotels oder bei lokalen Tour-Agenturen können Sie sich auch nach regionalen Reiseleitern bzw. Führern erkundigen. Diese sind in der Regel englischsprachig.

Sollten Sie sich speziell für Vögel interessieren, dann können Sie an der angegebenen Adresse versuchen, einen geeigneten ornithologisch bewanderten Reiseleiter zu bekommen:

- **Uganda Bird Guides Club**, Capital Shoppers - Nakawa, Floor 2, Room 27, Kampala, Uganda Tel.: +256-(0)414- 222 737, MOB: +256-(0)777 912 938, info@ugandabird guides.org; Internet: www.ugandabirdguides.org.

Reisen mit deutschen landeskundigen Reiseleitern bieten nur wenige Veranstalter in Deutschland an. Darunter sind:

- **Hauser Exkursionen**, München, Tel.: 089-2350060, Fax: 089-23500699, www.hauser-exkursionen.de.
- **Magisches Afrika**, Dortmund, Tel.: 0231-5897929, reisen@magisches-afrika.com, www.magisches-afrika.de.
- **One World-Reisen mit Sinnen**, Dortmund, Tel.: 0231-164480, Fax: 0231-164470, oneworld@reisenmitsinnen.de, www.reisenmitsinnen.de.
- **Windrose**, Berlin, Tel.: 030-2017210, info@windrose.de, www.windrose.de.

▶ Reiseveranstalter

Europa

Uganda gehört noch nicht zum Standardprogramm der großen deutschen Reiseveranstalter. Bislang haben hauptsächlich nur mittlere und kleine Veranstalter das Land im Programm. Je nach Interesse finden Sie vielleicht hier das gewünschte Angebot:

- **Studienreisen**
- **One World-Reisen mit Sinnen**, Tel.: 0231-164480, Fax: 0231-164470, oneworld@reisenmitsinnen.de, www.reisenmitsinnen.de. Der mehrfach mit Preisen ausgezeichnete Reiseveranstalter bietet Erlebnisreisen in kleinen Gruppen bis zu 14 Pers. an. Neben Naturerlebnissen auch Einblicke in die Kultur und Lebensweise.
- **Magisches Afrika**, Dortmund, Tel.: 0231-5897929, reisen@magisches-afrika.com, www.magisches-afrika.de. Spezialisiert auf den Kontinent, bietet dieser Veranstalter ein umfassendes Angebot nicht nur an Tier- und Naturtouren in Ostafrika an, jeweils unter fachkundiger Reiseleitung.

- **Gruppenreisen und Selbstfahrertouren**
- **Iwanowski's Reisen**, Tel.: 02133-26030, Fax: 02133-260333, info@afrika.de, www.afrika.de. Bei Iwanowski's Reisen finden Sie mehrere Rundreisevarianten in verschiedenen Preiskategorien. Die klassische Rundreise führt als Campingsafari zu unberührten Wildreservaten. Schimpansen-Trekking ist bei der „Explorer"-Campingsafari im Programm. Etwas komfortabler ist die 8-tägige Gruppen-Safari in Lodges ab und bis Entebbe durch die Nationalparks.
- **Drifters Adventure Tours**, P. O. Box 4712, Cresta, Johannesburg, South Africa 2118, Tel. 027-11-888-1160, www.drifters.co.za. Von Jinja/Kampala gibt es jeden zweiten Sonntag eine 14-Tages-Entdeckerreise mit Übernachtung im Zelt.
- Weitere Gruppenreisen bieten die Veranstalter Hauser-Exkursionen, Ikarus, Karawane und Windrose an. Die angebotenen Routen sind sich recht ähnlich. Weitere Informationen bekommen Sie in Ihrem Reisebüro.

Uganda

Wer die Reise lieber erst vor Ort bei einem ugandischen Reiseunternehmen buchen möchte (vor allem für diejenigen geeignet, die nur einzelne organisierte Touren während der Reise machen möchten), kann sich an die Vereinigung der ugandischen Reiseanbieter wenden (Tour-Operator):

- **Association of Uganda Tour Operators (AUTO)**, Tel.: (256) 041-4542599, mobil: 077-5331077, Fax: 041-4230254, www.auto.or.ug.

Oder direkt an eines der hier ausgewählten Unternehmen (weitere Adressen finden Sie unter *Regionale Reisetipps*: Kampala):

- **Churchill Tours**, Sir A. Cook Road (zw. Ivy Hotel und Caltex Tankstelle), Tel.: 0414 341815, Fax: 0414 253976, ether@churchillsafaris.com, www.churchillsafaris.com.
- **Escape Uganda**, Cynthia House, Kauku, (Kampala-Jinja Road, 10 km vor Entebbe), Tel.: 0312 280584, safari@escapeuganda.com, www.escapeuganda.com.
- **G & C Tours /Wild Frontiers**, 83a Circular Road, Entebbe, Tel.: 0414-321479 oder mobil: 077-2502155, info@wildfrontiers.co.ug; www.wildfrontiers.co.ug
- **Pearl of Africa Tours & Travel**, Impala House, 13 Kimathi Avenue, Kampala, Tel.: 0414-340533, 0312-260559 oder mobil: 077-2403614 (Kelley), 077-2460877 (Robert), Fax: 0414-236255, pearlatt@africaonline.co.ug, www.pearlofafricatours.com.
- **Speke Uganda Holidays**, 47 Ntinda Road, Kampala, Tel.: 031-2294531, 078-2207009, tony@spekeugandaholidays, www.spekeugandaholidays.com. Büro in Deutschland Tel.: 03301-577654. Tony Mulinde (deutschsprachig) und sein Team organisieren Touren in Uganda und Ruanda.
- **The Uganda Safari Company**, 14b Kyadondo Road, Kampala-Nakasero (nähe Emin Pasha Hotel), Tel.: 041-251182 oder mobil: 077-2489497, Fax: 0414-341718, tusc@africaonline.co.ug, www.safariuganda.com
- **Volcanoes Safaris**, 27 Lumumba Avenue, Kampala, Tel.: 0414-346364, Fax: 0414-341718, salesug@volcanoessafaris.com, www.volcanoessafaris.com

Safari

Auch wenn Uganda noch nicht so sehr als Safari-Destination bekannt ist wie das Nachbarland Kenia, so hat das Land am Viktoria-See doch eine Menge zu bieten. Für klassische Safaris eignen sich der Kidepo-Valley-Nationalpark im Norden, der Lake-Mburo-Nationalpark im Süden sowie die beiden berühmten und mittlerweile wieder tierreichen Schutzgebiete des Murchison-Falls- und Queen-Elizabeth-Nationalparks. Die Unterkünfte in allen vier Parks entsprechen internationalen Standards und machen den Besuch zu einem erholsamen Erlebnis. Das Wort Safari stammt übrigens aus dem Kisuaheli und bedeutet so viel wie „Reise“.

Schiffsverbindungen

Es gibt keine großen Schiffsverbindungen mehr für den Personenverkehr auf dem Viktoria-See. Die letzte Strecke von Port Bell nach Mwanza und Kisumu ist aufgrund technischer Probleme eingestellt. Der Güterverkehr auf dem Viktoria-See wird nur noch über wenige Frachtfähren abgewickelt. Die Strecken führen von Port Bell (bei Kampala) nach Bukoba und Mwanza in Tansania und Kisumu in Kenia. Die Frachtfähren werden von der Uganda Railways Corporation (URC) gemanagt.

Es gibt die beiden Frachtfähren MV Pamba und MV Kaawa sowie Fährverbindungen für Personen, Autos und Fracht zwischen dem Festland und den Ssese-Inseln.

Fährzeiten

Montag bis Samstag 4 Mal täglich. An ugandischen Feiertagen Verkehr wie sonntags. Eine Überfahrt dauert 45 Minuten. Die Abfahrzeiten:

Bukakata-Anlegestelle (Festland)	***Bugoma-Anlegestelle (Buggala/Ssese Islands)***
- 8 Uhr	- 9 Uhr
- 11 Uhr	- 12 Uhr
- 16 Uhr	- 18 Uhr
Sonntags gibt es nur eine Fährfahrt	
-13 Uhr	-14 Uhr

Seien Sie am besten schon 30 Minuten vor der Abfahrt an der Anlegestelle.

> **Hinweis**
> *Es ist möglich, seinen PKW auf die Ssese-Insel Buggala mitzunehmen!*

▶ Schlangen

Es gibt wie überall in Afrika auch in Uganda und Ruanda eine ganze Reihe von Schlangenarten, auch einige, die giftig sind. Bei einer Reise durch Uganda und Ruanda werden Sie aber, wenn überhaupt, nur sehr selten Schlangen zu Gesicht bekommen. Das liegt daran, dass Schlangen sehr scheue Tiere sind, die in der Regel die Flucht ergreifen, ehe Sie sie gesehen haben. Achten Sie aber beim Entlanggehen von Naturpfaden auf Ihren Weg und treten Sie immer fest auf. Falls es dann doch zu einem der extrem seltenen Schlangenbisse kommen sollte, ist das Wichtigste, dass Sie sich die Schlange merken (Farbe, Länge, Kopfform), da dies für den Arzt wichtig ist, um ein Gegenserum zu injizieren. Jede Schlangenart hat ihr eigenes Gift und dementsprechend muss das jeweilige Gegengift gespritzt werden.

Die gängigsten Giftschlangen in Uganda sind die Puffotter, die Schwarze Mamba und die Speikobra. Die meisten Schlangenarten aber sind für den Menschen nicht gefährlich. Dazu gehören viele der zahlreichen Natternarten und die großen Würgeschlagen. Mit viel Glück entdecken Sie vielleicht den schön gezeichneten Felsenpython.

▶ Schulferien

Das Schuljahr in Uganda ist in Trimester (3 Terms) aufgeteilt. Dazwischen liegen jeweils die Ferien. Das Schuljahr beginnt im Februar und endet Anfang Dezember. Schulferien sind somit die ersten zwei Wochen im Mai, drei Wochen von Mitte August bis Anfang September und die längsten Ferien zwischen den Schuljahren von Anfang Dezember bis Mitte Februar.

▶ Schusswaffen

Schusswaffen dürfen nur mit vorheriger Genehmigung unter Angabe des Grundes (Verwendungszweck) eingeführt werden. Näheres erfahren Sie über die ugandische und ruandische Botschaft. Das Mitführen von Waffen ohne spezielle Genehmigung ist in Uganda und Ruanda streng verboten.

Sicherheit/Kriminalität

Sicherheit

Die Die Sicherheit in Uganda ist seit Jahren recht stabil. In den Städten und Dörfern stellt es kein Problem dar, als Reisender allein unterwegs zu sein, allerdings sollte man vor allem bei Dunkelheit einsame Ecken meiden, das gilt vor allem für Kampala. Allerdings sollten Sie, wie überall auf der Welt, einige Regeln beachten.

> **Sicherheitshinweise**
>
> *Gehen Sie nie mit „zur Schau gestellten" Wertgegenständen durch die Straßen. Dazu gehören Schmuck, wertvolle Uhren und teure elektronische Geräte (auch Videokameras und teure Fotoapparate zählen dazu). Dies ist wie eine Einladung zum Diebstahl. Tragen Sie daher Kameras immer in einer Tasche bei sich.*
>
> *Nehmen Sie nie mehr Geld als nötig mit.*

Zur **Sicherheitslage** im Land ist jedoch anzumerken, dass es in den letzten Jahrzehnten immer wieder problematische Gebiete gab, bedingt durch Unruhen oder regionale Aufstände. Dies galt insbesondere für die Grenzgebiete zu Ruanda, dem Kongo und zum Sudan. Diese sind zurzeit jedoch soweit beendet. Für den **Norden Ugandas** gelten allerdings bis heute besondere Sicherheitsvorschriften, auch wenn der Konflikt mit der LRA mittlerweile beendet ist. Fragen Sie bei geplanten Reisen in die Gegend nordwestlich von Gulu beim Tourismusamt oder der deutschen Botschaft nach der Sicherheitslage.

Weitere Informationen zur Sicherheitslage finden Sie bei www.auswaertiges-amt.de.

Kriminalität

Die Kriminalität in Uganda ist im Vergleich zu den großen Nachbarstaaten (Kenia, Kongo) erfreulicherweise gering. In Kampala können Sie sich tagsüber frei und ohne Probleme bewegen. Selbst abends und nachts können Sie in der Innenstadt weitestgehend zu Fuß unterwegs sein. Die gängigen Vorsichtsmaßnahmen (s. o.) sollten Sie natürlich auch in Kampala einhalten. Beim Besuch von Märkten, Busplätzen und anderen stark frequentierten Orten sollten Sie sich vor Taschendieben in Acht nehmen!

Sport

Das sportliche Angebot in Uganda ist groß. Hier sind einige Sportarten aufgeführt, bei denen Sie aktiv mitmachen oder als Zuschauer dabei sein können.

Bootstouren

- **Adrift**, Kimaka Road (nähe Nile Resort), Tel.: 0414-252720 oder mobil: 077-2237438, adrift@surfthesource.com, www.surfthesource.com.
- **Victoria Nyanza Sailing Club**, Kaazi, Abseits der Entebbe Road, Tel.: 077-2480064 (Gerry) oder 077-2418514 (Sarah). Boote zu mieten, Segelrennen an Sonntagen.

Bowling

- **Alleygators Ten Pin Bowling**, 3. Etage im Garden City Centre, Yusuf Lule Road, Tel.: 077-2797700. Vier Bahnen, nette Atmosphäre.

Bungeespringen

- **Adrift**, Kimaka Road (nähe Nile Resort), Tel.: 0414-252720 oder mobil: 077-2237438, adrift@surfthesource.com, www.surfthesource.com.

Cricket

Jeden Sonntag findet in Kampala ein Cricket-Spiel statt. Falls Sie Interesse haben, ein Spiel zu besuchen, dann versuchen Sie es im Lugogo Stadium. Informationen zu den Spielen bekommen Sie unter Tel.: 077-2728255.

Fußball

Fußball ist Nationalsport Nummer eins in Uganda. Wenn Sie vielleicht Interesse haben, mal ein Ligaspiel in Uganda zu besuchen, dann bieten sich in Kampala zwei Möglichkeiten:

- **Nakivubo Stadium**, im westlichen Stadt-Zentrum.
- **Nelson Mandela National Stadium**, Jinja Road, Namboole. Hier finden in der Regel auch die Länderspiele statt.

Golf

- **Kampala Golf Club**, Kitanta Road, Club House Tel.: 0414-236848, Büro Tel.: 0414-233911, ugagolf@africaonline.co.ug, 18-Loch-Golfplatz praktisch in der Innenstadt gelegen.
- **Entebbe Golf Club**, Entebbe Road (nähe Windsor Lake Victoria Hotel), 9-Loch-Golfplatz.
- **Garuga Golf and Country Club**, Entebbe Road (nahe dem Viktoria-See), 18-Loch-Golfplatz.
- **Jinja Club**, 9-Loch-Golfplatz mit 18 tees.

Mountain Biking

- **Uganda Mountainbike**, 27 Nkurumah Road, 3. Etage Raum 14, Tel.: 077-2327744

Quads

- **All terrain Adventures**, in Bujagali Falls (nahe Jinja), Tel.: 077-2377185, www.traveluganda/ata.

Rafting

- **Adrift**, Kimaka Road (nähe Nile Resort) Tel.: 0414-252720 oder mobil: 077-2237438, adrift@surfthesource.com, www.surfthesource.com.
- **Equator Rafts**, Tel.: 0434-123712 oder mobil: 071-2720906, Fax: 0434-123713, equatorrafts@equatorrafts.com, www.equatorrafts.com, Kampala Büro: 0414-252106/7.
- **Nile River Explorers**, Tel.: 0434-120236 oder mobil: 077-422373, rafting@starcom.co.ug

Reiten

- **Speke Marina and Riding Stables**, Tel.: 0312-27111 oder 077-613971 (Louis Xavier). Reitstunden und Ausflüge entlang des Viktoria-Sees.

Schwimmen

Kampala:

- **Blue Mango**, Old Kira Road, Bukoto, Mo-Fr 5.000 USh, Sa/So 10.000 USh.
- **Bugolobi Leisure Centre**, 15 Princess Ann Drive, Bugolobi, Tel.: 075-643201. Tägl. 5.000 USh.
- **Dolphin Suites**, Princess Ann Drive, Bugolobi, Tel.: 0414-23756/9, Eintritt: 5.000 USh.
- **Kabira Country Club**, die Adresse finden Sie unter Tennis.
- **Muyenga Club**, Kisugu, Tank Hill, Eintritt: 5.000 USh.
- **Speke Resort Munyonyo**, Tel.: 0312-227111, Becken mit Olympianorm, Eintritt: 10.000 USh.
- Sowie in den Hotels: **Equatoria, Fairway, Grand Imperial, Sheraton** und **Silver Springs**.

Entebbe:

- **Botanical Beach Resort**, großes Hallenbad.
- **Windsor Lake Victoria Hotel**, großes Freibad mit Kinderbecken. Eintritt: 5.000 USh

Segeln

- **Entebbe Sailing Club,** Entebbe, Tel.: 077-888618 (Louise) oder 077-651433 (Peter). Clubmitgliedschaft erforderlich.
- **Victoria Nyanza Sailing Club**, Kaazi, abseits der Entebbe Road, Tel.: 077-480064 (Gerry) oder 077-418514 (Sarah). Boote zu mieten, Segelrennen an Sonntagen.

Squash

- **Kampala Club**, Ternan Avenue, Tagesmitgliedschaften möglich.
- **Kabira Country Club**, 63 Old Kira Road, Bukoto, Tel.: 031-227222-5

Tennis

- **Kabira Country Club**, 63, Old Kira Road, Bukoto, Tel.: 0312-227222/-5, Fax: 0312-227226, kabiracountryclub@kabiracountryclub.com, www.kabiracountryclub.com. Anlage mit Tennis- und Squashplätzen, Swimmingpool, Sauna, Fitnessraum und vieles mehr. Tagesmitgliedschaft möglich.
- **Lugogo Tennis Club**, Lugogo, Tel.: 0414-257046

▶ Sprachen

Die Amtssprachen Ugandas sind Englisch und Kisuaheli. Englisch wird von allen Bewohnern mit Schulbildung zumindest teilweise gesprochen. Zudem hat jede ethnische Gruppe ihre eigene Sprache oder ihren Dialekt. Insgesamt gibt es rund 40 Sprachen in Uganda, wobei das Luganda (die Sprache der Buganda) die wichtigste ist. Außerdem wird im Handel und Wirtschaft Ugandas teilweise Kisuaheli gesprochen – nach Englisch die wichtigste Fremdsprache in Uganda. Durch die vielen indischen Geschäftsleute hört man auch hin und wieder Hindi.

T

▶ Tankstellen

Das Tankstellennetz in Uganda ist gut ausgebaut. In der Regel bekommen Sie in allen größeren und mittleren Ortschaften Benzin und Diesel. Allerdings wird er teurer, je weiter Sie von Kampala entfernt sind. Kraftstoff ist in Uganda für afrikanische Verhältnisse sehr teuer. Ein Liter Superbenzin kostet umgerechnet etwas über einen Euro. Diesel ist nur unwesentlich billiger.

▶ Taxi

Wenn man in Uganda Taxi sagt, meint man die Minibusse im Linienverkehr (in Kenia Matatus genannt). Taxis in unserem Verständnis werden in Uganda „Special Hire" genannt. Die Wagen sind in der Regel weiß mit einem schwarzen Karostreifen um den mittleren Teil des Wagens herum und mit einem großen „S" gekennzeichnet.

Taxis stehen vor den großen Hotels oder Sie können diese auch direkt auf der Straße anhalten, sobald Sie ein freies Taxi entdeckt. Der Preis ist Verhandlungssache. Allerdings werden Sie es schwer haben, die Preise der Einheimischen zu erzielen. Als Richtlinie sollten folgende Preise aber nicht wesentlich überschritten werden: Kampala Kurzstrecke ca. 1,50 € (5.000 USh), Kampala, quer durch die Innenstadt: ca. 2,50 € (8.500 USh), Peripherie von Kampala: ca. 5 € (17.000 USh) und von Kampala nach Entebbe (Flughafen): ca. 25 € (85.000 USh).

Neuerdings gibt es zumindest in Kampala auch private Taxiunternehmen mit einem Taxi-Ruf-System. Hier können Sie ein Taxi zu jeder Zeit an jeden Ort bestellen. Diese Taxis sind im Schnitt etwas teurer, haben dafür aber meist einen Taxameter (die Preisverhandlung entfällt also).

- **Yellow Taxi**, Tel.: 145 oder 0414-532437, 0312-262036, 078-2384842. Taxameter, 24-h-Service, Taxistände: Metro Cash & Carry, Garden City Shopping Centre, Bukoto Street (Stadtteil Kisementi), Imperial Resort Beach Hotel (Entebbe). Preise (ca.): Grundpreis 1 €, Tageskilometer 0,45 €, Nachtkilometer 0,60 €. Flughafenpauschale 18 € (Tag) und 22 € (Nacht). Auch Pauschalen für Langstrecken erhältlich.

▶ Telefonieren

Das Telefonieren, zumindest in den urbanen Gebieten, ist in Uganda kein Problem. Entweder direkt vom Hotel aus (meist recht teuer) oder per Telefonkarte aus einem öffentlichen Fernsprecher. Noch einfacher ist es bei den in Kampala und anderen größeren Städten zahlreichen Telefonständen an der Straße. Das Festnetz in Uganda wird hauptsächlich durch die staatliche Uganda Telecom betrieben. Nur in Kampala gibt es Konkurrenz im Festnetz durch die südafrikanische Firma MTN (Vorwahl 0312).

Um von Uganda aus ins Ausland zu telefonieren, wählen Sie bitte die 00 (bei Mobiltelefonen ein +). Dann folgt die Vorwahl: für Deutschland 49, für Österreich 43, für die Schweiz 41, für Belgien 32, für Luxemburg 352.

Anschließend wählen Sie die Städtevorwahl ohne die Null, gefolgt von der Nummer des Gesprächspartners.

Wenn Sie vom Ausland nach Uganda telefonieren möchten, dann benutzen Sie bitte die Ländervorwahl 256.

Zudem gibt es seit vielen Jahren ein recht gut funktionierendes **Mobilfunknetz**. Vor allem in größeren Orten und entlang der Hauptrouten ist der Empfang sehr gut. Zurzeit gibt es sieben verschiedene Anbieter, die teilweise Roaming-Abkommen mit europäischen Mobilfunkanbietern haben.

Bei längeren Aufenthalten oder häufigem Telefonieren (national wie international) kann es preiswerter sein, sich für die Zeit in Uganda eine Sim-Karte mit lokaler Nummer zu kaufen. Karten zum Aufladen von Gesprächsgebühren sind in den Städten an jeder Straßenecke zu bekommen.

- **Airtel** (ehemals Zain), afrikaweit einer der großen Mobilfunkanbieter. Erkennungsvorwahl: 075. Prepaid SIM-Karte kostet 2.000 USh, Minutenpreise: Inland 158 bis 298 USh, Ostafrika 500 USh, nach Europa 660 USh und SMS 88 USh (überall hin). www.africa.airtel.com.
- **Uganda Telekom**, heimisches Mobilfunkunternehmen, Erkennungsvorwahl: 071. Prepaid SIM-Karte kostet 2.000 USh, Inlandsgespräche 320 USh, Auslandsgespräche kosten pro Minute zurzeit: Ostafrika 450 bis 550 USh pro Minute, alle anderen Länder einheitlich 650 USh pro Minute. www.utl.co.ug.
- **MTN**, südafrikanischer Mobilfunkanbieter. Erkennungsvorwahl: 077, 078. Momentan der beliebteste Anbieter mit der zurzeit besten Abdeckung. Prepaid SIM-Karte kostet 3.000 USh, Gesprächskosten 1 Minute: Inland 265 bis 500 USh, Ostafrika 450 bis 550 USh, Europa 600 USh. www.mtn.co.ug
- **Orange**, das französische Tochterunternehmen ist als neuster Wettbewerber seit 2009 auf dem Markt. Eine Prepaid SIM-Karte kostet 2.000 USh, Minutenpreis im Inland: 370 USh, Europa: 450 USh. Erkennungsvorwahl: 079, www.orange.ug.
- **Warid Telecom**, Pakistanisches Unternehmen, seit 2008 in Uganda, die Prepaid SIM-Karte kostet 3.000 USh, der Minutenpreis im Inland: 329 USh, ins Ausland sehr uneinheitlich, Erkennungsvorwahl: 070, www.waridtel.co.ug

Deutsche Mobilfunkunternehmen mit Roaming-Abkommen:

- **t-mobile**, hat mit vier Firmen ein Roamingabkommen: Airtel, Uganda Telecom (mit MMS) sowie MTN und Warid, www.t mobile.de.
- **vodafone**, das britische Unternehmen hat mehrere afrikanische Ableger und in Uganda Roamingabkommen mit Airtel und MTN, die Ihnen das Telefonieren in Uganda mit Ihrer deutschen Handykarte ermöglichen. www.vodafone.de.
- **e-plus**, ebenfalls, zumindest durch Roaming-Verträge, in Afrika weit verbreitet. Hat allerdings in diesem Fall nur ein Roaming-Abkommen mit Uganda (MTN). www.e-plus.de.

▶ Trinkgelder

Trinkgelder werden generell in Uganda und Ruanda nicht als selbstverständlich angesehen, aber natürlich gerne angenommen. Ausnahme sind die Bereiche, in denen ausländische Touristen zu finden sind. Dazu gehören Hotels und Restaurants der gehobenen Klasse sowie Fahrer und Reiseleiter bei organisierten Rundfahrten und Touren. Hier wird ein angemessenes Trinkgeld erwartet.

In den Restaurants ist es üblich, den zu zahlenden Betrag einfach aufzurunden. Die Zimmermädchen (-jungs) der Hotels freuen sich über eine Kleinigkeit (Vorschlag: 0,25 € pro Zimmer und Tag, etwa 800 USh). Die „touristischen" Helfer wie Reiseleiter, Fahrer und Park Guides erwarten etwas mehr. Hier sind etwa 1 bis 2 Euro pro Tag und Person angebracht. Machen Sie die Höhe des Trinkgeldes bitte auch von der Leistung der Person abhängig! Haben Sie dabei aber auch immer einen Blick auf die örtlichen Gehaltsverhältnisse.

▶ Trinkwasser

Das im öffentlichen Wassernetz befindliche Wasser entspricht nicht der europäischen Trinkwasserqualität. **Das Leitungswasser in Uganda sollten Sie daher nicht trinken!** Trinkwasser gibt es von mehreren Herstellern abgepackt in Plastikflaschen zu kaufen. Die gängigste Marke in Uganda ist: Rwenzori.

Hinweis!
Außerhalb von Kampala ist es auch empfehlenswert, sich die Zähne mit dem abgepackten Mineralwasser zu putzen.

U

▶ Unterkünfte

In Uganda gibt es Unterkünfte vom **einfachen Gästehaus** oder Jugendherberge bis zum **5-Sterne-Hotel**. Wobei letztere allerdings die Ausnahme sind. Dazwischen gibt es jede Menge Auswahl in Komfort und Preis. Allerdings sind nicht immer alle Kategorien in jedem Ort vorhanden. Für die, die gerne mit dem Zelt unterwegs sind, gibt es ebenso zahlreiche Campingplätze (mehr dazu finden Sie unter: Camping).

Für die Unterkünfte in den Nationalparks und Schutzgebieten gilt das Gleiche. Hier muss allerdings mit einem im Vergleich zum Komfort höheren Preis gerechnet werden, da viele Lodges oder Zeltcamps weit ab von urbanen Zentren liegen. Das macht die Versorgung mit Energie, Lebensmitteln und Ersatzteilen schwieriger als z. B. in der Stadt. Die Lodges liegen dafür meist in einer wunderschönen Landschaft. Die angebotenen Zeltcamps der höheren Kategorien sind in der Regel ähnlich komfortabel wie eine Lodge.

Übernachtungskategorien

(Preise für ein Doppelzimmer pro Nacht)

$$$$$	*über 120 €*
$$$$	*80 bis 120 €*
$$$	*40 bis 80 €*
$$	*20 bis 40 €*
$	*10 bis 20 €*

Bei einem Hotel ohne Zeichen bedeutet dies einen Preis unter 10 €.

Die einzelnen Unterkünfte in den Orten entnehmen Sie bitte dem Kapitel Regionale Reisetipps. *Dort finden Sie unter jedem Ort (alphabetisch geordnet) die jeweils vorhandenen Übernachtungsmöglichkeiten. Die Hotels haben wir zur besseren Orientierung in mehrere Kategorien eingeteilt.*

Die Hotelrechnungen werden entweder in Uganda Shilling oder in US-Dollar bezahlt. Nur in Ausnahmefällen werden auch einmal Euro akzeptiert. Die Akzeptanz von Kreditkarten ist in Uganda noch nicht sehr verbreitet und beschränkt sich in der Regel auf die besseren, sprich teureren Hotels.

Bitte bedenken Sie, dass in vielen Hotels in Uganda die Zimmer bereits bis 10 Uhr geräumt sein müssen.

▶ Versicherungen

Versicherungen sind immer eine Frage von persönlicher Risikobereitschaft und Sicherheitsdenken. Daher muss jeder Reisende für sich überlegen, welchen Versicherungsschutz er für seine Reise benötigt.

Auf jeden Fall zu empfehlen ist eine **Auslandkrankenversicherung**. Sie kostet meist zwischen 10 und 20 Euro und gilt für alle Reisen in einem Jahr (je Reise bis zu 6 Wochen). Sie bekommen dann für medizinisch notwendige Aufwendungen im Ausland das Geld bei Vorlage der entsprechenden Quittungen zu Hause wieder erstattet. Achten Sie darauf, dass Ihre Auslandskrankenversicherung im Notfall einen Transport nach Hause mit einschließt.

Falls Sie eine teure Pauschalreise buchen möchten, ist zu überlegen, eine **Reiserücktrittsversicherung** abzuschließen. Vergewissern Sie sich bei angebotenen Versicherungen immer, ob Sie diese auch wirklich brauchen. Sollten Sie Ihre Reise mit Kreditkarte bezahlen, gibt es einige Kreditkartenanbieter, die diese Versicherung schon beinhalten (z.B. die TUI-Card). Die Versicherung zahlt nur die Stornokosten und verfallende Anzahlungen, wenn Sie aus wichtigen Gründen (Todesfall, Krankenhausaufenthalt, etc.) die Reise nicht antreten können.

Zudem wird Ihnen von vielen Reisebüros eine **Reisegepäckversicherung** angeboten. Prüfen Sie diese genau, denn diese Versicherungen schließen viele Dinge von vornherein aus, sodass sich diese Versicherung in der Regel nicht lohnt. Das gilt besonders für teure Elektrogeräte und Kameras. Um zu Hause den Versicherungsschaden anzuzeigen, brauchen Sie außer den Rechnungen für die entwendeten Dinge auch einen detaillierten Polizeibericht. Den zu bekommen, kostet Sie meist mindestens einen halben Urlaubstag und oft reicht dieser der Versicherung nicht aus. Wägen Sie daher den Schaden und Nutzen immer ab.

W

Währung/Devisen

Die Währung in Uganda ist der **Uganda-Schilling** (Shillingi). Die Währungseinheit wurde in den 1970ern eingeführt und löste den seit 1920 gültigen Ostafrikanischen Schilling (East African Shilling) ab. Der Umtauschkurs hat durch die Krisen des Landes in den 1970er- und 1980er-Jahren so manchen Sprung gemacht. Seit den 1990er-Jahren ist die Währung allerdings wieder wesentlich stabiler. Durch die starke Orientierung auf den englischen und amerikanischen Markt nach der Öffnung des Landes für den Tourismus, war es anfangs schwierig, andere Währungen als Pfund oder Dollar zu wechseln.

Spätestens nach der Einführung der europäischen Gemeinschaftswährung „Euro" beginnt sich aber das Gewicht zu verschieben. Heute können Sie die wichtigsten Währungen in jeder Bank und Wechselstube des Landes tauschen. Der Umtauschkurs ist dabei von Bank zu Bank und Büro zu Büro unterschiedlich. Vergleiche lohnen sich. In der Regel bekommen Sie in den Wechselstuben einen besseren Kurs als in den Banken. Je weiter Sie von der Hauptstadt Kampala entfernt sind, desto schlechter wird der Umtauschkurs.

Der Kurs des Uganda-Schilling liegt zurzeit für 1 € bei etwa 3.400 USh (März 2013).

Die Währung wird ausgegeben in folgenden Staffelungen der Scheine: 1.000, 5.000, 10.000, 20.000 und 50.000. Banknoten mit dem Wert 500 oder weniger sind kein gültiges Zahlungsmittel mehr! Gültige Münzen gibt es noch in 5, 10, 50, 100, 200 und 500 Uganda-Schilling. Die kleinen Nennwerte sind allerdings sehr selten.

Hinweis
Auch wenn in Hotels die Preise in US$ angeben sind, kann meist in USh bezahlt werden. Hotel- und Autovermietungskosten können auch mit Euro bezahlt werden.

Es hat sich bei Reisen nach Uganda gezeigt, dass es am praktischsten ist, Bargeld mitzunehmen. Das hat den Vorteil, dass Sie es immer umtauschen und teilweise sogar damit bezahlen können (Dollar und Euro). Für Reisende aus Europa ist es von Vorteil, außer Euro auch immer ein paar Dollar mitzunehmen (z. B. für die Visumsgebühr). Ansonsten können in Dollar angegebene Preise in der Regel zum jeweiligen Umtauschkurs auch in Uganda-Schilling gezahlt werden. Achten Sie bitte bei der Mitnahme von US-Dollar darauf, dass keine Scheine angenommen werden, die älter sind als das Ausgabejahr 2002. Bei großen Scheinen (50er und 100er) bekommen Sie teilweise bessere Umtauschkurse als bei kleineren Stückelungen.

Devisen können Sie uneingeschränkt mit nach Uganda bringen. Ab einem Betrag von 10.000 € müssen Sie jedoch den Geldbetrag beim Zoll deklarieren. Auch die ugandische Währung, der Schilling, darf bis zu einem bestimmten Betrag aus- und eingeführt werden. Die Währung bekommen Sie dann aber nur in den Nachbarstaaten umgetauscht.

Reiseschecks werden nur in sehr wenigen Banken in Uganda eingewechselt, und das auch nur zu einem schlechteren Kurs. Falls Sie trotzdem nicht auf Reiseschecks verzichten möchten, dann denken Sie bitte an den Kaufbeleg der Schecks, dieser wird von den meisten Banken zur Einsicht gefordert.

Das Bezahlen mit Kreditkarte ist in Uganda nur in den großen Hotels, teuren Geschäften und bei den internationalen Mietwagenfirmen möglich. Mit einer Visa-Kreditkarte sowie einer Maestro/EC-Karte können Sie in größeren Ortschaften, die über Bankfilialen mit Bankautomaten (ATM) verfügen, mit Hilfe Ihrer PIN-Nummer Geld abheben.

▶ Zeit

Uganda gehört zur ostafrikanischen Zeitzone (zusammen mit Ländern wie Kenia, Tansania, Äthiopien und Madagaskar). Das bedeutet, dass Uganda unserer mitteleuropäischen Zeitzone um zwei Stunden voraus ist. Während unserer Sommerzeit (Ende März bis Ende Sept.) beträgt der Unterschied sogar nur eine Stunde.

In Ostafrika gehen die Uhren eigentlich noch etwas anders. Zwar hat traditionell der Tag in Ostafrika auch insgesamt immer 24 Stunden, nur werden die Stunden hier anders gezählt. Die Tage sind über das Jahr gesehen relativ gleich lang, was an der Nähe zum Äquator liegt und dauern etwa von 6 bis 18 Uhr. So beginnt der Tag mit dem Sonnenaufgang, das heißt um 6 Uhr moderner Zeit ist 0 Uhr in der Swahili-Zeit, wie die Zeitrechnung in Ostafrika genannt wird. 7 Uhr ist dann 1 Uhr und so weiter. 12 Uhr Swahili-Zeit bedeutet dann 18 Uhr moderner Zeitrechnung. Dann beginnt die Nacht und die Stunden werden von vorn gezählt. 19 Uhr moderner Zeitrechnung ist 1 Uhr nachts Swahili-Zeit.

In den Städten wird die alte traditionelle Zeitrechnung immer mehr verdrängt. Wer sich aber auf dem Land verabredet, sollte sich immer vergewissern, welche Zeit gemeint ist.

▶ Zoll

Zur Einfuhr nach Uganda und Ruanda sind alle Gegenstände erlaubt, die man im Allgemeinen für eine Reise benötigt. Dazu sind pro Person noch erlaubt: 200 Zigaretten (oder 250 g Tabak), ein Liter alkoholische Getränke und 250 ml Parfum (oder 500 ml Eau de Toilette). Zudem sind eine Kamera, eine Videokamera und ein Laptop (Notebook) zu persönlichen Zwecken gestattet. Diese Geräte müssen nicht beim Zoll deklariert werden. Für Journalisten und Filmemacher gelten gesonderte Regelungen.

Die Gepäckkontrollen an den Landgrenzen sind in der Regel recht streng. Das Einführen von Waffen oder Waffenteilen und Pornografie ist streng verboten.

▶ Zugverbindungen

Leider sind die glorreichen Tage der „East African Railways“ schon einige Jahrzehnte vorbei. Auch wenn das Streckennetz der Schmalspurbahnen bis heute überdauert hat, so gibt es leider zurzeit keine einzige Strecke mit Personenverkehr. Da die extrem langsamen Züge im Zeitalter der Busse auf asphaltierten Straßen nicht mithalten können, hatten sich schon vor Jahren keine Gäste mehr für die wenigen Bahnlinien gefunden. Heute gibt es auf den Strecken der „Uganda Railways“ nur noch Güterverkehr.

Entfernungstabelle (Angaben in km)

Entebbe																							
318	Chobe																						
356	370	Fort Portal																					
380	98	432	Gulu																				
487	203	483	107	Kitgum																			
493	205	481	105	145	Nimule*																		
237	172	198	234	341	399	Hoima																	
114	364	402	426	469	531	283	Jinja																
464	668	298	739	837	835	496	519	Kabale															
556	760	390	822	929	927	588	602	92	Bunagana**														
34	284	322	346	452	459	203	80	430	522	Kampala													
300	18	352	80	185	187	154	346	650	742	266	Karuma Falls												
745	348	682	250	162	307	484	631	980	1072	596	330	Kidepo											
538	256	590	249	356	256	392	584	888	980	504	238	499	Arua										
554	272	606	265	372	281	408	600	904	996	520	254	515	16	Vurra**									
171	421	378	483	590	588	340	217	293	385	137	403	733	625	641	Masaka								
251	116	254	178	285	283	56	297	552	644	217	98	428	320	336	354	Masindi							
284	329	572	364	344	469	453	170	680	772	250	311	461	533	549	387	395	Mbale						
317	567	232	588	695	693	430	363	147	239	283	549	879	771	787	146	486	533	Mbarara					
508	390	796	321	281	428	512	394	904	966	474	372	255	594	610	611	456	224	757	Moroto				
343	121	346	114	221	219	148	389	644	746	309	103	364	216	232	446	92	414	578	475	Paraa			
381	232	552	267	247	372	354	267	777	869	347	214	393	436	452	284	298	97	630	158	317	Soroti		
239	374	527	409	389	514	408	125	534	727	205	356	506	578	594	342	422	45	488	269	459	142	Tororo	
257	392	454	427	407	532	426	143	653	745	223	374	524	596	612	360	440	63	506	287	477	160	18	Malaba

*) an der Grenze zum Sudan **) an der Grenze zur D. R. Kongo

Uganda: Regionale Reisetipps A-Z

inklusive Hotel- und Restauranttipps

Hotel-Klassifizierung

Die Auswahl der Übernachtungsmöglichkeiten ist nach persönlicher Recherche vor Ort erstellt und erhebt keinen Anspruch auf Vollständigkeit.

In größeren Städten können auf Grund des umfangreichen Angebots nicht alle Übernachtungsmöglichkeiten genannt werden. Dort haben wir versucht, eine Vorauswahl für Sie zu treffen. In kleinen Orten und in den Nationalparks und Wildreservaten sind meist alle Möglichkeiten zur Übernachtung aufgezeigt.

Mit der Redaktionsmeinung soll nicht ausgedrückt werden, dass andere nicht erwähnte Hotels nicht akzeptabel seien. Die von uns verwendete Klassifizierung durch $-Zeichen orientiert sich am offiziellen Preis für Doppelzimmer (DZ), ohne Mahlzeiten (sofern nicht anders angegeben) oder sonstige Abgaben. Abweichungen zum tatsächlichen Zimmerpreis können sich durch die jeweilige Saison, Pauschalangebote oder eine veränderte Preispolitik des Leistungsträgers ergeben. Die Angaben dienen also somit nur als eine Richtlinie. Falls ein Hotel seine Preise in USh ausschreibt, so finden Sie bei uns die Preise umgerechnet in Euro. Wenn das Hotel US-Dollar-Preise angibt, sind diese hier auch so wiedergegeben.

Übernachtungskategorien

(Preise für ein Doppelzimmer pro Nacht)

$$$$$	über 120 €
$$$$	80 bis 120 €
$$$	40 bis 80 €
$$	20 bis 40 €
$	10 bis 20 €

Bei einem Hotel ohne Zeichen bedeutet dies einen Preis unter 10 € für das Doppelzimmer.

A

Adjumani (Adjumani-Distrikt) (S. 428)

Flugverbindungen

• **EagleAir** *fliegt Adjumani zurzeit nicht im Linienverkehr an. Bei Interesse können Sie Charter-Arrangements organisieren unter Tel.: 041-4344292, admin@eagleuganda.com, www.flyeagleuganda.com.*

• **United Airlines** *fliegt von Adjumani direkt nach Entebbe (Di, Do, Fr und So). Von Adjumani nach Gulu (Mo, Mi und Sa). Von Arua aus nach Adjumani (Mo, Mi, Fr und So) und von Moya nach Adjumani (Di, Do und Sa). Die Flüge von Entebbe aus nach Adjumani führen immer über Arua oder Moya. Büro in Kampala: Tel.: 0414-349841/2, Fax: 0414-349843. united@infocom.co.ug, www.enteruganda.com/unitedairlines.*

Überregionale Busverbindungen

Von der 200.000 Einwohner Stadt Adjumani gibt es täglich Matatus und Busse, die nach Gulu bzw. Moya fahren. Erkundigen Sie sich aber bitte vorher über die Sicherheitslage auf diesen Strecken. Überlandbusse verbinden die Stadt täglich mit Kampala (45.000-50.000 USh).

Unterkunft

• **Arra Fishing Lodge $$$**, *Tel.: 077-2374560. Zu buchen über Metropolitan Travel Bureau in Kampala (Tel.: 041-2258711, arra_fishing_lodge@live.de, www.uganda-fishing.com. DZ-Zelt 80 US$, EZ-Zelt 60 US$ und 2 Bungalows zu je 100 US$ inkl. Frühstück. Komfortable Zelte mit eigenem Bad/WC am Ufer des Nil. Etwa 30 Min. von der Adjumani-Landepiste entfernt, Transfer kann mitgebucht werden für ca. 9 € pro Person (ansonsten ist es schwierig, dorthin zu kommen). Bei mehr als zwei Personen und mehr als sechs Nächten ist der Transfer zum Hotel frei. Zelten mit eigenem Zelt ca. 3,60 €, Nutzung des Schwimmbades 2,70 €. Vollpension 15 US$ pro Person. Die Lodge ist besonders beliebt bei Fischern und bietet diverse Aktivitäten an. Angelausflüge 15 US$ pro Std./Pers., Angelequipment zum Ausleihen 10 US$. Geführte 3-stündige Wanderung 1,50 US$ p.P., 7 Std. Bootsausflug zum Emin Pasha Fort für bis zu 4 Pers.: 130 US$.*

• **Zawadi $**, *2, Magni Road, Tel.: 078-2858153, 077-2465712. DZ 23-28 US$, EZ 18 €. 27 Zimmer in einem ansprechenden Haus mit Garten und dem besten Restaurant der Stadt.*

• **Ruyo Guesthouse**, *an der Hauptstraße von Gulu, Tel.: 078-2838274. DZ 18-32 US$, EZ 9-14 US$ je nach Ausstattung und Größe, Zimmer oder Bungalows. Preis inkl. Frühstück, einfaches Restaurant.*

Arua (Arua-Distrikt) (S. 427)

Wichtige Telefonnummern

• **Vorwahl Arua**: *0476*

• **Polizei, Feuerwehr, Krankenwagen**: *420999*

• **Krankenhaus**: *420247*

Flugverbindungen

• **EagleAir** *fliegt 5x wöchentlich von Entebbe nach Arua und zurück (Mo, Di, Mi, Fr, Sa). Darüber hinaus können Sie auch Charter-Arrangements organisieren unter Tel.: 041-4344292, admin@eagleuganda.com, www.flyeagleuganda.com.*

• **United Airlines** *fliegt direkt von Entebbe nach Arua (täglich). Zurück nach Entebbe über Adjumani (fünf Mal die Woche). Büro in Kampala: Tel.: 0414-349841/2, Fax: 0414-349843. united@infocom.co.ug, www.enteruganda.com/unitedairlines.*

Überregionale Busverbindungen

Es fahren täglich mehrere Überlandbusse über Pakwach nach Gulu und einmal täglich fährt ein Bus durch bis nach Kampala (42.000 USh). Die Minibusse verbinden Arua mit mehreren Dörfern der Umgebung sowie mit Nebbi, Pakwach und Gulu.

Unterkunft

• **White Castle $$**, Euwata, Hauptstraße nach Pakwach (Nebbi-Road), 4 km außerhalb von Arua, Tel.: 0372-260033, 077-2880830, info@whitecastlehotel.com, www.whitecastlehotel.com. DZ 46 US$, EZ 36 US$. Die 29 Zimmer befinden sich in Bungalows, sowie ein Apartment mit Küche extra.

• **Golden Courts $$**, Etwas abseits der Weatherhead Parklane, Nähe Golfplatz, Tel.: 0476-420170, 077-2466525. DZ 30 US$, EZ 25 US$. Neues Hotel in einer ehemaligen Villa in ruhiger Lage. Die Betten sind mit Moskitonetzen ausgestattet.

• **Heritage Courts $$**, 24 Weatherhead Parklane (gegenüber National Drug Authority), Tel.: 077-2451689. DZ 26 €, EZ 22 €. Nettes kleines Hotel beim Golfplatz.

• **Heritage Park $$**, Weatherhead Lane, Tel.: 077-4158200. DZ 25 €, EZ 20 €. Gutes Preis-Leistungs-Verhältnis, sehr gutes Restaurant mit Café im Garten.

• **Desert Breeze $$**, nördl. Seitenstraße der Weatherhead Lane, director@hoteldesertbreeze.com, www.hoteldesertbreeze.com. DZ 50-80 US$, EZ 50-75 US$, Suite 185 US$. Modernes Hotel am Rande der Innenstadt mit Restaurant und Zimmern mit Balkon.

• **Slumberland $$**, nähe Kreisverkehr Kaya Highway/Pakwach Road und dem High Court, Tel.: 0372-274358, 077-333999, www.slumberlandhotel.com. Freundliches Hotel mit sauberen Zimmern (Moskitonetze) sowie Restaurant (Mittags-Buffet) und Frühstücksservice.

• **Rocks and Roots**, Westlich des Barifa Forest (Wassertank), Tel.: 0372-280083, rocks.rootsguesthouse@gmail.com. Nett eingerichtete, zum Teil kleine Zimmer und ein freundlicher Service erwarten die Gäste.

Restaurants

• **Ethiopian**, Arua Av., gute äthiopische Küche. Wenn Sie gerne scharf essen, sind Sie hier richtig.

• **Oasis**, Weatherhead Parklane, eines der besten Restaurants in der Stadt, mit afrikanischer und europäischer Küche (Pizza) und fairen Preisen.

• **Indian**, nördl. Arua Av., der Name ist Programm, sehr lecker!

Banda Island (Kalangala-Distrikt) (S. 383)

Hinweis

Die Insel Banda gehört zum Ssese-Archipel im Viktoria-See. Zu erreichen mit Fischerbooten zum Beispiel ab **Kasenyi** (Halbinsel vor Entebbe), die Anlegestelle erreicht man über die Kasenyi Road, eine südl. Abzw. der Kampala-Entebbe Road (Bootspreis ist auszuhandeln, ca. 300.000 USh). Von Kasenyi fährt zurzeit die Fähre MV Amani Mo-Do die Inseln Bukebe, Bukasa und Bufumira an, von dort kann ebenfalls ein Boot nach Banda gechartert werden (60.000 USh). Abfahrt von Kasenyi um 14.30 Uhr (Tel.: 041-4691548).

Von Entebbe Hafen kann auch ein Speed-Boot gechartert werden (Fahrtdauer 1 ½ bis 2 ½ Std., je nach Wellengang), Preis hin und zurück 800.000 USh pro Boot.

Die Fähre MV Kalangala fährt täglich um 14 Uhr von Nakiwogo (am nordwestlichen Ende von Entebbe) nach Lutoboga (1. Klasse 15.000, 2. Klasse 10.000 USh, Fahrzeit 3 ½ Std.), von dort mit einem gecharterten Fischerboot weiter nach Banda (140.000 USh p. Boot).

Unterkunft

**Banda Island Resort $**, Tel.: 077-2222777, banda.island@gmail.com, www.bandaisland.biz, www.traveluganda.co.ug/banda-island. Verschiedene Unterkunftsmöglichkeiten: DZ-Bungalow 60-80 US$, Bett im Schlafsaal 30 US$, Zelt 25 US$. Ein schöner Platz zum Verweilen. Beliebt bei Reisenden, die abseits der Touristenrouten etwas Ruhe und Erholung finden wollen. Daher eins der beliebtesten Unterkünfte auf den Ssese-Inseln.

B

Bigodi Wetland Sanctuary (Kibale-Distrikt) (S. 460)

Information

Das Bigodi-Sumpfland-Schutzgebiet liegt am Kibale-Forest-Nationalpark, 4 km von Kanyanchu entfernt. Von dort aus kann es bequem besucht werden. Es handelt sich um ein 3 km² großes Sumpfgebiet (Magombe Swamp), das als ökologisches Projekt von den umliegenden Dörfern gemanagt wird. Ein Eintrittsgeld von 20 US$ (pro Pers., inkl. Führer) wird berechnet. Es ist eine der interessantesten Wanderungen, die Sie in Uganda unternehmen können. Es geht über (bei Hochwasser schwimmende) Holzstege durch das Sumpfgebiet (nur bei Hochwasser Gummistiefel erforderlich, werden ausgeliehen). Im angrenzenden Wald sind zahlreiche Affenarten zu beobachten. Die Wanderung dauert 3 Std., weitere Informationen unter Tel.: 077-2492274, Fax: 0483-222636, www.bigodi-tourism.org.

Unterkunft und Restaurants

Im Dorf Bigodi gibt es neben einem sehr einfachen Gästehaus seit 2013 eine etwas komfortablere Adresse. John Tinka vermietet in seinem Haus einige Zimmer, mit Anschluss ans Familienleben (20 US$). Er bietet auch in einer eigens dafür errichteten Rundhütte ein traditionelles ugandisches Essen mit unterhaltsamen Erläuterungen zur Landesküche und der heimischen Esskultur an (10 US$). Anmeldung erforderlich unter Tel.: 077-2468113, tinkabigodi@gmail.com. Weitere Unterkünfte finden Sie unter Kibale-Forest-Nationalpark.

Rundfahrten/Touren/Besichtigungen

Von Fort Portal aus können Sie an organisierten Touren nach Bigodi und Kibale teilnehmen. Bei folgendem Veranstalter gibt es Tagestouren zu beiden Gebieten (inkl. Schimpansen-Trekking) ab ca. 65 US$ pro Person (bei 4 Pers.).

***Kabarole Tours & Safaris**, 1 Moledina Street, Fort Portal, Tel.: 0483-422183 oder 077-2661752, Fax: 0483-422636, safari@kabaroletours.com, www.kabaroletours.com.*

Budadiri (Sironko-Distrikt) (S. 403)

Unterkunft

- ***Wagagai $**, im Zentrum, DZ 25 US$, EZ 17 US$. Hotel von 2008 mit 28 einfachen Zimmern, teilweise mit schönem Blick auf Mt. Elgon. Restaurant mit einfacher Küche.*
- ***Rose's last Chance $**, Nähe Parkbüro, Tel. 075-2203292. DZ 20 US$, EZ 12 US$, Bett im Schlafsaal 10 US$, Camping 8 US$, jeweils inklusive Halbpension. Neubau beim Parkbüro, das alte Gästehaus ist aber weiterhin für Gäste geöffnet.*

Camping

Am Besucherzentrum des Nationalparks können Sie gegen eine kleine Gebühr Ihr Zelt aufschlagen.

Rundfahrten/Touren/Besichtigungen

Etwa drei Kilometer außerhalb von Budadiri befinden sich die Numagabwe-Höhlen. Interessant sind vor allem die alten Höhlenmalereien, ein Besuch lässt sich über die örtlichen Hotels organisieren.

Budongo Forest Reserve (Masindi-Distrikt) (S. 445)

Informationen

Busingiro Forest Site: Wanderung (3 Std.): 15 US$, Vogeltour (Halbtags): 30 US$. Kanyiyo-Pabidi Forest Site: Schimpansentrekking: je nach Saison 50-60 US$.

Informationen über das Budongo Forest Ecotourism Project erhalten Sie beim Nyabyeya Forestry College in Masindi. Tel.: 077-2616747, Fax: 0465-420411, bucoco@africaonline.co.ug.

Einfache Unterkünfte

- **Budongo Eco Lodge $$$**, *www.ugandalodges.com/lodges/budongo/. Nähe Budongo Forest Ecotourism Centre, fünf Holzhütten (als DZ je 110 US$, als EZ je 66 US$ inkl. Frühstück, auch Halb- und Vollpension möglich), vier 4-Bett-Schlafräume (Bett 22 US$) jeweils inkl. Frühstück. Die Lodge gehört zu Uganda Lodges. Einfache, aber gute Unterkunft mit kleinem Restaurant.*
- **Busingiro Tourist Side $**, *es gibt zwei einfache Hütten mit mehreren Betten, pro Person ca. 8 €. Es gibt Wasser, eine Kochmöglichkeit, eine Warmwasserdusche (!) und in der Regel diverse Getränke. Das Essen müssen Sie selber mitbringen!*
- **Nyabyeya Forestry College**, *Tel.: 077-2496700, dieses kleine Gästehaus 10 km vom Busingiro-Wald vermietet Betten für ca. 5 €. Wasser und Feuerholz sind vorhanden, Sie müssen allerdings Ihr eigenes Essen mitbringen.*

Camping

- **Busingiro Tourist Side**, *liegt ca. 43 km westlich von Masindi an der Straße nach Bulisa. Camping kostet ca. 4 € pro Person.*
- **Kanyiyo Pabidi Tourist Side**, *Camping kostet ca. 4 € pro Person.*

Für beide Camps gilt: Es gibt Wasser, eine Kochmöglichkeit, eine Dusche und in der Regel diverse Getränke. Das Essen müssen Sie selber mitbringen!

Aktivitäten

Das Budongo Waldreservat besteht aus mehreren Parzellen. Im Kanyiyo-Pabidi-Wald sind Schimpansen-Beobachtungen möglich. Dieser Teil ist nur über den Murchison Falls NP zu erreichen, für den ebenfalls das Eintrittsgeld zu entrichten ist.

Der Waldteil bei Busingiro ist für Vogel- und Pflanzenliebhaber interessant.

Bufumira Island (Kalangala-Distrikt) (S. 383)

Hinweis: *Diese zum Ssese-Archipel gehörende Insel liegt zwischen den größeren Inseln Bufumira und Buyovu und ist von der Hauptinsel Buggala aus gut mit dem Fischerboot zu erreichen.*

Unterkunft

Im Hauptort Semawundu gibt es ein sehr einfaches Gästehaus. Da es außer Fisch so gut wie nichts gibt, ist es besser, wenn Sie sich Ihre Verpflegung selber mitbringen.

Buggala Island (Kalangala-Distrikt) (S. 383)

Hinweis: *Die Insel ist als größte der 84 Inseln die Hauptinsel des* **Ssese-Archipels** *im Viktoria-See.*

Unterkunft

- **Pearl Garden Beach $$$**, *Buggala Island, Kalangala, nähe Fährhafen, Tel.: 077-2372164, 077-4267551. Einfaches Strandhotel mit 10 Hütten (Bandas) und einem 40-Betten Haus. DZ 50 US$, EZ 40 US$, Bungalows (Executive Cottages) 35-60 US$ jeweils inkl. Mahlzeiten (Vollpension), Camping mit eigenem Zelt möglich für ca. 2,50 € pro Person. Im Restaurant gibt es Frühstück (1,50 €) und diverse Gerichte (ab 2,50 €). Bootsausflüge sind möglich, zum Beispiel pro Stunde 54 €, Halbtagestour 89 € (bei 10 Personen). Das Hotel liegt sehr romantisch und offeriert einen sehr netten Service.*

B

- ***Ssese Island Club $$$***, *500 Meter neben dem Beach Hotel, Tel.: 0414-250757 o. 077-2641376, islandsclub@hotmail.com. DZ 110 US$, EZ 70 US$ inkl. VP. Holzhütten und feste Safarizelte mit eigenem Bad.*
- ***Mirembe Resort $$$***, *Lutoboka, Tel.: 0392-772703, 078-2528651, reservations@mireberesort.com, www.miremberesort.com. Preise mit Frühstück/mit VP: DZ-Bungalow 65-77 US$, EZ-Bungalow 45-55 US$, DZ-Holzhütten (Blockhouse) 55 US$ (als EZ 35 US$), Zelten pro Pers. 15 US$ (mit Zelt 20 US$). Der Name der Lodge bedeutet „Frieden", und der lässt sich in dieser neuen Anlage durchaus für eine Weile finden.*
- ***Ssese Island Beach Hotel $$***, *2 km außerhalb von Kalangala, Tel.: 0414-220065 oder 077-2408244, 2845905, sibh@sseseislandsbeachhotel.com, www.sseseislandsbeachhotel.com. DZ 55-63 US$, EZ 35-42 US$ inkl. Frühstück. Bei Vollpension ca. 15 US$ mehr pro Pers. Bett im Schlafsaal 10 US$ ohne Frühstück. Camping möglich für 10 US$ pro Person bzw. 13 US$ mit Zeltausleih. Es gibt einen Swimmingpool sowie einen Bootsverleih und organisierte Bootstouren. Wunderschöne Lage direkt am Viktoria-See, Bad an einem schönen Strand. Es gibt einen Bootsverleih sowie Bootstouren.*
- ***Panorama Lodge $$***, *etwas abseits des Strandes, Tel. 077-3015574. DZ-Bungalows 30 US$, EZ 20 US$. Obwohl nicht direkt am Strand gelegen, ist es durchaus für den Preis zu empfehlen. Allerdings sollten Sie vielleicht besser woanders speisen.*
- ***Ssese Palm Beach Resort $***, *Tel.: 077-2503315, -368742, ssese_2001@yahoo.com. Bungalows ab 11-18 €, Safari-Zelte 9 €, Campingzelte 5,50 €, jeweils mit Frühstück. Camping mit eigenem Zelt 2,50 €. Schöne Rundhäuser mit strohgedeckten Dächern und Blick auf den See, mit Bar und Restaurant.*
- ***Horn Bill Beach $***, *Tel.: 077-2729478, loek.verberg@bigfoot.com. DZ 10 €, Bett im Schlafraum kostet 3,50 €. Mit Kajak, Kanu und Motorbootverleih. Das herrlich am Strand gelegene Hotel ist der Geheimtipp für „Low-Budget-Reisende".*
- ***Ssese Scorpion Lodge***, *in Luku an der Kalangala Road (10 Min. von der Fähranlegestelle), DZ 4 €, Camping 2 € pro Person. Sehr einfache Lodge mit kleinem Restaurant.*

Camping

- ***Horn Bill Camping Site***, *Tel.: 077-2729478, loek.verberg@bigfoot.com. Camping kostet 2 € pro Person, ein Zelt zum Ausleihen ebenfalls 2 € pro Nacht. Kajak, Kanu und Motorbootverleih*
- ***PTA Andronica Lodge***, *Kalangala, Tel.: 077-2375529, Camping kostet 2 € pro Person und Nacht, auch Hütten sind für 3 € zu haben.*

Bugungu Wildlife Reserve (Masindi-Distrikt) (S. 438)

s.a. Bulisa

Hinweis: *Dieses Wildreservat liegt an der Grenze zum Murchison-Falls-Nationalpark.*

Preise und Öffnungszeiten

Es wird eine einmalige Eintrittsgebühr von 10 US$ erhoben. Kinder bis 15 Jahre müssen nichts zahlen. Das Wildreservat hat die gleichen Öffnungszeiten wie der Murchison-Falls-Nationalpark und zwar von 6-18 Uhr.

Camping

Camping ist in der Nähe des Headquarters für 5 € pro Person möglich. Ansonsten gibt es zzt. keine Unterkünfte (die nächstgelegenen finden Sie im Murchison-Falls-Nationalpark).

Buhoma (Kanungu-Distrikt) (S. 496)

Hinweis: *Dies ist das kleine Dorf am Eingang zum* ***Bwindi-Park****.*
Informationen über Unterkünfte finden Sie unter: Bwindi-Impenetrable-Nationalpark.

Bujagali Falls (Jinja-Distrikt) (S. 392)

Informationen

Die durch Aufstauung wegen des neuen Damms nicht mehr zu sehenden Bujagali Falls sind etwa 7 km von Jinja entfernt. Von Kampala aus kommend zu erreichen über den Owens-Falls-Damm und am nächsten Kreisverkehr links.

***Hinweis:** Der neue Bujagali-Falls-Damm wurde 2011 fertiggestellt. Seitdem beginnt das Whitewater Rafting auf dem Nil erst hinter dem neuen Damm. Das neue Zentrum für Rafting liegt jetzt 28 km nördlich von Bujagali bei den Kalagala Falls. Erkundigen sie sich bitte vor Ort bei den Rafting-Veranstaltern über die neuen Routen.*

Flugverbindungen

Nördlich von Jinja, an der Jinja-Budondo Road, befindet sich ein Airstrip. Jinja ist nur per Flugcharter zu erreichen.

Unterkunft

Einziges Hotel in der Nähe mit gehobenem Standard ist das einige Kilometer vor den Fällen gelegene:

- ***Jinja Nile Resort $$$$$**, Kimaka Bujagali Road (auf dem Weg zu den Bujagali-Fällen), Tel.: 0434-122190/1/2, Fax: 0434-122581, Kampala Office 041-2233593. nileresort@source.co.ug, www.madahotels.com, DZ 220 US$ (mit Nilblick 240 US$), EZ 180 US$ (mit Nilblick 200 US$) inkl. Frühstück. Teilweise Wochenend-Angebote. 103 Zimmer in Bungalows. Zwei Bars, Restaurant, Snackbar, Fitnessraum, Tennis, Squash, Schwimmbad, Konferenzräume. Herrlich gelegen oberhalb des Nils mit schönem Ausblick. Allerdings etwas überteuert für den Standard.*

Alle anderen Unterkünfte direkt am Nil bei Bujagali sind einfacher, trotz z.T. höherer Preise:

- ***The Nile Porch $$$**, Tel.: 078-2321541 oder 077-2990815, relax@nileporch.com, www.nileporch.com. DZ 115 US$, EZ 95 US$, 3-Bett-Zimmer 140 US$. Familienhütte (bis 5 Personen) 120-160 US$, alle inkl. Frühstück. Sollten Sie die Familienhütte mit bis zu fünf Erwachsenen nehmen, werden Ihnen die Kosten für DZ/EZ in Rechnung gestellt. Kinder von zwei bis zwölf zahlen in den Zelten pauschal 20 US$. Ein festes Zeltcamp am Nil mit zwei Familienhütten und Swimmingpool, beste Unterkunft direkt an den Fällen. Trotz des hohen Preises recht einfach, insgesamt schlechtes Preis-Leistungs-Verhältnis.*
- ***Eden Rock Resort $**, Tel.: 0434-131476, 077-2970181, contact@edenrocknile.com, www.edenrocknile.com. Die Hütten kosten 30-60 US$ inkl. Frühstück, zelten ist für 4 US$ möglich. Nicht unbedingt schöne, einfach eingerichtete Hütten oberhalb des Nils. Das Resort verfügt weiter über ein Restaurant und eine Bar. Prinz William von England verbrachte in diesem Resort 2003 eine Nacht.*
- ***Speke Camp $**, Rechts am Wasserfall gelegen, Tel.: 077-2401508/9, bujagali@afsat.com. Hütten für 15 US$, Bett im Schlafraum für 5 US$, Camping 2 US$. Einfaches, aber gut geführtes Camp mit herrlichem Blick auf die Fälle.*
- ***Explorers Campsite $**, nre@raftafrica.com, www.raftafrica.com/campsite, neben dem Cam-*

Bujagali Falls

B

pingplatz (5 US$ p.P./Nacht) gibt es hier auch DZ-Hütten für 15 US$ sowie Betten im Schlafsaal für je 7 US$ pro Nacht.

• ***Nile High Camp (Adrift Riverbase) $**, Kimeka Road, Tel.: 041-2252720 oder 077-2286433, nilehigh@surfthesource.com, www.surfthesource.com. Übernachtungsmöglichkeiten in Gemeinschaftsräumen mit insgesamt 36 Betten: 10 US$ pro Person, DZ-Safarizelte (8): 40 US$ oder in kleinen DZ-Holzhütten (3) 50 US$. Es gibt eine Bar, Wireless Internet, Bungeespringen, Rafting (www.adrift.ug). Auch mit öffentlichen Verkehrsmitteln ab Jinja zu erreichen.*

Weitere Unterkünfte am Nil finden Sie unter: Kalagala Falls

Campingplätze

• ***Explorers Campsite**, Tel.: 0434-120236 oder 077-2422373, Campingplatz mit sanitären Anlagen, auch einfache Hütten zum Mieten. Camping 5 US$ pro Person und Nacht, mit Zeltverleih.*

• ***Speke Camp**, für Gäste von Equator Rafting kostenlos, sonst 2 US$ p. P., Bett im Schlafsaal 5 US$.*

• ***Nile High Camp (Adrift Riverbase)**, Kimeka Road (einige Kilometer vor den Fällen, hinter dem Jinja Nile Resort), Tel.: 0414-252720 oder 077-2286433, nilehigh@surftsource.com, www.surfthesource.com. Camping kostet 3 US$ pro Nacht.*

• ***Eden Rock Resort**, Tel.: 077-2970181, info@edenrocknile.com, www.edenrocknile.com. Zelten kostet 3 US$ pro Person.*

Restaurant

***The Black Lantern**, Tel.: 078-2321541 oder 077-2990815, nileporch@infocom.co.ug. Ein nett eingerichtetes Restaurant, in dem Sie hauptsächlich europäisches Essen und Snacks bekommen.*

Aktivitäten

• ***Adrift**, Kimaka Road (nahe Nile Resort), Tel.: 0414-252720 oder 077-2237438, adrift@surfthesource.com, www.surfthesource.com. Organisiert White Water Rafting auf dem Nil (halber Tag 115 US$, ganzer Tag 125 US$), sowie Speed Boot (Wild Nile Jet) fahren (75 US$ 30 Min.), Bungee Jumping (80 US$) und Klettertouren zum Ruwenzori (2.910 US$ bei 8-10 Pers.).*

• ***All Terrain Adventures**, Tel.: 077-2377185, www.traveluganda.co.ug/ata. Organisiert White Water Rafting auf dem Nil. Zudem Mountainbike-Verleih und Motorradtouren.*

• ***Equator Rafts,** Tel.: 0414-252106/07, 259221 oder 077-2379566, 2318072, equatorrafts@equatorrafts.com, www.equatorrafts.com. Einer der etabliertesten Anbieter von Rafting-Touren. Zum Beispiel: 27 km Rafting (Grade 5) kostet 75 US$ inkl. Vollpension. 46 km Rafting (2 Tage) kosten 150 US$ inkl. Vollpension. Wenn man bei Equatorrafts bucht, braucht man im Speke-Camp für zwei Nächte keine Campinggebühr bezahlen.*

• ***Nile River Explorers**, Tel.: 0434-120236 oder 077-2422373, rafting@starcom.co.ug, www.raftafrica.com. Organisiert White Water Rafting auf dem Nil (ab 85 US$). Auch mit Transport ab/bis Kampala. Neu sind Bootstouren (Nile-Cruises) auf dem angestauten Nil oberhalb des Bujagali-Damms zur Mittags- oder Sonnenuntergangszeit. In Kombination mit Rafting billiger.*

Bukasa Island (Kalangala-Distrikt) (S. 384)

Informationen

*Dies ist die zweitgrößte Insel des **Ssese-Archipels** im Viktoria-See. Sie ist noch stark bewaldet und beherbergt eine Vielzahl an Vögeln sowie einige Affen.*

Unterkunft

• **Agene's Guest House**, zu Fuß in wenigen Minuten vom Fähranleger zu erreichen und etwa 20 Gehminuten vom Strand in der Misenyi-Bucht. Die Zimmer kosten ab 5 € pro Person und Camping ab 1,50 € pro Person. Das freundlich geführte, einfache Gästehaus hat eine Veranda mit einem herrlichen Blick auf den See. Hier bekommen Sie auch Tipps für Spaziergänge durch den Wald der Insel.

• **Father Christopher's Guest House**, etwas neueres Gästehaus etwa 30 Min. zu Fuß vom Fähranleger. Zimmer ab 4 € pro Person, Camping: ca. 1 € pro Person. Pater Christopher hilft gerne bei Interesse an Inselspaziergängen. Es gibt eine Küche im Gästehaus, die Lebensmittel müssen allerdings selber mitgebracht werden.

Camping

Zelte können im Garten der oben genannten Gästehäuser gegen Gebühr aufgestellt werden.
Da die Versorgungslage auf den Inseln, mit Ausnahme von Fisch, manchmal recht dürftig ist, kann es von Vorteil sein, sich eigene Lebensmittel mitzubringen.

Bulisa (Masindi-Distrikt) (S. 435)

Information

Ort im Bereich des nördlichen Albert-Sees. Er liegt im **Bugungu Wildlife Reserve**, auf dem Weg zum Murchison-Falls-Nationalpark. Von Bulisa sind es 18 km bis zum Park Gate und 23 km bis zur Fähre in Paraa.

Unterkunft

Corner Guesthouse, einzige Unterkunft in diesem kleinen Ort, einfach und etwas heruntergekommen. Im Restaurant gibt es nur afrikanische Speisen, ebenso wie im gegenüber liegenden Restaurant namens „One African Place".

Bundibugyo (Bundibugyo-Distrikt) (S. 463)

Unterkunft

• **Vanilla $**, im Zentrum, Tel.: 077-2669941, DZ 12 €, EZ 7 € bei Zimmern mit Bad/WC. Zimmer mit Gemeinschaftsbad sind etwas billiger. Kleines Hotel mit sieben Zimmern.

• **Rainbow Inn $**, im Zentrum, Zimmer kosten ca. 10 €.

• **Picfare $**, Zimmer kosten ca. 5 €, alle mit Gemeinschaftsbad.

• **Semliki Guest House $**, DZ 5 €, EZ 3 €. Zimmer ok, Gemeinschaftsduschen und WC.

Aktivitäten

Sie können von hier aus Touren in die Ruwenzoris starten. Allerdings müssen Sie sich gut vorbereiten, da es hier kein Parkbüro und (noch) keinen Anbieter von Touren vor Ort gibt. Da alle Berghütten zum Ruwenzori Mountain Service gehören müssen diese im Voraus bezahlt werden.
Touren in die Region um Bundibugyo organisiert Kabarole Tours in Fort Portal: Tel.: 048-3422183, www.kabaroletours.com.

Überregionale Busverbindungen

Seit die Piste etwas ausgebessert wurde, gibt es wieder reguläre Busverbindungen nach Fort Portal. Zudem sind noch Pick-up-Matatus unterwegs, diese sind jedoch oft überfüllt.

B

Bushara Island (Kabale-Distrikt) (S. 505)

Informationen

Eine der Inseln im Bunyonyi-See (nördlich der Insel Bwamba). Informationen zu Unterkünften am Bunyonyi-See finden Sie unter Lake Bunyonyi.

Busia (Busia-Distrikt) (S. 395)

s.a. Bugungu Wildlife Reserve

Wichtige Telefonnummern

- ***Vorwahl Busia**: 0454*
- ***Polizei**: 234009*

Information

Ugandischer Grenzort an der Grenze zu Kenia. Die Grenze ist geöffnet täglich von 6-20 Uhr.

Internationale Busverbindungen

Es ist möglich, sich auf beiden Seiten der Grenze um eine Mitfahrgelegenheit in einem der Busse nach Kampala oder Nairobi zu erkundigen, meist sind die internationalen Busse allerdings voll.

Überregionale Busverbindungen

- ***Von Kenia nach Uganda**: Einige ugandische Matatu-Betreiber haben sich darauf spezialisiert, die mit einem Matatu ankommenden Gäste aus Kenia weiter nach Tororo, Mbale und Jinja zu bringen. Daher werden Sie keine Probleme haben, von Busia aus weiter zu kommen. Am Vormittag gibt es auch einige Busse direkt bis nach Kampala. Ansonsten müssen Sie in Jinja umsteigen.*
- ***Von Uganda nach Kenia**: Für die Weiterreise von Busia nach Kenia stehen diverse Busunternehmen an der Grenze bereit. Die ersten Busse fahren gegen 7 Uhr nach Nairobi, der letzte fährt gegen 20 Uhr. Die Busse auf der Strecke nach Nairobi fahren in der Regel über Kisumu, Kericho und Nakuru. Matatus bringen Sie von Busia in die weniger entfernten Orte wie Malaba, Kisumu, Kitale oder Eldoret.*

Unterkunft

Es gibt nur sehr einfache Unterkünfte in Busia! Die meisten finden Sie entlang der Hauptstraße, die den Ort Richtung Grenze durchzieht. Wenn Sie in Busia übernachten müssen, dann besser auf der kenianischen Seite. Dort sind die Unterkünfte etwas besser. Hier einige Beispiele:

- ***Busia Villa $**, an der Hauptstraße nach Kisumu, DZ 9 €, EZ 5 €. Saubere Hütten, Hotel bietet ein Restaurant (afrikanisch), Bar, Tischtennis, Darts und einen Kraftraum. Bewachter Parkplatz*
- ***Farm View Hotel $**, knapp 2 km abseits der Hauptstraße gelegen. DZ 11 €, EZ 6 €. Restaurant mit europäischer und kenianischer Küche. Zimmer mit Telefon und Moskitonetz. Im Hotel gibt es einen Waschservice.*

AUSSERHALB:

- ***Majanji Beach Resort $$**, Majanji, 27 km südlich von Busia am Viktoria-See, Zimmer haben verschiede Standards, DZ 30-50 US$, EZ 20-35 US$. Sauberes Hotel, schön am See gelegen mit einfachem Restaurant.*
- ***Sangalo Beach $**, Majanji, 30 km südlich von Busia am Viktoria-See, die 20 Zimmer sind sauber, zudem verfügt das unter holländischer Leitung stehende Hotel über ein Restaurant und eine Bar.*

Restaurants

Etliche Restaurants befinden sich entlang der Hauptstraße. Alle bieten mehr oder weniger nur afrikanische Küche an.

Butogota (Kanungu-Distrikt) (S. 496)

Information
Der Ort Butogota liegt auf dem Weg zum **Bwindi-Nationalpark**, 17 km vor Buhoma.

Überregionale Busverbindungen
Zwei Busunternehmen unterhalten Verbindungen zwischen Kampala und Butogota, Mai und Silverline. Sie starten täglich außer sonntags um 7 Uhr von Kampala (Central Bus Station).

Unterkunft
Travellers Motel, Tel.: 077-2650761. DZ 15 US$, EZ 10 US$ jeweils inkl. Frühstück. Einfache Unterkunft im Ortszentrum, Zimmer mit Bad und Heißwasser!

Bunyuruguru-Krater-Seen (Kabarole-Distrikt) (S. 460)

Hinweis: Bei den Bunyuruguru-Krater-Seen handelt es sich um eine Gruppe von Krater-Seen südöstlich von Fort Portal, die auch unter der Bezeichnung Kasenda-Krater-Seen bekannt ist.

KIFURUKA-SEE

Einer der ersten Krater-Seen südlich von Fort Portal, rechter Hand der Straße.

Unterkunft/Camping
Lake Kifuruka Eco Camp, Tel.: 077-2562513, lakelyantonde@yahoo.com, www.kifuruka.com. DZ 40.000 USh, Camping 10.000 USh p. P. Die einfachen Zimmer verfügen über je 2 Betten mit Moskitobetz und Gemeinschaftsbad

NYINAMBUGA-SEE

Der Kratersee liegt nur etwa 1 km außerhalb des Ortes Kabata. Er ist rund 1 km² groß und 130 m tief.

Unterkunft
**Ndali Lodge $$$$$**, auf einer Anhöhe am Nyinambuga-See gelegen (nähe Kabata), Tel.: 077-2221309, 2487673, ndali@ndalilodge.com, www.ndalilodge.com. DZ 390 US$ (3. Bett + 80 US$), EZ 295 US$ inkl. Vollpension. Kinder bis 12 Jahre zahlen pauschal 50 US$. Acht schön gestaltete Zimmer in kleinen Häusern mit herrlichem Blick auf den See. Das Gelände gehört einer ehemaligen Kolonialfamilie, die hier in der Region Tee anbaute. Gutes Restaurant und Schwimmbad.

NKURUBA-SEE

Sie erreichen Lake Nkuruba von Fort Portal aus mit dem Auto auf der Kibale Road. 17 km hinter Fort Portal zweigen Sie nach links ab, nach 8 km erreichen Sie den See. Mit dem Matatu erreichen Sie den See Mo-Sa vom Mpanga-Markt in Fort Portal aus in Richtung Rwaihamba (ca. 40 Min.).

Unterkunft
- **Lakeside House $**, es gibt die Möglichkeit dieses kleine Haus zu mieten. Kostet ca. 12 € (egal für wie viele Personen).
- **Lake Nkuruba Nature Reserve Bandas**, am nordwestlichen Ende des Sees gelegen, Tel.: 077-3266067, es gibt 4-Bett-Hütten für ca. 4 € pro Person. Camping kostet 2 € (plus 1 €, falls Sie ein Zelt mieten). Im Restaurant wird recht gutes Essen serviert. Und es gibt die Möglichkeit Mountainbikes auszuleihen.

B

Campingplätze

- **Lake Nkuruba Camping**, 1,80 € pro Person. Ein schöner Campingplatz umgeben von herrlicher Natur.
- **Enfuzi Community Campsite**, Leser lobten „wunderbaren Platz, exzellente Küche, wunderschönen Seeblick". Camping 1,50 €/Pers., auch Bandas (4,50 €/Pers.). Man unterstützt damit u.a. ein Waisenhaus. www.enfuzicommunitycampsite.com.

NYABIKERE-SEE

Dieser See liegt an der Straße von Fort Portal nach Kamwenge (nördlich des Kibale-Nationalpark-Headquarter).

Unterkunft

**Kibale CVK Lakeside Resort $$**, *10 km vom Kibale N.P. entfernt, Tel.: 077-2906549, 077-2492274, info@cvklakeside.com, www.cvklakeside.com. DZ ca. 30 €, EZ 25 €, Hostel 10 € p. P. jeweils inkl. Frühstück, zelten 6 US$ p.P/Nacht. Das Hotel liegt etwa 21 km südlich von Fort Portal beim Lake Nyabikere. Zu erreichen mit dem Auto auf der Kamwenge Road über Mpanga-Brücke und Ausfahrt Kasisi. Das Resort liegt dann nur 100 m von der Straße am Rand des Nationalparks. Der Kalita-Bus aus Kampala fährt täglich die Strecke. Schön gelegene Lodge, die bereits einige Ökotourist-Auszeichnungen bekommen hat.*

Camping

- **Kibale CVK Lakeside Resort $$**, Tel.: 077-2906549, 077-2492274, info@cvklakeside.com, www.cvklakeside.com. Beschreibung der Anfahrt siehe oben. Camping kostet 6 US$ pro Person.
- **Rwengo Lakeside Campsite**, Kamwenge/Kibale Forest Road (hinter dem CVK Camp), 10 km vom Eingang des Kibale-Nationalparks
- **Rweteera Safari Park & Tourist Camping Centre**, liegt direkt hinter dem „Rweteera Training Centre" und noch vor dem CVK Camp.

Bwama Island (Kabale-Distrikt) (S. 505)

Hinweis: *Dies ist die größte der im* **Lake Bunyonyi** *gelegenen Inseln.*

Unterkunft

Auf der Insel selber gibt es keine Unterkunft. Für Übernachtungsmöglichkeiten sehen Sie bitte unter: Lake Bunyonyi.

Bwindi-I.-Nationalpark (Kanungu-Distrikt) (S. 495)

Informationen

Uganda Wildlife Authority *(UWA), 7 Kira Road, Kampala-Kamwokya (nahe Museum), Postanschrift: P.O.B. 3530 Kampala, Tel.: 0414-355000, Fax: 0414-346291, www.ugandawildlife.org. Das Büro der Nationalpark-Verwaltung hat Mo-Fr von 8-17 Uhr geöffnet.*

Preise und Öffnungszeiten

Der Eintrittspreis in den Bwindi-Nationalpark beträgt für ausländische Besucher 35 US$ für 1 Tag/Nacht. Das Permit für das Gorilla-Trekking kostet 500 US$ (gültig für einen fest gebuchten Besuch der Gorillas, ohne Garantie diese auch zu sehen). Für einfache geführte Wanderungen werden 10 US$ pro Person berechnet. Der Nationalpark ist von 6-18 Uhr geöffnet.

Unterkunft

• **Clouds Mountain Gorilla Lodge $$$$$**, Nkuringo, clouds@wildplacesafrica.com, www.wildplacesafrica.com. DZ 940 US$, EZ 700 US$ inkl. Vollpension/Getränke. In der Nebensaison (1.3.-15.6.; 15.10.-15.12) DZ 300 US$, EZ 150 US$. Neue Lodge mit acht Steinbungalows. Die Preise sind unverhältnismäßig hoch.

• **Gorilla Forest Camp $$$$$**, zu buchen unter: Tel.: 0414-340290, Fax: 0414-230254, gfcamp@africaonline.co.ug, www.sanctuaryretreats.com. DZ 900 US$, EZ 580 US$ inkl. Vollpension, Getränke und Wäscheservice. Dies ist eine weitere luxuriöse Unterkunft im Bwindi-Park. Sie gehört zur renommierten englischen Safari-Firma Abercrombie & Kent. Mit viel Glück können Sie verschiedene Affen gleich hier beobachten, denn einige wagen sich manchmal bis an das Camp heran. Das Camp liegt als einziges direkt innerhalb des Parks in einem Waldstück.

• **Volcanoes Bwindi Lodge $$$$$**, Tel.: 075-2741718. Reservierungen über Volcanoes Safaris in Kampala. sales@volconoessafaris.com, www.volcanoessafaris.com. DZ 800 US$, EZ 480 US$ inkl. Vollpension, Getränke und Massage. Sehr gutes Personal und bei nur 8 Zimmern fast familiäre Atmosphäre. Wie die meisten Unterkünfte dieser Firma zwar recht exklusiv und in einer schönen Lage, aber etwas überteuert.

• **Gorilla Resort $$$$$**, vor Buhoma auf der linken Seite, Tel.: 414-321479, 077-2419238, travel@africaonline.co.ug, www.gorillaresort.com. DZ 550 US$, EZ 375 US$ inkl. Vollpension. Große Safarizelte auf Holzplattformen mit Blick auf den Regenwald. Schön eingerichtet aus Holz, aber wie die meisten Unterkünfte in Buhoma teuer!

• **Buhoma Lodge $$$$$**, (nähe Uganda Wildlife Office). Buchungen über Wild Frontiers/G&C Tours, 83 Circular Road, Entebbe. Tel./Fax: 041-2321479 oder 077-2502155, info@wildfrontiers.co.ug, www.ugandaexclusivecamps.com. DZ 580 US$, EZ 390 US$ jeweils mit Vollpension. Das Buhoma wurde gründlich renoviert und erweitert. Von hier aus hat man einen herrlichen Blick auf den Wald.

• **Engagi Lodge $$$$$**, zu buchen bei Mantana African Safaris, Tel.: 0414-321552, Fax.: 0414-320152, mantana@africaonline.o.ug, www.kimblamantanauganda.com. DZ 360 US$, EZ 250 US$ inkl. Vollpension. Neugestaltete Lodge (ehemals Mantana Zeltcamp) mit acht Bungalows mit Bad und Solarlicht, direkt an der Parkgrenze gelegen.

Berg-Regenwald im Bwindi-Nationalpark

• **Silverback Lodge $$$$$**, liegt rechts am Eingang zum Nationalpark, zu buchen unter: Tel.: 0414-258273 oder 0312-260758, info@geolodgesafrica.com, www.geolodgesafrica.com. DZ: 200-220 US$, EZ 125-140 US$ jeweils inkl. Frühstück. Für jede weitere Mahlzeit plus 20 US$ pro Person. Diese Lodge eröffnete 2008 und hat eine ideale Lage mit herrlichem Blick auf den Bwindi-Wald.

• **Lake Kitandara Bwindi Camp $$$$$**, zu buchen unter: Tel.: 031-2277304, kitanda@infocom.co.ug, www.kitandarabwindicamp.com. DZ 300 US$, EZ 200 US$ inkl. Vollpension. Das seit 1994 bestehende Camp verfügt über 20 einfach eingerichtete Safarizelte an einem Hang mit einfachem Restaurant. Camping möglich für 7 US$, schlechtes Preis-/Leistungsverhältnis!

• **Nkuringo Gorilla Camp $$$$$**, 12km von Buhoma, Tel.: 0754-408637, info@nkuringocampsite.com, www.nkuringocampsite.com. DZ-Bungalow 300 US$, als EZ 215 US$ inkl. Vollpension. DZ/EZ mit Gemeinschaftsbad 94 US$ (ohne Essen, VP 33 US$). Camping mit gestelltem Zelt 55 US$

• **Silverback Gorilla Camp $$$**, zu buchen über Great Lakes Safaris, Tel.: 0414-267153, 077-2426368, silverbackcamp@ctph.org. DZ 90/130 US$, EZ 65/85 US$ inkl. Frühstück/Vollpension. Dieses Camp mit

B E

geschützten Safarizelten und einfachem Restaurant unterstützt mit seinen Einnahmen ein lokales Gesundheitsprojekt (www.ctph.org).

- **Nature Access Lodge $$**, liegt rechts der Hauptstraße, Tel.: 077-2549088, DZ 40 US$, EZ 30 US$. Einfache Unterkunft direkt im Dorf.

Camping / Bandas

Einige Campingplätze haben auch einfache Hütten zu vermieten.

- **Bwindi View Bandas & Campsite**, gegenüber dem Buhoma Community Platz, 2-Bett-Hütte 30 US$ (20 US$ bei Einzelbelegung), DZ 60 US$, EZ 30 US$. Camping kostet 7 US$ pro Person.
- **Buhoma Community Camp**, Tel.: 077-2384965, buhomacommunity@yahoo.com. www.buhomacommunity.com, www.facebook.com/BuhomaCommunityRestCamp, Camping 5 € pro Person. Bett im 6-Bett-Zimmer kostet 10 €, 2-Bett-Hütten kosten 12 € pro Person. Sehr schön gelegen mit einfachen sanitären Anlagen und einem kleinen Restaurant.
- **Lake Kitandara Bwindi Camp**, Camping für 7 € pro Person.

Gorilla-Trekking

Im Bwindi-Park gibt es insgesamt sieben habituierte Gorillagruppen, zwei davon (Bitukura und Shongi) sind 2009 dazugekommen. Pro Gruppe und Tag sind acht Besucher gestattet. Bei Reservierung eines Gorilla-Permit sind 30 % Anzahlung fällig, 91 Tage vor dem Besuch muss der Rest bezahlt werden. Falls Sie Ihre Buchung nicht wahrnehmen, verfällt Ihre Anzahlung! In der Hochsaison sollten Sie bereits etwa **ein Jahr im Voraus** buchen, wenn Sie sicher sein wollen, an einem bestimmten Tag zu den Gorillas zu kommen. Ansonsten gibt es manchmal auch kurzfristiger die begehrten „Gorilla-Permits". Auf jeden Fall sollten Sie sich als erstes um eine Besuchsgenehmigung bemühen, falls Sie ohne in Uganda einreisen, und erst dann Ihren Aufenthalt planen.

Bei einem **Besuch der Gorillas sind folgende Regeln** unbedingt zu beachten:

- Mit ansteckenden Krankheiten (Schnupfen, Grippe, etc.) ist das Besuchen der Gorillas verboten.
- Das Mindestalter für den Besuch der Gorillas beträgt 15 Jahre.
- Das Laufen im Park ohne Führer ist verboten.
- Versuchen Sie einen Toilettengang zu vermeiden. Sollte es nicht gehen, müssen Sie diesen in einem gegrabenen Erdloch verrichten und dieses anschließend wieder gut mit Erde verschließen.
- Werfen Sie unter keinen Umständen irgendetwas während Ihres Aufenthaltes im Park weg, nehmen Sie alles wieder mit.
- Zu den Gorillas muss ein Anstand von mindestens 5 m eingehalten werden.
- Das Rauchen, Essen oder Trinken während des Aufenthaltes in der Nähe der Gorillas ist untersagt.
- Falls Sie doch mal niesen müssen, halten Sie sich etwas vor die Nase und versuchen Sie sich vorher zu entfernen oder sich zu mindestens von den Gorillas wegzudrehen.
- Fotografieren mit Blitzlicht ist nicht erlaubt!

Echuya Forest Reserve (Kisoro-Distrikt) (S. 505)

Hinweis: *Das 340 km² große Waldgebiet liegt zwischen Lake Bunyonyi und Kisoro, auf einer Höhe zw. 2.200 und 2.600 Metern.*

Unterkunft

Es gibt zurzeit keine Unterkunft im oder direkt am Wald. Für Unterkünfte sehen Sie daher unter Kisoro oder Mgahinga-Gorilla-Nationalpark.

Aktivitäten

Für Reisende mit wenig Zeit: Wandern Sie einfach die Straße, die von Kisoro zum Waldreservat führt entlang (liegt direkt am Wald). Schon auf diese Art werden Sie interessante Dinge in diesem wenig bekannten und erforschten Waldgebiet entdecken. Eine andere Möglichkeit ist eine geführte Tour (Bamboo Walk) beim Far Out Camp am Bunyonyi-See zu buchen.

Entebbe (Wakiso-Distrikt) (S. 371)

Wichtige Telefonnummern

- ***Vorwahl Entebbe**: 0414*
- ***Polizei/Feuerwehr**: 999*
- ***Krankenhaus**: 0414-320160*

Flughafen

*Der Flughafen verfügt über mehrere Bankfilialen, bei denen nach Ankunft Geld gewechselt werden kann. Ein Büro der Uganda Tourism liegt im Ankunftsbereich direkt gegenüber dem Ausgang. Es gibt ein Postamt im Abflugbereich, 1. Etage), das Mo-Fr 8-12:45 und 14-17 Uhr sowie Sa 8-13 Uhr geöffnet hat. Einige **Autoverleihfirmen** unterhalten Büros direkt im Flughafengebäude:*

- ***Auto Relay Limited** Tel.: 0414-598888 / mobil: 071-4771133.*
- ***Europcar** Tel.: 071-1115169*
- ***Hertz** Tel.: 077-2450460 / 077-2221415*
- ***Super Shuttle International** Tel.: 0414-320715*

Wichtige Telefonnummern am Flughafen:

- ***Entebbe International Airport** Tel.: 0414-3530000*
- ***Entebbe Information Desk** Tel.: 0414-353000 /- 3323 / 3233*
- ***Flug Information** Tel.: 0414-320926*
- ***Zoll (Customs)** Tel.: 0414-3533596*
- ***Polizei** Tel.: 0414-321901*

Fluggesellschaften/-verbindungen

Auch wenn der internationale Flughafen von Uganda in Entebbe liegt (einige Kilometer außerhalb der Stadt), die Fluggesellschaften haben Ihre Büros ausnahmslos in Kampala. Während der Ankunfts- und Abflugzeiten sind die Vertretungen der Fluggesellschaften aber am Flughafen zu erreichen, die Büros befinden sich in der 2. Etage des Terminals.

- ***Air Uganda** Tel.: 0414-321485*
- ***British Airways** Tel.: 0414-320288*
- ***Brussels Airlines** Tel.: 0414-320761 / Handy: 075-2755766*
- ***Eagle Air** Tel.: 0414-320601*
- ***Egypt Air** Tel.: 0414-320698*
- ***Emirates Airlines** Tel.: 0414-341823*
- ***Ethiopian Airlines** Tel.: 0414-320570*
- ***Fly540** Tel.: 0313-540540*
- ***Kenya Airways** Tel.: 077-2792311*
- ***KLM** Tel.: 0414-323715/6*
- ***Skyjet Aviation** Tel.: 077-4590637 / 077-5639060*
- ***South African Airways** Tel: 0312-263315, Handy: 077-2767802*
- ***Turkish Airlines** Tel.: 041-4322260, ebbairport@thy.com*
- ***Rwandair Express** Tel.: 077-2614077*

E

Städtischer Busverkehr

Die eigentliche Stadt Entebbe ist nicht sehr groß, durch die Stadtteile am Viktoria-See zieht Sie sich aber etwas hin. Für Fahrten innerhalb der Stadt sind die zahlreichen Motorrad-Taxis am einfachsten, da die Minibusse nur die Ausfallstraßen (vor allem Richtung Kampala) bedienen. Auch fahren nur wenige Minibusse zum Flughafen, daher nehmen Sie besser ein Taxi.

Taxis

Sie finden Taxis in der Kampala Road (am Minibus-Stand warten immer welche) und vor den großen Hotels der Stadt.

Rundfahrten/Touren/Besichtigungen

G & C Tours / Wild Frontiers, 83a Circular Road, Entebbe, Tel.: 0414-321479 oder 077-2502155, info@wildfrontiers.co.ug, www.wildfrontiers.co.ug. Zu der Firma gehören die beiden Camps Ishasha Wilderness (Queen-Elizabeth-Nationalpark) und Buhoma Homestead (Bwindi-Nationalpark). Das Büro ist der exklusive Veranstalter für Touren zur Schimpansen-Insel Ngamba im Viktoria-See und veranstaltet Angelausflüge und -touren auf dem Viktoria-See und am Weißen Nil.

Escape Tours & Safaris, ugandischer Veranstalter, der 3-14-tägige Touren zur Tierbeobachtung anbietet. Weitere Infos unter www.escapeuganda.com, Tel.: 0312- 280 584.

Banken/Geld tauschen

Eine Bankfiliale mit Wechselbüro finden Sie in der zentralen Kampala Road. Ein Wechselbüro befindet sich auch am Flughafen Entebbe. Geldtausch ist auch in den größeren Hotels möglich.

Internet

Es gibt einige Internetcafés im Zentrum der Stadt, wie zum Beispiel das Entebbe-Cyber-Café auf der Kampala Road.

Unterkunft

INNENSTADT UND UMGEBUNG

- **Gately Inn Entebbe $$$$ (5)**, 2, Portal Road (Nähe Abzw. zum Entebbe Zoo), Tel.: 0414-321313, 077-7555966, stay@gatelyinn.com, www.gatelyinn.com. DZ 160 US$, EZ 120 US$ inkl. Frühstück. 2008 eröffnetes Hotel mit nett eingerichteten Zimmern, sechs im Gartenhaus und fünf im Haupthaus. Kostenloser Flughafentransfer.
- **The Boma $$$$ (16)**, 20a Julia Ssbutinde Road (ex Gowers Road), Tel.: 0312-264810, 0772-467929, thebomaentebbe@yahoo.com, www.boma.co.ug. DZ 140 US$, EZ 120 US$ inkl. Frühstück. Gehobenes Gästehaus im Landhausstil (Baujahr 1940) mit gutem Restaurant in der Nähe des Flughafens. Auf Bestellung mit Flughafentransfer.
- **UWEC $$$ (9)**, Lugard Av., Tel.: 0414-322169, reservation@uwec.ug, www.uweczoo.com. Verschiedene Unterkünfte: Apartments mit Küche als DZ 80 US$ (EZ 60 US$), Steinhütten DZ 60 US$ (EZ 40 US$) und Campingmöglichkeit (15 US$), Flughafentransfer für 20 US$.
- **Airport View $$$ (14)**, 34, Kiwafu Road, Kitoro, Tel.: 0312-261751, 0772-221881 o. -200391, www.airportviewhoteluganda.com. DZ 150 US$, EZ 120 US$. Neues Hotel, nur 5 Min. vom Flughafen entfernt.
- **Sophie's Motel $$$ (20)**, Bugonda, Tel.: 0414-320885/321370, Fax: 041-2320897, booking@sophiesmotel.co.ug, DZ 100 US$, EZ 75 US$, DeLuxe-Zimmer 120 US$. 5 km außerhalb von Entebbe Richtung Flughafen, kostenloser Airport-Shuttle. Nettes kleines Hotel, das schon etwas in die Jahre gekommen ist.
- **Central Inn $$$ (18)**, 45 Church Road, Tel.: 0414-322386 oder 077-2367004, centralinn@utlonline.co.ug, www.traveluganda.co.ug/central-inn-entebbe. DZ 60 US$, EZ 50 US$, Suite 70 US$ jeweils inkl.

Entebbe
- Hotelkarte -
Botanischer Garten
Portal
Market
Hill
Lane
Berkeley Road
Hill
Road
Berkeley Lane
Lugard
Wilson
Kampala Road
Portal
Hill Rd.
Lugard
Station
1241 m
Nakiwogo
Circular
Airport
Church Road
Circular
Hotels
Restaurants
1 Anderita Beach
2 Goretti's
3 Rendezvous Club
4 Four Turkey's
5 Gately Inn Entebbe
6 China Garden
7 Imperial Botanical Beach
8 Imperial Golf View
9 UWEC
10 The Golf Nest
11 Lake Victoria
12 Entebbe Flight Motel
13 Shade Guesthouse
14 Airport View
15 4 Point
16 The Boma
17 Entebbe Backpacker's
18 Central Inn
19 Golf View Inn
20 Sophie's Motel
21 Imperial Resort Beach
N
0
150 m

Frühstück. Preise in Dollar und Uganda Shilling. Letzterer ist allerdings weitaus günstiger. Nettes und ruhig gelegenes Hotel mit ebenso nettem Personal. Zu empfehlen!

- **Golf View Inn $$$ (19)**, Tel.: 0414-321640, DZ 90 US$, EZ 70 US$ inkl. Frühstück. Schön im Grünen gelegenes Hotel am Golfplatz
- **Entebbe Flight Motel $$ (12)**, 20 Queens Road (in der Nähe des Windsor Lake Hotels), Tel.: 0414-320812, DZ 80 US$, EZ 50 US$, 3-Bett-Zimmer 90 US$
- **Shade Guesthouse $ (13)**, Kitoro (gegenüber Bar Catch 21), Tel.: 0414-321715, DZ ca. 6 €. Eine preiswerte Unterkunft für Reisende, die gerne Geschäfte und öffentliche Busse in der Nähe haben wollen.

AM VIKTORIA-SEE

- **Imperial Botanical Beach $$$$$ (7)**, direkt am Botanischen Garten, Tel.: 0414-320800/6, Fax: 0414-320832, reservations@ibbhotel.com, www.imperialhotels.co.ug. DZ 120 US$, im neuen Flügel 170 US$, EZ 100/150 US$, Executive 150-160 US$ (als EZ 130/150 US$), jeweils inkl. Frühstück. Alle 229 Zimmer mit Satelliten-TV und Klimaanlage. Das Hotel rühmt sich, Bill Clinton beherbergt zu haben. Seine Suite ist für 600 US$ zu buchen. Schön gelegen, direkt am Botanischen Garten. Mit eigenem großen Garten bis runter zum Viktoria-See. Mit Hallenbad, Flughafentransfer 10 US$.
- **Lake Victoria $$$$$ (11)**, 19-21 Circular Road, Tel.: 0312-310100, Fax: 0312-320404, resa.lakevictoria@laicohotels.com, www.laicohotels.com DZ 210 US$, EZ 150 US$ inkl. Frühstück, Flughafen-Transfer. Das 1949 erbaute Hotel hat 99 Zimmer (2007 komplett renoviert), einen Fitnessraum und Schwimmbad. Alle Zimmer sind mit SAT-TV und Klimaanlage ausgestattet. Das ehemalige Regierungshotel hat noch den Charme alter (kolonialer) Tage, auch wenn es mittlerweile zu einer tunesischen Hotelgruppe gehört. Es liegt nicht direkt am Wasser, aber von der 1. Etage hat man einen schönen Blick auf den Viktoria-See.
- **Imperial Resort Beach $$$$$ (21)**, 15-17 Mpigi Close, Tel.: 0414-303000, Fax: 0414-303333, reservations@irbh.com, www.imperialhotels.co.ug. DZ 180-250 US$, EZ 150-200 US$, Suite ab 300 US$. inkl. Frühstück. Die 191 Zimmer haben Internetanschluss und Satellitenfernsehen. Das Hotel der Imperial-Hotelgruppe liegt direkt am See. Das in Blau gehaltene Gebäude ist allerdings etwas gewöhnungsbedürftig. Flughafentransfer 10 US$.
- **Anderita Beach $$ (1)**, Ntambi Road, Tel.: 0414-322435, 077-2445667, anderitahotel@yahoo.co.uk. DZ 45 US$, EZ 38 US$ inkl. Frühstück. Schöne Lage in der Nähe des Sees, an den Wochenenden sehr voll mit Tagesgästen.
- **Imperial Golf View $$$$$ (8)**, Tel.: 0417-304000, Fax: 041-2303333, www.imperialhotels.co.ug. DZ 140-170 US$, EZ 120-150 US$. inkl. Frühstück. Das neueste Hotel der Imperial-Gruppe hat 86 Zimmer, ein Erweiterungsbau eröffnet 2014. Zimmer nach vorne sind ruhiger, da hinter dem Hotel eine Bar liegt.

IM VIKTORIA-SEE

- **Pineapple Bay Resort $$$$$**, bulago@wildplacesafrica.com. DZ 400 US$, EZ 300 US$. In der Nebensaison 1.3.-15.6. und 15.10.-15.12: DZ 300 US$, EZ 150 US$. Das komfortable Resort liegt an der Nordostspitze der Bulago-Insel im Viktoria-See, nördlich der berühmten „Schimpansen-Insel" Ngamba-Island. Es verfügt über 6 luxuriöse Bungalows, 4 Familienhäuser und über ein Hochzeitshaus, jeweils mit Seeblick. Ein idealer Ort zum Entspannen, z. B. nach einer Safari-Reise. Der Bootstransfer von Entebbe Hafen dauert etwa 40 Min.

JH Jugendherberge/einfache Herberge

Entebbe Backpacker's (17), 33, Church Road (in der Nähe des Central Inn), Tel.: 0414-320432 oder 071-2849973 stay@entebbebackpackers.com, www.entebbebackpackers.com. Zimmer mit sehr unterschiedlichem Standard, DZ von 7,50 € (Gemeinschaftsbad) bis 16 € (eigenes Bad), Bett im Schlafsaal 4,50 €. Flughafentransfer auf Anfrage für 6 €. Kleines Restaurant von 8-20 Uhr.

Campingplatz

Entebbe Backpacker's Campsite, 33, Church Road, Tel.: 0414-320432 oder 071-2849973, stay@entebbebackpackers.com, www.entebbebackpackers.com. Camping 2,50 € p.P. (Zeltverleih plus 1 € p. P.). Flughafentransfer auf Anfrage für 6 €. Kleines Restaurant von 8-20 Uhr.

Restaurants

Gut essen kann man vor allem in den Restaurants der großen Hotels. Daneben gibt es noch eine Auswahl direkt im Zentrum.

- **China Garden (6)**, Ecke Portal/Lugard Road, sehr gutes chinesisches Essen
- **Four Turkeys (4)**, Kampala Road, kleine Speisen, Burger und Sandwiches
- **The Golf Nest (10)**, Restaurant des Entebbe-Clubs am Golfplatz. Sehr gutes Essen in schöner Parklandschaft, Tagesmitgliedschaft erforderlich

Pubs & Cafés

- **Rendezvous Club (3)**, Kampala Road, Bar in der Nähe des Taxi-Parks
- **4 Point (15)**, Airport Road (nähe Barclays Bank). Restaurant und Bar, das neben heimischer auch chin. und ind. Küche bietet.
- **Goretti's (2)**, Nambi Road, Pizzeria in netter Lage direkt am Strand des Viktoria-Sees.

Einkaufen

Department of Lands & Surveys, Berkely Road, in der Nähe des Botanischen Gartens. Guter Buchladen, in dem auch Kartenmaterial zu bekommen ist.

Aktivitäten/Sehenswürdigkeiten

- **Botanischer Garten**, liegt hinter dem Botanical Beach Hotel direkt am Viktoria-See. Tel.: 0414-320638, curator@infocom.co.ug. Eintritt kostet 0,50 € plus Kameragebühr von ca. 1 €, geöffnet täglich von 9-18:30 Uhr.
- **Uganda Wildlife Education Centre (Entebbe Zoo)**, Lugard Av., Tel.: 0414-256041, Fax: 0414-320073, info@uweczoo.org, www.uweczoo.org. Ursprünglich eine Auffangstation für Wildtiere, mittlerweile eine Art Zoo zur Information der Bevölkerung über Ugandas Tierwelt und Ökosysteme. Geöffnet täglich von 9-18 Uhr. Kostet 30.000 USh (ca. 8,80 €) Eintritt. Ein Guide für den Park, wenn gewünscht, kostet 5.000 USh (ca. 1,80 €). Das Wildlife Centre bietet auch Übernachtungsmöglichkeiten: DZ-Hütte 60 US$, DZ-Appartment 65 US$, Camping 15 US$.
- **Ziika Forest**, kleines Waldgebiet zum Spazierengehen an der Straße nach Kampala. Von Entebbe kommend, ist der Wald auf halber Strecke auf der linken Seite ausgeschildert.
- **Ngamba Island**, ein Besuch der Schimpansen-Insel kann nur über G & C Tours (Adresse siehe oben) gebucht werden (ngamba@wildfrontiers.co.ug). Informationen unter: Chimpanzee Sanctuary & Wildlife Conservation Trust (CSWCT), 26 Lugard Avenue, Tel./Fax: 0414-320662, info@ngambaisland.org, www.ngambaisland.org. Bei einem Halbtagesausflug mit Motorboot zur Insel (9-13 Uhr oder 12.45-17 Uhr) werden Sie eine der Fütterungen der Schimpansen (11 und 14.30 Uhr) miterleben können. Es wird auch eine Ganztagestour mit traditionellen Booten angeboten (8-15 Uhr oder 10.30-17 Uhr). Die Abfahrt ist an der Anlegestelle gegenüber dem Wildlife Education Centre.

Schimpanse auf Ngamba Island

Für die etwa einstündige Bootsfahrt auf die Insel denken Sie bitte an Sonnenschutz! Der Preis richtet sich nach der Anzahl der Gäste die zusammenkommen. Je mehr Teilnehmer, desto günstiger die Tour. Preis ab 80 US$ (Halbtagestour) plus 5 US$ falls Sie dort Mittagessen möchten (afrikanisches Buffet, inkl. ein Softdrink). Es gibt auch die Möglichkeit, auf der Insel zu übernachten und dort mehrere Tage zu verbringen. Dann haben Sie auch die Chance, die beiden anderen Fütterungen frühmorgens und -abends mitzubekommen. Daneben gibt es noch die Möglichkeit, eines Schimpansen-Spaziergangs. Dazu sind allerdings diverse Impfungen nötig (die ansonsten nicht verlangt werden. Es wird vorausgesetzt, dass Sie keine Grippe und keinen Herpes haben, damit die Tiere nicht angesteckt werden).

Fort Portal (Kabarole-Distrikt) (S. 449)

Wichtige Telefonnummern

- ***Vorwahl Fort Portal**: 0483*
- ***Polizei**: 422701 und 422702*
- ***Krankenhaus**: 422104*

Überregionale Busverbindungen

- ***Post Bus**, verkehrt täglich um 8 Uhr von, um 5.30 Uhr nach Kampala (außer sonntags) und braucht etwa fünf bis sechs Stunden für die Strecke.*
- ***Kalita Coach**, fährt mehrmals täglich die Strecke Kampala nach Fort Portal in fünf Stunden. Abfahrtszeiten in Kampala und Fort Portal sind jeweils um: 7, 8.30, 10, 12 und 14 Uhr.*

Rundfahrten/Touren/Besichtigungen

***Kabarole Tours & Safaris**, 1 Moledina Street, Tel.: 0483-422183 oder 077-2661752, Fax: 0483-422636, ktours@infocom.co.ug, www.traveluganda.co.ug/kabaroletours. Örtlicher Tour-Operator mit Ausflügen in die Umgebung von Fort Portal und Touren zu diversen Nationalparks.*

Banken/Geld tauschen

Die Bankfilialen in Fort Portal tauschen zurzeit (noch) kein Geld. Es gibt nur eine private Wechselstube mit einem relativ schlechten Kurs.

Internet

***St. Catherines**, Kyembambe Road, nahe Wooden Hotel. Gute Verbindung, aber recht langsam.*

Unterkunft

- ***Mountains of the Moon $$$ (1)**, 4, Nayaika Avenue, Tel.: 0483-423200 Fax: 0483-422631, info@mountainsofthemoon.co.ug, www.mountainsofthemoon.co.ug. DZ 150-160 US$, EZ 115 US$. Das Hotel war viele Jahre geschlossen, wurde nach umfangreichen Renovierungsarbeiten 2007 wieder eröffnet und ist sicherlich das beste Hotel der Stadt. Die 33 Zimmer verfügen über Veranda oder Balkon mit Blick in einen großen Garten.*
- ***Sunrise $$$ (4)**, Nyaika Road (nähe Mountain of the Moon Hotel). Tel.: 078-2322982, sales@mikecolestravel.co.uk, www.sunrisesafaris.co.uk. DZ 75 US$, EZ 60 US$. Neues Hotel mit großem Restaurant, etwas nüchtern. Zelten erlaubt für ca. 3 €.*
- ***Fort Motel $$$ (5)**, 2, Lugard Road (400m vom Postamt), Tel.: 0483-422052, reservations@fortmotel.com. DZ 90-115 US$, EZ 70-100 US$ inkl. Frühstück. Das Motel verfügt über Schwimmbad, Sauna, Restaurant mit Terrasse und einen großen Garten.*
- ***Cornerstone $$ (9)**, Ecke Kaboyo/Rumanika Street, Tel.: 0483-427318. DZ 41-46 US$, EZ 31 US$ inkl. Frühstück. Neues, mehrstöckiges Hotel im Zentrum.*

- **Ruwenzori View Guest House $$ (3)**, *15 Lower Kaziiza Road, Tel.: 0483-422102 oder 077-2722102, Fax: 0483-422102, ruwview@africaonline.co.ug. DZ 25 €, EZ 19 € inkl. Frühstück. Etwas außerhalb der Innenstadt gelegenes Gästehaus (ausgeschildert) mit Blick auf die Ruwenzori-Berge. Ruhige, angenehme Lage, nette Bewirtung. Mit bewachtem Parkplatz.*
- **Rwenzori Traveller's Inn $$ (13)**, *Kyembambe Road, Tel.: 0483-422075 oder 077-5299591, travellersinn2000@yahoo.com. DZ 20 €, EZ 15 € inkl. Frühstück. 2002 eröffnetes Hotel zentral an der Kasese-Straße (noch vor dem Palast) gelegen. Gutes Preis-/Leistungsverhältnis. Gutes Restaurant!*
- **Riviera Inn $$ (2)**, *Nyaika Road (nahe Mountain of the Moon Hotel). Tel.: 077-2681817 (George), DZ 22,50 €, DZ ohne eigenes Bad 18 €. EZ jew. gleicher Preis (man kann aber verhandeln). Insgesamt nur 4 Zimmer, angenehme Atmosphäre, Speisen im Wohnzimmer auf Bestellung, eigener Generator bei Stromausfall.*
- **Tooro Resort $$ (7)**, *22-25 Rwaheeru Road (Kitumba), etwa 4 km außerhalb des Zentrums an der Straße nach Kamapala. Tel.: 0483-423048 oder 077-2671508/77, toororesort@yahoo.com. DZ 21 € (großes D-Bett, bei DZ mit 2 Betten ca. 2 € mehr), EZ 16 € inkl. Frühstück. Einige Zimmer im Hauptgebäude sowie Zimmer in 6 Bungalows im Garten. Saubere Anlage und nette Atmosphäre.*
- **Kenneth Inn $$ (10)**, *Rukidi III. Street, Tel.: 077-2992076. DZ 16 €, EZ 12 € inkl. Frühstück. Etwas einfacher als das Traveller's Inn, aber auch sehr angenehm. Generator bei Stromausfall.*
- **Wooden Hotel $ (11)**, *4 Kyembambe Road, Tel.: 0483-222560, DZ 7 €, EZ 5 €. Zimmer Gemeinschaftsbad 5 € (DZ) und 3 € (EZ). Hotel mit Bar und Billard (laut). Wenn es nicht unbedingt sein muss, dann legen Sie lieber ein oder zwei Euro drauf und versuchen Sie es woanders.*

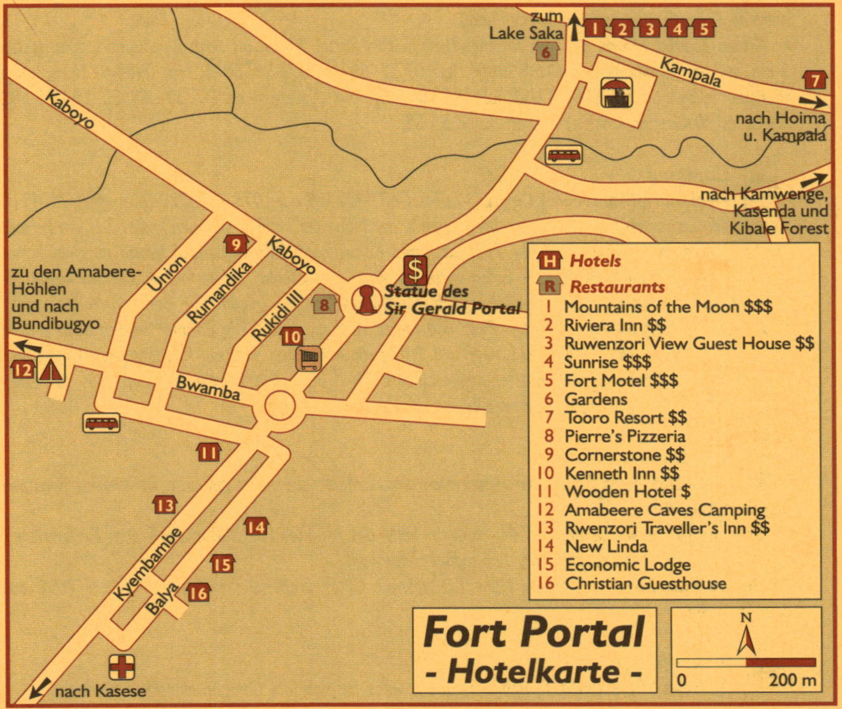

• *Weitere einfache und billige Unterkünfte in der $-Kategorie und darunter gibt es in der Balya Road:* **New Linda (14)** *(Tel.: 0483-222664),* **Economic Lodge (15), Christian Guesthouse (16).**

AUSSERHALB VON FORT PORTAL
(weitere finden Sie unter: Kibale-Nationalpark und Bunyuruguru-Krater-Seen):

• **Kyaninga Lodge $$$$$,** *einige KM nördl. von Fort Portal, Tel.: 077-2999750, info@kyaningalodge.com, www.kyaningalodge.com. DZ 485 US$, EZ 360 US$ inkl. Vollpension. Diese neue Lodge thront über dem gleichnamigen Kratersee und besteht aus 8 geräumigen Holzhäusern mit schönen traditionellen Dächern.*

• **Mitani Mountain Lodge,** *westlich von Fort Portal, an den Ausläufern des Ruwenzori, Tel.: 078-2500979, www.mitandi.com. Einfache Lodge mit nur drei Hütten zu je 75 US$ (bis 3 Pers.). Ideal, um von dort die Bergwelt des Ruwenzori zu erkunden.*

• **Kluges Guestfarm $$$$,** *Kabahango, oberhalb des Mahoma Flusses, 15 km außerhalb von Fort Portal, Tel.: 038-2275623, 077-2440099, marketing@klugesguestfarm.com, www.klugesguestfarm.com. DZ 110 US$, EZ 80 US$ inkl. Frühstück. Die von einem deutschen Ehepaar seit 1992 geführte Farm verfügt über 8 Bungalows, 5 Safarizelte und ein Gästehause mit 2 Zimmern mit Blick auf den Ruwenzori. Neben einem Schwimmbad und Camping bietet Herr Kluge Ausflüge in die Tee-Plantagen an.*

• **Ndali Lodge,** *auf einer Anhöhe am Nyinambuga-See gelegen (nähe Kabata), Tel.: 077-2221309, 2487673, ndali@ndalilodge.com, www.ndalilodge.com. DZ 500 US$ (3.Bett + 80 US$), EZ 390 US$ inkl. Vollpension. Kinder bis 12 Jahre zahlen pauschal 50 US$. Acht schön gestaltete Zimmer in kleinen Häusern mit herrlichem Blick auf den See. Das Gelände gehört einer ehem. Kolonialfamilie, die hier in der Region Tee anbaute. Gutes Restaurant und Schwimmbad.*

• **Kitojo Tourist Home $$,** *vom Mpanga-Fluss in Fort Portal 23 km bis nach Rwaihamba, dann rechts 2 km auf der Rwaihamba – Mituli-Straße. Tel.: 077-2469333, 078-2958846, Fax: 0483-422636, kitojo touristhome@yahoo.com. DZ 20 US$, EZ 15 US$, Bungalows (Cottages) als DZ 30 US$, EZ 20 US$ inkl. Frühstück. Mahlzeiten kosten zwischen 3 und 5 US$.*

Camping

Nyakasura (Amabeere) Caves (12), *Tel.: 0483-422469 oder 075-2975720 (Manager), 2894710 (Guide), der Campingplatz liegt herrlich im Grünen in der Nähe der Höhlen. Campen kostet 2 € pro Person/ Nacht, ein Zelt auszuleihen ebenfalls. Plumpsklo und Kaltwasserdusche vorhanden. Warm duschen kostet 1 € extra pro Tag. Wer sich fertiges Essen mitbringt, kann es kostenlos aufwärmen. Ansonsten kostet die Küchenbenutzung extra. Außerdem gibt es ein Haus mit zwei Zimmern (plus Küche, Bad und Wohnzimmer). Das Haus bietet bis zu sechs Personen Platz und kostet 36 € die Nacht. Die Zimmer werden auch einzeln vermietet, dann DZ 18 € und EZ 11,50 € inkl. Frühstück. Angeboten wird ein Rundgang zu den Höhlen inkl. Guide und Erzählung der Entstehungsgeschichte für 1,80 € pro Person. Gleicher Preis für einen geführten Spaziergang zu den Kraterseen (2 Std.).*

Restaurants

Am besten essen Sie in den Hotelrestaurants. Einfach, aber sehr gut zum Beispiel im Rwenzori Traveller's Inn, oder:

• **Gardens (4),** *etwas abseits auf der anderen Seite des Marktes (ca. 300 m nach dem Kreisverkehr). Beliebtes Restaurant mit europäischer und indischer Küche.*

• **Pierre's Pizzeria (8),** *Zentrum, Nähe Kreisverkehr. Gute europäische Küche und leckere Pizza aus dem Steinofen.*

Einkaufstipp

Andrews Supermarkt, *Kyembambe Street, wenn Sie sich fürs Campen eindecken möchten.*

Aktivitäten/Sehenswürdigkeiten

• **Nyakasura-Höhlen** (auch Amabeeré genannt), etwa 8 km von Fort Portal entfernt. Mit dem Boda-Boda für ca. 1,60 € gut zu erreichen. Um zu den Höhlen zu gelangen, müssen Sie über das Gelände des Campingplatzes. Der Besuch kostet inkl. Guide und dessen Erzählung der Entstehungsgeschichte 2 € pro Person.

• **Tooro Botanical Garden**, ein vielfältiger botanischer Garten, der die einheimische Flora des Albertine-Rift-Valleys erforscht, dokumentiert und der Öffentlichkeit präsentiert. Für botanisch Interessierte gibt es geführte Spaziergänge mit unterschiedlichen Schwerpunkten zur Flora und Fauna des Gartens. Von Baumständen aus kann man Vögel gut beobachten. Eine Besonderheit ist der gut bestückte Kräuter- und Färbergarten mit heimischen und exotischen Gewürzen sowie medizinischen Kräutern. Verkauft werden Produkte der Naturmedizin, Tees und ökologisch angebautes Gemüse. Auch die renommierte Pflanze „Artemisia annua", die zur Malariaprophylaxe und -behandlung dient, wird angeboten. Tel.: 078-2673188, tooboga@yahoo.com.

Zudem gilt Fort Portal als Zwischenstation auf dem Weg zum Kibale-Nationalpark (Abzweigung nach der Brücke links). Zum Kibale NP Headquarter: 20 km.

Märkte

Der zentrale Markt von Fort Portal liegt an Einfahrtsstraße aus Kampala.
Es gibt aber auch interessante Wochenmärkte außerhalb des Ortes. In Mugusu, 12 km außerhalb an der Kasese-Straße, findet er jeden Mittwoch statt. Der Markt im Rwimi liegt 45 km außerhalb.

Ggaba (Kampala-Distrikt) (S. 377)

Information

Ggaba ist ein kleines Hafendorf in der Nähe der Murchison-Bucht des **Viktoria-Sees** (ca. 10 km von Kampalas Innenstadt).

Unterkunft

Ggaba Beach Hotel $, einfache Unterkunft am Strand von Ggaba

Märkte

Der quirlige und interessante Markt von Ggaba zieht sich bis hinunter zum Strand.

Gulu (Gulu-Distrikt) (S. 423)

Wichtige Telefonnummern

• **Vorwahl Gulu**: 0471
• **Polizei, Feuerwehr** und **Krankenwagen**: 232002
• **Krankenhaus**: 232061

Flugverbindungen

Die Fluggesellschaften Eagle Air (www.flyeagleuganda.com) und United Airlines fliegen Gulu (ULU) im Charter und mehrmals die Woche im Liniendienst an.

Überregionale Busverbindungen

Der Postbus verkehrt täglich zwischen Kampala und Gulu. Zudem gibt es Matatus (Minibusse), die die Strecke in etwa sechs Stunden zurücklegen (Preis ca. 5 €).

G

Taxis

Es gibt in Gulu nur wenige „echte" Taxis, dafür sind aber genügend Motorrad- und Fahrradtaxis im Zentrum vorhanden.

Unterkunft

- **Churchill Courts $$**, *16 Churchill Drive, Tel.: 077-7764409, gcchotel@gmail.com. DZ 45-55 US$, EZ 35 US$ inkl. Frühstück. Modernes Hotel mit gut ausgestatteten Zimmern (Moskitonetze, Ventilator).*
- **Bomah $$**, *8 Eden Road, schräg hinter dem Gulu Refereal Hospital, Tel.: 047-1432479 oder 077-9945063, www.bomahhotelgulu.com. DZ 52-60 US$ im alten Gebäudeteil, 70-90 US$ im neuen Gebäudeteil, EZ 30/42 US$. Mit einem sehr guten Restaurant sowie Fitnessraum und Sauna.*
- **Dove's Nest $$**, *Lower Churchill Drive, Tel.: 077-4591206. DZ 38 US$, EZ 25 US$. Ruhige Lage.*
- **Acholi Inn $$**, *4-6 Elizabeth Road, Tel.: 0471-432880 oder mobil: 077-2586663, acholiug@ios.co.ug. DZ zu 23 / 27/ 36 €, EZ 18 € inkl. Frühstück. Gulus ältestes Hotel mit neuem Anbau und Schwimmbad.*
- **Pearl Afrique $$**, *8 Paul Odongo Road, Tel.: 0471-432055, 077-2435032, hotpearlafriq@yahoo.com. DZ 20 € (großes Bett) und 25 € (zwei Betten), EZ 16 € inkl. Frühstück. Die Zimmer haben ein Bad/WC, zudem gibt es eine Bar und ein Restaurant.*
- **Roma $**, *16 Coronation Road, saubere Zimmer mit Bad/WC. DZ 19-26 US$, EZ 15-21 US$. Angenehmes kleines Hotel, Zimmer mit Ventilator, freundliches Personal. Mittwochs und an den Wochenenden kann es aber durch eine in der Nähe liegende Disco etwas laut werden.*
- **Kakanyero $**, *17 Bank Lane, Tel.: 0471-432153. DZ 28 US$ (10 US$ mit Gemeinschaftsbad), EZ 18 US$ (8 US$ mit Gemeinschaftsbad). Neueres Hotel mit spartanisch eingerichteten Zimmern. Mit Bar und Restaurant*
- **Golden Peace $$**, *1 Lakana Odongkara Road, Ortsteil Kiromba, Tel.: 047-1432204, 070-2729696, www.goldenpeacehotel.com. DZ 50-57 US$, EZ 30-38 US$. Das Hotel verfügt über 28 zweckmäßig eingerichtete Zimmer, Restaurant, Fitness-Club mit Sauna und einen Swimmingpool.*
- **The Pagoda $$**, *26 Obadiah Lalobo Road, Tel.: 075-2890009, www.facebook.com/padodaguesthouse. Neues Hotel am Rande vom Stadtzentrum mit einfachen aber sauberen Zimmern, Bar und Restaurant mit Grill.*

AUSSERHALB VON GULU

- **Kingfisher Lodge Achulu $$$**, *Nimule Road, 36 km außerhalb von Gulu bei Achulu, kingfisher-achulu@gmx.net, www.kingfisher-uganda.net. Die Lodge eröffnet voraussichtlich 2013, erkundigen Sie sich auf der angegebenen Webseite. Die Preise für die Zimmer werden sich wohl an den anderen beiden Kingfisher Lodges orientieren und bei etwa 110 US$ für ein DZ liegen.*

Jugendherberge/Hostel

Church of Uganda Hostel, *einfache kirchliche Unterkunft in akzeptablem Zustand, Gemeinschaftsbad*

Restaurants

- **Baraza**, *eine Mischung aus italienisch & indisch.*
- **Corner Café**, *Coronation/Ecke Market Street. Hauptsächlich eine Cafébar, mit einigen kleinen Snacks.*

Aktivitäten/Sehenswürdigkeiten

Einzig interessanter Ort in der Umgebung ist Baker's Fort im 25 km entfernt gelegenen Ort Patiko. Von dem alten englischen Fort ist allerdings nicht mehr viel zu sehen.

Hoima (Hoima-Distrikt) (S. 448)

Wichtige Telefonnummern

***Vorwahl Hoima**: 0465*

Überregionale Busverbindungen

Regelmäßige Minibusverbindungen (bis zum frühen Nachmittag) gibt es von Hoima nach Masindi (ca. 3 Std., 2 €). Zudem einige wenige Verbindungen nach Kampala und Fort Portal am Morgen und Vormittag.

Unterkunft

- ***Kontiki $$**, Kampala Road (2 km außerhalb der Stadt), Tel.: 0465-442890, info@hoimakontiki.com, www.hoimakontiki.com. DZ-Bungalow inkl. Frühstück 60-65 US$, EZ 50 US$. Das Hotel verfügt über 18 Bungalows mit 25 Zimmern, eingebettet in einen schönen Garten. Zudem Billard und Reitausflüge mit eigenen Pferden. Camping möglich für 10 US$ p.P.*
- ***Eco Garden Tourist $$**, Butiaba Road (ca. 1km vom Zentrum), Tel.: 0465-442565, 077-2314115. DZ 30 US$, EZ 23 US$ mit Bad/WC. Schön unter großen Bäumen gelegen mit gutem Restaurant mit afrikanisch-internationaler Küche, die etwas für die einfachen Zimmer entschädigt.*
- ***Crown Hotel $**, 54 Mandela Road, nicht weit von der Post, Tel.: 0465-442741, 077-2501227, www.crownhotelhoima.com. DZ 35 USS$, EZ 30 US$. Hotel mit 22 nett eingerichteten Zimmern und Swimmingpool.*
- ***Africa Village Guest Farm $**, Tel.: 077-2412876, 2474972. Die DZ mit Bad/WC kosten ca. 14 €. Das Hotel liegt etwas außerhalb vom Zentrum (bei der anglikanischen Kirche St. Peter) mit vogelreichem Garten und gutem Restaurant. Sichere Parkmöglichkeit.*
- ***Kolping Society Guesthouse $**, Butiaba Road, Tel.: 0465-440167, Fax: 0465-440313, hoikolping@yahoo.com, www.kolpingguesthouses-africa.com/uganda/hoima. DZ mit Bad/WC kosten 45-50.000 USh (ca.17 €), DZ mit Gemeinschaftsbad 35.000 USh (ca. 12,50 €). Sauberes kirchliches Gästehaus in netter Umgebung (Garten!). Recht gutes Restaurant.*
- ***Nsamo $**, gegenüber der Busstation. Ein einfaches, aber akzeptables Hotel im Zentrum mit Restaurant. Die DZ kosten ab 5 €.*
- ***Hoima Resort $$**, Kijungu Hill, Oberhalb des Zentrums, Tel.: 045-6440734, 078-2929092, www.hoimaresorthotel.co.ug. Neues Hotel mit 40 Zimmern, Restaurant, Bar, Internet und modernem Fitnessraum.*

Restaurant

***Gabbie's**, Kampala Road, 2 km außerhalb der Stadt im Kontiki Hotel. Ein offen gestaltetes Restaurant, das wohl beste der Stadt.*

Aktivitäten/Sehenswürdigkeiten

- ***Königspalast**, Besuch des Thronzimmers nur nach Voranmeldung (z.B. durch das Kontiki Hotel).*
- ***Katashia Fort**, 2 km außerhalb an der Butiaba Road.*
- ***Mparo Tombs**, 4 km außerhalb Hoimas an der Straße nach Masindi.*
- ***Macademia Nut Farm**, außerhalb von Hoima, Besichtigung über Kontiki Hotel.*

Ibanda (Mbarara-Distrikt) (S. 489)

Überregionale Busverbindungen

Regelmäßige Minibusverbindungen nach Mbarara und Kamwenge, gelegentlich auch nach Kabagole (Katonga Wildlife Reserve)

I

Unterkunft
***New Ibanda Lodge**, im Zentrum, wahrscheinlich die beste von mehreren einfachen Unterkünften vor Ort. Erwarten Sie nicht zu viel!*

Iganga (Iganga-Distrikt) (S. 394)

Wichtige Telefonnummern
- ***Vorwahl Iganga**: 0434*
- **Polizei** und **Feuerwehr**: 2242222
- **Krankenhaus** und **Krankenwagen**: 2242023

Überregionale Busverbindungen
Iganga liegt an einem Verkehrsknotenpunkt. Von hier aus führen Straßen und damit auch Minibusverbindungen nach Mbale, Tororo, Busia (Grenzort nach Kenia) und nach Jinja und Kampala.

Unterkunft
- ***MUM Resort** $$, Tel.: 033-2277379, Fax: 033-2277369, www.mumresort.com. DZ ab 50 US$. Hotel mit 19 Zimmern, alle mit TV und W-LAN.*
- ***Mwaana Highway** $$, Main Road (Ecke Saza Road), Zimmer ab ca. 20 US$ inkl. Frühstück.*
- ***Tipp Top** $, Old Market Street (Ecke Saza Road)*
- *Es gibt ansonsten nur sehr einfache Unterkünfte in Iganga, alle entlang der Hauptstraße. Wesentlich bessere Unterkünfte finden Sie in den nahen Städten Jinja, Tororo oder Mbale.*

Gästehaus
***East View** $, 77 Old Market Street, Zimmer mit Bad. Schon sehr heruntergekommen, aber einigermaßen sauber.*

Restaurants
Einfache Restaurants mit meist afrikanischen Gerichten finden Sie entlang der Hauptstraße, die den Ort durchzieht.

Ishaka (Bushenyi-Distrikt) (S. 473)

Unterkunft
***Homeland** $, Tel.: 0483-442226, einfaches Hotel im Ort*

Ishasha (Kanungu-Distrikt)

s. Queen-Elizabeth-Nationalpark

Isingiro Mountain (Mbarara-Distrikt) (S. 489)

***Hinweis:** Dieser 2.172 m hohe Berg liegt auf der Strecke von Ibanda nach Mbarara.*

Unterkunft
Es gibt keine Unterkünfte am Berg und keine ausgewiesenen Campingplätze. Die nächstliegenden Unterkünfte finden Sie in Ibanda (sehr einfach) oder Mbarara.

Jinja (Jinja-Distrikt) (S. 389)

Wichtige Telefonnummern

- ***Vorwahl für Jinja**: 0434*
- ***Polizei, Feuerwehr** und **Krankenwagen**: 999*
- ***Krankenhaus**:42122001*

Informationen

Es gibt kein Tourist-Information-Büro. Aber die in Jinja ansässigen Reisebüros helfen Ihnen gerne weiter.

Internationale Busverbindungen

Einige der Busgesellschaften, die von Kampala nach Kenia fahren, legen in Jinja einen Stopp ein. Fahrkarten sind nur zu bekommen, wenn noch Plätze frei sind. Für weitere Busunternehmen sehen Sie bitte unter: Kampala.

- ***Akamba**, kenianisches Busunternehmen. Es gibt zwei Busklassen. Executive-Busse haben 47 Sitze in zwei Zweierreihen, die etwas bequemeren Royal-Class-Busse haben 35 Sitze (eine Reihe mit einem Sitz, eine Reihe mit Doppelsitzen). Der Sitzplatz ist nummeriert und kann vorher beim Ticketkauf ausgesucht werden (soweit noch frei). Daher die Tickets besser mindestens zwei Tage vor der Fahrt in Jinja sichern. Die Busse kommen von Kampala und fahren weiter nach Kenia und Tansania. Hier einige der wichtigsten Ziele und die Preise:*

  - *Nairobi, Naivasha, Nakuru 16 € (Royal) 10 € (Executive), Mombasa 14 € (nur Executive), Daressalam 24 € (Executive), Moshi 15,50 € (Executive), Arusha 15 € (Executive), Namanga 13,50 € (Executive).*
  - *Die Royal- und Executive-Busse fahren in Kampala ab 7 Uhr und in Jinja ab ca. 8 Uhr. Die Executive-Busse fahren auch noch nachmittags um 16 bzw. 17 Uhr ab Jinja (15 bzw. 16 Uhr ab Kampala), je nachdem, welches Endziel der Bus hat.*

- ***Scandinavian Express**, wer mit dieser Linie fahren möchte, muss sich vorher das Ticket in Kampala kaufen und den Platz reservieren, mit der Angabe, erst in Jinja zuzusteigen.*

Bus-Tickets aller Busgesellschaften gibt es im Reisebüro rechts neben der Post.

Überregionale Busverbindungen

Es gibt einen regelmäßigen (und häufigen) Minibusverkehr zwischen Jinja und Kampala. Die Busse fahren in Jinja vom zentralen Taxi-Park aus und in Kampala vom alten Taxi-Park. Sie können in Kampala auch an der Tankstelle neben „Nando's" einsteigen (Kampala Road). Mittlerweile gibt es auch größere Busse (Japanische Marken wie Toyota-Coaster), die zwischen beiden Städten verkehren.

Zudem gibt es regelmäßige Minibus-Verbindungen von Jinja nach Mbale und Tororo sowie zu den Grenzorten Malaba und Busia.

Städtischer Verkehr

Innerhalb Jinjas kommen Sie nur mit Boda-Boda-Taxis (Motorrad und Fahrrad) weiter. Zudem gibt es noch Taxis (Special Hire), falls ihnen die Zweiräder zu unsicher sind.

Mietwagen

Walter Egger hat einige Allradfahrzeuge (Land Rover) zu vermieten: Tel.:/Fax: 0434-121314 oder mobil: 077-2221113, wemtec@source.co.ug.

Reisebüros/Touren/Besichtigungen

Es gibt einige Reisebüros und Tourfirmen, die Ihnen Angebote machen können. Hier nur ein Beispiel:

J

Tourist Center Tour & Travel, 3E Main Street, Tel.: 0434-122758 oder mobil: 075-2419651, 077-2463474, Hier bekommen Sie u.a.: Flugtickets, Gorilla-Permits, Akamba-Bustickets, Autovermietung, Zeltvermietung, Buchung für Rafting und Bungeespringen, Postkarten

Banken/Geld tauschen

Es gibt eine ganze Reihe von Bankfilialen und Wechselbüros, hier nur ein Beispiel:
Trend Forex, Main Street, wechselt auch Traveller-Schecks.

Internet

- **Bert Internet**, Scandia Road (nahe Ecke Main Street), Tel.: 0434-122103 oder mobil: 077-2653929, bert@netscape.net, geöffnet Mo-Sa 8.30-20.30 Uhr, So 10-20 Uhr
- **Cyber Café**, Ripon Street, im Biashara-Gebäude
- **Nasa Internet**, Main Street
- **The Source Café**, 20 Main Street
- **Indigo Internetcafé**, 61a Main Street (Ecke Clive Road, gegenüber MTN), 1 Min. 40 USh

Unterkunft

- **Gately on Nile $$$$ (21)**, 34b Kisinja Road, Tel.: 0434-122400 oder 077-2469638, gately@utlonline.co.ug, www.gately-on-nile.com. Im Haupthaus DZ 140 US$, EZ 100 US$ jeweils inkl. Frühstück (220/140 US$ bei Vollpension). Schönes umgebautes Kolonialhaus mit einigen Gartenhäusern (160/120 US$) in einem schönen Garten. Insgesamt 12 Zimmer, vier davon jedoch einfacher, daher 70 US$ (bzw. EZ 50 US$). Nette Atmosphäre und empfehlenswert.

Kingfisher Resort Hotel, Jinja

- **Kingfisher Resort $$$ (3)** liegt auf der anderen Seite des Nils. Fahren Sie am Kreisverkehr vor dem Damm, bei den Nile Breweries, nach rechts (von Kampala kommend) und bleiben Sie auf der Straße, bis nach einigen Kilometern ein Schild nach links weist. Fahren Sie die Piste immer geradeaus (auch wenn es so aussieht, als ob sie nirgendwo hinführt). Das Hotel liegt direkt hinter den Bahngleisen. Tel.: 0434-121063 oder mobil: 077-2632063, kingfishersafaris@gmx.net, www.kingfisher-uganda.net. DZ 105-120 US$, EZ 75-95 US$, Familienbungalow 135-155 US$, Suite 155 US$ jeweils inkl. Frühstücksbuffet. Camping möglich für ca. 6 € pro Person. 45 Zimmer in Rundhütten im Garten unter deutscher Leitung. Das Hotel liegt wunderschön am Austritt des Nils aus dem Viktoria-See. Herrlicher Swimmingpool, Bootsverleih (z. B. zum „Speke Point" 4,50 €).
- **Palm Tree Guest House $$$ (20)**, 24 Kisinja Road, Tel.: 0434-123412 oder mobil: 077-2563636, 077-2500400, palmtreejinja@yahoo.com, www.traveluganda.co.ug/palmtreejinja. DZ 45 €, EZ 30 € je inkl. Frühstück. Das Gästehaus hat acht Zimmer und ist ein altes Kolonialhaus mit großem Garten, von wo aus man direkt auf den Nil schaut. Ähnlich wie Gately, nur etwas einfacher. Dafür gibt es einen Swimmingpool.
- **Paradise on the Nile (Sunset) $$$ (12)**, 16/17 Kiira Road, Tel.: 0434-121912 oder mobil: 077-2379991, Fax: 0434-120741, hotel@paradiseonthenile.com, www.paradiseonthenile.com. DZ 33 €, Deluxe 42 €, Suite 59 €, EZ 25 € jeweils inkl. Frühstück. Neubau eines alteingesessenen Hotels (Sunset). Ein gepflegtes Hotel mit 71 Zimmern.

Jinja
- Hotelkarte -
Hotels
Restaurants
1 Jinja Nile Resort
2 The Haven
3 Kingfisher Resort
4 Ling Ling
5 Cool Breeze
6 Safari Inn
7 Triangle (Lubogo)
8 YMCA
9 Timton
10 Crested Crane Hotel
11 Explorers Backpackers
12 Paradise on the Nile (Sunset)
13 New Daniel
14 2 Friends Guest House
15 Two Friends
16 Ling Ling
17 Bridgeway Guesthouse
18 Rumours Café
19 Triangle (Annex)
20 Palm Tree Guest House
21 Gately on Nile
22 Flavours
23 Ozzie's Café
24 Source Café
25 Explorers Inn
26 Meera
27 Victoria View Inn
28 Bellevue
nach Bujagali Falls
Churchill Way
Kiira
Nakoli
Jackson
Nalufenyu
Madhyadu Road
Gokhale
Kutch
Nizam
Thurston
Wiloson
Kiira
Clive
Avenue
Baxi Road
Gabula
Bridge
Elgon Road
Nile
Kakindu
Street
Iganga Street
Ripon
Naranbhai
Main
Bell
Oboja Road
Nadiope
Avenue
Queen Elizabeth Way
Victoria Nile
Cliff
Kisinja Road
Oboja Road
Circular Road
Kisinja Road
Crescent
Nile
Lake Victoria
N
0
500 m

- **2 Friends Guest House $$$ (14)**, 6 Jackson Crescent, Tel.: 0434-122999, 077-2984821 (Restaurant), post@2friends.info, www.2friends.info. DZ 105-130 US$, EZ 90-115 US$. Die DZ sind wunderschön im afrikanischen Design eingerichtet. EZ etwas einfacher und mit Bad/WC auf dem Gang. Satelliten-TV und kostenloses W-LAN. Gutes Restaurant und schönes Schwimmbad.
- **Bridgeway Guesthouse $$ (17)**, 34 Bridge Street, Tel.: 077-2480142, bridgewayguesthouse@hotmail.com, www.bridgewayguesthouse.8k.com, DZ 30 US$, EZ 25 und 15 US$ inkl. Frühstück, 11 Zimmer mit Ventilator und Moskitonetz.
- **Crested Crane Hotel $$ (10)**, Hannington Square (gegenüber Kinderkrankenhaus), Tel.: 0434-121874, 121954, Fax: 0434-121515, htti@source.co.ug. Preise: DZ 30 €, EZ 25 €. Alle Zimmer mit SAT-TV. Staatliches Hotel, das auch als Trainingszentrum für Hotelschüler genutzt wird. Gutes Preis-Leistungs-Verhältnis
- **Samuka Island Resort $$**, auf einer Insel im Viktoria-See gelegen, Tel.: 070-1367970, 071-3660020, www.samukaisland.com. DZ 120 US$, EZ 90 US$ inkl. Frühstück. Nach Jahren des Stillstandes und der Renovierung wieder eröffnet. Die herrlich auf einer Insel im Viktoria-See gelegene Anlage verfügt über mehrere Bungalows, ein Restaurant, einen Swimming-Pool und Möglichkeiten für Boots- und Angeltouren.
- **Triangle (Annex) $$ (19)**, Kiira Road, Tel.: 0434-122098/9 oder mobil: 077-2490340, Fax: 0434-120885, hoteltriangle@source.co.ug. DZ 30 €, EZ 25 € je inkl. Frühstück. Das Hotel hat 135 Zimmer und eine herrliche Lage direkt am Nil.
- **Triangle (Lubogo) $$ (7)**, Tel.: 0434-121613 oder mobil: 077-2758081/42, Fax: 0434-122090, hoteltriangle@source.co.ug. Das DZ kostet ca. 20 €. Mittlerweile hat sich das ehemalige Gästehaus zu einem richtigen Hotel gemausert. Gutes Preis/Leistungsverhältnis, nettes Gartenrestaurant.
- **Cool Breeze $$ (5)**, 6 Nalufenya Road (nahe Kampala Kreisverkehr), Tel.: 0434-120944 oder 071-2897766, 077-2797766, coolbreeze@infocom.co.ug, www.traveluganda.co.ug. DZ für 30 US$, das EZ für 20 US$. Das Hotel liegt schön in einem großen Garten.
- **Ling Ling $$ (16)**, nahe Cliff Road, Tel.: 077-2489616. Zimmer von 15 bis 30 € je nach Größe und Ausstattung. Ruhig am Stadtrand gelegen.
- **New Daniel $$ (13)**, nahe Sunset Hotel, Tel.: 0434-121633 oder 077-2420616. DZ 16 €, EZ 12 €. Hotel mit Garten-Restaurant.
- **Bellevue $ (28)**, Kutch Road, nahe Taxi-Park, Tel.: 0434-120328 oder mobil: 071-2889900, bellevuehotel@yahoo.com. DZ 12 €, EZ 7 €, EZ mit Gemeinschaftsbad 5 €. Praktisch durch die Nähe zum Taxi-Park, unter indischer Leitung.
- **Timton $ (9)**, 15 Jackson Crescent, Tel.: 0434-121233, 071-1564814, timtonhotel@yahoo.com. DZ 14 €, EZ 9 €, Suite 23 € je inkl. Frühstück. Einfaches Hotel mit sauberen Zimmern (Moskitonetz), Bad/WC auf dem Gang. Schöner Garten mit Pavillons zum Sitzen und Essen sowie bewachtem Parkplatz. Für die Preisklasse zu empfehlen.
- **Victoria View Inn $ (27)**, am Taxi-Park, DZ 5 € (mit eigenem Bad/WC). Schon etwas heruntergekommen, aber saubere Zimmer und zentral gelegen. Allerdings haben die wenigsten Zimmer den im Namen versprochenen Seeblick.
- **Safari Inn $$ (6)**, Nalufenya Road (nähe Cool Breeze), Tel.: 0434-122955 oder 078-2816641. DZ 27 US$. Das Hotel ist kürzlich renoviert, zu empfehlen sind die Zimmer in der ersten Etage.
- **Explorers Inn $$ (25)**, Iganga Road, Tel.: 0434-122865 oder 077-7164979. DZ/EZ 25 US$ inkl. Frühstück. Das Hotel wurde im traditionellen Kolonialstil gehalten, gutes Preis-Leistungs-Verhältnis.

AUSSERHALB VON JINJA:

- **Jinja Nile Resort $$$$ (1)**, Kimaka Bujagali Road (auf dem Weg zu den Bujagali-Fällen), Tel.: 0434-122190/1/2, 0434-122580, Fax: 0434-122581, Kampala Office 0414-233593. nileresort@source.co.ug, www.madahotels.com, DZ 220 US$ (mit Nilblick 240 US$) EZ 180 US$ (200 US$), Suite 350 US$ jeweils inkl. Frühstück (warme Mahlzeiten 20 US$). Teilweise günstige Wochenendangebote. 103 Zimmer in Bungalows. Zwei Bars, Restaurant, Snackbar, Fitnessraum, Tennis, Squash, Schwimmbad, Konferenzräume. Der

Nile Resort Hotel, Jinja

Service hat zuletzt zwar etwas nachgelassen, es ist aber immer noch ein gutes Mittelklassehotel.

• **The Haven $$$$ (2)**, *nähe Kalagala Falls (ca. 20 km von Jinja, 18 km von Njeru), Tel. 070-2905959, thehavenuganda@yahoo.com, www.thehaven-uganda.com. DZ 170-190 US$, EZ 110-125 US$ inkl. Vollpension, Camping 12 US$ p. P. (40 US$ inkl. Vollpension). Von den meisten Hütten bietet sich ein exzellenter Blick auf den Nil und die Kalagala Falls. Zusammen mit dem hervorragenden Restaurant die beste Unterkunft am Nil, sehr zu empfehlen!*

Jugendherbergen/Backpackers

• **Explorers Backpackers (11)**, *nahe Sunset Hotel, Tel.: 0434-120236 oder 077-2422373, rafting@raftafrica.com, www.raftafrica.com. DZ 25 US$, Bett im Schlafsaal 7 US$ und Camping 3 US$ p. P. Das beliebteste Low-Budget-Hotel am Ort. Aufenthaltsraum mit Billard, Darts, öffentlichem Telefon und SAT-TV. Kein richtiges Restaurant, aber eine Art Kantine, bei der nach Vorbestellung auch Essen serviert wird. An einer Pinnwand finden Reisende wichtige Informationen oder können nach Weggefährten suchen. Teilnehmer am Rafting der gleichen Firma haben hier eine Nacht inklusive. Camping mit eigenem Zelt ist möglich.*

• **YMCA (8)**, *schräg gegenüber dem Crested Crane Hotel, Tel.: 2203665. Sehr einfach, aber die wohl billigste Möglichkeit in Jinja zu übernachten.*

Campingplätze

• *Es gibt eine ganze Reihe von Möglichkeiten in und um Jinja zu campen. Die meisten Plätze kosten zwischen 2 und 3 € pro Person. Zum Beispiel am* **Explorers Backpackers** *oder dem* **Timton Hotel** *(siehe jeweils oben).*

Wenn Sie etwas komfortabler und außerhalb der Stadt campen möchten:

• **Kingfisher Resort**, *(Adresse siehe oben). Camping kostet ca. 7 € pro Person/Nacht, Kinder zahlen die Hälfte (Gruppenrabatt ab 15 Pers.). Im Preis ist die Benutzung der sanitären Anlagen (Dusche/WC) und des Swimmingpools mit enthalten.*

Restaurants

• **Flavours (22)**, *Main Street, geöffnet täglich. Steaks&Salads und andere Gerichte.*

• **Ling Ling (4)** *(chin.), an der Straße nach Kampala. Kein schönes Restaurant, aber eine sehr gute chinesische Küche.*

• **Meera** *(ind.)* **(26)**, *Oboja Luba's Street, im Erdgeschoss des Khalinie Hotel. Sieht nicht sehr einladend aus, hat aber eine recht gute indische Küche.*

Pubs & Cafés

• **Ozzie's Café (23)**, *geöffnet So-Do bis 18 Uhr, Fr und Sa bis 21 Uhr. Fast Food und vegetarische Gerichte.*

• **Source Café (24)**, *Main Street, geöffnet Mo-Sa 9-18 Uhr. Es gibt frischen Kaffee und auch Kuchen. Angeschlossen ist auch ein Internetcafé.*

• **Rumours Café (18)**, *am Nil gelegen, etwa zehn Minuten Fußmarsch vom Stadtzentrum.*

• **Richie Rich Rest Inn**, *Bar mit Billard und kleiner Küche*

• **Two Friends (15)** *(ehemals Club Oasis), Jackson Crescent, serviert auch Pizza.*

J
K

Einkaufstipps
BUCHLÄDEN
- ***Buzimba Bookshop***, *Main Street, nur eine kleine Auswahl an Reiseliteratur*
- ***Uganda Bookshop***, *Main Street, nur eine kleine Auswahl an Reiseliteratur*

SUPERMÄRKTE
- ***Kwiksafe***, *Main Road (nahe Caltex-Tankstelle)*
- ***Lakimoja Supermarket***, *Gokhale Road*
- ***Sumi Supermarket***, *Main Street*

Apotheken / Ärztliche Hilfe
International Medical Centre, *privates medizinisches Zentrum*

Sport
Jinja Golf Club, *Golf (ca. 5 €), Schwimmen, Tennis, Squash (ca. 2,50 €)*

Aktivitäten/Sehenswürdigkeiten
- ***Nile Breweries Tour***: *Die Nil-Brauerei liegt von Jinja kommend auf der anderen Seite des Owen-Damms in Njeru (direkt an der Hauptstraße und der Abzweigung zum Source-of-the-Nile-Garten und der Kingfisher Lodge). Sie bietet Führungen während der normalen Büro- und Arbeitszeiten durch die Brauerei an. Anmeldung bei Mr. Ngobi, Tel.: 0434-210009.*
- ***Bootstouren auf dem Viktoria-See***: *Vom „Source of the Nile" Garten aus (Eintritt 4,40 €) fahren Boote zu der Stelle, an der der Nil den Viktoria-See verlässt. Gehalten wird auch an einer der Inseln in Nil. Weitere Fahrten darüber hinaus sind möglich, Preis für ein Boot (bis ca. 12 Personen) 30 Min. ca. 5 €. Daneben bieten Hotels wie das Kingfisher Resort (s.o.), auch für Nichtgäste Paddelboot ab 2 €, Fischen mit Motorboot pro Stunde (max. acht Pers.): 4,50 €, Motorboot ausleihen pro 30 Min. 4,50 €, Fahrt nach Samuka Island (inkl. eine Stunde warten/max. 8 Pers.): 20 €, Tagesausflug Buvuma Island (max. 8 Pers.): 36 €.*
- ***Whitewater Rafting***: *Hauptattraktion ist sicher der Weiße Nil und das Wildwasser-Rafting, die Agenturen haben nach der Fertigstellung des Bujagali-Dammes den Startpunkt des Raftings nach oberhalb des Dammes verlegt.*
- ***Fahrräder leihen***: *FABIO, die First African Bicycle Information Organisation, setzt sich für die Förderung des Fahrrades als nachhaltiges Verkehrsmittel ein. Im Büro Main Street Plot 9 kann man Mo-Fr 9-17 Uhr für ca. 5 €/Tag eines leihen. www.fabio.or.ug.*

Märkte
Der Zentralmarkt von Jinja liegt zwischen der Scandia und der Napia Road am Rande der Innenstadt.

Kaabong (Kotido-Distrikt) (S. 408)

s.a. Kidepo-Nationalpark

Hinweis: *Kaabong ist die letzte Übernachtungsmöglichkeit auf dem Weg zum Kidepo-Nationalpark (72 km vor dem Park, 89 km nach Kotido).*

Regionale Busverbindungen
Die Matatus (Minibusse) von Kotido enden hier. Es gibt keinen öffentlichen Transport von Kaabong zum Kidepo-Valley-Nationalpark.

Unterkunft
- ***Mission's Guest House* $**, *einfache kirchliche Unterkunft für ca. 10 € pro Person.*
- *Zudem soll das örtliche Krankenhaus noch über ein Gästehaus verfügen.*

Kabale (Kabale-Distrikt) (S. 494)

Wichtige Telefonnummern
Vorwahl Kabale: *0486*

Informationen
Das Informationszentrum für den Bwindi- und den Mgahinga-Nationalpark befindet sich in der westlichen Parallelstraße zur Kabale Road (nahe African Arts & Crafts). Es hat jeden Tag der Woche geöffnet, Gorilla-Permits können nur nach Rücksprache mit Kampala vergeben werden (was einige Stunden dauern kann). Das Personal beantwortet auch gerne Fragen zu Unternehmungen außerhalb der beiden Nationalparks.

Überregionale Busverbindungen
Die Bus- und Minibusstation liegt am südlichen Ausgang von Kabale. Dort fahren Busse über Mbarara nach Kampala sowie Minibusse nach Fort Portal, Kasese, Kisoro, Kampala, Mbarara, und Masaka. Zudem verkehren Minibusse zur ruandischen Grenze nach Katuna (ca. 1,50 €).

Rundfahrten/Touren/Besichtigungen
- ***Edirisa***, *Tel.: 075-2558222, home@edirisa.org, www.edirisa.org. Eine Hilfsorganisation, die neben einem Gästehaus und Museum auch eine Tour-Agentur betreibt und verschiedenste Aktivitäten rund um Kabale anbietet.*
- ***Kazinga Tours***, *Tel.: 077-2552819, mail@kazingatours.com, www.kazingatours.com. Renommierter Tourveranstalter mit einem großen Angebot.*
- ***Amagara Trekkers Tours***, *Tel.: 075-2296197, info@trekkerstours.com, www.trekkerstours.com. Kleiner Anbieter von Ausflügen und Touren des Hilfsprojektes von Byoona Amagara.*

Banken/Geld tauschen
- **National Bank of Commerce**, Geldtausch zu den gewöhnlichen Schalterstunden
- **Highland Hotel Forex**, Geldtausch jeden Tag der Woche bis zum frühen Abend

Internet
- **The Voice of Kigezi**, *50, Mbarara Road (300 m vom Taxi-Park)*
- **Internetcafé im Highland Hotel**, *Kazooba Road*

Unterkunft
- **Whitehorse Inn $$$**, *Makanga Hill (Golfplatz), Tel.: 0486-423336, 077-2459859 Fax: 0486-423717, whitehorseinn@yahoo.com. DZ 65 US$, EZ 50 US$. Das schon etwas in die Jahre gekommene Hotel hat sich wieder gemacht, es liegt schön außerhalb der Stadt auf einem Hügel.*
- **Jopfan Country $$**, *Makanga Hill (beim Golfplatz), Tel.: 0486-426055, 077-2510973, jopfancountry hotel@yahoo.com. DZ 36 US$, EZ 20 US$ inkl. Frühstück. Schöne Aussicht in die Umgebung.*
- **Green Hills $$**, *Ngoroza Road (am Golfplatz), Makanga, Tel.: 0486-424442 oder mobil: 077-2317765, kasente@africaonline.co.ug, www.greenhills-hotel.com. DZ 40 €, EZ 30 €. Kleine, aber gute Zimmer mit SAT-TV und Warmwasser. Das Hotel liegt schön auf einem Hügel, es hat ein Restaurant, eine Bar sowie einen Swimmingpool und bietet Massage und Fitness.*

K

- **Queens $$,** Zentrum, Tel.: 0486-424054,077-3076649, DZ 19 €. Relativ neues Hotel im Zentrum mit guter Bar
- **Cepha's Inn $$**, 7 Archers Road (Makanga Hill), Tel.:0486-422097, birungicephas@yahoo.com. DZ 40 US$, EZ 20 US$, Suite 60 US$ inkl. Frühstück. Recht neues und sauberes Hotel, Zimmer mit eigenem Bad/WC. Das Hotel verfügt über ein Restaurant, eine Bar sowie über einen schönem Garten und Schwimmbad.
- **Highland $**, Kazooba Road, Tel.: 0486-422175/9, 077-2462190, Fax: 0486-423742, highland@imul.com. DZ ab 18 US$ (Zimmer mit Bad/WC), EZ 15 US$. Im Hotel gibt es ein Wechselbüro und ein Internetcafé, nettes Personal.
- **Victoria Inn $**, wenige Minuten außerhalb des Zentrums, Tel.: 0486-422020, DZ 13 €, EZ 9 €. Saubere Zimmer mit eigenem Bad.
- **The Home of Edirisa $**, Zentrum (gegenüber dem Little Ritz), Tel.: 075-2558222, home@edirisa.org, www.edirisa.org. DZ mit Bad 9 € (inkl. Frühstück), DZ 5 €, EZ 3,50 € Bett im Schlafsaal 2 € jeweils mit Gemeinschaftsbad.
- **Silk $**, Tel.: 077-2508661. DZ 8 €, EZ 6 €. DZ mit Gemeinschaftsbad: 5 € (EZ 3 €).
- **Standard $**, Mbarara Road, Tel.: 077-2686513. DZ 7 € (mit eigenem Bad/WC) oder 6 € (EZ 5 €) mit Gemeinschaftsbad
- **Home again $**, Mbarara Road. DZ 6 €, EZ 5 € jeweils mit Gemeinschaftsbad. Hotel hat eine Sauna.
- **Skyblue $**, Kreuzung Mbarara/Katuna Road, Tel.: 0486-422154, Skybluehotels@yahoo.com. DZ 6 €, EZ 5 €, jeweils mit Gemeinschaftsbad
- **Skyline $**, gegenüber der Busstation, Tel.: 077-2389030, skylinekabale@yahoo.com. DZ 5 €, EZ 4 € jeweils mit Gemeinschaftsbad. Gutes Restaurant
- **Villa Inn $**, Kabale Road. DZ 5 €, EZ 4 € jeweils mit Gemeinschaftsbad. Sehr einfache Zimmer, aber mit Moskitonetzen!
- **Visitours**, neben der Busstation, Tel.: 077-2443449. Zimmer kostet 2-4 €. Achtung, Diebstahl in Zimmern häufig!

Hostel

St. Pauls Hostel, im Garten der katholischen Kirche, Tel.: 0486-422267, DZ 5 €, EZ 3 €, jeweils mit Gemeinschaftsbad

Campingplätze

Es gibt keine Campingplätze im Ort. Angenehmer ist es sicherlich, am Bunyonyi-See zu zelten (sehen Sie dazu unter Lake Bunyonyi „Campingmöglichkeiten").

Restaurants

Außer den Restaurants der jeweiligen Hotels können Sie noch an folgenden Orten in Kabale speisen:

- **Amagara Café**, Zentrum, Tel.: 077-2959667, gutes Restaurant mit nettem Service.
- **Little Ritz Bar & Restaurant**, Rugabo Road, im Hot-Loaf-Bakery-Gebäude, Tel.: 071-2927090. Europäische und indische Küche.
- **Mbuzi Mbiri**, nahe Trans Backpackers, der Name bedeutet „Zwei Ziegen" in Kisuaheli. Fast Food, Pizza, europäische und indische Küche. Vielleicht das beste Restaurant der Stadt.

Pubs & Cafés

- **Golf Side**, nette Bar mit kleinen Speisen am Golfplatz
- **Rendezvous Valley Pub**, obere Verbindung zwischen Kabale und Gugoni Road

Einkaufstipps

- **African Arts & Crafts**, einziges Geschäft für afrikanische Souvenirs.
- **Hot Loaf Bakery**, frisches Brot und Kuchen zum Mitnehmen.

Diskothek

Leisure Club, Kabales einziger Nachtclub gegenüber der Hot-Loaf-Bäckerei. Geöffnet Freitag und Samstag und vor Feiertagen.

Märkte

Der Hauptmarkt von Kabale befindet sich unweit der Busstation an der Bushekwire Road.

Aktivitäten/Sehenswürdigkeiten

Kabale ist Ausgangspunkt für Unternehmungen am Lake Bunyonyi. Ebenfalls gut zu erreichen sind von dort die Berggorillas in Bwindi und Mgahinga sowie der Queen Elisabeth Nationalpark.
Edirisa Cultural Museum, gegründet von einem Mitglied des Bakiga-Stammes, übernahm die Organisation Edirisa 2003 dieses kleine Museum. Angeschlossen sind ein Shop und Restaurant. Zu sehen sind kulturelle, traditionelle Alltagsgegenstände der Bakiga und anderer um Kabale herum ansässigen ethnischen Gruppen. Geöffnet täglich 9-23 Uhr, Eintritt 1,50 €.

Kakumiro (Kibale-Distrikt) (S. 455)

Hinweis: Kakumiro liegt etwa 35 km von Mubende entfernt. Für die schlechte Piste benötigen Sie mindestens eine Stunde.

Unterkunft

Es gibt keine Unterkunft in Kakumiro und Umgebung.

Kalagala Falls (Jinja-Distrikt) (S. 392)

Information

Die durch den neuen Bujagali-Damm umgezogenen Rafting- und Wassersport-Agenturen haben sich um die Kalagala-Falls angesiedelt. Von Kampala aus kommend zu erreichen über die Asphaltstraße, die am Kreisverkehr vor dem Owens-Falls-Damm links (gegenüber der Nile Brauerei) Richtung Kangulumira abzweigt (26 km).

Unterkunft

- **Wild Waters Lodge $$$$$**, Tel.: 031-2237438, www.adrift.ug. DZ mit Vollpension 360 US$, EZ mit VP 230 US$.Die 2010 eröffnete Lodge bietet komfortable Bungalows auf einer von zwei Stromschnellen umgebenen Insel. Eine einmalige, wenn nicht spektakuläre Lage!
- **The Haven $$$$**, nähe Kalagala Falls (ca. 20km von Jinja, 18 km von Njeru), Tel. 070-2905959, thehavenuganda@yahoo.com, www.thehaven-uganda.com. DZ 170-190 US$, EZ 110-125 US$ inkl. Vollpension, Camping 12 US$ p. P. (40 US$ inkl. Vollpension). Von den meisten Hütten bietet sich ein exzellenter Blick auf den Nil und die Kalagala Falls. Zusammen mit dem hervorragenden Restaurant eine der besten Unterkünfte am Nil, sehr zu empfehlen!
- **Kalagala Falls Tented Camp**, Tel.: 031-2237438, www.adrift.ug. Neues permanents Zeltcamp der Adrift-Gruppe. 15 große Zelte mit eigener Holzterrasse und schönem Blick auf den Nil.
- **The Hairy Lemon $$$**, auf einer Insel hinter den Kalagala Falls gelegen, eine Fahrstunde von Jinja, Tel.: 077-2828338, lemononthenile@yahoo.com, www.hairylemonuganda.com. DZ-Bungalow 40 € (als EZ 25 €),

K

Bett im 10-Bett-Schlafsaal 14 €, Jessies Bungalows 54 € (auch nur als „Bett“ buchbar für 16 €), Sugar-Shack Bungalow als DZ 54 € inkl. Vollpension und eigenem Pool. Campingmöglichkeit für 11 € p. P. inkl. Vollpension.

Aktivitäten

Die Hauptattraktion neben der schönen Landschaft am Nil sind sicherlich die Wildwasserfahrten (Rafting) auf dem Nil.

- ***Adrift**, Kimaka Road (nahe Nile Resort), Tel.: 0414-252720 oder 077-2237438, adrift@surfthesource.com, www.surfthesource.com. Organisiert White Water-Rafting auf dem Nil (halber Tag 115 US$, ganzer Tag 125 US$), sowie Speed Boat (Wild Nile Jet) fahren (75 US$ 30 Min.), Bungee Jumping (80 US$) und Klettertouren zum Ruwenzori (2.910 US$ bei 8-10 Pers.).*
- ***All Terrain Adventures**, Tel.: 077-2377185, www.traveluganda.co.ug/ata. Organisiert White Water Rafting auf dem Nil. Zudem Mountainbike-Verleih und Motorradtouren.*
- ***Equator Rafts,** Tel.: 0414-252106/07, 259221 oder 077-2379566, 2318072, equatorrafts@equatorrafts.com, www.equatorrafts.com. Einer der etabliertesten Anbieter von Rafting-Touren. Zum Beispiel: 27 km Rafting (Grade 5) kostet 75 US$ inkl. Vollpension. 46 km Rafting (2 Tage) kosten 150 US$ inkl. Vollpension. Wenn man bei Equatorrafts bucht, braucht man im Speke-Camp für zwei Nächte keine Campinggebühr zu bezahlen.*
- ***Nile River Explorers**, Tel.: 0434-120236 oder 077-2422373, rafting@starcom.co.ug, www.raftafrica.com. Organisiert White Water Rafting auf dem Nil (85 US$). Auch mit Transport ab/bis Kampala.*
- ***Nalubale Rafting**, Tel.: 078-2638938, bookings@nalubalerafting.com, www.nalubalerafting.com. Geführte Kajak-Touren für 2 Std. 30 US$ p. P., Kajak ausleigen 20 US$ pro Std.*
- ***Kayak the Nile**, Tel.: 077-2880322, info@kayakthenile.com, www.kayakthenile.com.*

Kalangala (Kalangala-Distrikt) (S. 383)

Information

Kalangala ist der Hauptort der Insel Buggala, der größten Insel des Ssese-Archipels im Viktoria-See.

Unterkunft

Nach der Ankunft in Kalangala sollten Sie sich besser in einem der Strandhotels außerhalb des Ortes einquartieren (siehe unter Buggala Island). Sollten Sie erst am Abend in Kalangala ankommen, gibt es eine sehr einfache Unterkunft:

***PTA Andronica Lodge $**, ein DZ kostet 9 €, ein EZ 6 €.*

Camping

***PTA Andronica Lodge**, Camping kostet 2 € pro Person und Nacht.*

Kalinzu Forest Reserve (Bushenyi-Distrikt) (S. 484)

Informationen

Informationen zum Wald-Reservat bekommen Sie beim Forest Department in Bushenyi unter Tel.: 0485-442365 oder direkt beim Kalinzu Forest Project im Voraus per kalinzu@africaonline.co.ug. Eintritt 20 US$ (1 Tag).

Unterkunft

***Homeland $**, Tel.: 0483-442226, einfaches Hotel im nahe gelegenen Ort Ishaka*

Camping

Am Eingang zum Reservat. Sie müssen allerdings alles mitbringen, nur Wasser und Feuerholz sind vor Ort erhältlich. Camping kostet ca. 5 € pro Person.

Kampala (Kampala-Distrikt) (S. 358)

Wichtige Telefonnummern

- **Vorwahl Kampala:** 0414 (Uganda Telecom), 031 (MTN).
- **Polizei, Feuerwehr** und **Krankenwagen:** 999
- **AAR Health Service**, privates Krankenhaus mit Krankenwagen. 0414-258409 o. 0414-344472/5/8.
- **International Medical Centre**, 24 h Notdienst, 077-2741291, Krankenwagen 077-2200400/1.
- **Kampala Central Police Station**, 0414-254561/62

Informationen

- **The Eye**, alle 2 Monate erscheinendes Magazin über Aktivitäten, Informationen und Adressen im Großraum Kampala. Kostenlos beim Tourismusbüro und in zahlreichen Hotels. theeye@theeye.co.ug, www.theeye.co.ug.
- **www.kampalalive.com**, wenn Sie wissen möchten, was los ist in Ugandas Hauptstadt, dann finden Sie hier Informationen zu Veranstaltungen, Konzerten, Ausstellungen und sonstige Neuigkeiten rund um Kampala.
- **www.welcometokampala.com**, neue Internetseite mit aktuellen informationen zu Veranstaltungen, Hotels und Ausflügen.
- **www.kampalacityguide.com**, hier finden Sie die Orte und Straßen auf dem Stadtplan von Kampala spielend leicht. Straße anklicken und Sie wird angezeigt. Klicken Sie mit der Maus auf die Stelle, um Sie heran zu zoomen. Von allen Sehenswürdigkeiten und markanten Gebäuden gibt es auch Fotos.

Fluggesellschaften/-verbindungen

- **Air Burundi**, vertreten durch DairoAir, Colville Street, Tel.: 0414-256213, 256135
- **Air Tanzania**, Social Security House, Erdgeschoss, Jinja Road, Tel.: 0414-236944/-950, Fax: 0414-236925, www.airtanzania.com.
- **Air Uganda**, Jubilee Insurance Centre, 14, Parliament Av. (1. Etage), Tel.: 0412-165555, Fax: 0414-258267, www.air-uganda.com. Geöffnet Mo-Fr 8-17.45 Uhr, Sa 8-14 Uhr.
- **British Airways**, Centre Court, 4 Ternan Avenue (Eingang: Sezibwa Road), Tel.: 0414-257414/6, Fax: 0414-259181 od. 257508, contactba.1.uganda@britishairways.com
- **Brussels Airlines**, Erdgeschoss, Rwenzori House, 1 Lumumba Avenue, Tel.: 0414-234201/-2, Fax: 0414-342790, www.brusselsairlines.com.
- **Eagle Air**, 11 Portal Avenue, Tel.: 0414-344292, Fax: 0414-344501, reservations@eagleair-ug.com, www.flyeagleuganda.com
- **Egypt Air**, Shop 11 Grand Imperial Arcade, Shimoni Road, Tel.: 0414-233960, 341276 oder mobil: 077-2200119, Fax: 0414-236567. Geöffnet Mo-Fr 8.30-13 Uhr und 14-17 Uhr sowie Sa 8.30-13 Uhr.
- **Emirates**, FNC Building, Kimathi Avenue, Tel.: 0414-349941/2
- **Ethiopian Airlines**, United Assurance Building, 1 Kimathi Avenue, Tel.: 0414-254796/97, Fax: 0414-321130.www.ethiopianairlines.com.
- **Gulf Air**, United Assurance Building, 1 Kimathi Avenue, Tel.: 0414-343190, Fax: 0414-343210
- **Kenya Airways**, Jubilee Centre, 11 Parliament Avenue, Tel.: 0414-344304, Fax: 0414-259472, www.kenya-airways.com.
- **KLM**, Adresse wie Kenya Airways, Tel.: 0414-338000/-01, www.klm.com.
- **Precision Air**, Adresse wie Kenya Airways, Tel.: 0312-360000, Fax: 0414-259472.

• **Qatar Airways**, Rwenzori Towers, Nakasero Road, Tel.: 041-7800900, 071-7966001, Fax: 041-4320116, www.qatarairways.com.

• **Rwandair Express**, Rwenzori Courts, Lumumba Av., Tel.: 0414-344857, 077-7412666, sales.kampala@rwandair.com, www.rwandair.com

• **South African Airways**, Erdgeschoss Suite14, Workers House, 1 Pilkinton Road, Tel.: 0414-345772/3, 255501, Fax: 0414-345774. www.flysaa.com.

• **Turkish Airlines**, Ruth Towers, 15 Clement Hill Road, Tel.: 041-4253433/-36, Fax: 041-4255435, Entebbe@thy.com, www.turkishairlines.com.

• **United Airlines**, Pan Africa House, Kimathi Avenue, Tel.: 0414-349841/2, Fax: 0414-349843. Dies ist eine ugandische Fluggesellschaft, die nichts mit der gleichnamigen amerikanischen Fluglinie zu tun hat.

FLUGVERBINDUNGEN

• **Interkontinentale** Flüge direkt nach: Amsterdam, Brüssel, Dubai, Istanbul, London.

• **Regionale** Flüge gibt es nach: Addis Abeba (Äthiopien), Bujumbura (Burundi), Daressalam (Tansania), Johannesburg (Südafrika), Juba (Südsudan), Kairo (Ägypten), Kigali (Ruanda), Khartum (Sudan), Kilimandscharo (Tansania), Nairobi (Kenia). Über die genannten Ziele auch weiterführende Verbindungen zu anderen afrikanischen Städten oder nach Europa.

• **Inlandsflüge** gibt es nach: Arua (RUA), Adjumani (ADJ), Gulu (GUL), Kitgum (KIT) und Moyo (MOY). Im Charter können weitere Ziele angeflogen werden (z. B. die meisten Nationalparks). Siehe auch: Uganda als Reiseland – Flüge

Internationale Busverbindungen

Es gibt mehrere private Busunternehmen, die die Strecken zwischen Uganda und dem Ausland bedienen. Bei den internationalen Verbindungen ist es üblich, dass feste Sitzplätze gebucht werden. Diese können Sie sich beim Kauf des Tickets aussuchen (soweit sie noch frei sind). Die Hauptroute von Kampala nach Nairobi kennt zwei Streckenführungen: eine über den Grenzort Busia (weiter über Kisumu nach Nairobi), die andere über den Grenzort Malaba (über Eldoret nach Nairobi).

• **Akamba** (Verbindung nach Eldoret, Nakuru, Nairobi, Namanga, Mombasa, Arusha, Moshi, Daressalam), 28 de Winton Road, Tel.: 0414-250412, mobil: 077-2505539, das älteste Unternehmen auf der Uganda – Kenia-Strecke stellte Mitte 2012 aus finanziellen Gründen den Betrieb ein, ob und wann er wieder aufgenommen wird, ist zzt. unklar.

• **Gateway** (Verbindung von Kampala nach Nairobi, 20.000 USh), 19 Wilson Road, Tel.: 0414-250930, mobil: 077-2563587, gatewaycoaches@yahoo.com. Eines der größten Busunternehmen der Region.

• **Jaguar** (Verbindung von Kampala nach Kigali und Nairobi), Tel.: 0414-251855. Die Busse sind in Ordnung, erkundigen Sie sich aber vorher, welcher Bus eingesetzt wird. Einige Busse haben DVD an Bord.

• **Kampala Coach** (Verbindung von Kampala nach Nairobi, Mombasa, Daressalam, Juba), Jinja Road, Tel.: 0312-370307, 0773-329242, kampalacoach@yahoo.com. Neues Unternehmen, das den alteingesessenen kenianischen Busunternehmen erfolgreich Konkurrenz macht.

• **Queens Coach**, Oasis Mall, Lower Ground, FB 4, Yusuf Lule Road, Kampala, Tel.: 256773002010, 256713002010, queenscoach@gmail.com, www.queenscoach.com. Von Kampala nach Nairobi, Eldoret, Nakuru.

• **Tawig** (Verbindung von Kampala nach Kenia und Tansania), 10 Makay Road, Tel.: 041-256862/3. Busse starten um 15 Uhr, u. a. nach Nairobi, Kisumu, Nakuru, Arusha, Dar-es-saalam.

• **Scandinavian** (Verbindung von Kampala nach Nairobi, Arusha, Moshi, Daressalam, Lusaka), 8 Colville Street, Tel.: 0312-260409, mobil: 077-2377174. Tickets nach Nairobi kosten 50.000 USh (ca. 23 €), nach Arusha/Moshi 80.000 USh und nach Daressalam 120.000 USh. Zurzeit bestes Linienbusunternehmen. Relativ neue Busse, DVD an Bord. www.scandinaviagroup.com

Eine interessante Internetseite mit Busfahrplänen und Fahrpreisen: www.traveluganda.co.ug/businfo.asp.

Überregionale Busverbindungen

Folgende Städte können Sie von Kampala aus mit dem Bus anfahren: Adjumani (10 €), Arua (9 €), Butogota (8 €), Fort Portal (6 €), Gulu (5 €), Hoima (3,50 €), Kabale (6 €), Kapchorwa (5 €), Kasese (5 €), Kihihi (8 €), Kisoro (9 €), Kitgum (6 €), Kotido (10 €), Kumi (5 €), Lira (6 €), Masaka (2 €), Masindi (3,50 €), Mbale 4 €), Mbarara (3,50 €), Mubende (2 €), Moroto (8 €), Moyo (9 €), Palissa (4 €), Rukungiri (5 €), Soroti (4 €) und Tororo (5 €).

Hier einige Busunternehmen für die überregionalen Verbindungen in Uganda:

- ***Uganda Postbus** (Verbindung von Kampala nach Fort Portal, Gulu, Hoima, Kabale, Soroti) 35 Kampala Road, Tel.: 0414-255511, upl@ugapost.co.ug, wwwugapost.co.ug. Abfahrt vom Hauptpostamt an der Kampala Road Mo-Sa je nach Strecke 7 oder 8 Uhr.*
- ***Horizon** (Verbindung von Kampala nach Kabale, Kisoro, Cyanika, Mbarara, Fort Portal, Kagadi), 1 Barclay Road (Nähe Aga-Khan Moschee), Tel.: 077-2504565 oder 077-2428527, horizon@ymail.com. Abfahrt des ersten Busses um 5:30 Uhr, danach alle 2 Std., letzter um 16 Uhr.*
- ***Gateway**, Adresse siehe oben*

Markt in Kampala

Städtischer Nahverkehr

*Die Minibus-Taxis starten von zwei großen Busplätzen aus, dem „alten" und dem „neuen" **Taxi-Park**. Da beide Plätze etwas unübersichtlich sind, ist es am besten sich durchzufragen. In der Regel sind die Menschen hier freundlich und weisen einem den Weg zum richtigen Bus. Dann erklären Sie am besten gleich dem „Schaffner" („Ticketboy"), wo Sie aussteigen möchten. Außerhalb der Stadt gibt es meist keine festen Haltestellen. Der Minibus wird einfach an der Straße angehalten bzw. hält dort, wo Sie aussteigen möchten.*

Taxis

***Yellow Taxi**, Tel.: 145 oder 0414-532437, 0312-262036, 078-2384842. Taxameter, 24-Stunden-Service, Taxistände: Metro Cash&Carry, Garden City Shopping Centre, Bukoto Street (Stadtteil Kisementi), Imperial Resort Beach Hotel (Entebbe). Preise (ca. in Euro): Grundpreis 1 €, Tageskilometer 0,45 €, Nachtkilometer 0,60 €. Flughafenpauschale 18 € (Tag) und 22 € (Nacht). Auch Pauschalen für Langstrecken erhältlich.*

Mietwagen

MIETWAGENFIRMEN INTERNATIONAL:

- ***Hertz,** Communications House (Erdgeschoss), Colville Street, Tel.: 0414-309000, 077-2450460, www.hertzuganda.com. In Deutschland: Tel.: 0180-5333535, www.hertz.de*

K

MIETWAGENFIRMEN LOKAL:

- ***Acacia Tours***, *Balintuma Road, Tel.: 0414-253597 oder mobil: 071-2800004, tours@acaciasafari.co.ug, www.acaciasafari.co.ug.*
- ***Blu Cruise***, *558 Upper Kololo Terrace, Tel.: 0414-574890, www.blucruise.com.*
- ***B & B Car Rentals***, *32 Nile Avenue, International Conference Centre, Tel.: 0414-346926 031-260799 oder mobil: 077-2402592, bbcars@africaonline.co.ug*
- ***Car Hire & Tours***, *2 Lugard Road, Nakasero, Tel.: 0414-253414 oder mobil: 077-2443012, safarieye @infocom.co.ug oder info@safarieye.co.ug. Vermietet Limousinen und Allradwagen (Landcruiser und Pajeros) sowie Safari-Busse (Allrad mit aufstellbarem Dach) und normale Kleinbusse.*
- ***City Cars,*** *Tank Hill Parade (1st Fl.), Muyenga, Tel.: 0312-261680, 077-2412001, citycars@bushnet.net, www.driveuganda.com. Japanische Autos und Allradfahrzeuge. Akzeptiert Visa und Mastercard*
- ***Safari Eye Carhire***, *26c Lumumba Avenue (bei der schwedischen Botschaft), Tel.: 0414-253414 oder mobil: 077-2443012, info@safarieye.co.ug, www.safarieye.co.ug*

Reisebüros

Außer direkt bei den Fluggesellschaften bekommen Sie Tickets auch in jedem Reisebüro. Da es derer in Kampala recht viele gibt, hier nur eine kleine Auswahl:

- ***Let's go Travel***, *Garden City, Yusuf Lule Road, Tel.: 0414-252711, 349854, Fax: 0414-346666, www.letsgosafari.com.*
- ***Uganda Travel Bureau 2004***, *Pan African House, Kimathi Avenue. Tel.: 0414-335335 oder 0321-32555, Fax: 0414-236998, flights@utb.co.ug, www.utb.co.ug*

Rundfahrten/Touren/Besichtigungen

In Kampala gibt es zahlreiche Veranstalter von Rundfahrten und verschiedenen Touren durch das Land. Sie alle aufzuzählen, würde hier den Rahmen sprengen. Daher finden Sie hier eine kleine Auswahl der etablierten Unternehmen, die aber keine Qualitätsauswahl darstellt. Das heißt, andere, hier nicht gelistete Unternehmen, können ebenfalls sehr gut sein.

- ***Churchill Safaris***, *Sir Albert Cook Road, Tel.: 0414-341815 oder mobil: 077-2671285, Fax: 0414-253976, caasafaris@africaonline.co.ug, www.churchillsafaris.com*
- ***Pearl of Africa Tours & Travel***, *Impala House, 13 Kimathi Avenue, Tel.: 0414-340533, 077-2403614 (Kelley), Fax: 0414-236255, pearlatt@africaonline.co.ug, www.pearlofafricatours.com*
- ***The Uganda Safari Company***, *14b Kyadondo Road, Nakasero (nahe Emin Pasha Hotel), Tel.: 0414-251182 oder 077-2489497, Fax: 0414-341718, tusc@africaonline.co.ug, www.safariuganda.com*
- ***Volcanoes Safaris***, *27 Lumumba Avenue, Tel.: 0414-346464, Fax: 0414-341718, salesug@volcanoes safaris.com, www.volcanoessafaris.com*
- ***Nature Link Safaris***, *3 Parliament Avenue, Tel. 0414-258022 o. 0312-278860, tours@naturelinksafaris. co.ug, www.naturelinksafaris.co.ug.*

Banken/Geld tauschen

- ***Allied***, *24 Jinja Road, Tel.: 0414-236535/6*
- ***Bank of Africa***, *45 Jinja Road, Tel.: 0414-302001*
- ***Bank of Baroda***, *18 Kampala Road, Tel.: 0414-233680*
- ***Barclays Bank***, *16 Kampala Road, Tel.: 0414-230972/6, internationale britische Bank mit Geldautomat für Visakarten*
- ***Cairo International***, *Greenland Towers, 30 Kampala Road, Tel.: 0414-230141*
- ***Citibank***, *4 Ternan Court, Nakasero, Tel.: 0414-340945/8, internationale amerikanische Bank*
- ***Crane Bank***, *38 Kampala Road, Tel.: 0414-256511*
- ***DFCU Bank***, *13, Kimathi Av., Tel.: 0312-300000, Fax: 0414-231687, www.dfcugroup.com*

- **Eco Bank**, 4 Parliament Av., Tel.: 0414-231840, www.ecobank.com
- **KCB Bank (Kenya Commercial Bank)**, Kampala Road, Tel.: 0414-346961
- **Nile Bank**, 22 Jinja Road, Tel.: 0414-345571/2
- **Orient Bank**, 6 Kampala Road, Tel.: 0414-236012
- **Stanbic**, 45 Kampala Road, Tel.: 0414-231151, südafrikanische Bank
- **Standard & Chartered**, 5 Speke Road, Tel.: 0414-258211/-4

Wechselbüros bieten meist einen besseren Umtauschkurs als Banken. Sie finden Wechselbüros in der gesamten Innenstadt. Besonders viele auf der Kampala Road. Daher verzichten wir hier auf eine Auflistung. Die meisten Wechselstuben sind durch ein Schild am Bürgersteig mit den aktuellen Wechselkursen zu erkennen.

Sollten Sie nach Büroschluss oder am Wochenende Geld tauschen müssen, dann gibt es im Speke Hotel und in der Sikh Street je eine Wechselstube mit längeren Öffnungszeiten:

- **Crane Forex**, im Speke Hotel (nach hinten durch links), So-Do von 8.30-20.30 Uhr und Fr und Sa von 8.30-21.30 Uhr.
- **Klyn Forex**, Sikh Street, Tel.: 0414-345224, geöffnet täglich, auch an Sonn- und Feiertagen, von 8-19 Uhr.

Post

Hauptpostamt, Kampala Road, geöffnet Mo-Fr von 8-18 Uhr, Sa von 8-14 Uhr. Hier finden Sie neben allen Postangeboten auch Postkarten und Vertretungen der Mobilfunkunternehmen.

Kurierdienste

- **DHL**, 18 Clement Hill Road, Tel.: 0312-210006, 0414-251609, Fax: 0414-256236, www.dhl.ug.
- **Federal Express**, Kampala Serena Hotel, Tel.: 0414-231169, Fax: 0414-347917, www.fedex.com
- **TNT**, 24, Nakasero Road, Tel.: 0414-343942.

Internet

Internetcafés gibt es wie Sand am Meer. In jeder Straße finden Sie mindestens eines.
Hier nur ein paar Beispiele:

- **Cyberworld Café**, Royal Shopping Arcade, Kampala Road, Tel.: 0414-340492, 0312-219400, info@cyberworld.co.ug
- **Globenet Café**, 32 Kampala Road, Tel.: 077-2467884
- **Kiatec**, 3 Cooper Road, Kisementi, Tel.: 0414-254164
- **WebCityCafé**, 5 Kimathi Avenue (gegenüber dem Casino), Tel.: 0414-347080, eine Minute 60 USh.

Unterkunft
INNENSTADT

- **Hilton Kampala $$$$$ (19)**, das auf dem 1.225 m hohen Nakasero Hill gelegene Gebäude soll nach endlosen Bauverzögerungen (Baubeginn war 2007) nun endlich Mitte 2013 fertiggestellt und eröffnet werden. Informationen zum 150 Mio. Dollar-Projekt bei Fertigstellung direkt bei Hilton unter www.hilton.com.
- **Intercontinental $$$$$ (36)**, Nile Avenue. Der als „Kingdom Centre“ bekannte Komplex ist seit 2011 im Bau und soll 2014 fertiggestellt werden. Der 135 m hohe Turm des neuen 5-Sterne-Hotels hat dann 34 Stockwerke und 250 Zimmer. Informationen nach Fertigstellung unter www.ichotelsgroup.com.
- **Kampala Serena $$$$$ (15)**, 32 Nile Avenue, Tel.: 0414-309000, Fax: 0414-259130, kampala@serena.co.ug, www.serenahotels.com. Standard DZ 600 US$, Executive DZ 700 US$, plus Steuern, inkl. Frühstück. Das ehemalige „The Nile“ wurde nach umfangreichen Neu- und Umbauten Mitte 2007 wieder eröffnet. Das Flaggschiff der kenianischen Serena-Hotelgruppe ist sicherlich das beste und schönste Hotel der Stadt.

Hotels
1 Havanna
2 888
3 Equatoria
4 New Gloria
6 Tourist
7 Holiday Express
13 Speke
15 Kampala Serena
19 Hilton
20 Africana
21 Sheraton
22 Shangri-La
23 Fang Fang
24 Grand Imperial
26 Mamba Point Guesthouse
28 The Emin Pasha
29 Backpackers
30 Humura Resort
31 Fairway
32 Imperial Royal
33 Golf Course
34 Protea Hotel
36 Intercontinental
Restaurants
10 Mateo's
11 Fang Fang
12 The Pizzaria
16 Baldwins Café/Crested Towers
17 Nawab
25 Faze2
27 Atithee
35 Uhuru
Fast Food
5 Antonio's
8 Steers
9 Nando's
14 Keku's
18 Food Court
Mietwagen
N
0
320 m
Nakas
Makerere Road
Nakivubo Channel
Bombo Road
Buganda Road
Degeya Road
Nakasero Road
Nakasero Hill Road
Lumumba Avenue
Lumumba Road
Lugard Road
Nakasero Lane
William Street
Nakivubo Road
Kyagwe Road
George Street
Kampala Road
Wilson Road
Ben Kiwanuka Street
Rashid Khamis Road
Martin Road
Mackay Road
Allen Road
Old Kampala Road
Berkeley Road
Namirembe Road
Luwum Street
Burton Street
Alumbwa Road
Kisenyi Road
Kafumbe Mukasa
St. Balikuddembe Street
Sikh Street

© igraphic

Kampala
- Hotelkarte -
Uganda Golf Club
Elgon Terrace
Upper Kololo Terrace
Lower Kololo Terrace
Lule Road
Kafu Road
Acacia Avenue
Kitante Channel
Sezibwa Road
Katonga Road
Kagera Road
Yusufu Lule Road
Kyadondo Road
Mackinnon Road
Shimoni Road
Clement
Hill
Road
Siad Barre
Hannington
Ternan Avenue
Victoria Avenue
Nehru Avenue
Victoria
Kintu Road
Nile Avenue
Speke Road
Kimathi
Avenue
Colville Street
Sir Apollo Kaggwa Road
Queen Mary's
Siad Barre Avenue
De Winton Road
Jinja
Road
Pilkinton Road
Portal Avenue
Kampala Road
Parliament
Kampala
Road
Station Approach
Nkrumah Road
Nasser Road
Entebbe Road
Rosebury
Lane
30
34
31
33
17
18
23
32
22
16
36
15
20
21
13
12
14
24
11
10
9
8

K

Es verfügt über 152 Zimmer, mehrere gute Restaurants und Bars. Mit Schwimmbad, eingebettet in einen großen Garten. Angeschlossen ist ein internationales Konferenzzentrum für 1.500 Gäste. Flughafentransfer 50 US$ (bis 3 Pers.).

• **The Emin Pasha $$$$$ (28)**, *27 Akii Bua Road, Nakasero, Tel.: 0414-236977-8/9, info@eminpasha.com, www.eminpasha.com. DZ 290 US$, EZ 260 US$. Gardensuite/Superior DZ 310 US$, EZ 280 US$, Superior Suite DZ 350 US$, EZ 330 US$ jeweils plus Steuern und inkl. Frühstück. Sehr stilvolles neues Hotel mit 20 Zimmern, Wein-Bar und Swimmingpool. Kein Zimmer ist eingerichtet wie das andere, alles sehr individuell gestaltet. Wer es luxuriös und lieber einige Nummern kleiner mag als das Sheraton, der ist in diesem Hotel mit seinem mediterranen Flair genau richtig. Sehr zu empfehlen!*

Sheraton Hotel, Kampala

• **Sheraton $$$$$ (21)**, *Ternan Avenue, Tel.: 0414-344590/1/2/3/4/5/6, Fax: 0414-256696, Reservation.kampala@sheraton.com oder sheraton@imul.com, www.sheraton.com/kampala. DZ 220 US$ (Classic ohne Klimaanlage), 260 US$ (Classic mit K.), EZ 190 US$ (Classic ohne K.), 230 US$ (Classic mit K.). Superior Rooms: 250 US$ (DZ), 210 US$ (EZ). Zimmer mit TV, Kühlschrank und Internetzugang. Eines der besten Hotels der Stadt liegt auf einer Anhöhe mit Blick auf die Innenstadt. Das 1967 erbaute Hotel mit 233 Zimmern wurde erst vor Kurzem umfassend renoviert.*

• **Imperial Royal $$$$$ (32)**, *7, Kintu Road, Tel.: 0417-111001, Fax: 0417-111222, information@irh.co.ug, www.imperialhotels.co.ug. DZ 200-250 US$, EZ 170-250 US$, Suite 300 US$, Präsidenten-Suite 2.500 US$. inkl. Frühstück. Eines der neuen Luxushotels, die 2007 im Zuge des Commonwealth-Gipfels errichtet wurden. Die 275 Zimmer sind modern eingerichtet und haben alle Internetanschluss. Das Hotel verfügt über 20 Konferenzräume, ein großes Schwimmbad und Fitnessbereich. Flughafentransfer 20 US$.*

• **Golf Course $$$$$ (33)**, *Yussuf Lule Road (neben Garden City Shopping Mall), Tel.: 0414-563500, reservation@golfcoursehotel.com, www.golfcoursehotel.com. DZ/EZ-DeLuxe 176/150 US$, DZ/EZ-Executive 193/176 US$. Relativ neues Hotel direkt am Golfplatz gelegen. Von den hinteren Zimmern genießen Sie den Blick ins Grüne (Zimmer mit Golfplatzblick geringfügig teurer).*

• **Humura Resort $$$$$ (30)**, *Kitante Close, Tel.: 0414-700402, Fax: 0414-235275, reservations@humura.or.ug, www.humurauganda.com. DZ 155-190 US$, EZ 135-170 US$, Suite 220-250 US$. Neues Hotel mit Restaurant, Gartenbar, kleinem Schwimmbad und Fitnessraum.*

• **Protea Kampala $$$$$ (34)**, *4, Upper Kololo Terrace, Kololo, Tel.:0312-550000, Fax: 0414-340762, res@proteakla.co.ug, www.proteahotels.com/kampala. DZ ab 200 US$. Ein Hotel der südafrikanischen Gruppe mit 70 Zimmern und sehr moderner Ausstattung.*

• **Mamba Point Guesthouse $$$$$ (26)**, *22 Akii Bua Road, Nakasero, Tel.: 0312-563000 oder mobil: 077-2243225, Fax: 0312-563219, guesthouse@mamba-point.com, www.mamba-point.com. DZ 150 US$, EZ 115 US$ inkl. Frühstück und Internet (mit Kabel oder kabellos). Mit Swimmingpool und exzellentem italienischen Restaurant.*

• **Grand Imperial $$$$$ (24)**, *Nile Avenue, Tel.: 0414-311048, Fax: 0414-250606, reservations@gihotel.co.ug, www.imperialhotels.co.ug. DZ 170-190 US$, EZ 150-170 US$, Suite 330 US$, jeweils mit Frühstücksbuffet, Tageszeitung und einer Mineralwasserflasche. Zwei Restaurants, Café, Bar, Konferenzräume. Das Stammhaus der Imperial-Hotelkette mit 103 Zimmern, gediegenem Charme aus alten Kolonialtagen mitten im Zentrum. Flughafentransfer 20 US$.*

- ***Africana $$$$$ (20)***, *Wampewo Avenue, Tel.: 0414-348080/1 oder mobil: 075-2748080/1, Fax: 0414-348090/1, www.hotelafricana.com. DZ 150 US$, Suite 300 US$, EZ 120 US$ inkl. Frühstück. Das 1997 eröffnete Hotel hat insgesamt 114 Zimmer mit Klimaanlage, TV und Kühlschrank. Gutes, gediegenes Mittelklasse-Hotel. Freier Flughafentransfer für Gäste.*
- ***Speke $$$$ (13)***, *7-9 Nile Avenue, Tel.: 0414-259221 oder 235332/5, Fax: 0414-235345, spekehotel@spekehotel.com, www.spekehotel.com, DZ und EZ 110 US$ (plus zzt. 18 % Steuern) inkl. Frühstück und freie Internetnutzung. Alle Zimmer sind mit Flachbildschirmen ausgestattet. Der Flughafentransfer kostet 20 US$ (etwas billiger als ein Taxi). Eine Institution in der Stadt. Sicherlich das beliebteste Hotel Kampalas. Unterhalb des Sheraton, direkt in der Innenstadt. Mit feinem italienischen Restaurant (Mamma Mia), der Rock Garden (Bar, Cafe und Disco) direkt nebenan. Wechselstube auch für Nichtgäste täglich bis mind. 20:30 Uhr geöffnet. An Wochenenden sollten Sie am besten Zimmer im rechten Flügel beziehen, dort ist es dann erheblich ruhiger.*

Das „Speke"

- ***Shangri-La $$$$ (22)***, *8 Ternan Avenue (im Kampala Club), Tel.: 0414-250366/250372 oder mobil: 077-2619755, Fax: 0414-236212, hotel@shangri-la.co.ug, www.shangri-la.co.ug. DZ 114 US$, EZ 99 US$ mit Klimaanlage. Suite-DZ 124 US$, Suite-EZ 109 US$ mit Küche. Alle Zimmerpreise inkl. Frühstück und freiem Internetzugang im Zimmer. Viele Sportmöglichkeiten (Schwimmen, Tennis, Gymnastik, etc.). Das angeschlossene Shanghai Restaurant bietet eine gute chinesische Küche.*
- ***Fairway $$$$ (31)***, *Kitante Road, Tel.: 0414-259571, Fax: 0414-234160, info@fairwayhotel.co.ug, www.fairwayhotel.co.ug. DZ ab 115 US$, EZ ab 95 US$, Suiten ab 160 US$. Alteingesessenes Hotel (gegr. 1969) in der Nähe des Golfplatzes. Die meisten der 110 Zimmer verfügen über einen Balkon.*
- ***Equatoria $$$$ (3)***, *William Street, Tel.: 0414-311400, Fax: 0414-250146, reservations@hoteleg.com, www.imperialhotels.co.ug. DZ 95-135 US$, EZ 75-115 US$, inkl. Frühstück. Gehobenes Mittelklassehotel mit insgesamt 50 Zimmern, drei Restaurants, drei Bars, Disco, Shopping Mall. Für diesen Preis gibt es allerdings bessere Zimmer in der Stadt. Flughafentransfer 20 US$.*
- ***Fang Fang $$$ (23)***, *9 Ssezibwa Road, Nakasero, Tel.: 0414-235828/233115/2257812/2250422; Fax: 041-233620, reservations@fangfang.co.ug, www.fangfang.co.ug. DZ 109-119 US$, EZ 79-89 US$ inkl. Frühstück, Suite für 109 bzw. 139 US$ (DZ). Nettes kleines Hotel unter chinesischer Leitung. Moderne und sehr saubere Zimmer mit Klimaanlage und SAT-TV. Ruhig, liegt etwas versteckt hinter dem „Sheraton-Hügel".*
- ***Holiday Express $$$ (7)***, *Luwum Street / Ecke Dustur Street, Tel.: 0312-262858/9 oder 075-2655793, Fax: 0414-252665, reservation@holidayexpresshotel.com, www.holidayexpresshotel.com. DZ 90 US$ (extra Bett 25 US$), EZ 65 US$ inkl. Frühstück (7-10 Uhr). Zimmer ohne Klimaanlage kosten 10 US$ pro Pers/Nacht weniger. Seit der Fertigstellung des Anbaus insgesamt 100 gute und saubere Zimmer. Die Zimmer zur Straße hin sind etwas laut (obwohl das Hotel „sound-proofed" Zimmer garantiert). Gutes Preis-Leistungs-Verhältnis für eine Übernachtung im Zentrum.*
- ***Tourist Hotel $$ (6)***, *Dastur Street, Tel.: 0414-251471/2, Fax: 0414-251473, tourist@spekehotel.co.ug, www.touristhotel.net. DZ 33 € (Superior 37 €), EZ 23 € (Superior 26 €) jeweils plus Steuern (zurzeit 18 %). Einfachstes Hotel der Speke-Hotel-Gruppe. Aber etwas besser, als es von außen vermuten lässt. Kleine, modern eingerichtete Zimmer mit Ventilator und TV. Zimmer zur Straße hin allerdings laut. Gutes Restaurant im Innenhof der 2. Etage.*

K

- **Havanna $$ (1)**, *28 Mackay Road, Tel.: 0414-250762, 243532, EZ ab 20 US$ (Gemeinschaftsbad) und 25 US$ mit Bad. Kleines Hotel im Stadtteil Old Kampala hinter dem Taxi-Park, unter indischer Leitung. Zimmer mit Gemeinschaftstoiletten/-duschen oder mit eigenem Bad. Alle Zimmer mit TV, Telefon, Ventilator. Preis inkl. Frühstück. Das Restaurant ist nicht empfehlenswert!*
- **New Gloria $$ (4)**, *William Street, Tel.: 0414-257790. DZ 25 US$, EZ 15 US$, eines der besseren Hotels in dieser Preisgruppe*
- **888 $$ (2)**, *Nakivuko Road, nahe Busstation und New Taxi-Park, Tel.: 0414-234888, chpalace888@yahoo.com. DZ 18 €, EZ 10 € und 14 / 7 € für Zimmer mit Gemeinschaftsbad*

Speke Resort

AM VIKTORIA-SEE

- **Munyonyo Commonwealth Resort $$$$$**, *Munyonyo (12 km vom Zentrum Kampalas), Tel.: 0417-716000, -716200, Fax: 0417-716350, info@munyonyocommonwealth.com, www.munyonyocommonwealth.com. Das luxuriöse Schwesterhotel des Speke Resort wurde für das Commonwealthtreffen 2007 errichtet und beherbergte damals die meisten der angereisten Staats- und Regierungschefs. Anschließend wurde es als Luxushotel mit 114 Zimmern und Suiten eröffnet. DZ/EZ 200 US$, DZ/EZ Suite 350 US$, Präsidenten-Suite 650 US$ jeweils plus Steuern, inkl. Frühstück. Wunderschön gestaltete Anlage mit Schwimmbad direkt am Viktoria-See.*
- **Speke Resort $$$$$**, *Munyonyo (12 km vom Zentrum Kampalas), Tel.: 031-2227111/2/3/4 oder 078-2227111, Fax: 031-2227110, spekeresort@spekeresort.co.ug, www.spekeresort.com. Ein luxuriöses Hotel mit unterschiedlichen Zimmerkategorien. DZ (deluxe) 150 US$, EZ (deluxe) 120 US$, Cottages (bis 4 Pers.) 500 US$, 1-Bett-App. (bis 2 Pers.) 150 US$, 2-Bett-App. (bis 4 Pers.) 200 US$, plus Steuern. Die trotz der Größe idyllische Anlage ist eingebettet in einen großen Garten. Es gibt einen großen Swimmingpool (4,50 € für Besucher), einen Reitstall (29 Pferde), einen Yachthafen und einen Speedbootverleih.*
- **Lake Victoria Serena Resort $$$$$**, *Kigo, Tel.: 041-7121000, Fax: 041-7121550, www.serenahotels.com. DZ 300 US$, EZ 150 US$. Die 52 Zimmer des ehemaligen Hotels „Ranch on the Lake" liegen in einer herrlichen Anlage am See. Das luxuriöse Hotel verfügt seit 2011 über eine Marina und einen 18-Loch-Golfplatz.*

AUSSERHALB

- **Kabira Country Club $$$$$**, *63 Old Kira Road, Bukoto, Tel.: 0312-227222-5, Fax: 0312-227226, kabiracountryclub@kabiracountryclub.com, www.kabiracountryclub.com. DZ 240 US$, EZ 145 US$, Suite 275 US$ (als EZ 185 US$) jeweils inkl. Frühstück, aber plus Steuern. 95 luxuriöse Zimmer mit Internet und DVD. Fitnessclub, Sauna, Swimmingpool und diversen Sportmöglichkeiten (Squash, Fußball, Volleyball, Basketball). Airport-Transfer per Fahrt/Bus 25 US$ (bis 6 Pers.), 60 US$ (bis 22 Pers.)*
- **Diplomate $$$**, *Tank Hill, Muyenga, William Kalema / Diplomate Road, Tel.: 0414-267655/572828 oder mobil: 077-2322144, 2633552, Fax: 0414-266040, diplomatekampala@hotmail.com, www.facebook.com/pages/Hotel-Diplomate-Kampala/201862129825595. DZ 70 US$, EZ 35 US$, Superior 90/45 US$, Suite 110/55 US$ inkl. Frühstück. Von der Terrasse haben Sie einen herrlichen Blick über Kampala.*
- **Green Valley Hotel $$$**, *Gaba Road, Tel.: 0414-266464 oder mobil: 077-2508599, greenvalleyhotel04@yahoo.com, www.greenvalleyhotel.net. Preise von 20 € für EZ bis 40 € für ein DZ mit Vollpension.*

Schönes Hotel im Grünen, etwa 5 km außerhalb des Zentrums. Zum Hotel die Gaba Road von Kampala aus nehmen und 200 m nach der Abzweigung Munyonyo nach rechts.

- **Ridar Hotel $$$**, Kampala-Jinja Highway, Tel.: 0414-290697, Fax: 0414-290299, ridar@yahoo.com, www.ridarhotel.com. DZ 110 US$, EZ 95 US$, DZ Executive Deluxe und Cottages 130/180 US$ (120/160 US$ bei Einzelbelegung) jeweils inkl. Frühstück. Das Hotel liegt etwa 10 km außerhalb der Stadt. Alle 93 Zimmer mit TV, Telefon, Kühlschrank und Klimaanlage. Die Cottages (Steinhütten im afrikanischen Stil) liegen schön im Garten. Das Hotel hat Sauna und zwei Schwimmbecken.
- **Tick $$$**, Bombo Road, Kawempe, Tel.: 0414-566594/583, Fax: 0414-567923, tickhotel@afsat.com. Das 124 Zimmer Mittelklasse-Hotel liegt etwa 6 km außerhalb der Stadt. Mit 24 Stunden geöffnetem Restaurant, kostenlosem W-LAN und sicherem Parkplatz.

Jugendherbergen

Jugendherbergen in unserem Sinne gibt es in Kampala nur eine. Es gibt aber Unterkünfte, die sich auf „Rucksack-Touristen" spezialisiert haben.

- **Backpackers $ (29)**, Natete, Tel.: 0414-274767 oder mobil: 077-2430587, backpackers@infocom.co.ug, www.backpackers.co.ug. DZ mit Bad 22 €, DZ mit Gemenschaftsbad ab 15 €, EZ 9 €, Bett im Schlafsaal ab 5,30 € und die Möglichkeit sein Zelt aufzuschlagen (2,20 €). Treffpunkt für Backpacker aus aller Welt und ein idealer Ort, um Erfahrungen auszutauschen. Mit freiem W-LAN, Billard, Parkplatz und Reiseagentur. Anlaufpunkt der Overlandtrucks und, wenn diese da sind, recht voll. Liegt etwas abseits 3 km außerhalb der Innenstadt, ist aber gut mit einem Matatu zu erreichen.
- **Red Chilli Hideaway $**, Off Port Bell Road, Bugolobi, Tel.: 041-2223903 oder mobil: 077-2509150, 075-2584054, Fax: 041-2223903, chilli@infocom.co.ug, www.redchillihideaway.com. Die Preise für die wohl beliebteste Unterkunft für Rucksackreisende liegen bei 8 US$ fürs Bett im Schlafsaal (insgesamt 34 Betten vorhanden), DZ 20-25 US$, EZ 15 US$ mit Gemeinschaftsbad. Wer es etwas komfortabler haben möchte, zahlt 30 US$ (DZ mit Bad) oder 50 US$ im Cottage. Restaurant von 7:30-21:30 Uhr. Das Red Chilli liegt etwas abseits und ist schlecht ausgeschildert. Biegen Sie von der Fort Bell Road, gegenüber dem Silver Springs Hotel, in eine kleine Piste und fahren Sie durch bis weit nach oben, es liegt dann auf der linken Seite.
- **International Youth Hostel**, Balintuma Road (hinter Namirembe-Kirche), Gebäude der Cardinal Nsubuga Social Training Centre, iyouthhosteluganda@ymail.com, Tel.: 077-2552238, 078-2154151. DZ 40 US$, EZ 20 US$, sowie Betten im Schlafsaal. Rezeption von 7-24 Uhr.

Campingplätze

Red Chilli Hideaway, Camping kostet 5 US$ pro Person. Wer kein Zelt hat, kann es für ca. 10 US$ leihen.

Restaurants

- **Hippo Grill** (intern.), im Sheraton Hotel, Ternan Avenue, Tel.: 0414-344590. Geöffnet von 12-15 Uhr und 19-23.30 Uhr.
- **Crocodile** (europ.), 21 Cooper Road, Kisementi, Tel.: 0414-254593 oder mobil: 077-2486630. Mo geschlossen.
- **Mateo's (10)** (europ.), 13 Parliament Avenue, Tel.: 0414-340840
- **Faze2 (25)** (europ./ind.), Nakasero Street, nettes Restaurant mit großem Außenbereich. Verschiedene Grillspezialitäten. Nicht billig, aber sehr gutes Essen!
- **Mamba Point** (ital.), 22 Akii Bua Road, Nakasero, Tel.: 0312-563000 oder 077-2243225, Fax: 0312-563219, restaurant@mamba-point.com, www.mamba-point.com. Gute italienische Küche.
- **The Pizzaria** (ehemals Mamma Mia) **(12)** (ital.), am Speke Hotel, Tel.: 0414-346340 oder 077-2630211. Große Terrasse zum Verweilen. Sehr gutes italienisches Essen.

K

• **Café de Paris** (franz.), 7 Yusuf Lule Road, Tel.: 0414-344240 oder mobil: 071-2344240
• **Le Petit Bistro** (franz.), Ggaba Road, Kansanga, Tel.: 077-2403080
• **Le Chateau** (belg.), 142 Ggaba Road, Kabalagala, Tel.: 0414-510404. Täglich geöffnet.
• **China Town** (chin.), 39 Shimoni Road, Tel.: 0414-576295. Täglich geöffnet von 12.30-15 Uhr und von 18.30-23 Uhr
• **Fang Fang (11)** (chin.), 1 Colville Street (Terrasse des Communication House), Tel.: 0414-344806/340067, Fax: 0414-250422. Gutes chinesisches Essen über den Dächern von Kampala
• **Shanghai** (chin.), 8 Ternan Avenue (im Kampala Club, hinter dem Sheraton), Tel.: 0414-236213 oder mobil: 077-2619755. Mo-So von 12-15.30 Uhr und 19-23 Uhr geöffnet.
• **Atithee (27)** (ind.), 24a Akii Bua Road, Nakasero, Tel.: 0414-233278 oder 071-2320999. Bei einer Bestellung ab 23 € auch Lieferservice
• **Haandi** (ind.), Commercial Plaza (1. Etage), Kampala Road, Tel.: 0414-346283/4 oder mobil: 077-2461050, Fax: 041-2345257, www.haandi-restaurants.com, geöffnet von 12.30-14.30 Uhr und von 19-23 Uhr
• **Nawab (17)** (ind.), Garden City Mall, Yusuf Lule Road, Tel.: 0414-252205/031-263333 oder mobil: 077-2727777. Auch Lieferung frei Haus. Gute indische Küche mit freundlicher Bedienung.
• **Krua Thai** (thail.), Windsor Crescent, Tel.: 0414-234852 oder mobil: 071-2777433. Sonntags geschlossen.
• **Fasika** (äthiop.), Ggaba Road, Kabalagala, Tel.: 0414-510441 oder mobil: 077-2303716
• **Ekitoobero** (ugand.), 21 Kitante Road, Tel.: 0414-346834. Gute und preiswerte afrikanische Küche.
• **Keity's** (ugand.), Blacklines House, Colville Street, Tel.: 0414-236441
• **Tulifanya** (ugand.), 28 Hannington Road, Tel.: 077-2447288
• **Uhuru (35)** (intern./ugand.), Wilson Road + Namirembe Road, Tel.: 075-2506333

Pubs & Cafés

• **1.000 Cups**, 18 Buganda Road, Tel.: 077-2505619
• **Baldwins Café (16)**, Crested Towers, Café und Restaurant. Unübertroffen die Buttermilch-Pfannkuchen!
• **Café Pap**, Amadinda House, 13 Parliamentary Avenue (gegenüber Farmer's House), Tel.: 0414-254570 oder mobil: 071-2652443, cafepap@infocom.co.ug
• **Coffee Shop Panorama**, Workers House (9. Etage), Tel.: 077-2848777. Geöffnet von 8-23 Uhr. Außer Kaffee auch Eiscreme und Pizzen.
• **Just Kicking**, Cooper Road, Kisementi, Tel.: 0414-235134 oder mobil: 077-2775775. Sport Bar, sehr voll an Wochenenden und bei Sportereignissen
• **Lemon Tree**, 57b Luthuli Avenue, Bugolobi, Tel.: 0414-505185 oder mobil: 077-2200605
• **Lobby Café**, im Sheraton Hotel, Ternan Avenue, Tel.: 0414-344590
• **Mateo's Cocktail Bar**, 13 Parliament Avenue, Tel.: 0414-340840
• **Pause Café**, Metropole House, Entebbe Road, Tel.: 0414-349921 oder mobil: 077-2468037
• **Rhino Pub**, im Sheraton Hotel, Ternan Avenue. Geöffnet von 11-5 Uhr morgens
• **Rwenzori Coffee Shop**, Lugogo Mall, Tel.: 0414-576007 oder mobil: 071-2412127.
• **The Crocodile Café&Bar**, Kisementi (hinter Banana Boat), Tel.: 0414-254593 oder mobil: 075-2721717, agro@imul.com. Geöffnet von 11-23 Uhr, montags geschlossen.

Fast Food

• **Antonio's (5)**, Kampala Road, Fast Food und Mittags-Buffet. Günstige Preise, sehr beliebt und mittags rappelvoll.
• **Dominos Pizza**, 14 Kampala Road, Tel.: 0414-251513, Pizza und Burger, auch mit Lieferservice. Typisches „Fastfood".

- **Food Court (18)**, *in der Garden City Mall 2. Etage, Yusuf Lule Road, verschiedene „FastFood-Restaurants nebeneinander mit gemeinsamen Sitzplätzen. Libanesisch, chinesisch, indisch, italienisch. Zu empfehlen*
- **Keku's (14)** *Healthy & Fast Food, 5 Kimathi Avenue (im WebCityCafé). Tel.: 0414-230475, 031-264666 oder mobil: 071-2230475. orders@kekusfoods.com, www.kekusfoods.com. Kleines Bistro mit Auswahl an Salaten, Sandwiches und kleinen Gerichten. Auch mit Lieferservice (außer sonntags)*
- **Nando's (9)** *(mit ChickenInn, PizzaInn, CreamyInn, Bäckerei Vasilis, Internet), Cargen House Food Court, Kampala Road, Tel.: 041-2340840-3. PizzaInn auch mit Lieferservice: 031-261555/666. Geöffnet 9-24 Uhr, Wochenende bis 2 Uhr. Nette Atmosphäre für ein Fast-Food-Restaurant, auch Sitzplätze draußen. Dienstags gibt es bei PizzaInn zwei Pizzas zum Preis von einer.*
- **Steers (8)** *(mit Debonair Pizza), Kampala Road (Ecke Entebbe Road), Tel.: 0414-231623/4 oder 077-2770011, auch mit Lieferservice. Großes Fast-Food-Restaurant ohne Charme.*

Einkaufstipps

AFRIKANISCHES

- ***African Creations***, *9a Katego Road/ Kira Road (gegenüber dem Uganda-Museum). Tel.: 071-2691133*
- ***Banana Boat***, *23 Cooper Road, Kisementi oder die Filiale im Garden City Shopping Centre. Tel.: 0414-232885, bananaboat@infocom.co.ug. Hier gibt es alles, was in Uganda an Handwerklichem hergestellt wird, vor allem auch Möbel und Gebrauchsgegenstände in afrikanischem Design.*
- ***Design Agenda***, *Jubilee Centre, 11 Parliament Avenue (nahe Kenya Airways/KLM). Galerie und Café für moderne afrikanische Kunst.*
- ***Feel of Africa***, *26 Hannington Road (gegenüber Crested Tower), Tel.: 077-2420561 oder 077-2668254, feelofafrica@hotvoice.com, www.feelofafrica.4t.com. Geöffnet: Mo-Fr. 9-17.30 Uhr, Sa 9-16 Uhr. Echte afrikanische Designerware, herrliche Möbelstücke und Accessoires.*

BUCHLÄDEN

- ***Aristoc***, *23 Kampala Road, Tel.: 0414-349052 (mit Zweigstelle in der Garden Shopping Mall, Tel.: 0414-253112). Eine umfassende Auswahl an ugandischen und internationalen Büchern.*
- ***Book and Media Centre***, *57 Kampala Road, Tel.: 0414-256346. Hier gibt es eine große Auswahl an ugandischer Literatur.*
- ***Family Book Centre***, *Pan Worlds Centre, Nkrumah Road, Tel.: 0414-344839*
- ***Uganda Bookshop***, *4 Colville Street, Tel.: 2343756. Hauptsächlich afrikanische Bücher.*
- ***University Bookshop***, *Makerere, Lincoln Close, Tel.: 2543442. Hauptsächlich Schul- und Studienbücher.*

FOTOGESCHÄFTE (MIT ENTWICKLUNG)

- ***Camera Centre***, *2a Wilson Road, Tel.: 0414-236991*
- ***Colour Chrome***, *54 Kampala Road, Tel.: 0414-230556*
- ***Fotogenix***, *22 Kampala Road, Tel.: 0414-341934*

SHOPPING MALLS

- ***Garden City Shopping Mall***, *Yusuf Lule Road, mit Restaurants, Banken, Bowling, Kino und diversen Geschäften auf drei Etagen. Hier kann man sich einige Stunden vergnügen.*
- ***Quality Hill Shopping Mall***, *Gaba Road, mit Restaurant, Konditorei, Metzgerei, Supermarkt, Weinshop und Boutiquen*

SUPERMÄRKTE

- ***NOGAMU Shop***, *Ggaba Road, Kabalagala, Tel.: 0312-264039, www.nogamu.org.ug. Geschäft für organische Lebensmittel.*

- **Metro Cash & Carry**, Jinja Road, Tel.: 0414-505870/2
- **Shoprite**, Ben Kiwanuka Street, Tel.: 031-228100
- **Starlite**, Bombo Road, Tel.: 0414-342295
- **Uchumi**, Garden City, Yusuf Lule Road, Tel.: 0414-252077
- **Your Choice**, Farmers Choice Alley, 78 Kampala Road, Tel.: 0414-235347

Apotheken

Es gibt zahlreiche Apotheken in der Innenstadt. Die meisten haben allerdings nur ein eingeschränktes Angebot. Falls Sie hier nicht fündig werden, versuchen Sie es in den Apothekenstellen der Krankenhäuser.

Ärzte/Krankenhäuser

- **AAR Health Service**, *7/9 Clement Hill Road (nahe Hill View Appartements), Tel.: 0414-258527, Fax: 0414-258615, aarug@aar.co.ug. Medizinisches Zentrum mit privater Klinik. Krankenwagen vorhanden, auch weltweiter Krankentransport*
- **International Medical Centre**, *KPC Building, Bombo Road, Tel.: 0312-200400. 24 h Notdienst: Tel.: 077-2741291, Krankenwagen: Tel.: 077-2200400/1*
- **The Surgery**, *Dr. Stockley (Allgemeinmedizin und Chirurgie), 2 Acacia Av., Stadtteil Kololo, Tel.: 0414-256003 (24h). Geöffnet Mo-Fr 8.30-17 Uhr und Sa 9.30-11.30 Uhr. Notdienst außerhalb der Öffnungszeiten. Ein britischer Arzt, der auch diverse Impfungen durchführt.*

Veranstaltungen

Zum Martyrer's Day am 3. Juni gibt es eine große Prozession zum Namugongo-Schrein, mit Gottesdienst unter freiem Himmel.

- **Goethe Zentrum**, *6 Mackinnon Road, Nakasero (bei der Uganda German Cultural Society), Tel. 0414-533410. Im Jahr 2008 entstand aus der Uganda German Cultural Society ein Goethe Zentrum. Im deutschen Kulturinstitut finden immer wieder interessante Veranstaltungen statt. Im November gibt es eine deutsche Kulturwoche. Informationen finden Sie auf deren www.goethezentrumkampala.org.*

Theater

- **National Theatre**, *Infos unter Tel.: 0414-254567-27 oder mobil: 077-2664336/2871742, Tickets unter Tel.: 041-2254567 oder im Office von 9-18 Uhr. culture@africaonline.co.ug, www.uganda nationalculturalcentre.org. Im Nationaltheater gibt es eine große Auswahl an ugandischer Kultur. Von Theateraufführungen über Musikfestivals bis zu Filmvorführungen. Es lohnt sich mal ins Programm zu schauen.*
- **La Bonita Theatre**, *Stensera Road, Nabunya, Tel.: 0414-272972. Neues privates Theater mit Cabaret, Konzerten und moderen Theaterstücken. Mit angeschlossenem Café. Infos: www.vcl-theatrelabonita.com*
- **Cooper Theatre**, *Ben Kiwanuka Street. Meist moderne Theaterstücke*
- **Ndere Centre**, *2872 Butuukirwa, Ntinda-Kisaasi Road (nahe St.Andrew Church), Tel.: 0414-288123/222, Fax: 0414-341776, info@ndere.com, www.ndere.com*
- **Pride Theatre**, *Namirembe Road, hauptsächlich Komödien und Boulevard-Stücke*

Diskotheken

- **Angle Noir**, *77a First Street, Tel.: 0414-230190. Hauptsächlich amerikanische Musik und Techno. Schwesterclub „Angle Mystique" direkt nebenan.*
- **Club Obligatto**, *Old Port Bell Road, Tel.: 0414-230938.*
- **Club Silk**, *15/17 First Street, Tel.: 0414-345362, 250907, www.clubsilk.co.ug. Geöffnet Di, Do, Fr und Sa*
- **Kampala Latino Club**, *19 Acacia Av., Tel.: 075-3875227, www.kampalalatinoclub.com.*
- **Rock Garden**, *Nile Avenue (links neben dem Speke Hotel), beliebte Open Air Disco mit Bar, Billard, Mottoabende (z.B.: 80er, Arab-Pop, etc.)*

- **Rouge**, 2b Jinja Road (nahe Bahnhof), Tel.: 071-2707687. Di: Jazz, Mi: Salsa, Do: Live Band, Fr: R&B, Hip-Hop, Sa: Mixed Music. So und Mo geschlossen

Kino

Cineplex, Garden City Complexe, Yusuf Lule Road, Tel.: 0312-261416 oder mobil: 077-2616351 info@cineplexuganda.com, www.cineplexuganda.com. Modernes Multiplexkino mit drei Kinosälen, hauptsächlich aktuelle amerikanische „Mainstream-Filme".

Aktivitäten/Sehenswürdigkeiten

- **National Museum**, Kira Road, geöffnet werktags von 10-17 Uhr, sonntags 15-18 Uhr. Eintritt ca. 1,50 €. Das Museum bietet Informationen über Geographie, Kultur bis hin zur Geschichte des Landes. Mit dem eigenen Fahrzeug zu erreichen über die Kampala Road (später Bombo Road genannt) bis zum großen Kreisverkehr. Dort rechts in die Haji Kasule Road, von der später die Kira Road abzweigt. Das Museum ist durch ein Schild gekennzeichnet. Die Strecke wird auch von Matatus befahren.
- **Money Museum**, Kampala Road, im Gebäude der Bank of Uganda, Besuch nur nach Voranmeldung. Tel.: 0414-258441, info@bou.or.ug, Mo-Fr: 8-16 Uhr. Das 2001 gegründete Museum zeigt vor allem Geldstücke und Scheine aus vergangenen Epochen.
- **Mpanga Forest**, liegt 38 km westlich von Kampala an der Straße nach Masaka. Das Forest Center ist ca. 500 m neben dem „Highway" (auf das Schild achten). Waldspaziergänge auf verschiedenen Rundwegen, besonders für Vogelfreunde. Picknick und Camping vorhanden (kein Verkauf von Essen und Getränken! Mitbringen!). Preise: Walk 2,50 €, Camping 2,50 € jeweils pro Person.
- **Mabira Forest**, liegt 54 km östlich der Hauptstadt an der Straße nach Jinja. Das Forest Center ist in Najjembe. Waldspaziergänge im tropischen Regenwald, Radwege, Picknick und Campingplatz (2 € pro Person), Verleih von Mountainbikes (7 € pro Tag). Eintritt fürs Mabira Forest Reserve: 3 € für 1 Tag, 5 € für 2 Tage.
- **Namugongo-Schrein**, außerhalb von Kampala Richtung Jinja. Heiliger Ort für die Katholiken Ugandas, an dem die Überreste der von König Mwanga getöteten Christen aufbewahrt werden. Geöffnet Mo-So von 8-12.30 Uhr und 14-18 Uhr. Kostet ca. 1 € Eintritt, dafür gibt es auch eine kurze Gratisführung, bei der die Geschichte der Märtyrer ausführlich erzählt wird.

Märkte

Craft Village, Dewington Road (neben dem Nationaltheater)

Kamwenge (Kamwenge-Distrikt) (S. 456)

Überregionale Busverbindungen

Täglich mehrere Verbindungen mit Pick-ups und Minibussen nach Fort Portal

Unterkunft

In Kamwenge selber gibt es nur einige sehr einfache Gästehäuser!

Kapchorwa (Kapchorwa-Distrikt) (S. 402)

Wichtige Telefonnummern

- **Vorwahl Kapchorwa**: 045
- **Polizei**: 51009
- **Krankenhaus**: 51182

K

Regionale Busverbindungen

Regelmäßiger Minibusverkehr zwischen Kapchorwa über Sipi nach Mbale (sagen Sie nur rechtzeitig Bescheid, wenn Sie in Sipi aussteigen wollen).

Unterkunft

- ***Pacific Summit Hotel $$****, 1-11 Kenyatta Line, Tel.: 045-4451197, pacificsummithotelltd@ yahoo.com. Recht neues Hotel mit komfortablen Zimmern.*
- ***Greenfields Resort $****, 50 m hinter der Main Road (von Sipi aus), Tel.: 045-2251184 oder mobil: 075-2692014, DZ-Hütten mit einfachem Bad 5 €, DZ im Haupthaus kosten 6 € (warmes Wasser). In den Hütten gibt es zwar kein warmes Wasser, sind aber besser als die Zimmer im Haupthaus.*
- ***Noah's Ark Guesthouse $****, oberhalb der Hauptstraße, Tel.: 045-2251100 oder 077-2646364, www.noahsarkhotel.co.ug. DZ 15 €, EZ 13 €, mit Bad/WC, inkl. Frühstück, DZ mit Gemeinschaftsbad 12 € (für einzelne Personen 8 €). Warmes Wasser wird auf Nachfrage im Eimer gebracht. Gästehaus mit abgenutzten Zimmern und großem Restaurant*

Kapkwai (Kapchorwa-Distrikt) (S. 404)

Hinweis: *Von hier (2.050 m) startet der* ***Sipi Trail*** *zum Mt. Elgon.*

Information

Im Forest Explotation Centre (ca. 12 km von Sipi) können Sie den Park-Eintritt bezahlen, nach Führern und nach Trägern fragen. Geöffnet von 9-17 Uhr

Unterkunft

- ***Kapkwai Cottages & Rest Camp $****, nahe der Quelle des Sipi River, Tel.: 045-2233170, Fax: 045-2233332, uwaface@imul.com. Drei DZ für je 22 € (Einzel 10 €), DZ (executive Banda) für 27 €, EZ 16 €, Zelte mit eigenem Bad 16 € (Einzel 10 €). Herrlich gelegenes Camp, ideal für Wanderungen in die Umgebung!*
- ***Mount Elgon Forest Cottages $****, einfache, aber nette Hütten*

Camping

Camping ist möglich am Kapkwai Rest Camp (6 € pro Person) oder im Gelände der Parkverwaltung (keine weiteren sanitären Einrichtungen).

Restaurant

Bamboo Groove*, am Kapkwai Rest Camp, einfaches, aber gutes Essen*

Kapkwata (Kapchorwa-Distrikt) (S. 462)

Hinweis: *Kapkwata liegt an der Straße nach Suam, 30 km von Kapchorwa entfernt. Von hier startet der* ***Piswa Trail zum Mt. Elgon****.*

Information

Im Besucherzentrum der Nationalpark-Verwaltung können Sie den Park-Eintritt bezahlen, nach Führern und nach Trägern fragen. Geöffnet von 9-17 Uhr.

Unterkunft

Forest Resthouse $*, liegt mitten in einer Plantage am Park-Ranger-Posten (500 m vom Dorfzen-*

trum). Einfache Unterkunft mit einem EZ, einem DZ und einem 6-Bett-Zimmer. Die Übernachtung kostet 5 € pro Person. Mahlzeiten kochen die Mitarbeiter nach Bestellung.

Karugutu (Bundibugyo-Distrikt) (S. 461)

Information

Dieser Ort liegt auf dem Weg zum **Semliki Wildlife Reserve**. *Falls Sie von Fort Portal aus keinen Transport nach Ntoroko bekommen, können Sie auch einen Bus nach Bundibugyo nehmen und in Karugutu aussteigen. Von hier gibt es die Möglichkeit, mit Pick-ups, die meist Fisch transportieren, nach Ntoroko zu kommen.*

Unterkunft

Es gibt keine Unterkünfte in Karugutu. Nächste Möglichkeit mit einfachen Unterkünften ist der Ort Ntoroko.

Kasenda (Kabarole-Distrikt) (S. 460)

Information

Kasenda liegt am südlichen Ende der Straße von Kabata, die durch das Gebiet der Bunyuruguru-Krater-Seen führt.

Unterkunft

Es gibt keine Unterkunft in Kasenda. Gegebenenfalls können Sie versuchen, dort zu zelten.

Kasese (Kasese-Distrikt) (S. 465)

Wichtige Telefonnummern

- **Vorwahl Kasese**: *0483*
- **Polizei**: *244005*

Informationen

- **Rwenzori Mountain National Park Bureau**, *Tel.: 0483-44629, info@ugandawildlife.org.*
- **Ruwenzori Mountain Service**, *Rwenzori Road, Tel.: 075-2598461, 077-2867537, Fax: 0483-244235, rms@africaonline.co.ug. Der private Veranstalter hat ein Monopol bei den Bergtouren im Ruwenzori-Gebirge. Er übernimmt quasi die Durchführung sämtlicher Touren im Auftrag des UWA. Hier können Sie Ihre Ruwenzori-Wanderungen planen und organisieren lassen.*

Flugverbindungen

Zum Flugfeld von Kasese gibt es zurzeit keine Linienflüge. Charterflüge sind allerdings möglich (Charterunternehmen finden Sie unter: Kampala).

Überregionale Busverbindungen

Die Matatu-Station liegt an der Hauptstraße, in der Nähe des Kreisverkehrs. Busse fahren über Mbarara nach Kampala, sowie nach Kabale.

Rundfahrten/Touren/Besichtigungen

Ruwenzori Mountain Service, *Adresse oben unter Informationen*

K

Banken/Geld tauschen

Snow View Forex Bureau, zurzeit die einzige Stelle im Ort zum Geldtausch, **akzeptiert keine (!) Reiseschecks.**

Unterkunft

Die Hotelsituation in Kasese ist nicht so vielfältig wie im nahen Fort Portal, vor allem im höheren Sektor und in Bezug auf Camping.

- ***Margherita $$$$***, *Kilembe Road, 2 km außerhalb von Kasese, Tel.: 0483-444015 oder mobil: 077-2695808; Fax: 0483-444380, info@hotel-margherita.com, www.hotel-margherita.com. DZ (ohne Klimaanlage/ TV) 96 US$, EZ 71 US$, DZ (mit Klimaanlage/TV) 108 US$, EZ 96 US$ jeweils inkl. Frühstück. Zurzeit das beste Hotel in Kasese. Es liegt 3 km außerhalb der Innenstadt auf einem Hügel. Die 36 Zimmer sind zum Teil schon etwas verwohnt, haben aber einen Balkon mit schöner Aussicht auf die Berglandschaft. Insgesamt ist es den Preis nicht wert.*
- ***Sandton $$$$***, *Rwenzori St. (gegenüber der Stanbic Bank), Tel.: 0483-445307, 0701489055, www.sandton hotelkasese.net. DZ mit Klimaanlage 50-63 US$, EZ 50 US$, Zimmer ohne Klimaanlage geringfügig billiger. Relativ neues Hotel (2009), bei dem die sauberen Zimmer um einen Innenhof gruppiert sind. Restaurant mit afrikanischem (8 US$) und europäischem Buffet (12 US$).*
- ***Kepp $$$$***, *auf dem Hügel hinter der Stadt (auf dem Weg zum Hotel Margherita), Tel.: 071-2338929, DZ 90 US$, EZ 70 US$ inkl. Frühstück. Das große, 2007 eröffnete Hotel ist wohl das beste vor Ort. Besitzer ist der ehemalige Generalmajor der ugandischen Streitkräfte, James Kazini, der im Kongo zum Multimillionär wurde. Mit Schwimmbad.*
- ***Rwenzori International $$$***, *1/3 Mbogo Road, Stadtteil Kamaiba, Tel.: 0483-444148 oder mobil: 077-2462783, Fax: 0483-4244147, rwenzoriinternationalhotel@gmail.com, www.traveluganda.co.ug/ rwenzoriinternationalhotel. DZ mit Bad 50 US$, EZ 40 US$, Zimmer ohne Bad 20 US$. Camping möglich für 1,80 €. Das relativ neue Hotel liegt ruhig etwa 3 Min. außerhalb der Innenstadt. Es gibt acht Zimmer mit Bad/WC und acht mit Gemeinschaftsbad (ein Bad/WC für zwei Zimmer). Alle 16 Zimmer haben Klimaanlage und Moskitonetze. Das Hotel verfügt über ein kleines Restaurant, eine Bar, einen Seminarraum und über einen Tennisplatz und ein Badminton-Feld.*
- ***New Saad $***, *27/31 Stanley Road, Tel.: 0483-444139 oder 077-2499552/071-2499552, info @newsaadhotel.com. DZ 15 €, EZ 12 € inkl. Frühstück. Schon in die Jahre gekommenes Hotel (gebaut 1978) mit 40 Zimmern (Neueröffnung 2013 nach Renovierung geplant).*
- ***Virina Gardens $***, *oberhalb vom Markt, DZ und Hütten ab 14 €, EZ ab 10 €.*
- ***White House Lodge $***, *46 Henry Bwambale Road, Tel.: 04834-44706. DZ ca. 10 €, EZ 7 € inkl. Frühstück. Relativ neues Hotel gegenüber der Shell-Tankstelle. In der $-Kategorie wohl zurzeit das beste in Kasese. Bewachter Parkplatz.*
- ***Executive Inn $***, *etwas abseits der Kilembe Road, Tel.: 077-2586394,077-5642406. DZ 16 US$, EZ 11 US$.*
- ***Divine Inn $***, *neben dem White House, DZ 8,50 €, EZ 5 €. Akzeptables neues Gästehaus.*
- ***Ataco Holiday Inn $***, *Stanley Road, Tel.: 0483-444429 oder mobil: 077-2647215, DZ 8 €, EZ 6 €.*

Marabu, Kasese

AUSSERHALB

- ***Backpackers $***, *Kyanjuki (12 km von Kasese), DZ 12,50 €, EZ 7,50 €, Bett im Schlafsaal 5,50 €, Camping 3 €. Essensmöglichkeiten im nahen Trekkers Club.*

Campingplätze

Zelten ist im Gelände des Margherita-Hotels und des Rwenzori International möglich.

Restaurants

Es gibt einige Restaurants im Zentrum der Stadt um die Stanley und Margherita Road. Allerdings keines, das man empfehlen könnte. Leider. Am besten isst man noch in den Hotels.

Aktivitäten/Sehenswürdigkeiten

Kasese liegt in der Nähe des Queen-Elizabeth-Nationalparks, den Sie auf der Straße nach Kampala durchfahren.

Märkte

Der Markt von Kasese befindet sich im oberen zentralen Bereich der Stadt zwischen Margherita Road und Alexandra Road.

Kasyoha Kitomi Forest Reserve (Bushenyi-Distrikt) (S. 485)

Informationen

Das Besucherzentrum des Waldreservates liegt 1,5 km von der Mbarara-Kasese Road. Hier müssen Sie Ihre Eintrittsgebühren bezahlen und können einen Führer anheuern.

Hinweis: *Der Wald wird durch das Kitomi Forest Conservation Project geschützt (www.ugandacf.org). Informationen bekommen Sie auch beim Forest Department in Bushenyi, Tel.: 0485-442365.*

Regionale Busverbindungen

Von Mbarara und Kasese können Sie mit Bussen in die jeweils andere Stadt fahren und sich in Nyakasharu absetzen lassen. Von dort nehmen Sie sich ein Boda-Boda (Motorrad oder Fahrradtaxi) oder gehen zu Fuß zum Visitor Centre.

Unterkunft

Es gibt zurzeit keine festen Unterkünfte am Waldreservat.

Campingplätze

Es gibt zwei einfach ausgestattete Campingplätze mit Preisen von ca. 2 € pro Person. Einer liegt direkt am Besucherzentrum, der andere am ca. 3,5 km entfernten Kamunzuku-See.

Restaurants

Es gibt keine Möglichkeit, hier zu essen, es sei denn, die Mitarbeiter des Reservats bereiten etwas zu. Daher am besten eigene Lebensmittel mitbringen!

Katonga Wildlife Reserve (Kyenjojo-Distrikt) (S. 456)

Preise und Öffnungszeiten

Die Eintrittsgebühr in das Wildreservat beträgt 25 US$ pro Person/Tag. Kinder bis 15 Jahre 15 US$. Geführte Wanderungen kosten zusätzlich 10 US$ pro Person. Das Reservat ist von 7-18 Uhr geöffnet.

K

Informationen
Das Katonga Visitors Centre bietet Ihnen alle Informationen für den Besuch des Reservates. Informationen vorab bekommen Sie in Kampala bei:
***Uganda Wildlife Authority** (UWA), 7 Kira Road, Kampala-Kamwokya (nahe Museum), Postanschrift: P.O.B. 3530 Kampala. Tel.: 0414-355000, Fax: 0414-346291, info@ugandawildlife.org, www.ugandawildlife.org. Das Büro der Nationalpark-Verwaltung hat Mo-Fr von 8-17 Uhr geöffnet.*

Unterkunft
***Katonga View Tourist Lodge**, Kabagole, südlich des Flusses, etwa 1 km vom Reservat, einfache Zimmer für 4 €, kleines einfaches Restaurant vorhanden*

Camping
Camping ist möglich am Katonga Visitors Centre für 5 € pro Person. Für Gäste gibt es eine Küche zum selber kochen, ansonsten kann die „Kantine" für die Parkangestellten mitbenutzt werden.

Aktivitäten
***Wandertouren, Kanu-Tour** im Reservat (ca. 7 € pro Kanu).*

Katwe (Kasese-Distrikt) (S. 481)

***Hinweis:** Der Ort Katwe liegt innerhalb des Queen-Elizabeth-Nationalparks und ist mit öffentlichen Verkehrsmitteln zu erreichen. Von Katwe in den Nationalpark kommen Sie allerdings nur mit eigenem Auto weiter.*

Regionaler Busverkehr
Von Kasese aus mit Minibussen über Katojo zu erreichen, ggf. auch über Kaba (erkundigen Sie sich vorher nach Anschlussmöglichkeiten in Kaba).

Unterkunft
Es gibt nur sehr einfache, lokale Übernachtungsmöglichkeiten. Ein Campingplatz der Parkverwaltung ist in Planung, fragen Sie beim UWA in Kampala, ob dieser schon realisiert wurde.

Kibale-Forest-Nationalpark (Kamwenge-Distrikt) (S. 457)

Informationen
- ***Kibale National Park Bureau**, Fort Portal, Tel.: 0483-222202, Fax: 0483-222196, www.ugandawildlife.org*
- ***Uganda Wildlife Authority** (UWA), 7 Kira Road, Kampala-Kamwokya (nahe Museum), Postanschrift: P.O.B. 3530 Kampala. Tel.: 0414-355000, Fax: 0414-346291, info@ugandawildlife.org, www.ugandawildlife.org. Das Büro der Nationalpark-Verwaltung hat Mo-Fr von 8-17 Uhr geöffnet.*

Preise und Öffnungszeiten
Eintrittsgebühren für 1 Tag/Nacht: 35 US$. Schimpansen-Trekking: 150 US$. Preise für das Schimpansen-Habituierungsprogramm: 1 Tag 220 US$, 2 Tage 400 US$ und 3 Tage 550 US$ (jeweils inkl. Guide und Parkgebühren). Der Park ist geöffnet von 6-18 Uhr.

Unterkunft
Für Übernachtungen s. a. Fort Portal, Bunyuruguru Krater-Seen oder Queen-Elizabeth-Nationalpark.

• ***Mantana Tented Camp*** *$$$$$, 7 km von Bigodi (ausgeschildert), Tel.: 041-2320152 / 2321552 oder mobil: 077-2525736, Fax: 041-2320152 mantana@africaonline.o.ug, www.kimbla-mantana.com. DZ 220 US$, EZ 137 US$ inkl. Vollpension. Acht feste Zelte mit Bad/WC*

• ***Primate Lodge*** *$$$$$, (ehemals Kanyanchu Rest Camp), die Lodge liegt direkt im Kibale Wald in der Nähe des Ausgangspunktes zur Schimpansenwanderung. Tel.: 0774-933415, info@safari-uganda.com, www.safari-uganda.com. Die Lodge bietet 7 Steinhütten und 8 luxuriöse Zelte. DZ-Hütte 100 US$ (EZ 90 US$) inkl. Frühstück, 170 US$ (mit Vollpension). DZ-Luxuszelt 350 US$ (als EZ 190 US$) inkl. Vollpension. Camping 10 € p. P. Die 2007 auf dem Platz des ehemaligen Park-Camps neu errichtete Lodge ist der ideale Standort für die Erkundung des Kibale Waldes. Eine Besonderheit der Lodge ist eine Übernachtung im Baumhaus (Sky Tree House) für 18 €.*

• ***Kibale Forest Camp*** *$$$$, bei Bigodi (ausgeschildert), ca. 4 km südlich vom Park nach Kamwenge, Tel.: 077-9820695, booking@naturelodges.biz, www.naturelodges.biz. DZ 95 US$, EZ 75 US$ inkl. Frühstück. Sieben geräumige Safari-Zelte. Camping 10 US$.*

• ***Kibale Safari Lodge*** *$$$$, Kanyanchu, Richtung Bigodi, www.kibalesafarilodge.com. DZ 350 US$, EZ 250 US$. Neue Lodge mit 5 Bungalows und 2 Zimmern im Haupthaus.*

• ***Chimps Nest*** *$$$, östl. von Nkingo, direkt am Parkrand, Tel.: 0483-427511, 077-4669107, info@chimpsnest.com, www.chimpsnest.com. DZ/EZ-Cottage 100/75 US$, DZ/EZ-Baumhaus 160/125 US$, einfache Zimmer 8 US$, Camping 5 US$. Frühstück kostet ca. 10 US$. Herrliche Lage am Wald, netter Service.*

• ***Chimpanzees Guesthouse*** *$$$, Kamwenge Road, Tel.: 077-2486415, chimpgueste@yahoo.com. DZ 36 €, EZ 29 €, DZ-Bungalow 50 € (als EZ 36 €), Camping 7,50 € p. P. Die Zimmer sind untergebracht in einem 1950er-Jahre-Haus. Dazu kommen einige Bungalows im weitläufigen Garten.*

• ***Safari Camp & Guest House*** *$, Nkingo Village, liegt 45 Min. Fahrt südlich von Fort Portal an der Kamwenge Road, Tel.: 077-246813, comm-tour@infocom.co.ug. DZ 4 €, Camping 2 €, mit Fahrradverleih.*

Campingplätze

• ***Bigodi Wetland Sanctuary****, liegt am Magombe-Sumpf an der westlichen Parkgrenze, etwa 39 km von Fort Portal an der Fort Portal-Kamwenge-Mbarara-Straße.*

• ***CVK Resort****, Campingplatz mit sanitären Anlagen und Warmwasser.*

• ***Safari Camp****, Nkingo Village, südlich der Fort Portal - Kamwenge Road. Camping 2 € p. P., mit Fahrradverleih.*

Kidepo-Valley-Nationalpark (Kotido-Distrikt) (S. 409)

s.a. Kaabong

Hinweis: *Der Kidepo-Valley-Nationalpark ist nicht immer über die Straße zu erreichen, da in der Regenzeit manchmal die einzige Brücke Richtung Nationalpark (Kaabong Bridge) durch Flutwellen zerstört wird. Zur Zeit der Drucklegung dieses Reiseführers war sie in Betrieb. Erkundigen Sie sich bitte während und nach der Hauptregenzeit in Kampala nach dem jeweils neuesten Stand der Dinge.*

Informationen

Uganda Wildlife Authority *(UWA), 7 Kira Road, Kampala-Kamwokya (nahe Museum), Postanschrift: P.O.B. 3530 Kampala. Tel.: 0414-355000, Fax: 0414-346291, info@ugandawildlife.org, www.ugandawildlife.org. Das Büro der Nationalpark-Verwaltung hat Mo-Fr von 8-17 Uhr geöffnet.*

Preise und Öffnungszeiten

Eintrittsgebühren für 1 Tag/Nacht: 35 US$. Für Fahrzeuge gelten folgende Preise: Motorräder 5 US$ (30 US$ für ausländische Fahrzeuge), PKW 6 US$ (50 US$), Allrad + Minibusse 15 US$ (50 US$). Transfer vom Airstrip 20.000 USh, LKW für Safarifahrten 1,15 € pro Kilometer. Der Park ist geöffnet von 6-18 Uhr.

K

Flugverbindung

Die meisten Besucher des Nationalparks kommen per Charter-Flugzeug (knapp 2 Stunden Flugzeit von Kampala). Die Landebahn (Airstrip) liegt ca. 3 km südlich der Parkverwaltung. Hin- und Rückflug kosten bei 4 bis 5 Personen rund 400 US$ pro Person. Zu den Charter-Fluggesellschaften sehen Sie auch unter: Kampala.

Transport

Die Parkverwaltung verfügt über einen LKW für Transfers (vom/zum Airstrip 20.000 USh) und Safarifahrten (Gamedrives, 4.000 USh pro Km). Zudem vermietet sie Autos (falls vorhanden) zu einem Kilometerpreis von 3.000 USh.

Unterkunft

- **Apoka Safari Lodge $$$$$**, Kontakt in Kampala über Uganda Safari Company, Tel.: 0414-251182 oder mobil: 077-2489497, Fax: 0414-344653, tusc@africaonline.co.ug, www.wildplacesafrica.com. Die Lodge hat 10 Zimmer, alle mit großen Betten mit Moskitonetzen. Ein DZ kostet 900 US$, ein EZ 630 US$ inkl. Vollpension, Getränken (außer Spirituosen und einigen Weinen), Lodge-Airstrip-Transfer, allen Safari-Aktivitäten und Guides (außer Besuch eines lokalen Dorfes: 100 US$ / Person). Zu bezahlen sind dann nur noch der Parkeintritt und die Anfahrt/der Flug. Mittlerweile wurde auch ein eigenes Flugzeug angeschafft, um Gäste direkt in den Park fliegen zu können. Alles in allem ist für einen unvergesslichen Safari-Aufenthalt gesorgt – ein Traum.

Apoka Lodge

- **Nga Moru Wilderness Camp $$$**, am Rand des Nationalparks, 4 km vom Katarum Gate, Tel.: 078-5551911, fuglys.limited@gmail.com, www.ngamoru.com. DZ 240 US$, EZ 160 US$ inkl. Vollpension. Die neueste Unterkunft in Kidepo verfügt über 2 Häuser (mit je 1-4 Betten) sowie 3 Safari-Zelte und liegt auf einem Hügel mit schönen Aussichten in den Nationalpark.
- **Apoka Rest Camp $**, unweit der Lodge. DZ 25 US$, EZ 15 US$. Mit Gemeinschaftsbad: DZ/EZ 13/8 US$. Unterkunft der Parkverwaltung. Zwölf einfache Doppelhütten mit Solarlicht und Warmwasser.

Camping

Kakine Campsite, einige Kilometer entfernt von Apoka, das Campen kostet 5 € pro Person.

Kigezi Wildlife Reserve (Rukungiri-Distrikt) (S. 484)

Hinweis: Das Kigezi Wildlife Reserve ist noch nicht sehr erschlossen und das Wegesystem beschränkt sich auf wenige Pisten.

Preise und Öffnungszeiten

Eintrittsgebühren pro Tag liegen bei 10 US$. Der Park ist geöffnet von 6-18 Uhr.

Informationen

Neuigkeiten und Tipps für das Kigezi-Wildreservat erhalten Sie am besten am Katokye Gate (Ishasha-Eingang) des Q.E.N.P.

Unterkunft
Im Kigezi Wildlife Reserve selber gibt es keine Unterkunft. Am nächsten liegt das Ishasha Camp. Sehen Sie unter: Queen-Elizabeth-Nationalpark.

Kirumia (Bundibugyo Distrikt) (S. 464)

Information
Kirumia ist die Ortschaft, die dem ***Semliki-Nationalpark*** *am nächsten liegt.*

Unterkunft
Kirumira Guesthouse*, in der Nähe des Kirumira River. Sehr einfache (!) Zimmer für 3 € in herrlicher Lage am Flusswald.*

Aktivitäten
Von Kirumira aus führt der so genannte Kirumia Trail die Wanderer zum Semliki River.

Kisoro (Kisoro-Distrikt) (S. 503)

Wichtige Telefonnummern
- ***Vorwahl Kisoro****: 0486*
- ***Polizei****: 30003*
- ***Krankenhaus****: 30082*

Informationen
Das ***Mgahinga-Gorilla-Nationalpark-Büro*** *befindet sich gegenüber dem Kisoro Tourist Hotel. Hier bekommen Sie Informationen zum Park und zur Umgebung, man vermittelt Ihnen gerne lokale Führer und arrangiert Transporte zum Park. Gorilla-Permits können hier nach telefonischer Rücksprache mit Kampala erstanden werden. Es gibt zurzeit nur eine für Besucher zugängliche Gorillagruppe, die allerdings von Zeit zu Zeit auf die ruandische Seite des Berges wechselt. Da jedoch die meisten Touristen den Bwindi-Park vorziehen, besteht eine Chance, hier auch kurzfristiger Gorilla-Permits zu bekommen. Das Büro ist geöffnet von 8-17 Uhr, Tel.: 0486-430098 oder mobil: 077-2383030.*

Flugverbindungen
Auf dem kleinen Flugplatz von Kisoro gibt es nur Charterverkehr. Erkundigen Sie sich bei den Fluggesellschaften (z.B. Eagle Air) in Kampala. Ein Hin- und Rückflug kostet etwa ab 180 € pro Person.

Überregionale Busverbindungen
Es gibt eine tägliche Busverbindung mit Kampala. Der Bus verlässt Kampala um 8 Uhr und erreicht Kisoro am späten Nachmittag (ca. 10 €). Umgekehrt verlässt der Bus Kisoro bereits um 6.30 Uhr. Zudem gibt es noch Minibusverkehr nach Kabale und Mbarara. Letzte Möglichkeit nach Kabala gegen 16 Uhr (am besten am Taxistand vorher anmelden, wenn Sie mit dem letzten Bus noch mitfahren möchten. Zudem einige Pick-ups zur kongolesischen Grenze (teilweise findet man auch einen Transport bis ins kongolesische Goma).

Banken/Geld tauschen
Es gibt kaum Möglichkeiten, offiziell Geld zu tauschen, versuchen Sie es in der Uganda Commercial Bank.

Unterkunft
- ***Travelers Rest Kisoro $$$****, Tel.: 0486-230123 oder mobil: 077-2533029, www.gorillatours.com. DZ 80 US$, EZ 70 US$, Suite 90 US$ jeweils inkl. Frühstück. Hotel mit neun Zimmern und einer Suite, die*

um einen schönen Garten gruppiert sind. Ein sehr gutes Restaurant (Lunch 3 US$, Dinner 5 US$) und freundlicher Service. Das Hotel wurde einst vom Deutschen Walter Baumgärtel gegründet und beherbergte bereits eine Reihe namhafter Forscher.

- **Kisoro Tourist Hotel $$$**, nahe Parkbüro, Tel.: 0486-430135, Fax: 0486-430134. DZ 65 US$, EZ 50 US$ inkl. Frühstück. Mehrstöckiges modernes Hotel mit großen Zimmern mit Balkon.
- **Skyblue $**, Tel.: 0486-430076, DZ 8 €, EZ 5 €, jeweils mit Gemeinschaftsbad. Das sehr einfache Hotel hat allerdings ein relatives gutes Restaurant mit internationaler Küche.
- **Virunga Hotel $**, Tel.: 0486-430109, 078-2360820, snakeafrica@yahoo.co.uk. DZ 16 € (mit eigenem Bad/WC). Bei Zimmern mit Gemeinschaftsbad: DZ 10 €, EZ 8 €. Das beliebteste und vielleicht auch beste Hotel in seiner Kategorie. Man hilft gerne bei Transporten zum Mgahinga-Nationalpark und vermittelt lokale Führer.
- **Golden Monkey $**, gegenüber Virunga Hotel, Tel.: 077-2435148, amajamcamp@yahoo.com. DZ 13-16 €, mit Gemeinschaftsbad 6-9 €, Bett im Schlafraum 4 €. Neues Hotel mit einfachem Restaurant, die wohl beste Wahl in der Preisklasse..
- **Countryside Guesthouse $**, DZ ab 10 €, Camping am Hotel 2 €. 12 Zimmer, teils mit Gemeinschaftsbad, kleines Restaurant vorhanden.

AUSSERHALB

**Nkuringo Safari Lodge $$$$$**, am Lake Mutanda (7 km außerhalb von Kisoro), Buchung in Kampala unter Tel.: 0414-543481, powernkuringo@yahoo.co.uk, www.nkuringosafarilodge.com. Preis DZ inkl. Vollpension: 200 US$. Die ehemalige Mgahinga Lodge (besser gesagt: Tented Camp) hat sieben fest installierte Zelte mit eigenem Badezimmer und einige Holzhäuser auf Stelzen direkt am See mit Blick auf die Virunga-Vulkane sowie einen Motorbootverleih. Auch Fischer-Kanus für eine Seetour werden organisiert. Wunderschöne Lage am See mit der Silhouette der Virungas.

Campingplätze

- **Kisoro Mubano Campsite**, Tel.: 0486-430067 oder mobil: 077-2472748
- **Rugiganga Tourist Valley Campsite**, an der Straße zur kongolesischen Grenze. Tel.: 077-2647660, kostet 2 € pro Person. Eine Bar ist vorhanden und Essen wird auf Vorbestellung gekocht. Wenn die Overland-Trucks hier gerade halt machen, dann wird es sehr voll und laut!
- **Virunga Hotel**, Camping möglich im Garten des Hotels für 2 €.

Einkaufstipps

Sehr guten ugandischen Waldbienenhonig aus der Umgebung bekommen Sie bei der **Kisoro Beekeepers Association** (neben der Agip-Tankstelle).

Märkte

Haupttage, an denen auch viele Auswärtige kommen, sind montags und donnerstags.

Kitgum (Kitgum-Distrikt) (S. 428)

Flugverbindungen

Kitgum wird zurzeit nicht im Linienverkehr angeflogen. Für Charterflüge siehe unter Kampala.

Überregionale Busverbindungen

Die Stadt Kitgum ist mit dem Bus von Kampala aus via Gulu zu erreichen (ab Gulu staubige Piste).

Unterkunft

• **Little Palace $$$**, Oneka Road, Tel.: 077-3640457. DZ 27 € inkl. Frühstück. Kleines Hotel mit wenigen, aber recht guten Zimmern. Achtung, es gibt im Ort ein weiteres Hotel gleichen Namens vom selben Besitzer. Die Zimmer sind einfacher, älter und ohne Badezimmer!

• **Fugley's $$**, in der Nähe der Landepiste, Tel.: 0757-760760, afrimax.holdings@gmail.com. EZ 33 US$ inkl. Frühstück. Ein familiäres Hotel mit 14 Zimmern und einem Swimmingpool im Garten.

• Weitere einfachere Hotels mit DZ zwischen 15-25 US$: Veron (Tel.: 0772-919543), JC Inn (Tel.: 0712-324725), Northern Rock (Tel.: 0712-644490).

Kotido (Kotido-Distrikt) (S. 408)

Hinweis: Wenn Sie auf dem Weg zum **Kidepo-Valley-Nationalpark** sind, achten Sie bitte darauf, in Kotido die richtige Piste zu erwischen. Von Moroto kommend, müssen Sie sich im Kreisverkehr im Ort links halten. Einige Kilometer hinter Kotido geht es dann rechts zum Park (nicht ausgeschildert!). Erkundigen Sie sich lieber, wenn Sie nicht sicher sind.

Unterkunft

Es gibt nur sehr einfache Unterkünfte in Kotido, wie die

• **Paradise Lodge**, DZ für 2 € mit Waschschüssel und Plumpsklo.

• Weitere einfache Unterkünfte sind: **Skyline** und die **Kotiang Traders Lodge**.

Kumi (Kumi-Distrikt) (S. 414)

Wichtige Telefonnummern

• **Vorwahl Kumi**: 045

• **Polizei**: 71005

• **Krankenhaus**: 71009

Überregionale Busverbindungen

Es gibt zahlreiche Minibusse, die zwischen Mbale und Soroti verkehren und in Kumi stoppen.

Unterkunft

• **Kumi $$**, am südlichen Ende der Stadt, Tel.: 0772-434380, Fax: 0454-471012, kumihotel1@yahoo.com. DZ 33-35 US$, EZ 25 US$. Neues Hotel mit angenehmen Zimmern, recht gutem Restaurant und Internetcafé.

• **Green Top $**, Soroti Road (100 m vom Taxi-Park), Tel.: 0772-542340, DZ mit Bad 15 US$, EZ 11 US$. Insgesamt 36 saubere Zimmer mit Moskitonetz. Dazu Bar, Restaurant (SAT-TV) und kleiner Garten.

• **Primrose Inn $**, Nyero Road (östl. Ausfahrt), Tel.: 0775-293562, DZ/EZ mit Bad 13 US$. Einfaches Hotel mit acht annehmbaren Zimmern.

• **Home again Guesthouse $**, Nyero Road, gegenüber der Polizeistation, Tel.: 0753-579995. DZ (mit Bad) 6 €. Einfaches, aber nettes Gästehaus mit kleiner Bar und Restaurant

Restaurants

Das Essen ist wohl am besten in den Restaurants der Hotels. Einfache und billige Restaurants gibt es ansonsten einige in der Stadt, z. B. das **Good Feeling**, im nördlichen Stadtbereich.

Pubs & Cafés

Im nördlichen Stadtbereich gibt es zwei Bars: Die **Stay Free Bar** und die **Moonlight Bar**. Im südlichen Bereich die **Club 9** Bar.

K

Aktivitäten/Sehenswürdigkeiten

Der Transport von Kumi nach Ngora kostet Sie ca. 1 €. Zu den Felsmalereien geht es dann nach rechts. Der Eintritt kostet 2,50 €.

Kyambura Wildlife Reserve (Bushenyi-Distrikt) (S. 484)

Hinweis: *Das Reservat ist auch unter der Schreibweise* Chambura Wildlife Reserve *bekannt.*

Informationen

Uganda Wildlife Authority *(UWA), 7 Kira Road, Kampala-Kamwokya (nahe Museum), Postanschrift: P.O.B. 3530 Kampala, Tel.: 0414-355000, Fax: 0414-346291, info@ugandawildlife.org, www.ugandawildlife.org. Das Büro der Nationalpark-Verwaltung hat Mo-Fr von 8-17 Uhr geöffnet.*

Preise und Öffnungszeiten

Der Eintrittspreis zum Chambura W. R. betragen für ausländische Besucher 10 US$ für 1 Tag/Nacht und 20 US$ für 2 Tage/Nächte und mehr. Für geführte Schimpansen-Wanderungen werden 50 US$ pro Person berechnet. Das Wildlife Reserve ist wie der benachbarte Queen-Elizabeth-Nationalpark von 6-18 Uhr geöffnet.

Unterkunft

Am Reservat gibt es einige neue Unterkünfte. Zudem sind hier auch die dem Reservat am nächsten liegenden Unterkünfte im Queen-Elizabeth-Nationalpark aufgeführt:

- ***Kyambura Lodge $$$$$**, Reservierungen über Volcanoes Safaris in Kampala. sales@volconoessafaris.com, www.volcanoessafaris.com. DZ 800 US$, EZ 480 US$ inkl. Vollpension. Neueste Luxus-Lodge der Volcanoes-Kette mit 8 Zimmern.*
- ***Katara Lodge $$$$$**, am östlichen Rand des Q.E.N.P., Tel.: 077-3011648, info@kataralodge.com, www.kataralodge.com. DZ 300 US$ EZ 180 US$ inkl. Vollpension. Die neue Lodge mit 5 Bungalows bietet fantastische Blicke über die Savannen des Queen Elisabeth N.P. Die Zimmer sind einfach, aber geschmackvoll eingerichtet, sehr gutes Restaurant.*
- ***Jacana Safari Lodge $$$$$**, liegt im Q. E. N. P., am nördlichen Ende des Maramagambo-Waldes am Nyamasingiri-See, zu buchen unter Tel.: 0414-258273, Fax: 0414-233992, info@geolodgesafrica.com, www.geolodgesafrica.com. DZ 240 US$, EZ 140 US$ inkl. Frühstück, pro Mahlzeit 10 US$ mehr. Die luxuriösen Zimmer haben eine eigene Veranda mit Blick auf den schönen Krater-See. Das Restaurant bietet sehr gutes Essen. Sehr zu empfehlen.*
- ***Kingfisher Lodge Kichwamba $$$$**, am östlichen Rand des Q.E.N.P., Tel.: 075-3367980, 077-4159579, kingfisher-kichwamba@gmx.net, www.kingfishersafaris.com. DZ 105-130 US$, EZ 50-60 US$ inkl. Halbpension. Die Lodge mit 16 Zimmern ist schön im afrikanischen Stil gehalten und ermöglicht einen weiten Blick über die Savannen des Queen Elisabeth N.P.*
- ***Abbey Guesthouse $$**, Rubirizi, Tel.: 077-2367588. DZ 50 US$, EZ 35 US$. Kleines Landhotel etwas außerhalb des Dorfes. Eine preiswertere Möglichkeit in der Nähe der Kyambura-Schlucht und des Queen Elisabeth N. P. zu übernachten, wenngleich die Zimmer etwas überteuert sind.*

Camping

- ***Maramagambo Campsite**, ca. 1 km entfernt von der Lodge am Kyasanduka-See. Campen für 8 US$ pro Person. Herrlicher Platz inmitten des Waldes, aber nur einfache Ausstattung (kalte Duschen und Feuerholz). Bringen Sie sich besser was zu essen mit oder laufen Sie zur Lodge. Schon im Camp sind viele Vögel und Affen zu beobachten.*

- ***Fig Tree Camp***, *an der westlichen Seite der Kyambura-Schlucht gelegen. Campen kostet 5 € pro Person. Es gibt fließendes Wasser (keine Dusche) und eine Hütte zum Essen. Lebensmittel müssen aber selbst mitgebracht werden!*

Aktivitäten

Die Chambura Gorge ist die Grenze zwischen dem Reservat und dem Queen Elizabeth National Park. In der Schlucht gibt es eine an Menschen gewöhnte Schimpansengruppe. ***Wanderungen*** *zu den Tieren starten täglich um 8 und 13 Uhr.*

Lake Albert (Hoima/Masindi-Distrikt) (S. 435)

Hinweis: *Der Albert-See liegt im Westen des Landes, in seiner Mitte verläuft die Grenze zur D. R. Kongo. Auf älteren Karten finden Sie noch seine zwischenzeitliche Bezeichnung als* Lake Mobuto Sese Seko.

Unterkunft

Da keine größere Ortschaft direkt am See liegt, ist die Auswahl an Unterkünften mit Seelage gering. Bitte schauen Sie für weitere Unterkünfte unter folgenden, in der Nähe des Sees liegenden Ortschaften: Hoima, Masindi, Murchison-Falls Nationalpark, Pakwach.

- ***Lake Albert Safari Lodge $$$$***, *Kabwoya Wildlife Reserve, Tel.: 077-2221003, reservations@lakealbertlodge.com, www.lakealbertlodge.com. DZ 150 US$, EZ 105 US$ inkl. Vollpension. Camping pro Pers. inkl. Nutzung aller Lodgeeinrichtungen 17 US$. Die Mitte 2006 eröffnete Lodge ermöglicht herrliche Blicke über den See bis zu den kongolesischen Bergen. Die 12 Bungalows liegen 70 m über dem See am Rande des Reservates, mit Swimmingpool.*
- ***Wanseko Lodge $***, *Wanseko, ein Fischerdorf 6 km nördlich von Bulsia, Von dort Überfahrt nach Panyimur möglich.*
- ***Quality Guesthouse $***, *Panyimur, Hauptstraße (an der südlichen Ausfahrt). DZ 6 €, EZ 4 € jeweils mit Gemeinschaftsbad.*

Lake Bisina (Katakwi/Kumi-Distrikt) (S. 414)

Hinweis: *Der 190 km² große See war früher unter dem Namen* Lake Salisbury *bekannt.*

Unterkunft

Es gibt keine Unterkunft direkt am See. Übernachtungsmöglichkeiten finden Sie in der nahe gelegenen Stadt Kumi.

Aktivitäten

Sie können sich ein lokales Boot mieten, um den See und seine Ufer zu erkunden, was besonders für Vogelliebhaber interessant sein wird. Ein Boot kostet etwa 1 €/Stunde.

Lake Bunyonyi (Kabale-Distrikt) (S. 505)

Regionaler Busverkehr

Es gibt Minibusse und Pick-ups, die zwischen Kabale und Rutinda verkehren. An den Markttagen Montag und Freitag regelmäßig, an den anderen Tagen sporadisch (Kosten: ca. 0,50 €).

Taxi

Ein „Special Hire" kostet Sie von Kabale nach Rutinda etwa 5 €. Ein Boda-Boda etwa die Hälfte.

L

Unterkunft am See / auf den Inseln

• **Heritage Lodge $$$$$**, *Habuharo Island, Tel. Reservierung: 0312-265454, 077-2357424, www.heritagelodgesuganda.com. DZ-Zelte 160 US$, EZ-Zelte 80 US$. Hütten und Safari-Zelte auf einer idyllischen Insel.*

• **Bunyonyi Safari Camp $$$$**, *Kabale, Reservierungen: Bunyonyi Safaris, 7 Parliament Avenue (Baumann House), Kampala Tel.: 031-261001, 041-4347460/2342482, Fax: 041-4345605, sales@bunyonyi.com, www.bunyonyi.com. DZ 100 US$, EZ 50 US$ inkl. Vollpension*

• **Birds Nest $$$$**, *am Ufer des Sees, Tel.: 075-4252560, www.birdnestatbunyonyi.com. DZ 120-150 US$ inkl. Frühstück. Die Geschichte des Hotels begann bereits 1963 mit dem Bau eines Gästehauses mit 4 Zimmern. Das heute mehrstöckige Hotel verfügt über 40 Zimmer mit Balkon und Seeblick.*

• **Arcadia Cottages $$$**, *Rutinda, von Kabale kommend links (ausgeschildert), Tel.: 0486-426231, 077-2981155, arcadiacottages@yahoo.com, www.arcadiacottages.net. DZ-Bungalow 75 US$, als EZ 50 US$. Die relativ neue Lodge liegt oberhalb des Sees mit einem herrlichen Blick, bei guter Sicht bis zu den Virunga-Vulkanen. Sehr gutes Restaurant.*

• **Nature's Prime Island Camp $$$**, *auf einer Insel im nördlichen Teil des Sees gelegen, Tel.: 077-2423215, naturesprimeisland@yahoo.co.uk, www.traveluganda.co.ug/naturesprimeisland. Preis: 37 bis 60 US$ pro Person inkl. Vollpension. Ab 25 US$ nur mit Frühstück. Übernachtung im Safari-Zelt ab 25 US$ (inkl. Frühstück). Das Camp unter schwedischer Führung und hat sechs Hütten mit eigenem Balkon und Seeblick, sowie einige feste Safari-Zelte.*

• **Kalebas $$**, *beim Dorf Rutinda, westl. Ufer, Tel.: 2907892. DZ/EZ 30/25 US$, DZ/EZ-Zelt 25/20 US$ inkl. Frühstück. Vier Zimmer mit Bad und drei Safari-Zelte mit Gemeinschaftsbad. Camping kostet 5 US$ pro Person.*

• **Jajama Panorama $$**, *gegenüber von Rutinda (von dort Bootstransfer), Tel.: 077-2361434, www.jajama panorama.com. DZ 40 US$ (als EZ 30 US$), Luxury Zimmer 50 US$ (EZ 40 US$) jeweils mit Frühstück. Zimmer ohne eigenes Bad DZ 30 US$ (als EZ 20 US$),. Nette Rundhäuser im ugandischen Stil.*

• **Lake Bunyonyi Overland Resort $$**, *7 km von Kisoro (ausgeschildert), Tel.: 0486-426016, Büro in Kabale: 1 Kazooba Road, resort@bunyonyioverland.com, www.bunyonyioverland.com. DZ-Zelt 35 US$, EZ-Zelt 25 US$, DZ/DZ-Bungalow 40/50 US$, als EZ 30/35 US$, Bett im Schlafsaal 15 US$, Camping kostet 7 US$ pro Person (mit Zeltmiete 10 US$ pro Person, mit Bett im Zelt 12 US$). Das Camp liegt an einer malerischen Papyrusbucht. Mit offenem Restaurant, Souvenirshop, Mountainbikeverleih (10 US$ pro Tag) und Bootsverleih (Kanu 5 US$). Wenn die Overland Trucks allerdings hier stoppen, kann es sehr voll und laut werden. Wenn Sie das Camp nur als Besucher nutzen, zahlen Sie 1 US$ fürs Parken und 2 US$ pro Person „Picknickgebühr".*

• **Crater Bay Cottages $$**, *gegenüber Overland Camp an der gleichen Bucht, Kontakt in Kabale: Kamaga Drug Store, Kabale Road (gegenüber dem Markt), Tel.: 0486-426255 oder 077-2643996, craterbay@yahoo.com, www.traveluganda.co.ug/crater-bay-cottages. Zimmer (DZ + EZ) kosten 26 €. DZ/ EZ mit Gemeinschaftsbad 7-12 € Camping kostet 2,50 € pro Person. Nette Atmosphäre und im Gegensatz zum Overland Camp geht es hier ruhiger zu.*

• **Bushara Island Camp $$**, *Tel.: 0486-426110, 077-2464585/2686787, Fax: 0486-422447, bushara island@africaonline.co.ug, www.busharaislandcamp.com. Liegt auf einer privaten, 16 ha großen Insel im Lake Bunyonyi. Möblierte Zelte als DZ 22 US$, als EZ 16 US$. Bei Vollpension 58 / 39 US$. Hütten (Cottages) von 16 bis 44 US$. Zeltplatz (eigenes Zelt): 2.500 USh (ca. 1,20 €) pro Person. Bootstransfers 5 € (one way), nach 18 Uhr 6,80 €. Kanufahrten 1 €. Eine romantische Anlage mit großen Safari-Zelten mit jeweils einfacher Toilette und Warmwasserdusche.*

• **Byoona Amagara Project $**, *Tel.: 075-2652788, amagara@susnow.org, www.lakebunyonyi.net. DZ-Holzbungalow 12 € (mit Bad), Offene Hütten (Geodome) 11-14,50 €, Bett im 4-Bett-Zimmer 6,50 €, Bett im 12-Bett Zimmer 5 €. Die Unterkünfte liegen auf der Insel Itambira. Zu empfehlen sind die sogenannten Geodome, zur Seeseite hin offene Hütten. Von Kabale aus mit einem Matatu zu erreichen, (0,50 €, nur*

Mo+Fr) bis Rutindo Market. Oder per Taxi für etwa 4 € pro Taxi (fragen Sie nach Black oder Roger, Tel.: 077-2615390, 2568711). Ab Rutindo Market fragen Sie nach dem Lake-B.-Secondary-School-Motorboot (4 € pro Boot/Trip, 13 Min.) oder fahren Sie mit einem Fischerboot für ca. 1,50 € pro Person (50 Min.). Das Projekt ist eine gemeinnützige Organisation. Alle Überschüsse aus den Einnahmen kommen den Dörfern am See zugute, insbesondere für Bildungs- und Landwirtschaftsprojekte.

Camping

- **Lake Bunyonyi Overland Camp**, Kontaktadressen siehe oben, Camping kostet ab 6 US$ pro Person. Es gibt ein Restaurant, Bar, bewachten Parkplatz, Fahrradverleih und Exkursionsangebote. Anreise kann vom Highland Hotel in Kabale organisiert werden.
- **Byoona Amagara Project**, Adresse und Anreise siehe oben. Camping mit eigenem Zelt kostet ca. 3,30 € pro Person. Solar-Duschen mit herrlichem Ausblick.
- **Crater Bay Camp**, Kontakt in Kabale siehe oben, Tel.: 0486-422801 oder mobil: 077-2643996, 2671458 www.traveluganda.co.ug/crater-bay-cottages. Campingplatz mit sanitären Anlagen, 2,50 € p. P.
- **Karibuni Beach Campsite**, kurz vor Rutinda (wenn Sie von Kabale kommen), der älteste Campingplatz am See. Camping kostet ca. 1,50 € pro Person. Es gibt eine Bar. Essen ist möglich bei vorzeitiger Bestellung.
- **Edrisa Campsite**, auf der Bufuka-Halbinsel 1 km südlich von Rutinda. Die Einnahmen des Campingplatzes gehen an die örtliche Schule.
- **Jasper's Campsite**, auf der Insel Itambira, Camping kostet ca. 2 € pro Person und es gibt einfache Hütten für 3,50 € pro Person. Der Campingplatz wird von einem Lehrer der Schule auf Bwana Island geführt, die Einnahmen gehen an die Schule. Auf Bestellung werden einfache Gerichte zubereitet.

Aktivitäten

Das Nature's Prime Island Camp organisiert Wanderungen und Mountainbike-Touren von ein bis drei Tagen in die Umgebung. Ebenso Bootstouren auf dem Bunyonyi-See und seinen Sümpfen. Weitere Informationen dazu im Camp, s.o.

Lake Edward (Kasese/Bushenyi-Distrikt) (S. 485)

s.a. Queen-Elizabeth-Nationalpark

Hinweis: *Bei der örtlichen Bevölkerung ist der See unter dem Namen Ruisamba bekannt. Der See ist umgeben von Naturschutz-Reservaten wie dem Queen-Elizabeth-Nationalpark und dem Parc National de Virungas auf kongolesischer Seite. Er wird durch den Kazinga-Kanal mit dem Lake George verbunden.*

Flugverbindungen

Es gibt eine Landepiste auf der Mweya-Halbinsel im Gebiet des Queen-Elizabeth-Nationalparks. Es gibt keine Linienverbindungen, aber mit den in Kampala ansässigen Charter-Unternehmen können Sie einen Flug zum Lake Edward organisieren.

Unterkunft

Da der See von zwei Nationalparks umgeben ist, befinden sich keine größeren Siedlungen in seinem Uferbereich. Die einzige Möglichkeit in der Nähe zu übernachten, ist die im Queen-Elizabeth-Park auf der Mweya-Halbinsel. Hier befindet sich die luxuriöse **Mweya Safari Lodge** *sowie einfache Unterkünfte (sehen Sie bitte unter:* Queen-Elizabeth-Nationalpark*).*

L

Lake Kamunzuku (Bushenyi-Distrikt) (S. 485)

s.a. Kasyoha Kitomi Forest Reserve

Unterkunft
Es gibt keine festen Unterkünfte am See.

Camping
Lake Kamunzuku Campsite, *Camping kostet 2,50 € pro Person, schön gelegen.*

Aktivitäten
Wanderungen im **Kasyoha Kitomi Forest Reserve**. *Einer der Wanderwege startet direkt am See. Wanderungen im Reservat, ob geführt oder nicht, kosten ca 2 €.*

Lake-Mburo-Nationalpark (Mbarara-Distrikt) (S. 490)

Informationen
Etwa einen Kilometer von Rwonyo entfernt befindet sich ein Besucherzentrum, wo Sie aktuelle Informationen über den Nationalpark bekommen können. Zudem natürlich auch beim Personal an den jeweiligen Park Gates.
Uganda Wildlife Authority *(UWA), 7 Kira Road, Kampala-Kamwokya (nahe Museum), Postanschrift: P.O.B. 3530 Kampala. Tel.: 0414-355000, Fax: 0414-346291, info@ugandawildlife.org, www.ugandawildlife.org. Das Büro der Nationalpark-Verwaltung hat Mo-Fr von 8-17 Uhr geöffnet.*

Preise und Öffnungszeiten
Die Eintrittsgebühren betragen 35 US$ für 1 Tag/Nacht, Kinder 5-15 J. zahlen 20 US$. Die Gebühren für ein Fahrzeug liegen bei ca. 8 € (50 US$ für im Ausland registrierte) für Pkw, 4 € (30 US$) für Motorräder. Fahrzeuge der Tour Operator zahlen ca. 11 € (100 US$). Der Park ist geöffnet von 6-18 Uhr.

Verkehrsmittel
Es gibt keinen direkten öffentlichen Verkehr zum Nationalpark. Der nächstliegende Ort von Mbarara ist Sanga, von wo aus man zu Fuß den Nationalpark (Sanga Gate) erreichen kann. Es gibt allerdings keinen Minibusverkehr zwischen Mbarara und Sanga. Ein Taxi („Special Hire") kostet etwa 13 €. Vielleicht bringt Sie auch ein Boda-Boda für etwas weniger Geld hin.

Unterkunft
• **Kimbla-Mantana Lake Mburo Camp $$$$$**, *7 km vom Sanga Gate, Tel.: 0414-320152 / 321552, mantana@africaonline.co.ug, www.kimbla-mantana.com. DZ 325 US$, EZ 250 US$ inkl. Vollpension. Die 1996 errichtete Lodge war lange Zeit die einzige Unterkunft im Park. 9 komfortable Safari-Zelte liegen mit Blick auf den Mburo-See und haben jeweils eigene Toiletten und Duschen.*
• **Arcadia Cottages $$$$$**, *oberhalb des Sees, Tel.: 077-4288773, arcadiacottagelmburo@yahoo.com, www.arcadiacottages.net. DZ 220 US$, EZ 150 US$ inkl. Vollpension. Die neue Bungalowanlage mit 8 Zimmern befindet sich in einem Akazienwald.*
• **Rwonyo Rest Camp $**, *nur ca. 1 km nordöstlich vom See entfernt (am UWA-Büro), einfache Hütten kosten als DZ 8 €, als EZ 6 € und in Dreierbelegung 12 € mit Gemeinschaftsbad. Es gibt zudem fünf große Zelte mit eigenem Bad für 18 € (Doppel) und 12 € (Single).*
Außerhalb: • **Skyblue Motel $$**, *Lyantonde Town, an der Mbarara-Masaka Road, von Masaka kommend einige Kilometer vor der Abzweigung zum Lake Mburo Nationalpark. Tel.: 077-2405794, info@skyblue hotels.com, www.skybluehotels.com. DZ 50 US$, EZ 35 US$ inkl. Frühstück. Modernes, teils im afrikanischen Stil gehaltenes Hotel am Rand des Ortes Lyantonde. Mit Restaurant in schönem Holzhaus.*

Tipp: ***Mihingo Lodge $$$$$***, *am östlichen Parkrand (ausgeschildert), Tel.: 075-2410509, safari@mihingolodge.com, www.mihingolodge.com. DZ 500 US$ inkl. Vollpension. Die herrlich auf einem Hügel am Rande des Parks gelegene neue Lodge ermöglicht Blicke bis zum See. Die wunderschön gestalteten Bungalows, das gute Essen und der freundliche Service machen den Aufenthalt zum Erlebnis. Eine der besten Lodgen in Uganda!*

Campingplätze

- ***Main Campsite***, *liegt etwa 1 km vom Rwonyo Camp entfernt. Camping kostet 5 € pro Person. Ein rustikales, in Holz gehaltenes Restaurant serviert ganz gutes Essen. Zudem bieten sich Möglichkeiten zu Bootstouren auf dem See. Dies ist sicher einer der am schönsten gelegenen Campingplätze in Uganda. Ideal für Besucher ohne eigenen Transport.*
- ***Camping Areas***, *Falls Sie nicht zur Main Campingsite wollen, können Sie auch an anderen Stellen (Camping Areas) Ihre Zelte aufschlagen. Es wird Ihnen dann ein Platz zugewiesen. Es gibt allerdings keine sanitären Anlagen sowie keinen Zeltverleih. Anmeldung beim UWA oder direkt bei der örtlichen Parkverwaltung.*

Aktivitäten

Außer Safari-Fahrten durch den Nationalpark können Sie auch durch Ranger geführte Wanderungen unternehmen (bis 5 Std. 2,50 €, darüber 5 € pro Person) oder eine Bootstour auf dem Mburo-See. Am Besucherzentrum befindet sich ein kleiner Naturlehrpfad, der auch ohne Führer begangen werden kann.

Lake Mulehe und Mutanda (Kisoro-Distrikt) (S. 503)

Hinweis: *Die beiden Seen befinden sich etwa 8 km nördlich der Stadt Kisoro. Sehen Sie dort nach weiteren Informationen.*

Lake Nabugabo (Masaka-Distrikt) (S. 382)

Hinweis: *Der Nabugabo-See liegt 20 km östlich von Masaka und ist nur durch eine breite Sandbank vom Viktoria-See getrennt. Er ist ein beliebtes Wochenendziel für die Hauptstädter und gilt als bilharziosefrei.*

Unterkunft

- ***Church of Uganda Resort $$***, *Tel.: 077-2433332, info@nabugabo.com, www.nabugabo.com. Zwei DZ Hütten für je 35 US$ (als EZ 20 US$) und 2 Familienhütten (4 Betten) für 17 US$ pro Person. Es gibt auch Schlafsäle, ein Bett dort kostet 4 €, Camping 7 US$ p. P. (bei 2 Pers. 10 US$), mit Zelt ausleihen 10/15 US$. Zudem einen Kanuverleih (ca. 2 US$ pro Stunde) und einen Stromgenerator für die Abendstunden.*
- ***Sand Beach Resort $***, *Tel.: 077-2802339, 2416047, DZ 14 €, EZ 9 € inkl. Frühstück. Camping 5 US$ p. P. Mit Bar (Billard) und Restaurant, schön direkt an einem Strand gelegen mit Blick über den See.*

Campingplätze

Auf dem Gelände des Church of Uganda Resort und beim Sand Beach Resort kann man für 2,50 € pro Person zelten. Beim Sand Beach kann man für 2,50 € extra ein Zelt für 2 Personen mieten.
Lake Nabugabo Campsite, *liegt abseits der Nyendo–Bukakata-Straße.*

Lira (Lira-Distrikt) (S. 420)

Wichtige Telefonnummern

Vorwahl von Lira: *0473. Die* ***Polizeistation*** *befindet sich am Kreisverkehr links und ist offiziell nicht telefonisch zu erreichen (nur einige Polizisten haben privat ein Handy).*

Flugverbindungen

Lira hat einen kleinen Flughafen, der von den Charterflug-Gesellschaften angeflogen wird. (Charterflug-Gesellschaften finden Sie unter Kampala.*)*

Überregionale Busverbindungen

Täglich verkehren Busse nach Kampala und Minibusse fahren nach Gulu, Soroti und Mbale.

Taxis

Taxis (Special Hire) und Boda-Bodas stehen Ihnen für den innerstädtischen Verkehr zur Verfügung.

Banken/Geld tauschen

Es gibt ein paar Bankfilialen im Ort, da es aber wenige ausländische Reisende hierher verschlägt, kann das Geldwechseln zum Problem werden.

Internet

Auf der Main Road gibt es zurzeit zwei Internetcafés, die auch am Wochenende geöffnet haben.

Unterkunft

- **Lillian Towers $$$**, *Inomo Road, Tel.: 0473-420955, 070-2192310, lilliantowers@lilliantowers.co.ug. DZ/EZ 46-56 US$ inkl. Frühstück. Neues Hotel mit 25 Zimmern (Moskitonetze, Ventilator, TV), Internet und Swimmingpool.*
- ***Kanberra* $$$**, *51 Oyam Road, Tel.: 079-0910305, 077-2890490, reception@kanberrahotel.com, www.kanberrahotel.com. DZ 18-25 € inkl. Frühstück. Neues Hotel mit 14 sauberen Zimmern.*
- ***Lirahotel* $$**, *am zentralen Kreisverkehr rechts (100 m), Tel.: 0473-420024, 420086, DZ 20 €, EZ 16 € inkl. Frühstück. Das Hotel hat schon bessere Tage erlebt, wird jedoch zurzeit (2013) renoviert. Immerhin gibt es hier einen großen Garten mit vielen Vögeln (besonders Marabus) und ein annehmbares Restaurant.*
- ***Pearl Garden* $**, *Außerhalb des Zentrums, Tel.: 070-2318022. DZ 25-30 US$. Kleine Zimmer (EZ) mit Gemeinschaftsbad 15 US$ inkl. Frühstück. Ruhige Lage mit schönem Garten, saubere Zimmer.*
- ***Grand Pacific* $**, *am oberen Ende der Hight Street, Tel.: 078-2289101. Gut ausgestattete Zimmer mit Moskitonetzen, Ventilator und TV. Im Neubau ein kleines Restaurant.*

Mabamba Swamp (Wakiso Distrikt) (S. 376)

Unterkünfte

Für Unterkünfte schauen Sie bitte bei: Entebbe

Mabira Forest Reserve (Mukono-Distrikt) (S. 388)

Informationen

***Mabira Forest Ecotourism Centre**, Adresse: P.O. Box 142 Lugazi.*

Im Büro des Forest Reserve gibt es alle Informationen zu den Aktivitäten im Wald, Wanderführer, etc. Die Mitarbeiter sind sehr nett und hilfsbereit. In einer angrenzenden Hütte sind einige Karten des Gebietes ausgehängt.

Eintrittspreis: Zurzeit 10.000 USh (ca. 3 €) für eine Wanderung bis 2 Std. plus 20.000 USh für den Guide. Spezielle Vogeltouren 50.000 USh (ca. 15 €/halber Tag) bzw. 80.000 USh (ca. 24 €/ganzer Tag). Vorabinformationen bei der NFA, Tel.: 041 230365, Fax: 041 230369, info@nfa.org.ug, www.nfa.org.ug. Anmeldungen bei Tel.: 071-2487173 (Manager), 071-2955071 (Robert) oder 071-2428006.

Unterkunft

- **Rainforest Lodge $$$$$**, Südlich der Hauptstraße, von Kampala kommend vor dem Reservat (ausgeschildert), info@geolodgesafrica.com, www.geolodgesafrica.com. DZ 280 US$, EZ 180 US$ inkl. Frühstück. Schöne Holzbungalows mit Blick auf den Regenwald.
- **Mabira Forest Banda $**, sehr einfache Unterkunft am Büro der Forstverwaltung. Etagenbett 2,30 €, Hütten mit Einzelbett 8,70 €, Doppelbett 11 €.
- Weitere Unterkünfte in den nächsten Ortschaften, zum Beispiel: Mukono.

Camping

Möglichkeit zum Campen auf dem Campingplatz des Reservates. Kostet pro Person ca. 1 €. Einfache Waschgelegenheit und Toiletten sind vorhanden.

Restaurants

Es gibt kein Restaurant am Reservat. Aber die Forstmitarbeiter bereiten bei Vorbestellung gerne etwas zu. Sie können Essen auch selbst mitbringen und es dann zubereiten lassen, oder aber Sie gehen zur Hauptstraße zurück und kaufen sich dort Gebratenes und Früchte an den Straßenständen.

Aktivitäten/Sehenswürdigkeiten

Mountainbikes zum Erkunden der Umgebung können Sie für ca. 6 bis 7 € pro Tag leihen. Auf Anfrage tritt auch eine lokale Tanzgruppe auf.

Malaba (Tororo-Distrikt) (S. 397)

Wichtige Telefonnummern

- **Vorwahl Malaba**: 0454
- **Polizei**: 2242209

Informationen

Die Grenze ist geöffnet täglich von 6-20 Uhr. Für weitere Informationen zum Grenzverkehr sehen Sie bitte in den Gelben Seiten A-Z unter: Grenzübergänge.

Internationale Busverbindungen

Es ist möglich sich auf beiden Seiten der Grenze um eine Mitfahrgelegenheit in einem der Busse nach Kampala oder Nairobi zu erkundigen, meist sind die internationalen Busse allerdings bereits ausgebucht.

Überregionale Busverbindungen

- **Von Kenia nach Uganda**

Einige ugandische Matatus haben sich darauf spezialisiert, die mit einem Matatu ankommenden Gäste aus Kenia weiter nach Tororo, Mbale und Jinja zu bringen. Daher werden Sie keine Probleme haben von Malaba aus weiterzukommen. Am Vormittag gibt es auch einige Busse direkt bis nach Kampala. Ansonsten müssen Sie in Jinja umsteigen.

- **Von Uganda nach Kenia**

Für die Weitereise von Malaba nach Kenia stehen diverse Busunternehmen an der Grenze bereit. Die ersten Busse fahren gegen 7.30 Uhr nach Nairobi, der letzte gegen 20 Uhr. Die Busse auf der Strecke nach Nairobi fahren in der Regel über Eldoret. Matatus bringen Sie von Malaba in die weniger entfernten Orte wie Busia, Kisumu, Kitale oder Eldoret.

Unterkunft
Es gibt keine erwähnenswerten Übernachtungsmöglichkeiten in Malaba, aber einige einfache Gästehäuser entlang der Hauptstraße. Wer an der Grenze übernachten muss, fährt besser zum Grenzort Busia. Die Matatus auf kenianischer Seite brauchen dafür etwa eine Stunde (ca. 1 €). Dort lassen sich auf der kenianischen Seite von Busia bessere Unterkünfte finden.

Banken/Geld tauschen
Es gibt außer den zahlreichen „fliegenden" Geldwechslern auch einige kleine Wechselbüros entlang der Hauptstraße.

Maramagambo Forest (Bushenyi-Distrikt) (S. 478)

s.a. Queen-Elizabeth-Nationalpark

Hinweis: *Der Maramagambo-Wald liegt im zentralen Bereich des Queen-Elizabeth-N.P.*

Camping
***Maramagambo Campsite**, liegt herrlich im Wald mit Blick auf den Kyasanduka-See. Camping kostet 5 € pro Person. Es gibt nur kalte Duschen und Feuerholz. Sie können aber zum Essen in die etwa 1 km entfernte Jacana Safari Lodge laufen.*

Aktivitäten
Es gibt ein kleines Wegesystem im primatenreichen Waldgebiet, so dass Wanderungen (Fußsafaris) möglich sind. Fragen Sie beim Nationalpark-Büro nach einem kundigen Führer.

Masaka (Masaka-Distrikt) (S. 382)

Wichtige Telefonnummern
- ***Vorwahl Masaka**: 0481*
- ***Polizei** und **Krankenwagen**: 999*
- ***Krankenhaus**: 220018*

Internationale Busverbindungen
Mehrmals die Woche gibt es einen Bus von Kampala kommend zur rund 90 km entfernt gelegenen Grenze zu Tansania. Erkundigen Sie sich rechtzeitig nach einem Sitzplatz. Es gibt auch die Möglichkeit, mit einem Matatu zur Grenze zu kommen. Es kann allerdings sein, dass Sie erst nur einen Matatu nach Kyotera bekommen, da müssen Sie dann zum Grenzort Mutukula umsteigen. Weitere Informationen zur Grenze finden Sie unter: Uganda Reiseland – Grenzübergänge.

Überregionale Busverbindungen
Tägliche Verbindungen gibt es zwischen Masaka und Kampala (ca. 1,50 €). Zudem gibt es Minibusse nach Mbarara (1,60 €) und Kabale. Die Busstation liegt zentral an der Hauptstraße. Busse von Kampala nach Masaka fahren vom New Taxi-Park ab. Um nach Ntusi, Lake Nabugabo und den Ssese Islands zu kommen, ist es vielleicht einfacher zur 2 km außerhalb liegenden Kreuzung (an der Straße nach Kampala) zu gehen, um dort bei den abbiegenden Minibussen einen Platz zu ergattern.

Banken/Geld tauschen
Im Zentrum befindet sich eine Filiale der DFCU-Bank und der Uganda Commercial Bank sowie ein Forex-Büro auf der Elgin Road, die Geld wechseln (allerdings keine Reise-Schecks!).

Unterkunft

- ***Tropic Inn $$$***, *Kampala Road, Tel.: 0481-432687 oder mobil: 077-4517885, DZ/DeLuxe 60/75 US$, EZ/EZ-Deluxe 45/55 US$. Das neue 70-Zimmer-Haus verfügt über ein empfehlenswertes Restaurant mit Terrasse und einen großen Swimmingpool.*
- ***Brovad $$***, *6 Circular Road, (beim Golfplatz), Tel.: 0481-421455 oder mobil: 077-2425666, Fax: 0481-420997, hotelbrovad@utlonline.co.ug, www.hotelbrovad.com. DZ 50 US$, EZ 27 US$. Executive DZ 70 US$, extra Bett 10 US$. 125 Zimmer auf vier Etagen mit Restaurant und Ladenzeile*
- ***Laston $$***, *Mutuba Av., 500 m vom Zentrum (ausgeschildert), Tel.: 0481-421883 oder mobil: 077-2800757, DZ 16 € (größere DZ 21 €), EZ 14 €. Zimmer mit Warmwasser und TV, Restaurant vorhanden*
- ***Zebra $$***, *Baine Terrace Road (oberhalb der Post), Tel.: 048-1420936, hotelzebra2005@yahoo.com, www.hotelzebra.net. Mehrstöckiges Hotel mit 50 Zimmern, Restaurant und Bar.*
- ***Mariana Lodging $***, *Tel.: 077-2396544, DZ mit eigenem Bad 7 €, DZ mit Gemeinschaftsbad 5 €. Große Zimmer, besonders die zum Garten raus, Es gibt nur kaltes Wasser, aber warmes wird auf Wunsch im Eimer gebracht.*
- ***Buddu Guesthouse $***, *nahe Mariana Lodging, Tel.: 077-2590989, DZ 10 €, EZ 7,50 € (EZ mit Gemeinschaftsbad 6 €).*
- ***Victoria End Rest House $***, *Elgin Road, DZ 8 €, EZ 6 €. Vor Jahren mal das beliebteste Billighotel, mittlerweile sind die Zimmer doch schon ziemlich heruntergekommen.*

Jugendherbergen/einfache Unterkünfte

Masaka Backpackers Cottage, *abseits der Mutukula Road (5 Min. zu Fuß von der Straße), Tel.: 0481-421288, mobil: 075-2619389, DZ 9 €, EZ 7 €, Bett im Schlafsaal (Dometry) 3,50 €. Fahren Sie 4 km hinter Masaka auf die Straße nach Bukoba (ausgeschildert). Gutes Essen und Wäscheservice*

Campingplatz

Masaka Backpackers Campsite, *liegt 4 km hinter Masaka an der Straße nach Bukoba (ausgeschildert). Tel.: 075-2619389, Camping kostet 2,50 € pro Person.*

Restaurants

- ***Tropic Touch***, *Main Road, gutes indisches und europäisches Essen*
- ***Elgon Inn***, *nahe Victoria Inn Rest House. Verschiedene Gerichte, auch afrikanische, zu kleinen Preisen*
- ***Exotic Inn***, *direkt im Zentrum, hauptsächlich afrikanische Gerichte*

Einkaufstipps

Um Ihren Proviant wieder aufzufüllen, empfiehlt sich der Supermarkt auf der Elgin Road (gegenüber dem Victoria End Rest House).

Diskotheken

Ambience, *Old Kampala Road (400 m unterhalb vom Tropic Touch Restaurant)*

Masindi (Masindi-Distrikt) (S. 429)

Wichtige Telefonnummern

- ***Masindi Hospital***: *0465-420111*
- ***Dr. Tinka***: *077-2488470*
- ***Dr. Olwedo***: *0465-420124*
- ***Polizei-Station***: *0465-420008*
- ***Post Office***: *0465-420310/20*

M

Informationen

Murchison Falls Conservation Area Tourist Office, beim Touristen-Informationszentrum des Nationalparks bekommen Sie gute Auskünfte über den Park und die angeschlossenen Reservate. Zum Teil auch Infobroschüren, Poster und Postkarten. Wenden Sie sich an: Emmanuel Okira.

Überregionale Busverbindungen

Ab dem zentralen Taxistand geht es nach Kampala, Lira, Gulu und zum Albert-See (Butiaba).

Städtischer Nahverkehr

Die Stadt Masindi ist so klein, dass Sie eigentlich alle Ziele zu Fuß oder mit Hilfe der Boda-Bodas (Fahrradtaxis) erreichen können.

Taxis

Taxis (Special Hire) finden Sie im Zentrum an der Masindi Port Road und dem Taxi-Park sowie manchmal am Masindi Hotel. Zudem gibt es die üblichen Boda-Bodas (Motorrad- und Fahrradtaxis).

Mietwagen

Siehe unten unter Yebo Tours. Ansonsten fragen Sie im New Court View Hotel nach Möglichkeiten.

Rundfahrten/Touren/Besichtigungen

Yebo Tours, Masindi Port Road, Tel.: 0465-420029 oder mobil: 077-2637493, Fax: 0465-420559, 420411. yebotours@hotmail.com. Zurzeit das einzige Büro für Touren und Mietwagen außerhalb der großen Hotels. Arrangiert Hotelbuchungen für Sie und vermietet Autos (Allrad und Kleinbusse), Preis ist Verhandlungssache (früher bekannt unter: Western Rift Valley Tours).

Banken

Es gibt eine Filiale der Stanbic Bank im Zentrum.

Internet

- **Nile Computers**, Masindi Port Road (Hauptstraße) gegenüber Caltex-Tankstelle
- **Traveller's Coner Internet**, Masindi Port Road links neben gleichnamigem Restaurant
- **Internetcafe**, Masindi Port Road (Hauptstraße) neben Alinda Guest House

Unterkunft

- **Masindi Hotel $$$**, Butiaba Road, 1 km außerhalb der Stadt, an der Abzweigung zum Murchison-Falls-Nationalpark und Richtung Kigumba und Lira, Tel.: 0465-420023 oder mobil: 077-2420130, Fax: 0465-420501, masindihotel@gmail.com, www.masindihotel.com. DZ 60 US$, EZ 51 US$ inkl. Frühstück. Außer den 23 Zimmern gibt es noch im Garten ein Haus mit fünf weiteren kleinen Zimmern für DZ ca. 25/EZ 18 € inkl. Frühstück. Eines der ältesten Hotels Ugandas (erb. 1923), es wurde vor einigen Jahren renoviert, dennoch sind die Zimmer recht einfach. Aber der Glanz vergangener Tage ist noch zu spüren. Zu empfehlen!
- **Victory Bijja $$**, Ntuuka Road, Tel.: 0465-420291 oder mobil: 077-2978438, 2312357. DZ 23 € (16 Executive Rooms), EZ 16 € (es gibt auch nur eines). Zudem noch einfachere DZ in Hütten im Garten für 18 €. Das im November 2002 eröffnete Hotel hat insgesamt 23 Zimmer. Schön und etwas oberhalb der Stadt gelegen.
- **D'Venue $$**, 31, Masindi Port Road (ausgeschildert), Tel.: 0465-420160 oder mobil 0772 586876, www.dvenuehotel.com. EZ 22 €, DZ 26 €. Die 14 Zimmer des relativ neuen Hotels liegen in einem Gebäude hinter dem Restaurant.

- **Court View Hotel $$**, an der Hauptstraße (ausgeschildert) DZ 16 €, EZ 12 € inkl. Frühstück. Die Zimmer liegen in kleinen runden Hütten im Garten. Restaurant mit Bar und Fernsehzimmer. Das Hotel wird von einer netten älteren englischen Dame geführt (ihr gehört auch das Restaurant Traveller's Corner) und es hat bei Stromausfall einen eigenen Generator.
- **Alinda Guest House $**, Masindi Port Road, Tel.: 077-2520382, 075-2930930. DZ von 8 bis 13,50 €, EZ von 4,50 bis 7 €. Das zentral gelegene Gästehaus an der Hauptstraße (rechts von Kampala kommend) hat saubere, angenehme Zimmer.
- **Kolping House $**, Ntuha Road, DZ 11,50 €, EZ 9 €. Ein Gästehaus der Uganda Kolping Society.
- **Buma $**, nahe Busstation, DZ 8 €, EZ 6 €.

Masindi Hotel

- **Aribas $**, Masindi Port Road (Nähe Alinda Guest House), Tel.: 0465-427472, hotelaribas@yahoo.com. DZ 20 US$, EZ 15 US$. Von den preiswerteren Unterkünften vielleicht noch das „Beste". Zurzeit kein Restaurant, Camping 5 US$.
- **Jackov Guest House $**, Sebbagala Road, Tel.: 077-2546120. Kleines gemütliches Gästehaus mit einfachen Zimmern
- **Softie Guest House $**, Sebbagala Road, Tel.: 077-2860475. Kleines, relativ neues Gästehaus.

Campingplätze

Masindi Hotel, Camping im Garten des Hotels kostet etwa 2,30 € pro Person/Nacht.

Restaurants

- **Traveller's Corner**, an der Hauptstraße im Zentrum (Masindi Port Road)
- **Shell Garden**, Masindi Port Road, hinter der Shell Tankstelle, die gegenüber der Polizeistation liegt (schräg gegenüber dem Masindi Hotel). Im Gartenrestaurant werden Frühstück, Mittag- und Abendessen serviert.

Einkaufstipps

Es gibt zwei recht gute Supermärkte. Der eine liegt an der Kampala Road, ca. 100 m neben der Agip-Tankstelle. Der andere befindet sich in der Shell-Tankstelle (schräg gegenüber dem Masindi Hotel).

Märkte

Der Marktplatz von Masindi liegt linker Hand auf dem Weg zur Taxistation (Market Street).

M

Mbale (Mbale-Distrikt) (S. 398)

Wichtige Telefonnummern

Vorwahl Mbale: 0454

Informationen

Das Informationsbüro des Mount-Elgon-Nationalparks liegt etwa 15 Gehminuten vom Zentrum an der Masaba Road (schräg gegenüber dem Mount Elgon Hotel). Tel.: 0454-233170, Fax: 0454-233332, uwaface@imul.com. Hier bekommen Sie alle Informationen zum Park und den Wander- und Bergsteig-Möglichkeiten. Was die Führer und spezielle Fragen zum Bergsteigen betrifft, sind die Informationen an den Eingangsposten des Nationalparks allerdings ergiebiger.

Überregionale Busverbindungen

Die Busstation liegt in der Nähe des Marktes am südlichen Ende der Stadt.

Die Busse nach Kampala (über Jinja) fahren meist am frühen Morgen (ca. 3,50 €). Noch zu einer relativ angenehmen Zeit verlässt der EMS-Postbus Mbale Richtung Kampala (8 Uhr).

Zudem fahren auch Minibusse nach Kampala (ca. 6 €) sowie nach Jinja, Soroti und Tororo.

Die Minibusse Richtung Mount Elgon fahren von der Station am Clocktower ab. Von Mbale geht es nach Budadiri (ca. 1,20 €), Sipi (ca. 2,10 €), Kapchorwa (ca. 2,50 €), Kapkwata (ca. 3,50 €) und Suam (ca. 4 €).

Mietwagen

Elgon Tours, Manafwa Road, beim Taxi-Park, Tel.: 0454-235018.

Banken/Geld tauschen

Es gibt mehrere Bankfilialen im Zentrum von Mbale. Die meisten liegen am östlichen Teil der Republic Road. Nur die Standard&Chartered Bank wechselt auch Reiseschecks.

Internet

- **Cyber Café**, in der ersten Etage über dem Serve-Supermarkt
- **Rocks Internet**, Republic Road

Unterkunft

- **Kayegi $$$**, am östlichen Stadtrand, beim Mt. Elgon Hotel, Tel.: 0454-432118. DZ 38-41 US$, EZ 34 US$ inkl. Frühstück. Angenehme Zimmer mit Moskitonetz.
- **Mount Elgon $$$**, Masaba Road, Tel.: 0454-433454, Fax: 0454-433717, info@mountelgonhotels.com, www.mountelgonhotel.com. DZ von 35-55 €, EZ von 30-48 € je nach Standard, inkl. Frühstück. Insgesamt 30 schlicht eingerichtete Zimmer sowie ein Swimmingpool.
- **Mbale Resort $$$**, 50 Bungokho Road, Tel.: 0454-433920, Fax: 0454-433922, sales@mbaleresorthotel.com, www.mbaleresorthotel.com. DZ 32 € (Superior 38 €), EZ 23 € (oder 27 € / 34 € bei DZ Belegung) inkl. Frühstück. In der Hochsaison (April, Mai, Aug. bis Dez.) sind die DZ etwas teurer: 40 € (45 €). Insgesamt 24 Zimmer, 5 Einzel (sehr klein), 10 Doppel und 5 Superior (plus 4 DZ im Gartenhaus). Das mit Abstand beste Hotel der ganzen Region mit Swimmingpool, Fitnessraum, Massage (4,50 €), Sauna (1,80 €), Poolbar, Restaurant. Das Essen ist ein Gedicht, auch wenn Sie hier nicht übernachten, genießen Sie die Küche!
- **Sunrise Inn $$**, Tel.: 0454-233090 oder mobil: 077-2494968, Fax: 0454-233863, sunrise@utlonline.co.uk. DZ 30 US$, EZ 23 US$. Das Hotel liegt in einer Gartenanlage und hat recht saubere Zimmer und ein Restaurant.

• **Ridat $$**, Bufombo Road, Tel.: 078-223455. DZ 28 US$, EZ 18 US$ inkl. Frühstück. Neues Hotel, eingerichtet in einem ehemaligen Kolonialhaus mit Flair und einen Garten. Im Restaurant gibt es indische und ugandische Küche.

• **Starlight Rest House $$**, 46b Wanale Road, Tel.: 0454-236527. DZ 18 € (7 Zimmer) und 2 größere Zimmer mit TV: 25 €. Relativ neues Gästehaus

• **Landmark Inn $**, 2 Masaba Garden, Tel.: 0454-433880, multimode@utlonline.co.ug, EZ/DZ 14 € inkl. Frühstück. Nur drei Zimmer, dafür sind diese recht groß. Altes Kolonialhaus im großen Garten. Das Restaurant gehört wohl zu den besten der Stadt. Frühstücken Sie draußen im Garten auf der Wiese unter alten hohen Bäumen – ein Traum.

• **Salem Brotherhood $**, Soroti Road (ca. 10 km außerhalb Mbale), Tel.: 0454-436030, Fax: 0454-233863. DZ 13 €, EZ 10 €, ein Bett im Schlafsaal 3 € und Camping 2 € pro Person

Mbale Resort Hotel

• **Friend's Inn $**, Masaba Garden, nur unweit des Landmark. Tel.: 0454-434437. DZ 14 € inkl. Frühstück. Zehn Zimmer mit Ventilator, nicht gerade in der besten Gegend.

• **Botanical Garden Guest House $**, liegt unweit des Mt. Elgon Hotel. Tel.: 0454-436076. DZ 22 US$, EZ 13 US$ inkl. Frühstück. Schönes Gästehaus in einem tropischen Garten, recht einfache Zimmer.

• **Ndicho Hotel $**, Kumi Road, DZ 7 €, EZ 4,50 € ohne Frühstück. Wenn man die Stadt auf der Kumi Road gen Norden verlässt, liegt das Hotel rechts. 19 sehr einfache Zimmer, davon 14 mit Dusche/WC, Restaurant und bewachtem Parkplatz.

• **Holiday Inn $**, 64 Bungokho Road, Tel.: 078-2613878. Einfaches Gästehaus in ruhiger Lage. Hat nichts mit der gleichnamigen internationalen Hotelkette zu tun.

Campingplatz

Mbale Resort, Adresse siehe oben. Sie können hier auch zelten, wenn Sie die Annehmlichkeiten des Hotels nutzen möchten (z. B. eins der besten Restaurants der Stadt oder den Swimmingpool). Kosten: ca. 12 € inkl. Frühstück und Poolbenutzung.

Restaurants

• Das beste Essen der Stadt gibt es sicherlich in den Restaurants des Mbale Resort, Ridat und des Landmark Inn. Gut und etwas preiswerter können Sie auch hier essen:

• **Naruli's Café**, unterhalb des Mount Elgon Hotels. Gutes indisches Restaurant, auch mit einigen europäischen Gerichten. Mit Satelliten-TV, daher bei Sport-Großereignissen sehr voll.

• **East Nile**, um die Ecke des Naruli's, recht gutes und preiswertes Restaurant mit afrikanischer und indischer Küche.

Pubs & Cafés

• **Bugadi Coffee Shop**, Café mit heimischem Kaffee und Kleinigkeiten zum Essen. Abends und sonntags geschlossen

M

- ***Coffee Tree Bar**, netter Platz zum Trinken, wegen Satelliten-TV am Wochenende voll mit Fußballfans*
- ***Tom's Joint**, Bar an der Naboa Road*
- ***Pub World**, Bar gegenüber Tom's Joint*
- ***Twiga Bar**, Bar mit Snacks und kleinen Gerichten.*

Diskothek

***Club Oasis**, nahe Naruli's Café, Tel.: 077-2552150. Täglich geöffnet, an einigen Tagen Live-Musik.*

Mbarara (Mbarara-Distrikt) (S. 487)

Wichtige Telefonnummern

- ***Vorwahl Mbarara**: 0485*
- ***Polizei** und **Krankenwagen**: 999*
- ***Krankenhaus**: 420007*

Flugverbindungen

Mbarara hat eine kleine Landebahn, die von den Charter-Gesellschaften genutzt wird. Es gibt keine Linienverbindungen.

Überregionale Busverbindungen

Die Busse und Minibusse fahren vom zentralen Taxi-Park aus ab. Busse nach Kampala (über Masaka) verkehren täglich mehrmals (ca. 4 €). Minibusse sind in der Regel etwas schneller, dafür auch teurer (6 €). Weitere Minibusverbindungen gibt es nach Kasese und teilweise weiter bis nach Fort Portal. Zudem nach Masaka und von Zeit zu Zeit auch nach Ntungamo/Kabale.

Banken/Geld tauschen

Mehrere Banken haben ihre Filialen in Mbarara. Mit meist ordentlichen Wechselkursen fielen bisher die Standard&Chartered Bank in der Kabale Road und die Nile Bank auf der High Street auf. Am Geldautomaten der Standard&Chartered Bank bekommen Sie auch Geld mit Ihrer Kreditkarte (und PIN-Nummer!). Zudem wechseln noch einige Hotels Geld (Agip, Lake View und Rwizi Arch), aber zu schlechteren Kursen.

Internet

- ***Alliance Francaise Cyber Café**, High Street (nahe Classic Hotel)*
- ***Leading Edge**, Kabale Road, Internetcafé mit Restaurant*

Unterkunft

- ***Lake View Regency $$$**, Fort Portal Road, Tel.: 0485-422112 oder 077-2367972, 075-2642025; Fax: 0485-2421399, www.lakeviewresorthotel.co.ug. DZ 80-140 US$, EZ 65 US$ inkl. Frühstück. Das Hotel liegt an dem kleinen See Kiyanja 2 km vor Mbarara (von Fort Portal kommend). Die Zimmer machen einen besseren Eindruck als die Fassade und die ungewöhnlich hohen Flure.*
- ***Agip Motel $$$**, das Hotel liegt von Kampala aus kommend an der Hauptstraße kurz vor der Einfahrt in die Stadt, Tel.: 0485-420060, 421615, Fax: 0485-420575, www.agipmotelmbarara.com. DZ 80-120 US$, EZ 55 US$, extra Bett 35 US$. Von den Zimmern her wahrscheinlich das beste Hotel in der Stadt. Sehr gutes Restaurant mit internationaler Küche.*
- ***Katatumba Resort $$$**, Kabale Road (10 km außerhalb der Stadt, Richtung Kabale), Tel.: 0485-420273, Fax: 0485-421300. Hotel mit Sauna, Tennisplätzen, Reitmöglichkeiten*

M

• **Rwizi Arch Hotel $$**, Bushenyi Road, Tel.: 0485-421173 oder mobil: 071-2648980 + 077-2684839, Fax: 0485-420402, rwizi-arch@africaonline.co.ug, www.rwizihotels.com. DZ 50-85 US$, EZ 65 US$ inkl. Frühstück. Das Hotel hat 33 Zimmer. Versuchen Sie eines in den Außengebäuden zu bekommen, die hinteren gehen sogar direkt auf den Garten. Die anderen Zimmer sind im Hauptgebäude. Sehr gutes Restaurant, freundliches Personal. Sehr zu empfehlen!

Rwizi Arch Hotel, Mbarara

• **Acacia $$**, Kabale Road, acaciahotel@live.com, www.skybluehotels.com. Neues, moderns Hotel mit 40 Zimmern, 2 Restaurants und einer Bar.

• **University Inn $$**, Main Road (gegenüber dem University Training Hospital), DZ 23 €, EZ 20 €. In dem alteingesessenen Gästehaus sind nicht alle Zimmer mit eigenem Bad!

• **Classic $$**, High Street, Tel.: 0485-421131. DZ ab 40 US$, EZ 30 US$. Mit Bar, Café und Restaurant. Internationale Küche.

• **Riheka Guest House $$**, in der Nähe des Golfplatzes, Tel.: 0485-421314, mobil: 077-2970350. DZ 20 €, EZ 18 €. Restaurant mit Garten.

• **Fort Coleb Rest House $$**, 3 km außerhalb der Stadt auf einem Hügel gelegen (folgen Sie der Ntare Road bis zur Ntare School, dann rechts den Schildern folgen), Tel.: 0485-420892 oder mobil: 077-2502020. DZ 20 €, EZ 18 €. Das freundliche Gästehaus ist das ehemalige Haus der Tochter des Premierministers von Ankole. Es hat fünf Zimmer und ein Restaurant mit Blick auf die Stadt.

• **Oxfort Inn $$**, Bananuka Drive, Tel.: 077-2718189. DZ 41 US$, EZ 31 US$. Relativ neues Hotel mit Restaurant.

• **Safariland Park $$**, an der Kabale Road (3 km außerhalb der Stadt), Tel.: 0485-421692.

• **Mayoba Inn $**, High Street, DZ 10 €, EZ 7 €. Einfaches Gästehaus.

JH Jugendherbergen/einfachste Unterkünfte

Travellers Hotel & Lodging, im Bereich des Old Market an der Fort Portal Road, Preis pro Bett/Person/Nacht 1,80 €. Sehr einfache aber saubere Zimmer. Zur Verpflegung gibt es genügend Restaurants in der Umgebung.

Campingplätze

Agip Motel, dieses Motel hat den einzigen echten Campingplatz der Stadt. Auf einer eingefriedeten Grasfläche kann man sein Zelt aufbauen und es gibt sanitäre Anlagen. Zum Essen sind es nur ein paar Schritte zum guten Hotel-Restaurant.

Zudem kann man sein Zelt am **Fort Coleb Rest House** und am **University Inn** aufschlagen.

Restaurants

• **The Coffee Shop**, High Street, Restaurant mit guten Essen und einer Bar eine Etage höher.

• **Mazuma Club**, Fort Portal Road (Bereich Old Market), ugandisches Restaurant mit Garten, berühmt für den gegrillten Tilapia. Ansonsten erwarten Sie nicht zu viel Auswahl.

• **Leading Edge**, Kabale Road, einfaches und preiswertes, aber dennoch gutes Restaurant mit lokaler Küche und Sandwiches

• **Island Grill**, Makhan Singh Road

M

Pubs & Cafés

- ***Lord's Bar***, *Fort Portal Road, sehr populäre Outdoor-Bar mit Satelliten-TV, serviert auch Essen.*
- ***Little Rock Café***, *Kabale Road (gegenüber der Post), Café mit Innen- und Außengastronomie. Hier gibt es auch verschiedene Fleischgerichte mit Fritten oder auch Salat und Joghurt.*
- ***Mami's Bar***, *Fort Portal Road (nahe Mazuma Club).*
- ***Romax Bar***, *Bananuka Drive, es gibt Billard, Musik und einen Außenbereich.*

Diskothek

Vision Empire, *Bananuka Drive, der populärste Nachtclub der Stadt: hat geöffnet mittwochs, freitags und samstags. Es gibt zwei verschiedene Bereiche, der obere ist etwas exklusiver.*

Mgahinga-Gorilla-Nationalpark (Kisoro-Distrikt) (S. 506)

Preise und Öffnungszeiten

Die Eintrittsgebühren betragen 30 US$ für 1 Tag/Nacht, Kinder von 5 bis 15 zahlen 15 US$. Der Park ist geöffnet von 6 bis 18 Uhr. Das Permit zum Besuch der Gorillagruppe kostet 500 US$ pro Besuch (ohne Garantie, die Tiere auch zu sehen).

Informationen

- ***Mgahinga National Park Office***, *Bunagana Road, Kisoro. Das Büro ist geöffnet von 8 bis 17 Uhr, Tel.: 0486-430098 oder 077-2383030. Hier gibt es alle Informationen zum Gorilla-Trekking. Sollten Sie schon einen Besuch gebucht haben, bekommen Sie hier Ihr Permit ausgestellt. Alle Besucher mit Permit müssen sich am Vortag ihres geplanten Besuches im Büro melden, da es nur eine Gorillagruppe gibt, die besucht werden kann. Hier erfahren Sie dann, ob die Gruppe sich auch zurzeit in der Nähe aufhält (oder gerade im Kongo weilt). Sollte einer der seltenen Fälle eintreten, dass die Gorillagruppe aus diesen Gründen nicht zu besuchen ist, bekommen Sie Ihr Geld zurück. Bei Interesse wird man ihnen helfen, eine Gruppe im benachbarten Bwindi-Park zu besuchen.*
- ***Uganda Wildlife Authority*** *(UWA), 7 Kira Road, Kampala-Kamwokya (nahe Museum), Postanschrift: P.O.B. 3530 Kampala. Tel.: 0414-355000, Fax: 0414-346291, info@ugandawildlife.org, www.ugandawildlife.org. Das Büro der Nationalpark-Verwaltung hat Mo-Fr von 8-17 Uhr geöffnet.*

Unterkunft

- ***Mount Gahinga Lodge $$$$$***, *Rechts vor dem Parkbüro gelegen, komfortable Unterkunft der Firma Volcanoes, sales@volcanoessafaris.com, Volcanoessafaris.com. DZ 700 US$ EZ 420 US$ inkl. Vollpension. Acht Bungalows malerisch an einem kleinen Fluss gelegen, der zum Spazieren einlädt.*
- ***Nkuringo Safari Lodge $$$$$***, *am Lake Mutanda (7 km außerhalb von Kisoro), Buchung in Kampala unter Tel.: 0414-543481, powernkuringo@yahoo.co.uk, www.nkuringosafarilodge.com. Preis DZ inkl. Vollpension: 200 US$. Die ehemalige Mgahinga Lodge (besser gesagt: Tented Camp) hat sieben fest installierte Zelte mit eigenem Badezimmer und einige Holzhäuser auf Stelzen direkt am See mit Blick auf die Virunga-Vulkane, sowie einen Motorbootverleih. Auch Fischer-Kanus für eine Seetour werden organisiert. Wunderschöne Lage am See mit der Silhouette der Virungas.*
- ***The Mgahinga Gorilla Camp $***, *einfache Unterkunft (ehemals Red Chili) direkt am Parkeingang Ntebeko gelegen (12 km von Kisoro), die seit 2007 von der örtlichen Gemeinde betrieben wird (Amajambere Iwacu Community Camp). DZ-Hütte 30 US$ (20 US$ ohne Bad), Bett in einem von zwei 6-Bett-Schlafräumen 8 US$. Bad und WC sind jeweils als Gemeinschaftsbad/-toilette angelegt. Zelten mit eigenem Zelt: 5 US$.*

Camping

• **Mgahinga Community Campground (Amajamba'lwacu)**, *Campingplatz der örtlichen Gemeinde, kostet 2 € pro Person. In neueren, aber einfachen Hütten kostet die Übernachtung 19 €, Hütte mit Gemeinschaftsbad 11 €. Ein Bett im 6-Bett Schlafsaal: 3,50 €. Das Essen wird von den Mitarbeitern gekocht.*

• **Red Chilli Gorilla Camp**, *direkt am Parkeingang gelegen. Zu buchen über Red Chilli in Kampala Tel.: 0414-223903 oder mobil: 077-2509150, 075-2584054. Camping kostet 2 €.*

• **Rugigana Valley Campsite**, *5 km vom Mgahinga Gorilla Office*

Junger Berg-Gorilla

Aktivitäten

Für die Bergbesteigungen wird zum Parkeintritt noch zusätzlich eine Gebühr von 40 US$ erhoben.

Mityana (Mubende-Distrikt) (S. 455)

Regionaler Busverkehr

Die Minibusse von Kampala nach Mityana fahren vom New Taxi-Park ab. Ansonsten gibt es noch die Möglichkeit, nach Fort Portal weiter zu fahren, nur müssen Sie dann auf die Busse aus Kampala warten.

Unterkunft

• **Enro $$**, *nördl. der Hauptstraße, Tel.: 077-2442007, DZ 26 US$, EZ 21 US$. Saubere Zimmer, Discothek im Untergeschoss.*

• **New Highway $**, *gegenüber der Shell-Tankstelle, DZ rund 10 €, EZ 6 €, mit nettem Gartenrestaurant*

• **Kolping Society $**, *Tel.: 0464-222263. DZ 9 € oder DZ mit Gemeinschaftsbad 3,50 €. Die von Frauen geführte kirchliche Unterkunft hat saubere Zimmer und ein Restaurant.*

Moroto (Moroto-Distrikt) (S. 404)

Flugverbindungen

Moroto verfügt über eine Landepiste, auf der die kleinen Flugzeuge der Charter-Fluggesellschaften landen können.

Regionale Busverbindungen

Die Busfirma Gateway unterhält eine Verbindung mit Kampala. Eine Minibusverbindung gibt es regelmäßig nach Soroti, Fahrzeit ca. 5 Std.

Unterkunft

• **Moroto Hotel $$**, *Tel.: 0269-461269. DZ 26 €, die Zimmer sind allerdings ihren Preis nicht wert. Es gibt immer wieder Probleme mit der Wasserversorgung.*

• **Leslona $**, *einfache Unterkunft im Zentrum*

M

Mount-Elgon-Nationalpark (Kapchorwa/Sirenko Distrikt) (S. 400)

Informationen

• **Headquarter Mt.-Elgon-Nationalpark**, *Masaba Road, das Büro liegt schräg gegenüber dem Mount Elgon Hotel. Hier können Sie einige Informationen zum Park bekommen. Allerdings sind die Auskünfte nicht immer sehr üppig. Bessere Informationen bekommt man sicherlich am Forest Exploration Centre (geöffnet 9-17 Uhr).*

• **Uganda Wildlife Authority** *(UWA), 7 Kira Road, Kampala-Kamwokya (nahe Museum), Postanschrift: P.O.B. 3530 Kampala. Tel.: 0414-355000, Fax: 0414-346291, info@ugandawildlife.org, www.ugandawildlife.org. Das Büro der Nationalpark-Verwaltung hat Mo-Fr von 8-17 Uhr geöffnet.*

Preise und Öffnungszeiten

Die Eintrittsgebühren betragen 20 US$ für 1 Tag/Nacht, Kinder von 5 bis 15 zahlen 10 US$. Fahrzeuggebühren fallen nicht an. Die Preise für Bergtouren betragen 50 US$ pro Person (darin ist dann der Parkeintritt, die Campinggebühr und der Bergführer mit enthalten). Geführte Wanderungen kosten ab 10 US$ pro Person. Der Park ist geöffnet von 6-18 Uhr.

Unterkunft

Die Unterkünfte liegen an den unterschiedlichsten Orten rund um den Mount-Elgon-Nationalpark. Achten Sie daher auf die Ortsangabe.

• **Sipi's River Lodge $$$$**, *Sipi, Tel.: 075-1796109, info@sipiriverlodge.com, www.sipiriverlodge.com. DZ/EZ-Hütten 95/75 US$, DZ-Bungalow 155 US$ und ein Bett im 5-Bettenhaus 45 US$ inkl. Vollpension . Neue Lodge mit schönem Garten und Wasserfall.*

• **Lacams Lodge $$$$**, *Sipi, Tel.: 072-2292554, info@lacamlodge.co.uk, www.lacamlodge.co.uk. DZ 80 €, EZ 47 €, Camping 15 € p. P. jeweils inkl. Vollpension. Neue Lodge direkt an den Sipi-Falls, gestaltet aus Holz und Bambus.*

• **Wagagai $$**, *Budadiri (nahe Nationalpark-Büro), DZ 25 US$, EZ 17 US$, Camping kostet 2 € pro Person. Insgesamt 28 Zimmer, ein einfaches Restaurant ist vorhanden.*

• **Rose's Last Chance $$**, *Budadiri, hinter dem Parkbüro, Tel.: 075-2203292, DZ jeweils 20 US$, EZ 10 US$ mit Gemeinschaftsbad, Bett im Schlafsaal 10 US$ pro Person. Camping ist möglich für 9 US$ pro Person. Sehr einfaches Gästehaus, aber nett gemanagt. Essen wird auf Bestellung zubereitet.*

• **Tim's Guesthouse $**, *Kapchorwa (200 m von der Hauptstraße), Tel.: 077-2659652, DZ 15 €, DZ mit Gemeinschaftsbad 13 €. Kein gutes Preis-Leistungs-Verhältnis, aber es gibt in diesem Ort wohl nichts Besseres.*

• **Crow's Nest Rest Camp $**, *Sipi, Tel.: 075-2515389, 077-2687924, thecrowsnest@yahoo.com. DZ 14 €, Bett im Schlafraum (4 bis 6 Betten) 5,50 €. Camping kostet 3 € pro Person. Beliebter Treff für junge Reisende. Verleih von Zelten. Schöner Blick auf den Wasserfall*

• **Kapkwai Cottages & Rest Camp $**, *Kapkwai, Tel.: 0454-233170, Fax: 0454-233332, uwaface@imul.com. DZ 10 €, Executive Banda DZ 26 €, EZ 15 €. Feste Zelte mit eigenem Bad als DZ 15 €, EZ 9,50 €. Camping kostet 5 € pro Person.*

• **Noah's Arch Guesthouse $**, *Kapchorwa, nahe Tim's Guesthouse, Tel.: 0454-251100 oder 077-2646364. DZ 9 € (Vollpension), DZ Suite 13 €, DZ mit Gemeinschaftsbad 5 € (für einzelne Personen 3,50 €). Kein fließend warmes Wasser (wird auf Anfrage in einem Eimer gebracht). Mit großem Restaurant.*

• **Greenfields Resort $**, *Kapchorwa, 50 m hinter der Main Road (von Sipi aus), Tel.: 0454-251184 oder 075-2692014. DZ in Holzhütten 6 €, DZ im Haupthaus 11 € (warmes Wasser). Nehmen Sie lieber die preiswerteren Zimmer in den Hütten.*

• **Kapkwata Rest House $**, *500 m vom Zentrum Kapkwatas (beim Rangerposten inmitten von Feldern), insgesamt drei Zimmer, 1 EZ, 1 DZ und ein 6-Bett-Schlafraum. Die Nacht kostet 5,50 € pro Person/Bett.*

Die Mannschaft kocht gerne für Sie auf Bestellung (oder Sie können in einem der kleinen Restaurants im Ort essen). Es gibt eine solarbetriebene Dusche mit warmem Wasser, Camping ist auch möglich.

- **Paradise Lodge**, Kapchorwa, am Taxi-Park, EZ 3 €. Sehr einfache Zimmer mit Gemeinschaftsbad

Campingplätze

Es gibt fünf Campsites direkt im Park. Bitte bei der Parkverwaltung erkundigen. Außer den oben aufgeführten Campingmöglichkeiten gibt es noch einige Campingplätze außerhalb, bei den Sipi Falls, z.B.: **Moses Campsite**, Sipi, vom Dorf Kapwirwok ausgeschildert. Camping kostet 4 € pro Person. Zum selben Preis gibt es auch einfache Hütten.

Aktivitäten/Sehenswürdigkeiten

Die meisten Besucher kommen hierher um den Mount Elgon zu besteigen. Es gibt dafür drei verschiedene Routen. Den Sipi Trail, den Sasa Trail und den Kapkwata (Piswa) Trail. Zu allen drei Anfangspunkten der 4- bis 5-tägigen Wanderung braucht man ein Allradfahrzeug.

Das ganze kostet 50 US$ pro Person und Tag. Dies beinhaltet den Parkeintritt und den Führer. Alles andere muss mitgebracht werden (geeignete Wanderschuhe und Kleidung, ggf. Wanderstöcke, Zelte, Schlafsäcke, Iso-Matten, Kochequipment, Essen und Trinken, Erste Hilfe, etc.). Die Träger schlagen mit ca. 3,50-4 € pro Träger/Tag zu Buche. Verpflegung muss auch für Führer und Träger mitgenommen und organisiert werden.

Mount Gahinga (Kisoro-Distrikt) (S. 506)

Hinweis: Mount Gahinga gehört zu den Virunga-Bergen und liegt im Mgahinga-Gorilla-Nationalpark. Weitere Informationen finden Sie daher unter: Mgahinga-Gorilla-Nationalpark.

Mount Kadam (Moroto-Distrikt) (S. 406)

Hinweis: Sie passieren den Mount Kadam (3.068 m) auf der Strecke von Mbale nach Moroto (Richtung Kidepo-Valley-Nationalpark).

Unterkunft

Am Berg selber gibt es (noch) keine Unterkünfte, aber einige einfache im nahe gelegenen Ort Moroto. Sehen Sie bitte dort nach weiteren Informationen.

Mpanga Forest Reserve (Mpigi-Distrikt) (S. 380)

Preise und Öffnungszeiten

Das Mpanga Forest Reservat ist täglich geöffnet von 7-18 Uhr. Der Eintritt ins Reservat kostet ca. 2 €.

Unterkunft / Campingplätze

Das Waldreservat ist als Tagesausflug gut von Kampala aus zu besuchen, daher ist eine Übernachtung nicht unbedingt erforderlich.

Mpanga Forest Eco-Tourism Site, Tel.: 077-2488027, einfache Unterkünfte und die Möglichkeit zu zelten.

Aktivitäten

Es gibt Wanderungen von 30 Minuten bis zu 3 Stunden (Wanderungen kosten 1,50 € extra zum Eintrittsgeld).

M

Mubende (Mubende-Distrikt) (S. 455)

Wichtige Telefonnummern

- ***Vorwahl Mubende***: *0464*
- ***Polizei*** *und* ***Feuerwehr***: *4005*
- ***Krankenhaus*** *und* ***Krankenwagen***: *4004*

Banken/Geld tauschen

Bei der Stanbic-Bank im Zentrum von Mubende gibt es mittlerweile die Möglichkeit Geld zu tauschen!

Unterkunft

- ***Town View $***, *auf einem Hügel oberhalb der Stadt (Straße gegenüber der Stanbic-Bank hoch), Tel.: 078-2935294, DZ10-12 US$, EZ ab 8 US$. Das neue Hotel ist zwar einfach, die Zimmer sind aber mit Moskitonetz und TV ausgestattet. Wahrscheinlich die beste Möglichkeit in Mubende zu übernachten. Mit einfachem Restaurant.*
- ***Nakayima $***, *gegenüber der Caltex Tankstelle, DZ 9 €, DZ mit Gemeinschaftsbad 5 €.*
- ***Kisekende Lodge***, *neben der Caltex Tankstelle, DZ 4 €, EZ 2 €. Die Zimmer sind sehr einfach.*
- ***Presidential Resthouse***, *Mubende Hill, 1908 erbautes Gebäude, das dem Staatspräsidenten bei seinen seltenen Besuchen als Unterkunft dient. Wenn er nicht gerade da sein sollte, gibt es die Möglichkeit hier für 2 € zu übernachten. Tolle Aussicht von hier oben!*

Restaurants

- ***Kasana Rest Corner***, *an der Minibus-Station nach Fort Portal.*
- ***Magaret's Bar***, *nahe Kisekende Lodge. Serviert recht gutes Essen wie Hühnchen und Steak mit Pommes.*

Pubs & Cafés

- ***Fred's Bar***, *im Zentrum*
- ***Blue Hope Bar***, *am Kreisverkehr*

Mukono (Mukono-Distrikt) (S. 388)

Überregionale Busverbindungen

Es gibt Minibus-Verbindungen nach Kampala und nach Jinja.

Banken/Geld tauschen

Es gibt einige Bankfilialen im Ort, allerdings ist uns nicht bekannt, ob sie Geld wechseln.

Unterkunft

- ***Colline $$***, *Tel.: 0414-251038/290533/290240 oder 075-2723344; Fax: 0414-290533/251038, reservations@collinehotel.com, www.collinehotel.com. DZ Standard 30 €, DZ Deluxe 39–56 €, EZ gleicher Preis inkl. Frühstück. Gerade renoviert und angebaut. Mit Sauna und Fitnessraum. Bewachter Parkplatz*
- ***Mukono Resort $***, *Kampala Road, Tel.: 0392-834775, 071-2348300. DZ 15–18 €, EZ 8 € inkl. Frühstück. Neues Hotel mit 26 Zimmern etwas außerhalb des Zentrums, aber direkt an der Hauptstraße.*
- ***Ridar $***, *Tel.: 0414-290697 oder mobil: 077- 2700696/7, Fax: 0414-290299, ridar@yahoo.com oder ridarhotel@yahoo.com.*
- ***Best Meal Hotel $***, *Kampala Road (rechte Hand in Richtung Jinja). Einfaches Hotel direkt an der Hauptstraße, gutes Restaurant*

Munyonyo (Kampala-Distrikt) (S. 369)

Städtischer Busverkehr

Minibusse fahren regelmäßig von morgens bis abends zum Zentrum von Kampala.

Unterkunft

- ***Munyonyo Commonwealth Resort $$$$$***, *Munyonyo (12 km vom Zentrum Kampalas), Tel.: 0417-716000, -716200, Fax: 0417-716350, info@munyonyocommonwealth.com, www.munyonyocommonwealth.com. Das luxuriöse Schwesterhotel des Speke Resort wurde für das Commonwealthtreffen 2007 errichtet und beherbergte damals die meisten der angereisten Staats- und Regierungschefs. Anschließend wurde es als Luxushotel mit 114 Zimmern und Suiten eröffnet. DZ/EZ 200 US$, DZ/EZ Suite 350 US$, Präsidenten-Suite 650 US$ jeweils plus Steuern, inkl. Frühstück. Wunderschön gestaltete Anlage mit Schwimmbad direkt am Viktoria-See.*
- ***Lake Victoria Serena Resort $$$$$***, *Munyonyo, Lweza-Kigo Road, Tel.: 041-7121000, Fax: 041-7121550, www.serenahotels.com/serenalakevictoria. DZ 260 US$, EZ 200 US$ inkl. Frühstück. Ende 2009 eröffnetes Hotel mit 124 stilvoll eingerichteten Zimmern, Internet, Spa, 18 Loch-Golfplatz und kleinem Yachthafen.*
- ***Speke Resort $$$$$***, *Munyonyo (12 km vom Zentrum Kampalas), Tel.: 031-2227111/2/3/4 oder 078-2227111, Fax: 031-2227110, spekeresort@spekeresort.co.ug, www.spekeresort.com. Ein luxuriöses Hotel mit unterschiedlichen Zimmerkategorien. DZ (deluxe) 150 US$, EZ (deluxe) 120 US$, Cottages (bis 4 Pers.) 500 US$, 1-Bett-App. (bis 2 Pers.) 150 US$, 2-Bett-App. (bis 4 Pers.) 200 US$, plus Steuern. Die, trotz der Größe, idyllische Anlage ist eingebettet in einen großen Garten. Es gibt einen großen Swimmingpool (4,50 € für Besucher), einen Reitstall (29 Pferde), einen Yachthafen und einen Speedbootverleih.*

Murchison-Falls-Nationalpark (Masindi/Gulu Distrikt) (S. 438)

Wichtige Telefonnummern

- ***Uganda Wildlife Authority*** *(UWA): 0465-220428*
- ***National Forest Authority*** *(NFA): 0465-220110*
- ***Paraa-Fähre***: *077-2776287*
- ***UWA Paraa Boats*** *(Boote buchen): 077-2746287*
- ***Wild Frontiers Nile Safari***: *0773-897275, 0702-152928*

Informationen

Im Park befindet sich eine Tankstelle (bei der Paraa Lodge) und eine Werkstatt (schräg gegenüber dem Red Chilli Camp). Allgemeine Informationen bekommen Sie bei:

- ***Murchison Falls National Park Headquarters***, *beim Hauptsitz der Nationalpark-Verwaltung in Paraa bekommen Sie gute Auskünfte über den Nationalpark und die angeschlossenen Reservate. Des Weiteren gibt es hier Hilfe bei der Planung Ihres Aufenthaltes und die obligatorischen Rangerguides.*
- ***Murchison Falls Conservation Area Tourist Office***, *Tel.: 077-2746287, mfnp@uwa.or.ug, www.ugandawildlife.org, beim Touristeninformationszentrum des Nationalparks in Masindi bekommen Sie gute Auskünfte über den Park und die angeschlossenen Reservate. Zum Teil auch Infobroschüren, Poster und Postkarten. Wenden Sie sich an: Emmanuel Okira.*
- ***Uganda Wildlife Authority*** *(UWA), 7 Kira Road, Kampala-Kamwokya (nahe Museum), Postanschrift: P.O.B. 3530 Kampala, Tel.: 0414-355000, Fax: 0414-346291, info@ugandawildlife.org, www.ugandawildlife.org. Das Büro der Nationalpark-Verwaltung hat Mo-Fr von 8-17 Uhr geöffnet.*

M

Preise und Öffnungszeiten

Die Eintrittsgebühren betragen 35 US$ für 1 Tag/Nacht, Kinder von 5 bis 15 zahlen 20 US$. Die Gebühren für ein Fahrzeug liegen für Motorräder bei 4 € (30 US$ für im Ausland registrierte), PKW, Minibusse 11 € (100 US$). Eine Bootstour auf dem Nil zu den Murchison Falls kostet: 25 US$ p. P. Die Genehmigung zum Fischen kostet 50 US$ pro Person/Tag. Der Park ist geöffnet von 6-18 Uhr.

Flugverbindungen

Es gibt keine Linienflüge nach Paraa oder zu den Flugpisten (Airstrips) im Nationalpark. Aber über die Charter-Fluggesellschaften können Sie Flüge in den Nationalpark buchen und arrangieren. Diese finden Sie weiter oben unter Kampala, unter dem Stichwort Fluggesellschaften.

Fähre

Besucher, die den nördlichen Teil des Murchison-Falls-Nationalpark besuchen möchten, sind auf die Nilfähre bei Paraa angewiesen. Die Fähre ist prinzipiell von 7-19 Uhr in Betrieb. Abfahrtzeiten: ab 7 Uhr stündlich außer 13 Uhr, letzte Fähre um 19 Uhr. Allerdings wird die Zeit nicht exakt eingehalten und variiert um etwa 10 Minuten, seien Sie also rechtzeitig vor Ort. Bei starkem Andrang morgens und abends wird ggf. eine Zusatzfahrt durchgeführt.
Die Fährkosten betragen 10 € pro Wagen/Tag, egal wie oft Sie die Fähre nutzen. Zusätzlich kommen noch 0,60 € pro Person dazu. Motorräder und Fahrräder sind frei. Extra-Fährtouren (wenn möglich vorher anmelden) kosten 45 bis 50 €.

Rundfahrten/Touren/Besichtigungen

- **Red Chilli Tour**, das Red Chilli Hideaway in Kampala besitzt im M.F.N.P. ein einfaches Camp (s.u.) und führt regelmäßig Touren zum Nationalpark durch. Die Drei-Tages-Tour beinhaltet drei Nächte (eine in Kampala, zwei im Park), Fahrt Kampala – Park – Kampala, Fußsafari um die Fälle, Safarifahrt im Park, Bootstour auf dem Nil, Schimpansen-Wanderung. Preise inkl. aller Eintrittsgelder (nur Essen und Trinken ist extra) von 300 US$ bei zwei Personen bis 150 US$ bei acht Personen. Billiger werden Sie es kaum bekommen können. Abfahrt jeweils Mo., Mi. und Fr. ab Red Chilli Hideaway in Kampala. Buchung: Tel.: 077-2509150, 075-2584054. Sehen Sie auch unter Kampala – Red Chilli Hideaway.
- **Wild Frontier Nile Safari**, das Unternehmen bietet seit 2009 Bootstouren auf dem Nil an. Abfahrtszeiten: 8 Uhr und 14.30 Uhr, Preis 25 US$, Dauer ca. 3 ½ Std. Abendtour um 18 Uhr, Preis 10 US$, Dauer 2 Std.
- **UWA Paraa Launch Boats**, mit den Booten der Parkverwaltung werden ebenso Touren auf dem Nil durchgeführt. Abfahrt 14 Uhr oder nach Vereinbarung. Kosten 25 US$.
- **Paraa Lodge Boats** (African Queen), die Lodge oberhalb der Fähranlegestelle bietet mit zurzeit zwei Booten ebenfalls Flussfahrten an. Abfahrts Nachmittag um 14 Uhr oder nach Vereinbarung (Kontakt siehe Lodge unten).

Unterkunft

- **Nile Safari Lodge $$$$$**, am südlichen Nilufer, westlich von Paraa, Buchung und Info Tel.: 0414-258273, info@geolodgesafrica.com, www.geolodgesafrica.com. DZ 240 US$, EZ 160 US$ inkl. Vollpension. Die Bungalows der Lodge liegen herrlich etwas oberhalb des Nils. Vom privaten Balkon aus haben Sie einen schönen Blick über den Fluss. Angenehme Atmosphäre und guter Service.
- **Paraa Safari Lodge $$$$$**, am nördlichen Nilufer, nahe der Fähre, Tel.: 077-2788880, Buchung und Info Tel.: 0312-260261 –262 (Fax:), mweyaparaa@africaonline.co.ug, www.paraalodge.com. DZ 232 US$ (bei Vollpension 280 US$), DZ-Suite 304 US$ (bei Vollpension 352 US$), EZ 151 US$ (Vollpension 175 US$) jeweils inkl. Frühstück, aber plus Steuern. Die Lodge hat 54 Zimmer, Swimmingpool und ein sehr gutes Restaurant.

• **Sambiya River Lodge $$$$**, Tel.: 077-2450904, 2588812, zu buchen über: Afri Tours&Travel, P.O.Box 5187, Kampala, Tel.: 0414-233596, Fax: 0414-344855, reservations@sambiyariverlodge.com, www.sambiya riverlodge.com. DZ 180 US$, EZ 135 US$ Die Zimmer sind in insgesamt 22 sogenannten Cottages. Dazu gibt es 10 Hütten (Bandas), mit Bad kostet das DZ 71 €, EZ 36 €, die restlichen haben Gemeinschaftsbad und kosten 31 € pro Person. Alle Preise sind inkl. Frühstück, Vollpension kostet 20 US$ mehr. Lodge am Sambiya-Fluss (ca. 10 km von den Fällen entfernt). Mit Swimmingpool und Restaurant mit schmackhaftem Essen. Camping möglich für 5 € pro Person.

• **Chobe Safari Lodge $$$$**, im nördlichen Parkteil, Buchung und Info Tel.: 0312-260260, wie Paraa, www.chobelodge.co.ug. DZ 275 US$ (bei Vollpension 325 US$), EZ 155 US$ (Vollpension 180 US$), Suite 335 US$ (385 US$) jeweils inkl. Frühstück und plus Steuern. Nach umfangreicher Restaurierung seit 2010 wieder geöffnet. Gehört zur Paraa/Mweya Hotelgruppe.

• **Murchison River Lodge $$$$**, 1,5 km vor dem Mubako Gate außerhalb des Parks, Tel.: 078-2007552, info@murchisonriverlodge.com, www.murchisonriverlodge.com. DZ 200 US$, EZ 140 US$, DZ-Zelt 140 US$, EZ-Zelt 90 US$ jeweils inkl. Frühstück. Camping mit gestelltem Zelt 50 US$, mit eingemem Zelt 10 US$ p.P. Recht neue, im Jahr 2010 eröffnete Lodge direkt am Nil.

• **Budongo Eco Lodge $$$**, (ehemals Kaniyo Pabidi Ecotourism Site), in der Nähe des Budongo Forest Ecotourism Centre, www.ugandalodges.com. Fünf Holzhütten (als DZ je 110 US$, als EZ je 66 US$), vier 4-Bett Schlafräume (Bett 22 US$) jeweils inkl. Frühstück. Seit Mitte 2009 gehört die Lodge zu Uganda Lodges. Einfache, aber gute Unterkunft mit kleinem Restaurant.

• **Red Chilli Rest Camp $$**, etwa 1 km vor Paraa und dem Nil, Tel.: 077-2509150, 2709150, chilli@infocom.co.ug, www.redchillihideaway.com. Zur Verfügung stehen vier DZ-Hütten zu je 40 US$, eine Familienhütte (4 Pers. in zwei Zimmern möglich) 70 US$. Diese Unterkünfte sind mit eigenem Bad/WC und Stromversorgung (nur 9-24 Uhr). Zudem gibt es noch Unterkünfte mit Gemeinschaftsbad: elf DZ-Hütten (teilweise mit Strom) je 25 US$, DZ-Zelte 20 US$, Camping 5 US$. Das Restaurant ist geöffnet von 6.30 bis 21.30 Uhr.

• **Murchison Safari Camp $$**, nördlich der Fälle, 10 km von Purongo, www.backpackers.co.ug, Eine neue Unterkunft, die zum Backpackers Kampala gehört. Die Eröffnung ist für Ende 2013 geplant. Erkundigen Sie sich bei Backpackers in Kampala: Tel.: 0414-274767, 077-2430587.

• **Rabongo Forest Cottage $**, am Wairingo-Fluss, nahe dem Rabongo Forest Ecotourism Centre, sehr einfache Hütten und Campingmöglichkeit (8 US$). Es gibt kein Restaurant und Essen und Getränke müssen mitgebracht werden!

Jugendherbergen

Es gibt keine Jugendherbergen im Park. Low-Budget-Reisende können aber in einigen einfachen Hotels außerhalb des Parks preiswerte Unterkunft finden oder auf den ausgewiesenen Campingplätzen (Campsites) zelten. Eine Alternative bieten die ugandischen Low-Budget-Ketten **Backpackers** und **Red Chilli** unterhalten im Nationalpark eigene, preiswerte Unterkünfte (s.o.).

Campingplätze

• **Top Falls Campsite**, von der Lage einer der schönsten Plätze zum Zelten, Kosten: 5 € pro Person. Für alle Campsites im Park gilt: Bitte bei der Parkverwaltung informieren.

• **Red Chilli Rest Camp**, Sie können hier zelten und die Einrichtungen des Camps (sanitäre Anlagen und Restaurant) nutzen. Camping kostet 5 US$.

• **Shoebill Campsite (Nile Safari Camp)**, gehört zur Nile Safari Lodge, herrlich im Schatten des Waldes, Camping auf diesem schönen Campingplatz kostet 10 US$ pro Person.

• **Wairingo Campsite**, Campingplatz der UWA im Rabongo Forest am Wairingo-Fluss. Camping kostet 5 € pro Person. Es gibt auch einfache Zimmer mit Moskitonetzen für 16 € (DZ) und 10 € (EZ).

Aktivitäten

Ein besonderes Erlebnis ist eine Bootstour auf dem Weißen Nil. Boote mehrerer Veranstalter (UWA, Paraa Lodge, Wild Frontiers) stehen für Bottsausflüge zur Verfügung. Touren Richtung Murchison Falls werden vormittags und nachmittags (Abfahrt meist 14 bzw. 14:30 Uhr) für etwa 25 US$ p. P. angeboten.
Auch Bootstouren zum Delta des Albert-Sees sind möglich, sowie Ausflüge zum Angeln (Permit 50 US$ pro Tag).

Nabusanke (Mpigi-Distrikt) (S. 380)

Hinweis: *Dieser kleine Ort liegt genau am Äquator. Manchmal zeigen Ihnen Jungs für ein kleines Trinkgeld, dass sich das Wasser auf der Südhalbkugel anders herum dreht als auf der Nordhalbkugel.*

Unterkunft

Es gibt keine Unterkünfte in Nabusanke!

Pubs & Cafés

Es gibt etliche Bars entlang der Hauptstraße, in denen Sie Ihren Durst stillen können.

Einkaufstipps

Da Besucher immer wieder gerne am Äquator halt machen, haben sich hier im Ort einige Geschäfte mit diversen ugandischen Souvenirs etabliert.

Ndija (Mbarara-Distrikt) (S. 489)

Hinweis: *Wenn Sie zwischen Mbarara und Kabale unterwegs sind, und einen Stopp einlegen möchten (auch über Nacht), bietet sich in Ndija (auch Ndeija oder Ndeizha geschrieben), etwa in der Mitte der Verbindung, eine Möglichkeit dazu.*

Unterkunft

Pan Afric Motel $, *Tel.: 077-2760146, DZ 10 €, EZ 7 €. Camping im Garten kostet 2,60 € pro Person. Das Motel hat auch ein Restaurant und liegt nett an einem Garten.*

Aktivitäten

Das Pan Afric Motel bietet einige geführte Wanderungen an, um Affen und Vögel zu beobachten. Auch zum Fischen wird man gebracht und es gibt einen Kräuter und Heilpflanzen-Spaziergang; je nach Tour zwischen 4 und 9 €.

Ngamba Island (Wakiso-Distrikt) (S. 374)

Hinweis: *Die Insel liegt im Viktoria-See, etwa 23 km von Entebbe entfernt. Sie ist in Privatbesitz und auf ihr befindet sich das* **Ngamba Island Chimpanzee Sanctuary** *(Schimpansen-Schutzgebiet).*

Informationen

Chimpanzee Sanctuary & Wildlife Conservation Trust (CSWCT), *26, Lugard Avenue, Entebbe, Tel/Fax: 0414-320662, info@ngambaisland.org*
Weitere Informationen bekommen Sie auf der Seite www.ngambaisland.com.

Rundfahrten/Touren/Besichtigungen

G&C Tours/Wild Frontiers, 83a Circular Road, Entebbe, Tel.: 0414-321479 oder mobil: 077-2502155, info@wildfrontiers.co.ug, www.wildfrontiers.co.ug. Dies ist der exklusive Veranstalter von Touren zur „Schimpansen-Insel".

Unterkunft

Es gibt einige feste Safarizelte, um auf der Insel eine oder mehrere Nächte zu verbringen. Buchungen bei G&C Tours in Entebbe (siehe oben).

Restaurant

Es gibt kein wirkliches Restaurant, die Mitarbeiter oder die Frauen der Fischer kochen aber in der Regel etwas. Es gibt eine Bar mit kalten Getränken. Bei einem Tagesausflug können Sie schon vorher etwas zum Essen bestellen.

Aktivitäten

Das Ngamba Island Chimpanzee Sanctuary bietet mehrere Möglichkeiten, die Schimpansen zu besuchen:

a) Tagestouren (halber Tag mit dem Speedboot und einen ganzen Tag mit einem traditionellen Boot)
Da es kein Restaurant auf der Insel gibt, nutzen Sie die Möglichkeit Essen im Voraus zu bestellen.
Der „Meeting Point" zur Abfahrt des Bootes zur Insel ist immer am Parkplatz des UWEC (Zoo) in Entebbe (sicheres Parken). Die Überfahrt dauert ca. 45 Min. mit einem der drei Speedboote (5-14 Pers.) oder ca. 90 Min. mit dem traditionellen Motorboot (4-10 Pers.). Abfahrt und Rückkehr mit dem Speedboot (Halbtages-Tour): morgens: 9-13 Uhr, nachmittags: 12.45-17 Uhr, traditionelles Boot mit Motor (Tagestour): 8-15 oder 10.30-17 Uhr. Preise pro Person ab 72 US$ (je nach Anzahl der Mitfahrenden) beim Motorboot, ab 90 US$ beim Speedboot. Es können auch spezielle Gruppenabfahrten gebucht werden.

b) Besuch mit Übernachtung
Bei einem Besuch über zwei Tage, übernachten Sie in einem Zeltcamp am Besucherzentrum. Jedes Zelt ist auf zwei Personen ausgelegt, hat einen Blick zum See, ein Badezimmer und Solarstrom (Licht). Die Mahlzeiten sind inklusive und werden von den Angestellten zubereitet. Heiße Getränke werden dazu serviert, Kaltgetränke können in der Bar erworben werden.

Neben der Teilnahme an den Fütterungen (11 und 14.30 Uhr) können die benachbarten Inseln und ihre Fischerdörfer besucht werden (vorher organisieren!).

Daneben gibt es noch die Möglichkeit an einem Schimpansen-Spaziergang teilzunehmen. Hier gehen Sie etwa eine Stunde mit einer Gruppe von jungen Schimpansen (etwa ein bis sieben Jahre alt) durch ein Waldgebiet. Die Möglichkeit besteht entweder früh morgens (7 Uhr) oder am späten Nachmittag (17.30 Uhr). Daher nicht für Tagesbesucher möglich!

Sie bekommen eine gründliche Einführung vor dem Spaziergang. Bedenken Sie bitte, dass die Tiere gerne spie-

Ngamba Island

N

len und dabei auch spielerisch beißen können. Sie „turnen" gerne auf Menschen, ziehen an den Haaren und reißen Brillen herunter. Wenn Sie auf all das vorbereitet sind, kann es viel Spaß machen, so mit den Schimpansen in Kontakt zu kommen.

Wichtige Hinweise

Für den **Schimpansen-Spaziergang** sind besondere Vorbereitungen notwendig:

- Um eine Genehmigung für einen Schimpansen-Spaziergang zu erhalten, muss das CSWCT in Entebbe vorher um Erlaubnis gefragt werden. Bitte senden Sie eine E Mail direkt an: director@ngambaisland.org
- Ein Schimpansen-Spaziergang kann nur mit einer schon erfolgten Buchung von mindestens einer Übernachtung auf Ngamba Island über G & C Tours beantragt werden.
- Das Alter der interessierten Person muss mindestens 18 Jahre und darf höchstens 65 Jahre betragen.
- Folgende Impfungen sind **Pflicht** (Nachweise müssen erbracht werden!): Hepatitis A und B, Masern (Impfnachweis oder Bluttestresultat über Antikörper), Meningokokken-Meningitis (gegen A, C, W, Y), Polio, Tetanus, Gelbfieber und ein negativer Tuberkulose-Test (TB). Seit 2010 auch Nachweis einer Grippeimpfung („Schweinegrippe"). Alle Impfungen müssen mindestens zwei Wochen alt sein.
- Vor der Überfahrt müssen Sie persönlich im Büro der CSWCT in Entebbe (26 Lugard Avenue, gegenüber Botanical Beach Hotel) erscheinen und alle Dokumente zur Prüfung vorlegen.

Folgendes ist ebenso für einen Schimpansen-Spaziergang zu beachten:

- Brillen werden wahrscheinlich kaputt gehen, daher lieber Kontaktlinsen oder eine Zweitbrille mitnehmen.
- Für den Spaziergang gibt es Overalls zum Ausleihen. Sie können allerdings auch Ihre eigene Kleidung tragen. Bedenken Sie aber, dass Sie sehr dreckig werden können, und die Kleidung Geruch annehmen könnte.
- Das Mitführen von Kameras auf dem Spaziergang ist aus Sicherheitsgründen verboten.
- Das Fotografieren von Touristen mit Schimpansen als Foto-Souvenirs ist nicht erwünscht.

Schimpanse auf Ngamba Island

Der Schimpansen-Spaziergang kostet 150 US$ pro Person und kann nur in US$ gezahlt werden. Angenommen werden keine 50- und 100-Dollar-Scheine, die älter als das Jahr 2000 sind!

Ntusi (Sembabule-Distrikt) (S. 455)

Regionale Busverbindungen
Es gibt einige wenige Minibusse pro Tag (morgens) nach Kasambyu. Von dort erreichen Sie mit Glück einen Minibus nach Mubende. Einmal täglich gibt es einen Bus von Masaka (14 Uhr) nach Kasambyu (20 Uhr), der durch Ntusi (17 Uhr) fährt, aber Sie müssen Glück haben, einen Platz zu ergattern.

Unterkunft
Es gibt keine offizielle Unterkunft in Ntusi. Wenn Sie mit Zelt reisen, sollte sich aber ein Platz dafür finden.

Nyahuka (Bundibugyo-Distrikt) (S. 455)

Unterkunft
***Holiday Inn**, im Zentrum, das einfache Gästehaus hat nichts mit der internationalen Hotelkette zu tun. Einfache Zimmer zu günstigen Preisen.*

Märkte
Der Wochenmarkt von Nyahuka findet jeden Samstag statt.

Pakwach (Nebbi-Distrikt) (S. 427)

***Hinweis:** In früheren Zeiten fuhren Reisende gerne hinüber in den Kongo zum Parc National de Garamba. Die schlechte Sicherheitslage im Kongo ließ dies viele Jahre nicht mehr zu.*
Erkundigen Sie sich in der Deutschen Botschaft in Kampala ggf. nach der Sicherheit in diesem Gebiet des Kongo.

Regionale Busverbindungen
Es gibt am Vormittag Minibusverbindungen nach Gulu. Am Nachmittag ist es schwer, noch irgendwohin zu kommen.

Unterkunft
In Pakwach gibt es nur sehr einfache Übernachtungsmöglichkeiten.
- ***Dreamer's Lodge**, Main Road, DZ je nach Größe zwischen 3 und 5 €.*
- ***Executive Lodge**, abseits der Main Road (ausgeschildert).*
- ***Sunrise**, am östlichen Stadtausgang, Tel.: 077-7260750, DZ 13 US$, einfache Zimmer, einfaches gutes Essen.*

Pallisa (Pallisa-Distrikt) (S. 399)

***Hinweis:** Die kleine Stadt liegt in einem Dreieck mit Mbale und Kumi an der Kaliro – Mbale Road.*

Regionaler Busverkehr
Minibusse verkehren täglich nach Mbale, Kumi und Iganga. Von Iganga können Sie dann weiter nach Jinja und Kampala fahren.

P

Unterkunft

Pallisa Country Inn $$, *32-38 Gogonyo Road, Tel.: 045-2275100 oder mobil: 077-2353435, 075-2751000, Fax: 041-2254721, contryinn@infocom.co.ug oder codere@lexuganda.com, www.hotelsinuganda.com/innpallisa.html. Das Hotel liegt ruhig und hat 23 Zimmer.*

Panyimur (Nebbi-Distrikt) (S. 438)

Fähre

Wenn die Fähre zwischen Panyimur und Wanseko funktioniert, verlässt sie morgens zwischen 7 und 8 Uhr die Anlegestelle. Fahrzeit 2 Std. Ansonsten übernehmen Fischerboote diese Aufgabe. Die Überfahrt dauert dann 1-2 Stunden und kostet ca. 2 €. Es gibt mindestens zwei Überfahrten in jede Richtung am Vormittag. Am späten Nachmittag gibt es ebenfalls Abfahrten für die Rückkehrer vom Markt. ***Achtung:*** *Wenn es sehr windig, ist besteht die Gefahr, dass das meist überladene Boot kentert.* ***Verzichten Sie bei stürmischem Wetter auf eine Überfahrt!***

Unterkunft

Quality Guesthouse $, *Panyimur, Hauptstraße (an der südlichen Ausfahrt). DZ 6 €, EZ 4 € jeweils mit Gemeinschaftsbad.*

Pian Upe Wildlife Reserve (Nakapiripirit-Distrikt) (S. 405)

Informationen

Die Hauptverwaltung des Reservates liegt in Maruajore an der Mbale-Moroto-Straße, etwa 90 km von Mbale entfernt und 11 km hinter der südlichen Reservatsgrenze. Dort bekommen Sie Informationen über den Stand der Naturschutz-Bemühungen und den derzeitigen aktuellen Tierbestand. ***Uganda Wildlife Authority*** *(UWA), 7 Kira Road, Kampala-Kamwokya (nahe Museum), Postanschrift: P.O.B. 3530 Kampala. Tel.: 0414-355000, Fax: 0414-346291, info@ugandawildlife.org, www.ugandawildlife.org. Das Büro der Nationalpark-Verwaltung hat Mo-Fr von 8-17 Uhr geöffnet.*

Preise und Öffnungszeiten

Der Eintrittspreis beträgt pro Person 20 US$ für 1 Tag/Nacht, Kinder von 5 bis 15 Jahren beträgt der Preis 10 US$. Die Gebühren für ein Fahrzeug liegen bei Motorrädern bei ca. 4 € (30 US$ für im Ausland registrierte) PKW, Minibusse7,50-11 € (50 US$). Das Wildreservat hat geöffnet von 7-18 Uhr.

Unterkunft

Park Bandas, *vier einfache Holzhütten der UWA am Park Headquarter. Als DZ 7 €, EZ 5 € und 3-Bett Zimmer 10 €. Es gibt vielleicht die Möglichkeit, mit den Parkangestellten zu essen. Besser aber Sie bringen Ihren Proviant selber mit.*

Camping

Es gibt (noch) keine offiziellen Campingplätze im Reservat. Zelten sollte aber am Parkbüro möglich sein.

Queen-Elizabeth-Nationalpark (Kasese/Bushenyi-Distrikt) (S. 475)

s.a. Katwe

Informationen

*• Das **Queen Elizabeth N. P. Visitor Information Centre** in Mweya bietet Ihnen alle Informationen zum Parkbesuch. Es gibt Parkkarten und Postkarten zu kaufen und durch die Funkverbindung haben Sie die Möglichkeit, Ihre weiteren Nationalpark-Stationen im Voraus zu buchen.*

*• **Uganda Wildlife Authority** (UWA), 7 Kira Road, Kampala-Kamwokya (nahe Museum), Postanschrift: P.O.B. 3530 Kampala, Tel.: 0414-355000, Fax: 0414-346291, info@ugandawildlife.org, www.ugandawildlife.org. Das Büro der Nationalpark-Verwaltung hat Mo-Fr von 8-17 Uhr geöffnet.*

Preise und Öffnungszeiten

Der Eintrittspreis beträgt pro Person 35 US$ für 1 Tag/Nacht, Kinder von 5 bis 15 Jahren beträgt der Preis 20 US$. Die Gebühren für Motorräder liegen bei 4 € (30 US$ für im Ausland registrierte), für PKW 6 € (50 US$), Minibusse 9 € (50 US$), Allrad 9 € (150 US$).

Der Nationalpark hat geöffnet von 6-18 Uhr.

Überregionale Busverbindungen

Auf der Busverbindung Kasese-Mbarara können Sie sich am Nationalpark absetzen lassen. Um in den Park zu kommen, benötigen Sie jedoch ein Fahrzeug. Denn es gibt keinen öffentlichen Transport nach Ishasha.

Flugverbindungen

Im Queen-Elizabeth-Nationalpark gibt es eine Landepiste auf der Mweya-Halbinsel. Es bestehen keine Linienverbindungen, aber mit den in Kampala ansässigen Charter-Unternehmen können Sie einen Flug in den Nationalpark organisieren.

Geld tauschen

Nur in der Wechselstube der Mweya Safari Lodge möglich.

Unterkunft

NÖRDLICH DES KAZINGA-KANALS

*• **Mweya Safari Lodge $$$$$**, Paraa, nahe der Fähre, Tel.: 0414-340054, Buchung: Tel.: 0312-260260, Fax: 0312-260262, mweyaparaa@africaonline.co.ug, www.mweyalodge.com. DZ 270 US$ (bei Vollpension 320 US$), EZ 155 US$ (180 US$), DZ deluxe 310 US$ (360 US$), DZ-Suite 345 US$ (395 US$). Insgesamt 22 DZ, 6 EZ, 12 DZ deluxe, 2 Suiten und 3 luxuriöse Cottages. Eine der besten Parkunterkünfte in Uganda.*

*• **Hippo Hill Camp $$$$$**, am Dorf Katwe, Tel.: 0312-277304, kitanda@infocom.co.ug, www.hippohill lodge.com. DZ-Zelte 250 US$, EZ 150 US$ inkl. Vollpension. Das Camp mit 10 geräumigen Zelten liegt in der Dorfenklave Katwe, in der Nähe des Edward-Sees. Durch die Lage am Dorf leider ohne „Wildlife-Feeling". Kein gutes Preis-Leistungs-Verhältnis!*

*• **Simba Safari Camp $$$**, nahe Kikorongo. www.ugandalodges.com. DZ 78 US$ inkl. Frühstück (114 US$ Vollpension), 55 US$ (88 US$ VP). Seit 2009 bestehende Unterkunft mit 11 Zimmern, 1 Familienbungalow (150 US$) und 2 Schlafsälen (Bett ca. 14 US$). Alle Betten verfügen über Moskitonetze, Warmwasser durch Sonnenenergie. Camping ist ebenfalls möglich für 6 US$ p. P. bei eigenem Zelt. Mit Zeltverleih: 2er 28 US$, 1er 22 US$. Restaurant mit verschiedenen Gerichten zw. 1,50 und 3 € und abends Buffet. Das Camp liegt außerhalb des Parks an der Straße zum Kongo auf einem Hang mit Blick zum Lake George und Lake Kikoronko.*

- ***Mweya Hostel $***, *Mweya-Halbinsel (zwischen Tankstelle und Landebahn), Zimmer kosten 20 US$. Die 10 Zimmer haben Moskitonetze und Gemeinschaftsbad. Buchungen über rift_hostel@yahoo.co.uk.*

Tierbeobachtung im Queen-Elizabeth-Nationalpark

SÜDLICH DES KAZINGA-KANALS

- ***Jacana Safari Lodge $$$$$***, *liegt am nördlichen Ende des Maramagambo-Waldes am Nyamasingiri-See, zu buchen unter Tel.: 0414-258273, Fax: 0414-233992, info@geolodgesafrica.com, www.geolodgesafrica.com. DZ 240 US$, EZ 160 US$ inkl. Frühstück, pro Mahlzeit 20 US$ mehr. Die luxuriösen Zimmer haben eine eigene Veranda mit Blick auf den schönen Krater-See. Das Restaurant bietet sehr gutes Essen. Sehr zu empfehlen.*
- ***Ishasha Wilderness Camp $$$$$***, *am Ufer des Ntungwe-Flusses, zu buchen über G & C Tours / Wildfrontiers in Entebbe: 83a Circular Road, Tel.: 0414-321479 oder mobil: 077-2502155, info@wildfrontiers.co.ug, www.wildfrontiers.co.ug. Preis für ein DZ mit Vollpension: 640 US$ (EZ 420 US$). Ein luxuriöses Zeltcamp in wunderschöner Lage direkt am Fluss gelegen. Ist nicht billig, aber sehr zu empfehlen.*
- ***Ishasha Ntungwe Lodge $$$$$***, *an der westlichen Seite des Ntungwe-Flusses, Tel.: 077-2602205, ishashantungwe@gmail.com, www.treelionsafarilodge.com. DZ 300 US$, EZ 190 US$. Bereits außerhalb der Parkgrenze, nur vier Safari-Zelte. Camping auf Anfrage möglich.*
- ***Bush Lodge $$$$***, *am südlichen Ufer des Kazinga-Kanals (Ausgeschilderte Abzweigung 500 m nach der Kazinga-Kanal Brücke), Tel.: 070-1820694, booking@naturelodges.biz, www.naturelodges.biz. DZ 110 US$, EZ 90 US$ inkl. Frühstück (160/115 US$ bei Vollpension). Reizvoll liegen die großen Safari-Zelte mit ihren romatischen Duschen im Freien oberhalb des Kazinga-Kanals und des Kamera-Flusses inmitten eines Akazienhains.*
- ***Savannah Resort $$$$***, *unweit des Dorfes Kihihi, kurz vor der Parkgrenze. Tel.: 077-2777317, info@savannaresorthotel.com, www.savannahresorthotel.com. DZ 115 US$, EZ 75 US$ inkl. Frühstück (Vollpension 165/105 US$). Hotel mit 28 gut ausgestatteten Hütten, 4 Zimmern im Haupthaus und Swimmingpool.*
- ***Ishasha Camp&Campsite $***, *einige hundert Meter vom Ishasha River, in den 2 Holzhütten kostet die Übernachtung 12 € pro Person (max. 5 Personen). Camping gleicher Preis. Zu buchen bei UWA in Kampala.*
- ***Ruwenzori Salaam Lodge $***, *im Dorf Katunguru. Einfache Lodge in der Nähe der Brücke über den Kanal.*

AUSSERHALB DES PARKS

- ***Kyambura Lodge $$$$$***, *Reservierungen über Volcanoes Safaris in Kampala. sales@volconoessafaris.com, www.volcanoessafaris.com. DZ 800 US$, EZ 480 US$ inkl. Vollpension. Neueste Luxus-Lodge der Volcanoes Kette mit 8 Zimmern.*
- ***Katara Lodge $$$$$***, *am östlichen Rand des Parks (östl. der Hauptstraße nach Mbarara), Tel.: 077-3011648, info@kataralodge.com, www.kataralodge.com. DZ 300 US$ EZ 180 US$ inkl. Vollpension. Die*

neue Lodge mit 7 schön gestalteten Bungalows bietet fantastische Blicke über die Savannen des Nationalparks. Die Zimmer sind geschmackvoll eingerichtet, sehr gutes Restaurant.

• **Kingfisher Lodge Kichwamba $$$$**, am östlichen Rand des Q.E.N.P., Tel.: 075-3367980, 077-4159579, kingfisher-kichwamba@gmx.net, www.kingfishersafaris.com. DZ 105-130 US$, EZ 50-60 US$ inkl. Halbpension. Die Lodge mit 16 Zimmern ist schön im afrikanischen Stil gehalten und ermöglicht einen weiten Blick über die Savannen des Queen Elisabeth N.P.

• **Abbey Guesthouse $$**, Rubirizi, Tel.: 077-2367588. DZ 50 US$, EZ 35 US$. Kleines Landhotel etwas außerhalb des Dorfes. Eine preiswertere Möglichkeit in der Nähe der Kyambura Schlucht und des Queen Elisabeth N. P. zu übernachten, wenngleich die Zimmer etwas überteuert sind.

Campingplätze

Es gibt Campingplätze mit Wasserpumpen (zum Waschen) entlang bzw. in der Nähe des Ishasha River. Das Essen sowie Kochgeräte müssen selber mitgebracht werden.

Die ersten beiden Campingmöglichkeiten befinden sich nördlich des Kazinga-Kanals. Nähere Informationen erteilt die Parkverwaltung.

• **Channel Campsites**, es gibt zwei Campingplätze am Kanal, beide einige Kilometer von Mweya entfernt. Camping kostet 10 € pro Person. Es gibt keine Einrichtungen dort, alles muss mitgebracht werden.

• **Mweya Campsite**, am nördlichen Ende der Halbinsel. Camping kostet 5 € pro Person. Möglichkeit zum Essen in der Tembo-Kantine der Parkmitarbeiter. Ansonsten müssen Sie sich Ihre eigenen Speisen mitbringen. Achtung: Das Gelände wird immer mal wieder von Flusspferden aufgesucht!

• **Fig Tree Camp**, oberhalb der Chambura Schlucht (westl. Seite), der Platz ist sehr simpel, es gibt nur Wasser und eine überdachte Sitzgelegenheit. Alles andere muss mitgebracht werden. Von hier aus startet das Schimpansen-Trekking.

• **Maramagambo Campsite**, beim Kyasanduka-See. Camping kostet 8 US$ pro Person. Es gibt eine kalte Dusche und Feuerholz am Platz. Speisen müssen selber mitgebracht werden, oder Sie können in der 1 km entfernten Jacana Lodge essen gehen.

• **Ishasha Campsite**, es gibt drei Campingplätze, die dem Ishasha Camp angeschlossen sind. Der erste liegt isoliert, vom zweiten hat man die besten Tierbeobachtungsmöglichkeiten. Es gibt Wasser zum Waschen, Plumpsklos und Feuerholz. Speisen müssen mitgebracht werden.

Aktivitäten

Bootstour auf dem Kazinga-Kanal: Es stehen zwei Boote (Simba und Topi) zur Verfügung. Zwei Touren (Vormittags, Nachmittags) für 25 US$ p. P.

Ruhija (Kanungu-Distrikt) (S. 495)

Unterkunft

Ruhija Resthouse $, das Resthouse, ein Bau im Kolonialstil, liegt auf einer Höhe von 2.300 m und bietet einen herrlichen Blick bis zu den Virungas. Buchung über das UWA, Verpflegung sollte man am besten selber mitbringen.

Ruwenzori-Mountain-Nationalpark (Kasese/Kabarole-Distrikt) (S. 466)

Informationen

Zwei private Organisationen sind zurzeit offiziell befugt Ruwenzori-Wanderungen durchzuführen. Die Wanderungen, Bergtouren und -besteigungen können Sie vor Ort oder beim UWA in Kampala buchen.

R

S

• **Rwenzori Mountain Service**, Rwenzori Road, Tel.: 0483-444936, 075-2598461, rms@africaonline.co.ug, www.rwenzorimountaineeringservices.com. Das ehemalige Monopolunternehmen führt Bergtouren über die lang erprobte Central Circuit durch. Camping und Berg-Equipment kann ausgeliehen werden.

• **Rwenzori Trekking Service**, Tel.: 077-6114441, rwenzoritrekking@gmail.com, www.rwenzoritrekking.com. Der neue Anbieter führt Bergtouren über den alternativen Kilembe-Trail durch und verfügt über Bergführer, die durch norwegische Alpinisten ausgebildet wurden.

Das Nationalpark-Büro liegt in Kasese:

• **Rwenzori Mountain National Park Bureau**, Kasese, Tel.: 0483-444629, rmnp@uwa.or.ug.

• **Uganda Wildlife Authority** (UWA), 7 Kira Road, Kampala-Kamwokya (nahe Museum), Postanschrift: P.O.B. 3530 Kampala, Tel.: 0414-355000, Fax: 0414-346291, info@ugandawildlife.org, www.ugandawildlife.org. Das Büro der Nationalpark-Verwaltung hat Mo-Fr von 8-17 Uhr geöffnet.

Preise und Öffnungszeiten

Der Eintrittspreis beträgt pro Person 35 US$ für 1 Tag/Nacht, für Kinder von 5 bis 15 Jahren beträgt der Preis 20 US$. Bergtouren kosten z. B. für den Central Circuit (7 Tage / 6 Nächte) 780 US$ (je extra Tag 120 US$) inkl. Parkgebühren, Bergführer, Träger und Unterkunft. Bergbesteigungen vom Central Circuit aus zur Margherita/Alexandra/Albert-Spitze kosten je 990 US. Der Nationalpark hat geöffnet von 6-18 Uhr.

Unterkunft

• **Rwenzori Trekkers**, im Nyamwamba-Tal (nähe der ehem. Kupfermine) 3 km vor der Parkgrenze, Tel.: 077-4199022, rwenzoritrekkers@gmail.com. DZ-Hütten 18 US$, EZ-Hütten 10 US$. Bett im Schlafraum 8 US$, Camping 3 US$.

• **RMS Safari Lodge**, Nyakalengija, das zur Lodge ausgebaute ehemalige Gästehaus des Ruwenzori Mountain Service verfüg über DZ-Bungalows zu 100 US$ inkl. Vollpension (als EZ 65 US$). Camping möglich für 5 € pro Person.

• **Rwenzori Turaco Camp**, nähe RMS Safari Lodge, Tel.: 077-4379564. Einfache Hütten für 5 €, Camping 1,20 €.

• **Rwenzori Backpackers**, Kyanjuki (oberhalb von Kilembe und 12 km von Kasese), www.backpackers.co.ug. DZ 11 €, EZ 6 €, Bett im Schlafsaal 4,50 €, Camping 2 €.

Campingplätze

Ruboni Community Campsite, liegt an der Nationalpark-Grenze in der Nähe zum R.M.S.-Büro, Tel.: 075-2503445.

Semliki-Nationalpark (Bundibugyo-Distrikt) (S. 463)

Informationen

Im Sempaya Tourist Office bekommen Sie Informationen zum Park und zu den Wandermöglichkeiten inklusive der dazu notwendigen Führer.

Das Park Headquarter liegt in Ntandi. Dort bekommen Sie ebenfalls alle Informationen zum Nationalpark, Führer für Wanderungen und Führungen zum Semliki River.

Uganda Wildlife Authority (UWA), 7 Kira Road, Kampala-Kamwokya (nahe Museum), Postanschrift: P.O.B. 3530 Kampala. Tel.: 0414-355000, Fax: 0414-346291, info@ugandawildlife.org, www.ugandawildlife.org. Das Büro der Nationalpark-Verwaltung hat Mo-Fr von 8-17 Uhr geöffnet.

Preise und Öffnungszeiten

Der Eintrittspreis beträgt pro Person 25 US$ für 1 Tag/Nacht, Kinder von 5 bis 15 Jahren beträgt der Preis 15 US$. Die Gebühren für Motorräder liegen bei 4 € (30 US$ für im Ausland registrierte), für PKW 6 € (50 US$), Allrad 9 € (150 US$), Minibusse 9 € (100 US$).

Der Nationalpark hat geöffnet von 6-18 Uhr.

Unterkunft

Es gibt keine wirklich guten Unterkünfte am und im Nationalpark. Es lohnt sich aber auch, den Park als Tagesausflug von Fort Portal aus zu besuchen.

- ***Bumaga Bandas**, 3 km vom Sempaya Gate entfernt, einfache Hütten der Parkverwaltung mit angeschlossener Kantine der Belegschaft*
- ***Kirumia Guesthouse**, nahe des Kirumia River (100 m vom Beginn des Kirumia-Trails zum Semliki River), sehr einfache Zimmer für 3 €. Essen wird bei Vorbestellung gekocht.*

Campingplätze

Es gibt zwei Campsites des UWA. Einen direkt im Park und einen außerhalb. Auskunft bei der Nationalpark-Verwaltung.

***Tourist Campsite**, privater Campingplatz oberhalb des Parkbüros. Schöner Platz am Wald, mit sanitären Anlagen, Feuerholz und geschützter Essecke.*

Aktivitäten

*Es gibt zwei **Wanderrouten** (je 2,50 € Gebühr). Die guten Führer bringen Sie entweder zu den heißen Quellen von Sempaya oder auf dem Kirumia River Trail Richtung Semliki River. Beide Wandertouren dauern einen halben Tag.*

Semliki Wildlife Reserve (Bundibugyo-Distrikt) (S. 461)

***Hinweis:** Das Semliki Wildlife Reserve war früher unter dem Namen Toro Wildlife Reserve bzw. Toro Game Reserve bekannt. In manchen Karten ist das Reservat noch mit diesem alten Namen eingetragen.*

Informationen

***Uganda Wildlife Authority** (UWA), 7 Kira Road, Kampala-Kamwokya (nahe Museum), Postanschrift: P.O.B. 3530 Kampala, Tel.: 0414-4355000, Fax: 0414-4346291, info@ugandawildlife.org, www.ugandawildlife.org. Das Büro der Nationalpark-Verwaltung hat Mo-Fr von 8-17 Uhr geöffnet.*

Preise und Öffnungszeiten

Der Eintrittspreis beträgt pro Person 25 US$ für 1 Tag/Nacht, Kinder von 5 bis 15 Jahren beträgt der Preis 15 US$. Die Gebühren für Motorräder liegen bei 4 € (30 US$ für im Ausland registrierte), für PKW 6 € (50 US$), Allrad 9 € (150 US$), Minibusse 9 € (100 US$). Das Reservat hat geöffnet von 6-18 Uhr.

Unterkunft

- ***Semliki Safari Lodge $$$$$**, Kontakt in Kampala über die Uganda Safari Company, Tel.: 0414-251182 oder 077-2489497, Fax: 0414-344653, info@wildplacesafrica.com, www.wildplacesafrica.com. DZ 810 US$, EZ 570 US$ inkl. Vollpension und Getränke (Kinder von 3 bis 12 J. zahlen 50 %). In der Nebensaison 1.3.-15.6. und 15.10.-15.12: DZ 300 US$, EZ 150 US$. Die Lodge hat einen Swimmingpool und bietet Bootstouren auf dem Albert-See an, dazu Wandertouren, Nacht-Safaris (25 US$) und Jeep-Safaris im Reservat. Besonders zu erwähnen ist die gute Küche, einfach ein Gedicht. Alles wird frisch*

S

zubereitet und auch das Brot selbst gebacken. Lassen Sie sich verwöhnen.

- **Ntotoko Game Lodge $$$$**, direkt am Albert-See, die Safari-Firma Asyanut Tours errichtet zurzeit ein neues Camp mit 16 festen Safari-Zelten. Zwei DZ-Zelte sind seit Anfang 2013 fertig und können genutzt werden. Fertigstellung der gesamten Anlage Ende 2014. Infos unter Tel.: 0414-503065, www.asyanuttours-safaris.com.

Semliki Safari Lodge

Camping

UWA Campsite, 500 m vom Dorf Ntoroko auf einer Sandbank gelegen. Camping kostet 6 US$. Schöne Lage mit Blick über den See.

Aktivitäten

Die Semliki Safari Lodge bietet diverse Aktivitäten an. Nicht billig, aber ihr Geld wert. Zum einen gibt es Bootstouren auf dem Albert-See. Halbtagstouren kosten 120 US$, Ganztagestouren (inkl. Nkusi Falls) 150 US$ (Nicht-Lodge-Gäste müssen das Mittagessen extra bezahlen). Außerdem werden Wandertouren über insgesamt 40 km Wanderwege angeboten (für Gäste der Lodge 10 US$) sowie Safari-Fahrten im offenen Geländewagen.

Soroti (Soroti-Distrikt) (S. 417)

Flugverbindungen

Soroti hat eine Landebahn, die von Charter-Fluggesellschaften (siehe unter Kampala) nach Vereinbarung angeflogen wird.

Regionale Busverbindungen

Busse (inkl. dem EMS-Postbus) verkehren täglich nach Kampala (5 €). Häufigen Minibusverkehr gibt es von Soroti nach Lira und teilweise weiter nach Gulu sowie nach Kumi und Mbale. Nach Moroto im Osten sollte aber auch mindestens einer pro Tag fahren (frühmorgens, Fahrzeit ca. 5 Stunden).

Banken/Geld tauschen

Es gibt keine Möglichkeit, in Soroti Geld zu tauschen.

Unterkunft

- **Soroti $$**, Serere Road (ca. 1 km außerhalb der Stadt), Tel.: 0454-561269 oder mobil: 077-2235915. DZ 35 €, EZ 28 €.
- **Company Inn**, Independence Circle (100 m von der Busstation), DZ 4 €, EZ 2,50 €.
- **Palm Springs $**, gegenüber der Busstation. Zimmer mit Gemeinschaftsbad.

Campingplätze

Zelten ist im Garten des Palm Springs Hotels möglich.

Ssese Islands (Kapchorwa Distrikt) (S. 383)

s.a. Banda Island, Bufumira Island, Buggala Island, Bukasa Island

Fährzeiten

Die Fähre fährt von Montag bis Samstag dreimal täglich. An ugandischen Feiertagen Verkehr wie sonntags. Die Überfahrt dauert 45 Minuten bis zum Ssese-Islands-Archipel (Buggala). Die Abfahrzeiten:

- ***Bukakata Anlegestelle (Festland):** 8, 13.30 und 16.30 Uhr (sonntags nur 13 Uhr)*
- ***Bugoma Anlegestelle (Ssese Islands):** 12, 15 und 18 Uhr (sonntags nur 14 Uhr)*

Seien Sie am besten schon 30 Minuten vor der Abfahrt an der Anlegestelle.

Eine weitere Möglichkeit besteht mit der Fähre MV Kalangala von Entebbe (Nakiwogo Port) nach Buggala Island (Lutoboka Port). Abfahrt täglich um 14 Uhr, Ankunft um 17.30 Uhr. Tickets: 5 € (1. Klasse), 3,70 € (2. Klasse) und mit der Fähre MV Amani von Kasenyi zu den Inseln Bukebe, Bukasa und Bufumira. Start auf Bufumira um 7 Uhr, Ankunft in Kasenyi um 12 Uhr und Rückfahrt zu den Inseln ab Kasenyi um 14.30 Uhr.

Hinweis: *Es ist möglich, seinen PKW mitzunehmen.*

Unterkunft

Für Unterkünfte sehen Sie bitte unter der jeweiligen Insel nach:

- *Banda Island*
- *Bufumira Island*
- *Buggala Island*
- *Bukasa Island*

Suam (Kapchorwa-Distrikt) (S. 403)

Regionaler Busverkehr

Es verkehren hauptsächlich LKW auf der Strecke von Kapchorwa nach Suam (und umgekehrt). Wenn Sie aber in Suam die Grenze nach Kenia überqueren, können Sie von dort aus mit Minibussen nach Kitale fahren.

Unterkunft

Es gibt in Suam nur einige sehr einfache Unterkünfte. Wenn möglich, fahren Sie noch am selben Tag weiter.

Tororo (Tororo-Distrikt) (S. 397)

Wichtige Telefonnummern

- ***Vorwahl Tororo**: 0454*
- ***Polizei**: 445099*
- ***Krankenhaus**: 444858*

Überregionale Busverbindungen

Es gibt Minibusverbindungen nach Mbale und Jinja sowie zum Grenzort Malaba. Achten Sie bitte darauf, dass die direkten Busverbindungen von Mbale nach Jinja/Kampala und umgekehrt wegen der neuen Straße über Iganga meist nicht mehr über Tororo fahren.

Unterkunft

• **Rock Classic $$**, 70 Osuruku Road (3 km außerhalb der Stadt), Tel./Fax: 0454-445069, rockclassichotel@yahoo.com. DZ 30-50 €, EZ 25 € inkl. Frühstück. Das ehemals staatliche Hotel wurde komplett saniert und hat sich zum besten Hotel im Ort gemausert. DZ zum Teil mit runden Betten! Mit Bar, Restaurant, Fitnessraum, Swimmingpool.

• **Town Lodge $$**, 9 Bazaar Road, Tel.: 045-4445243, 077-2892866, DZ 33 US$, EZ 28 US$ inkl. Frühstück. Neues Hotel, 11 Zimmer mit Moskitonetz, Ventilator und TV. Im angeschlossenen Restaurant werden gute Portionen serviert.

• **Prime**, etwas abseits der Malakasi Road, Tel.: 0392-791862, 077-2591862, primehoteltororo@gmail.com. DZ 28-33 US$, EZ 25 US$ inkl. Frühstück. Ebenfalls ein neues Hotel mit recht geräumigen Zimmern (Moskitonetz, TV) und gutem Preis/Leistungsverhältnis.

• **Crystal Hotel $**, Bazaar Road, Tel.: 0454-445180 oder mobil: 077-2555174, DZ 15 €, EZ 13 €. Zimmer haben einen Ventilator und das Restaurant ist ganz gut.

• **New Sunrise $**, vom Kreisverkehr in der Stadt rechts hoch und an der Post vorbei (1,5 km). Hotel dann auf der rechten Seite ausgeschildert. DZ 14 €. Einfaches Hotel, ruhig gelegen, manchmal Probleme mit Strom.

• **Granite Appartement Hotel $**, Malaba Road (ca. 1,5 km außerhalb der Stadt), Tel.: 0454-444479. DZ 13 €, Zimmer mit Ventilator, Moskitonetz und TV.

Jugendherbergen/Gästehäuser

• **Blue Mountain Guesthouse $**, Bazaar Road (gegenüber Crystal Hotel), Tel.: 077-4695976, DZ 13 US$, EZ 11 US$ inkl. Frühstück. Kleines Gästehaus mit fairen Preisen.

• **DeLuxe Guesthouse $**, im Zentrum, Tel.: 0454-444986, DZ 9 €, EZ nur mit Gemeinschaftsbad 4 €.

• **La Jolla Guesthouse $**, hinter dem Stadion, Tel.: 077-2314133, DZ 5 €, DZ mit Gemeinschaftsbad 4 €.

• **New Tororo Park View Guesthouse $**, am Taxi-Park, DZ 5 €, EZ 3 € mit Gemeinschaftsbad.

Campingplätze

Fragen Sie beim Rock Classic Hotel, ob es möglich ist, in deren Garten zu zelten.

Restaurants

Gut kann man in den Hotels Rock Classic und Crystal essen. Daneben gibt es noch:
Shepherds Restaurant, Nagongera Road.

Pubs & Cafés

Jacob's Pub, Kneipe mit kleiner Küche.

Einkaufen

Tororo Bookshop, direkt am Kreisverkehr. Allerdings keine große Auswahl.

Virunga Mountains (Kisoro-Distrikt) (S. 506)

Informationen

Informationen über die Virunga-Berge bekommen Sie im Mgahinga-Nationalpark Booking Office in Kisoro. Es ist geöffnet von 8-17 Uhr, Tel.: 0486-430098 oder 077-2383030. Hier gibt es auch alle Informationen zum Gorilla-Trekking.
Oder Sie wenden sich an das Hauptquartier in Kampala:

V
W
Z

Uganda Wildlife Authority *(UWA), 7 Kira Road, Kampala-Kamwokya (nahe Museum), Postanschrift: P.O.B. 3530 Kampala, Tel.: 0414-355000, Fax: 0414-346291, info@ugandawildlife.org, www.ugandawildlife.org. Das Büro der Nationalpark-Verwaltung hat Mo-Fr von 8-17 Uhr geöffnet.*

Unterkunft

Unterkünfte in der Nähe der Virungas finden Sie unter: Mgahinga-Gorilla-Nationalpark.

Wanseko (Masindi-Distrikt) (S. 438)

Regionaler Busverkehr

Es gibt regelmäßig Minibusse und andere Fahrzeuge, die am frühen Morgen in der Nähe der Wanseko Lodge nach Masindi und auch bis nach Kampala fahren.

Fähre

Wenn die Fähre zwischen Panyimur und Wanseko funktioniert, verlässt sie morgens zwischen 7 und 8 Uhr die Anlegestelle. Fahrzeit 2 Std. Ansonsten übernehmen Fischerboote diese Aufgabe. Die Überfahrt dauert dann 1-2 Stunden und kostet ca. 2 €. Es gibt mindestens zwei Überfahrten in jede Richtung am Vormittag. Am späten Nachmittag gibt es ebenfalls Abfahrten für die Rückkehrer vom Markt. **Achtung:** *Wenn es sehr windig ist besteht die Gefahr, dass das meist überladene Boot kentert.* **Verzichten Sie bei stürmischem Wetter auf eine Überfahrt!**

Unterkunft

Wanseko Lodge $, *Wanseko, sehr einfache Unterkunft im Fischerdorf.*

Märkte

In dem 6 km nördlich von Bulsia gelegenen Fischerdorf Wanseko gibt es nur einen sehr kleinen Markt, auf dem hauptsächlich Fisch und etwas Gemüse angeboten werden.

Ziwa Rhino Sanctuary (Masindi-Distrikt) (S. 432)

Informationen

Informationen zum privaten Nashorn-Projekt erhalten Sie unter: Tel.: 077-2713410, www.rhinofund.org

Preise und Öffnungszeiten

Das private Nashorn-Schutzgebiet ist täglich von 8-18 Uhr geöffnet und kostet 30 US$ Eintritt p. P. Dazu kommen noch 15 US$ pro Gruppe für die Ranger, die die Besucher zu den Nashörnern führen. Kommen Sie ohne eigenes Fahrzeug, kostet der Transport innerhalb des Schutzgebietes pauschal 20 US$.

Unterkunft

- **Amuka Lodge $$$$$**, *direkt im Ziwa Schutzgebiet, Tel.: 039-2897704, 077-1600812, www.amukalodgeuganda.com. DZ 360 US$, EZ 220 US$. Die schöne im Jahr 2011 eröffnete und mit viel Holz gestaltete Lodge verfügt über über ein Spa und Swimming-Pool.*
- **Rhino Camp $**, *im Schutzgebiet, Tel.: 077-2713410. DZ-Bungalow 20 US$, DZ 15 US$, Camping 12 US$ p. P. Das Camp bietet 2 Bungalows und mehrere Zimmer mit insgesamt 11 Betten. Eine richtige Lodge ist in Planung. Angeschlossen sind ein Restaurant und ein Souvenir-Shop.*

Für Ihre Notizen

RUANDA ALS REISELAND

Allgemeine Reisetipps A-Z

A

Adressen

Ruanda unterhält in Europa kein Fremdenverkehrsbüro. Informationen zu Reisen nach Ruanda erhalten Sie unter www.rwandatourism.com und bei den jeweiligen Reiseveranstaltern (Adressen finden Sie unter dem Stichwort: Reiseveranstalter).

Wenn Sie sich über Entwicklungsarbeit und Hilfsaktionen in Ruanda informieren möchten, hier einige Adressen:

- **Partnerschaft Rheinland-Pfalz und Ruanda e.V.**, Schillerplatz 3-5, 55116 Mainz, Tel.: 06131-163355, www.rlp-ruanda.de. Verein, der die Entwicklungshilfe vom Partnerland Rheinland-Pfalz sowie private Hilfsprojekte für Ruanda koordiniert.
- **ACA e.V.**, Private Hilfsorganisation, Grebbenerstr. 12, 52525 Heinsberg, Tel.: 02452-65361. kontakt@ruanda-kongo.de, www.ruanda-kongo.de
- **Ruanda-Komitee e.V.**, Rathausplatz 2, 55585 Hochstätten. Ein kleiner Verein, der in einigen Projekten in Ruanda die Hilfe zur Selbsthilfe fördert. Teil der „Partnerschaft Rheinland-Pfalz – Ruanda". info@ruanda.komitee.de, www.ruanda-komitee.de

Für weitere Informationen über Ruanda sehen Sie bitte auch unter: Internetadressen

Aktivurlaub

Um Ihren Urlaub in Ruanda aktiv zu gestalten, bieten sich vor allem Wandern und Bergsteigen an. Besonders geeignet sind hier die beiden Nationalparks Nyungwe Forest und Volcanoes. Die örtlichen Reiseveranstalter sowie das Tourismus-Büro (ORTPN) in Kigali geben dazu weitere Informationen und die Nationalpark-Büros vermitteln Bergführer. Das nötige Equipment ist mitzubringen. Für Radsportler ist das kleine ostafrikanische Land mit seiner herrlichen Hügel- und Berglandschaft ebenfalls gut geeignet. Da es aber kaum gute Touren- und Mountainbikes zu mieten gibt, sollten Sie lieber Ihr eigenes Fahrrad mitbringen. In geringem Maße gibt es Wassersport-Möglichkeiten am Kivu-See. Außer Schwimmen bieten einige Hotels Boote und Kanus zum Verleih an (z. B. in Kibuye).

Anreise

Mit dem Flugzeug

Der internationale Flughafen befindet sich am Rande der Hauptstadt Kigali im Stadtteil Kanombe. Er wird nur von wenigen internationalen Fluggesellschaften angeflogen. Im Flughafengebäude sind u. a. eine Wechselstube und ein kleines Restaurant vorhanden. Vor dem Flughafengelände warten Taxis auf Gäste. Fahrten mit dem Taxi in die Innenstadt von Kigali kosten um die 15 € und mehr, je nachdem wie geschickt Sie verhandeln. Einige Hotels bieten einen Hoteltransfer an, dieser muss jedoch im Voraus bestellt werden. Preiswerter ist die Möglichkeit mit einem Minibus in die Innenstadt zu fahren. Dafür müssen Sie jedoch mit Ihrem Gepäck etwas laufen, da die Minibusse nicht direkt vom Flughafen abfahren. Weitere Informationen über die Anreise per Flugzeug erhalten Sie unter *Flüge*.

Mit dem Bus

Von mehreren Ländern (Uganda, Kongo, Burundi) aus erreichen Sie Ruanda auch per Bus. Die Fahrten sind viel billiger als mit dem Flugzeug, dauern allerdings entsprechend länger. Überlegen Sie sich gut, für welches Busunternehmen Sie sich entscheiden. Hier gilt meist: Je billiger, desto schlechter die Busse. Einige Busunternehmen bieten auf manchen Strecken Getränke und Snacks an. Weitere Informationen über die Anreise mit dem Bus erhalten Sie unter dem Stichwort: *Busreisen und -verbindungen*.

Mit dem Auto

Eine Anreise mit dem eigenen Auto aus Europa erfordert eine lange und genaue Planung. Vor allem was die Route und die Sicherheitslage angeht. Einzige denkbare Route zurzeit ist die über Ägypten, Nordsudan, Äthiopien, Kenia und Uganda nach Ruanda. Erkundigen Sie sich aber genau nach der aktuellen Lage in jedem einzelnen Gebiet, das durchfahren werden muss.

> **!!! Wichtig**
>
> *Die Fahrt mit einem Mietwagen von einem Nachbarland nach Ruanda und umgekehrt ist in der Regel auf Grund der Mietbestimmungen nicht möglich.*

Fahrten direkt von den Nachbarstaaten nach Ruanda bereiten keine Probleme. Achten Sie allerdings auf die Aus- und Einreisebedingungen für Kraftfahrzeuge. Für in Ostafrika zugelassene Fahrzeuge reicht meist der Versicherungsnachweis. Für Fahrzeuge mit Zulassungen außerhalb Ostafrikas wird ein „Carnet de Passage" benötigt. Dies bekommen Sie bei den großen Automobilclubs in Europa. Zudem ist an der Grenze eine Haftpflichtversicherung abzuschließen. Es empfiehlt sich auch der Abschluss einer Vollkaskoversicherung in Europa.

Weitere Informationen über die Anreise mit dem Auto erhalten Sie unter den Stichworten: Auto fahren, Automobilclubs, Autoverleih *und* Grenzübergänge.

▶ Apotheken / Ärzte

Apotheken

Es gibt die hier „Pharmacie" genannten Apotheken in allen größeren Orten. Die Auswahl ist nicht so üppig wie in Europa, gegen die gängigsten Leiden und Krankheiten werden Sie aber sicher etwas bekommen können. Da Medikamente im Ausland oft andere Markenbezeichnungen haben, ist es wichtig die Wirkstoffe zu kennen. So kann Ihnen der Apotheker besser helfen. Adressen von Apotheken finden Sie unter dem jeweiligen Ort in den Regionalen Reisetipps. Die größte Auswahl finden Sie sicherlich in der Hauptstadt, vor allem in den Apotheken, die den Kliniken angeschlossenen sind.

Ärzte

Die ärztliche Versorgung in Ruanda kann nur in der Hauptstadt Kigali als einigermaßen gut bezeichnet werden. In Kigali gibt es einige private Kliniken sowie niedergelassene Ärzte. Außerhalb Kigalis wird es schwieriger, eine adäquate ärztliche Behandlung zu bekommen. Zumindest in einigen größeren Städten wie Butare oder Gisenyi sind niedergelassene Ärzte sowie kleine Provinzkrankenhäuser zu finden. Die Rechnungen müssen überall sofort in bar beglichen werden. Sollten Sie eine Auslandskrankenversicherung abgeschlossen haben, können Sie die Rechnungen zu Hause bei der Versicherung zur Rückerstattung einreichen.

Adressen und Telefonnummern von Ärzten und ggf. Kliniken und Krankenhäusern finden Sie bei den „Regionalen Reisetipps" unter dem jeweiligen Ort.

▶ Auto fahren

In Ruanda als ehemaliger deutscher und belgischer Kolonie gilt Rechtsverkehr.
Folgende gesetzlichen Geschwindigkeitsgrenzen sind zu beachten:

innerhalb geschlossener Ortschaften: 50 km/h
auf Hauptstraßen außerhalb der Ortschaften: 70 km/h
auf (ausgebauten) Nationalstraßen: 100 km/h

Das ruandische Straßennetz befindet sich in einem sehr unterschiedlichen Zustand. Die Nationalstraßen sind meist asphaltiert und recht gut zu befahren. Sobald Sie allerdings diese Hauptverbindungsstraßen verlassen, müssen Sie mit Ansammlungen von Schlaglöchern oder mit Pisten rechnen. Folgende Straßen und Abschnitte befinden sich zurzeit in einem guten Zustand, das heißt, sie sind asphaltiert und haben keine bis wenige Schlaglöcher:

Richtung Osten:
- Kigali nach Kibungo und weiter nach Rusumu (Grenzort zu Tansania). Von der Strecke nach Kibungo zweigt in Kayonza eine Straße nach Norden (Nyagatare) ab.

Nach Norden:
- Kigali nach Gatuna (Grenzort nach Uganda). Kigali nach Ruhengeri und weiter nach Gisenyi.

Nach Westen:
- Kigali über Gitarama nach Kibuye (Kivu-See). Von Gitarama gibt es eine Verbindung nach Norden zur Straße zwischen Ruhengeri und Gisenyi (Kivu-See).

Nach Süden:
- Von Gitarama nach Butare und weiter zur Grenze nach Burundi. Vor Butare zweigt eine Verbindung nach Westen über Gikongoro und durch den Nyungwe-Forest-Nationalpark nach Cyangugu (Kivu-See) ab.

Für das Fahren eines Fahrzeuges in Ruanda benötigen Sie einen Internationalen Führerschein. Sollten Sie einen rosafarbenen EU-Führerschein oder bereits den EU-Kartenführerschein besitzen, so reicht dieser aus. In Ruanda herrscht Gurtpflicht für Fahrer und Beifahrer. Zudem ist die Nutzung von Handys während der Fahrt verboten. Wenn der Verkehr durch Schilder nicht anders geregelt ist, hat der von rechts Kommende Vorfahrt, ebenso wie beim Verkehr im Verteilerkreis.

Leider ist alle Theorie grau, vor allem in der Großstadt Kigali. Verlassen Sie sich bitte nicht darauf, dass alle anderen Verkehrsteilnehmer sich immer an die Regeln halten und fahren Sie dementsprechend vorsichtig. Lastwagen meinen oft auf Grund ihrer Größe keine Rücksicht nehmen zu müssen. Weichen Sie lieber rechtzeitig aus. In Ruanda sind Straßen laut Gesetzt für alle Verkehrsteilnehmer gedacht, was bedeutet, dass sich nicht nur Autos, Busse und LKW, sondern auch Räder, Menschen und Tiere auf der Fahrbahn befinden. Das kann die Nerven von Selbstfahrern schon mal arg strapazieren. Rücksichtsvoller fahren sollte daher oberstes Gebot sein.

▶ Automobilclubs

Es gibt (noch) keinen Automobilclub in Ruanda.

▶ Autoverleih

Für viele ist die Erkundung eines Landes mit dem Auto die bevorzugte Reisevariante. Auch in Ruanda lässt sich dieser Wunsch realisieren. Hier gibt es allerdings noch keine der gängigen internationalen Autovermieter, so müssen Sie auf das Angebot der lokalen Anbieter zurückgreifen. Das macht die Anmietung eines Fahrzeuges im Vergleich zu Europa relativ teuer. Denken Sie bitte daran, dass die Straßen in Ruanda nicht immer asphaltiert sind und dass für viele Strecken abseits der Hauptstrecken Allradfahrzeuge notwendig werden. Mietwagen bekommen Sie bei den örtlichen Reiseveranstaltern. *Sehen Sie bitte dazu in den Regionalen Reisetipps: Kigali.*

B

▶ Badestrände

Der Kivu-See lädt mit seinen Sandstränden und dem bilharziosefreien Wasser zum Baden geradezu ein. Sandstrände gibt es vor allem bei den größeren Orten am See, wie Gisenyi, Kibuye und Cyangugu. Dort finden Sie auch ein Angebot an strandnahen Hotels. In den kleineren Seen des Landes sollten Sie dagegen aufgrund der Gefahr von Bilharziose nicht baden.

Am Kivu-See

Für Strand- und Badeaufenthalte ist es wichtig, an ausreichend Sonnenschutz zu denken. Nehmen Sie daher ausreichend Sonnencreme und einen Sonnenhut mit.

▶ Banken

Die Öffnungszeiten der Banken:
montags bis freitags: 8-15 Uhr, samstags: 9-12 Uhr

Große internationale Banken sind mit Filialen zurzeit noch nicht in Ruanda vertreten. Es gibt aber eine ganze Reihe ruandischer Banken, die auf Geldwechsel eingestellt sind. Bankfilialen finden Sie in den Städten und teilweise auch in mittelgroßen Orten.
Falls Sie dringend Geld aus Europa brauchen und Geldüberweisungen ja in der Regel recht lange dauern, haben sich mittlerweile einige Firmen auf schnellen und sicheren Geldtransfer spezialisiert. Die beiden bekanntesten sind „Western Union" (www.western union.de) und „Moneygram" (www.moneygram.de). Das Geld ist nach der Einzahlung bereits eine Stunde später abrufbar. Doch die Schnelligkeit hat ihren Preis.

▶ Botschaften/Konsulate

Vertretungen der Republik Ruanda:

- **Botschaft der Republik Ruanda in Deutschland**: Jägerstr. 67-69, 10117 Berlin, Tel. 030-20916590, Fax: 030-209165959, info@rwanda-botschaft.de, www.rwanda-botschaft.de. Öffnungszeiten von Montag bis Freitag 9-13 Uhr und 14-17 Uhr. Die Botschaft ist auch für Österreich zuständig.
- **Honorarkonsulat der Republik Ruanda in Österreich**: Egelseestraße 52/B, 6006 Feldkirch, Tel.: 0043 (0)5522-322012, Fax: 0043 (0)5522-31830, consulat.rwanda.at@vlbg.at
- **Botschaft der Republik Ruanda in der Schweiz**: Rue de la Servette 93, 1202 Genève. Tel.: 0041 (0)22-9191000, Fax: (0041) (0)22-9191001, mission.rwanda@ties.itu.int
- **Botschaft der Republik Ruanda in Belgien**: 1 Avenue des Fleurs, 1150 Brüssel, Tel.: 0032 (0)2-76307038, Fax: 0032 (0)2-7630753, ambabruxelles@minaffet.gov.rw, Internet: www.ambarwanda.be
- **Botschaft der Republik Ruanda in Uganda**: Botschafter: Mr. Ignace Kamali Karegesa, Nakaima Road n°2, P.O. BOX 2468, Kampala, Uganda, Fax: 256 412 44405, rwanda@swiftuganda.com

Die Ländervorwahl für Ruanda ist 256

Botschaften in Ruanda:

- **Botschaft der Bundesrepublik Deutschland in Ruanda**: 10 Avenue Paul VI, Kiyovu, Kigali, Ruanda, Tel.: 0280 575 141 oder 0280 575 222, info@kigali.diplo.de, www.kigali.diplo.de, Geöffnet Mo-Do 9-11 Uhr, 24 h Bereitschaftsdienst der Botschaft (nur in Notfällen!) Tel.: 078-8301491.
- **Botschaft des Königreichs Belgien**: Rue de Nyarugenge, Post: B.P. 81, Kigali, Ruanda, Tel.: 575222, 575141, 575551-54, Fax: 573995.
- **Botschaft der Schweiz**: 38 Boulevard de la Revolution, Post: B.P. 547, Kigali, Ruanda, Tel.: 573534, 575738, 575072, Fax: 572461.
- **Botschaft der Republik Uganda**: 19, Akagera Avenue, Post: B.P. 656, Kigali, Ruanda, Tel: 76854, Fax: 576854 ugaemb@rwanda1.com.

▶ Busreisen/-verbindungen

Wenn Sie preiswert durch das Land reisen möchten oder von Ruanda aus in eines der Nachbarländer fahren wollen, dann gibt es sicher nichts Günstigeres als Minibusse und die internationalen Überlandbusse. Um von den Hauptorten Ruandas weiter zu den touristisch interessanten Gebieten (z. B. Nationalparks) zu kommen, bleibt Ihnen dann allerdings nur das eigene Transportmittel (Mietwagen, Motorrad, Fahrrad) oder ein Taxi.

Minibus-Station

Nationale Verbindungen
(Preise und ggf. Abfahrzeiten finden Sie unter dem jeweiligen Ort in Regionale Reisetipps*)*

Nahezu alle Orte Ruandas werden per Minibus-Verbindung angefahren. Zudem gibt es private Minibus-Firmen, die feste Fahrpläne haben, wie zum Beispiel: Atraco, Okapicar, Virunga Express und Volcano Express.

Internationale Verbindungen
(Preise und Abfahrzeiten finden Sie unter dem jeweiligen Ort in Regionale Reisetipps*)*

Es gibt mehrere private Busunternehmen, die die Strecken zwischen Ruanda und den Nachbarstaaten bedienen. Bei den internationalen Verbindungen ist es üblich, dass feste Sitzplätze vergeben werden, die Sie sich beim Kauf des Tickets aussuchen können. Die am meisten genutzte internationale Route ist die von Kigali nach Kampala und von dort ggf. weiter nach Nairobi. Des Weiteren führen Verbindungen nach Bujumbura (Burundi) und Goma (D. R. Kongo).

- **Jaguar** (Verbindung von Kigali nach Kampala und Nairobi). Die Busse sind in Ordnung, erkundigen Sie sich aber vorher, welcher Bus eingesetzt wird. Einige Busse haben DVD an Bord.
- **Regional Coach** (Verbindung von Kigali nach Kampala, Nairobi und Daressalam). Die Busse sind in etwa vergleichbar mit Jaguar.

▶ Camping

Campingplätze in Ruanda sind Mangelware. Die Möglichkeit zu zelten, gibt es nur in und bei den drei Nationalparks. In den Ortschaften können Sie gegebenenfalls bei den Hotels fragen, ob Sie in deren Garten zelten dürfen.

Camper und Wohnmobile
Urlaub mit dem Wohnmobil kennt man in Ruanda nicht. Dementsprechend gibt es auch keine Infrastruktur und auch keine Wohnmobile zu mieten.

E

Einreise

Deutsche Staatsbürger brauchen für die Einreise nach Ruanda und für einen Aufenthalt von bis zu drei Monaten **kein** Visum. Zu den weiteren nichtafrikanischen Staaten, deren Bürger kein Visum benötigen gehören: Großbritannien, Kanada, Schweden, Hong Kong (VR China) und die USA. Touristen aus anderen Ländern benötigen für die Einreise nach Ruanda ein Visum. Dieses kann bei der Botschaft der Republik Ruanda beantragt werden. Benötigt werden dazu ein ausgefülltes Visa-Formular, Reisepass, 2 Passfotos und 45 € für die Visa- und Postgebühr. Oder Sie erhalten das Visum bei der Einreise am Flughafen oder bei einem der Grenzposten gegen eine Gebühr von 65 US$.

Auch wenn deutsche Staatsbürger kein Visum benötigen, so müssen Sie dennoch bei der Einreise und bei der Ausreise das obligatorische Ein- und Ausreiseformular (*Arrival and Departure Declaration*) ausfüllen.

Elektrizität

Die Stromspannung beträgt in Ruanda 240V (Wechselstrom). In der Regel finden Sie belgische/französische Steckdosen vor. In diese passen auch die in Deutschland üblichen zweipoligen Stecker.

> **!!! Wichtig**
>
> *Denken Sie bitte daran, dass es in Ruanda immer wieder zu Stromausfällen kommen kann. Nehmen Sie daher immer eine Taschenlampe mit.*

Essen & Trinken

Die traditionellen Nahrungsmittel und Gerichte spielen in Ruanda eine große Rolle. Noch hat McDonalds nicht Einzug gehalten in Ostafrika und auch andere Essgewohnheiten aus Übersee konnte bis heute das traditionelle Essen nicht verdrängen.

Wichtigstes Nahrungsmittel ist in Ruanda die **Kochbanane**, die hier *Ibitocy* genannt wird. Sie wird als Hauptgericht zu einem Brei verarbeitet und dann zusammen mit einer Gemüse- oder Fleischsoße gegessen. Die Kochbanane dient aber auch als Gemüsebeilage, zu der sie ganz gekocht und serviert wird. Die normalen süßen Bananen werden *Imineke* genannt. Sie werden als Nachspeise oder aber als „Snack" zwischendurch gegessen. Ebenfalls weit verbreitet, besonders bei der einfachen Landbevölkerung, ist **Maniok**, hier *Imyumbati* genannt. Aus ihm wird in der Regel ein Brei gekocht, der so genannte *Ubugari*. Dieser wird als großer „Haufen" auf einem Teller in der Tischmitte serviert. Davon nimmt sich dann jeder etwas mit der Hand heraus und tunkt es in seine Soße, um es anschließend zum Mund zu führen.

In den Restaurants wird zu den Gerichten mit Kochbananen und Maniok weiteres Gemüse (Spinat, Mangold, Bohnen, Möhren, Kartoffeln, etc.) und Fleisch (Rind, Schwein, Ziege, Huhn, Ente) meist in einer Soße gereicht. Beliebt sind kleine Fleischspieße, die auch an der Straßenecke oder in Bars als Zwischenmahlzeit verkauft werden. In Restaurants mit gehobenem Standard sowie in den Restaurants der Hotels, gibt es außer dem traditionellen Essen auch europäische Küche. Das Angebot ist je nach Koch sehr unterschiedlich. In Hotels und Restaurants mit hauptsächlich ausländischer Kundschaft bekommt man mittlerweile sogar überwiegend europäische Gerichte. Die Auswahl ist dort in der Regel so groß, dass auch Vegetarier auf ihre Kosten kommen.

Getränke

Wie überall in der Tropen sollten Sie daran denken, ausreichend Flüssigkeit zu sich zu nehmen. Bedenken Sie bitte, dass das Leitungswasser in Ruanda nicht unserem Trinkwasserstandard entspricht. Trinken Sie daher am besten abgepacktes Mineralwasser, das es landesweit in jedem Geschäft in unterschiedlichen Flaschengrößen zu kaufen gibt. In Restaurants, Bars und Supermärkten gibt es die gängigen internationalen so genannten Softdrinks (Limonaden). Zudem Bier aus ruandischer Produktion (Mützig, Primus) und Importbier (Heineken). In gehobenen Hotels / Supermärkten bekommen Sie Wein aus Südafrika und zum Teil auch aus Europa. Die einheimische Bevölkerung trinkt im täglichen Leben Wasser und Tee. In städtischen Gebieten mittlerweile auch Kaffee.

Bottich für Urwawa – das Bananenbier

An traditionellen Getränken gibt es das **Bananenbier**, das so genannte *Urwawa*. Die Bananen werden dabei grün geerntet und in große Bananenblätter gewickelt. Darauf wird ein Loch in die Erde gegraben und die Bananenpakete werden dort für 3 bis 4 Tage eingegraben. Danach sind die Bananen sehr reif und süß. Einige Bananen werden dann als Nachspeise gegessen, der größere Teil wird in einem großen Bottich zerstampft und der Saft herausgefiltert. Dann wird Sorghumhirse gemahlen und für die Gärung mit dem Bananensaft vermischt. Durch den Gärungsprozess bildet sich Alkohol, das Bananenbier ist fertig.

▶ Feiertage

Feste Feiertage:

1.1.	New Year's Day (Neujahr)
7.4.	Genocide Memorial Day (Genozid-Gedenktag)
1.5.	Labour Day (Tag der Arbeit)
1.7.	Independence Day (Unabhängigkeitstag)
4.7.	National Liberation Day (Nationaler Befreiungstag)
1.8.	Harvest Festival (Erntedankfest)
15.8.	Assumption Day (Maria Himmelfahrt)
25.9.	Republic Day (Tag der Republik)
1.10.	Hero's Day (Heldentag)
1.11.	All Saints Day (Allerheiligen)
25.12.	Christmas Day (Weihnachten)

Variable Feiertage: Karfreitag und Ostermontag

▶ Flüge und Flughäfen

Ruanda wird leider nicht direkt von Deutschland aus angeflogen, es gibt jedoch einige Alternativen nach Kigali zu fliegen. Die Preise liegen je nach Saison und Fluglinie bei 700 bis 1.000 €.

Interkontinentale Flüge

- **Ethiopian Airlines**: Täglich von Frankfurt nach Addis Abeba mit direktem Anschluss zum Weiterflug nach Kigali (über Entebbe). Stoppover in Addis Abeba ohne Aufpreis möglich. Der Flug kann auch beim Kooperationspartner Lufthansa gebucht werden (www.ethiopianairlines.com).
- **Kenya Airways:** Die kenianische Fluglinie fliegt von Amsterdam oder London über Nairobi viermal die Woche nach Kigali (www.kenya-airways.com).
- **Brussels Airlines**: Die heute zur Lufthansa gehörende Nachfolge-Airline der Sabena fliegt viermal die Woche (Di, Do, Fr, Sa) von Brüssel nach Kigali. Anschlussflüge von mehreren Flughäfen in Deutschland (www.brusselsairlines.com).
- **Qatar Airways**: Die arabische Fluggesellschaft fliegt viermal die Woche von Frankfurt über Doha nach Kigali und zurück (www.qatarairways.com).

Kontinentalflüge

- **Air Burundi**: Die 1975 gegründete staatliche Airline Burundis verbindet täglich Kigali (KGL) mit Entebbe/Uganda (EBB) und Bujumbura/Burundi (BJM). Die Flugzeit von KGL nach EBB beträgt eine Stunde, nach BJM sind es 35 Minuten. Die Preise: zum Beispiel KGL-EBB: 150 US$ Oneway/200 US$ Returnticket (ein Monat). Preis zuzüglich Steuern.
- **Air Uganda**: Die private Fluggesellschaft aus dem Nachbarland verbindet täglich Kigali mit Entebbe. Tickets One-Way ab 50 US$, www.air-uganda-com.
- **Coastal Aviation**: Die private tansanische Fluggesellschaft verbindet Kigali täglich mit den wichtigsten Destinationen des Nachbarlandes. Ideal ist, wenn Sie beide Länder auf einer Reise verbinden möchten. Ziele in Tansania sind: Arusha (City Airport), Grumeti, Kogatende, Lake Manyara, Mwanza und Serengeti-Seronera. Die Flüge finden auf Basis von „Share-charter" statt, d. h. der Flugpreis richtet sich nach der Anzahl der mitfliegenden Personen, www.coastal.cc.
- **Ethiopian Airlines**: Als eine der großen afrikanischen Airlines unterhält die Fluglinie von Addis Abeba, dem Sitz der Afrikanischen Union, täglich Verbindungen nach Kigali. Von Kigali über Addis Abeba (ADD) kommen Sie fast in jedes afrikanische Land, www.ethiopianairlines.com.
- **Rwandair Express**: Die einzige nationale Fluggesellschaft Rwandair Express fliegt nur Ziele in der Region an. Sie verbindet zurzeit Kigali mit Bujumbura (zweimal täglich, Flugzeit: 40 Min.), Entebbe (dreimal täglich, Flugzeit: 50 Min.), Nairobi (dreimal täglich, Flugzeit. 1 Std. 20 Min.), Johannesburg (täglich, Flugzeit: 4 Std.), Dubai (täglich) sowie Mwanza (dreimal die Woche, Flugzeit 2 Std.). Preise für Hin- und Rückflüge: KGL-KME-KGL 99 US$, KGL-EBB-KGL 199 US$, KGL-NBO-KGL 280 US$, NBO-KGL-NBO 375 US$, KGL-JHB-KGL 530 US$, KGL-BJM-KGL 170 US$ (www.rwandair.com).

- Kigali Office, Tel.: 575757, Fax: 503689, wb@rwandair.com.
- Cyangugu / Kamembe Office, Tel.: 08620110, Airport Tel.: 537558.
- Bujumbura Office, Tel.: +257 217788, nikakimo@rwandair.com.
- Entebbe Office, Tel.: +256 41-2346667, sheila.tendo@rwandair.com.
- Nairobi Office, Tel.: +254 20 827071, peninah.gathigira@rwandair.com.

- **South African**: Die südafrikanische Fluglinie fliegt dreimal wöchentlich nach Johannesburg und von dort zu weiteren Zielen im südlichen Afrika, www.flysaa.com.

Inlandsflüge: Es gibt auf Grund der geringen Entfernungen im kleinen Land Ruanda zurzeit keine Inlandsstrecke für Linienflüge. Zu den größeren Städten mit Landepiste gibt es Charterflüge, die über private Flugunternehmen zu arrangieren sind.

Charter-Fluggesellschaften
- **Alliance Express**, Tel.: 582410
- **Concord Rwanda**, Tel.: 575988

Kigali-Kayibanda International Airport: Der internationale Flughafen von Ruanda befindet sich am Rand der ruandischen Hauptstadt Kigali im Stadtteil Kanombe, ca. 12 km von der Innenstadt entfernt. Der Flughafen hat eine Kapazität von 3,4 Mio. Passagieren jährlich, wird tatsächlich aber von weit weniger genutzt (im Jahr 2009: ca. 300.000).

Fotografieren

Für alle, die ihre Reise-Erinnerungen auch gerne auf einem Bild festhalten möchten, bietet Ruanda eine Menge interessante Motive. Bringen Sie aber am besten Ihr Filmmaterial, Kamerabatterien und genügend Speicherkarten mit, da es außerhalb der Hauptstadt schwierig werden kann, adäquaten Nachschub zu bekommen.

Das Fotografieren von militärischen Einrichtungen und Regierungsgebäuden ist in Ruanda strengstens verboten. Dazu gehören auch einige Brücken. Fragen Sie lieber, falls Sie sich nicht sicher sind. Wenn Sie Menschen fotografieren möchten, dann fragen Sie diese bitte vorher und holen Sie sich ihr Einverständnis. Das gebietet allein schon der Anstand, den jeder Reisende in einem anderen Land wahren sollte. Generell sind die Menschen in Ruanda sehr freundlich und gehen meist auf Ihre Wünsche ein.

s. auch Hinweise in A-Z Uganda

Grenzübergänge

Die Grenzübergänge sind i. d. R. von 6-18 Uhr für die Reisenden geöffnet.
Folgende Grenzübergänge sind für Reisende nach oder von Ruanda aus passierbar:
Von und nach Uganda
- Cyanika (Strecke Ruhengeri nach Kisoro)
- Katuna (Strecke Kigali nach Kabale)
- Kagitumba (vom Akagera-Nationalpark nach Mbarara)

Von und nach Tansania: Rusumu (Strecke Kibungo nach Ngara/Mwanza)
Von und nach der D. R. Kongo
- Gisenyi (Strecke nach Goma)
- Cyangugu (Strecke nach Bukavu)

Von und nach Burundi: Fugi (Strecke von Butare nach Kayanza/Bujumbura)

I

Internet

Internet-Adressen

- **www.rwandaparliament.gov.rw**, für politisch Interessierte
- **www.rwandatourism.com**, Webseite des staatlichen Fremdenverkehrsamtes
- **www.enjoyrwanda.info**, allgemeine touristische Informationen inklusive Hotelauswahl
- **www.africaphonebooks.com**, für Telefonnummern
- **www.rwanda-botschaft.de**, Botschaft der Republik Ruanda in Deutschland
- **www.rwanda-gorillas.com**, Informationen in drei Sprachen zu Ruandas Berggorillas
- **www.rnanews.com**, Seite der Rwanda News Agency mit aktuellen Meldungen zu allen relevanten Themen.

Internetcafés

Internetcafés gibt es mittlerweile in allen größeren Orten Ruandas, besonders zahlreich in der Hauptstadt Kigali. Die Verbindungen sind teilweise recht langsam. Es gibt kaum DSL-Anschlüsse.
Adressen von Internetcafés finden Sie bei dem jeweiligen Ort unter Regionale Reisetipps.

K

Kinder

Das Reisen von Europäern mit Kindern ist in Ruanda sicherlich nicht besonders häufig. Dennoch sind viele Hotels auch auf Gäste mit Kindern eingestellt, da heimische Familien oder ausländische Familien, die in Uganda wohnen (Diplomaten, Entwicklungshelfer, etc.), gerne an freien Tagen, übers Wochenende und in den Ferien mit ihren Kindern verreisen. Bedenken Sie, dass es in Unterkünften innerhalb von Nationalparks Einschränkungen auf Grund der Sicherheit für Kinder unterhalb eines bestimmten Alters geben kann. Am besten Sie erkundigen sich bei Ihrem Reiseveranstalter oder direkt beim jeweiligen Hotel.

Klima, Reisezeit

Die Verbindung von Tropen- und Höhenlage gewährleistet in Ruanda das ganze Jahr hindurch ein angenehmes Klima. Tagestemperaturen von über 30 °C oder unter 15 °C sind selten. Ausnahmen sind die kalten Höhenzüge der Virunga-Vulkane einerseits und die tiefer gelegenen und dadurch wärmeren Gebiete zu Tansania (Akagera-Nationalpark) andererseits. Ansonsten spielen jahreszeitlich bedingte Temperaturschwankungen in Ruanda keine große Rolle. Das Klima in Ruanda ist recht feucht, eine gute klimatische Voraussetzung für die Landwirtschaft. In vielen Landesteilen liegen die Niederschläge bei über 1.000 mm im Jahr (in den Gebirgswäldern sogar wesentlich höher).

Grob kann man das Jahr in vier Klimazeiten einteilen: in die lange Trockenzeit (*Impeshyi*) von Mitte Juni bis Ende September und die kurze (*Urugaryi*) von Mitte Dezember bis

Ende Januar sowie in die große Regenzeit (*Itumba*) von Mitte Januar bis Mitte Juni und die kurze Regenzeit (*Umuhindo*) von Ende September bis Mitte Dezember. Die feuchteste Zeit liegt zwischen Februar und Mai, wenn die meisten Landstriche durchschnittlich 150 bis 200 mm Regen pro Monat verzeichnen.

▶ Literatur

Deutsche Literatur sowie deutsche Zeitungen und Magazine sind in Ruanda nicht zu bekommen. Ruandische Literatur, meist in französischer Sprache, finden Sie in den Buchläden der Hauptstadt. Eine Liste der in Deutschland erhältlichen Literatur zu Ruanda befindet sich im hinteren Teil dieses Buches.

▶ Medien

Die Medienlandschaft in Ruanda ist auf Grund der geringen Größe des Landes relativ überschaubar. Dennoch gibt es eine kleine Auswahl an verschiedenen Medien, bei denen sich die Bevölkerung informieren und unterhalten kann.

Tageszeitungen

- **The New Time**, einzige englischsprachige Tageszeitung. www.newtimes.co.rw
- **Kinyamateka**, Katholische Zeitung in der Sprache Kinyarwanda, mehrmals wöchentlich.

Wochenzeitungen

- **Rwanda Newsline**, der Verkauf dieser englischsprachigen Wochenzeitung mit Themen aus Politik, Wirtschaft, Kultur und Gesellschaft ist wie das Schwesterblatt *Umuseso* in der Sprache Kinyarwanda in Ruanda offiziell verboten. Sie wird jedoch weiter im Ausland produziert und es gelingt immer wieder Exemplare ins Land zu schmuggeln.
- **The East African**, in Uganda, Kenia, Tansania und Ruanda jeden Montag erscheinende Zeitung vom kenianischen Nation-Media-Verlag. Kostet 400 FRW. Wer sich einen umfassenden Überblick über Politik, Wirtschaft und Kultur in Ostafrika verschaffen möchte, findet hier die wöchentliche Zusammenfassung.

Fernsehsender

- **ORINFOR TV** (*Office Rwandaise d'Information*), einziger (staatlicher) Fernsehsender in Ruanda mit Nachrichten in Kinyarwanda, Französisch und Englisch. Außer einigen Eigenproduktionen werden Sendungen europäischer Sender übernommen.

Zudem können in der Kivu-Region einige Sender aus dem Kongo empfangen werden.

Radiosender

- **ORINFOR Radio**, staatlicher Radiosender
- **Radio Rwanda**, staatlicher Radiosender mit Sendungen in allen drei Staatssprachen
- **Radio Flash**, privater Radiosender

Und weitere private Radiosender, die vor allem in der Hauptstadt Kigali zu empfangen sind.

- **Deutsche Welle**, seit 1999 hat die DW eine UKW-Sendelizenz und kann in ganz Kigali auf UKW empfangen werden. Sie betreibt zudem in Kigali seit über 40 Jahren eine ihrer weltweit vier Kurzwelle-Relaisstationen. Büro in Kigali: Tel.: 575214

N

Nachtleben

Das Nachtleben in Ruanda ist je nach Ort recht unterschiedlich. Ein Nachtleben in unserem westlichen Sinne existiert nur in der Hauptstadt des Landes. Hier gibt es diverse Möglichkeiten – jede Menge Restaurants, viele Bars und einige Discos bieten etwas für jeden Geschmack. Zudem gibt es ein Casino, ein Kino und Theater. In den anderen Orten Ruandas beschränkt sich das abendliche Ausgehen zumeist auf Restaurants, Bars und Diskotheken.

Die Adressen finden Sie in den Regionalen Reisetipps *unter den jeweiligen Orten.*

Nationalparks

Zum Schutz der heimischen Tier- und Pflanzenwelt wurden einige Nationalparks in Ruanda geschaffen, sie bilden heute die Hauptattraktion für Ruanda-Besucher. Informationen zu den Schutzgebieten erhalten Sie vor Ort in den Büros der Parkverwaltung, in den zahlreichen Reisebüros in Kigali oder direkt beim

- **Rwanda Development Board (RDB)** (ehemals Office de Tourisme et des Parcs

Volcanoes-Nationalpark

Nationalpark-Gebühren		
Akagera-Nationalpark		
Parkeintritt	30 US$	
Ranger-Begleitung	½ Tag (bis 5 Std.) 15 US$, 1 Tag 30 US$	
Nacht-Safari	(2-3 Std./mind. 4 Pers.) 40 US$	
Camping-Gebühren	20 US$ (Kinder 10 US$)	
Vogeltouren	80 US$/p.P./Tag	
Angelgebühr	20 US$ p. P./Tag	
Bootsfahrt	30 US$ p. P. (1 Std./mind. 2 Pers.)	
Bootsfahrt Sonnenuntergang	40 US$ p. P. (1 Std./mind. 2 Pers.)	
Feuerholz pro Nacht	2.500 FRW (ca. 2,90 Euro)	
Fahrzeug-Gebühren pro Besuch:	***Ausländisches Kennzeichen***	***Ruandisches Kennzeichen***
Allrad-Fahrzeuge und Minibusse	20 US$	4.000 FRW

Nyungwe-Forest-Nationalpark		Volcanoes-Nationalpark	
Schimpansen-Trekking	90 US$	**Gorilla-Besuch**	750 US$
Affen-Wanderung	70 US$	**Besteigung Mt. Karisimbi**	250 US$ (bei Gruppe je 200 US$)
Nature Walks	40 bis 50 US$	**Besteigung Mt. Muhabura**	100 US$
Vogeltouren	70 US$	**Besteigung Mt.Gahinga**	75 US$
Camping-Gebühren	30 US$	**Besteigung Mt. Bisoke**	75 US$
		Besteigung von 4 Vulkangipfeln/5 Tage	1.500 US$ p. P.
		Wanderung Dian-Fossey-Grab	75 US$
		Golden-Monkey's-Wanderung	100 US$
		einfache Wanderungen	55 US$

Nationaux ORTPN), Ruandisches Büro für Tourismus und Nationalparks, Boulevard de l'Umuganda, PO Box 6239, Gishushu, Kigali, Rwanda, Fax: 580388, info@rwandatourism.com oder reservation@rwandatourism.com, www.rwandatourism.com
- **Tourism Information Center des RDB**, Grand Pension Plazza, Kigali, Tel.: 573396, 576514.

Das kleine Ruanda hat insgesamt 3 Nationalparks:
- **Akagera-Nationalpark** (im Osten)
- **Nyungwe-Forest-Nationalpark** (im Südwesten)
- **Volcanoes-Nationalpark** (im Nordwesten)

▶ Öffentlicher Nahverkehr

Der normale öffentliche Nahverkehr wird in Ruanda, wie eigentlich überall in Afrika, mit Kleinbussen abgedeckt. Die Kleinbusse werden hier Taxis genannt, auch wenn sie mit unserer Vorstellung von Taxi nicht viel gemein haben. Diese „Taxis" dürfen offiziell bis zu 14 Personen befördern. Auf dem Land werden oft auch ein paar mehr mitgenommen. Sie fahren vor allem innerhalb der Großstädte und von den Zentren in die Außenbezirke. Der Tarif ist für unsere Verhältnisse sehr günstig. Zu bedenken ist allerdings, dass viele Arbeitnehmer auf die „Taxis" angewiesen sind um zur Arbeit zu kommen und jeden Tag zweimal diese Fahrt aus eigener Tasche bezahlen müssen.

In den *Regionalen Reisetipps* finden Sie bei den jeweiligen Ortschaften die Plätze, an denen man so ein „Taxi" findet. Sie starten im Allgemeinen von einem so genannten „Taxi-Park". Um Sie nicht zu verwirren, haben wir für diese Hinweise den Begriff „Minibusse" verwendet, damit Sie sie besser von den „richtigen" Taxis unterscheiden können.

Für kürzere Strecken oder für Strecken, die normale Autos nicht befahren können, gibt es „Taxis auf zwei Rädern". In der motorisierten Version (Mopeds) heißen sie Taxi-Moto und in der Version mit Muskelkraft (Fahrräder) Taxi-Velo. In Kigali werden diese auch für die normalen Innenstadtstrecken genommen, weil sie während der Stauzeiten schneller einen Weg durch das Gewusel der Autos und Busse finden. Die Fahrt damit ist daher auch nicht immer ungefährlich.

s. a. Taxi

▶ Öffnungszeiten

Die allgemeinen Öffnungszeiten für Geschäfte in Ruanda sind:
Mo-Fr 8-18 Uhr (in Ausnahmefällen auch mal länger).
Sa 8-18 Uhr (Spezial-Geschäfte schließen oft schon um 13 Uhr).
An Sonn- und Feiertagen haben die meisten Geschäfte geschlossen.

P

▶ Post

Die Post in Ruanda ist zuverlässig, aber teilweise sehr langsam. Eine Postkarte, die Sie außerhalb von Kigali einwerfen oder abgeben, braucht nach unseren Erfahrungen etwa drei Wochen bis nach Europa. Von Kigali aus dauert es etwa zwei Wochen. Eine Postkarte nach Europa ist recht preiswert, sie kostet 150 FRW. In jedem größeren Ort gibt es ein Postamt, die jeweils von 8-17 Uhr geöffnet sind.

Fracht & Pakete

Es gibt die Möglichkeit, wichtige und/oder größere Dinge nach oder von Ruanda aus zu versenden. Wenn Sie diese nicht der Post anvertrauen möchten, können Sie sich an diese in Ruanda vertretenen Firmen wenden (nicht ganz billig!): DHL, Federal Express, TNT und UPS (Adressen in Ruanda finden Sie unter *Regionale Reisetipps*: Kigali). Wenn Sie größere Dinge transportieren möchten (nach oder von Ruanda), können Sie sich an folgendes Speditionsunternehmen wenden:

- **Kuehne & Nagel**, info@kuehne-nagel.com, www.kuehne-nagel.com. Weltweit tätiges Unternehmen, spezialisiert auf Umzüge

R

▶ Reiseleiter

Örtliche Reiseleiter können Sie meist bei den großen örtlichen Tour-Agenturen buchen. Es gibt aber kaum deutschsprachige ruandische Reiseleiter. Vor Ort bei den ORTPN-Büros und in einigen Hotels können Sie sich auch nach regionalen Reiseleitern bzw. Führern erkundigen. Diese sind in der Regel französisch- und/oder englischsprachig.

Reisen mit deutschen landeskundigen Reiseleitern bieten nur wenige Veranstalter in Deutschland an.

Informationen über Reisen mit dem Autor als Reiseleiter finden Sie unter: www.heikohooge.online.de.

▶ Reiseveranstalter

Europa

Ruanda gehört noch nicht zum Standardprogramm der großen deutschen Reiseveranstalter. Bisher haben hauptsächlich mittlere und kleine Veranstalter das Land im Programm. Oft in Kombination oder als Verlängerung einer Uganda-Reise. Je nach Interesse finden Sie vielleicht hier das gewünschte Angebot:

- **Studienreisen** (mit deutschem Studienreiseleiter):
  - **One World-Reisen mit Sinnen**, Tel.: 0231-164480, Fax: 0231-164470, oneworld@reisenmitsinnen.de, www.reisenmitsinnen.de. Der mehrfach mit Preisen ausgezeichnete Reiseveranstalter bietet Erlebnisreisen in kleinen Gruppen bis zu 14 Pers. an. Neben Naturerlebnissen auch Einblicke in die Kultur und Lebensweise.
  - **Magisches Afrika**, Dortmund, Tel.: 0231-5897929, reisen@magisches-afrika.com, www.magisches-afrika.de. Spezialisiert auf den Kontinent, bietet dieser Veranstalter u. a. eine dreiwöchige Uganda & Ruanda Kombireise unter fachkundiger Reiseleitung an.
- **Gruppenreisen**: Die angebotenen Routen der Reiseveranstalter sind im Allgemeinen recht ähnlich und beschränken sich für Ruanda auf das Gorilla-Trekking, meist als Anschlussprogramm nach einer Uganda-Rundreise. Gruppenreisen nach Ruanda bieten zurzeit u. a. die Veranstalter Chamäleon (www.chamaeleon-reisen.de), Diamir (www.diamir.de) und Ikarus (www.ikarus.com) an. Letztere haben eine ausführliche Ruanda-Reise mit allen drei Nationalparks im Programm. Zu buchen in allen Reisebüros.
- Auf **individuelle und Selbstfahrertouren** spezialisiert ist: **Iwanowski's Reisen**, Tel.: 02133-26030, Fax: 02133-260333, iwanowski@afrika.de, www.afrika.de. Bei der Reise „Land der tausend Hügel" fahren Sie mit einem englischsprachigen Driverguide von Kigali über Butare, Nyungwe-Nationalpark mit Schimpansen-Trekking, Kibuye und Gisenyi am Kivu-See nach Ruhengeri zum Volcanoes-Nationalpark Nach dem Besuch der Berg-Gorillas endet die Reise in Kigali.

Ruanda

Wer die Reise lieber erst vor Ort bei einem ruandischen Reiseunternehmen buchen möchte (vor allem für diejenigen geeignet, die nur einzelne Touren machen wollen), kann sich an eines der folgenden Unternehmen in Kigali wenden:

- **Amahoro Tours**, Avenue de la Paix, Tel.: 078-8687448, 078-8655223, www.amahoro-tours.com, amahorotours @gmail.com.
- **Primate Safaris**, 98 Avenue de la Paix, Tel.: 503428 oder 078-8300495, info@primate safaris.info, www.primatesafaris.info.
- **Rwanda Eco Tours**, Avenue de la Paix, Tel.: 500331, 078-8352009, www.rwandaeco tours.com, info@rwandaeco-tours.com.
- **Umubano Tours**, Musanze (Ruhengeri), Tel.: 0788757937, www.umubanotours.com, info@umubanotours.com.
- **Volcanoes Safaris**, im Hotel des Mille Collines, Tel.: 502452 oder 0788302069, salesrw@volcanoessafaris.com, www.volcanoessafaris.com.

Weitere Adressen finden Sie unter *Regionale Reisetipps: Kigali* und im Internet unter der Vereinigung der ruandischen Reiseagenturen (Rwanda Tours and Travel Association): www.rttarwanda.org.

Wer vorhat die Berg-Gorillas zu besuchen, sollte das möglichst weit im Voraus planen, da die Gorilla-Permits limitiert sind.

S

Safari

Ruanda ist hauptsächlich für seine Berg-Gorillas bekannt und nicht so sehr als Safari-Destination, wie das Nachbarland Tansania. Dennoch hat Ruanda mit dem Akagera-Nationalpark zumindest ein besuchenswertes Gebiet für eine klassische Safari anzubieten. Dort befinden sich mittlerweile wieder ein gutes Hotel sowie diverse Möglichkeiten zu campen.

Schiffsverbindungen

Einzig schiffbares Gewässer in Ruanda ist der Kivu-See. Es gibt zurzeit keine verlässliche Fährverbindung auf dem See. Das Rwanda Tourism Board wird 2010 ein Schnellboot auf dem Kivu-See stationieren. Es hat Platz für 24 Personen. Sonstige Boot-Transfers können über einige Hotels am See organisiert werden. Das Anheuern von Fischerbooten ist ebenfalls möglich. Von einer Überfahrt auf die kongolesische Seite des Sees wird aus Sicherheitsgründen abgeraten.

Schulferien

Die Schulferien sollen in Ruanda neu geordnet werden. Erkundigen Sie sich bitte vor Ort über die aktuelle Regelung oder über das ruandische Bildungsministerium: www.mineduc.gov.rw, info@mineduc.gov.rw.

Sicherheit

Die Sicherheit in Ruanda ist zurzeit sehr gut. Alle Landesteile können besucht werden. Gewarnt wird jedoch weiterhin vor Reisen in das Nachbarland D. R. Kongo (außer Goma). In Burundi hat sich die Sicherheitslage nach Inkrafttretens des Friedensabkommens mit den Rebellen im Jahr 2009 entspannt. Erkundigen Sie sich jedoch am besten bei Ihrer Botschaft nach der aktuellen Lage oder beim Auswärtigen Amt: www.auswaertiges-amt.de.

Kriminalität

In Ruanda ist die Kriminalität in allen Bereichen im Vergleich zu den Nachbarstaaten (vor allem Burundi und Kongo) erfreulicherweise gering. In Kigali können Sie sich tagsüber frei und ohne Probleme bewegen. Nur abends und nachts sollten Sie einige Stadtteile der Hauptstadt meiden oder zumindest nicht allein zu Fuß unterwegs sein.

Die gängigen Vorsichtsmaßnahmen sollten Sie unbedingt einhalten. Das heißt, Schmuck, größere Bargeldbeträge oder sonstige Wertgegenstände lieber im Hotel deponieren. Beim Besuch von Märkten, Busplätzen und anderen stark frequentierten Orten sollten Sie sich vor Taschendieben in Acht nehmen!

▶ Sport

Nationalsport ist wie in vielen afrikanischen Ländern der Fußball. Wenn Sie durch Ruanda fahren, werden Sie immer wieder Jungen und Männer auf mehr oder weniger geeigneten Plätzen spielen sehen. Die FIFA unterstützt den Plan des Sportministeriums, aus Ruanda bis 2020 eine der großen Fußballnationen Afrikas zu machen. FIFA-Präsident Josef Blatter eröffnete 2005 zu diesem Zweck die erste Fußball-Akademie in Ruanda. Die Nationalmannschaft (*Amavubi Stars*) war in den letzten Jahren auf afrikanischer Ebene durchaus erfolgreich.

Wenn Sie in Ruanda selber Sport treiben möchten, ist die Auswahl neben dem Fußball, nicht sehr groß. Außer in den internationalen Hotels mit Swimmingpools, Fitnessräumen und Tennisplätzen, gibt es für Besucher nicht viele Sporteinrichtungen. Wanderer und Bergsteiger kommen da schon eher auf ihre Kosten. Sie finden dazu mehr Informationen bei den jeweiligen Nationalparks.

▶ Sprachen

Ruanda hat drei Staatssprachen: Kinyarwanda, Französisch und Englisch. Muttersprache ist aber für alle Ruander das Kinyarwanda. Ruanda gehört damit, neben Burundi, zu den einzigen Ländern Afrikas, in denen alle Volksgruppen die gleiche Sprache sprechen. Neben Kinyarwanda spielen zudem die zwei erwähnten europäischen Sprachen eine Rolle. In Kigali und bei der Gruppe der Batutsi ist der Anteil an Englisch sprechenden Ruandern recht hoch, während im Rest des Landes und mehrheitlich bei den Bahutu eher Französisch als europäische Fremdsprache gesprochen wird. Das liegt daran, dass viele Batutsi über Jahre in den englischsprachigen Nachbarländern Uganda und Tansania im Exil waren. Durch diese Verbindung spricht ein kleiner Teil der Bevölkerung auch Kisuaheli.

T

▶ Tankstellen

Das Tankstellennetz in Ruanda ist gut ausgebaut. In der Regel bekommen Sie in allen größeren und mittleren Ortschaften Benzin und Diesel. Kraftstoff ist in Ruanda für afrikanische Verhältnisse sehr teuer. Ein Liter Superbenzin kostet umgerechnet knapp über einen Euro. Diesel ist nur unwesentlich billiger.

▶ Taxi

Ein Taxi in unserem Sinne heißt in Ruanda *Taxi-Voiture* (Taxi-Wagen). Die Namensgebung ist nötig, um sie von den ebenfalls Taxi genannten Minibussen (Taxi-Minibus) abzugrenzen. Taxi-Voitures gibt es in jeder Stadt. Sie stehen meist an zentraler Stelle (z.B. bei einer Minibus-Station, vor einem großen Hotel) oder können auf der Straße angehalten werden.

Zudem gibt es noch den innerstädtischen Transport mit Motorrädern, Taxi-Moto genannt. Diese Zweiradtaxis sind billig und schnell. Für kürzere Strecken eignet sich auch das Taxi-Velo (Fahrrad). Falls Sie mit großem Gepäck reisen, müssen Sie sich dann zwei der Fahrradtaxis mieten, eins für Sie und eins für das Gepäck. Bei allen drei Taxiformen müssen Sie das Entgelt vorher aushandeln! Bei den Zweiradtaxis sollte der Preis innerhalb einer Ortschaft ca. 1,50 € (1.200 FRW) nicht übersteigen. Eine Taxifahrt im Taxi-Voiture kostet ab 2 € (1.600 FRW) für eine kurze Innenstadtstrecke. Fahrten über 2 km innerhalb Kigalis je nach Strecke ca. 3,50 bis 4,50 € (2.900 bis 3.800 FRW).

▶ Telefonieren

Das Telefonfestnetz in Ruanda wird von der staatlichen Telefongesellschaft *Rwandatel* verwaltet. Auf Grund der geringen Anzahl von Telefonanschlüssen gibt es in Ruanda für das **Festnetz nur eine Vorwahlnummer: 0252**. Darauf folgt die 6-stellige Rufnummer.

Sie können von den meisten Hotels aus nach Europa telefonieren, für den dementsprechenden Preis. In größeren Ortschaften gibt es öffentliche Telefonzellen. Telefonkarten gibt es für 1.500, 3.000 und 5.000 FRW. In den Zentren gibt es auch „Telefonläden", die preiswertere Gespräche ins Ausland anbieten.

Um von Ruanda aus ins Ausland zu telefonieren, wählen Sie bitte die 00 (bei Mobiltelefonen ein +). Dann folgt die **Vorwahl**:

für Deutschland: 49
für Österreich: 43
für die Schweiz: 41
für Belgien: 32
für Luxemburg: 352

Anschließend wählen Sie die Städtevorwahl ohne die Null, gefolgt von der Nummer des Gesprächspartners.

Wenn Sie vom Ausland nach Ruanda telefonieren möchten, dann benutzen Sie bitte die **Ländervorwahl: 250**.

Seit einigen Jahren können Sie in Ruanda auch mobil telefonieren, es gibt mittlerweile mehrere Mobilfunkanbieter. Die Abdeckung mit Sendemasten ist zumindest in allen Städten und größeren Ortschaften relativ gut. Nur abseits der Ortschaften und entlang der Nebenrouten sind hier und da Funklöcher. Seit dem Monopolverlust von MTN und der Zulassung weiterer Anbieter wurde das Telefonnummernsystem geändert. Die Handynummer besteht jetzt aus einer 3-stelligen Vorwahl (z. B. 078) und einer 7-stelligen Rufnummer.

Wie in Uganda, so haben Sie auch in Ruanda die Möglichkeit Ihr eigenes Handy mit europäischer „SIM-Karte" zu benutzen. Alle deutschen Mobilfunkanbieter haben ein Roaming-Abkommen mit zumindest einer ruandischen Mobilfunkfirma. Wenn Sie sich länger in Ruanda aufhalten oder häufig telefonieren möchten, dann sollten Sie sich eine ruandische „SIM-Karte" mit örtlicher Nummer kaufen.

- **Airtel**, Tochter des indischen Mobilfunkanbieters, www.africa.airtel.com.
- **MTN Rwanda**, Tochterunternehmen des südafrikanischen Mobilfunkanbieters. Eine „SIM-Karte" kostet ca. 4,50 € (inkl. 3 € Startguthaben und zwei Wochen Grundgebühr). Im Gegensatz zu Uganda müssen Sie in Ruanda einen monatlichen Grundpreis bezahlen (auch per „Scratch-Card"). www.mtn.co.rw.
- **Rwandatel**, staatlicher Telefonanbieter, Prepaid SIM-Karte kostet 1.000 FRW, Telefonkosten Inland 60-120 FRW. www.rwandatel.rw.
- **Supercell**, kongolesischer Mobilfunkanbieter in ruandischem/südafrikanischem Besitz mit Sitz in Goma (D. R. Kongo), der auch weite Teile Ruandas abdeckt (durch Roaming-Abkommen mit Rwandacell). Darf (noch) nicht in Ruanda vertrieben werden, Sie bekommen die „SIM-Karten" allerdings unter der Hand auch in Ruanda. Die Gesprächsgebühren sollen etwas günstiger sein als bei MTN. Abgerechnet wird in US$.
- **Tigo**, Tochter eines Luxemburger Mobilfunk-Unternehmens. Vorwahl 072, Anruf nach Europa 195 FRW/min. (www.tigo.co.rw)

Suchen Sie eine Telefonnummer in Ruanda? Dann kann Ihnen das Online-Telefonbuch des Landes weiterhelfen: **www.rwandaphonebook.com**.

Trinkwasser

Das Leitungswasser sollten Sie in Ruanda nicht trinken, es entspricht nicht der europäischen Trinkwasserqualität. Trinkwasser gibt es von mehreren Herstellern abgepackt in Plastikflaschen zu kaufen. Die gängigste Marke in Ruanda ist: *Source du Nil*.

Hinweis!
Außerhalb von Kigali ist es empfehlenswert, sich die Zähne mit dem abgepackten Mineralwasser zu putzen.

Unterkünfte

Das Angebot an Hotels und Gästehäusern ist in Ruanda nicht so üppig wie in Uganda. Zwar gibt es auch in Ruanda Unterkünfte vom einfachen Gästehaus bis zum 5-Sterne-Hotel, letzteres finden Sie jedoch nur in der Hauptstadt. In einigen der größeren Ortschaften wie Butare und Gisenyi sowie im Akagera-Nationalpark gibt es noch Häuser der 3- und 4-Sterne-Klasse, ansonsten müssen Sie sich mit weniger Komfort zufrieden geben. In den Nationalparks hat sich die Situation in letzter Zeit leicht verbessert, seitdem es im Nyungwe-Forest, Akagera und am Volcanoes-Nationalpark neue Unterkünfte gibt. Für diejenigen, die gerne mit dem Zelt unterwegs sind, gibt es einige schöne Camping-Möglichkeiten *(sehen Sie dazu auch* Camping*)*.

Die einzelnen Unterkünfte in den Orten entnehmen Sie bitte den *Regionalen Reisetipps*. Dort finden Sie bei jedem Ort (alphabetisch geordnet) die jeweils vorhandenen Übernachtungsmöglichkeiten. Zur besseren Orientierung haben wir die Hotels in Preiskategorien eingeteilt.

Die Hotelrechnungen werden entweder in Ruanda-Franc oder in US-Dollar ausgestellt. Bezahlen können Sie mit Ruanda Franc genauso wie mit Dollar. In Ausnahmefällen werden auch mal Euro angenommen. Kreditkarten werden kaum akzeptiert, in der Regel nur in besseren, sprich in den teureren Hotels.

Übernachtungskategorien

(Preise für ein Doppelzimmer pro Tag)

$$$$$	über 120 €
$$$$	80 bis 120 €
$$$	40 bis 80 €
$$	20 bis 40 €
$	10 bis 20 €

Bei einem Hotel ohne Zeichen bedeutet dies einen Preis unter 10 €.

W

Währung/Devisen

Die Währung in Ruanda ist der Ruanda-Franc (*Franc Rwandais*), abgekürzt FRW. Die Währungseinheit wurde mit Beginn der Unabhängigkeit eingeführt und löste damals das Gemeinschaftsgeld der belgischen Kolonien ab. Der Umtauschkurs hat durch die Krisen des Landes in den 1980er- und 1990er-Jahren so manchen Sprung gemacht. Seit Ende der 1990er-Jahre ist die Währung allerdings wieder wesentlich stabiler.

Sie können die wichtigsten Währungen in jeder Bank und Wechselstube des Landes tauschen. Der Umtauschkurs ist dabei von Bank zu Bank und Büro zu Büro sehr unterschiedlich. Vergleiche lohnen sich. In der Regel bekommen Sie in den Wechselstuben einen besseren Kurs als bei den Banken. Neben den offiziellen Möglichkeiten, gibt es noch die „fliegenden" Geldwechsler. Sie bieten jedoch meist nur einen geringfügig höheren Kurs als die Wechselstuben, sodass Sie sich überlegen sollten, ob ein Tausch das Risiko lohnt. Schwarzmarktwechsler finden Sie in größeren Orten (z.B. Kigali, Gisenyi) meist um den Marktplatz oder an den Grenzübergängen. Dort kann es allerdings durchaus sinnvoll sein, schon mal einen kleineren Betrag in Ruanda-Franc einzutauschen, um bei der Ankunft in Ruanda etwas in der Tasche zu haben (direkt am Busbahnhof für die Fernbusse in Kigali gibt keine Bank oder Wechselstube).

Die Währung Ruanda-Franc (*Franc Rwandais*) gibt es in Stückelungen von 100 FRW, 500 FRW, 1.000 FRW, 5.000 FRW-Scheinen und in Münzen zu 1 FRW, 10 FRW, 20 FRW und 50 FRW.

Der Umtauschkurs lag im März 2013 bei 840 FRW für 1 Euro.

Devisen können Sie uneingeschränkt mit nach Ruanda bringen. Ab einem Betrag von 10.000 € müssen Sie jedoch den Geldbetrag beim Zoll deklarieren. Auch die ruandische Währung, der Ruanda-Franc, darf bis zu einem Betrag von 1 Mio. FRW aus- und eingeführt werden. Die Währung können Sie dann allerdings nur in den Nachbarstaaten umtauschen.

Aktuelle Informationen über Kurse bekommen Sie im Internet bei der Zentralbank Ruandas: www.bnr.rw.

Aktuelle Geldscheine

Es hat sich bei Reisen nach Ruanda gezeigt, dass es am praktischsten ist, Bargeld mitzunehmen. Das hat den Vorteil, dass Sie es immer umtauschen können und teilweise sogar damit bezahlen können (Dollar und Euro). Für Reisende aus Europa ist es von Vorteil, außer Euro auch immer ein paar Dollar mitzunehmen. In Dollar angegebene Preise können jedoch in der Regel auch zum jeweiligen Umtauschkurs in Ruanda-Franc gezahlt werden.
Achten Sie bitte bei der Mitnahme von US-Dollar darauf, dass in Ostafrika keine Scheine angenommen werden, die älter als das Ausgabejahr 2001 sind. Bei großen Scheinen (50er und 100er) bekommen Sie teilweise bessere Umtauschkurse als bei kleineren Stückelungen.

Reiseschecks werden nur in sehr wenigen Banken Ruandas (Kigali!) eingewechselt und das auch nur zu einem schlechteren Kurs. Falls Sie trotzdem nicht auf Reiseschecks verzichten möchten, dann denken Sie bitte an den Kaufbeleg der Schecks, dieser wird von den meisten Banken zur Einsicht gefordert.

Das Bezahlen mit Kreditkarte ist in Ruanda nur in den großen Hotels und in einigen wenigen teuren Geschäften der Hauptstadt möglich.

▶ Zeit

Ruanda gehört zur zentralafrikanischen Zeitzone. Während der europäischen Sommerzeit ist die Uhrzeit mit der bei uns in Mitteleuropa identisch. Während unserer Winterzeit beträgt der Zeitunterschied plus eine Stunde.

In Ostafrika gehen die Uhren auch traditionell etwas anders. Zwar hat ein Tag in Ostafrika ebenfalls 24 Stunden, nur werden diese anders gezählt. Da die Tage über das Jahr gesehen wegen der Nähe zum Äquator fast gleich lang sind, ist es etwa von 6 bis 18 Uhr hell. So beginnt die Zeitzählung mit dem Sonnenaufgang, was 0 Uhr Swahili-Zeit entspricht (6 Uhr moderner Zeit), wie die Zeitrechnung in Ostafrika genannt wird. 7 Uhr ist dann 1 Uhr und so weiter. 12 Uhr Swahili-Zeit bedeutet dann 18 Uhr moderner Zeitrechnung. Dann beginnt die Nacht und die Stunden werden von vorn gezählt. 19 Uhr moderner Zeitrechnung ist 1 Uhr nachts Swahili-Zeit.

In den Städten wird die alte traditionelle Zeitrechnung immer mehr verdrängt. Wenn Sie sich aber auf dem Land verabreden, sollten Sie sich immer vergewissern, welche Zeit gemeint ist.

Zugverbindungen

Es gibt keinen Bahnverkehr in Ruanda, da die deutschen Pläne einer Bahnverbindung im Ersten Weltkrieg zum Stillstand kamen. Die Belgier, als Verwalter Ruandas nach dem Ersten Weltkrieg, hatten kein Interesse an dem Bau einer Eisenbahnstrecke. Nun ist das Thema aber wieder aktuell. Eine neue Bahnverbindung von Kigali nach Tansania an den Viktoria-See ist in Planung. Bis es so weit ist, dürfte allerdings noch ein Jahrzehnt vergehen.

Entfernungstabelle (Angaben in km)

	Kigali	Butare	Byumba	Giterama	Kibungo	Kibuye	Gisenyi	Gikon.	Ruheng.	Cyang.
Kigali	x	135	60	53	112	144	187	164	118	293
Butare	135	x	210	82	247	129	237	29	190	158
Byumba	60	210	x	128	187	219	173	240	104	349
Giterama	53	82	128	x	165	91	177	112	108	221
Kibungo	112	247	187	165	x	256	299	277	230	386
Kibuye	144	129	219	91	256	x	108	258	199	130
Gisenyi	187	237	173	177	299	108	x	366	69	238
Gikongoro	164	29	240	112	277	258	366	x	220	128
Ruhengeri	118	190	104	108	230	199	69	220	x	307
Cyangugu	293	158	349	221	386	130	248	128	307	x

Ruanda: Regionale Reisetipps A-Z

Hotel-Klassifizierung

Die Auswahl der Übernachtungsmöglichkeiten ist nach persönlicher Recherche vor Ort erstellt und erhebt keinen Anspruch auf Vollständigkeit. In größeren Städten können auf Grund des umfangreichen Angebots nicht alle Übernachtungsmöglichkeiten genannt werden. Dort haben wir versucht, eine Vorauswahl für Sie zu treffen. In kleinen Orten und in den Nationalparks und Wildreservaten sind meist alle Möglichkeiten zur Übernachtung aufgezeigt.

Mit der Redaktionsmeinung soll nicht ausgedrückt werden, dass andere nicht erwähnte Hotels nicht akzeptabel sind. Die von uns angewendete Klassifizierung durch $-Zeichen orientiert sich am offiziellen Preis für Doppelzimmer (DZ), ohne Mahlzeiten (sofern nicht anders angegeben) oder sonstige Abgaben. Abweichungen zum tatsächlichen Zimmerpreis können sich durch die jeweilige Saison, Pauschalangebote oder eine veränderte Preispolitik des Leistungsträgers ergeben. Die Angaben dienen also somit nur als Richtlinie.

Falls ein Hotel seine Preise in FRW ausschreibt, so finden Sie bei uns die Preise umgerechnet in Euro. Wenn das Hotel Preise in US-Dollar angibt, sind diese hier auch so wiedergegeben.

Übernachtungskategorien

(Preise für ein Doppelzimmer pro Nacht)

$$$$$	über 120 €
$$$$	80 bis 120 €
$$$	40 bis 80 €
$$	20 bis 40 €
$	10 bis 20 €

Bei einem Hotel ohne Zeichen bedeutet dies einen Preis unter 10 €.

***Info:** Einige Städte haben in Ruanda in den letzten Jahren offiziell die Namen geändert, die alten sind aber weiterhin in Gebrauch. Zur Information hier eine Liste:*

ALT	NEU	ALT	NEU	ALT	NEU
Butare	Huye	Gikongoro	Nyamagabe	Kibungo	Ngoma
Byumba	Gicumbi	Gisenyi	Rubavu	Kibuye	Karongi
Cyangugu	Rusizi	Gitarama	Muhanga	Ruhengeri	Musanze

A

B

Akagera-Nationalpark (Ostprovinz) (S. 526)

Hinweis: *Benutzen Sie den Haupteingang (Main Gate) im Süden des Akagera-Park, oder das Nyungwe Gate im Norden (70 km nördl. von Rwamagana, Allrad erforderlich).*

Preise und Öffnungszeiten

Der Akagera-Nationalpark ist täglich geöffnet von 6-18 Uhr. Der Eintritt in den Park kostet 30 US$ pro Tag. Zusätzlich fallen noch Gebühren für die Ranger-Begleitung von 15/30 US$ (halber/ganzer Tag)an. Dazu kommt eine Gebühr für das Auto, für einen normalen PKW oder ein Allradfahrzeug zahlen Sie 20 US$ pro Besuch.

Informationen unter: www.akagera.org.

Unterkunft

- ***Ruzizi Tented Camp $$$$$****, Nähe Ihema-See, Tel.: 078-7113301, ruzizi@african-parks.org, www.african-parks.org. Ende 2012 neu eröffnete Zeltlodge. DZ 300 US$, EZ 210 US$. Camping 20 US$. Schöne Lage in einem Waldgebiet am See.*
- ***Akagera Game Lodge $$$$****, 1 km vom Main Gate des Akagera-Parks entfernt, Tel.: 567805 oder 078-5201206, Fax: 567808, akagera01@yahoo.de. DZ 100 €, EZ 80 €, Suite als DZ 150 € jeweils inkl. Frühstück. Das 2004 letztmalig renovierte Hotel (trotz des Namens eigentlich keine Lodge) hat durch einige Besitzerwechsel etwas gelitten. Es verfügt über 58 Zimmer und zwei Suiten. Alle Zimmer haben einen herrlichen Blick auf den Ihema-See. Zudem hat das Hotel ein Restaurant, Bar und einen Swimmingpool.*
- ***Lake Guesthouse $****, die Parkverwaltung unterhält einen Bungalow am Ihema-See mit zwei DZ und einem EZ. Buchungen über das ORTPN-Büro in Kigali (im Voraus erforderlich!). Die Zimmer sind sehr einfach, aber die Lage am See ist sehr schön.*

Camping

Es gibt drei Campingplätze (Shakani, Mutamba, Mayumba) jeweils mit einfachen Toiletten und Waschgelegenheiten. Teilweise mit spektakulären Ausblicken auf den Ihema-See. Erkundigen Sie sich beim ORTPN in Kigali oder beim Headquarter vor Ort im Park (Camping kostet 20 US$ pro Person).

Aktivitäten/Sehenswürdigkeiten

Bootstour: Auf dem Ihema-See sind Bootstouren möglich. Ein kleines Boot (bis 6 Pers.) von der Parkverwaltung kostet 30 US$ die Std., ein großes (bis 18 Pers.) von der Akagera Lodge macht 400 US$ pro Ausflug.

Bukavu (D. R. Kongo) (S. 563)

Hinweis: *Nach Einbruch der Dunkelheit sollten Sie in der Stadt nicht mehr alleine unterwegs sein. Falls Sie über den Ort Bukavu hinaus weiter in den Kongo reisen möchten, erkundigen Sie sich bitte vorher über die aktuelle Sicherheitslage!*

Unterkunft

Es gibt mehrere einfache Unterkünfte und kleine Hotels im Zentrum von Bukavu. Auch wenn man in der Stadt nicht auf Touristen eingestellt ist, übernachten doch etliche Geschäftsleute und Mitarbeiter internationaler Organisationen in der Stadt, so dass es mittlerweile eine kleine Auswahl gibt: King & Queen Ihusi (Tel.: 099-4813235), ***Résidence, Orchid Safari*** *(www.orchids-hotel.com) und* ***La Roche*** *(In der Nähe des Gouverneurspalasts) am Kivu-See gelegen, sowie* ***Horizon*** *auf einem Hügel westlich der Innenstadt mit herrlichem Blick über den See.*

Butare (Huye) (Südprovinz) (S. 568)

Während der Verwaltungsreform 2006 wurde die Stadt offiziell in Huye umbenannt. Der ursprüngliche Name Butare wird allerdings weitläufig noch genutzt.

Wichtige Telefonnummern

Präfektur Butare: 530367

Überregionale Busverbindungen

Minibusse verbinden Butare in zwei Stunden mit Kigali (3 €) sowie in knapp drei Stunden mit Cyangugu. Zudem verkehren die bekannten Busfirmen (Atraco, Okapi, etc.) zwischen Butare und der Hauptstadt (zum Beispiel Okapicar: Abfahrt jede Stunde von 6 bis 18 Uhr, Preis 1.200 FRW/ca. 1,50 €) sowie Nyanza (z.B.: Okapicar: Abfahrt 7, 8, 10, 12, 13, 16, 18 Uhr, Preis 600 FRW/ca. 0,70 €). Die Minibusfirmen haben jedoch unterschiedliche Bus-Stationen im Ort, daher fragen Sie am besten nach, falls Sie mit einer bestimmten Firma fahren möchten. Die Stationen liegen alle im (relativ kleinen) Zentrum.

Städtischer Busverkehr

Da die Stadt nicht sonderlich groß ist, gibt es keine nur innerhalb der Stadt verkehrenden Busse. Um sich in der Stadt zu bewegen, gibt es Taxis (mit zwei und vier Rädern).

Taxis

Taxis finden Sie entweder am zentralen Minibus-Stand im Zentrum oder manchmal auch vor dem Hotel Ibis. Häufig sind in Butare Fahrradtaxis zu finden, sowie auch einige Motorradtaxis.

Mietwagen

Fragen Sie im Hotel Credo nach, dort werden hin und wieder Mietwagen vermittelt.

Banken/Geld tauschen

- **Banque de Kigali**, Tel.: 530358, bkig10@rwanda1.com
- **BCDI**, Tel.: 530516
- **Union des Banques Populaires du Rwanda**, Tel.: 530975

Internet

Es gibt nicht viele Internetcafés in Butare. Die wenigen finden Sie an der Hauptstraße und in der Gegend der Minibus-Station. Ein Internetcafé liegt zum Beispiel schräg gegenüber dem Ibis Hotel.

Unterkunft

- **Centre d'accueil mater boni consifii $$$,** Zentrum (700 m vom Busbahnhof), Tel.: 531329, 531038, management@mbcrwanda.com, www.mbcrwanda.com. DZ 70 US$, EZ 50 US$, Suite 130 US$. Relativ neues Hotel mit 53 Zimmern, Restaurant, Internet und Sat-TV.
- **Le petit Prince $$**, nördl. der Innenstadt, gegenüber der katholischen Universität, Tel.: 531307 oder 078-8358681, info@lepetitprincehotel.com, www.petitprincehotel.com. DZ ab 35 US$, DZ-Suite 75 US$, jeweils mit Frühstück. Modernes und vielleicht bestes Hotel der Stadt. Alle Zimmer mit eigenem Bad/WC und TV. Die Suiten sind etwas größer und haben zusätzlich noch Minibar und Balkon. Mit Restaurant und Gartenbar.
- **Credo $$**, University Road, Tel.: 530855, 530505 oder 078-8302216, Fax: 530201, http://credohotel.com. DZ ab 40 € inkl. Frühstück. Insgesamt 30 Zimmer mit Satelliten-TV, Restaurant, Tennis, Billard und Swimmingpool.

B

- **Barthos $$**, nahe der Universität, Tel.: 078-8460877, barthoshotel@yahoo.fr. DZ ab 23 €, das Hotel hat nett eingerichtete Zimmer, die vorderen können wegen der Hauptstraße jedoch recht laut sein.
- **Ibis $$**, Main Road, Tel.: 530335 oder 078-8323000, Fax: 530005, campionibis@hotmail.com. DZ 33 € (mit besserer Ausstattung 38 €), EZ 29 € (33 €). Das Hotel hat schon bessere Tage gesehen (erbaut 1942), aber im Zentrum von Huye ist es immer noch eines der besseren (soll nach Renovierungen 2013 wiedereröffnen). Hat nichts mit der europäischen Ibis-Hotelgruppe zu tun! Das Restaurant gehört sicherlich zu den besten in der Stadt und ist sehr zu empfehlen!
- **Motel du Mont Huye $$**, Tel.: 530765 oder 078-8561005. DZ ab 22 €, bessere Zimmer bis 36 €. Insgesamt 20 Zimmer zum Hinterhof und Restaurant.
- **Twiga $$**, nördlich der Busstation, Tel.: 078-8855032. Große DZ 18 €, Kleines DZ 12,50 €. Neues Hotel in einem schönen Garten. Mit Restaurant und Bar.
- **Faucon $$**, Tel.:/Fax: 531126 oder 078-8301227, faucon@yahoo.fr. DZ/EZ ab 24/15 €. Zimmer in einem alten Kolonialhaus hinter dem Hauptgebäude. Ruhige und einfache, aber große Zimmer. Sicheres Parken im Hof.
- **Eden Garden $**, Tel.: 530446. DZ 10 €, EZ 5 €. 13 Zimmer mit Gemeinschaftsbad.
- **Motel Gratia**, liegt neben dem Ituze Hotel, Tel.: 531044. Die insgesamt elf Zimmer kosten ab 7 €.
- **Ineza**, Tel.: 530387, motelineza@gmail.com. DZ 9 €, EZ 5 €. Insgesamt zwölf Zimmer und ein recht gutes preiswertes Restaurant.
- **Ituze**, befindet sich gegenüber dem Eden Garden. Die Zimmer (Gemeinschaftsbad) kosten zwischen 5 und 8 €.
- **Motel aux Beaux Arts**, Av. de Commerce, Tel.: 530037. Je nach Zimmer 6 bis 11 €, insgesamt 10 Zimmer. Das Hotel liegt im Zentrum, in der Nähe des Marktes. Es hat ein recht einfaches, aber gutes Restaurant.
- **L'Oiret**, beim Nationalmuseum, Tel.: 530299, 530870, Hotel mit 13 Zimmer zu Preisen zwischen 3 und 7 € inkl. Frühstück. Restaurant vorhanden.

Gästehäuser/Jugendherbergen

- **Episcopal Church Guesthouse**, liegt auf dem Weg zur Universität. Die einfachen und sehr kleinen Zimmer kosten 3 €, die sanitären Gemeinschaftsanlagen sind nicht gerade einladend.
- **Procure de Butare Guesthouse**, gegenüber der Kathedrale, Tel.: 530993. Diese kirchliche Unterkunft hat einfache Zimmer mit Waschtisch. Duschen und WC befinden sich in einem Gemeinschaftsraum.

Restaurants

Am besten essen Sie in den Restaurants der besseren Hotels. Weitere Möglichkeiten sind:

- **Aux Délices Eternelles**, gegenüber Faucon Hotel, Tel.: 530681
- **Printemps**, Main Street
- **La Chouette**, zwischen Motel Gratia und der Tankstelle

Einkaufstipps

- Es gibt zwei relativ gute Buchläden: **Librairie Universitaire** am nördlichen Ende der Main Street und **Librairie Caritas** am südlichen Ende, dort können Sie manchmal auch internationale Magazine bekommen.
- Gegenüber dem Ibis Hotel gibt es einen guten Souvenir-Shop. Die aus Bananenblättern gefertigten Gegenstände, Holzschnitzereien und Flechtwaren stammen aus einem von der deutschen GTZ unterstützten Selbsthilfe-Projekt. Für weitere Informationen: www.pab-faab.org.rw oder gtzab@rwanda1.com.

Diskotheken

Sombrero, nahe Credo Hotel. **Piscine**, hinter der Post

Aktivitäten/Sehenswürdigkeiten

Nationalmuseum, *Das Nationalmuseum liegt von Kigali kommend etwa 1 km vor der Stadt auf der rechten Seite. Tel.: 553131, Fax: 530211, www.museum.gov.rw, museumrwanda@yahoo.fr. Es hat täglich geöffnet von 9-17 Uhr (Mitarbeiter sind schon ab 7 Uhr da und lassen Gäste meist schon rein), an Feiertagen (1.1., 7.4., 4.7.) geschlossen. Der Eintritt kostet 6.000 FRW (ca. 7,20 €) für in Ruanda lebende Ausländer 5.000 FRW (ca. 6 €), Foto-/Videogebühr 2.000/5.000 FRW. Es gibt eine Tanz- und Musikgruppe, die traditionelle Tänze aufführt. Hier bietet sich eine der ganz wenigen Möglichkeiten, diesen Teil der ruandischen Kultur zu erleben. Die Gruppe muss allerdings vorher bestellt werden. An Wochentagen reicht die Bestellung eine Stunde im Voraus, für das Wochenende bis spätestens Freitagmittag. Das Ganze kostet am Wochentag vor 15.30 Uhr für 1 bis 10 Personen 40.000 FRW (ca. 50 €), bis 17.30 Uhr plus 25 % und bis 20 Uhr plus 50 %. An Wochenenden bis 18 Uhr bei 1 bis 10 Personen 70.000 (ca. 86 €) FRW, bis 21 Uhr 80.000 FRW (ca. 115 €).*

Byumba (Gicumbi) (Nordprovinz) (S. 522)

Wichtige Telefonnummern

- **Polizei Buyumba**: *564080/81*
- **Krankenhaus**: *564217*

Banken/Geld tauschen

Union des Banques Populaires du Rwanda, *Tel.: 565228. Tauscht Bargeld und führt eine Vertretung von Western Union.*

Unterkunft

- **Urumuli $$$**, *oberhalb der Hauptstraße (ca. 2 km vom Minibus-Stand), Tel.: 564111 oder 078-8346295, www.hotelurumuli.com, hotelurumuli@yahoo.fr. DZ 40.000 FRW, EZ 25.000 FRW inkl. Frühstück. Das im Jahr 2000 eröffnete Hotel mit 29 Zimmern gehört zum Jali-Club in Kigali und wurde vor einiger Zeit rundum renoviert.*
- **Ubwuzu $**, *auf einem Hügel südwestlich der Stadt gelegen, Tel.: 078-8428353, ubwuzultd@yahoo.fr, DZ/EZ 15.000/10.000 FRW (ca. 18/12 €). Einfache saubere Zimmer, Restaurant und Garten.*
- **Centre Diocésain de Formation $$**, *5 min. vom Taxi-Park, Tel.: 564375, einfache Zimmer für 18,50 € (EZ/DZ).*

Cyamakamba (Ostprovinz) (S. 531)

Hinweis: *Der Ort ist auch unter der Schreibweise „Cyesamakamba" bekannt.*

Unterkunft

Motel Umbrella Pine $$, *an der Hauptstraße nach Rusumu (etwa 200 m von der Abzweigung nach Kibungo), Tel.: 572567. DZ 18 €, EZ 12 € inkl. Frühstück. Nettes Personal und recht gutes Restaurant. Manchmal gibt es Wasserprobleme während der Trockenzeit.*

Cyangugu (Rusizi) (Westprovinz) (S. 560)

Hinweis: *Es handelt sich um einen Doppelort, der unter dem neuen Namen Rusizi zusammen gefasst wurde. Der eigentliche Ort Rusizi (ehemals Cyangugu) liegt direkt am Fluss, der dazugehörige Ort und jetzige Stadtteil Kamembe nördlich davon, etwas mehr landeinwärts.*

C

Wichtige Telefonnummern
- **Polizei Cyangugu**: 537222/66
- **Krankenhaus**: 537500

Flugverbindungen
Es gibt seit 2006 eine Linienverbindung mit Rwandair Express von Cyangugu / Kamembe (KME) nach Kigali (KGL). Der Flug verbindet die südliche Kivu-Region vier Mal die Woche (Di, Do, Sa und So) mit einer Flugzeit von 35 Minuten. Das Hin- und Rückflugticket kostet ab 99 US$.
Rwandair Express, Office-Tel.: 0862051O, Airport-Tel.: 537558, wb@rwandair.com, www.rwandair.com.

Überregionale Busverbindungen
Minibusse von Cyangugu nach Butare (Huye) verkehren regelmäßig den ganzen Tag über (ca. 4 €). Zudem gibt es am Morgen einen Bus nach Kibuye und nach Kigali.

Banken/Geld tauschen
Geld wechseln können Sie entweder in den Bankfilialen oder bei den freien Wechslern rund um den Markt. Nehmen Sie bei diesen allerdings immer erst das Geld und zählen es, bevor Sie Ihre Devisen rausgeben.
- **Banque de Kigali**, Kamembe, Tel.: 537067, vertritt auch Western Union
- **BCDI**, Kamembe, Tel.: 537000

Unterkunft
- **Hôtel des Chutes $**, etwa 500 m von der Grenze, Tel.: 537405, 537015 oder 078-8829807, Fax: 577278, DZ 18 €, EZ 13 €. Insgesamt hat das Hotel 18 Zimmer mit Satelliten-TV und einen bewachten Parkplatz.
- **Hôtel du Lac Kivu $**, direkt am Rusizi-Fluss gelegen, Tel.: 537405 oder 078-8300518. hotel.dulac@yahoo.fr. DZ/EZ 15 bis 19 €, Suite 28 € inkl. Frühstück. Die Zimmer haben warmes Wasser und einen Balkon. Von der Terrasse des Restaurants hat man einen schönen Blick und kann gut essen.
- **Ten to Ten $$**, Kamembe, Tel. /Fax: 537796 oder 078-3220806, tentotenparadise2002@yahoo.com. Zimmer kosten 42 € mit Seeblick und 36 € ohne. Das 3-stöckige Hotel hat 30 Zimmer sowie Sauna und einen Nachtclub (daher am Wochenende wegen der lauten Musik nicht sehr zu empfehlen).

Gästehäuser
- **Peace Guest House $$**, etwa 1 km vor Kamembe (Richtung Cyangugu), Tel.: 537799 oder 085-22727, Fax: 561423, www.peaceguesthouse.org, info@peaceguesthouse.org, DZ-Villa 98 €, DZ 27 € (18 € mit Gemeinschaftsbad), EZ 22 € (11 € mit Gemeinschaftsbad), zudem gibt es fünf Bungalows mit je zwei Räumen (Bad wird geteilt) die 62 € je Zimmer kosten. Schöner Blick über den Kivu-See.
- **Auberge la Saveur $**, schräg gegenüber des Ten to Ten Hotel, Tel.: 08623617, DZ 10 €, EZ (Gemeinschaftsbad) 6 €.
- **La Petite Colline $**, Kamembe (beim Markt), Tel.: 537824 oder 078-3346234, musoni74@yahoo.fr, Zimmer kosten 14 bis 25 €.
- **Home Saint François $**, gegenüber Hôtel du Lac Kivu, Tel.: 537915, Fax: 546905. DZ 12 €, EZ 9,50 € (7 € mit Gemeinschaftsbad). Im kirchlichen Gästehaus mit 24 Zimmern kann es ohne Trauschein (Ehering) schon mal schwierig sein, ein Zimmer zu bekommen. Die Zimmer sind sauber, mit Dusche/WC.

Cyanika (Nordprovinz) (S. 550)

Cyanika ist ein Grenzort zur Republik Uganda auf der Strecke Ruhengeri – Kisoro. Auf beiden Seiten stehen Minibusse bereit zur Weiterfahrt.

Grenze/Grenzverkehr
Die Grenze ist von 6-18 Uhr geöffnet. Minibusse von Ruhengeri bis zur Grenze (ca. 25 km) kosten ca. 1,50 €. Etwa genau so viel bezahlen Sie nach dem Übergang mit einem Minibus nach Kisoro.

Banken/Geldwechsel
Es gibt keine Bankfilialen in diesem kleinen Ort, ebenso keine offiziellen Wechselstuben. Aber wie an allen Grenzübergängen gibt es freie Geldwechsler. Seien Sie allerdings wachsam beim Geldtausch!

Unterkunft
Es gibt keine Unterkunft in Cyanika.

Gikongoro (Nyamagabe) (Südprovinz) (S. 571)

Wichtige Telefonnummern
- ***Polizei Gikongoro**: 535022, 535249* • ***Krankenhaus**: 535159*

Regionale Busverbindungen
Regelmäßige Minibus-Verbindungen nach Butare und zumindest auch vormittags nach Rusizi (Cyangugu).

Banken/Geld tauschen
***Union des B. P. du Rwanda**, Tel.: 535102*

Unterkunft
- ***Golden Monkey $$**, Hauptstraße, Tel.: 078-8484849, goldenmonkeyhotel@yahoo.com, www.goldenmonkeyhotel.com. DZ 32 €. Hotel mit 23 Zimmern.*
- ***Gikongoro Guest House**, nahe der Provinzverwaltung, Tel.: 535060. Das Gästehaus hat neun Zimmer zu je 9 €, die zwar sehr einfach, aber ihr Geld wert sind.*
- ***Hibiscus Guesthouse**, nahe der Tankstelle, Tel.: 577338 / 535060.*

Restaurants
- ***Bar Restaurant Hibiscus**, Restaurant des gleichnamigen Gästehauses, Tel.: 577338 / 535060.*
- ***Dallas**, am Ortseingang bergab auf der rechten Seite.*

Gisenyi (Rubavu) (Westprovinz) (S. 554)

Wichtige Telefonnummern
***Polizei Rubavu/Gisenyi**: 540316, 540407*

Informationen
Es gibt in Rubavu/Gisenyi keine Touristeninformation und auch kein großes Reisebüro.

Flugverbindungen
Es gibt keinen Flughafen. Der nächstliegende Flughafen ist in Goma (D. R. Kongo). Dort gibt es zurzeit nur internationale Hilfsflüge bzw. kongolesischen Regionalverkehr.

Internationale Busverbindungen
Vom Rubavu Taxi-Park können Sie mit einem Minibus nach Goma (D. R. Kongo fahren). Sie

G

brauchen als Nicht-Afrikaner allerdings ein Visum für den Kongo. Daher wird man Ihnen vielleicht empfehlen, ein Taxi oder auch ein Motorrad zu nehmen, um individuell über die Grenze nach Goma zu fahren. Zurzeit ist es für Europäer aus Sicherheitsgründen nicht gestattet, über Goma hinaus in den Kongo zu reisen. Bitte erkundigen Sie sich vorher bei Ihrer Botschaft in Kigali nach den aktuellen Sicherheitshinweisen.

Überregionale Busverbindungen

Normale Minibus-Verbindungen starten direkt beim Taxi-Park am Markt für Fahrten nach Musanze (Ruhengeri) (1 Std.) und Kigali (3 Std.). Einige Minibusse fahren auch nach Kibuye. Um nach Rusizi (Cyangugu) zu kommen, müssen Sie dort umsteigen. Zudem gibt es noch diverse (Mini-)Busunternehmen für Fahrten nach Kigali (über Musanze) und nach Goma. Alle diese Unternehmen haben ihre Ticketbüros und Abfahrtsstellen in der Nähe des Taxi-Parks, am bekanntesten sind hier: Atraco und Okapicar (südl. des Taxi-Parks). Beide haben die gleichen Preise nach Kigali (ca. 3,50 €) und ihre Abfahrzeiten variieren etwas, so dass Sie mindestens einmal pro Stunde eine Verbindung in die Hauptstadt haben. Okapis erste Fahrt ist um 5 Uhr, Atracos erste Fahrt um 6 Uhr. Bei der ersten Fahrt von Okapi um 5 Uhr müssen Sie sich am Vortag anmelden, Sie werden dann direkt vor Ihrem Hotel abgeholt (meist bereits gegen 4.30 Uhr). So brauchen Sie nicht mit Ihrem Gepäck nachts durch die Straßen zu laufen. Mit dieser Frühverbindung haben Sie noch die Chance, eine internationale Busverbindung ohne Zwischenübernachtung in Kigali zu bekommen (z.B. den 9-Uhr-Jaguar-Bus nach Kampala). Abfahrtszeiten:
***Okapicar**, Tel.: 540333 oder 08532457. Verbindungen nach Kigali um 5, 7, 8.30, 10, 11, 12.30, 14, 15.30 und 16.30 Uhr. Abfahrt nach Goma um 8, 9.30, 10.30, 12, 13.30, 15 und 16 Uhr.*

Städtischer Busverkehr

Es gibt keinen innerstädtischen (Mini-)Busverkehr. Der Nahverkehr wird im kleinen Gisenyi mit Fahrrädern, Motorrädern und Taxis abgewickelt.

Taxis

Die Taxis (Taxi-Voiture) stehen am zentralen Marktplatz. Eine Fahrt innerhalb von Rubavu kostet ca. 1,60 bis 2,40 € (ca. 1.400 bis 2.000 FRW). Zweiradtaxis stehen ebenfalls am Marktplatz und fahren zudem überall in der Stadt umher (einfach mit Handzeichen anhalten).

Mietwagen

Es gibt keine Mietwagen-Agentur in Rubavu. Sie können sich allerdings ein Taxi für einen Tag mieten. Der Preis ist Verhandlungssache.

Rundfahrten/Touren/Besichtigungen

***Traser Travel Agency**, nahe La Bella Restaurant, Tel.: 540773 oder 08490521, traserw@yahoo.com, www.iwacu.rw/traser*

Banken/Geld tauschen

Mehrere Banken haben eine Filiale in der Stadt. Zudem gibt es mittlerweile zahlreiche Wechselbüros, die sich alle um den Markt herum befinden. Am Markt lauern auch die Schwarzmarktwechsler, bei denen Sie meist einen leicht besseren Kurs bekommen können (zählen Sie erst das Geld, bevor Sie Ihre Devisen rausgeben).

- ***BANCOR (Banque Commerciale du Rwanda)**, Avenue de l'Indépendance, Tel.: 540120/1*
- ***Banque de Kigali**, Avenue de l'Indépendance, Tel.: 540279*
- ***BCDI (Banque de Commerce, de Developpement et de l'Industrie)**, an der Hauptgeschäftsstraße (vom Markt Richtung Ruhengeri), Tel.: 540010*

Internet

Internet ist in Rubavu noch ein kleines Abenteuer. Es gibt zwei, drei Internetmöglichkeiten (alle am Markt, siehe auch Stadtplan), aber die Verbindungen sind langsam, falls Sie überhaupt funktionieren.

Unterkunft

- ***Lake Kivu Serena $$$$$ (14)**, direkt am See am Ende der Rue de Palmier (ausgeschildert), Tel.: 541111, Fax: 541102, www.serenahotels.com. DZ 232 US$, EZ 172 US$, Suite 360 US$ jeweils inkl. Frühstück. Es gibt 60 Zimmer plus 23 Familienzimmer und 6 Suiten. Das mit Abstand beste Hotel vor Ort und vielleicht das schönste in Ruanda. Direkt am Strand des Kivu-Sees gelegen. Mit Swimmingpool und Fitnessraum. Gehört seit 2007 zur kenianischen Serena-Gruppe.*
- ***Gorilla Lake Kivu $$$$ (9)**, Rue des Palmiers, Tel.: 540600, Fax: 540602, www.gorillashotels.com, gorillashotels@rwanda1.com. DZ/DZ deluxe 110/120 US$, bei Einzelbelegung 90/100 US$. Das ehemalige Hotel Regina wurde von der Gorillas-Hotelgruppe komplett saniert und erweitert und 2008 unter neuem Namen wieder eröffnet. Die jetzt insgesamt 35 Zimmer befinden sich in einem alten Kolonialhaus und einem Anbau. Es gibt mit „The Ubwato" ein gutes Restaurant. Daneben Swimmingpool und Sportmöglichkeiten wie Badminton, Volleyball und Fitnessraum. Der Kivu-See und der Strand-Park liegen direkt vor der Tür. Ebenso eine Brutkolonie Kormorane (je nach Brutzeit) auf einem großen Eukalyptus-Baum.*
- ***Stipp $$$ (7)**, Rue des Palmiers, Tel.: 540060, 540202 oder 08566125, 08665500, Fax: 540335, stipphotels@rwanda1.com, www.stipphotelrwanda.com. Preise: DZ 65 €, Suite 98 €, inkl. Frühstück. Herrliches, Anfang 2005 eröffnetes Hotel mit 26 Zimmern (alle mit King-Size-Betten), Restaurant mit Seeblick, Poolbar, Garten-Pavillon und Swimmingpool. Wer keinen Strand vor der Tür braucht wie beim Kivu Sun, der wird hier auf seine Kosten kommen, sehr zu empfehlen!*

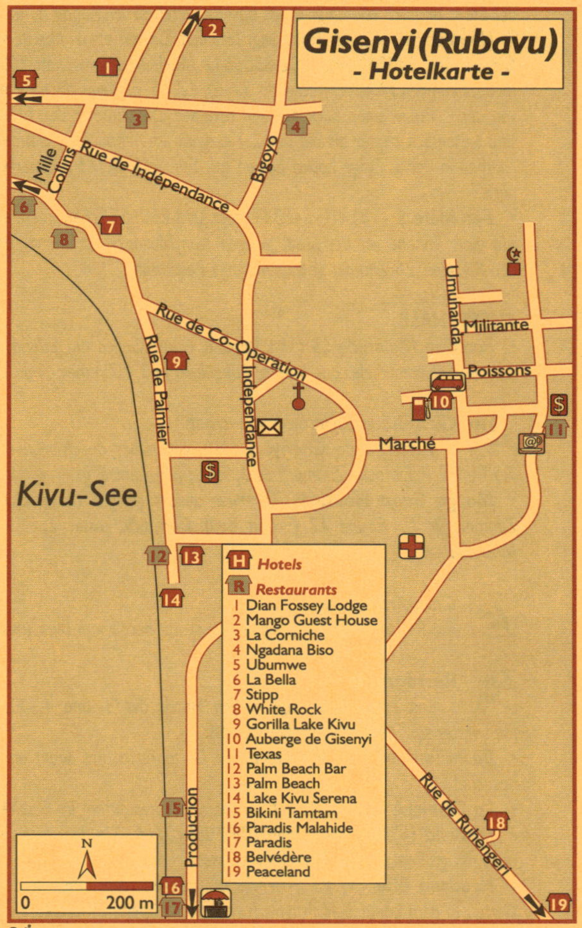

© igraphic

G

• **Yvke Beach $$$,** *7 km außerhalb von Rubavu, www.yvke-beach-resort.com. DZ-Bungalow 70 US$, EZ-Bungalow 60 US$. Wunderschön direkt am Kivu-See gelegenes neues Hotel außerhalb der Stadt.*

• **Palm Beach $$$ (13)**, *gegenüber Serena Hotel. Das Hotel sollte nach umfangreicher Renovierung 2010 wieder eröffnen, bislang ist jedoch nicht viel passiert. Restaurant* **(12)** *mit Blick auf den Strand.*

• **Peaceland $$ (19)**, *Rue de Ruhengeri, einige hundert Meter außerhalb des Ortes, Tel.: 540007, peacelandhotel07@yahoo.com. DZ 35 bis 45 €, Suite 50 €, EZ 19 bis 35 €. Zimmer mit Balkon und vorne mit herrlichem Blick auf den Ort und den See.*

• **Dian Fossey Lodge $$ (1)**, *Rue Corniche (ausgeschildert), Tel.: 078-8517591, hoteldianfossey@yahoo.fr. Großes DZ 31 €, Suite 37 €, EZ 21 €, jeweils inkl. Frühstück. Falls Sie als nicht verheiratetes Paar ein DZ nehmen möchten, gibt es einen Aufschlag von 2,50 € (das soll laut Manager „Lustpaaren" den Anreiz nehmen, die Lodge als Stundenhotel zu missbrauchen). Relativ neue Lodge im ruhig gelegen „Villenviertel" der Stadt, dadurch allerdings etwas abseits. Durch neuen Anbau mittlerweile 20 Zimmer.*

• **Ubumwe $$ (5)**, *das Hotel liegt in einem Garten etwas abseits von Stadt und See (auf dem Weg zur Grenze), Tel.: 540267 oder 078-8506647 (Michel), ubumwehotel2006@yahoo.fr. Preise: DZ 1. Kategorie (neue Zimmer) 37 € (2. Kategorie 31 €), EZ 25 €. Wenn auch nicht direkt am Wasser, so hat man aber von der 1. Etage einen Blick auf den Kivu-See. Die Zimmer der 1. Kategorie liegen in einem Neubau und sind wesentlich besser als die der 2. Kategorie im Altbau. Der Zimmeraufschlag lohnt sich. Die Zimmer im Neubau in der 1. Etage haben Balkon mit Seeblick! Alle 23 Zimmer sind ausgestattet mit TV und Moskitonetz.*

• **Belvédére $ (18)**, *Tel.: 540349 oder 078-8506555, belverderehotel@yahoo.fr, http://belvedere.rbo.rw. Auf einer Anhöhe vor der Stadt gelegen (von Musanze kommend), daher eine schöne Aussicht runter auf den Kivu-See. 26 Zimmer und recht gutes Restaurant.*

AUSSERHALB

• **Paradise Malahide $$ (16)**, *Rubona, 6 km südlich am Strand des Sees gelegen, Tel.: 788 648 650, www.paradisemalahide.com. 6 nette Bungalows und 4 Zimmer, direkt am See gelegen.*

Gästehäuser/Jugendherbergen

• **Auberge de Gisenyi $ (10)**, *gegenüber der Minibus-Station, Tel.: 078-8703456. DZ / EZ 7,50 € / 9 €. Einfache Zimmer mit Dusche (kalt), zentral gelegen, daher ideal für einen kurzen Aufenthalt.*

• **Mango Guest House $ (2)**, *etwas abseits gelegen (ausgeschildert, siehe Plan), Tel.: 078-8855737. Zimmer für 10 € und 12 € (mit Bad), Frühstück kostet 2 €. Insgesamt acht einfache Zimmer mit Moskitonetzen.*

Campingplätze

Am Restaurant Paradis (siehe unten), mit herrlichem Blick über die Rubona-Bucht. Vorher anmelden!

Restaurants

• *Gut essen kann man in den Hotels der 3- und 4-$-Kategorie (zu entsprechenden Preisen). Preiswerter sind die folgenden Restaurants:*

• **Bikini Tamtam (15)**, *Rue Production. Gartenrestaurant direkt am See. Besonders an Wochenenden gut besucht.*

• **La Corniche (3)**, *Rue de la Corniche. Gartenrestaurant im Bereich des „Villenviertels".*

• **La Bella (6)**, *Rue des Palmiers, Tel.: 08510714. Das Restaurant befindet sich in einem alten Kolonialhaus mit großem Garten. Zurzeit geschlossen.*

• **Ngadana Biso (4)**, *im „Villenviertel" gelegen (gegenüber dem Roten Kreuz). Nettes Restaurant mit Garten, in dem hauptsächlich typisch ruandische Speisen (Matoke, Fleischspieße, etc.) serviert werden.*

- **Paradis (17)**, *Rubona, Tel.: 08465959. Das Restaurant liegt etwas außerhalb (6 km) an der schönen Rubona-Bucht, in der sich der Hafen von Gisenyi befindet (gegenüber der Bralirwa-Brauerei).*
- **Texas (11)**, *Hauptgeschäftsstraße, Fast Food und einfache Gerichte in netter Atmosphäre.*
- **White Rock (8)**, *Rue de Palmier, Tel.: 078-5102122. Internationale Küche und einfache Gerichte in netter Atmosphäre. Geöffnet Mi-So 12-22 Uhr. Mi und Sa Nacht hat auch die angeschlossene Diskothek geöffnet.*

Einkaufstipps

Sollten Sie Hunger auf Käse oder (Butter-)Milch, Saft, Kekse, Ketchup oder Nutella haben, dann werden Sie in der Boulangerie hinter dem Markt (Rue Poissons) fündig. Dort gibt es natürlich auch alles andere, vom Brot bis zum Reis.

Das „Poupeterie-Atelier" ist eine Frauenkooperative, die Puppen und andere Handwerksartikel herstellt. Gehen Sie an der Auberge de Gisenyi die Straße hoch, dann kommen Sie nach der nächsten Kreuzung (geradeaus) dorthin.

Apotheken

Um den Markt im Zentrum von Rubavu gibt es mehrere Apotheken, die allerdings nicht gut bestückt sind.

Diskotheken

- **Chez Nyanja**, *nahe Stipp Hotel*
- **La bamba**, *nördlich des Marktes, täglich geöffnete Bar, am Wochenende Tanz und Musik*

Märkte

Der Markt von Rubavu befindet sich direkt im Zentrum der Stadt.

Gishwati Forest Reserve (Westprovinz) (S. 557)

Hinweis: *Das so genannte Forest Reserve (Waldschutzgebiet) wird nicht sonderlich geschützt, weswegen auch kaum noch Wald vorhanden ist. Wenn Sie die Straße von Rubavu (Gisenyi) nach Kibuye fahren, kommen Sie noch an einigen Parzellen Wald vorbei. Durch die meisten führen Trampelpfade der Rinder und Hirten, so dass Sie die Chance haben, hier selbstständig zu wandern und den Wald zu genießen.*

Unterkunft

Es gibt keine Unterkünfte an den restlichen Waldstücken des einst so majestätischen Waldes. Ausflüge unternehmen Sie am besten von Gisenyi aus.

Gitarama (Muhanga) (Südprovinz) (S. 565)

Wichtige Telefonnummern

- **Polizei Muhanga**: *562010*
- **Krankenhaus**: *562009*

Regionale Busverbindungen

Minibusse verkehren regelmäßig nach Kigali, Kibuye und Huye (Butare). Je nach Strecke kostet die Fahrt zwischen 1,70 und 3 € (1.400 und 2.500 FRW).

G

Banken/Geld tauschen

• **Banque de Kigali**, unterhält eine Filiale im Ortszentrum, Tel.: 562558
• Weitere Banken sind: **BCDI** (Tel.: 562970), **Union de B. P. du Rwanda** (Tel.: 562213)

Post

Das Postamt befindet sich an der Straße rechts von der Minibus-Station auf der linken Seite, gleich neben der Rwanda Revenue Authority.

Unterkunft

• **Jangwe Lodge $$$**, 8 km außerhalb der Stadt (Richtung Huye), Tel.: 078-5066081, DZ 60 €. Neues Hotel unter belgischer Führung. Mit gutem Restaurant und Swimming-Pool.
• **Real Motel $$**, Kigali Road, ca. 4 km außerhalb der Stadt, Tel.: 078-8403424, realmotel@gmail.com. DZ 25 €, DZ mit Gemeinschaftsbad 18 €, jeweils inkl. Frühstück. Kleines Hotel mit Restaurant und Garten.
• **Tourisme et Sport $$**, auf der Hauptstraße von Kigali aus links hinter dem Ort, Tel.: 562269 DZ 25 US$, EZ 20 US$. Das Hotel hat insgesamt 13 Zimmer. Es liegt sehr ruhig und nach vorheriger Bestellung können Sie hier auch essen.
• **Concorde $**, an der Kibuye Road, Tel.: 562720, DZ 9 €, EZ 5 € jeweils mit Gemeinschaftsbad. Insgesamt gibt es sieben Zimmer.
• **Le Palmier $**, gegenüber der Minibus-Station, Tel.: 562183 oder 078-8420632. DZ mit Bad 12 €, DZ mit Gemeinschaftsbad 8 €.
• **Gloria $**, rechte Seitenstraße bei der Minibus-Station, Tel.: 562234, Zimmer kosten 9 € (mit Bad) oder 7 € mit Gemeinschaftsbad.

Jugendherbergen/Gästehäuser

Auberge Centre Saint André, südlich des Zentrums bei der Kabgayi Kathedrale, Tel.: 562812 / 562450, saintandrekabgayi@yahoo.fr. DZ 10 bis 19 €, EZ / DZ mit Gemeinschaftsbad 7,50 €/5 €, Frühstück extra 2 €.

Restaurants

• **Tranquillité**, Tel.: 562696. Einfaches aber gutes Essen, preiswert. Um die Mittagszeit kommen viele Einheimische zum Essen.
• **Le Palmier**, gegenüber der Minibus-Station, Tel.: 562183.

Aktivitäten/Sehenswürdigkeiten

Die Kathedrale von Kabgayi liegt etwa 3 km außerhalb von **Muhanga** (Gitarama) an der Butare Road. Neben der Kirche gibt es das Kabgayi-Church-Museum. Geöffnet Mo-Fr von 8-17 Uhr. An Wochenenden nur nach Voranmeldung geöffnet. Der Eintritt kostet etwa 2,40 € (2.000 FRW).

Goma (D. R. Kongo) (S. 558)

Hinweis: Die Lage in der Stadt Goma war Anfang 2013 laut Auswärtigem Amt „angespannt", Kämpfe zwischen Rebellen und Armee können jederzeit wieder ausbrechen und auch auf umliegende Provinzen übergreifen. Der Rest des Kongo gilt zzt. als ruhig. Sollten Sie in den Kongo reisen wollen, erkundigen Sie sich auf jeden Fall vorab nach der aktuellen Sicherheitslage (www.auswaertiges-amt.de, www.kinshasa.diplo.de).

Informationen

Aktuelle Informationen über den Kongo bekommen Sie auf www.kongo-kinshasa.de.

Fluggesellschaften/-verbindungen

Regelmäßige Verbindungen nach Kisangani und Kinshasa. Kleinflugzeuge fliegen auch die Städte in der Umgebung an, z.B. Bukavu oder Bunia.

Internationale Busverbindungen

Die ruandischen Minibus-Unternehmen Atraco und Okapicar verbinden Goma mit Gisenyi, Ruhengeri und Kigali.

Rundfahrten/Touren/Besichtigungen

Einige lokale Agenturen bieten Touren zum Virunga Nationalpark und anderen Sehenswürdigkeiten an:

- **Go Congo**, im Hotel Grand Lac, Tel. 099-7734710, sales@gocongo.com, www.gocongo.com. Spezialisiert auf Bootstouren auf dem Kongo.
- **Jambo Safaris**, Rond Pointe Segners, Tel.: 099-7745179, sjambos@yahoo.fr.
- **Mapendano Voyages**, Av. Jacaranda, Tel.: 081-3140727, anmapendanosafari@yahoo.fr.

Unterkunft

Es gibt etliche Hotels in diversen Kategorien in Goma, viele der annehmbaren Unterkünfte sind allerdings oft durch Mitarbeiter der Hilfsorganisationen belegt. Hier die zzt. besten:

- **Congomani $$$**, Cercle Sportiv. Neues Hotel mit 25 Zimmern. Mit Bar, aber ohne Restaurant.
- **Des Grand Lacs $$**, Bd. Kanya Muhanga, altes Kolonialhotel mit schönem Garten. Die Zimmer sind jedoch renovieringsbedürftig. Im Restaurant Al Bacha werden gute libanesische und kongolesische Gerichte serviert.
- **Bird $$**, westl. Seitenstraße des Bd. Kanya Muhanga (neben VIP Hotel), Tel. 099-7720327. Empfehlenswertes Restaurant.

Kabgayi (Südprovinz) (S. 566)

Unterkunft

- **Centre St. André $**, Tel.: 562450, saintandrekabgayi@yahoo.fr. DZ 10 bis 19 €, EZ/DZ mit Gemeinschaftsbad 7,50 €/5 €, Frühstück extra 2 €. Insgesamt hat die kirchliche Unterkunft 82 Zimmer.
- Weitere Unterkünfte finden Sie im nur 3 km entfernten Ort Gitarama.

Aktivitäten/Sehenswürdigkeiten

Die Kabgayi Church ist die älteste Kathedrale in Ruanda, erbaut im Jahre 1925. Direkt daneben liegt das Kichen-Museum. Es ist geöffnet von Mo-Fr 8-17 Uhr. An Wochenenden nur bei einer Anmeldung im Voraus. Der Eintritt kostet etwa 2 € (FRW 1.400).

Kagitumba (Ostprovinz) (S. 488)

Hinweis: Der Ort liegt im äußersten Nordosten Ruandas an der Grenze zu Uganda. Der Grenzübergang ist geöffnet von 7-18 Uhr. Die Straße auf ugandischer Seite führt Sie weiter nach Ntungamo.

Unterkunft

Die wenigen Unterkünfte in Kagitumba sind sehr einfach! An der Hauptstraße liegen zum Beispiel die Unterkünfte: **Guest House Matimba** und **1st October Motel**.

K

Kibungo (Ngoma) (Ostprovinz) (S. 530)

Wichtige Telefonnummern
- **Polizei Ngoma**: 566220/21
- **Krankenhaus**: 566244
- **Polizei Notruf-Zentrale**: 17

Regionale Busverbindungen
Minibusse verbinden Ngoma mit der Hauptstadt Kigali und dem Grenzort Rusumu.

Banken/Geld tauschen
Union des B.P. du Rwanda, *direkt im Zentrum, Tel.: 567582*

Unterkunft
Motel Umbrella Pine $$, *in Cyamakamba, etwas außerhalb von Ngoma, an der Hauptstraße nach Rusumu, Tel.: 566269, 572567. DZ 19 €, EZ 12,50 € inkl. Frühstück. Nettes Personal und recht gutes Restaurant.*

JH

Gästehäuser/Jugendherbergen
- **Centre Saint Joseph $**, *in der Nähe des Stella-Express-Ticket-Büros, Tel.: 566303, DZ 12,50, Suite 19 €, EZ 4 € mit Gemeinschaftsbad inkl. Frühstück. Betten in Schlafräumen 2 €. Angeschlossen ist ein Restaurant mit Terrasse, es werden lokale Gerichte serviert.*
- **Sunset Guesthouse $**, *Hauptstraße zw. Cyamakamba und Universität, Tel. 566767, DZ 10 €. Einfache, aber große Zimmer, ein gutes Preis-Leistungs-Verhältnis. Kein Restaurant, aber eine Bar mit Kleinigkeiten zum Essen.*

Kibuye (Karongi) (Westprovinz) (S. 559)

Wichtige Telefonnummern
- **Polizei Korongi**: 568347
- **Krankenhaus**: 568252

Regionale Busverbindungen
Es gibt tägliche Minibus-Verbindungen auf einer Piste entlang des Kivu-Sees nach Gisenyi (ca. 3 €). Die Fahrzeit dauert etwa 3 ½ Stunden. Auf die andere Seite nach Cyangugu fährt täglich nur ein Bus (8 Uhr), der für die schlechte Strecke etwa fünf Stunden braucht. Die Strecke nach Gitarama und Kigali ist dagegen stark frequentiert. Die Minibusse brauchen 2 ½ Stunden bis zum Kigali-Nyabugogo-Taxi-Park (ca. 3 €).

Banken/Geld tauschen
Die Banque Continentale Africaine Rwanda unterhält eine Filiale in Kibuye, bei der Sie Geld wechseln können.

Unterkunft
- **Moriah Hill Resort $$$$**, *auf der Halbinsel am See, außerhalb des Zentrums, Tel.: 568667 oder 078-8512222, info@moriah.hill.com, www.moriah-hill.com. DZ 126 US$, Familienzimmer 170 US$, EZ 96 US$. Im Jahr 2007 eröffnetes Hotel direkt am See. 18 Zimmer mit Terrasse und Seeblick.*
- **Cormoran Lodge $$$$$**, *direct am Kivu-See, Tel.: 072-8601515, www.cormoranlodge.com. DZ 180 US$, EZ 135 US$. Neue luxuriöse Lodge mit 7 Zimmern und herrlichem Blick auf den See.*
- **Holiday $$$**, *am See, nördöstlich des Zentrums, Tel.: 078-8350535, holidayhotel@yahoo.fr. DZ 44 € mit Seeblick (37 € ohne). Hotel mit 3 Etagen.*

• **Guest House Kibuye $$**, *Tel.: 568554, 568555 oder 083-23555, Fax: 577278, guesthouse@rwanda1.com. Preise: DZ 32 €, EZ 22 €. Das ehemalige staatliche Gästehaus wurde 2009 renoviert und unter privatem Management neu eröffnet. Insgesamt 24 Zimmer mit Satelliten-TV. Sehr gutes Restaurant sowie Bootsverleih und Wasserski.*
• **Centre Bethanie $$**, *Tel.: 568235, DZ 19 bis 53 € (je nach Lage und Standard), ohne Frühstück. Das schön gelegene Hotel hat 42 Zimmer, die meisten mit Blick über den See.*
• **Golf Eden Rock $$**, *nahe dem Postamt, Tel.: 568524, golfedenrock@yahoo.fr. DZ 20 €, EZ 15 €, Suite 25 €. Gutes Preis-Leistungs-Verhältnis, mit Restaurant und Terrasse sowie Internet.*

AUSSERHALB

Birambye Lodge, *50 km südlich von Korongi am Kivu-See entsteht in Zusammenarbeit mit einer Hilfsorganisation die Birambye Lodge. Fertigstellung und Eröffnung 2013.*

Gästehäuser/Jugendherbergen

Home St. Jean, *nahe der großen Kirche auf dem Hügel, Tel.: 568526, homesaintjean@yahoo.fr. DZ 19 € (10 € mit Gemeinschaftsbad), EZ 13 € (7,50 € mit Gemeinschaftsbad). Das katholische Gästehaus hat insgesamt 26 Zimmer.*

Restaurants

Am besten essen Sie in den Restaurants der oben aufgeführten Hotels.

Apotheken

Es gibt eine Apotheke in einer Seitenstraße rechts vom Markt.

Märkte

Der große Wochenmarkt von Korongi findet jeden Freitag auf einem Platz hinter dem Krankenhaus statt.

Aktivitäten

Bootstouren auf dem Kivu-See, *Bootstouren organisiert die Comoran Lodge oder das Moriah Hill: Motorboot mit 8 Plätzen für Ausflüge zur Amahoro Insel und anderen. Ausleihen von Kajaks möglich.*

Kigali (Kigali-Provinz) (S. 512)

Wichtige Telefonnummern

• **Auskunft**: *12*
• **C.I.D. Kriminalpolizei** (Criminal Investigation Department)*: 078-8311150*
• **Feuerwehr**: *83460*
• **Notruf**: *17*
• *Notruf* **Verkehrspolizei Kigali** *Zentrum: 078-8311112 bis 16*
• *Notruf* **Verkehrspolizei Remera**: *078-8311122*
• **Police Nationale** *(Nationalpolizei): 515598 (für V.I.P. und Ausländer)*

Informationen

• **Rwanda Development Board (RDB)**, *1 Boulevard de la Révolution,PO Box 905, Tel.: 576514 oder 573396, Fax: 576515, reservation@rwandatourism.com, www.rwandatourism.com.*
• **Stadt Kigali**, *Informationen zur Stadtregierung finden Sie unter: www.kigalicity.gov.rw.*

K

- **The Eye**, Kostenloses Magazine mit aktuellen Terminen und Veranstaltungen in Kigali und Umgebung. Erscheint einmal im Quartal und liegt in vielen Hotels und gehobenen Restaurants aus.
- **www.livinginkigali.com**: Internetseite mit Informationen zur Hauptstadt Ruandas.

Fluggesellschaften/-verbindungen

- **Rwandair Express**, Centenary Building (Caritas), Av. de la Paix, Tel.: 575757, 503691, Fax: 503689. Am Flughafen Kigali, Tel.: 589738, Fax: 514077, info@rwandair.com, www.rwandair.com. Die halbstaatliche Rwandair Express ist die einzige nationale Fluggesellschaft Ruandas. Das Büro ist geöffnet Mo-Fr 8.30-17 Uhr, Sa 9-13 Uhr. Nairobi Office: Vintage Africa, 4th Floor Carlson Building, Parklands, Tel.: 020-343870 oder 2220918, Fax: 020-343870, sales.nairobi@rwandair.com.
- **South African Airways**, Avenue de la Commerce, Tel.: 572643, Fax: 572231, www.flysaa.com.
- **Air Tanzania**, bookings@airtanzania.com, www.airtanzania.com.
- **Ethiopian Airlines**, Boulevard de la Revolution, Tel.: 575045, 570440, Fax: 570441, kglteam@rwanda1.com, www.flyethiopian.com. Das Büro ist geöffnet Mo-Fr 8-12 und 14-17 Uhr.
- **Kenya Airways**, Union Trade Center, Avenue de a Paix, Tel.: 577972, Fax: 576426, reservations.kigali@kenya-airways.com, www.kenya-airways.com.
- **SN Brussels Airlines**, Hotel des Mille Collines, Tel.: 575290/94, Fax: 573082, marie.mukakabera@brussels-airline.com, www.brusselsairline.com. Bürozeiten Mo-Fr 8-12 und 14-17 Uhr.
- **Coastal Aviation**: Die private tansanische Fluggesellschaft verbindet Kigali täglich mit den wichtigsten Destinationen des Nachbarlandes. Ideal, wenn Sie beide Länder auf einer Reise verbinden möchten. Ziele in Tansania sind: Arusha (City Airport), Grumeti, Kogatende, Lake Manyara, Mwanza und Serengeti-Seronera. Die Flüge finden auf Basis von „Share-charter" statt, d.h. der Flugpreis richtet sich nach der Anzahl der mitfliegenden Personen.

- **Charter-Fluggesellschaften:**
- **Alliance Express**, Tel.: 582410
- **Concord Rwanda**, Tel.: 575988

Flugverbindungen: Einzige direkte Flugverbindung von/nach Europa ist die mit SN Brussels ab/bis Brüssel. Kontinentale Verbindungen gibt es nach Bujumbura/Burundi, Entebbe/Uganda, Nairobi/Kenia und Johannesburg/Südafrika. Von dort können weitere afrikanische, aber auch europäische Ziele angeflogen werden. Es gibt auf Grund der geringen Entfernungen in Ruanda nur zwei reguläre Inlandsflüge, zwischen Kigali und Cyangugu sowie Kigali - Gisenyi. Andere Inlandsziele sind nur mit arrangierten Charterflügen zu erreichen.

Internationale Busverbindungen

Mehrere Busunternehmen bieten Busverbindungen in die Nachbarländer an, vor allem nach Kampala (Uganda). Zudem gibt es noch Verbindungen nach Goma (D. R. Kongo) und Bujumbura (Burundi). Die meisten Unternehmen starten vom Nyabugogo-Taxi-Park:

- **Jaguar**, tägliche Verbindungen nach Kampala (und teilweise weiter nach Nairobi) um 5, 6, 7 und 9 Uhr. Das Ticket ist gleichzeitig die Sitzplatzreservierung, möglichst schon am Vortag kaufen. Preis nach Kampala: ca. 10 €.
- **Regional Coach**, tägliche Verbindungen mit Kampala, ähnliche Abfahrzeiten und Konditionen wie Jaguar.

Überregionale Busverbindungen

Vom Nyabugogo-Taxi-Park sowie von der zentralen Minibusstation im Zentrum, Kreuzung Avenue de Commerce/Rue Mont Kabuye (in der Nähe des Marktes), kommen Sie in jeden Winkel Ruandas. Einige Strecken werden nicht häufig bedient, so dass es wichtig ist, am Morgen die Fahrt anzutreten. Generell ist zu sagen, je später Sie am Nachmittag noch losfahren wollen, desto schwieriger wird es. Bedenken Sie dabei, *dass die Busse in der Regel nicht nach 18 Uhr ankommen wollen. Das heißt, dass für ein zwei Stunden entferntes Ziel nach 16 Uhr kein Transport mehr von Kigali zu bekommen ist (Ausnahmen bestätigen die Regel). Zu den normalen Minibus-Verbindungen kommen noch die Fahrten der organisierten Minibus-Firmen (bei denen Sie schon einen Fahrschein im Vorfeld kaufen können). Die bekanntesten und größten sind: Atraco (Tel.: 08531978, 08501035), Okapicar (Tel.: 08482054, 08404067), Stella, Virunga Express, Volcano Express. Eine Fahrt von Kigali nach Gisenyi kostet zum Beispiel bei Atraco 2.100 FRW (ca. 2,60 €). Eine Fahrt von Kigali nach Butare bei Okapicar 1.900 FRW (ca. 2,30 €).*

- ***Onatracom**, Tel.: 575404, 501302, onatraco@rwanda1.com, www.onatracom.rw. Das staatliche Busunternehmen bietet von Nyabigogo aus zahlreiche Verbindungen an. Die Webseite ist sehr hilfreich, unter „Nos Services-Horaire" finden Sie die Linien mit Abfahrzeiten. Etwas günstiger als die Minibusse.*

Städtischer Busverkehr

Die Minibusse, die Ziele in und um Kigali anfahren, starten in der Regel vom zentralen Minibus-Platz aus. Von dort kommen Sie für wenig Geld fast überall hin. Wie in der ugandischen Hauptstadt auch, gibt es auch in Kigali zudem die Motorrad- und Fahrradtaxis, die einen Großteil des nahen Stadtverkehrs abwickeln und an diversen Minibus-Stopps warten, um die Fahrgäste in die abseits liegenden Seitenstraßen zu bringen.

Taxis

Sie finden Taxis an allen größeren Hotels sowie am Markt und an den Bus- und Minibus-Stationen. Zudem stehen meistens einige Taxis auch am Boulevard de la Révolution Die Fahrt innerhalb Kigalis kostet je nach Strecke zwischen 1,50 und 5 €.

Mietwagen

Es gibt nur wenige reine Autoverleihfirmen. Autos können Sie in der Regel von einem der großen Reiseagenturen mieten (siehe unten).

- ***Auto World Company**, Tel.: 573138, 574390*

Rundfahrten/Touren/Besichtigungen

Das „Ruanda-Büro für Tourismus und Nationalparks" (ORTPN) bietet eine Kigali-City-Tour mit Führer an. Sie dauert vier Stunden und endet mit einem Restaurantbesuch, um die Küche Ruandas kennen zu lernen. Die Tour kostet 20 US$ pro Person, zu buchen direkt im Büro (Adresse siehe oben unter Informationen).

Hier eine Auswahl von Veranstaltern von Touren und Rundreisen in Ruanda:

- ***Bizidanny Tours & Safaris**, Avenue de Commerce (Gloria Hotel), Tel.: 078-8501461, infobizidanny@yahoo.fr, www.bizidanny.com.*
- ***Changa Travel**, Avenue des Mille Collines (Shopping Plaza), Tel.: 577564, Fax: 577669, changatravel@hotmail.com.*
- ***ITT Tours**, Boulevard de la Révolution (SORAS-Gebäude), Tel.: 574057, 578831, Fax: 575582.*
- ***Kiboko Tours & Travel**, Kimihurura, Tel.: 078-8300503, Fax: 501741, kiboko@rwanda1.com, www.kibokotours.com.*
- ***New Dawn Associates**, UTC-Gebäude, Tel.: 078-8558880 oder 075-5332003, info@newdawnassociates.com, www.newdawnassociates.com.*
- ***Primate Safaris**, Avenue de la Paix, Tel.: 503438/9, Fax: 574513, office@primatesafaris-rwanda.com, www.primatesafaris-rwanda.com.*
- ***Thousand Hills Expeditions**, Rue de l'Akanyaru, Zweigstelle im Mille Collines Hotel, Tel.: 504330, Fax: 578565, info@thousanthills.rw, www.thousandhills.rw.*
- ***Top Travel Tours**, Boulevard de la Révolution, Tel.: 578646, Fax: 573853, bernaku63@hotmail.com.*

K

• **Volcanoes Safaris**, im Hotel des Mille Collines, Tel.: 576530 oder 078-8302069, Fax: 576541, salesrw@volcanoessafaris.com, www.volcanoessafaris.com.

• **Wildlife Tours**, Gegenüber der Bank Kimironko, Tel.: 078-8527049, info@wildlifetours-rwanda.com, www.wildlifetours-rwanda.com.

Banken/Geld tauschen

Angegeben ist nur der Hauptsitz der jeweiligen Bank in Kigali. Zum Geld tauschen ist es besser, eins der zahlreichen Wechselbüros aufzusuchen, die einen besseren Kurs haben als Banken, und bei denen der Wechselvorgang schneller vonstatten geht. Wechselbüros finden Sie überall in der Innenstadt, vor allem aber um den Markt und die zentrale Minibus-Station.

• **BACAR**, 20 Boulevard de la Révolution, Tel.: 574456-8, Fax: 573486, bacar@rwanda1.com. Ruandas erste rein private Bank.

• **BANCOR**, Avenue de la Paix, Tel.: 575763, bancor@rwanda1.com.

• **Banque de Kigali**, 63 Avenue de Commerce, Tel.: 576931, Fax: 573461, bkig@rwanda1.com. Arbeitet mit der Deutschen Bank zusammen.

• **BCDI**, Tel.: 577875, Fax: 573790, info@bcdi.co.rw. Arbeitet mit der amerikanischen Citibank zusammen.

• **Union des Banques Populaires du Rwanda**, 32 Avenue de l'Armée, Tel.: 573559, Fax: 573579.

Post

Das Hauptpostamt befindet sich in Avenue de la Paix und ist von Mo-Fr von 8-17 Uhr und samstags von 8-12 Uhr geöffnet.

Botschaften/Konsulate

• **Deutsche Botschaft**, 10 Av. Paul VI., Tel.: +250 (0)280-575141 Fax: 502087, info@kigali.diplo.de, www.kigali.diplo.de, geöffnet Mo-Fr 9-11 Uhr, 24-Stunden-Bereitschaftsdienst der Botschaft (nur in Notfällen): 078-8301491.

• **Belgische Botschaft**, Rue de Nyarugenge, Tel.: 575551-54, Fax: 573995.

• **Botschaft Burundi**, 4 Rue Ntakura, Tel.: 575512, Fax: 576418.

• **Botschaft Österreich**, Österreich unterhält keine Botschaft in Kigali. Die nächste Botschaft liegt in Kenia, Nairobi, Wabera St., Tel.: (254) 2-2282812, Fax: 331792.

• **Botschaft Kenia**, Tel.: 583332-36.

• **Botschaft der Schweiz**, 38 Boulevard de la Révolution, Tel.: 573534, 575738, 575072, Fax: 572461.

• **Botschaft Südafrika**, Boulevard de l'Umuganda, Tel.: 501022, 501023, Fax: 572461.

• **Botschaft Tansania**, Kimihurura III., Tel.: 505400, Fax: 505402.

• **Botschaft Uganda**, Avenue de l'Akagera, Tel.: 573551, 576854.

Internet

Es gibt mittlerweile etliche Internetcafés in Kigali, so dass es hier den Rahmen sprengen würde, sie alle aufzuzählen. Wenn Sie durch die Straßen der Hauptstadt schlendern, werden Sie immer wieder auf welche stoßen.

Unterkunft

• **Kigali Serena $$$$$ (21)**, Boulevard de la Révolution, Tel.: 597100, Fax: 597101, reservations@serena.co.rw, www.serenahotels.com. DZ 365 bis 400 US$, EZ 273 bis 295 €, Suite 400 US$. Das ehemalige Intercontinental wurde 2007 von der kenianischen Serena-Gruppe übernommen. Insgesamt hat das recht neue Hotel 104 Zimmer (mit Klimaanlage) auf internationalem Standard mit Restaurant, Bar, Swimmingpool, Konferenzräumen und bewachtem Parkplatz.

• ***Laico Umubano $$$$$ (3)***, *Boulevard Umubano, Tel.: 82176-8, Fax: 82957, reservations.umubano@laicohotels.com, www.laicohotels.com. DZ ab 220 US$, EZ ab 180 US$. Das relativ ruhig, in einem großen Garten gelegene Hotel der Laico-Hotelgruppe gehört zu den ältesten der Stadt. Zimmer mit Klimaanlage und teilweise schönem Blick über Kigali.*

• ***Stipp $$$$$ (10)***, *Kiyovu, Tel.: 500275, Fax: 500276, management@stipphotelrwanda.com, www.stipphotelrwanda.com. DZ 112 €, EZ 105 € inkl. Frühstück. Das Stipp hat 50 Zimmer, Restaurant, Swimmingpool und Sauna.*

• ***Top Tower $$$$$ (26)***, *Boulevard Umuganda, Tel.: 580527, Fax: 571274, info@toptowerhotel.com, www.toptowerhotel.com. Neues Luxushotel mit vier verschiedenen Zimmerklassen. DZ 150-270 US$ inkl. Frühstück.*

• ***Hotel des Mille Collines $$$$$ (14)***, *2 Avenue de l'Armée, Tel.: 576530, Fax: 576541, millecollines@millecollines.net, www.millecollines.net. DZ 250 US$, EZ 230 US$, Suite 390 US$. Das durch den Kinofilm „Hotel Ruanda" mittlerweile berühmte Hotel mit 112 Zimmern (alle mit Klimaanlage), hat leider mit dem Hotel im Film nicht viel gemeinsam. Es gehört zwar zu den besten der Stadt (2009 renoviert), hat architektonisch allerdings nicht viel zu bieten. Mit Bar, Restaurant, Swimmingpool und sicherem Parkplatz. Leider ist das Personal an der Rezeption nicht immer sehr zuvorkommend.*

Hotel des Mille Collines

• ***Gorillas Kigali City $$$$ (27)***, *Rue des Parcs, Kiyovu, Tel.: 501717, Fax: 501716, gorillashotel@rwanda1.com, www.gorillashotels.com. DZ / DZ deluxe 130/140 US$, EZ 110/120 US$. Das Hotel hat 31 schöne Zimmer und mit dem „The Silverback" ein sehr gutes Restaurant! Bewachter Parkplatz.*

• ***Gorillas Golf $$$$***, *nahe dem Golfplatz, gorillashotel@rwanda1.com, www.gorillashotels.com. Preis für DZ 200-225 US$. 88 Zimmer, Bar, WiFi.*

• ***Motel le Garni du Centre $$$ (12)***, *nahe dem Centre Culturel Franco-Rwandais, Tel.: 572654, Fax: 571274, garni@rwanda1.com, DZ 141 US$, EZ 120 US$ inkl. Frühstück. 11 Zimmer mit TV und Kühlschrank. Kein offizielles Restaurant, Essen muss daher rechtzeitig vorbestellt werden oder Sie gehen im benachbarten Restaurant Chez Robert essen.*

• ***Banana Guesthouse $$$ (25)***, *Rue du Park (gegenüber Rwigara House), Tel.: 500154 oder 078-8826777, fbananaguesthouse@yahoo.com, www.bananaboutiquehotel.net. Ein kleines und neues Hotel mit 9 Zimmern. Restaurant mit vorzüglichem belgischen Chefkoch.*

• ***Alpha Palace $$$ (4)***, *Boulevard de l'OUA (1 km vom Flughafen), Tel.: 582981, Fax: 584134, alphapalace@rwanda1.com, www.alphapalacerw.com. DZ 62 €, EZ 47 €, Suite 99 € inkl. Frühstück. Die 38 Zimmer haben alle TV, es gibt einen Swimmingpool, Internetcafé und ein 24h-Restaurant.*

• ***Ninzi Hill $$$ (7)***, *nahe Novotel, Tel.: 87712 / 87713, Fax: 87716, ninzi@rwanda1.com, DZ 90 US$, EZ 70 US$, Suite 120 US$. 15 Zimmer mit TV.*

• ***Chez Lando $$$ (6)***, *Tel.: 582050 / 584328, Fax: 584380, contact@chezlando.com, www.chezlando.com. DZ 70/80 US$, EZ 60 US$. 22 Zimmer (mit SAT-TV) befinden sich im Hauptgebäude und zehn Bungalows im schönen Hotelgarten (DZ-Bungalow 130-190 US$, EZ 100 US$).*

• ***Okapi $$$ (1)***, *nördlich der Place de l'Unité Nationale, Tel.: 571667, Fax: 574413, okapi@rwanda1.com oder reservations@okapihotelrwanda.com, www.okapihotelrwanda.com. DZ 70-90 US$, EZ 50-70 US$. Relativ neues Hotel mit 39 guten Zimmern in zwei Komplexen. Wenig Charme, aber gutes Preis-Leistungs-Verhältnis. Gutes Restaurant mit Terrasse. Angeschlossen sind eine Reiseagentur und ein Minibus-Unternehmen (Okapicar).*

K

• **Isimbi $$$ (17)**, Rue Karisimbi, Tel.: 572578 / 572581, Fax: 575109, isimbi@rwanda1.com, www.hotelisimbi.co.rw. DZ 24 €, 21 €. Hotel mit 26 Zimmern (wählen Sie die hinteren, die sind etwas ruhiger).

• **Baobab $$ (19)**, etwas außerhalb der Stadt (im Südwesten nahe dem Islamic Cultural Centre), Tel.: 575633 / 573281, Fax: 571408, baobabhot@rwanda1.com oder baobab@inbox.rw. DZ 25 €, EZ 20 €. Insgesamt 9 Zimmer und ein recht gutes Restaurant. Parkmöglichkeit ist vorhanden.

• **Agasaro $$ (5)**, nahe dem Alpha Palace (andere Straßenseite), Tel.: 583293, Fax: 582226, www.agasaromotel.itgo.com. DZ 25-31 €, EZ 23 €. Insgesamt 13 Zimmer.

• **Sky $$ (20)**, Avenue de la Justice, Tel./Fax: 503881, skyhotel2020@yahoo.fr, www.skyhotelrw.net. DZ 40-50 US$, EZ 20 US$. Hotel mit insgesamt 33 Zimmern. Restaurant im Haus, Internetcafé nebenan.

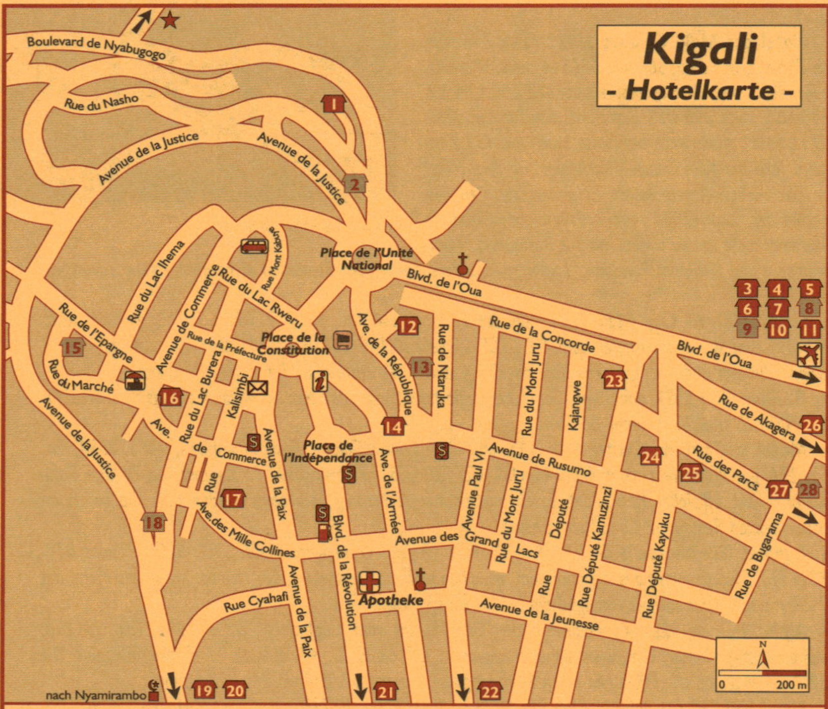

H Hotels **R Restaurants**

1 Okapi	11 One Love Guesthouse	21 Kigali Serena
2 Café Torero	12 Motel le Garni du Centre	22 Episcopal Church Guesthouse
3 Laico Umubano	13 Chez Robert	23 Iris Guesthouse
4 Alpha Palace	14 Hotel des Mille Collines	24 Presbyterian Church Guesthouse
5 Agasaro	15 La Galette	25 Banana Guesthouse
6 Chez Lando	16 Gloria	26 Top Tower
7 Ninzi Hill	17 Isimbi	27 Gorillas Kigali City
8 Shanhai	18 Ice & Spice	28 Cactus
9 Hellenique	19 Baobab	
10 Stipp	20 Sky	

• **Gloria $ (16)**, nahe Markt (unterhalb des Caritas-Buchladen), Tel.: 571957, Fax: 576623. DZ 14 €, EZ 10 €. Es gibt kein Restaurant im Hotel, aber etliche im Umfeld des sehr zentral gelegenen Hotels. Durch die Lage bedingt ist es hier nicht ganz so ruhig.
• Weitere Unterkünfte der 1-$-Kategorie: **Kigali Hotel**, Tel.: 575643. **Guest House Ituze**, Tel.: 584289. **Volcano**, Tel.: 572452. **PanAfrique**, Tel.: 572082. **La Mise**, Tel.: 578369. **Motel Ikaze**, Tel.: 573655. **Motel la Vedette**, Tel.: 573575. **Auberge la Régence**, Tel.: 586819.

Gästehäuser

• **Presbyterian Church Guesthouse $$ (24)**, Rue Député Kayuku, Tel.: 578915, Fax: 578919, epr@rwandatel1.rwanda1.com, DZ 27 €, 23 €.
• **Episcopal Church Guesthouse $$ (22)**, Avenue Paul VI. (Biryogo), Tel.: 573219, DZ 9 €, Bett im Schlafsaal: 3 €. Kirchliches Gästehaus mit 13 Zimmern.
• **Iris Guesthouse $$ (23)**, Rue Député Kajangwe (ein paar Min. zu Fuß vom Presbyterian Guesthouse), Tel.: 501172, 501181, Fax: 576929. DZ 62 €, EZ 50 €. 17 saubere und recht ruhige Zimmer.
• **One Love Guesthouse $$ (11)**, Rue de Kinamba, Tel./Fax: 575412, onelove@rwanda1.com. DZ 31 €, EZ 25 €. Große einfache Zimmer mit Kochmöglichkeit. Das Gästehaus gehört der NGO „One Love" aus Japan. Zelten im Garten möglich.

Restaurants

• **Cactus (28)**, Rue Député Kayuku, Tel.: 575572. Di geschlossen. Von der Terrasse haben Sie einen schönen Blick auf Kigali. Französische und italienische Küche (besonders gut: Pizza!).
• **Café Torero (2)**, Av. de la Justice, Tel.: 078-8856637, torerocafe@gmail.com. Geöffnet täglich 9-24 Uhr. Neues, sehr modernes Restaurant mit großer Auswahl an vegetarischen Speisen, WLAN-Internet.
• **Chez Robert (13)**, nahe Hotel des Mille Collines, zwei Elefanten markieren sichtbar den Eingang, gute Küche unter portugiesischer Leitung.
• **Ice & Spice (18)**, Rue du Lac Burera, das Restaurant hat eine umfangreiche Speisekarte. Die Menüs können „mild", „medium" oder „hot" bestellt werden. Guter englischsprachiger Service. Empfehlenswert.
• **La Galette (16)**, Tel.: 515656/84. Restaurant am gleichnamigen Supermarkt. Wenn Sie Heißhunger auf Currywurst mit Fritten, Fleischkäse oder Strammer Max haben, dann sind Sie hier richtig. Aber auch die anderen nicht „typisch-deutschen" Gerichte sind sehr lecker. Zu empfehlen!
• **Le Dos Argenté** (Gorilla-Hotel), Tel.: 501717, sehr gute, hauptsächlich französische Küche.
• **Hellenique (9)**, Kimihurura (zwischen Kiyovu und Kacyiru), Tel.: 583731, griechische und internationale Küche.
• **Shanghai (8)**, nahe Ninzi Hill Hotel, chinesisches Restaurant mit guten und preiswerten Gerichten.

Einkaufstipps

Wenn Sie nach einiger Zeit in Afrika deutsche Produkte und deutsches Essen vermissen sollten, dann schauen Sie mal hier vorbei:
La Galette (16), deutscher Supermarkt mit Metzgerei und Bäckerei. Geöffnet jeden Tag der Woche ab 7.30 Uhr. Montag-Freitag bis 19 Uhr, samstags bis 18 Uhr und sonntags bis 14 Uhr. Lust auf deutsche Süßigkeiten? Leckeres Salami-Baguette? Rosinenschnecken oder Mohnbrötchen? Dann ist das der Tipp in Kigali.

Apotheken

Pharmacie 24h, Boulevard de la Révolution, Apotheke mit 24-Stunden-Service.
Die beiden unten aufgeführten Krankenhäuser unterhalten ebenfalls eine Apotheke, die bis in die späten Abendstunden Medikamente ausgibt.

K

M

Ärzte/Krankenhäuser

- ***Clinique des Adventistes*** *(Zahnklinik): Tel.: 582431*
- ***Croix Rouge Belge*** *(Belgisches Rotes Kreuz), Tel.: 582134 (Bluttransfusions-Zentrum, Tel.: 570407/8)*
- ***Dr. Anne Depoorter,*** *Vertrauensärztin der Belgischen Botschaft, Tel.: 575551 bis 4 oder 08-300353*
- ***King-Faisal-Krankenhaus,*** *Tel.: 588888, 585397, 582469, Fax: 583203, faisal@rwanda1.com*
- ***Policlinique du Plateau,*** *Tel.: 578767*

Konzerte/Theater

Es gibt ein kleines Theater im „Centre Culturel d'Echanges Franco-Rwandais", Tel.: 576223. Hier gibt es von Zeit zu Zeit Aufführungen. Zudem gibt es ein breites kulturelles Angebot, von Konzerten über Filmabende und Tanz- und Musikvorführungen.

Das Gleiche gilt für den kleinen Ableger des Goethe-Instituts Kigali im Ishyo Arts Center, Kacyiru, Kigali. E-Mail: exku@kigali.goethe.org, Tel. mobil: 078-4950744.

Kino

Planet Cinema, *Avenue du Lac Muhazi (Kigali Business Centre), neues Kino-Center mit internationalen Filmen. Angeschlossen ist das Planet Cinema Restaurant.*

Diskotheken

- ***New Cadillac,*** *Kimihurura, zwei Bereiche in einem der Komplexe. Für Jüngere der Night Club, geöffnet von Mittwoch bis Sonntag ab 21 Uhr (Eintritt ca. 4 €). Der zweite Bereich ist eher für Leute, die es etwas ruhiger mögen. Mit Restaurant, Piano-Bar, Live-Musik und traditionellen Gruppen auf Bestellung. Geöffnet Dienstag bis Sonntag von 11-15 Uhr und 18 Uhr bis Mitternacht.*
- ***Planète Club,*** *im Kigali Business Centre.*
- ***La Mouette,*** *Rue du Lac Bolera, Tel. 078-8514365, Gelegentlich an Wochenenden mit Live-Musik.*
- ***Mango,*** *Place de la Constitution (Diamond Plaza), Eintritt etwa 3 €.*

Märkte

Der Hauptmarkt im Zentrum befindet sich an der Avenue de Commerce, in der Nähe der zentralen Minibus-Station. Weitere Märkte in den einzelnen Stadtteilen.

Kivu-See (Westprovinz) (S. 552)

An der östlichen zu Ruanda gehörenden Seite des Kivu-Sees liegen drei größere Ortschaften: Rusizi (Cyangugu) im Süden, Karongi (Kibuye) im Osten und Rubavu (Gisenyi) im Norden des Sees. Die westliche Hälfte des Sees und die im See befindliche große Insel Ijwi gehören zur D. R. Kongo. Auf kongolesischer Seite liegen die beiden Städte Bukavu (im Süden) und Goma (im Norden).

Unterkunft

Unterkünfte am Kivu-See gibt es nur in oder in der Nähe der drei größeren Ortschaften. Sehen Sie daher bitte unter: ***Rusizi*** *(Cyangugu),* ***Karongi*** *(Kibuye) und* ***Rubavu*** *(Gisenyi) nach.*

Mount Nyamuragira + Nyiragongo (D. R. Kongo) (S. 536)

Unterkünfte

Es gibt keine Unterkünfte direkt an den Vulkanen, nächste Übernachtungsmöglichkeit ist die kongolesische Stadt Goma.

Muhazi-See (Westprovinz) (S. 524)

s.a. Akagera-Nationalpark

Unterkunft

• ***Seeds of Peace Centre $$**, an der Straße nach Nyagatare, gegenüber der Abzweigung nach Gahini, Tel.: 567422, gahini@rwanda1.com. Bungalows mit zwei Zimmern, Küche und Bad für 40 US$ für vier Personen, 35 US$ für drei, 25 US$ für zwei). Möglichkeit zum Zelten, mit Picknickplatz. Das Restaurant serviert leckeren Fisch. Außerdem gibt es Bootstouren und einen Bootsverleih.*

• ***Rwesero Beach $**, Tel.: 502821 oder 078-3737490. Einige einfache Hütten für ca. 13 €. Mit Restaurant und Bar am See sowie Bootsverleih.*

• ***Hakurya y'i Gasabo $**, abseits von Gasabo (Allrad erforderlich!). Restaurant am See mit einigen einfachen Hütten für je 12,50 €.*

Camping / Restaurant

• ***Jambo Pleasure Beach**, Ostseite des Sees, Zelten direkt am See mit einfachem, aber gutem Restaurant.*

• ***Rwesero Beach**, im nördlichen Bereich des Sees, Campingplatz mit Picknickbereich und Restaurant.*

• ***Martin Pêcheur**, nördlicher Bereich des Sees, Tel.: 574745 oder 08488318. Restaurant mit Campingplatz, ein Spiel- und ein Volleyballplatz sind vorhanden.*

Nyabisindu (Nyanza) (S. 567)

Dies ist der neue Name der ehemaligen Stadt Nyanza. Da aber auch in der Bevölkerung der alte Name weiterhin Gebrauch findet, haben wir uns entschlossen, ihn auch weiter zu verwenden. Für weitere Informationen sehen Sie daher bitte unter: Nyanza.

Nyagatare (Ostprovinz) (S. 531)

Wichtige Telefonnummern

***Polizei Nyagatare**: 565251*

Unterkunft

• ***Blue Sky $$**, etwas abseits der Hauptstraße, Tel.: 565244 oder 078-8301914, b_skyhotel@yahoo.com. DZ für 25 €, EZ 13-19 €. Mit Restaurant, Bar und Schwimmbad.*

• ***Centre Spirituel Amizero $**, abseits der Hauptstraße, ca. 1 km vom Taxi-Park, Tel.: 565051 oder 078-8842765. DZ 12,50 €, EZ 7,50 € und Betten in Schlafräumen kosten 2,50 €.*

• ***Seeds of Hope Guest House $**, Tel./Fax: 567422 oder 078-8468295, gahini@rwanda1.com, DZ 9 €, DZ mit Gemeinschaftsbad 7 €, Betten in Schlafräumen: 2 €.*

Nyanza (Südprovinz) (S. 567)

***Hinweis:** Die Stadt Nyanza hat einen neuen Namen: Nyabisindu. Dieser wird allerdings kaum verwendet. Gebräuchlicher ist der alte Name: Nyanza.*

Banken/Geld tauschen

***Union des Banques Populaires du Rwanda**, Tel.: 533083*

N

Unterkunft

- **Nyanza Comfort $$**, *außerhalb des Zentrums gelegen, an der Straße nach Kubijega. Tel.: 533256 oder 078-8792731, nyanzacomfortmotel@gmail.com. DZ 19-25 €, EZ 15 €. Das 2007 eröffnete Hotel ist zurzeit das beste in Nyanza. Bar mit Snacks und Getränken.*
- **Nyanza Guest House $**, *an der Kreuzung zur Oakdale Farm, Tel.: 533140, 533121. Preis für das DZ 12,50 €, EZ 9 €. Insgesamt hat das Gästehaus 20 Zimmer.*
- **Boomerang Motel $**, *an der Hauptstraße Richtung Museum, Tel.: 533396. Preis für das DZ 12,50 €, EZ 10 €.*

Restaurants

Club Tropicana, *auf der rechten Seite gelegen, auf dem Weg zum Palast*

Aktivitäten/Sehenswürdigkeiten

Einige Kilometer außerhalb von Nyanza/Nyabisindu (ausgeschildert) liegt der wieder aufgebaute historische Palast des Königs, gleich neben dem „neuen", 1932 erbauten Palast von Rudahigwa Mutara III. *Das 2008 eröffnete Rukali Palace Museum bietet einen interessanten Einblick in die royale Vergangenheit (www.museum.gov.rw).*

Falls Sie sich für Töpferwaren interessieren, so gibt es in der Nähe (Abzweigung hinter Nyanza (Nyabisindu) Richtung Butare) die Töpferei Gatagara. Hier arbeiten hauptsächlich Angehörige der Batwa.

Nyungwe-Forest-Nationalpark (Süd-/Westprovinz) (S. 571)

Informationen

- *Das* **Headquarter** *des Nationalparks liegt beim Dorf Gisakura neben dem ORTPN-Gästehaus. Dort gibt es alle Informationen über das Waldschutzgebiet, hier kann der Eintritt bezahlt und Waldführer angeheuert werden.*
- *Im* **Besucherzentrum** *in Uwinka (Tel.: 078-8527543, Fax: 537215) bekommt man ebenfalls Informationen über die unterschiedlichen Wandertouren.*

Preise und Öffnungszeiten

Für Tageswanderungen im Nyungwe-Wald zahlen Sie 40 US$ (inkl. Parkeintritt). Tageswanderungen mit Primatenbeobachtung kosten 90 US$ (Schimpansen) bzw. 70 US$ (Guereza und andere Primaten). Sollten Sie mehrere Tage im Park wandern wollen, gibt es gestaffelte Preise, z. B.: 2-3 Tage wandern: 60 US$, 4-7 Tage wandern 80 US$. An Wochenenden ist eine vorherige Anmeldung für Primaten-Touren (bis spätestens Freitagmittag) erforderlich. Der Nationalpark ist täglich von 6-18 Uhr geöffnet.

Unterkunft

- **Nyungwe Forest Lodge $$$$$**, *Tel.: 0783-004914, www.nyungweforestlodge.com, reservation@nyungweforestlodge.com. Preis ab 400 US$ pro Person (inkl. Halbpension). Im März 2010 eröffnete 5-Sterne-Lodge. 24 luxuriöse Zimmer mit Terrasse und Blick in den Wald lassen kaum Wünsche offen. Mit Restaurant, Bistro, Bar, Jacuzzi-Pool, Fitnessraum, Internet. Die Anlage ist rollstuhlgeeignet.*
- **Kageno Eco-Lodge $$$$$**, *nahe dem Dorf Banda, eine Fahrstunde von der Hauptstraße entfernt, info@kageno.org, www.kageno.org. DZ 420 US$, EZ 250 US$. Die Lodge ist ein von einer Hilfsorganisation geführtes Tourismusprojekt, dessen Erlöse direkt dem Dorf Banda zugutekommen. Es liegt malerisch auf einem Hügel mit herrlichem Blick über den Regenwald und an klaren Tagen sogar bis zum Kivu-See. Diese neue exklusive Lodge eröffnet im April 2011 und unterhält zunächst nur zwei Zimmer, ein Restaurant und einen Handwerk-Shop mit Erzeugnissen aus den umliegenden Dörfern.*

- **Nyungwe Top View Hill $$$$**, *an einer Piste etwas außerhalb von Gisakura, Tel.: 078-7109335, www.nyungwehotel.com. DZ 150 US$, EZ 100 US$. Neues Hotel mit 12 Zimmern.*
- **Gisakura Resthouse $$**, *nahe dem Dorf Gisakura (18 km von Uwinka). Tel.: 078-8675051, ghnyungwe@yahoo.com, www.gisakuraguesthouse.com. DZ 25-31 US$, EZ 19 €. Essen wird auf Vorbestellung zubereitet. Das ehemalige Gästehaus der ORTPN ist jetzt in privaten Händen. Einfach, aber familiär.*
- **Gisakura Tea Estate Guesthouse $**, *Hinter dem Gisakura Resthouse gelegen. Tel.: 078-8489251, DZ 12,50 €. Einfach, aber gutes Preis-Leistungs-Verhältnis.*
- **KCCEM Guesthouse $**, *Tel.: 078-8501583, kctckitabi@yahoo.com. DZ 12,50 €, EZ 7,50 €. Neues, angenehmes Gästehaus des Kitabi College of Conservation and Enviromental Management mit insgesamt 20 Zimmern.*

Camping

Uwinka Reception Centre & Campsite, *einige hundert Meter abseits der Hauptstraße, Tel.: 078-8436763. Ein Bungalow mit zwei Zimmern kostet 40 US$. Camping kostet 20 US$ pro Person. Es gibt nur Wasser und ggf. Feuerholz und Getränke. Essen müssen Sie selbst mitbringen! Ein Restaurant ist aber in Planung.*

Aktivitäten/Sehenswürdigkeiten

Täglich werden auch geführte Wanderungen angeboten. Diese starten jeweils um 6.30 Uhr, 9 Uhr und 15 Uhr. Wenn Sie Schimpansen beobachten möchten, sollten Sie bereits spätestens um 6 Uhr starten.

Ruhango (Südprovinz) (S. 567)

Wichtige Telefonnummern

- **Nationale Polizei**: *560071*
- **Krankenstation** *(Centre de Santé): 560024*

Unterkunft

- **Umuco $**, *im Zentrum, Tel.: 560017 oder 078-3503542. DZ 9 €, EZ 6 €. Das kleine 9-Zimmer-Hotel liegt inmitten eines Gartens.*
- **Ituzi $**, *nähe Umuco Hotel, die Zimmer mit Gemeinschaftsbad kosten 2,50 € pro Person.*

Aktivitäten/Sehenswürdigkeiten

Der sagenumwobene Kamageris Rock liegt etwa zehn Gehminuten südlich des Ortes (ausgeschildert). Einheimische werden Ihnen gerne die Geschichte des Felsens und von König Mibambwe II. erzählen.

Märkte

Der Wochenmarkt von Ruhanga gilt als einer der größten Ruandas und findet jeden Freitag statt.

Ruhengeri (Musanze) (Nordprovinz) (S. 532)

Während der Verwaltungsreform 2006 wurde die Stadt offiziell in Musanze umbenannt. Der ursprüngliche Name Ruhengeri wird allerdings weitläufig noch genutzt.

Wichtige Telefonnummern

- **Polizei Ruhengeri**: *546255, 546264*
- **Krankenhaus**: *546343*

R

Informationen

Das **RDB-Büro** befindet sich auf der Avenue du 5 Juillet im ersten Stock eines der Gebäude der Stadtverwaltung, Tel.: 546645 oder 078-8519874.
Es gibt ein zweites Büro des RDB, das sich in Kinigi, in der Nähe zum Parkeingang befindet.
Infos auch unter www.musanze.com.

Regionale Busverbindungen

Regelmäßige Minibus-Verbindungen tagsüber bis ca. 18.30 Uhr mit Rubavu (ca. 1,30 €) und bis ca. 17.30 Uhr mit Kigali (ca. 2 €) sowie einige tägliche Verbindungen zur Grenze nach Uganda (Cyanika).

Rundfahrten/Touren

Amahoro Tours, Büro liegt nahe dem Markt, Post: P.O. Box 87, Musanze, Tel.: 08687448, info@amahoro-turs.com, www.amahoro-tours.com. Sehr engagierter Tour-Operator, bietet vom Gorilla-Trekking über Jeep-Safaris und Kanu-Ausflügen auf den nahe gelegenen Seen Burera und Ruhondo eine ganze Palette von Aktivitäten an. Inhaber Greg Bakunzi ist ebenfalls sehr engagiert bei der Integration der umliegenden Gemeinden in den Tourismus. Hier werden Aufenthalte bei Familien vermittelt, Ausflüge zum traditionellen Fischen oder Handarbeitskurse. Die Projekte werden unterstützt vom SDT (www.sd-tourism.org).

Banken/Geld tauschen

- **Bank of Kigali** (mit Western Union) in der Nähe des Muhabura Hotel.
- **Banque Commerciale du Rwanda**, die Filiale der Bank liegt hinter dem Markt.
- **ECO-Bank** nördlich des Marktes.

Unterkunft

Die besseren Unterkünfte befinden sich außerhalb von Musanze (Ruhengeri) Richtung Volcanoes Nationalpark.

- **Gorillas Volcanoes $$$$**, Kinigi Road, Zentrumsnah, Tel.: 546700, Fax: 546751, gorillashotel@rwanda1.com, www.gorillashotels.com. DZ 110 US$, EZ 90 US$ ohne Frühstück. Neubau mit 31 Zimmern, Restaurant (The Urugano), Swimmingpool und Fitnessraum.
- **Home Inn $$$**, in einer Nebenstraße südwestl. des Zentrums, Tel.: 546333, 078-8343127, www.homeinnhotel.com. DZ 90-100 US$, EZ 80 US$. Neues Hotel mit 12 Zimmern (Sat-TV).
- **La Palme $$$**, Av. du 5 Juillet (nähe Muhabura Hotel), Tel.: 546428, palmehotel@yahoo.fr, www.lapalmehotel.net. DZ 90 US$, EZ 60 US$ und Suite 110 US$. Relativ neues Hotel mit sauberen Zimmern und nettem Service, recht gutes Restaurant.
- **Muhabura $$$**, Avenue du 5 Juillet, Tel.: 546296, info@hotelmuhabura.com, www.hotelmuhabura.com. DZ 31 €, größere Zimmer für 37 €, EZ 25 €. Das Hotel liegt am Rande des Zentrums, auf dem Weg nach Rubavu (rechte Seite). Die Zimmer sind sauber und jeweils mit eigenem Bad/WC. Zum Hotel gehört ein gutes Restaurant und eine Bar.
- **Relay's Gorillas $$**, im Zentrum, gegenüber der ECO-Bank, Tel.: 546280, info@relaygorillashotel.com. DZ/EZ 40 US$, DZ (zwei Betten) 60 US$, Suite ab 80 US$. Zweckmäßig eingerichtete Zimmer, sauber. Mit eigenem Restaurant (The Silverback) und Nachtclub.
- **La Brise Musanze $$**, Gisenyi Road (ca. 3 km außerhalb der Stadt), Tel.: 546408, DZ 20 €. Einfaches Hotel in kleinem Garten.
- **Urumuli $**, nahe dem Markt, Tel.: 546820, DZ 10 €, EZ 7,50 €. Die Zimmer sind schon sehr heruntergekommen.

Gästehäuser/Jugendherbergen

• **Centre d'Accueil de l'Eglise Episcopale (Ishema) $$**, Avenue du 5 Juillet (Ecke Rue de Pyrèthre), Tel.: 546857, info@ishemahotel.com, www.ishemahotel.com. Das Hotel besteht aus zwei Gebäuden. Das Peace-House und das Grace-House. DZ 21 €, EZ 19 €, Suite 37 €, DZ (mit Gemeinschaftsbad) 15 €, EZ (G.-Bad) 12,50 €, Bett im Schlafraum 4 €. Camping erlaubt für ca. 1 € pro Person. Die Zimmer dieser kirchlichen Einrichtung sind praktisch eingerichtet und sauber. Ein Schwimmbad ist vorhanden.

• **Amahoro Home Stay $**, abseits der Hauptstraße, im Norden der Stadt, Tel.: 078-8687448, DZ 20 US$. Das Gästehaus gehört zum gleichnamigen Tourveranstalter.

• **Home d'Accueil $**, Avenue du 5 Julliet (schräg gegenüber dem Markt) Tel.: 546525, Fax: 546904, DZ ab 7,50 €, EZ 6,50 €. Kleine, saubere Zimmer mit Bad/WC und Moskitonetzen. Liegt nur fünf Minuten zu Fuß von der Minibus-Station, sehr freundliches Personal.

• **Tourist Rest House $**, Rue Muhabura, Tel.: 546635 oder 078-8520758, die einfachen Zimmer kosten 10 €.

AUSSERHALB

Außerhalb Musanzes (Ruhengeri), in Kinigi, befinden sich am Volcanoes-Nationalpark weitere Unterkünfte. Informationen zu diesen Unterkünften finden Sie unter: Volcanoes-Nationalpark.

Restaurants

Am besten essen Sie in den Restaurants der Hotels. Einfache Restaurants mit heimischer Kost gibt es vor allem in der Nähe des Marktes.

Diskotheken

The Silverback Night Club, beim Relay's Gorillas Hotel. Geöffnet Fr, Sa, So und vor Feiertagen von 22 bis 6 Uhr.

Ruhondo-See (Nordprovinz) (S. 533)

Hinweis: Der Ruhondo-See ist ohne eigenes Transportmittel am besten mit einem Motorradtaxi von Ruhengeri aus zu erreichen (2,50 bis 3 €). Machen Sie gleich einen Termin für die Rückfahrt aus.

Unterkunft

• **Virunga Safari Lodge $$$$$**, (ehemals Volcanoes Camp) zwischen Ruhondo und Burera-See gelegen (ca. 12 km von Ruhengeri), zu buchen bei Volcanoes Safaris, Tel.: 502452 oder 08536908, Fax: 76541, salesrw@volcanoessafaris.com, www.volcanoessafaris.com. Preise ab 250 US$ pro Person inkl. Vollpension, Getränke und Wäscheservice. Luxuriöse, 2009 renovierte Unterkunft mit 8 Bungalows und herrlichem Ausblick über die beiden Seen und zu den Virunga-Vulkanen. Zudem gibt es zwei „Honeymoon"-Bungalows.

• **Foyer de Charité $**, Tel.: 547024 oder 078-8510659, Fax: 547025, vdprw@yahoo.fr. DZ 15 €, EZ 10 €. 40 Zimmer mit Waschschüssel und Gemeinschaftsduschen (Warmwasser durch Solaranlage).

Rwamagana (Ostprovinz) (S. 519)

Wichtige Telefonnummern

• **Polizei**: 567119

• **Krankenhaus**: 5 67138, 567010

R
V

Unterkunft

- **Dereva $**, in einem grünen Garten an der Hauptstraße gelegen, Tel.: 567244 oder 078-8322228,derevahotel@yahoo.com. DZ 25 €, EZ 13 € inkl. Bad mit Warmwasser! Im Restaurant gibt es gute, einfache Gerichte zu annehmbaren Preisen ab 3,50 €.
- **Ikambere $**, Tel.: 67372, DZ 5 € (kaltes Wasser). Alles in allem sehr heruntergekommen, aber wenn das Dereva voll ist, gibt es nicht viele andere Möglichkeiten.
- **Bonjour Café $**, etwas abseits der Hauptstraße, Tel.: 078-0372273. DZ 13 €. Kleines Hotel mit nur 5 Zimmern (Warmwasser), gutes Preis-Leistungs-Verhältnis. Einfaches Restaurant mit Sitzmöglichkeiten im Garten.

Einkaufstipps

An der Hauptstraße (von Kigali aus kommend auf der linken Seite) sehen Sie ein paar relativ neue Gebäude. Hier hat sich ein Projekt zur Förderung der Handwerkskunst angesiedelt. Die dort hergestellten Dinge sind im angeschlossenen Shop der IAKI (Interassociation des Artisans de Kibungo) zu erwerben.

Virunga-Nationalpark (D. R. Kongo) (S. 536)

Hinweis: Der Nationalpark liegt im Kongo an der Grenze zu Uganda und Ruanda und gehört zu den schönsten Naturschutzgebieten Afrikas. Aufgrund von Auseinandersetzungen verschiedenster Gruppierungen war es in den letzten Jahren nicht möglich den Park zu besuchen. Nach der Beendigung des Bürgerkrieges in der Provinz Nordkivu sind die Chancen den Park zu besuchen allerdings wieder gestiegen. Dennoch kann es zeitweise zu Sicherheitsproblemen kommen. Die deutschen Botschaften in Kinshasa und Kigali sind in der Regel über die aktuelle Lage recht gut informiert. Informationen zum Besuch des Virunga Nationalparks erhalten Sie beim staatlichen kongolesischen Naturschutzamt ICCN in Goma, oder fragen Sie in Bukavu die deutsche Entwicklungsorganisation GTZ.

Unterkunft

Seit der Nationalpark offiziell wieder eröffnet ist, stehen wieder einige Unterkünfte direkt im Park zur Verfügung. Die ansonsten nächste Möglichkeit zu übernachten ist die Stadt Goma. Von dort führt eine Straße am Nyiragongo-Vulkan vorbei durch den südlichen Teil des Nationalparks (Rwindi Plains) und ab Kanyabayonga wieder außerhalb der Parkgrenzen (westlich) Richtung Norden.

- **Djomba Lodge $$**, 15 km vom Dorf Rugari, einfache Unterkunft mit 4-Bett-Zimmern.

Campingplätze

Bukima, pro Pers. 5 US$, Zeltverleih 5 US$. Ein einfacher Campingplatz mit Waschmöglichkeit. Das Personal kocht auf Wunsch auch für die Gäste einheimische Gerichte.

Aktivitäten/Sehenswürdigkeiten

Der Besuch der Berggorillas im Virunga Nationalpark ist von zwei Stellen aus möglich. In Bukima (westlich des Mt. Muside) und in dem etwas besser zugänglichen Djomba (westlich des Mt. Sabinyo). Zur Gorilla-Beobachtung stehen mehrere an Menschen gewöhnte Gorillagruppen zur Verfügung. Eine Gorilla-Permit kostet wie in Ruanda 500 US$.

Volcanoes-Nationalpark (Nordprovinz) (S. 536)

Informationen

Beste Anlaufstelle für Informationen und Gorilla-Permits ist das ORTPN-Büro in Kigali. Sie können aber auch zum Park Headquarter nach Kinigi fahren (ca. 13 km von Musanze/Ruhengeri Richtung Nationalpark). Dort kann man Ihnen, nach telefonischer Rücksprache mit Kigali, Auskunft über freie Termine zum Gorilla-Besuch geben.

Regionale Busverbindungen

Mit öffentlichen Verkehrsmitteln kommen Sie nicht direkt zum Nationalpark. Nehmen Sie einen der vielen Minibusse zwischen Kigali und Gisenyi und steigen in Musanze (Ruhengeri) aus. Von dort führt eine Straße ins 13 km entfernte Kinigi, wo sich das Parkbüro befindet. Von Ruhengeri nach Kinigi fahren Matatus oder Taxis (ca. 12 US$). Die Wanderungen beginnen jedoch nicht am Parkbüro. Für die teilweise schlechten Pisten zu den Ausgangsorten sind Allradfahrzeuge erforderlich. Diese können in Ruhengeri (für teures Geld) als „Allradtaxi" für die Fahrten zum Park und zurück für ca. 50 € gemietet werden. Ansonsten versuchen Sie Fahrgemeinschaften mit anderen Besuchern zu bilden. Erkundigen Sie sich am besten schon in Ihrem Hotel. Wichtig ist vorher auszumachen, welche Strecken im Preis inbegriffen sind, damit es nicht zu Missverständnissen kommt. Des Weiteren gibt es die Möglichkeit mit einem Motorradtaxi für umgerechnet etwa 3 € zu fahren. Ein bisschen Abenteuergeist gehört allerdings dazu.

Rundfahrten/Touren/Besichtigungen

Wenn Sie in Ruanda vor Ort eine Tour organisieren lassen möchten, wenden Sie sich an die Reiseagenturen und Tour Operators in Kigali (s. dort).

Banken/Geld tauschen

Umtauschmöglichkeiten gibt es in Ruhengeri. In den gehobenen Unterkünften können Sie auch mit US-Dollar bezahlen.

Unterkunft

- **Sabyinyo Silverback Lodge $$$$$**, 3 km außerhalb von Kinigi, Tel.: 020 2734000, www.governorscamp.com, reception.rwanda@governorscamp.com. DZ je nach Saison zwischen 900 und 1.500 US$, EZ je nach Saison zwischen 500 und 1.000 US$ inkl. Vollpension und Getränke sowie Wäscheservice. Beide Suiten kosten 200 US$ zusätzlich. Die 2007 eröffnete Lodge hat 8 Bungalows mit einer schönen Aussicht auf die Vulkane. Die Lodge gehört zu einem Gemeindeprojekt (SACOLA), mit einem Teil der Einnahmen aus der Unterkunft werden verschiedene lokale Projekte gefördert. Luxuriös, aber auch überteuert.
- **Gorilla's Nest Lodge $$$$$**, Kinigi, Tel.: 546954 oder 08305708, 08625318, Fax: 546331. www.gorillanestlodge.com, gorillanest@yahoo.fr, jeanluc.miravumba@dubaiworldafrica.com. Diese sehr schöne Unterkunft brannte 2012 zum Teil ab (u.a. das Restaurant), wird aber zzt. wieder aufgebaut. Zurzeit kann nur das Jack Hanna Cottage für kleinere Gruppen und Selbstversorger gemietet werden. Aktuelle Infos auf der Homepage.
- **Gorilla Mountain View $$$$**, Zwischen Mt. Sabyinyo und Bisoke, Tel.: 078-8305708, info@3bhotels.com, www.3bhotels.com. DZ 250 US$, EZ 200 US$ inkl. Vollpension. Die 2009 eröffnete Anlage verfügt über mehrere nett eingerichtete Steinbungalows.
- **Village Touristique Kinigi $$**, in der Nähe des Parkbüros, Tel.: 547156 oder 078-533606, kinigi2020@yahoo.fr, www.rwanda-kinigi-guesthouse.com. DZ 40 €, EZ 25 €. Mittlerweile renovierte Zimmer mit Strom und Bad in Holzhäusern unweit des Parkbüros. Nette Atmosphäre und gutes Essen. Camping ist im Gelände möglich.

• *Einige Kilometer außerhalb des Parks am See Ruhondo liegt als Alternative eine luxuriöse Lodge:* ***Virunga Safari Lodge $$$$$****, zwischen Ruhondo und Burera-See (ca. 12 km von Ruhengeri), Buchung bei Volcanoes Safaris, Tel.: 502452 oder 078-536908, salesrw@volcanoessafaris.com, www.volcanoes safaris.com. Preise ab 250 US$ pro Person inkl. Vollpension, Getränke und Wäscheservice. Luxuriöse, 2009 renovierte Unterkunft mit 8 Bungalows und herrlichem Ausblick über die beiden Seen und zu den Virunga-Vulkanen.*

Campingplätze

ORTPN Campsite*, der Campingplatz der Parkverwaltung befindet sich in der Nähe des Parkbüros. Buchungen können direkt beim ORTPN in Kigali vorgenommen werden.*

Aktivitäten/Sehenswürdigkeiten

Zur Gorilla-Beobachtung stehen sieben an Menschen gewöhnte Gorillagruppen zur Verfügung.
Die Gruppe Susa (41 Mitglieder) am Karisimbi, Kwitonda (18 Mitglieder), Gruppe Amahoro (17 Miglieder), Gruppe Umubano (11 Mitglieder), Hirwa (11 Mitglieder), Gruppe Sabinyo (9 Mitglieder) und die Gruppe 13 (26 Mitglieder).
Ein Gorilla-Permit, also die Erlaubnis eine Gorilla-Gruppe zu besuchen, kostet 500 US$. Es besteht allerdings keine Garantie dafür, die Tiere auch wirklich zu sehen (Chance jedoch bei 99,9 %). Im Preis sind ein Führer sowie die Spurensucher mitenthalten. Alle erwarten am Ende der Wanderung ein kleines Trinkgeld, das 5 € nicht übersteigen sollte.
Die Wanderungen beginnen in der Regel um 7 Uhr am Park-Büro in Kinigi. Pro Gorilla-Gruppe sind acht Besucher pro Tag zugelassen. Da die Gorilla-Permits wegen der limitierten Besucherzahl sehr beschränkt sind, ist es vorteilhaft diese weit im Voraus zu buchen (mindestens sechs Monate, für die Hochsaison mind. 1 Jahr).
Außer dem Gorilla-Trekking, weswegen wohl fast alle Besucher des Nationalparks hierher kommen, gibt es aber noch weitere interessante Wanderungen. Für Bergsteiger bieten die drei Vulkane im Parkgebiet Möglichkeiten einer Besteigung an. Eine 2-Tage-Tour zum Karisimbi-Vulkan kostet zum Beispiel 100 US$. Der Visoke ist etwas einfacher zu besteigen (2 Std., 40 US$). Zudem gibt es weitere Wanderrouten, wie den Golden Monkey Trail (100 US$) oder zum Grab von Dian Fossey (50 US$).

IWANOWSKI'S Das kosten Sie Uganda und Ruanda

News im Web: www.iwanowski.de

- Stand: Frühjahr 2013 -

Auf den Grünen Seiten geben wir Ihnen Preisbeispiele für Ihren Uganda und Ruanda-Urlaub, damit Sie sich ein realistisches Bild über die Kosten einer Reise bzw. eines Aufenthaltes machen können. Sie sollten die Preise als Richtschnur auffassen, bei einigen Leistungen geben wir auch eine Preis-Spannweite an.

Aktueller Kurs:
1 EUR = 3.400 Uganda Schilling, 1.000 Uganda Schilling = 0,30 EUR
1 EUR = 840 Ruanda Franc, 1.000 Ruanda Franc = 1,19 EUR

Beförderung

Flüge

Da es keine direkten Flüge ab Deutschland gibt, sollten Sie bei den Angeboten der europäischen Airlines (SN Brussels, British Airways, KLM) darauf achten, dass ein günstiger Anschlussflug vom Flughafen in Ihrer Nähe mit eingeschlossen ist. Außereuropäische Airlines fliegen ab Frankfurt (Ethiopian Airlines) oder auch von anderen deutschen Flughäfen (Emirates).
Die Preise variieren für das Ziel Entebbe zwischen 600 und 900 €, beim Ziel Kigali zwischen 700 und 1.000 € (jeweils Economy Class).

▸ Inlandsflüge

In beiden Ländern gibt es nur wenige Inlandflugstrecken, vor allem im flächenmäßig recht kleinen Ruanda. In Uganda werden die Inlandsflüge hauptsächlich von mehreren kleinen privaten Fluggesellschaften betrieben. Es gibt zurzeit keine Zusammenarbeit mit den internationalen Fluglinien, die Entebbe anfliegen. Inlandsflüge können nur vor Ort oder bei einem Spezialveranstalter für Ostafrika im Voraus gebucht werden. Die Kosten richten sich nach der Strecke und der jeweiligen Fluggesellschaft und bewegen sich um 120 bis 180 € die Strecke.

▸ Charterflüge

In Ostafrika sind Charterflüge beliebt und ermöglichen es, auch entlegene Winkel der Länder bequem zu erreichen. Charterflüge müssen zeitig im Voraus geplant und bestellt werden. Die Preise variieren sehr zwischen den einzelnen Anbietern, dem Fluggerät und der Anzahl der mitfliegenden Gäste. Hier hilft Ihnen Ihr Spezialveranstalter für Ostafrika gerne weiter.

Mietwagen

Nur in Uganda gibt es internationale Mietwagenfirmen (Hertz und Europcar). Es gibt aber in beiden Ländern eine Vielzahl von lokalen Autovermietern, die ein breites Angebot von Fahrzeugen aufweisen. Ein normaler PKW kostet bei den internationalen Firmen in Uganda durchschnittlich etwa 60 € pro Tag (inkl. Versicherung und 100 Freikilometern).

Für Rundfahrten im Land ist allerdings meist ein Allradfahrzeug erforderlich. Allradfahrzeuge kosten in beiden Ländern ab 120 € pro Tag (inkl. Versicherung und 100 Freikilometern). Bei den lokalen Vermietern ist bei dem Preis der Fahrer schon mit eingeschlossen. Auf Ostafrika spezialisierte Veranstalter und Reisebüros werden Ihnen sicherlich bei der Planung weiterhelfen.

Rundreisen

Rundreisen in Uganda und/oder Ruanda kosten bei deutschen Veranstaltern je nach Reiseroute und Dauer ab 2.500 €. Bitte bedenken Sie, dass die Auswahl der Hotels und ein Gorilla-Trekking die Reise wesentlich verteuern können. Rundreisen zu den jeweils besten Hotels inklusive Besuch der Gorillas kosten meist mindestens 3.500 € und aufwärts. Bedenken Sie dabei, dass in touristisch nicht so stark frequentierten Regionen die Preise generell weit höher liegen als in den touristischen Hochburgen.

Aufenthaltskosten

Hotels / Lodges

Falls Sie nicht in den untersten Kategorien übernachten möchten, müssen Sie für eine Übernachtung im DZ (Kampala, Kigali und Nationalparks) mindestens 30 € pro Person kalkulieren. Mittelklasse-Unterkünfte außerhalb der Hauptstädte und der Naturschutzgebiete gibt es in beiden Ländern ab 20 € pro Person.

Hier einige konkrete Beispiele:

- **Kampala:** Speke Hotel (Innenstadt), Doppelzimmer/Einzelzimmer 100 US$ (plus zurzeit 18 % Steuern) inklusive freie Internetnutzung.
- **Kigali:** Hotel des Mille Collines (Innenstadt), Doppelzimmer 250 US$, Einzelzimmer 230 US$, Suite 390 US$.
- **Masindi:** Masindi Hotel, Doppelzimmer 60 US$, Einzelzimmer 51 US$ inklusive Frühstück.
- **Gisenyi:** Kivu Serena, Doppelzimmer 232 US$, Einzelzimmer 172 US$, Suite 360 US$, jeweils inkl. Frühstück.
- **Murchison Falls N.P.:** Paraa Safari Lodge, Doppelzimmer 232 US$ (bei Vollpension 280 US$), DZ-Suite 304 US$ (bei Vollpension 352 US$), Einzelzimmer 151 US$ (Vollpension 175 US$) inkl. Frühstück, plus Steuern.

- **Akagera N.P.:** Akagera Game Lodge, Doppelzimmer 100 €, Einzelzimmer 80 €, Suite als DZ 150 € jeweils inkl.Frühstück.
- **Bwindi N.P.:** Volcanoes Bwindi Lodge, Doppelzimmer 800 US$, Einzelzimmer 480 US$ inkl.Vollpension.

Restaurants

Einfache Restaurants (untere Preiskategorie): Hauptgericht um 3 €.
Mittelklasse Restaurants (mittlere Preisklasse): Hauptgericht zwischen 5 und 7 €.
Internationale Restaurants (gehobene Preisklasse): Hauptgericht um die 10 €.

Nationalparks

In den meisten Nationalparks kostet der Eintritt durchschnittlich um 25 € pro Tag und Person. Hinzu kommen je nach Park noch weitere Gebühren für Pirschfahrten, Wanderungen, Bergbesteigungen und Besuche von Gorillas oder Schimpansen.

Lebensmittelpreise

Die Preise für heimische Lebensmittel, vor allem Obst und Gemüse, liegen weit unter den europäischen Preisen. Fleisch kostet fast dasselbe wie in Europa, alle importierten Lebensmittel kosten weit mehr als in Europa üblich. Wenn Sie als Selbstversorger mit heimischen Waren auskommen, wird es preiswert. Je mehr importierte Lebensmittel Sie verwenden, desto höher Ihre Ausgaben.

Telefonate

Nationale bzw. Ortsgespräche in Uganda und Ruanda kosten bei den Telefonständen auf der Straße etwa 0,15 € die Minute. Telefonate in die Nachbarstaaten etwa 0,35 €, ins europäische Ausland zwischen 0,50 und 1 € die Minute. In den Hotels sind die Gesprächspreise je nach Hotelkategorie wesentlich höher. Rechnen Sie mindestens mit dem doppelten Preis. Für Vieltelefonierer mit Handy lohnt es sich, eine lokale Sim-Karte zu kaufen (in Uganda ab ca. 6 €). Beim Mobilfunkunternehmen mango (Uganda) bezahlen Sie dann für Gespräche nach Europa 0,35 € pro Minute.

Flughafen-Transfer

Ein Taxi kostet vom Flughafen Entebbe nach Kampala 25 bis 30 € (Verhandlungssache). In Kigali kostet die Fahrt in die Innenstadt etwas weniger. Große Hotels haben ihren eigenen Flughafenshuttle, dazu gehören in Uganda die Hotels der Imperial-Gruppe, das Sheraton und das Speke Hotel. In Kigali das Interkonti, das Mille Collines und das Novotel. Einige weitere Hotels bieten einen Flughafentransfer auf Anfrage an.

Matatus (Minibusse) sind direkt am Flughafen nicht zugelassen. Um ein preisgünstiges Matatu in die Stadt zu bekommen, müssen Sie erst ein gutes Stück außerhalb des Flughafengeländes laufen. Am Flughafen in Entebbe können Sie allerdings Geld sparen, wenn Sie sich von einem Taxi zum Matatu-Stand (hier „Taxi-Stand" genannt) in Entebbe bringen lassen und dann von dort weiter mit einem Minibus (0,85 €) nach Kampala fahren.

Taxi

Der Taxipreis ist immer Verhandlungssache. Taxis mit Taxameter gibt es nur in Kampala.

Strecken innerhalb einer Ortschaft kosten um 2 €.

Benzin

Kostet je nach Ort etwas über 1 € pro Liter Benzin. Diesel ist nur unwesentlich billiger.

Gesamtkostenplanung

Die folgende ungefähre Kostenplanung ist auf Grundlage einer individuell zusammengestellten Rundreise für jeweils 2 Personen berechnet. Allradmietwagen und gehobene Hotelkategorie eingerechnet. Alle Angaben in €.

Aufenthalt	2 Wochen	3 Wochen	5 Wochen
An- und Abfahrt Flughafen	50	50	50
Flugtickets	1.600	1.600	2.000
Gepäck- und Krankenversicherung	100	100	100
Mietwagen inkl. Benzin	1.950	3.000	4.500
Übernachtungen	ab 1.050	ab 1.600	ab 2.600
Mittagessen (preisgünstig)	80	125	210
Abendessen (mittlere bis obere Preisklasse)	200	300	500
Getränke zwischendurch	70	100	160
Telefon, Briefmarken, Extras	40	50	80
GESAMT	**5.140**	**6.925**	**10.200**

5. REISEN IN UGANDA UND RUANDA

Routenvorschläge

Im Folgenden werden einige Routen durch Uganda und Ruanda als Beispiele vorgestellt. Betrachten Sie diese Routen lediglich als Vorschläge und als Grundlage zu Ihren eigenen Reisewünschen. Die bei den einzelnen Routen angegebenen Kilometer wurden immer etwas nach oben aufgerundet, um die Fahrleistung der Reise in etwa realistisch wiederzugeben.

Route Nr. 1: Die **Nordostroute** führt Sie in ein kaum besuchtes Gebiet Ugandas. Von Kampala über Jinja, Mount Elgon, Kidepo-Valley-Nationalpark, Lira und zurück nach Kampala.
Gesamt-Kilometer: ca. 1.600 km

Route Nr. 2: Die **klassische Route** führt Sie zu den Höhepunkten und gibt Ihnen einen umfassenden Einblick in das Land. Von Kampala über Murchison Falls, Kibale Forest bis Queen-Elizabeth-Nationalpark und zurück nach Entebbe.
Gesamt-Kilometer: ca. 1.300 km

Route Nr. 3: Die **Bergroute** für Wanderer, Trekkingfreunde und Bergsteiger. Von Entebbe über Fort Portal, Semliki-Nationalpark, Ruwenzori, Bwindi-Nationalpark bis zu den Virunga-Vulkanen und zurück nach Entebbe.
Gesamt-Kilometer: ca. 1.300 km

Route Nr. 4: Die **Kombinationsroute** mit Uganda und Ruanda in einer Reise. Über Lake Mburo, Bwindi, Mgahinga-Gorilla-Nationalpark, Kabale, bis Ruhengeri und zu den Virunga-Vulkanen.
Gesamt-Kilometer: ca. 700 (ohne Rückfahrt) km

Route Nr. 5: Ganz **Ruanda** in einer Rundtour. Von Kigali über den Akagera-Nationalpark, Butare, Nyungwe Forest, Lake Kivu bis Ruhengeri und die Virunga-Vulkane und zurück nach Kigali
Gesamt-Kilometer: ca. 850 km

Übernachtungskategorien

(Preise für ein Doppelzimmer pro Nacht)

$$$$$	über 120 EUR
$$$$	80 bis 120 EUR
$$$	40 bis 80 EUR
$$	20 bis 40 EUR
$	10 bis 20 EUR

Bei einem Hotel ohne Zeichen bedeutet dies einen Preis unter 10 EUR..

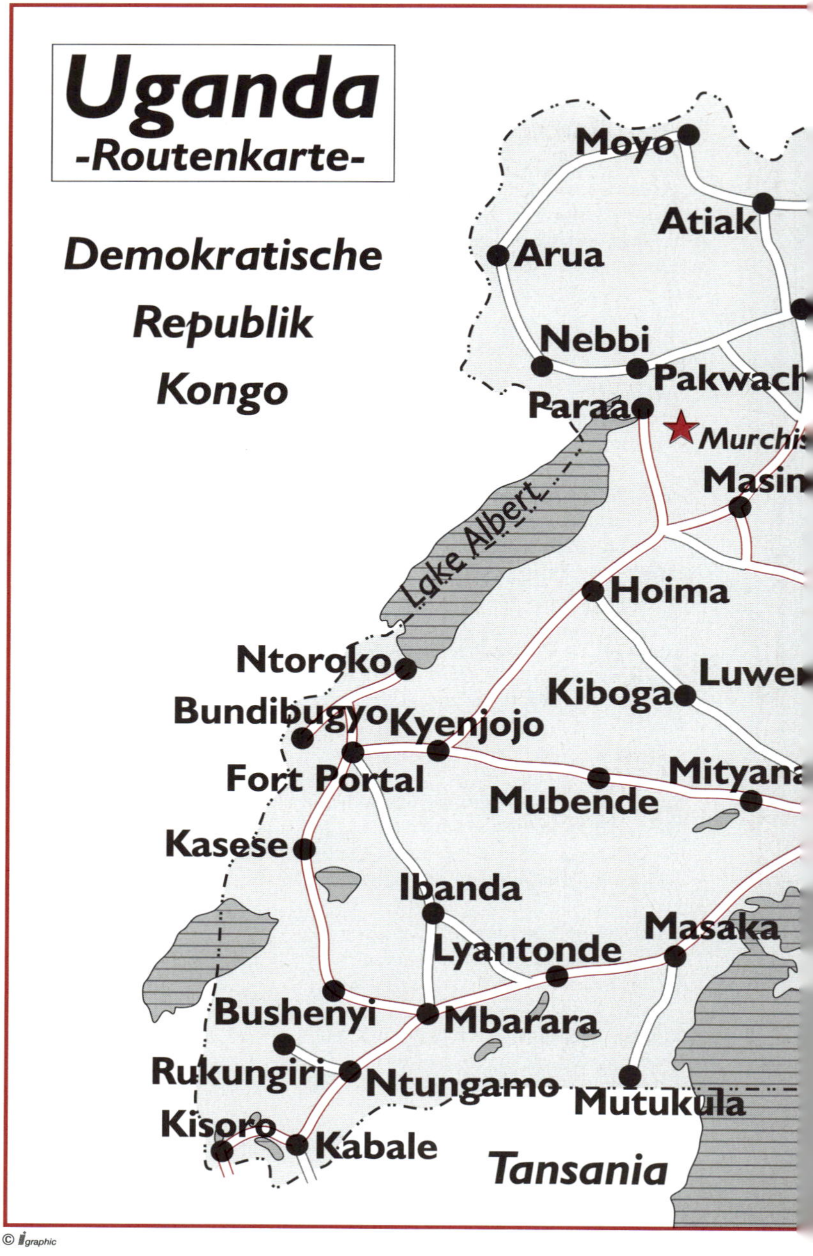
Uganda
-Routenkarte-
Demokratische Republik Kongo
Moyo
Atiak
Arua
Nebbi
Pakwach
Paraa
Murchis
Masin
Lake Albert
Hoima
Ntoroko
Kiboga
Luwe
Bundibugyo
Kyenjojo
Fort Portal
Mubende
Mityana
Kasese
Ibanda
Masaka
Lyantonde
Bushenyi
Mbarara
Rukungiri
Ntungamo
Mutukula
Kisoro
Kabale
Tansania

Apoka
Kaabong
Kitgum
Kotido
Gulu
Moroto
Lira
on-Falls-N.P.
di
Soroti
Kumi
Kapchorwa
Kenia
Lake
Kyoga
Kamuli
Mbale
Kaliro
Tororo
Jinja
Iganga
Kampala
Entebbe
Lake Victoria
Beschriebene Route
N
0
150 km

Ruanda
-Routenkarte-
Volcanoes-
National-
park
Demokratische
Republik
Kongo
Ruhengeri
Gisenyi
Gishwati-
Forest
Lake
Kivu
Kibuye
Nyungwe-Forest-
Nationalpark
Gikongoro
Cyangugu
Kahuzi-Biéga-
Nationalpark

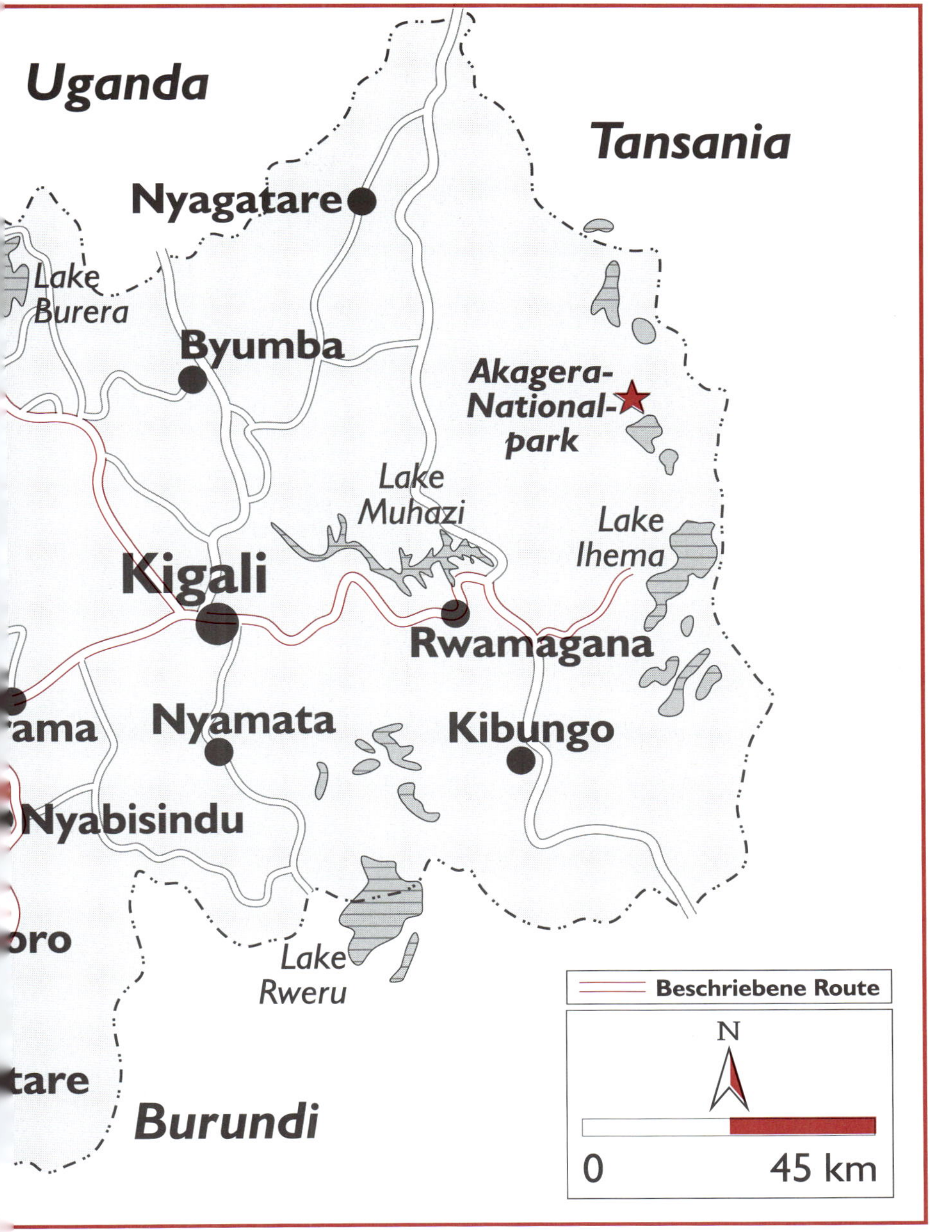
Uganda
Tansania
Nyagatare
Lake Burera
Byumba
Akagera-Nationalpark
Lake Muhazi
Lake Ihema
Kigali
Rwamagana
rama
Nyamata
Kibungo
Nyabisindu
oro
Lake Rweru
tare
Burundi
Beschriebene Route
N
0
45 km

Routenvorschlag 1:

Die Nordostroute. Von Kampala über Jinja, Mount Elgon, Kotido, Kidepo-Valley-Nationalpark, Lira zurück nach Kampala. Diese Route führt durch den touristisch kaum besuchten Nordosten Ugandas. Eine abwechslungsreiche Tour mit Wandern, Tiersafari und unterschiedlichen Landschaften. Zu empfehlen für Reisende, die gerne abseits der Hauptrouten unterwegs sind und ideal für Reisende, die aus dem benachbarten Kenia einreisen. Die Tour ist gut mit der klassischen Route zu kombinieren.

Routenvorschlag 1

Tag	Ort/Fahrstrecke	ca. km	Übernachtungstipps	Sehenswertes
1+2	Entebbe/ Kampala	35	Speke Hotel, R. Imperial Hotel	Königsgräber, Seeufer, Nationalmuseum
3	Jinja	80	Gately on the Nile, Jinja Nile Resort, Kingfisher Lodge	Weißer Nil, Bujagali-Fälle
4-6	Jinja/Mt.Elgon	210	Mbale Resort Hotel, Crow's Nest Camp oder Campingplätze	Bergwelt mit unterschiedlichen Vegetationszonen und Wasserfällen
7	Mt. Elgon/ Moroto	230	Mt.-Moroto-Hotel	Bokora Wildlife Reserve, Pian Upe Wildlife Reserve
8+9	Moroto/ Kidepo Valley	250	Apoka Lodge	Kidepo-Valley-Nationalpark, heiße Quellen von Kananarok
10	Kidepo Valley/ Lira	370	Lira Hotel	Kyoga-See
11	Lira/Kampala	370		
	(oder: Lira-Murchison-Falls-Nationalpark 300 km. Anschluss an die „klassische Route")			

Verkürzungen: Ein Tag lässt sich am Mt. Elgon einsparen, ansonsten nur durch früheres Zurückfahren.
Verlängerungen: Von Lira zum Murchison-Falls-Nationalpark fahren und dann Routenvorschlag 2 folgen.
Falls die Strecke Kidepo Valley nach Lira zu lang erscheint, kann auch eine Zwischenübernachtung in Kitgum erfolgen (Hotels sehr einfach!).
Variationen: Wenn Sie von Kenia aus nach Uganda reisen möchten, dann nehmen Sie den Grenzübergang Malaba und fahren direkt zum Mt. Elgon. Auf dem Rückweg passieren Sie dann Kampala. Falls Sie wieder nach Kenia zurück möchten, fahren Sie weiter über Jinja zum Grenzort Busia.

Routenvorschlag 2:

Die klassische Route. Von Kampala über Murchison-Falls-Nationalpark, Fort Portal, Queen-Elizabeth-Nationalpark bis Bwindi-Nationalpark und zurück nach Entebbe. Die klassische Route führt Sie zu den beiden bekanntesten Nationalparks und gibt Raum für vielfältige Tierbeobachtungen und Safaris. Auch für Gorilla-Trekking und Kanufahrten ist genügend Zeit. Für eine längere Uganda-Reise ist diese Route gut mit der Bergroute (Route Nr. 3) zu verbinden.

Verkürzungen: Sie können einen Tag sparen, wenn Sie Masindi weglassen und direkt nach Fort Portal fahren. In Fort Portal können Sie auch einen Tag sparen, wenn Sie nicht an Wanderungen im Ruwenzori-Gebirge oder im Kibale-Wald interessiert sind.

Routenvorschlag 2				
Tag	*Ort/Fahrstrecke*	*ca. km*	*Übernachtungs-tipps*	*Sehenswertes*
1+2	Entebbe/ Kampala	35	Speke Hotel, Imperial Hotel	Wildlife Center, Seeufer, Nationalmuseum, Königsgräber
3-5	Kampala/ Murchison Falls	310	Paraa Safari Lodge, Nile Safari Tented Camp	Murchison Falls, Bootstour auf Weißem Nil, Tierbeobachtungen
6	Murchison Falls/ Masindi	95	Masindi Hotel, Court View Hotel	Budongo Forest (Schimpansen)
7-9	Masindi/ Fort Portal	255	Mountain of the Moon, Ruwenzori Travellers Rest, Ndali Lodge (außerhalb)	Kibale Forest, Ruwenzori-Gebirge, Buyuruguru-Kraterseen
10+11	Fort Portal/ Q.Elizabeth N.P.	160	Mweya Lodge, Jacana Safari Lodge	Tierwelt im Nat. Park, Kazinga-Kanal-Bootstour, Kyambura (Schimpansen)
12+13	Q.Elizabeth N.P./ Bwindi N.P.	120	Bwindi Camp	Rukiga-Hochland (Berg-Gorillas)
14	Bwindi/ Lake Bunyoni	70	Bushara Island Camp	Bergseen
15	Lake Bunyoni/ Entebbe	210		

Verlängerungen: ab Bwindi-Nationalpark bzw. ab dem Bunyonyi-See der Bergroute folgen zum Mgahinga-Gorilla-Nationalpark und dem Lake-Mburo-Nationalpark Von Fort Portal aus bietet sich ein Abstecher zum Semliki-Nationalpark zum Wandern (Tagestour) und/oder zum Semliki Valley Wildlife Reserve zur Safari (Übernachtungsmöglichkeit) an.
Variationen: Sollten Sie viel Zeit mitbringen und sich noch für Ruanda interessieren, fahren Sie vom Bunyonyi-See zum Grenzort Katuna, um nach Kigali zu kommen oder zum Grenzort Kyanika, wenn Sie nach Ruhengeri möchten.

Routenvorschlag 3:

Die Bergroute. Von Entebbe über Fort Portal, Ruwenzori-Nationalpark, Bwindi-Nationalpark bis Mgahinga-Gorilla-Nationalpark und zurück nach Entebbe. Die Bergroute führt zu dem berühmten Ruwenzori-Gebirge, dem dritthöchsten Gipfel in Afrika. Für alle, die gerne wandern oder auch richtige Trekkingtouren bis hin zum Bergsteigen unternehmen wollen. Wer sich besonders für Ugandas Schatz an Primaten interessiert, ist hier genau richtig. Inklusive der Beobachtungsmöglichkeiten für Schimpansen und Berg-Gorillas.

Verkürzungen: Falls Sie nur zum Wandern gekommen sind, können Sie den Queen-Elizabeth-Nationalpark auslassen und von Kasese direkt zum Bwindi-Nationalpark fahren. Einen Tag sparen Sie durch weniger Wandern im Ruwenzori-Gebirge, oder wenn Sie den Ausflug in den Semliki-Nationalpark weglassen.
Verlängerungen: Außer längeren Wandertouren im Ruwenzori-Gebirge (Rundwanderwege mit Bergbesteigungen dauern über eine Woche) sind weitere Tageswanderungen in Bwindi oder die Besteigung des Mt. Gahinga möglich. Zudem kann auch zu Beginn der Reise von Kampala ein Abstecher zum Mt. Elgon gemacht werden (mindestens drei Tage).
Variationen: Auf dem Weg von Entebbe oder Kampala nach Fort Portal können Sie auch über das Katonga Wildlife Reserve fahren.

Routenvorschlag 3				
Tag	*Ort/Fahrstrecke*	*ca. km*	*Übernachtungs-tipps*	*Sehenswertes*
1	Entebbe		Lake Victoria Hotel	Viktoria-See, Wildlife Center
2+3	Entebbe/ Fort Potal	370	Mountain of the Moon, Ruwenzori Travellers Rest, Ndali Lodge (außerhalb)	Kibale Forest (Primaten), Ruwenzori-Gebirge, Buyuruguru-Kraterseen
4	Semliki-Nationalpark	60	Hotel in Fort Portal (s. o.)	Tiefland-Regenwald, heiße Quelle
5-8	Fort Portal/ Kasese	70	Hotel Margherita, div. Campsites	Wanderungen im Ruwenzori-Gebirge
9+10	Q.-Elizabeth-Nationalpark	45	Mweya Lodge, Jacana Safari Lodge	Tierwelt im Nationalpark, Kazinga-Kanal-Bootstour, Kyambura (Schimpansen)
11+12	Q.Elizabeth/ Bwindi	120	Bwindi Camp	Rukiga-Hochland (Berg-Gorillas)
13+14	Bwindi/ Mgahinga	90	Mt. Gahinga Rest Camp	Virunga-Vulkane (Berg-Gorillas)
15	Mgahinga/ Lake Mburo	270	Mantana Luxury Tented Camp	Seenlandschaft (Wasservögel)
16	Lake Mburo/ Entebbe	220		

Routenvorschlag 4:

Die Kombinationsroute Uganda und Ruanda. Von Entebbe über Lake Mburo, Bwindi-Nationalpark, Mgahinga-Gorilla-Nationalpark, Kabale bis zu den Virungas. Hier werden die interessanten Bergwelten der beiden Länder miteinander kombiniert. Vor allem denjenigen Besucher, die hauptsächlich für die Berg-Gorillas kommen, bieten sich hier vielfältige Möglichkeiten.

Verkürzungen: Wenn Sie sich hauptsächlich für die Bergwelt interessieren, können Sie die zwei Tage Queen Elizabeth weglassen und direkt vom Lake Mburo zum Bwindi-Nationalpark fahren.
Verlängerungen: Ab Gisenyi dem Routenvorschlag 5 in umgekehrter Reihenfolge folgen.
Wenn Sie wegen der Organisation des Gorilla-Trekkings erst nach Kigali möchten, dann nehmen Sie den Grenzübergang bei Katuna bis Kigali und dann von dort nach Ruhengeri.

Routenvorschlag 4				
Tag	*Ort/Fahrstrecke*	*ca. km*	*Übernachtungs-tipps*	*Sehenswertes*
1+2	Entebbe		Lake Victoria Hotel	Lake Viktoria, Kampala
3	Entebbe/ Lake Mburo	220	Mantana Luxury Tented Camp	Seenlandschaft, Wasservögel
4+5	L.Mburo/ Queen-E.-Nationalpark	140	Mweya Lodge, Jacana Safari Lodge	Tierwelt im Nationalpark, Kazinga-Kanal-Bootstour, Kyambura (Schimpansen)
6-8	Queen-E.-Nationalpark/Bwindi	120	Bwindi Camp	Rukiga-Hochland (Berg-Gorillas)

9+10	Bwindi/ Mgahinga	90	Mt. Gahinga Rest Camp	Virunga-Vulkane (Berg-Gorillas)
11-13	Mgahinga/ Ruhengeri	50	Hotel Muhabura, Gorilla's Nest Lodge	Virunga-Vulkane (Berg-Gorillas)
13+14	Ruhengeri/ Gysenyi	50	Kivu Sun, Stipp Hotel	Alte Kolonialvillen, Baden im Kivu-See
15	Gisenyi/Kigali		Rückflug über Entebbe nach Europa oder:	
16	(Kigali/Entebbe)	Rückfahrt nach Entebbe (ca. 7 Std.) und dann Flug nach Europa		

Routenvorschlag 5:

Rundtour Ruanda. Von Kigali über den Akagera-Nationalpark, Butare, Nyungwe Forest, Lake Kivu bis Ruhengeri und zurück nach Kigali. Diese Tour führt Sie durch ganz Ruanda. Erleben Sie die ganze Vielfalt des kleinen Landes mit den „tausend Hügeln", das weit mehr zu bieten hat, als seine berühmten Berg-Gorillas und die Virunga-Vulkane.

Verkürzung: In Cyangugu und Gisenyi kann man je einen Tag sparen, indem man nach einer Übernachtung sofort weiterfährt.
Verlängerung: Tagesausflug von Kigali nach Kibungo und zur tansanischen Grenze zum Rusumu-Wasserfall. Zwischenübernachtung in Kibuye (auf dem Weg von Cyangugu nach Gisenyi).

Routenvorschlag 5

Tag	Ort/Fahrstrecke	ca. km	Übernachtungs-tipps	Sehenswertes
1+2	Kigali		Mille Collines, Hotel Baobab	Völkermord-Gedenkstätte
3+4	Kigali/ Akagera N.P.	115	Hotel Akagera, div. schöne Campingstellen	Ruandas einzige Savannenlandschaft
5	Akagera N.P./ Butare	250	Credo Hotel, Ibis Hotel	National Museum, Arboretum
6-8	Butare/ Nyungwe N.P.	75	Gisakura Resthouse, div. schöne Campingplätze	Letzter intakter Regenwald, Schimpansen
9+10	Nyungwe N.P./ Cyangugu	75	Hotel du Lac Kivu	Kivu-See, Kahuzi-Biéga-Nationalpark (Kongo)
11+12	Cyangugu/ Gisenyi	140	Kivu Sun, Palm Beach Hotel	Alte Kolonialvillen, Ausflug Goma (Kongo)
13+14	Gisenyi/ Ruhengeri	70	Hotel Muhabura, Gorilla's Nest Lodge	Virunga-Vulkane (Berg-Gorillas)
15	Ruhengeri/Kigali	85	Flug zurück nach Europa	

6. UGANDA: KAMPALA UND DER VIKTORIA-SEE

Kampala (ⓘ s. S. 194)

Wappen der Stadt Kampala

Überblick

Ruhige Großstadt

Hinter der Murchison-Bucht des Viktoria-Sees erstreckt sich die Hauptstadt Ugandas malerisch über mehrere Hügel. Kampala wirkt auf den ersten Blick sehr modern. Hochhäuser, Geschäfte und recht gute Straßen vermitteln den Eindruck einer aufstrebenden afrikanischen Metropole. Im Vergleich zu anderen Hauptstädten Ostafrikas, wie Nairobi oder Daressalam, vermittelt das Zentrum von Kampala eher den Eindruck einer europäischen Stadt. Kommt man jedoch in die Nebenstraßen, ist sie afrikanisch wie keine zweite ostafrikanische Hauptstadt. Keine hastenden Menschenmassen wie in Nairobi, keine Straßenkriminalität wie in „Dar", eher freundliche und aufgeschlossene Menschen, wie man sie sonst nur in afrikanischen Dörfern erwarten würde.

Die Stadt erlebte seit dem Ende der 1980er Jahre einen enormen Aufschwung und Bauboom. Nach dem Ende der Diktatoren-Ära mit *Idi Amin* und *Milton Obote* blühte Kampala regelrecht auf. Ein Teil ihres Charmes ging auf dem Weg zur modernen Metropole zwar verloren, so wurden für neue Bauprojekte einige grüne Inseln in der Stadt geopfert, aber die Stadt ist überschaubar geblieben und macht dennoch einen recht „grünen Eindruck". Zahlreiche Bäume säumen die Straßen, auf denen gerne große Marabu-Störche sitzen und auch brüten. Wo kann man mitten in einer Millionenstadt ansonsten schon Störche brüten sehen? Zur „Rush-Hour" allerdings wird es in Kampala chaotisch. Da ist oft kein Durchkommen mehr, denn der Verkehr hat in den letzten Jahren enorm zugenommen. Damit wird auch sichtbar, dass die

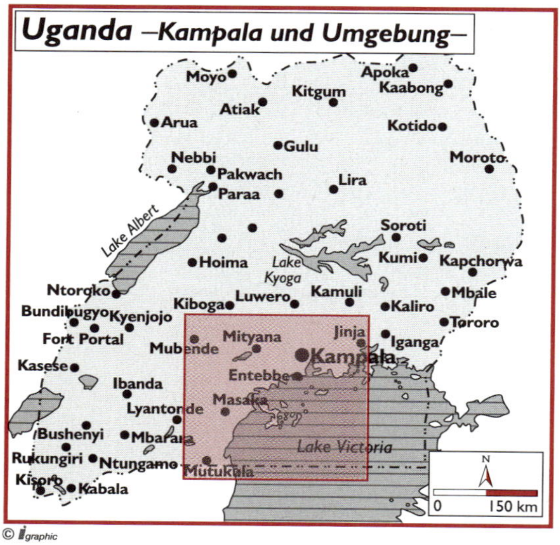

© graphic

Infrastruktur der 1,3-Millionen-Metropole ursprünglich nur für 500.000 Einwohner konzipiert wurde. Nur wenig Entlastung brachte die vor wenigen Jahren fertiggestellte nördliche Umgehungsstraße, die jedoch zumindest den Transitverkehr aus der Innenstadt hält.

Kampala ist der Knotenpunkt des ugandischen Straßennetzes. Von dort aus führen alle wichtigen Straßen des Landes sternförmig ins Land.

Redaktions-Tipps

- **Übernachten** im einmaligen **Emin-Pasha-Hotel**, außerhalb der Innenstadt Kampalas.
- Zum **Abendessen** in Kampala: Grillspezialitäten auf der Terrasse des **Faze2**.
- **Besichtigung** der königlichen **Kasubi-Gräber** *(S. 369)*.
- Ein **Souvenirbummel** durch das „**African Village**" in Kampala *(S. 365)*.
- Für Junge und Junggebliebene zum **Ausgehen** am Wochenende in Kampala, die Open-Air-Disco **Rock Garden**.
- Einen **Ausflug** nach **Ngamba Island**, der Schimpansen-Insel im Viktoria-See *(S. 374)*.
- Ein sportliches **Highlight**, das **Whitewater Rafting** an den Bujagali Falls *(S. 392)*.

Entfernungen

Von Kampala nach Entebbe: 34 km, nach Jinja: 80 km, nach Masaka: 137 km, nach Hoima: 203 km, nach Tororo: 205 km, nach Masindi: 217 km, nach Malaba (Grenze zu Kenia): 223 km, nach Mbale: 250 km, nach Karuma Falls: 266 km, nach Mbarara: 283 km, nach Paraa: 309 km, nach Fort Portal: 322 km, nach Soroti: 347 km, nach Kabale: 430 km, nach Moroto: 474 km, nach Arua: 504 km und zum Kidepo-Valley-Nationalpark: 596 km.

Lage und Klima

Ugandas Hauptstadt liegt zentral in der Nähe des Viktoria-Sees zwischen Äquator und 1° nördlicher Breite und bei 32° bis 33° östlicher Länge. Das Klima in der durchschnittlich 1.155 m hoch gelegenen Stadt wird hauptsächlich durch den nahe gelegenen Viktoria-See bestimmt. Dieser beschert der Stadt regelmäßig Regen und eine Luftfeuchtigkeit von durchschnittlich 70 bis 80 %. Die Temperaturen sind deutlich höher als zum Beispiel in Nairobi. Die Tagestemperaturen liegen im mittleren bis oberen 20-Grad-Bereich.

See beeinflusst das Wetter

Geschichte

Der Geschichte nach wurde die heutige Hauptstadt Ugandas wie Rom auf sieben Hügeln errichtet. Die moderne Stadt Kampala erstreckt sich heute allerdings über 23 Hügel und 200 km². Als Gründer der Stadt wird oft der Engländer *Captain Lugard* genannt, der 1890 auf dem Kampala Hill sein Lager aufschlug. Allerdings war der Bereich der heutigen Hauptstadt schon Jahrzehnte vor Lugard der Sitz der Könige Bugandas. Während der 1850er Jahre residierte der damalige bugandische *König Suuna II.* auf dem Kasubi-Hügel, nur 2,5 km Luftlinie vom Kampala Hill entfernt. *König Mutesa I.* tat es ihm von 1882 bis 1884 gleich, nur sein

Nachfolger *Mwanga* siedelte auf dem benachbarten Mengo Hill, wie seitdem alle Buganda- Könige. Die beiden Hügel gehören zusammen mit dem Kampala Hill zu den sieben Hügeln der Stadtgründung: Mulago, Kololo, Kibuli, Nakasero, Kampala, Namirembe (Mengo) und Makerere (im Uhrzeigersinn um Nakasero).

Der Name Kampala kommt von der Bezeichnung *Kosozi Mpala*, was in Luganda soviel wie „der Hügel der Antilope" bedeutet. Zu der Zeit der ersten Buganda-Könige waren die Hügel der heutigen Stadt noch Heimat der Impala-Antilope. Der britische Gesandte Captain *Frederick Lord Lugard* errichtete auf dem Hügel ein Fort, auf dem im Jahr 1893 feierlich der Union Jack gehisst wurde. Um das Fort siedelten sich in den folgenden Jahren einige Hundert Menschen an. Heute liegt der Kampala Hill im Stadtteil Old Kampala, westlich der Innenstadt. Im Jahr 1900 war das Fort mit seinen Verwaltungsbüros zu klein geworden, konnte aber wegen der es mittlerweile umgebenden Siedlungen nicht erweitert werden. Daher entschlossen sich die Briten, Teile des Forts auf den Nachbarhügel Nakasero auszulagern. Auch rund um den Neubau auf dem Nakasero-Hügel siedelten sich schnell Geschäfte an und die Stadt begann auch hier zu wachsen.

Zu Beginn ein Fort

Gemälde mit John Speke im Speke Hotel, Kampala

Nakasero ist heute der zentrale Hügel, an dessen Fuß sich die heutige Innenstadt befindet. Im Jahr 1906 wurde Kampala offiziell nach britischem Recht eine Ortschaft und 1915 erreichte die Eisenbahn von Kenia kommend, den neuen Bahnhof. Es dauerte bis 1949, bis der Ort Kampala den Status einer Verwaltungsgemeinde (*Municipality*) bekam. 1962 erhielt Kampala dann die offiziellen Stadtrechte, kurz vor der Wahl zur ugandischen Hauptstadt.

Unter den Briten stand Kampala immer etwas im Schatten von Entebbe, dem Verwaltungssitz der britischen Kolonie Uganda. Nach der Unabhängigkeit und der Entscheidung für Kampala als Hauptstadt des unabhängigen Uganda wuchs die Stadt kontinuierlich an. Zu Beginn des jungen Staates Uganda war Kampala die **Perle der Hauptstädte in Ostafrika**: viel Grün durch Stadtbäume, Gärten und Parks. Ein pulsierendes, aber überschaubares Geschäftszentrum und mit der Makerere-Universität die beste Universität im östlichen Afrika. Zum Ende der Obote-Zeit und mit Beginn der Herrschaft von *Idi Amin* kam die Entwicklung der Stadt ins Stocken. Nach der Ausweisung aller Asiaten aus Uganda in den 1970er Jahren durch Amin, brach der Handel in Kampala völlig zusammen. Durch den Bürgerkrieg gegen das Regime von Idi Amin und vor allem später gegen Milton Obotes zweite Amtszeit wurde die Stadt schwer zerstört. Viele Gebäude wurden niedergebrannt oder zeigten deutliche Spuren der Kämpfe. Der Stadt fehlte nach dem Bürgerkrieg eine funktionierende Infrastruktur. Aufgrund des Bürgerkriegs

Die beste Universität

waren viele Flüchtlinge in der Stadt. Kampala versank im Chaos. Es dauerte einige Jahre, bis sich die Lage wieder normalisierte. Doch dann erwachte Kampala wie aus einem Dornröschenschlaf und entwickelte sich seit Anfang der 1990er Jahre zu einer der modernsten afrikanischen Großstädte. Die Straßen wurden wieder instand gesetzt, zahlreiche Geschäfte und Einkaufzentren entstanden und einige moderne Hochhäuser wurden errichtet.

Kampala macht trotz der Entwicklungen einen eher beschaulichen Eindruck. Kein Vergleich zu den Häuserschluchten und dem hektischen Treiben in Kenias Nairobi. In Kampala haben sich bis heute keine riesigen Slums gebildet, was auch mit der unsicheren Vergangenheit zu tun hatte. Unter Amin war Kampala sicher kein bevorzugter Ort, wo Menschen vom Land hinziehen mochten. Doch seit den 1990er Jahren ändert sich dieser Umstand und langsam werden auch hier die Zuströme aus anderen Landesteilen zu groß, um alle Menschen in der Stadt unterbringen zu können. Die Stadtverwaltung ist gefragt, den negativen Entwicklungen aus diesem Zuzug entgegen zu wirken. Noch ist Kampala aber eine der lebenswertesten und sichersten Großstädte Afrikas.

Sicher und lebenswert

Stadtrundgang

Karte S. 362

Der folgende Stadtrundgang ist ein Vorschlag, die Innenstadt an einem halben bis ganzen Tag zu erkunden (je nach Verweildauer an den einzelnen Punkten). Die Innenstadt von Kampala ist recht überschaubar. Sie liegt zu Füßen des Nakasero-Hügels, auf dem gut sichtbar das Sheraton Hotel thront. Das 1967 erbaute Hotel wurde zunächst als Milton Hotel (benannt nach Präsidente *Milton Obote*) eröffnet. Unter *Idi Amin* wurde es in Kampala International umbenannt und seit 1987 gehört es zur internationalen Sheraton-Gruppe. Unterhalb des Hotels befindet sich der **Sheraton Garden (20)**, ein für alle zugänglicher Stadtpark, der zu Ehren des englischen Königs *George VI.* angelegt wurde. Heute wird der Park von der Hotelverwaltung gepflegt. Wenn Sie diesen Park nach unten durchqueren, kommen Sie auf die Nile Avenue. Direkt gegenüber liegt das Speke Hotel. Gehen Sie rechts weiter zum Kreisverkehr. Hier steht auf der Parkseite das **Unabhängigkeitsdenkmal (18)**. Es ist ein eher unscheinbares Denkmal, das eine Frau zeigt, die ihr Kind in die Höhe hält. Es wurde vom ugandischen Künstler *Gregory Maloba* entworfen.

Unabhängigkeitsdenkmal von Gregory Maloba

Folgen Sie gegenüber dem Kreisverkehr der Nile Avenue. An der nächsten Kreuzung sehen Sie rechts gegenüber den **Hight Court (15)**, das höchste Gericht Ugandas. Hier endet die Nile Avenue. Die daran anschließende Straße nennt

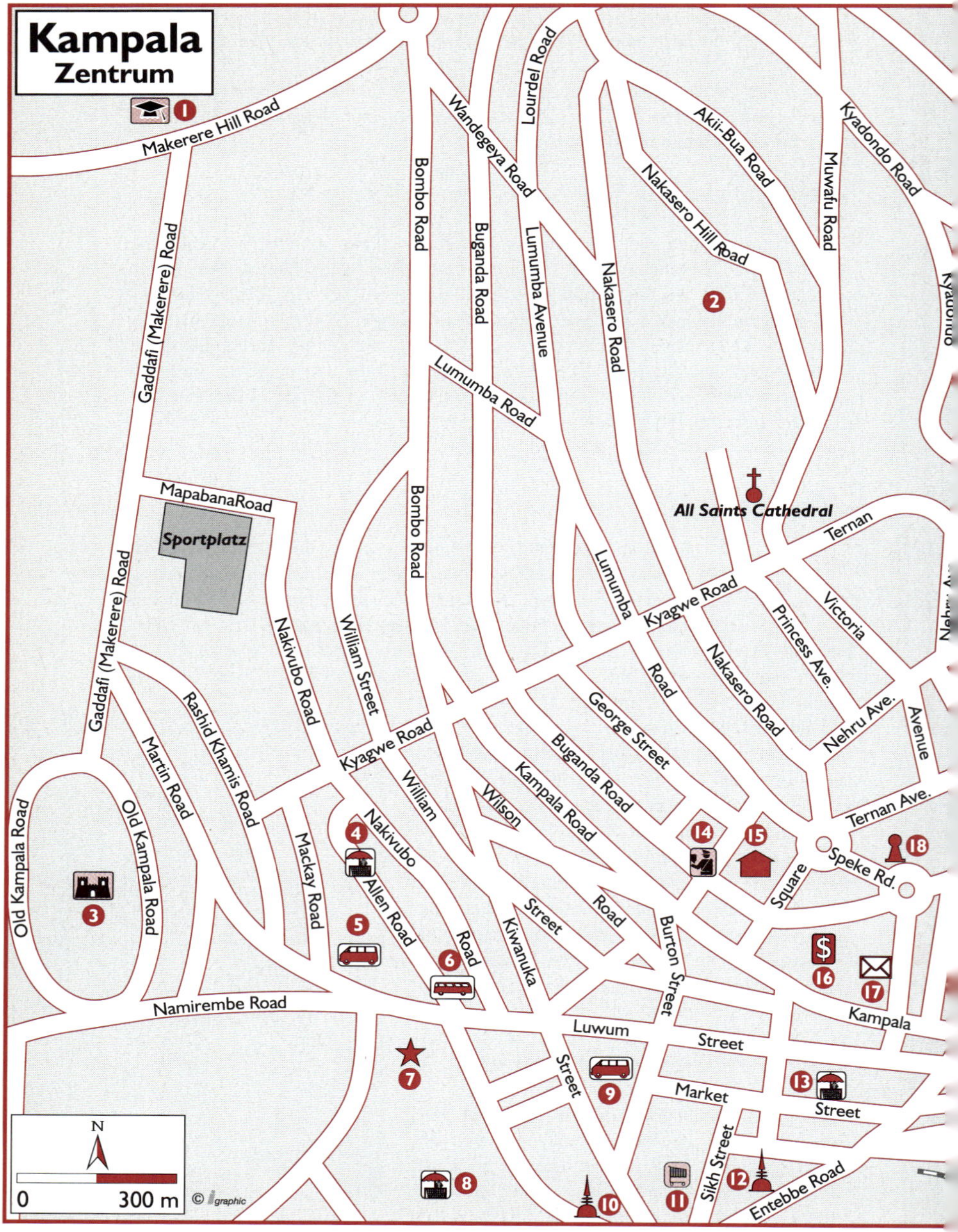
Kampala
Zentrum
Makerere Hill Road
Wandegeya Road
Lourdel Road
Akii-Bua Road
Kyadondo Road
Muwafu Road
Nakasero Hill Road
Bombo Road
Buganda Road
Lumumba Avenue
Nakasero Road
Gaddafi (Makerere) Road
Lumumba Road
All Saints Cathedral
Mapabana Road
Sportplatz
Ternan
Lumumba
Kyagwe Road
Victoria
Princess Ave.
Nakivubo Road
William Street
Nakasero Road
George Street
Road
Nehru Ave.
Avenue
Rashid Khamis Road
Martin Road
Old Kampala Road
Kyagwe Road
William
Wilson
Kampala Road
Buganda Road
Ternan Ave.
Mackay Road
Nakivubo
Allen Road
Road
Kiwanuka
Street
Road
Burton Street
Square
Speke Rd.
Kampala
Namirembe Road
Luwum
Street
Street
Market
Street
Sikh Street
Entebbe Road
N
0
300 m
© graphic
1
2
3
4
5
6
7
8
9
10
11
12
13
14
15
16
17
18

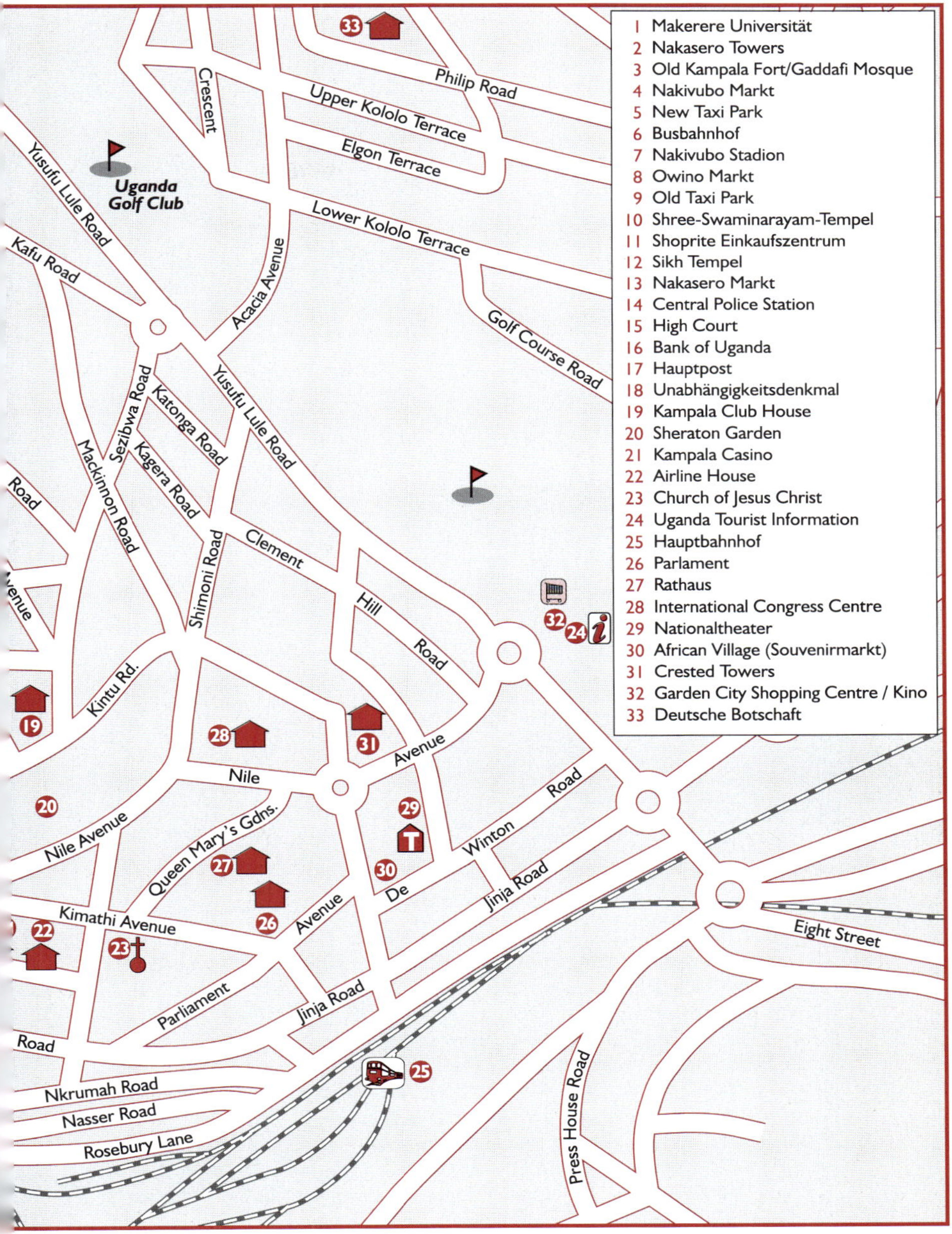
1 Makerere Universität
2 Nakasero Towers
3 Old Kampala Fort/Gaddafi Mosque
4 Nakivubo Markt
5 New Taxi Park
6 Busbahnhof
7 Nakivubo Stadion
8 Owino Markt
9 Old Taxi Park
10 Shree-Swaminarayam-Tempel
11 Shoprite Einkaufszentrum
12 Sikh Tempel
13 Nakasero Markt
14 Central Police Station
15 High Court
16 Bank of Uganda
17 Hauptpost
18 Unabhängigkeitsdenkmal
19 Kampala Club House
20 Sheraton Garden
21 Kampala Casino
22 Airline House
23 Church of Jesus Christ
24 Uganda Tourist Information
25 Hauptbahnhof
26 Parlament
27 Rathaus
28 International Congress Centre
29 Nationaltheater
30 African Village (Souvenirmarkt)
31 Crested Towers
32 Garden City Shopping Centre / Kino
33 Deutsche Botschaft
Uganda Golf Club
Philip Road
Upper Kololo Terrace
Crescent
Elgon Terrace
Lower Kololo Terrace
Yusufu Lule Road
Kafu Road
Acacia Avenue
Golf Course Road
Sezibwa Road
Katonga Road
Kagera Road
Mackinnon Road
Shimoni Road
Clement Hill Road
Kintu Rd.
Nile Avenue
Queen Mary's Gdns.
De Winton Road
Jinja Road
Kimathi Avenue
Parliament Avenue
Eight Street
Nkrumah Road
Nasser Road
Rosebury Lane
Press House Road

sich Buganda Road. Sie biegen links ab, um nach einigen hundert Metern nach rechts auf die Kampala Road zu kommen, die Hauptverkehrsstraße der Stadt. Folgen Sie ihr bis zur nächsten Kreuzung, gegenüber liegt die Pioneer Mall. Die Burton Street (links) führt hinunter zum **Old Taxi Park (9)**, der zentralen Minibusstation. Hier ist immer viel los, und in dem Gewusel der Minibusse fragt man sich anfangs, wie man dort nur den richtigen Bus finden soll. Zur Orientierung stehen auf dem Platz zum Teil Schilder, die den Zielort anzeigen. Ansonsten ist es am einfachsten, sich durchzufragen. Gehen Sie von der Burton Street links in die Market Street. Für einen Abstecher hinunter zum **Sikh-Tempel (12)**, dem **Shoprite Shopping Complexe (11)** und dem **Shree-Swaminarayan-Mandir-Hindu-Tempel (10)** gehen Sie rechts in die Sikh Street. Nach der Vertreibung der Asiaten durch *Idi Amin* wurde der Gebetsort zwischenzeitlich als Schule genutzt. Heute fungiert das Gebäude wieder als Tempel.

Ein Labyrinth aus Bussen

Old Taxi Park in Kampala

Shree-Swaminarayan-Mandir-Hindu-Tempel

Gehen Sie zurück zur Market Street und weiter bis zur nächsten Kreuzung. Dort befindet sich der Nakasero-Markt. Dort werden hauptsächlich Obst und Gemüse verkauft. Noch größer ist der Owino-Markt in der Nähe des Stadions. Wenn Sie anschließend die Dastur Street links hinauf gehen, treffen Sie wieder auf die Kampala Road und gehen rechts weiter. Sie kommen dann an der National Bank, **Bank of Uganda (16)**, und der **Hauptpost (17)** vorbei und stoßen bald auf der linken Seite auf den Nando's Food Court. Dort biegen Sie links in die Parliament Avenue ein. An der nächsten großen Kreuzung liegt die Kimathi Avenue. Nach links gelangen Sie zur Herz-Jesu Kirche (Church of Jesus Christ) **(23)**, folgen Sie der Straße jedoch nach rechts, stoßen Sie auf den **Hauptbahnhof (25)**. Dieser wurde im Jahr 1928 fertig gestellt, nachdem die Strecke von Kisumu (Kenia) Kampala erreichte. Direkt an der Kreuzung gegenüber der Parliament Avenue blicken Sie auf der linken Seite auf das **Parlament von Uganda (26)**, das mit seinem großen Eingangsbogen nicht zu übersehen ist. Das Gebäude wurde bereits während der Kolonialzeit für Versammlungen erbaut und später als Sitzungsort für das ugandische Parlament übernommen. Der Eingangsbogen wurde erst zur

Unabhängigkeit 1962 errichtet. Seit 2012 wird das öffentlich nicht zugängliche Parlamentsgebäude umfassend saniert. Am Ende der Parliament Avenue biegen Sie links in die Said Barre Avenue. Im Kreuzungsbereich befindet sich das **Nationaltheater (29)** und das **African Village (30)**, ein Souvenir-Markt in Form von Rundhütten. Das National-Theater wurde 1959 eröffnet und bietet eine große Auswahl an kulturellen Veranstaltungen. Vom modernen Theaterstück über traditionelle Theaterformen bis hin zu Tanzvorführungen und Konzerten. Folgen Sie der Siad Barre Avenue nach Norden, dann stoßen Sie an einem großen Kreisverkehr, an dem die Crested Towers stehen, auf die Nile Avenue.

Altstadtviertel in Kampala

Am Ende der Nile Avenue erreichen Sie die Yusuf Lule Road. Hier liegt das **Garden City Shopping Centre (32)** mit Geschäften, Restaurants, Kinos, Bowlingbahn und der **Uganda Tourist Information (24)**. Möchten Sie den Rundgang lieber vorher beenden, dann biegen Sie von der Siad Barre Avenue links ab und folgen der Nile Avenue. Dabei sehen Sie das internationale **Konferenz-Zentrum (28)** auf der rechten Seite. Wenn Sie die Nile Avenue weiter nach oben durchgehen, kommen Sie wieder zum Ausgangspunkt der Stadttour am Sheraton Garden und dem Speke Hotel.

Sehenswürdigkeiten

Die meisten Sehenswürdigkeiten liegen außerhalb der Innenstadt. Am besten fahren Sie mit dem Taxi oder dem Minibus dorthin. Mutige können sich auch ein Motorrad-Taxi nehmen.

Karte
S. 368

Uganda Nationalmuseum (47)

Das Nationalmuseum liegt einige Kilometer außerhalb der Innenstadt an der Kira Road. Diese befindet sich von der Innenstadt aus gesehen hinter dem Nakasero-Hügel. Mit dem eigenen Fahrzeug erreichen Sie es über die Kampala Road (im späteren Verlauf Bombo Road genannt) bis zum großen Kreisverkehr. Dort rechts in die Haji Kasule Road, von der später die Kira Road abzweigt. Auf das Museum weist ein Schild an der Straße hin. Die Strecke wird auch von Matatus (Minibussen) befahren. Ugandas Nationalmuseum ist das älteste Museum dieser Art in Ostafrika. Die erste Ausstellung fand bereits 1905 statt, in einem Gebäude in der Nähe des Old Forts (Old Kampala). Offiziell wurde das Museum dann 1908 als „Baganda House of Fetishes" gegründet. Im Jahr 1954 wurde das Museum an die heutige Stelle an der Kira Road umgesiedelt. Das Museum gibt einen Querschnitt über verschiedene Entwicklungen des Landes. Von Geographie

Hinweisschild an der Straße

über Kultur bis zur Geschichte. Leider ist die Ausstellung nicht sehr geglückt und oft fehlen die erklärenden Worte. Für alle, die sich am Anfang ihrer Reise auf das Land einstimmen möchten, ist ein Besuch dennoch zu empfehlen.

***National Museum**, Kira Road, geöffnet werktags 10-17 Uhr, sonntags 15-18 Uhr. Eintritt ca. 1,50 EUR. Das Museum bietet Informationen über Geographie, Kultur bis hin zur Geschichte des Landes. Mit dem eigenen Fahrzeug zu erreichen über die Kampala Road (später Bombo Road genannt) bis zum großen Kreisverkehr. Dort rechts in die Haji Kasule Road, von der später die Kira Road abzweigt. Das Museum ist durch ein Schild gekennzeichnet. Die Strecke wird auch von Matatus befahren.*

Namirembe-Kathedrale (42)

Ursprünglich anglikanisch

Diese Kathedrale ist von vielen Stellen in Kampala aus direkt zu sehen. Der imposante Bau aus roten Ziegelsteinen ist die älteste, heute noch existierende Kirche Ugandas. Mit ihrem Bau wurde bereits 1890 auf dem Namirembe/Mengo-Hügel begonnen. Im Jahr 1903 wurde die Kathedrale fertig gestellt und ein Jahr später geweiht. Bereits 1910 zerstörte ein Feuer den sakralen Bau. Der daraufhin erfolgte Neubau wurde etwas größer als der bisherige und wurde 1919 fertig gestellt. Diese ursprünglich anglikanische Kirche gehört heute zur Church of Uganda und ist auch unter dem Namen St. Pauls-Kathedrale bekannt. Auf dem Friedhof der Kathedrale gibt es einige interessante Gräber zu sehen. Zum Beispiel das von Bischof *Hannington*, der 1885 ermordet wurde, oder das der Familie Cook, die 1896 nach Kampala kam und das Mengo-Krankenhaus errichtete.

Rubaga-Kathedrale (43)

Die katholische Rubaga-Kirche, hin und wieder auch „Lubaga“ geschrieben, liegt auf dem gleichnamigen Hügel und wurde für den Papst-Besuch vor einigen Jahren erst restauriert. In der Kirche fand der erste afrikanische katholische Bischof, der Erzbischof von Kampala, *Josef Kiwanuka*, seine letzte Ruhestätte.

Mengo-Palast (44)

Der Palast wurde von König *Mwanga* in den 1880ern erbaut und war einst der Stolz des Königreiches Buganda. Nach Jahren der Renovierung wurde der auch Lubiri genannte Palast 2007 fertiggestellt. Von dort oben aus haben Sie einen fantastischen Blick auf die Stadt. Zusammen mit dem Palast ließ Mwanga unterhalb des Hügels von 1885 bis 1888 einen See anlegen. In seiner Mitte liegen zwei Inseln. Es ist möglich, einmal um den See spazieren zu gehen, wobei Sie wahrscheinlich von einer Schar Kinder begleitet werden.

Buganda Parliament & Supreme Court (54)

Hier wird aufgeklärt

Das föderale Parlament des Königreiches Buganda (auch Bulange Building genannt), liegt an der Natete Road im Stadtteil Mengo. Von der Innenstadt gut über die Namirembe Road (ab New Taxi-Park) zu erreichen. Das noch aus der Kolonialzeit stammende imposante Gebäude wurde 2005 renoviert. Das Parlament ist offiziell eigentlich nicht zu besichtigen, allerdings zeigt der „Hausmeister“ bei Interesse gerne das Gebäude und klärt über die Verhältnisse im Königreich Buganda auf. Der Sitzungssaal ist in typisch englischer Bauweise angelegt. An den Wänden hängen Gemälde der Könige und wichtiger Personen der königlichen Familie.

Kibuli-Moschee (46)

Die Moschee liegt etwas außerhalb der Innenstadt auf dem Kibuli-Hügel. Dieser ist zu erreichen über die Yusuf Lule Road Richtung Südosten. Am Ende der Straße befindet sich ein Kreisverkehr, von wo die Press House Road zunächst um den Hügel führt. Von dieser Straße geht es dann Richtung Hügelspitze. Die Moschee ist gegen ein Trinkgeld zu besuchen. Vom Minarett hat man einen fantastischen Ausblick auf Kampala.

Bitte ein Trinkgeld!

Baha'i-Tempel

Die Glaubensgemeinschaft der Baha'i ist ursprünglich islamischen Glaubens. Für sie sind aber alle großen „Propheten" (Buddha, Jesus, Mohammed, etc.), deren Lehren in ihrem Glauben zusammen geführt sind, von Bedeutung. Der Tempel ist der einzige dieser Glaubensgemeinschaft in Afrika und befindet sich etwa 4 km außerhalb der Innenstadt auf dem Kikaya-Hügel. Zu erreichen über die Yusuf Lule Road (später Gayaza Road) Richtung Norden.

INFO Theaterprojekte für Waisenkinder

In einigen privaten Projekten haben sich Helfer dazu entschlossen, Waisenkindern oder Kindern aus sozial schwachen Familien in Theaterprojekte zu integrieren oder eigene Theater und Musikprojekte ins Leben zu rufen. Eines davon ist von *Lawrence Ssekalega* initiiert worden. Der Hochschullehrer begann einige Waisenkinder aufzunehmen und mietete auf eigene Kosten ein Haus, um sie dort unterzubringen. Zusammen mit einigen Studenten der Makerere-Universität betreut er diese Kinder und gründete mit ihnen eine Musik-, Tanz- und Theatergruppe. Die Kinder, Jungen wie Mädchen, lernen dabei nicht nur traditionelle Tänze und Lieder, sondern auch, wie sie mit ihren Schicksalen und ihrem Leben besser umgehen können. Diszipliniert und voller Tatendrang und Leidenschaft üben sie täglich ein bis zwei Stunden, auch wenn die betreuenden Stundenten nicht da sind. Mittlerweile treten die Kinder auch auf, und die erzielten Spenden helfen ihnen, ihr Projekt weiter zu entwickeln.
Bei Interesse wenden Sie sich bitte an den Autor direkt: heiko@hooge.name.

Waisenkinder bei Musikproben

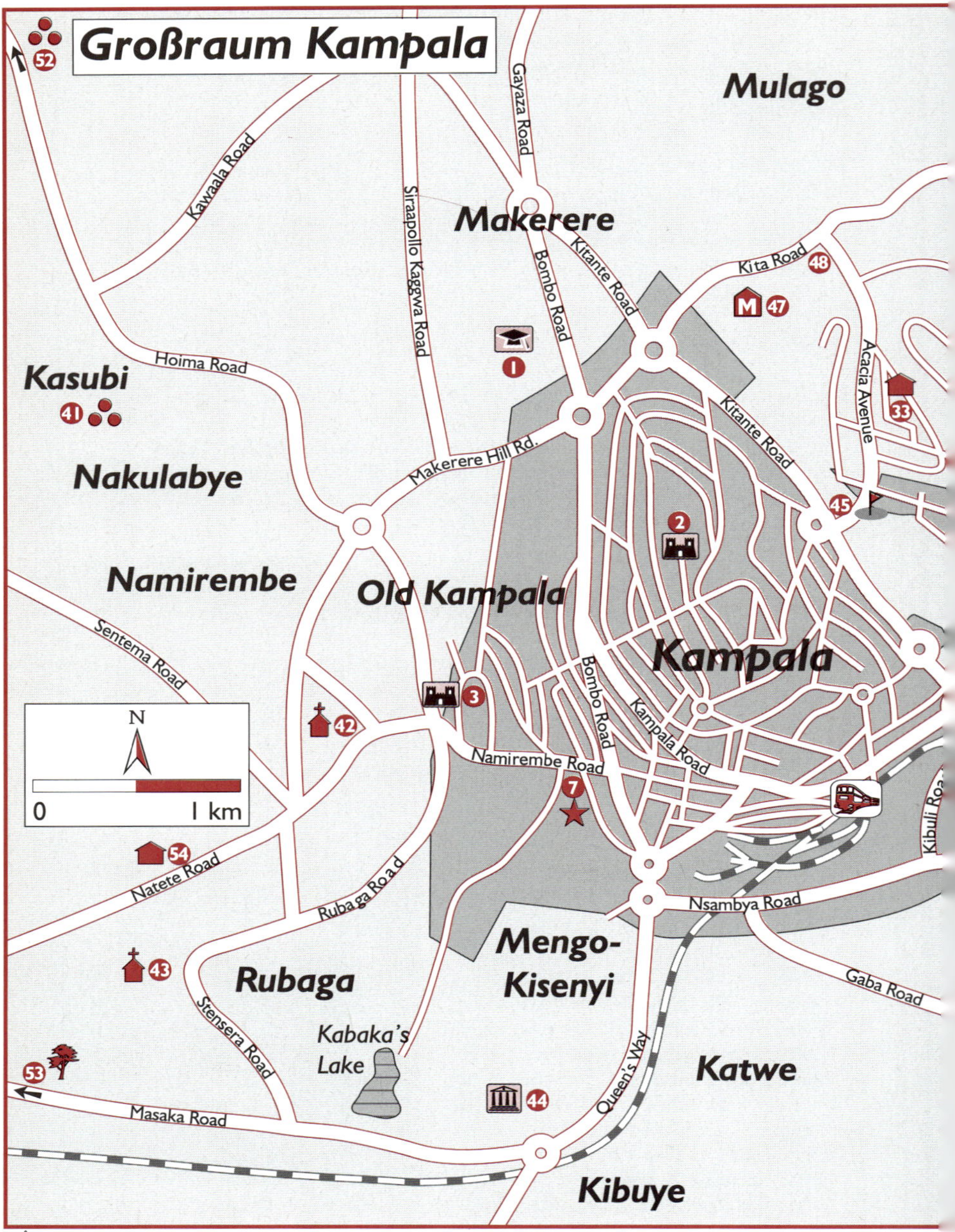
Großraum Kampala
52
Mulago
Gayaza Road
Kawaala Road
Siraapollo Kaggwa Road
Makerere
Bombo Road
Kitante Road
Kita Road
48
47
1
Hoima Road
Kasubi
41
Acacia Avenue
33
Kitante Road
Nakulabye
Makerere Hill Rd.
45
2
Namirembe
Old Kampala
Kampala
Sentema Road
3
Bombo Road
Kampala Road
N
42
Namirembe Road
0
1 km
7
Kibuli Road
54
Natete Road
Rubaga Road
Nsambya Road
Mengo-Kisenyi
Gaba Road
43
Rubaga
Stensera Road
Kabaka's Lake
53
Queen's Way
Katwe
44
Masaka Road
Kibuye

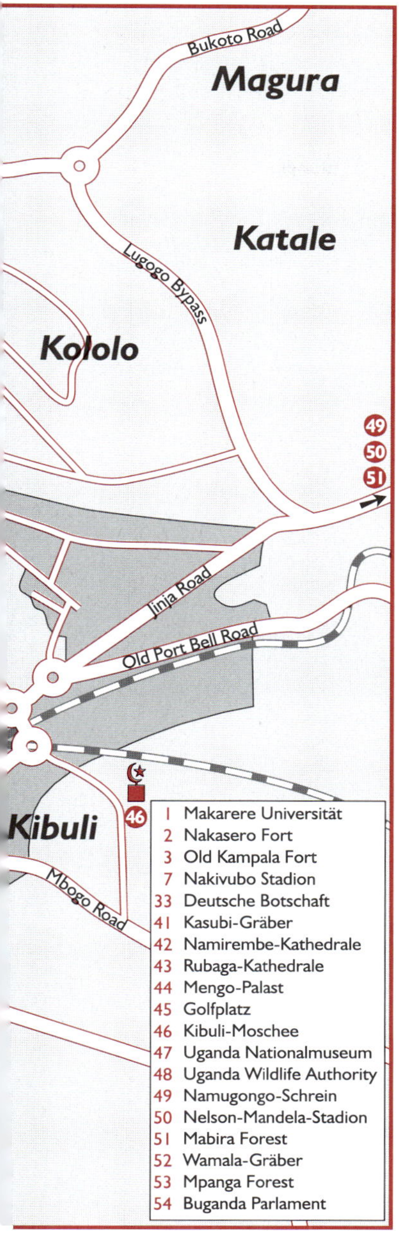

Das Ufer nahe Kampala

Mit dem Taxi oder Minibus ist man schnell von Kampala aus am Viktoria-See. Hier gibt es zahlreiche Plätze, um das Leben am Wasser zu beobachten oder etwas Ruhe und Erholung zu finden. Der kleine Hafenort Port Bell ist Kampalas Tor zum Viktoria-See. Von hier starten die Frachtschiffe in Richtung Kenia und Tansania. In **Munyonyo** (ⓘ s. S. 194), etwa 12 km vom Zentrum Kampalas entfernt, liegt eines der luxuriösesten Hotels des Landes. Die Speke Resort Country Lodge bietet allen erdenklichen Komfort und Möglichkeiten, sich sportlich zu betätigen. Vom Reiten, über Schwimmen bis hin zu Bootstouren. Ein idealer Ort zum Ausspannen, direkt am See.

Viel Komfort

Ausflüge in die Umgebung von Kampala

Kasubi-Gräber (41)

Die Kasubi Tombs liegen auf dem Nabulagala-Hügel, der von König *Mutesa* zu Ehren seines Geburtsortes 1882 in **Kasubi Hill** umbenannt wurde. König Mutesa baute sich einen neuen Palast, den Muziba Azala Mpanga. Bereits zwei Jahre später, 1884, starb der König, und sein Nachfolger König *Mwanga* verlegte den königlichen Sitz auf den benachbarten Mengo Hill. Im Jahr 1910 wurde der sieben Jahre zuvor im Exil gestorbene König Mwanga in Kasubi beigesetzt. Später ebenso seine Nachfolger *Daudi Cwa II.* und *Edward Mutesa II.* Die Gräber liegen im ursprünglich von Mutesa I. gebauten „Palast" – ein riesiges, weit ausladendes Haus aus Holz, mit einem fast bis zum Boden gezogenen und mit Stroh gedeckten Dach. Die Kasubi-Gräber gehören seit 2001 zum **Weltkulturerbe** und sind von der Innenstadt über die Namirembe/Natete Road zu erreichen. Von dort fährt man in die Hoima Road und folgt dieser etwa 2,5 km bis zum Kawaala-Markt. Danach links 500 m entlang der Ma-

Königsgräber

siro Road. Von der Innenstadt fahren Minibusse nach Kawaala und von dort kann man die letzten 500 m zu Fuß zurücklegen. Die Kasubi Tombs wurden leider bei einem Feuer im März 2010 völlig zerstört. 2013 soll der lange geplante Wiederaufbau der kulturell wichtigen Anlage beginnen. Bis dahin befindet sich nur ein kleines Informationszentrum am Ort. Infos auch unter www.kasubitombs.org.

Wamala-Gräber (52)

Die Wamala Tombs befinden sich 12 km nordwestlich von Kampala. Auf dem gleichnamigen Hügel befand sich einst der Palast des Vaters von *König Mutesa I.* sowie von *König Suuna* (Regierungszeit 1830 bis 1856). Die Gräber befinden sich in einem traditionellen Haus, etwas kleiner, aber auch älter als das in Kasubi. Zu den Wamala-Gräbern folgt man zunächst der Hoima Road. An der Abzweigung nach Kisubi vorbei, dann folgt nach 6 km Nansana und nach zwei weiteren Kilometern geht rechts die beschilderte Abzweigung zum noch 1,5 km entfernten Wamala-Hügel hinauf.

INFO Königreich Buganda

Mengo-Palast, Kampala

Das Königreich Buganda gehört zu den jüngeren Königreichen in Uganda. Sein Stammgebiet liegt im Bereich des Viktoria-Sees, Kampala ist die Hauptstadt. Es erstreckt sich östlich bis zum Weißen Nil, der die Grenze bildet, bis hinauf zum Kyoga-See. Von dort führt die Grenze in einem Bogen hinunter bis zur tansanischen Grenze. Auch beim Königreich Buganda lässt sich die Gründung zeitlich nicht genau bestimmen. Es ist nur bekannt, dass Buganda im 17. Jh. noch ein sehr kleines und unbedeutendes Königreich war. Erst mit dem Ende des 17. Jh. begann das Königreich zu wachsen und an Einfluss zu gewinnen. Der wirtschaftliche Aufschwung des Königreiches begann Mitte des 19. Jh. mit dem Kontakt zu den *Suaheli*, die auf ihren Handelswegen von der ostafrikanischen Küste her Waren (vor allem Stoffe) nach Buganda brachten und von dort Elfenbein und Sklaven bekamen. Seiner Größe und seinem Einfluss im Bereich des Viktoria-Sees während der Kolonialzeit der Europäer auf dem afrikanischen Kontinent verdankt Buganda die später wichtige Stellung im britischen Protektorat und im daraus hervorgegangenen Staat Uganda. Die Europäer, allen voran der Deutsche *Carl Peters*, erkannten die Buganda-Könige (Kabaka genannt) als die wichtigsten und mächtigsten Herrscher des Gebietes an. Carl Peters war es auch, der den ersten Schutz-Vertrag mit dem Königreich Buganda schloss.

Trotz der zwischenzeitlichen Abschaffung der Königreiche hat es Buganda bis heute geschafft, sich zu behaupten. Der König ist mittlerweile wieder eingesetzt, es gibt ein Parlament und einen Gerichtshof. Doch spielen sie in der nationalen Politik heute keine große Rolle mehr.

Entebbe (ⓘ s. S. 194)

Überblick

Die Stadt Entebbe liegt wunderschön auf einer Halbinsel im Viktoria-See. Die 56.000 Einwohner zählende Stadt hat selber nicht viele Reize, aber ihre Lage ist einmalig. An drei Seiten vom Wasser umspült und mit einigen Inseln auf Sichtweite im See, ist es ein Ort, der zum Verweilen einlädt. Zudem bietet die Stadt viele Grünflächen. Im Norden wird Entebbe vom Botanischen Garten begrenzt, im Osten vom **Wildlife Education Centre (9)**, dem Zoologischen Garten von Entebbe. Das Stadtzentrum selber ist eher klein, hier finden sich noch alte Gebäude als Zeugen der britischen Kolonialzeit. Außerhalb der Stadt (ca. 4 km) befindet sich der internationale Flughafen, die Verbindung Ugandas mit der Welt. Der Name Entebbe stammt von der Bezeichnung *Entebe za Mugala*, was so viel bedeutet wie „Hauptsitz der Mugala". Der Name war also wie geschaffen für den Verwaltungssitz der Briten in ihrem Protektorat Uganda.

Stadt am See

Entfernungen

Von Entebbe nach Kampala: 34 km, nach Jinja: 114 km, nach Masaka: 171 km, nach Hoima: 237 km, nach Tororo: 239 km, nach Masindi: 251 km, nach Mbale: 284 km, nach Mbarara: 317 km, nach Paraa: 343 km, nach Fort Portal: 356 km, nach Gulu: 380 km, nach Kabale: 464 km und zum Kidepo-Valley-Nationalpark: 745 km.

Lage und Klima

Entebbe liegt direkt am Viktoria-See auf einer Höhe von 1.146 m. Das Klima ist durch den Einfluss des Viktoria-Sees warm und feucht. Die Daten im Einzelnen:

Klimadaten Entebbe

	Jan	Feb	Mär	Apr	Mai	Jun	Jul	Aug	Sep	Okt	Nov	Dez
Ø Höchst-temperatur	27	27	27	26	26	25	25	25	26	26	26	26
Ø Mindest-temperatur	17	17	18	18	18	17	17	17	17	16	16	16
Ø Regentage	9	9	14	19	19	11	10	14	12	14	16	12
Ø Regenmenge in mm	100	86	141	280	257	98	65	91	87	108	146	125

Geschichte

Im Jahr 1879 kamen hier die beiden französischen Missionare *Amans* und *Lourdel* nach ihrer Fahrt auf dem Viktoria-See an Land. Sie berichteten später von einer kleinen Ansiedlung von Hütten. Der Ort geriet schnell in Vergessenheit und die Briten ließen sich nach ihrer Ankunft erst in Kampala nieder. Entebbes Aufstieg begann mit der Inbetriebnahme des ersten Dampfschiffes auf dem Viktoria-See. Es

Windsor Lake Victoria Hotel

fuhr vom Eisenbahnort Port Florence (heute Kisumu) zu weiteren britischen Handelsniederlassungen am See, um Waren für den Export aufzunehmen. Da Kampala, die Hauptstadt des Königreiches Buganda, nicht direkt am See lag, entschieden sich die Briten, Entebbe zum Hafen auszubauen. Das erste Hotel in Entebbe entstand 1904, das **Equatorial**, Vorgänger des heutigen Windsor-Lake-Viktoria-Hotels. Bis zur Unabhängigkeit blieb Entebbe das Verwaltungszentrum der Briten in Uganda. Erst nach ihrem Abzug entschieden sich die Ugander für Kampala als ihre Hauptstadt. Seitdem fiel Entebbe in eine Art Dornröschenschlaf.

Drama in Entebbe

1976 stand die Stadt im Blickpunkt der Weltöffentlichkeit, als ein Flugzeug der Air France entführt wurde und in Entebbe landete. Die zumeist jüdischen Passagiere wurden Anfang Juli 1976 von einem Sondereinsatzkommando der israelischen Armee befreit. In nur 90 Minuten landeten die Truppen, befreiten die Geiseln, töteten die Geiselnehmer und flogen wieder ab.

Ausflugsziele

Wildlife Education Centre (9)

Das Entebbe Wildlife Education Centre wurde ursprünglich als Waisen- und Aufzuchtstation gegründet. Hier wurden Tiere aufgenommen, die verletzt gefunden oder konfisziert wurden, sowie Jungtiere, die ihre Mutter verloren hatten. Daraus entwickelte sich im Laufe der Jahre eine Art Zoo, bei dem die Tiere der Bevölkerung gezeigt werden konnten. Auch in Afrika sehen die meisten Kinder der Großstädte Tiere (zumindest Großtiere), nur noch in solchen Gehegen. In den 1990ern wurde der Zoo mit Unterstützung der New York Zoological Society umgebaut. Man begann den 30 ha großen Park in verschiedene landschaftliche Zonen (Regenwald, Savanne, etc.) aufzuteilen, um den Besuchern mehr über die einzelnen Lebensräume der Tiere zeigen zu können. Gleichzeitig entstand ein Bildungsprojekt, um die Bevölkerung über die Belange der Tiere und des Naturschutzes aufzuklären. Heute besuchen jährlich über 130.000 Men-

Bildungsanliegen

Entebbe-W.E.C.

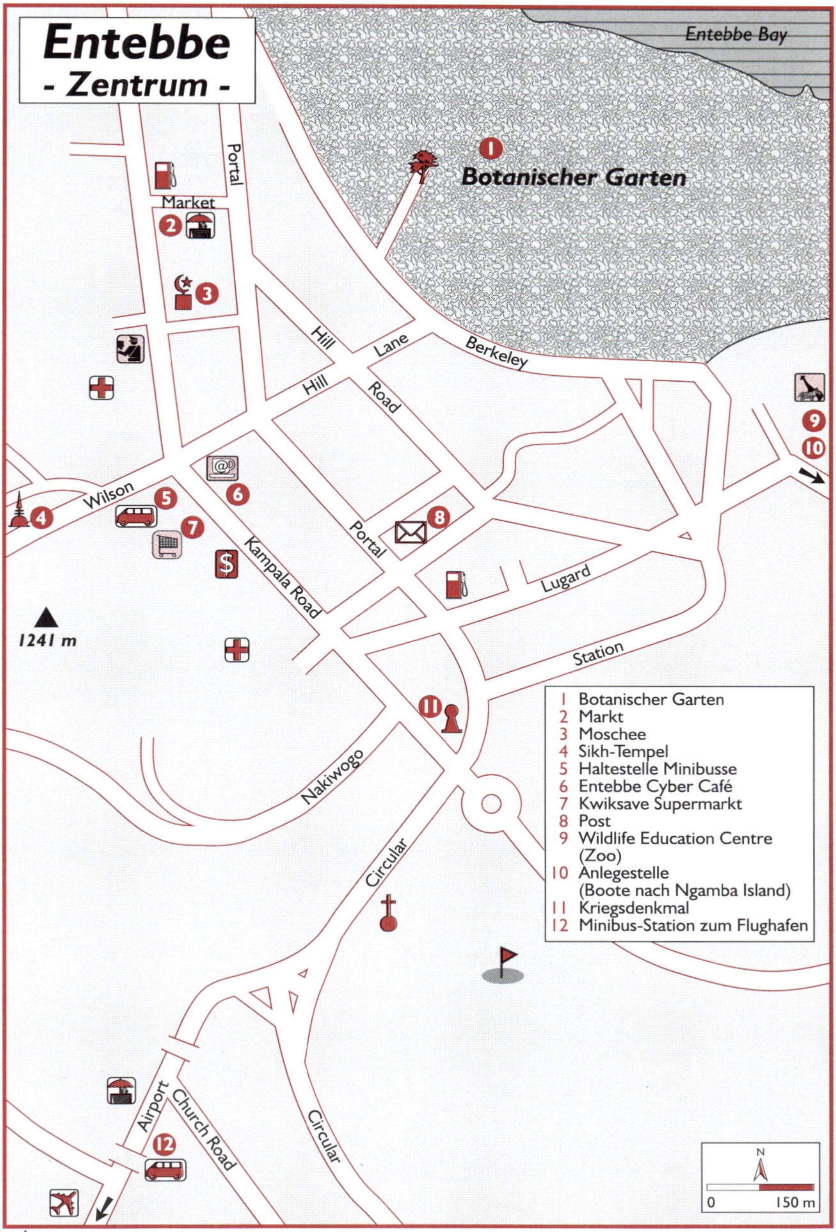
Entebbe
- Zentrum -
Entebbe Bay
Botanischer Garten
Portal
Market
Hill
Lane
Berkeley
Hill
Road
Wilson
Portal
Kampala Road
Lugard
Station
1241 m
Nakiwogo
Circular
Airport
Church Road
Circular
1 Botanischer Garten
2 Markt
3 Moschee
4 Sikh-Tempel
5 Haltestelle Minibusse
6 Entebbe Cyber Café
7 Kwiksave Supermarkt
8 Post
9 Wildlife Education Centre (Zoo)
10 Anlegestelle (Boote nach Ngamba Island)
11 Kriegsdenkmal
12 Minibus-Station zum Flughafen
N
0 150 m

schen den Park, mehr als jedes Reservat oder Schutzgebiet in Uganda. Im Park werden unter anderem Breitmaulnashörner (seit 2001), Schimpansen (auf einer Insel), Wasserböcke, Husarenaffen, Wasserbüffel, Ankole-Rinder und diverse Vögel gehalten. Viele Gehege sind mittlerweile recht groß und naturnah gestaltet. Kein Vergleich zu manch anderem Zoo auf dem Kontinent.
Uganda Wildlife Education Centre (Entebbe Zoo), Lugard Av., Tel.: 0414-256041, www.uweczoo.org. Geöffnet täglich 9-18.30 Uhr. Kostet 20.000 USh (ca. 7,20 EUR) Eintritt. Ein Guide für den Park, wenn gewünscht, kostet 5.000 USh (ca. 1,80 EUR). Das Wildlife Centre bietet auch Übernachtungsmöglichkeiten (ca. 60 US$).

Botanischer Garten (1)

Der Botanische Garten von Entebbe liegt malerisch direkt am Viktoria-See. Der wunderschön angelegte Garten entstand 1902 auf einem bewaldeten Grundstück. Zunächst wurden hier verschiedene Pflanzen, meist Nutzpflanzen, gezüchtet und erforscht. Heute befinden sich Pflanzen aus der ganzen (tropischen) Welt in diesem Botanischen Garten. Bei einem Spaziergang ist nicht nur eine interessante Flora zu bewundern, sondern auch eine große Vielfalt an Vögeln. Bis Anfang der 1960er soll es hier sogar noch Sitatunga-Antilopen und Flusspferde gegeben haben.
Botanischer Garten, liegt hinter dem Botanical Beach Hotel direkt am Viktoria-See. Eintritt 0,50 EUR plus Kameragebühr von ca. 1 EUR, geöffnet täglich 9-18.30 Uhr.

Ngamba Island (ⓘ s. S. 194)

Schimpansen-Projekt

Etwa 23 km vor der Küste des Viktoria-Sees liegt der Kome-Archipel. Dieser besteht aus 15 Inseln, die durch den so genannten Damba-Kanal vom Festland getrennt sind. Eine dieser Inseln ist die 50 ha große Ngamba Island. Auf dieser Insel wurde 1998 ein Schimpansen-Reservat etabliert, nachdem man die vorher hier ansässigen Fischer auf benachbarte Inseln umgesiedelt hatte. Die ersten 19 Schimpansen kamen vom Entebbe Wildlife Education Centre und von der kleinen Insel Isinga im Queen-Elizabeth-Nationalpark.
Die Insel ist bewaldet und die Schimpansen können sich auf ihr frei bewegen. An einer Stelle der Insel ist ein kleiner Teil abgetrennt worden. Hier werden die jungen und neu ankommenden Schimpansen gehalten. Davor ist ein weiterer abgetrennter Teil. Dieser dient den Mitarbeitern und den Besuchern als Refugium. Hier sind also die Menschen in einem „Käfig" und nicht die großen Affen. Verstärkt durch die hohen Elektrozäune fühlt man sich unweigerlich an „Jurassic Park" erinnert.
Das Schimpansenschutzgebiet wurde im Oktober 1999 für Besucher geöffnet und beherbergt heute 44 Schimpansen. Ngamba Island ist

Schimpanse auf Ngamba Island

INFO Der Uganda Wildlife Education Trust

Das Ziel des UWECT ist es, den von den Behörden beschlagnahmten Schimpansen einen sicheren Lebensraum in einem natürlichen Habitat mit geregelter Geburtenkontrolle (wegen des begrenzten Lebensraums) zu geben. Des Weiteren möchte man über die Natur und den Schutz von Tier- und Pflanzenarten auf Ngamba Island informieren sowie die hohe Qualität an Informations- und Lehrmaterial für die Besucher garantieren. Ein wichtiges Anliegen ist es, ebenfalls die lokalen Gemeinden ökologisch und ökonomisch zu unterstützen, so dass sie von dieser Einrichtung profitieren können. Das Schutzgebiet (*Sanctuary*) zielt langfristig darauf ab, die örtliche Bevölkerung für den Schutz von Schimpansen und anderen Tieren zu sensibilisieren und diese und ihren Lebensraum zu erhalten.

Dazu erwarb der UWECT 1997 die Insel Ngamba im Viktoria-See. Die natürliche Vegetation auf der zu 90 % bewaldeten Insel, machte sie zu einem idealen Schimpansen-Habitat.

- Im Oktober 1998 wurden die ersten Schimpansen angesiedelt und ein Jahr später das Schimpansen Sanctuary Ngamba Island unter der Schirmherrschaft der First Lady von Uganda, *Janet Museveni*, eröffnet. Seitdem hat sich das Projekt rasch weiter entwickelt.
- Von 1999 bis September 2000 wurden 14 weitere Schimpansen – zumeist Babys aus der angrenzenden D. R. Kongo – in den Grenzstädten Arua und Kasese beschlagnahmt und auf die Insel gebracht. Im selben Zeitraum wurden weitere Ugander zu Schimpansenpflegern ausgebildet. Dies ist ein wichtiger Teil zur Integration der heimischen Bevölkerung in das Projekt.
- Im Jahr 2000 wurden wegen der rasch steigenden Anzahl der konfiszierten Schimpansenbabys zwei Gruppen, eine Babygruppe und eine Erwachsenengruppe, gebildet. Im Oktober 2000 wurde das Besucherzentrum auf der Insel erweitert, um die steigenden Kosten auch über Einnahmen aus dem sanften Tourismus zu erwirtschaften.
- Ein Ausbildungsprogramm für Schulklassen wurde 2001 erarbeitet. Vier weitere Schimpansenbabys konnten im selben Jahr mit Hilfe der UWA beschlagnahmt und nach Ngamba Island gebracht werden. Im Juni 2001 besuchte ein deutsches GEO-Filmteam Ngamba Island, um über den Überführung der „Burundi Schimpansen" zu berichten.
- Weitere sieben Schimpansenbabys wurden 2002 konfisziert und nach Ngamba gebracht, allein drei innerhalb von nur zwei Wochen.
- Im Jahr 2003 wurden schließlich eine Veterinärklinik, ein neues Schlafgehege für die Babys, ein Forschungszentrum und ein neues Besucherzentrum errichtet.

Heute leben 44 Schimpansen auf Ngamba Island, womit die Insel bereits mehr als ausgelastet ist. Zurzeit wird mit Hochdruck an der Erschließung einer weiteren Insel gearbeitet, um weitere Schimpansen gut unterbringen zu können. Mittlerweile entwickelt sich das Schimpansen-Reservat zu einem beliebten Ausflugsziel. Wurden 2001 nur zehn bis 380 Besucher pro Monat gezählt, waren es 2012 schon 4.000 Besucher pro Jahr.

> **Hinweis**
>
> *Von Kasenyi, einem von Entebbe 6 km entferntem Fischerdorf, gibt es die Möglichkeit, mit einem Fischerboot zu den Ssese-Inseln zu fahren.*

ein Projekt der *Chimpanzees Sanctuary and Wildlife Conservation Trust* (CSWCT). Das Projekt wurde 1997 durch die Born Free Foundation (UK), International Fund for Animal Welfare (USA), Jane Goodall Institute (Deutschland und Uganda), The Uganda Wildlife Education Centre Trust (UWECT) und den Zoological Board of New South Wales (Australia) ins Leben gerufen. Neben der Teilnahme an den Fütterungen (11 und 14.30 Uhr) können die benachbarten Inseln und ihre Fischerdörfer besucht werden (vorher organisieren!).

Neben der Teilnahme an den Fütterungen (11 und 14.30 Uhr) können die benachbarten Inseln und ihre Fischerdörfer besucht werden (vorher organisieren!).
Daneben gibt es noch die Möglichkeit an einem Schimpansen-Spaziergang teilzunehmen. Hier gehen Sie etwa eine Stunde mit einer Gruppe von jungen Schimpansen (etwa ein bis sieben Jahre alt) durch ein Waldgebiet. Die Möglichkeit besteht entweder früh morgens (7 Uhr) oder am späten Nachmittag (17.30 Uhr). Daher nicht für Tagesbesucher möglich! Sie bekommen vor dem Spaziergang eine gründliche Einführung. Bedenken Sie bitte, dass die Tiere gerne spielen und dabei auch spielerisch beißen können. Sie „turnen" gerne auf Menschen, ziehen an den Haaren und reißen Brillen herunter. Wenn Sie auf all das vorbereitet sind, kann es viel Spaß machen, so mit den Schimpansen in Kontakt zu kommen.

Schimpansen hautnah

Ngamba Island, *ein Besuch der Schimpansen-Insel kann gebucht werden bei G & C Tours (ngamba@wildfrontiers.co.ug, www.wildfrontiers.co.ug). Weitere Informationen:* **Chimpanzee Sanctuary & Wildlife Conservation Trust** *(CSWCT), 26 Lugard Avenue, Tel./Fax: 0414-320662, www.ngambaisland.com, reservations@ngamba island.org oder reservationsngambaisland@googlemail.com). Bei einem Halbtagesausflug mit Motorboot zur Insel (9-13 Uhr oder 12.45-17 Uhr) werden Sie eine der Fütterungen der Schimpansen (11 und 14.30 Uhr) miterleben können. Es wird auch eine Ganztagestour mit traditionellen Booten angeboten (8-15 Uhr oder 10.30-17 Uhr). Die Abfahrt ist an der Anlegestelle gegenüber dem Wildlife Education Centre und dauert ca. 1 Stunde. Der Preis richtet sich nach der Anzahl der Gäste die zusammenkommen. Je mehr Teilnehmer, desto günstiger die Tour. Preis ab 93 US$ (Halbtagestour mit normalem Boot, ab 110 US$ mit dem Speedboat) plus 5 US$ falls Sie dort Mittagessen möchten (afrikanisches Buffet, inkl. ein Softdrink). Es gibt auch die Möglichkeit, auf der Insel zu übernachten. Daneben gibt es noch die Möglichkeit, eines Schimpansen-Spaziergangs (s.o.). Dabei wird vorausgesetzt, dass Sie keine Grippe und keinen Herpes haben, damit die Tiere nicht angesteckt werden. Seit Februar 2013 können ganz Eilige die Insel auch mit einem Helikopter erreichen. Infos unter reservations@ngambaisland.org.*

Mabamba Swamp

Der Sumpf liegt nur etwa zehn km Luftlinie von Entebbe entfernt, jedoch ist Mabamba nur über Umwege zu erreichen. Für die ca. 40 km Pistenstraßen wird etwa eine Fahrstunde benötigt. Einige Führer unter den Fischern von Mabamba bringen Sie mit einem Boot in den Sumpf (ca. 25 € pro Person), wo es ideale Bedingungen gibt, den seltenen Schuhschnabel zu beobachten.

Der Viktoria-See

Überblick

Mit 68.800 km² ist der Viktoria-See der größte Binnensee Afrikas (zum Vergleich: Bodensee 540 km²) und nach dem Baikal-See in Russland das zweitgrößte Süßwasser-Reservoir der Welt. Er entstand vermutlich vor etwa 750.000 bis 250.000 Jahren, trocknete aber wahrscheinlich zwischenzeitlich wieder aus. Ununterbrochen Wasser führt er wohl seit ca. 30.000 Jahren. Er hat eine Nord-Süd-Ausdehnung von 412 km und eine West-Ost-Ausdehnung von 355 km. Seine Wasseroberfläche liegt auf einer Höhe von 1.143 m und seine durchschnittliche Tiefe beträgt 40 m, die tiefste Stelle 84 m. Der Viktoria-See hat zahlreiche Zuflüsse, darunter elf größere Flüsse. Von denen ist der aus Ruanda kommende Akagera der größte in den See mündende Fluss. Neben den zahlreichen Zuflüssen gibt es allerdings nur einen Abfluss, den Weißen Nil (bei Jinja/Uganda). Das Wasser des Sees ist zwischen 23,5 und 29 °C warm. Seine Fläche teilen sich die drei Staaten Uganda, Kenia und Tansania. Auf Uganda entfällt dabei ein Anteil von ca. 45 % der Seefläche.

Fast 130-mal so groß wie der Bodensee!

Der Viktoria-See

Mehr als 30 Millionen Menschen leben an den Ufern des Viktoria-Sees. In ihm leben zahlreiche Fischarten, die bekanntesten sind sicher die in Europa auch als Aquarienfische erhältlichen Buntbarsche. Insgesamt leben im Viktoria-See ca. 550 verschiedene, der Wissenschaft bekannte Fischarten (in ganz Europa gibt es zum Vergleich nur etwas mehr als 200 Arten von Süßwasserfischen). Diese unterteilen sich zoologisch in zwölf Familien und 28 Gattungen. Von den 28 Fischgattungen im Viktoria-See gehören 20 Gattungen mit 38 Arten nicht zu den Buntbarschen, davon ursprünglich 29 endemische Arten. Durch Ausrottung bzw. Verbreitung einzelner Arten durch Menschenhand sind heute nur noch 16 der „Nichtbuntbarsche" im See endemisch.

Bedrohte Fischvielfalt

Das Gros der Fischarten im Viktoria-See bilden die Cichliden (Buntbarsche). Sie unterteilen sich in acht Gattungen (vier davon endemisch) und über 500 Arten (rund 200 Bundbarscharten im See endemisch). Durch die ökologischen Probleme führt die IUCN mittlerweile 131 Buntbarscharten des Viktoria-Sees auf der Liste der ausgerotteten und von Ausrottung bedrohten Tiere.

Der ökologische Zustand des Viktoria-Sees ist vor allem durch die schnell wachsende Bevölkerung gefährdet. Hinzu kommt der Kahlschlag der natürlichen Vegetation entlang der Uferlinie, die boomende Fischexportindustrie, die Einführung

INFO Buntbarsche im Viktoria-See

Buntbarsche (Cichliden) gehören zur Familie der Lippfische, die mit 105 Gattungen und ca. 1.300 Arten die weitaus größte Familie der artenreichen Ordnung Barschartige Fische darstellt. Ihre Grundform ist lang gestreckt, hochrückig und seitlich abgeflacht, mit einer durchgehenden Rückenflosse, die wie die Afterflosse vorn Stachelstrahlen besitzt. Die Buntbarsche besitzen Kamm- oder Rundschuppen und haben meist ein tief gespaltenes, großes Maul mit dicken Lippen und ein- bis dreispitzigen oder stumpfen Zähnen. Viele von ihnen sind prächtig bunt gefärbt und beliebte Aquarienfische.

Zunächst gingen Forscher davon aus, dass sich die mehr als 500 Arten der Gattung *Haplochromis* des Viktoria-Sees in den letzten 750.000 Jahren entwickelt haben, seit dem Bestehen des Beckens also. Molekularbiologische Studien schraubten diese Zahl allerdings auf höchstens 200.000 Jahre herunter und betonten, dass sich die gesamte Vielfalt allein im Viktoria-See selbst, ohne Austausch mit den benachbarten Gewässern, entwickelt habe.

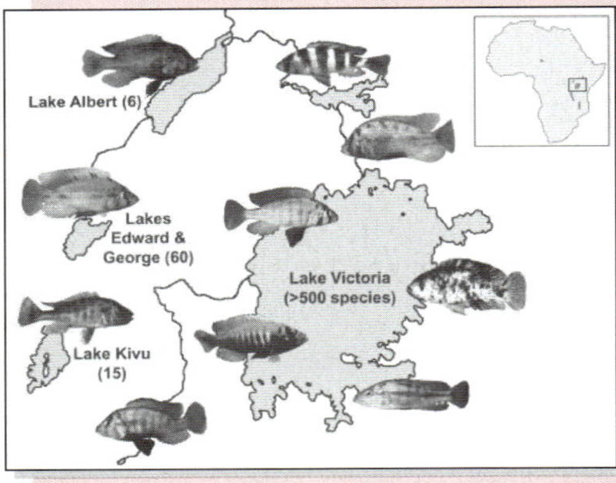

Buntbarsche der Region

Forscher nahmen sich das Erbgut der *Haplochromis*-Arten vor, nicht nur von Bewohnern des Viktoria-Sees, sondern auch von den nahe gelegenen Seen Kivu, Albert, Edward, George und mehreren kleineren Seen in Uganda und Burundi sowie einigen Flüssen der Gegend. Die Ergebnisse bestätigten zunächst, dass die Vertreter der fünf großen Seen tatsächlich zu einer großen, engen Verwandtschaft gehören. Im Kivu-See stießen die Forscher zudem auf eine Art, die offenbar die Schwesternart zu diesem Artenpulk von *Haplochromis*-Vertretern bildet. Überraschend war die genetische Vielfalt der Bewohner des Kivu-Sees. Sie ist viel größer als die ihrer Verwandten im Viktoria-See, das heißt gleichzeitig, dass sie älter als ihre Verwandten im Viktoria-See sind.

Die Besiedlungsgeschichte liest sich nun wie folgt: Ausgehend vom Kivu-See eroberten die Buntbarsche zunächst den Edward- und George-See, bis sie letztendlich den Albert-See erreichten. Und das schrittweise, in mindestens vier Etappen. Ebenfalls vom Kivu-See aus starteten auch die ersten *Haplochromis*-Auswanderer zum Viktoria-See, gefolgt von mindestens einer weiteren Gruppe von Übersiedlern. Das Erbgut der Tiere zeigt, dass sich die Artenfülle nicht getrennt voneinander entwickelt hat, sondern bis vor mind. 30.000 Jahren noch ein Austausch zwischen den verschiedenen Seen stattfand.

Der Ursprung für die schillernde Vielfalt der Buntbarsche liegt also nicht im Viktoria-See selbst, sondern im kleineren Kivu-See. Warum allerdings die genetisch eintönigere Fauna im Viktoria-See dann eine solche schillernde morphologische Vielfalt und Artenexplosion erlebte, während der umfangreichere Genpool im Kivu-See nur 15 Arten hervorbrachte, bleibt rätselhaft. Vielleicht bildeten die geschwungenen Ufer mit den zahlreichen Lagunen das geeignetere Umfeld, um die Geschwindigkeit der Artenbildung voranzutreiben.

verschiedener exotischer Tier- und Pflanzenarten, das Verschwinden von 50 % der heimischen Fischarten, übermäßiges Algenwachstum und das Einleiten von ungeklärtem Abwasser aus Industrie und menschlichen Siedlungen. Um die Kapazitäten des Fischfanges im See zu steigern, wurde der Nilbarsch eingeführt, der jedoch einheimische Fischarten verdrängte. Der entstandene Schaden ist erheblich und zum Teil irreversibel.

Die traditionellen Lebensweisen vieler Gemeinden am Ufer des Sees verändern sich und verschwinden allmählich. Der Einsatz von Dünger auf den mittlerweile zahlreichen landwirtschaftlich genutzten Feldern und das Ausschwemmen der fruchtbaren Erde auf Grund von Erosion lassen immer mehr Nährstoffe in den See fließen. Die logische Konsequenz ist eine Veralgung des Gewässers. Daneben stellt die eingeführte Wasserhyazinthe eine wesentliche Bedrohung für den Viktoria-See dar. Die Wasserhyazinthe ist eine Süßwasserpflanze, die sich explosionsartig vermehren kann. Sie wurde im frühen 20. Jh. auf dem afrikanischen Kontinent als Zierpflanze eingeführt. Seitdem hat sie sich rapide verbreitet. Ende der 1990er verursachte die Wasserhyazinthe im Viktoria-See einen drastischen Rückgang des Fischbestandes, da sie dem Wasser Sauerstoff entzieht. Die Pflanzen blockieren zudem die Zu- und Abflüsse des Sees und erschweren den Bootsverkehr. Ökologen sind sich einig, dass der See nicht überleben wird, wenn nicht bald etwas für seinen Schutz getan wird.

Am Viktoria-See

Wasserhyazinthen als Fischkiller

Das Westufer des Viktoria-Sees

Überblick

Abschnittsweise nicht zu sehen

Das Westufer des Viktoria-Sees zieht sich von Kampala und Entebbe bis zur tansanischen Grenze. Nach Entebbe gibt es bis zur Grenze keine größere Stadt mehr direkt am See. Die Hauptverbindungsstraße um den See nach Masaka verläuft bis auf kurze Abschnitte weiter im Inland, so dass der See während der Fahrt dorthin nicht zu sehen ist. Nach Masaka führt die Hauptverbindungsstraße ins Landesinnere, die weiter am See entlanglaufende Straße wird zur Piste. Diese endet allerdings kurz vor der Grenze zu Tansania wieder am Viktoria-See (Goma/Mubanzi).

Die Strecke von Kampala nach Mubanzi (Viktoria-See)

Der erste größere Ort nach Kampala ist Mpigi (39 km). Etwa 1 km hinter Mpigi befindet sich das Mpanga Forest Camp. 30 km nach Mpigi folgt der Ort Buwama und 10 km weiter überquert man den Äquator. Nach weiteren 29 km wird der Ort Lukaya durchquert, bevor man nach weiteren 31 km Masaka erreicht (137 km von Kampala).

Mpigi

Trommel gefällig?

Der Ort ist bekannt für seine Trommeln. Hier und im nahe gelegenen **Mpambire** (der Ort für die königlichen Trommeln) findet man die Trommelmacher und ihre Instrumente. Meist werden sie schon an der Straße angeboten. Sollten Sie sich für diese Musikinstrumente interessieren, ist hier der richtige Platz.

Hinweis
Das Dorf der **Mpambire** *liegt an der Straße von Kampala nach Masaka. Etwa 4 km nach der Abzweigung nach Mpanga (1 km nach dem Sumpfgebiet).*

Aber auch wenn Sie nichts kaufen möchten, ist es interessant, den Trommelmachern bei ihrer Arbeit zuzusehen.

Mpanga Forest Reserve (ⓘ s. S. 194)

Das Waldreservat ist 45 km² groß und besteht aus Regenwald, wie es ihn vor 200 Jahren noch im gesamten Gebiet des Viktoria-Sees gab. Das Mpanga Forest Reserve wurde bereits in den 1950ern gegründet und wird mittlerweile durch ein Netz von Wanderwegen durchzogen. Die Tierwelt ist nicht so artenreich wie in anderen großen Regenwaldgebieten des Landes, aber trotzdem sind etliche interessante Beobachtungen während einer Wanderung zu machen. So gibt es zum Beispiel: Rotschwanz-Meerkatzen, Buschböcke, Flughörnchen und mehr als 180 Vogelarten. Im Jahr 1999 wurde ein ökologisches Tourismusprojekt entwickelt.

Beispiele für Wanderungen im Mpanga-Wald:

Der **Baseline Trail** führt über 3 km zum Nakyetema-Sumpf. Auf dem 5 km langen Hornbill Loop geht es über mehrere Bäche und durch große Wurzeln. Der 1 km kurze Butterfly Loop ermöglicht es, zumindest ein paar Schmetterlinge und Affen im Wald zu entdecken.

Flughunde

In der Nähe des Waldes gibt es noch einen interessanten historischen Platz, den Nakibinge-Schrein (weniger als 1 km vom Ecotourism Centre). Hier liegt ein König aus dem 16. Jh. begraben, das Grab ist im Stil der Kasubi Tombs in Kampala errichtet.

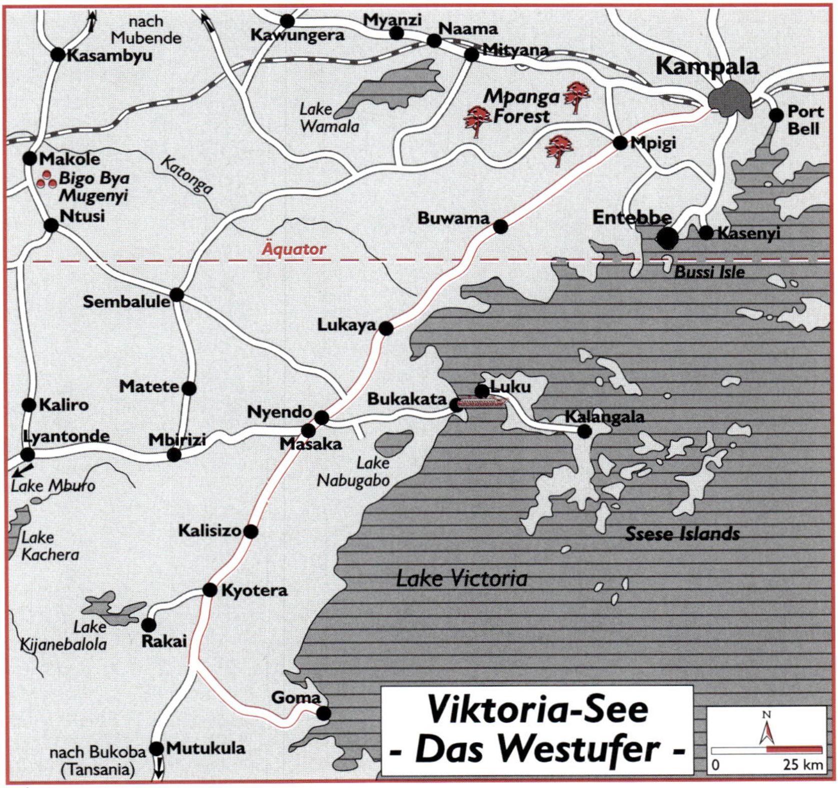

Seitdem gibt es auch einfache Unterkünfte am Park. Die Wanderungen dauern zwischen 30 Minuten und drei Stunden. Durch die Nähe zu Kampala lohnt sich ein Besuch auch als Tagesausflug.

Masaka (ⓘ s. S. 194)

Überblick

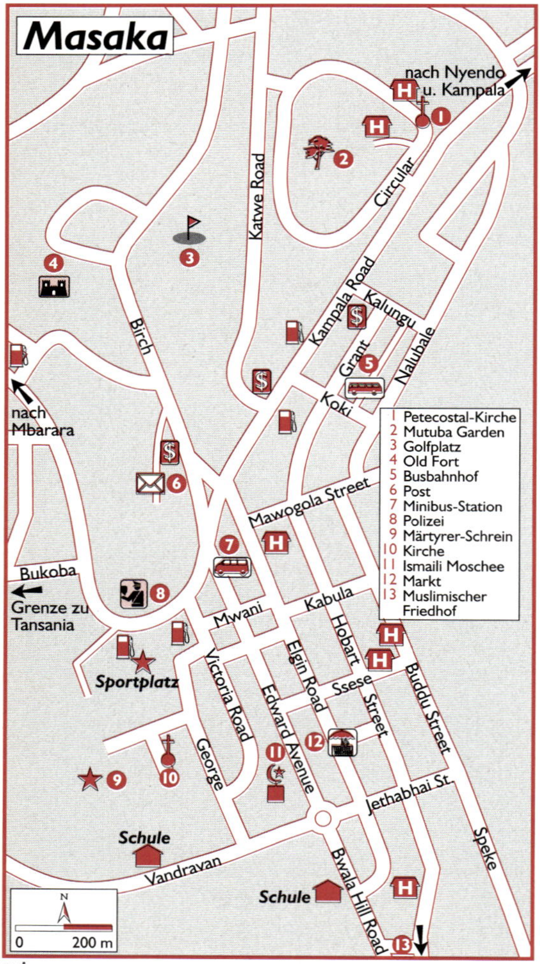

Mit 68.000 Einwohnern ist Masaka die größte Stadt in Uganda im Bereich des westlichen Viktoria-Sees. Sie liegt auf 1.335 m Höhe, direkt an der viel befahrenen Straße von Kampala über Mbarara nach Ruanda. Eine Piste führt von Masaka aus Richtung Osten nach **Bukakata** am Viktoria-See (39 km), von wo aus die Fähre zum **Ssese-Archipel** startet. Zwischen Masaka und dem Viktoria-See liegt der **Nabugabo-See**. Dieser ist frei von Bilharziose und eignet sich daher gut zum Baden.

Entfernungen
Von Masaka nach Kampala: 137 km, nach Bukakata: 39 km, nach Mutukula (Grenze zu Tansania): 93 km, nach Mbarara: 146 km, nach Entebbe: 171 km, nach Jinja: 217 km, nach Masindi: 354 km, nach Malaba: 360 km, nach Fort Portal: 378 km und nach Mbale 387 km.

Geschichte

Masaka wurde als indischer Handelposten im Jahr 1900 gegründet. Im Oktober 1978 befahl *Idi Amin* seiner in Masaka stationierten Truppe (zwei Bataillone) in **Tansania** einzumarschieren. Tansanische Truppen leisteten Widerstand gegen die Besetzung ihrer **Kagera-Provinz** und schlugen im Februar 1979 zurück. Zunächst wurden die Städte Masaka und Mbarara mit Unterstützung der ugandischen Exilarmee **UNLA** von den tansanischen Truppen eingenommen. Während der Kämpfe wurde die Stadt fast völlig zerstört. Von hier aus zog die tansanische Armee Richtung Kampala und stürzte im April des gleichen Jahres den ugandischen Diktator.

Stadtrundgang

Der Rundgang durch die Stadt beginnt im Norden an der **Petecostal-Kirche (1)**. Folgen Sie der Circular Road nach Westen um den **Mutuba Garden (2)** herum und wechseln Sie dann auf die Katwe Road Richtung Süden, hinunter bis zum **Golfplatz (3)**. Am Ende mündet die Katwe Road in die Kampala Road. Rechts hinunter zweigt als Nächstes die Birch Road nach Norden ab. Sie führt zum Platz des **alten Forts (4)**, von dem es aber nicht viel zu sehen gibt.

Folgen Sie lieber nach dem **Minibus-Stand (7)** der Edward Road nach Süden. Über Mwami und George Road kommen Sie zum südwestlich gelegenen **Märtyrer-Schrein (9)**. Zurück auf der Edward Road, die im Verlauf dann Bwala Hill Road heißt, gehen Sie weiter bis zum **muslimischen Friedhof (13)** in der Kitovu Avenue (links ab). Zurück nehmen Sie die Elgin oder die Hobert Street ins Zentrum und besuchen dabei den **Markt (12)** der Stadt.

> **Hinweis**
>
> *Von Masaka aus erreichen Sie nach 39 km den kleinen Hafenort **Bukakata**. Von hier fährt eine Fähre hinüber nach Bugoma (teilweise auch Luku genannt) auf der Insel Buggala (ⓘ s. S. 194).*

Ssese-Inselarchipel (ⓘ s. S. 194)

Die Ssese-Inseln liegen im nordwestlichen Teil des Viktoria-Sees, etwa 60 km südlich von Kampala und 40 km östlich von Masaka. Die Inseln werden durch den Salisbury-Kanal vom Festland getrennt. Der Archipel besteht aus 84 Inseln, einige davon unbewohnt und klein. Er erstreckt sich auf einer Wasserfläche von rund 9.000 km² und einer Höhe von 1.189 m (Seeniveau) bis 1.219 m (höchster Inselpunkt). Gleichzeitig bildet der Archipel einen eigenen Distrikt mit dem Namen Kalangala. Insgesamt wohnen 37.000 Menschen auf den Ssese-Inseln.

Insel-paradies im See

Die Gegend ist sehr feucht, durchschnittlich fallen pro Jahr 2.000 mm Regen. Auf einigen der Inseln gibt es zahlreiche Tiere zu sehen, allen voran Affen und Vögel. Ssese ist seit langem ein Paradies für Rucksacktouristen und Reisende, die die Ruhe und Abgeschiedenheit lieben. Durch die Einstellung der Fähre von Port Bell (bei Kampala) zu den Inseln haben diese allerdings in den letzten Jahren etwas an Besuchern eingebüßt. Durch neue Hotels und den Ausbau des Mobilfunknetzes ist aber wieder mit einem Anstieg der Besucherzahlen zu rechnen.

Auch die längere Anreise über Masaka ändert nichts an der Tatsache, dass die Inseln bis heute der ideale Ort geblieben sind, um sich für ein paar Tage (oder auch länger) eine „Auszeit" zu nehmen.

Insel mit Straßennetz

Die größte der Ssese-Inseln ist mit rund 200 km^2 die Insel Buggala im Westen des Archipels. Auf ihr befindet sich auch die Hauptstadt des Distriktes, Kalangala. Buggala ist eine der wenigen Inseln, auf denen einige Autos fahren, es gibt ein rund 50 km langes Straßennetz. Zwischen der Hafenstadt Bugoma und Kalangala gibt es sogar eine regelmäßige Matatu-Verbindung. Die zweitgrößte Insel des Archipels ist Bukasa (ⓘ s. S. 194) auf der östlichen Seite. Sie gilt vielen als eine der schönsten Inseln des Archipels, da sie noch stark bewaldet und kaum besiedelt ist. Auf mehreren Inseln gibt es einfache bis gute Unterkünfte und das Fahren von einer Insel zur anderen ist mit Hilfe von Fischerbooten kein Problem.

Ausflug zum Kijanebalola-See

Wenn Sie in Masaka etwas Zeit haben oder Richtung Tansania möchten, lohnt sich auch ein Abstecher zum Kijanebalola-See südwestlich von Masaka. Sie erreichen den See zunächst auf der Strecke in Richtung tansanische Grenze. Fahren Sie über Kalisizo (28 km) nach Kyotera (weitere 18 km). Dort zweigt eine Piste nach Rakai (25 km) ab. Die Umgebung des Sees ist nur mit einem Allradfahrzeug zu erkunden. Am See und den anliegenden Sümpfen sind zahlreiche Wasservögel zu beobachten.

Weiterfahrt zum Lake-Mburo-NP und nach Mbarara

Verlassen Sie Masaka in westlicher Richtung, dann erreichen Sie nach ca. 20 km den Ort Kinoni. Nach weiteren 29 km erreichen Sie dann Kyazanga und nach 23 km Lyantonde. Von dort sind es nur noch 14 km bis zur Abzweigung zum Main Gate des Lake-Mburo-Nationalpark (von der Abzweigung bis zum Main Gate: 9 km). Um weiter nach Mbarara zu kommen, benötigen Sie von der Abzweigung aus noch 54 km bis in die Stadt.

Strecke von Masaka zum Viktoria-See und nach Tansania

Karte
S. 381

Nicht verwechseln!

In Masaka gibt es zwei Hauptstraßen. Sie nehmen die Straße nach Kyotera (46 km). Bis dahin ist die Straße ausgebaut, wenn es auch das eine oder andere Schlagloch gibt. Ab Kyotera ist die Straße nur noch eine (gute) Piste. Sie führt weiter über Kangabo (in manchen Karten auch als Kibale eingezeichnet). Von dort fahren Sie links Richtung Katera und weiter über Katongero (26 km von Kangabo) und Misozi bis zum Küstendorf **Goma** (nicht zu verwechseln mit der gleichnamigen Stadt im Kongo). Von hier geht es noch ein Stück am See entlang bis zum Nachbardorf **Mubanzi** (von Katongero 13 km entfernt). Mit einem guten Allradfahrzeug kommen Sie auch noch bis zum letzten ugandischen Dorf am Viktoria-See, nach Mizinda.

Es gibt allerdings keinen offiziellen Grenzposten hier, der es Reisenden erlaubt, nach Tansania einzureisen. Sollten Sie nach dorthin weiterreisen wollen, müssen

Fischerdörfer am See

Sie zurück nach Kangabo (Kibale) fahren und dort die Straße über Lukema zum Grenzort **Mutukula** nehmen (Kangabo/Kibale nach Mutukula: 24 km). Die Piste führt auf tansanischer Seite weiter über Kyaka (32 km) nach **Bukoba** am Viktoria-See (insgesamt 87 km von der Grenze). In Bukoba gibt es eine Fährverbindung zur südlichen tansanischen Hafenstadt Mwanza. Die Reise über Mutukula nach Tansania ist nur etwas für gut vorbereitete Abenteurer.

Mit dem Einbaum auf Ugandas Seen

In den Fischerdörfern am See gibt es keine Unterkünfte. Dieser Abstecher ist nur für Reisende gedacht, die den Viktoria-See einmal von einer weniger frequentierten Seite aus kennen lernen möchten. Fahren Sie bereits am Morgen los, so dass Sie am Nachmittag zumindest noch den Weg zurück bis Masaka schaffen. Die Fischerdörfer hier vermitteln noch richtige **afrikanische Idylle**. Da sich hierher nur wenige weiße Reisende verirren, wird man neugierig empfangen. Die Menschen sind sehr freundlich, und so finden Sie durch Kontakt vielleicht eine gute Möglichkeit zum Mittag leckeren Fisch zu essen.

Das Nordufer des Viktoria-Sees

Die Strecke von Kampala nach Jinja

Streckenhinweis

Verlässt man die Innenstadt Kampalas auf der Kampala Road in östlicher Richtung, kommt man nach etwa 15 km nach Kireka (sprich Tshirika). Für einen Abstecher zum Namugongo-Schrein biegen Sie an der Shell-Tankstelle links ab. Nach etwa drei km erreichen Sie Namugongo und biegen dort nach rechts ab. Schon sehen Sie den Schrein in einigen hundert Metern Entfernung auf der linken Seite.

Abstecher Namugongo-Schrein

Rundbau mit Hut

Der Schrein selber ist ein nicht besonders hübscher Rundbau, der in der Bauweise an eine traditionelle afrikanische Rundhütte erinnern soll. Dieser Bau aus Backstein und Holz wird von außen durch eine Art Stahlnetz „geschützt". Als Abschluss thront oben auf dem Dach eine Art Metallhut, an deren Vorderseite ein großes Kreuz angebracht ist. Der Schrein, der als Kirche genutzt wird, wurde zwischen 1969 und 1975 in Erinnerung an die unter König *Mwanga* getöteten Christen erbaut. Im Inneren befindet sich in der Mitte ein gekacheltes Podest in Form eines Kreuzes. An dieser Stelle sollen die Märtyrer bei lebendigem Leib verbrannt worden sein. Auf dem

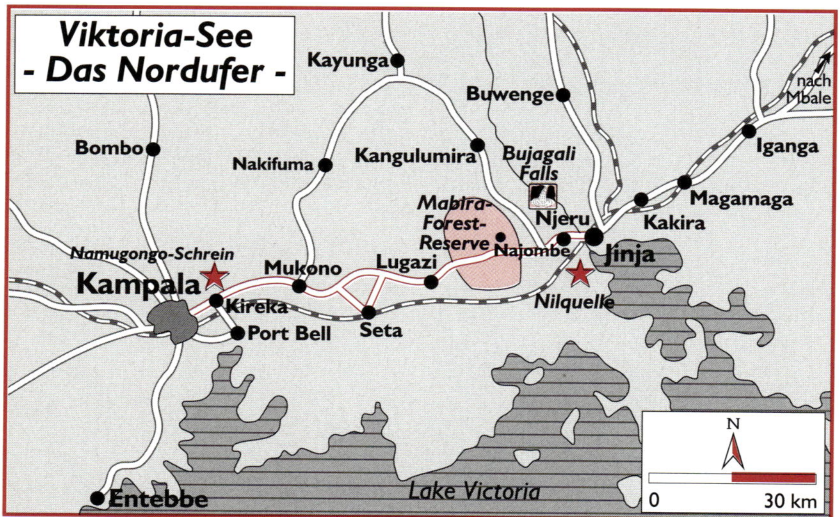

Podest steht ein Altar, an dessen Vorderseite eine Brosche hängt, die ein kleines Stück Knochen zeigt. Dieser soll nach der Verbrennung hier gefunden worden sein. Hinter dem Altar zeigt ein großes Gemälde die Ankunft der Märtyrer im Himmel. Im Innenraum stehen Holzstühle. Bis zu 1000 Gläubige sollen hier Platz finden. An den Außenfenstern befinden sich bunte Glasporträts der getöteten Christen.

Namugongo-Schrein

Die beiden bekanntesten Märtyrer sind *Charles Lwanga*, der Anführer der Christengruppe und *Kizito John Baptist*, der mit 14 Jahren jüngste Märtyrer. Diese beiden sind in der Kirche in einer großen Holzschnitzerei dargestellt sowie auf einem der zahlreichen Holzreliefs an den Türen.

Die Märtyrer wurden am 18. Oktober 1964 im Vatikan durch den damaligen Papst heilig gesprochen. **Papst Paul VI.** kam dann als erster Papst nach Uganda und besuchte den Schrein am 2. August 1969. **Papst Johannes Paul II.** kam bei seinem Besuch in Uganda 1993 ebenfalls hierher.

Um der durch den König getöteten Christen zu erinnern, feiert Uganda am 3. Juni den **Tag der Märtyrer**. Dies ist ein offizieller Feiertag und zu Ehren der Toten findet an diesem Tag ein großer Gottesdienst auf dem Gelände statt. Rechts hinter dem Schrein befindet sich ein kleiner See. Hier soll sich früher ein Sumpfgebiet befunden haben, wo sich die Getreuen des Königs ihr Badewasser holten. Heute befindet sich im See ein Pavillon, in dem der Bischof den Gottesdienst zelebriert. Rund um den kleinen See sieht man Tribünen. Hier sitzen die wichtigen Persönlichkeiten des Landes sowie der Kirche, um dem Gottesdienst am 3. Juni beizuwohnen. Die übrige Bevölkerung verteilt sich drum herum. Bis zu einer Million Menschen strömen jährlich zu den Feierlichkeiten.

VIPs auf die Tribünen!

Nelson Mandela Stadion

Nach dem Abstecher zum Schrein geht es zur Straße zurück und weiter Richtung Jinja. Kurz darauf passiert man das auf der rechten Seite liegende **Nelson Mandela Stadion**. Es ist das größte und modernste Sportstadion in Uganda.

Als nächsten Ort erreicht man **Mukono**. Entlang der Hauptstraße gibt es zahlreiche kleine Geschäfte, zudem Tankstellen und auch einige Hotels. Weiter geht es nach **Lugazi**. Hier befindet sich eine große Zuckerfabrik zur Verarbeitung von Zuckerrohr, das in dieser Gegend besonders intensiv angebaut wird.

Hähnchen am Haltepunkt

Auf der Weiterfahrt kommt man durch ein kleines Waldstück (etwa 1 km lang). Kurz danach (ca. 3 km) sehen Sie auf der linken Seite ein Holzschild „Forest Reserve". Hier geht es links ab zum **Mabira Forest Reserve**. Das Dorf heißt **Najembe** und gegenüber der Einfahrt befindet sich ein beliebter Haltepunkt für die Überlandbusse, da dort Gebratenes (Hähnchenteile und Spieße) sowie Obst an die Reisenden verkauft wird. Nach einigen hundert Metern erreichen Sie die Forststation.

Mabira Forest (ⓘ s. S. 194)

Schöne Spaziergänge

Der rund 300 km² große Mabira-Wald liegt direkt an der Hauptstraße zwischen Kampala und Iganga, etwa 55 km von Kampala entfernt und 20 km vor Jinja. Im Wald gibt es über 200 verschiedene Pflanzenarten. Er wird hier und da von Lichtungen unterbrochen, in denen sich zum Teil Sümpfe befinden. Es handelt sich um einen Sekundär-Wald, die alten Urwaldriesen wurden bereits zur Kolonialzeit geschlagen. Vor allem Ebenholz und Gummibäume der Art *Funtuma elastica*. Während des Bürgerkrieges in den 1980ern wurden etwa 25 % der Waldfläche gerodet, um Ackerland zu gewinnen. In den 1990ern wurden einige Teile der zerstörten Flächen wieder dem Wald angegliedert und aufgeforstet. Mabira ist heute das größte noch zusammenhängende Waldgebiet am nördlichen Rand des Viktoria-Sees. Außer seiner ökologischen Bedeutung, ist er mittlerweile auch ein wichtiges Naherholungsgebiet für Großstädte wie Kampala und Jinja.

Karte
S. 386

Mabira Forest bietet sich für Spaziergänge und leichte Wanderungen an. Zu sehen gibt es außer einer Vielzahl Vögel und – zur richtigen Jahreszeit – tausenden von Schmetterlingen (mehr als 200 Arten) auch einige Säugetiere. Relativ häufig sind Rotschwanz-Meerkatzen, Mantel-Mangaben, Guereza-Affen und Ducker. Auch Leoparden gibt es noch, sie sind aber selten zu sehen. Bis in die 1950er gab es sogar noch Elefanten. Es gibt gut angelegte Wege durch den Wald, die alleine oder mit einem Führer begangen werden können.

Streckenhinweis

Nach der Abzweigung zur Forststation führt die Straße etwa 7 km durch den Mabira-Wald. Anschließend folgen einige Teeplantagen. Der nächstgrößere Ort ist ***Njeru****, wo sich die großen Nile Breweries befinden. Kurz dahinter folgt der Owen Falls-Damm. Dieser Damm staut das Wasser auf der Höhe der ehemaligen Owen-Fälle. Dann erreichen Sie Jinja. Zur Innenstadt von Jinja biegen Sie beim Kreisverkehr nach dem Damm rechts ab.*

Jinja (ⓘ s. S. 194)

Überblick

Die Stadt Jinja liegt fast schon romantisch oberhalb des Weißen Nils und seinem Austritt aus dem Viktoria-See. Der 87.000 Einwohner zählende Ort ist nach der Hauptstadt Kampala der wichtigste Industriestandort in Uganda. Durch den Hafen, die Eisenbahnanbindung und die Nähe zur kenianischen Grenze ist Jinja auch eine wichtige Handelsstadt. Aber Jinja lebt vor allem von und mit dem Nil. Er gibt Elektrizität, Wasser, Fisch, und er lockt vor allem die Touristen. Die Innenstadt liegt im Osten der Stadt und ist sehr geschäftig. Im Süden und Nordwesten liegen die Wohngebiete, zum Teil noch aus der Kolonialzeit, mit breiten Straßen und Häusern mit großen tropischen Gärten. Im Süden begrenzt der Viktoria-See die Stadt, im Westen der Weiße Nil.

Energie- und Nahrungsquelle

Entfernungen

Von Jinja nach Kampala: 80 km, nach Entebbe: 114 km, nach Tororo: 125 km, nach Malaba: 143 km, nach Mbale: 170 km, nach Masindi: 297 km, nach Moroto: 394 km, nach Gulu: 426 km, nach Kitgum: 469 km und zum Kidepo-Valley-Nationalpark: 631 km.

Lage und Klima

Jinja liegt auf einer Höhe von 1.143 m am nördlichen Ufer des Viktoria-Sees gegenüber von Buvuma Island. Die Lage am See beeinflusst maßgeblich das Klima der Stadt, das ähnlich warm ist wie in Entebbe mit durchschnittlichen Tagestemperaturen von 25 bis 28 °C. Die jährliche Niederschlagsmenge von ca. 1.600 mm sowie die Luftfeuchtigkeit hier am größten See Afrikas sind relativ hoch.

Der Owen-Damm mit Kraftwerk

Geschichte

1862 kam *John Speke* an den Viktoria-See und entdeckte hier am Ort den Austritt eines Flusses, den Nil. Damit hatte er die lang gesuchte **Nilquelle (4)** endlich gefunden. Also jenen See, aus dem der Nil seinen 6.500 km langen Lauf bis zum Mittelmeer beginnt. Speke war fasziniert von der Landschaft und von dem interessanten Fluss, der schon auf den ersten Kilometern rasant über mehrere Fälle und Stromschnellen in Richtung Kyoga- und Albert-See fließt.

Ursprung des Nils

Britischer Verwaltungssitz

Die ersten Fälle befinden sich gleich zu Beginn des Flusses nach dem Austritt aus dem Viktoria-See. Speke nannte sie **Ripon Falls**, zu Ehren des früheren Präsidenten der Royal Geographic Society: *Marquis von Ripon*. Die nur etwa 1 km davon entfernt liegenden Fälle bekamen von ihm den Namen **Owen Falls**, nach Major *Roddy Owen*, 1893 einer der Mitglieder von Gerald Portal's Uganda-Expedition. Im Jahr 1900 wurde beschlossen, dass vor den Owen Falls die neue Telegrafenleitung den Nil überqueren sollte. Aus diesem Grund wurde an dieser Stelle ein neuer Ort gegründet: Jinja. 1901 verlegte der damalige britische Gouverneur Johnson den Verwaltungssitz der Provinz Busoga von Iganga nach Jinja.

Der Aufstieg zu einem **wirtschaftlich sehr wichtigen Ort** begann, als einige Jahre später die Eisenbahnlinie von Mombasa bis zur Hafenstadt Kisumu (heute Kenia) fertig gestellt wurde. Mit einer neu eingerichteten Fährverbindung von Jinja nach Kisumu hatte man einen direkten Weg bis zum Hafen von Mombasa am Indischen Ozean. Diese Verbindung über den See blieb so lange bestehen, bis die Eisenbahn schließlich auch Jinja direkt erreichte. Nach dem Beginn des Baumwollanbaus bekam die Wirtschaft in Jinja noch mal einen zusätzlichen Schub. Obwohl schon seit 1904 Überlegungen bestanden, die Kraft des Nils zu nutzen, dauerte es bis Ende der 1940er Jahre, bis die Pläne konkret wurden. 1949 unterzeichnete die ägyptische Regierung einen Vertrag mit der britischen Kolonialverwaltung, die

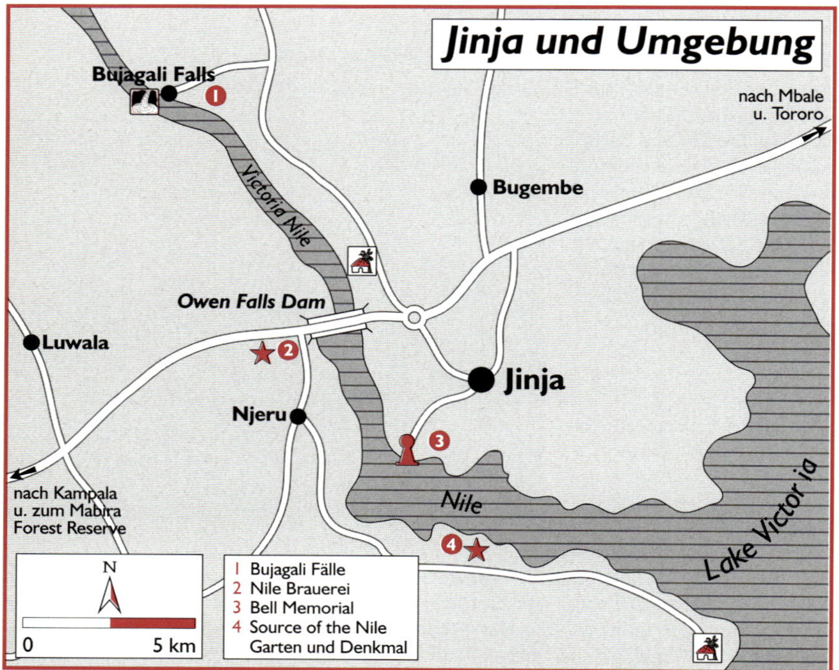

den Ägyptern das Recht eines Dammbaus zugestand, aber unter der Voraussetzung, dass ein ägyptischer Ingenieur den Wasserzufluss regelt. So tief saß die Angst, die ägyptische Lebensader – das Wasser des Nil – könnte versiegen.

Denkmal für John Speke, Entdecker der Nilquelle

Das Wasserkraftwerk an den ehemaligen Owen Falls wurde 1954 eingeweiht. Der **Owen-Damm** staute den Nil nun für die Kraftwerkturbinen. Durch den Anstieg des Wassers verschwanden auch die zweiten Fälle weiter oben am See, die Ripon Falls. Durch das Angebot von billigem Strom wurden weitere Industrien nach Jinja gelockt. Den großen wirtschaftlichen Kollaps erlebte die Stadt zu Zeiten Idi Amins, waren doch viele der Fabriken und Firmen in Jinja in asiatischer Hand. Auch wenn sich die Stadt in den 1990ern wirtschaftlich wieder etwas erholte, so konnte sie nicht ganz wieder an alte Zeiten anschließen. Dennoch gehört Jinja zu den wohlhabenden Regionen des Landes.

Relativ wohlhabende Region

Sehenswertes

• Bell Momorial (3)

Das Denkmal liegt auf der Jinja-Seite des Nils. Es ist über die Cliff Road, die beim Stadion von der Bridge Road abzweigt, zu erreichen. Von den nahe liegenden Restaurants und Bars, die vor allem an Wochenenden gut besucht sind, kann man sich mit einem Boot über den Nil zum Garten der Nilquelle (Source of the Nile Garden) übersetzen lassen.

• Source of the Nile Garden (4)

Der „Garten der Nilquelle" liegt auf der westlichen Seite des Nils. Er ist mit einem Boot von der gegenüber liegenden Seite, vom Restaurant Rumours aus, zu erreichen. Ein kurzer Bootsausflug zu diesem Garten, in dem ein Stelen-Denkmal zur Erinnerung an die Entdeckung der Nilquelle durch *John Speke* steht, wird auch vom Hotel Kingfisher Lodge organisiert (auch für Nicht-Gäste).

Entdecker John Speke

• Satya-Narayan-Tempel

Dieser hinduistische Tempel außerhalb der Innenstadt ist den Göttern *Ambaji*, *Shankar*, *Bhagwan* und *Shitla Mata* geweiht. Nach der Vertreibung der Asiaten durch *Idi Amin* wurde der Tempel für einige Zeit nicht genutzt. Er diente den Hindus als Ort für Feiern und Tanzveranstaltungen. Nach der Vertreibung wurde nichts zerstört und alle Schreine blieben erhalten. Nach der Rückkehr der Hindus wurde der Tempel seiner wirklichen Funktion zugeführt. Im Jahr 1997 weihte Präsident *Museveni* zusammen mit dem indischen Premierminister *Gujral* eine Statue zu Ehren Mahatma Gandhis ein.

- **Nile Breweries (2)**

Die Nil-Brauerei liegt, von Jinja kommend, auf der anderen Seite des Owen-Damms in Njeru (direkt an der Hauptstraße und an der Abzweigung zum „Source of the Nile"-Garten und der Kingfisher Lodge). Sie bietet während der Büro- und Arbeitszeiten Führungen durch die Brauerei an. Eine Anmeldung ist nicht unbedingt erforderlich, aber hilfreich zur Bestätigung des Besuchstermins.

Anmeldung hilfreich

- **Weißer Nil und Viktoria-See**

Auf beiden Gewässern sind vielfältige Ausflugs- und Wassersportmöglichkeiten gegeben. Von Jinja aus erreichen Sie mit einem Boot die Stelle, an der der Nil den Viktoria-See verlässt. Ebenso können Sie auf Bootsausflügen die vor Jinja liegenden Inseln erkunden. Auf der Insel Samuka befindet sich auch ein herrlich gelegenes Hotel. Die größte Insel gegenüber von Jinja ist Buvuma, mit dem Hauptort Magyo.

Informationen zum Weißen Nil finden Sie unten unter Bujagali Falls, *über Aktivitäten und ihre Veranstalter auf dem Weißen Nil (z.B. für Rafting, Kanufahrten, River-Boarding) sowie Bootstouren auf dem Viktoria-See unter:* Regionale Reisetipps – Bujagali Falls.

Bujagali Falls (ⓘ s. S. 194)

Die **Bujagali-Fälle (1)** liegen etwa 10 km außerhalb von Jinja. Sie bestehen aus mehreren starken Stromschnellen, sind daher keine Wasserfälle im klassischen Sinne. Der Weg dorthin ist ab dem Kreisverkehr auf der Straße nach Kampala ausgeschildert. Die Piste ist in einem guten Zustand. Noch Anfang der 1990er besuchten nur wenige Menschen Bujagali, meist um ein Picknick in der grünen Landschaft am Nil zu genießen. Heute gehört Bujagali zu den Touristen-Attraktionen Ugandas und zu einem der am meisten besuchten Orte des Landes.

Bujagali Falls

Das Gros der Besucher kommt hierher, um auf dem Nil eine **Wildwasserfahrt** (Whitewater Rafting) zu unternehmen. Mittlerweile sind die Bujagali Falls einer der bekanntesten Orte für dieses sportliche Vergnügen in ganz Afrika. Das Angebot an Aktivitäten ist aber weitaus größer. Außer den Wildwasserfahrten kann man auch gemütlichere Kanufahrten unternehmen, ruhig angeln oder sich beim Bungee-Jumping buchstäblich hängen lassen. Verschiedene Veranstalter sind vor Ort und sorgen für die nötige Organisation. Zudem sind einfache,

Mal richtig hängen lassen

auf so genannte Rucksackreisende ausgerichtete Unterkünfte, vorhanden. Wer eine komfortable Unterkunft bevorzugt, der findet im „Jinja Nile Resort" einige Kilometer vor den Fällen das beste Hotel der Region.

Rafting ist das neudeutsche Wort für wilde Schlauchbootfahrten auf ungestümen Flüssen. Und kaum ein anderer Fluss, neben dem Sambesi, eignet sich in Afrika dafür so gut wie der Nil. Seine zahlreichen Stromschnellen bringen den Wassersportlern das große Vergnügen. Für alle Neueinsteiger sind allerdings einige Dinge im Voraus zu beachten. Bei den Bootstouren ist ein Tragen von Schwimmwesten und Helmen erforderlich, da ein „Kentern" des Bootes häufig vorkommt. Diese Utensilien werden in der Regel vom Rafting-Veranstalter gestellt. Auch wenn man die Sonne durch das kühlende Wasser nicht immer so spürt, ist das Eincremen mit einer Sonnencreme mit einem **hohen Schutzfaktor** unerlässlich. Beim Rafting sollten Sie nicht zu übermütig werden, um sich nicht unnötig Gefahren auszusetzen. Die großen Rafting-Veranstalter weisen Sie aber in der Regel gut ein.

Wildwasser-Rafting auf dem Weißen Nil

Die Strecken sind je nach Tour und Veranstalter unterschiedlich lang, etwa 18 bis 32 km. Sie führen durch mehrere Stromschnellen bis Schwierigkeitsgrad 5, bei stärkeren Stellen wird das Boot ein Stück getragen.

Neuer Damm?

Ein Projekt hängt allerdings wie ein Damoklesschwert über dem Nil und seinen wassersportbegeisterten Besuchern – der **Itanda-Falls-Damm** zur Errichtung eines neuen Wasserkraftwerks. Dieses Projekt ist seit längerem genehmigt, selbst die Zusage der Weltbank zu seiner Finanzierung stand fest – trotz aller Proteste. Im Jahr 2005 überrollte ein Finanz- und Betrugsskandal die Verantwortlichen, so dass die Realisierung des Damms und des Kraftwerkes zunächst auf Eis liegt. Um den Versorgungsengpass beim Strom in Uganda zu beheben, wäre dieses Kraftwerk wichtig gewesen. Noch sind auch keine Alternativen gefunden.

7. DER OSTEN UGANDAS

Unterwegs zwischen Nil und kenianischer Grenze

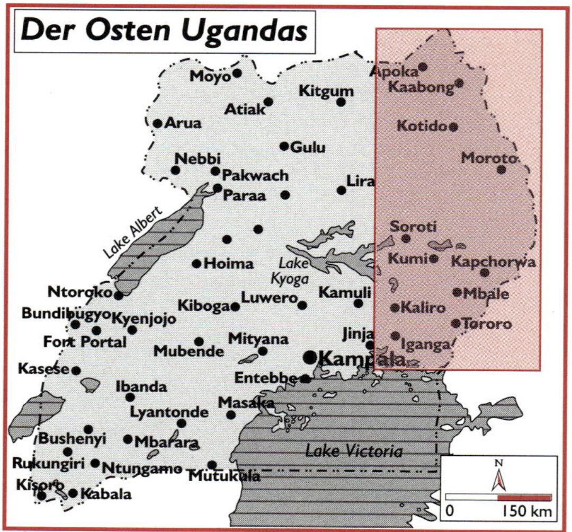

© graphic

Fahrt von Jinja über Iganga nach Tororo

Im Jahre 2005 war die Straße ab Jinja Richtung Tororo etwas schlechter als der Abschnitt von Kampala nach Jinja. Das lag vor allem an einer Baufirma, die mit der Sanierung der Straße begonnen hatte, der der Auftrag aber von der Regierung wieder entzogen wurde. Bis eine neue Baufirma die Arbeiten weiterführt, fließt der Verkehr über halbfertige oder zum Teil aufgerissene Straßen. Das Problem soll bis 2007 gelöst sein. Die Nationalstraße führt am Norden von Jinja vorbei und führt in östlicher Richtung über Magamaga nach Iganga.

Stückwerk

Iganga (ⓘ s. S. 194)

In kolonialer Zeit war Iganga zunächst Verwaltungssitz der Briten im ehemaligen Königreich Busoga. Gouverneur Sir Harry Johnson verlegte aber bereits 1901 den Sitz nach Jinja am Nil. Heute hat die Stadt 40.000 Einwohner. Nur selten legen Reisende hier einen Stopp ein.

Im Süden von Iganga liegt der Nenda Hill (10 bis 15 min. außerhalb mit dem Auto). Von dort hat man eine schöne Aussicht über das gesamte Gebiet. Am Hügel liegt auch ein „Bazungu Shrine" (Schrein der Weißen) genannter heiliger Ort.

Redaktions-Tipps

- **Übernachten** und relaxen nach den Wanderungen im **Mbale Resort**.
- Gemütlich und gut zu **Abend essen** im **Landmark Inn** in Mbale.
- Hervorragende **Wanderungen** in einzigartiger „afro-alpiner" Natur im **Mt.-Elgon-Nationalpark** *(S. 400)*.
- Mit der Natur allein bei einer **Fly-in-Safari** im abgelegenen Kidepo-Valley-Nationalpark *(S. 409)*.

Streckenhinweis

Kurz hinter Iganga führt eine Abzweigung links über Busembatya nach Mbale. Diese gut ausgebaute Straße ist besser und schneller als die Strecke über Tororo. Sollten Sie nur nach Mbale (Mt. Elgon-N. P.) wollen, dann ist diese Route zu empfehlen. Kurz vor Mbale liegt der Ort ***Budaka****. In dessen Nähe befinden sich die Ruinen des gleichnamigen Forts aus der Kolonialzeit.*

Reisende mit Ziel kenianische Grenze oder Tororo fahren am besten die Straße von Iganga über Busesa und Bugiri weiter Richtung Buwayo. Auf dem Weg passieren Sie links die Tororo-Zementfabrik. Nach Buwayo folgt eine Abzweigung. Hier geht es links nach Tororo (30 km) und geradeaus (leicht rechts) zum Grenzort Busia (16 km). Kurz vor dem Erreichen von Tororo folgt eine weitere Abzweigung, die zum Grenzort Malaba (14 km) führt.

Busia (ⓘ s. S. 194)

Tipp

Wenn eine Übernachtung in Busia notwendig werden sollte, so ist das Hotelangebot auf der kenianischen Seite wesentlich besser.

Der Ort Busia ist der größte Grenzübergang zwischen Kenia und Uganda. Er hat 37.000 Einwohner und nicht sehr viel zu bieten. Es gibt eine Bank, mehrere Wechselstuben und dutzende von fliegenden Geldtauschern (Vorsicht beim Geldwechsel!). Entlang der Hauptstraße liegen zahlreiche Geschäfte und Restaurants. Zur Not kann man auch in einem der sehr einfachen (!) Hotels übernachten. Die Grenzabfertigung geht recht schnell, es sei denn, es kommen mehrere Überland-

Vorsicht beim Wechsel

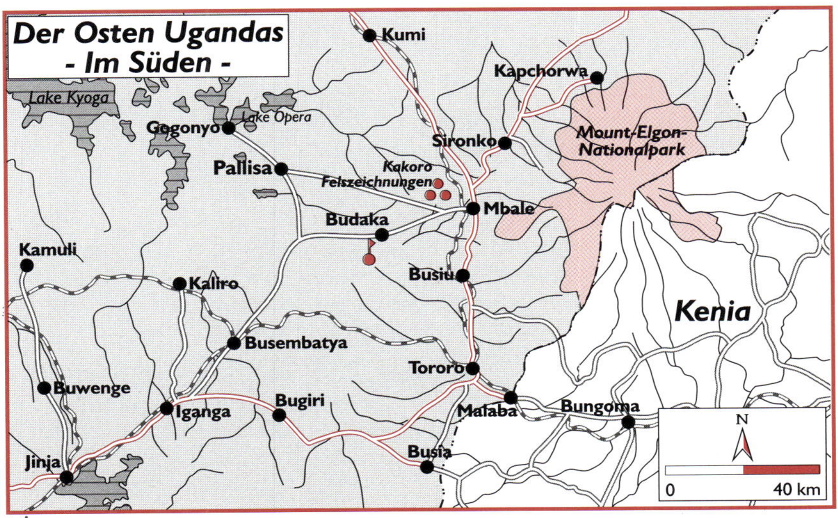

© igraphic

INFO Busia – Paradies der Schmuggler

Seit den frühen 1990ern sind Schmuggel, Kriminalität und HIV ein fester Bestandteil der geschäftigen Grenzstadt Busia. Die früher zum Tororo-Distrikt gehörende, heute einen eigenen Bezirk bildende Stadt an der ugandisch-kenianischen Grenze ist berühmt für die so genannten **Boda-Boda-Taxis**. Auch wenn es diese Motorrad- und Fahrrad-Taxis heute überall in Uganda und Ruanda gibt, so nahmen sie doch hier ihren Anfang.

Boda-Boda, das Fahrrad-Taxi

Anfang der 1990er blühte in Busia der Schmuggel von landwirtschaftlichen Produkten nach Kenia und von industriellen Gütern nach Uganda. Geschäftsleute aus dem ganzen Land reisten für ihre Export- und Import-Geschäfte nach Busia. Heute bemüht sich die Regierung, die Handelsströme in geordnete Bahnen zu lenken. Doch trotz der vielen Geschäfte, die hier getätigt werden, macht die Stadt einen sehr ärmlichen Eindruck. Und tatsächlich hat Busia mit enormen Problemen zu kämpfen: 900 Millionen Schilling werden jeden Monat durch Zollgebühren eingenommen, aber trotzdem gibt es im Distrikt neben wenigen privaten nur zehn staatliche Sekundar-Schulen. Busia bezahlt einen hohen Preis als Handelsstadt. Der ewige Waren- und Personenverkehr spült viel Geld in das Sex-Business, während die traditionellen Familien- und Gesellschaftsstrukturen verhindern, sich mit Gefahren wie AIDS auseinander zu setzen. Aus diesem Grund sind die Einwohner der Stadt besonders durch das Virus gefährdet, etwa 34 % der Menschen sind **HIV-positiv**. Vor allem viele Waisenmädchen bieten hier ihren Körper für Geld an, um sich und ihre Geschwister durchzubringen. Sie werden abhängig von dieser Geldquelle. AIDS ist mit ein Faktor für Armut, einer der Armut schafft, Armut verstärkt und in Armut hält.

Viele Familien suchen immer noch Hilfe bei traditionellen Heilern, unwissend oder ignorierend, dass es keine Heilung für diese Krankheit gibt. Familien verwenden teilweise ihre gesamten Ressourcen für die „Wunderheiler", sie verkaufen ihr Land für Hilfe, die es nicht wirklich gibt.

Eine andere Gefahr entsteht mit dem **Schmuggel** und der damit einhergehenden **Kriminalität**. Busia zieht besonders die ungebildeten Armen an, die außer Schmuggel und Diebstahl keine Einkunftsmöglichkeiten haben. Die Polizei kann zumindest die Ordnung in der Stadt sicherstellen, den Schmuggel verhindern kann sie nicht.

Eine Besserung der Situation ist vielleicht in Sicht, da die Ostafrikanische Zollunion daran arbeitet, die Zölle zwischen den Mitgliedern abzuschaffen und einheitliche Zölle für Waren einzuführen. Die Verantwortlichen der Stadt verbinden damit die Hoffnung, dass das Geschäft mit dem Schmuggel damit an Reiz verliert und sich die Situation in Busia zum Guten wendet.

Text: Yves G. Ampihery

busse zur gleichen Zeit an. Minibusse stehen auf beiden Seiten der Grenze für eine Weiterfahrt bereit. Vom Grenzpunkt Busia führt die Straße weiter über Kisumu Richtung Nairobi.

Bis nach Nairobi

Entfernungen

Von Busia nach Kampala: 186 km, nach Bugiri: 42 km, nach Tororo: 46 km (oder 25 km über direkte Piste), nach Iganga: 75 km, nach Jinja: 115 km, nach Kisumu (Kenia): 115 km, nach Entebbe: 222 km, nach Nakuru (Kenia): 308 km und nach Nairobi (Kenia): 464 km.

Malaba (ⓘ s. S. 194)

Der nördlich von Busia gelegene Grenzübergang nach Kenia ist etwas kleiner, aber ebenfalls recht geschäftig. Der Übergang wird vor allem von Reisenden genutzt, die lieber über Nakuru Richtung Nairobi fahren möchten. Ansonsten bietet der Ort ähnlich wenig wie Busia. Es gibt die üblichen Geschäfte, Restaurants, billige Absteigen und Geldwechsler.

Nur das Übliche

Entfernungen

Von Malaba nach Kampala: 223 km, nach Tororo: 18 km, nach Busia (kenianische Seite): 30 km), nach Mbale: 63 km, nach Kitale (Kenia): 119 km, nach Eldoret (Kenia): 122 km, zum Mt.-Elgon-Nationalpark (Kenia): 140 km, nach Jinja: 143 km, nach Entebbe: 257 km, nach Nakuru (Kenia): 278 km, nach Gulu: 427 km, nach Nairobi (Kenia): 434 km, nach Masindi: 440 km, nach Fort Portal: 454 km und zum Kidepo-Valley-Nationalpark: 524 km.

Tororo (ⓘ s. S. 194)

Als ehemalige Kolonialstadt hat Tororo heute nur noch wenig Glanz. Zwar zeugen alte Häuserfassaden der in den 1940ern gegründeten Stadt noch vom Wohlstand vergangener Tage, aber der schlechte Zustand vieler Gebäude trägt heute eher zu dem etwas trüben Eindruck der 45.000-Einwohner-Stadt bei. Nach den Europäern kamen im Laufe der letzten Jahrzehnte eine Menge Asiaten, vornehmlich Inder, in die Stadt. Ihnen verdankt der Ort seine Hindu-Tempel. Diese sind für Besucher in der Regel nicht geöffnet.

Viele Asiaten

Markanter Punkt in Tororo ist der 1.800 m hohe Tororo Rock. Er ist sicherlich einen Abstecher wert (Führer können über das Rock Classic Hotel organisiert werden). Von dort oben hat man einen herrlichen Blick auf die Umgebung bis zum Mount Elgon.

Entfernungen

Von Tororo nach Kampala: 205 km, nach Malaba: 18 km, nach Mbale: 45 km, nach Jinja: 125 km, nach Soroti: 142 km, nach Gulu: 409 km, nach Masindi: 422 km und zum Kidepo-Valley-Nationalpark: 506 km.

Streckenhinweis

Die Strecke von Tororo nach Mbale führt über Busiwu und beträgt 44 km.

Mbale (ⓘ s. S. 194)

Überblick

Mbale liegt zu Füßen des Mount Elgon, auf einer Höhe von 1.143 m. In der direkten Umgebung der rund 75.000 Einwohner zählenden Stadt befindet sich der Berg Nkokonjeru mit einer Höhe von 2.347 m. Wenn es klar genug ist, dann kann man von Mbale auch den 4.321 m empor ragenden Mount Elgon erkennen. Die Stadt gilt für viele Reisende nur als Zwischenstopp auf dem Weg zum Mount-Elgon-Nationalpark. Wer allerdings guten Hotelkomfort schätzt, wird es vielleicht vorziehen, hier in der Stadt zu übernachten und den Nationalpark von hier aus zu besuchen.

Landmark Inn, Mbale

An die alten Kolonialzeiten erinnert der große Commonwealth-Krieger-Friedhof. Im Zentrum befindet sich ein Kreisverkehr, in dessen Mitte ein Turm mit einer Uhr steht. Dieser **Clocktower** wurde zu Ehren von König *George V.* errichtet. In der Stadt befindet sich die 1988 gegründete Islamische Universität – eine der wenigen Einrichtungen dieser Art in Ostafrika. Für Campingreisende bietet Mbale eine gute Möglichkeit, in einem der großen Supermärkte oder auf dem bunten Markt ihren Proviant aufzufrischen. Das Warenangebot in Mbale ist üppig, da viele Schmuggelwaren, die über die nahe Grenze zu Kenia kommen, hier gehandelt werden.

Üppiges Angebot

Entfernungen

Von Mbale nach Kampala: 235 km (ü. Busembatya) oder 250 km (ü. Tororo), nach Tororo: 44 km, nach Malaba: 63 km, nach Soroti: 97 km, nach Jinja: 170 km, nach Entebbe: 284 km, nach Masindi 395 km und zum Kidepo-Valley-NP: 461 km.

Geschichte

Ende des 19. Jh. war die Umgebung des Mount Elgon zwar bereits besiedelt, allerdings gab es nur sehr wenige fest eingerichtete Siedlungen. Zwischen 1889 und 1901 eroberte die britische Kolonialregierung mit Hilfe bugandischer Krieger das Gebiet. Die Bugander nannten es Bukedi, was so viel bedeutet wie „Land der Nackten". Der bugandische Anführer der Eroberungstruppen, *Kakunguru*, sagte sich nach der Eroberung aber von den Briten frei und erklärte sich zum König von Bukedi. Er ließ sich mit seinen Gefolgsleuten 1902 an der Stelle des heutigen Mbale nieder und gründete eine Siedlung. Als 1903 die ersten Europäer nach

Mbale kamen, waren sie sehr überrascht über die gepflegten Häuser und Gärten. Eine erste Karte von 1904 zeigt, dass der Markt damals an der Stelle angesiedelt war, wo sich heute der Clocktower befindet. In nur wenigen Jahren stieg die Zahl der Einwohner Mbales auf 3.000. Die Briten erlangten erst wieder vollen Einfluss auf die Region, als sie es schafften, *Kakunguru* einen hohen Militärposten in Jinja zu versprechen. Er nahm den Posten 1906 an und blieb bis 1913 dort. Im Jahr 1910 verbot die britische Kolonialverwaltung den Handel mit Elfenbein aus dem Karamoja-Gebiet, da sie eine Ausrottung der Tiere im östlichen Uganda befürchtete. Einige Jahre später wurde beschlossen, die Distrikt-Hauptstadt von Mbale nach Bugondo am Kyoga-See, 84 km westlich von Kumi, zu verlegen. Die Turbulenzen des 1. Weltkriegs verhinderten aber schließlich den Umzug.

Tipps

*Von **Pallisa** (ⓘ s. S. 194), einer kleinen Stadt westlich von Mbale, gibt es die Möglichkeit, weiter zum Kyoga-See zu fahren und eine Bootstour zu arrangieren. Für interessante Ausblicke in die Umgebung können Sie die **Felsen Agule** und **Kameke Hill** besteigen. Für Pflanzenfreunde ist vielleicht ein Besuch der Gogonyo Palm Farm interessant. Um Vögel zu beobachten, eignet sich ein Ausflug nach Gogonyo oder zum Opeta-See und zu den Kyoga-See-Sümpfen. In der Nähe gibt es auch Höhlen, die von Menschen früher benutzt wurden. Fragen Sie im Hotel nach weiteren Informationen.*

Aktivitäten/Sehenswürdigkeiten

Die meisten Besucher von Mbale kommen sicherlich wegen des **Mount Elgon** und des gleichnamigen Nationalparks. Zu den verschiedenen Routen zum Gipfel oder anderen Wanderungen sehen Sie bitte unter *MtElgon-Nationalpark*.

• Kakoro-Felsmalereien

Streckenhinweis

*Die **Kakoro-Felszeichnungen** liegen etwa 20 km außerhalb von Mbale. Nehmen Sie die Kumi Road bis Nakaroke (ca. 10 km) und biegen dann in eine westliche (links) Piste ab (in der Nähe des Salem Brotherhood Hostel). Nach weiteren ca. 10 km erreichen Sie Kakoro. Wenn Sie ohne eigenes Fahrzeug dorthin möchten, nehmen Sie einen Minibus und steigen in Nakaroke aus. Von dort fahren Sie mit einem Boda-Boda bis Kakoro.*

Zerstörerisches Spiel

Die alten Felsmalereien finden sich an mehreren Stellen der dortigen Granitfelsen und wurden entweder in der Farbe Weiß oder Rot gehalten. Es wird angenommen, dass diese Zeichnungen von Jägern stammen und etwa 2.000 Jahre alt sind. Durch in den Höhlen spielende Kinder sind diese Zeichnungen allerdings nicht mehr gut erhalten. Eindrucksvoller sind die Nyero-Felsmalereien in der Nähe von Kumi.

Streckenhinweis

7 km außerhalb der Stadt in Namusi biegt rechts die Straße Richtung Sipi Falls ab. Für die Fahrt von Mbale in nordöstliche Richtung nach Kumi, Soroti und Lira finden Sie weitere Informationen im Kapitel Der Norden Ugandas.

Mount-Elgon-Nationalpark (ⓘ s. S. 194)

Überblick

Grenze mitten im Krater

Mount Elgon liegt im Osten Ugandas direkt auf der Grenze zu Kenia. Diese führt genau durch den Krater. Die mit 4.321 m höchste Bergspitze (*Wagagai*) befindet sich aber noch auf ugandischer Seite. Wie viele Berge oder Bergmassive in Ostafrika, so ist auch der Mount Elgon vulkanischen Ursprungs. Seine Vegetationszonen entsprechen denen der anderen großen Bergmassive. Unterhalb der Nationalpark-Grenze gibt es zahlreiche Kaffee-Plantagen, die für ihre gute Qualität bekannt sind.

Lage und Klima

Warm anziehen!

Der 1.145 km² Nationalpark liegt nördlich des Äquators. Sein Massiv ragt aus einer Ebene empor, die durchschnittlich etwas über 1.000 m hoch ist. Bergsteiger sollten die Monate der Regenzeit in Uganda meiden, vor allem die Monate April und Mai. Im Gebiet um den Park fallen 1.300 mm Regen, am Berg selber etwas mehr. Außer einem Regenschutz ist wegen der niedrigen Temperaturen am Berg auch warme Kleidung unbedingt erforderlich!

Entstehungsgeschichte

Sipi-Fälle

Der Beginn der vulkanischen Tätigkeit, die zur Entstehung des Mount Elgon führte, wird mit 20 Millionen Jahren angegeben. Über 14 Millionen Jahre haben die vulkanischen Aktivitäten angedauert, die den Elgon zeitweise auf eine Höhe von weit über 5.000 m brachten. Sein mächtiger Sockel mit einem Durchmesser von bis zu 80 km zeugt noch heute von den einst gewaltigen Ausmaßen. Durch Erosion veränderte der Vulkan in Jahrmillionen sein Gesicht. Heute gleicht die Spitze des ehemaligen Vulkans mehr einer Kuppel. Die mittlerweile eingesunkene Bergspitze bildet einen Krater von 8 km Durchmesser. Auf seinem Grund befinden sich mehrere Kraterseen und heiße Quellen.

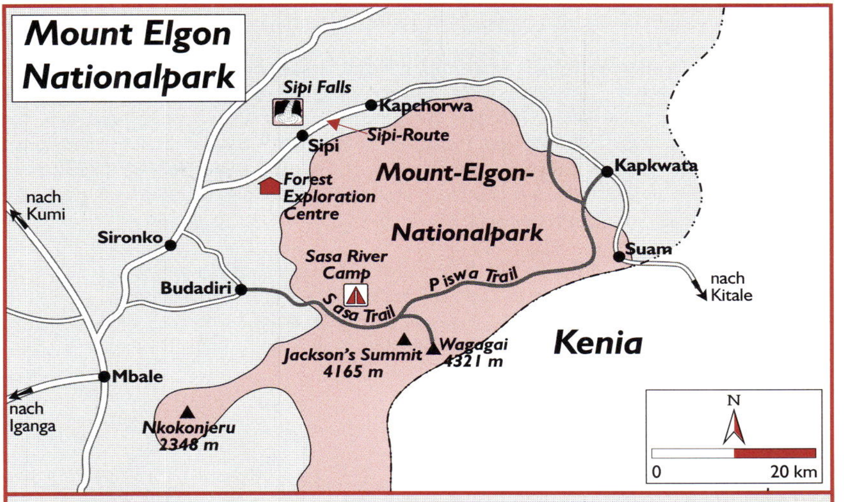
Mount Elgon Nationalpark
Sipi Falls
Kapchorwa
Sipi
Sipi-Route
Forest Exploration Centre
Mount-Elgon-Nationalpark
Kapkwata
nach Kumi
Sironko
Suam
Sasa River Camp
Piswa Trail
nach Kitale
Budadiri
Sasa Trail
Kenia
Jackson's Summit 4165 m
Wagagai 4321 m
Mbale
nach Iganga
Nkokonjeru 2348 m
N
0
20 km

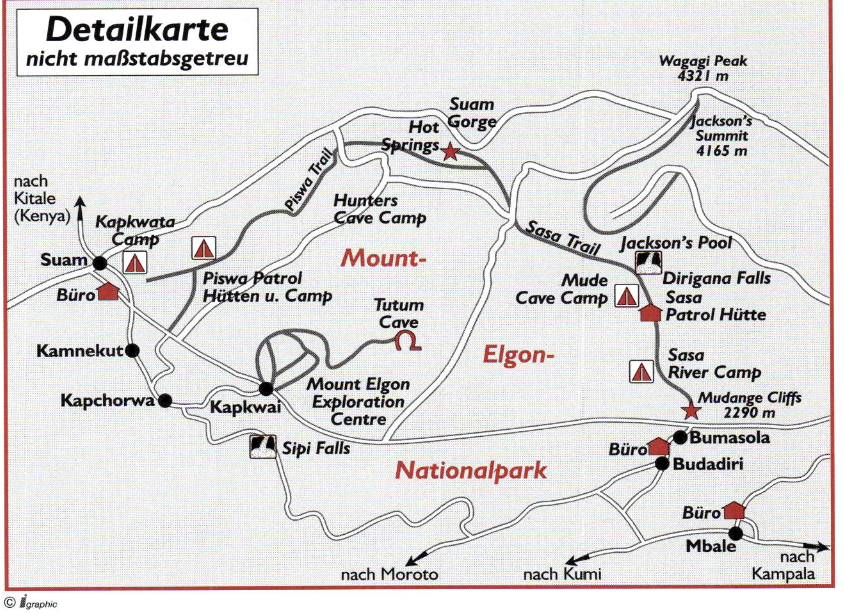
Detailkarte
nicht maßstabsgetreu
Wagagi Peak 4321 m
Suam Gorge
Hot Springs
Jackson's Summit 4165 m
nach Kitale (Kenya)
Piswa Trail
Hunters Cave Camp
Kapkwata Camp
Sasa Trail
Jackson's Pool
Mount-
Suam
Piswa Patrol Hütten u. Camp
Mude Cave Camp
Dirigana Falls
Büro
Sasa Patrol Hütte
Tutum Cave
Kamnekut
Elgon-
Sasa River Camp
Mount Elgon Exploration Centre
Kapchorwa
Kapkwai
Mudange Cliffs 2290 m
Bumasola
Sipi Falls
Büro
Budadiri
Nationalpark
Büro
Mbale
nach Moroto
nach Kumi
nach Kampala

Geschichte

Bereits *Morton Stanley* erblickte während seiner Expedition 1875 den Mount Elgon von Weitem. Er selber ließ den Berg allerdings links liegen. Erst 1883 erreichte mit *Joseph Thomson* der erste Europäer den Berg. Er gab ihm den Namen Elgon, was sich vom Maasai-Wort *el kony* ableitet, mit dem die Maasai das Massiv genau wie die dortigen Bewohner bezeichneten. Im Februar 1890 bestiegen *Jackson* und *Gedge* den Berg erstmalig von einem Lager in der Nähe der heutigen Stadt **Kapchorwa** (ⓘ s. S. 194) aus.

Seit Oktober 1993 ist der Bereich im Mount-Elgon-Nationalpark geschützt, der über 2.000 m hoch liegt. Die kenianische Seite wurde dagegen schon Jahrzehnte früher als Schutzgebiet ausgewiesen. Dort wurde der Nationalpark im April 1968 gegründet. Das kenianische Schutzgebiet ist allerdings mit 169 km² sehr viel kleiner als der Park in Uganda.

Tierarten im Nationalpark

Seltene Vögel

Es gibt zahlreiche Säugetierarten am Mount Elgon, auch wenn während einer Wanderung nicht viele zu sehen sind. Im Park leben u. a.: Elefanten, Leoparden, Tüpfelhyänen, Zibetkatzen, Kaffernbüffel, Buschböcke, Kronenducker, Schwarzstirnducker, Riesen-Waldschweine, Stachelschweine, Baumschliefer, Dornenschwanzhörnchen und drei Fledermausarten. Die Vogelwelt ist mit 305 Arten am Mount Elgon vertreten. Besonders zu erwähnen sind der seltene Lämmergeier und der Grauwangen-Hornvogel.

Wanderrouten

Es gibt eine ganze Reihe verschiedener **Wanderrouten**. Auch solche für Besucher, die nicht an einer kompletten Besteigung interessiert sind, und lieber in weniger anstrengenden oder kürzeren Touren die afrikanische Bergwelt entdecken und erleben möchten. Für diejenigen, die den Mount Elgon besteigen möchten, gibt es drei verschiedene Routen. Den **Sipi Trail**, den **Sasa Trail** und den **Kapkwata (Piswa) Trail**.

Hinweis

*Vom kleinen Ort **Budadiri** (ⓘ s. S. 194) am Mt.-Elgon-Nationalpark beginnen die Wanderungen auf dem so genannten Sasa Trail bis zur Bergspitze. Er liegt ca. 29 km von Mbale entfernt und kann mit Matatus auch von dort erreicht werden. Mit dem eigenen Auto verlassen Sie Mbale Richtung Soroti, nehmen dann die Abzweigung nach Moroto, bis rechts eine Piste nach Budadiri abgeht.*

Zu allen drei Anfangspunkten der vier- bis fünftägigen Wanderungen wird ein Allradfahrzeug benötigt. Das Equipment muss mitgebracht werden (geeignete Wanderschuhe und Kleidung, ggf. Wanderstöcke, Zelte, Schlafsäcke, Isomatten, Kochgeschirr, Lebensmittel und Getränke, Erste-Hilfe-Set, etc.). Die Verpflegung muss auch für Führer und Träger mitgenommen und organisiert werden.

Sasa-Route

1.Tag: Die Trekking-Tour beginnt in **Budadiri** (ⓘ s. S. 194). Am ersten Tag geht es über 10,5 km und 1.650 Höhenmeter zum 2.900 m hoch gelegenen Sasa River Camp. Für diesen Abschnitt werden etwa fünf bis sechs Stunden benötigt.
2.Tag: Der Weg ist etwa 6 km lang und es werden 600 Höhenmeter überwunden. Durch dichtes Wald- und Buschland geht es über die Sasa-Patrol-Hütte (hier müssen Quittungen vorgezeigt und ggf. Wildhüter für eine Durchquerung der Kratersenke – Caldera – organisiert werden), bei der die Baumgrenze liegt, weiter Richtung Mude-Höhle. Nach knapp vier Stunden wird die Mude-Cave-Hütte erreicht.
3.Tag: Bei dieser Etappe werden insgesamt 18 km zurückgelegt, dabei werden 800 Höhenmeter bewältigt. Es geht vorbei am Bergsee Jackson's Tarn, danach erreicht man den Kraterrand. Von dort ist es noch etwa eine Stunde bis zum Erreichen des höchsten Punktes, der Wagagai-Spitze (4.321 m). Der Weg führt wieder zurück zur Mude-Cave-Hütte.
4.Tag: Der Abstieg zum Sasa River Camp führt über 6 km und dauert zwei bis drei Stunden (600 Höhenmeter).
5.Tag: Der Weg ist noch bekannt vom ersten Tag. Es geht wieder über 10,5 km und 1.650 Höhenmetern zurück nach Budadiri.

Blick in die Landschaft um den Mount Elgon

Piswa-Route

1.Tag: Die Trekking-Tour beginnt in Kapkwarta, auf einer Höhe von 2.179 m. Der erste Tag führt über 11 km und 650 Höhenmeter in knapp vier Stunden zur Piswa Patrol Hütte. Hier müssen die Quittungen vorgezeigt werden und ggf. Wildhüter für eine geplante Caldera-Durchquerung organisiert werden.
2.Tag: Am zweiten Tag führt die Route über das Siti River-Tal über 16 km bis hinauf zum 3.870 m hoch gelegenen Hunter's Cave Camp. Insgesamt werden 1.020 Höhenmeter erklommen.
3.Tag: An diesem Tag wird die **Suam**-Schlucht (ⓘ s. S. 194) erreicht. Hier tritt der Suam-Fluss aus der Caldera. Ein Abstecher zu den heißen Quellen ist möglich. Man kann bereits hier in der Suam-Schlucht zelten, oder aber man geht weiter über den Sasa-Pfad hinunter bis zum Mulde Cave Camp.

Typische Pflanze der Bergregionen

4.Tag: Bei einer Übernachtung im Mulde Cave Camp geht es auf dem Sasa-Pfad weiter zum Wagagai. Ansonsten erfolgt der Aufstieg ab der Suam-Schlucht.
5. und 6. Tag: Diese beiden Tage sind mit den Tagen 4 und 5 der Sasa-Route identisch.

Sipi-Route

1.Tag: Die Sipi-Route fängt, wie der Name schon verrät, an den Sipi-Wasserfällen an. Von dort führt ein 6 km langer Weg in etwa zwei Stunden hinauf zum Mount Elgon Exploration Centre (2.047 m). Nach den Formalien (Ticketkontrolle, Führeranheuerung – falls noch nicht geschehen) geht es weiter bis zum 2.667 m hohen Tutum Cave Camp. Am ersten Tag sind damit rund 900 Höhenmeter zu absolvieren.
2.Tag: Von der Tutum-Höhle geht es über 12 km und 1.540 Höhenmeter in 5 bis 6 Stunden bis zum 4.211 m hohen Mubivi Peak Camp.
3.Tag: An diesem Tag erreicht man den Sasa-Pfad und mit ihm das Sasa River Camp. Von nun an folgt die Wanderung wieder der oben angegebenen Beschreibung.
4. bis 7.Tag: gleich 2. bis 5. Tag der Sasa-Route.

> **Hinweis**
>
> *Für diejenigen, die nicht an einer Mt. Elgon-Besteigung interessiert sind, aber gerne die **Bergwelt** erkunden möchten, gibt es drei verschiedene **Tagestouren**. Der 7 km lange **Bamboo Loop** dauert vier Stunden, der 5 km lange **Chebonet Falls Loop** dauert drei Stunden und der 3 km lange **Ridge View Loop** dauert etwa zwei Stunden.*

Sipi Falls (ⓘ s. S. 194/Mt.-Elgon-Nationalpark)

Neunundneunzig Meter

Die Sipi-Fälle liegen am Nordhang des Mount Elgon, auf einer Höhe von 1.775 m und etwa 60 km abseits der Mbale-Hauptstraße. Der schmale Wasserfall stürzt 99 m in die Tiefe. Zu erreichen sind die Fälle von Mbale aus auf einer guten Asphaltstraße. Zunächst nimmt man die Hauptstraße nach Norden Richtung Nakaloke. Dann geht es rechts Richtung Sironko und wieder rechts nach Kapchorwa. Die Fälle sind dann ausgeschildert.

> **Streckenhinweis**
>
> *Die Fahrt von Mbale nach **Moroto** (ⓘ s. S. 194) führt über Siroko und Chepsikunya. Von da aus wird das Pian Upe Wildlife Reserve durchquert. Der erste Teil der Strecke ist noch asphaltiert, danach beginnt eine recht gute Piste.*

Moroto-Region

Pian Upe Wildlife Reserve (ⓘ s. S. 194)

Überblick

Wie viele andere der Wildschutz-Reservate, so ist auch das Pian Upe Wildlife Reserve noch nicht wirklich auf Besucher eingestellt. Aber es gibt bereits Pläne des UWA dieses und einige andere Reservate auszubauen (Unterkünfte, Wegenetz innerhalb der Reservate), so dass in den kommenden Jahren mit einer Verbesserung der touristischen Infrastruktur zu rechnen ist.

Touristisches Neuland

Das Pian Upe Wildlife Reservat hat eine Größe von 2.788 km² und ist damit nach dem Muchinson-Falls-Nationalpark das **zweitgrößte Schutzgebiet** in Uganda. Gemanagt wird es von der Mount Elgon Conservation Area, deren Ziel es ist, für die Tiere am Mount Elgon einen Korridor zum Pian-Upe-Reservat zu schaffen. Der Name *Pian Upe* stammt von den beiden hier lebenden Hirtenvölkern. Die Pian gehören zu einer Untergruppe der *Karimojong*, die Upe wiederum sind eine *Kalenjin* sprechende Gruppe, die mit den *Pakot* in Kenia verwandt sind.

Für das Gebiet am Opeta-See gibt es Pläne für ein groß angelegtes Bewässerungsprojekt. Sollten die Pläne verwirklicht werden, würde ein Teil des Reservates im Süden dem Projekt zum Opfer fallen. Naturschützer möchten dann zumindest als Ausgleich erreichen, dass als Entschädigung sozusagen der Rest des Reservates den Status eines Nationalparks bekommt. Das würde nicht nur der Natur in dem Gebiet weiter helfen, auch könnten Naturschützer den Fokus besser auf das Gebiet lenken. Probleme bereitet den Planern allerdings die Zukunft der Hirten, die heute das Reservat noch für ihre Herden nutzen.

INFO Die Tepeth

Die Tepeth sind mit einer Anzahl von etwa 21.530 Menschen der zweitkleinste Stamm Ugandas. Sie leben im Nordosten des Landes im Gebiet um den Mt. Moroto, unmittelbar in der Nachbarschaft der Karamoja. Sie sprechen eine Sprache namens *Soo*, die trotz der Abgeschiedenheit dieser Menschen schon erstaunlich viele Anglizismen enthält. Die Ältesten, die bei den Tepeth an der Spitze des Stammes stehen und in ihrer Gesellschaft hohes Ansehen genießen, werden *Kensan* genannt. Die Menschen glauben, dass ihre Kensans in engem Kontakt mit ihrem Gott stehen. Es ist der **Gott des Berges**, *Melgen* genannt. In kleinen Zeremonien wird er immer wieder um Hilfe gebeten. Zum Beispiel bei Krankheiten oder ausbleibendem Regen. Um mit Melgen in Kontakt zu treten, bereiten die Kensan eine Art Opfer vor. Zum Beispiel ein Stück Fleisch, das mit einer besonderen Mischung aus Erde, Blut und Gewürzen eingerieben wird. Der Gott wird angerufen, alle verhalten sich still, bis einer der Ältesten mit Gott in Verbindung tritt – er zuckt zusammen, um zu zeigen, dass Gott in ihn fährt und Gott mittels des Alten seine Hilfe anbietet.

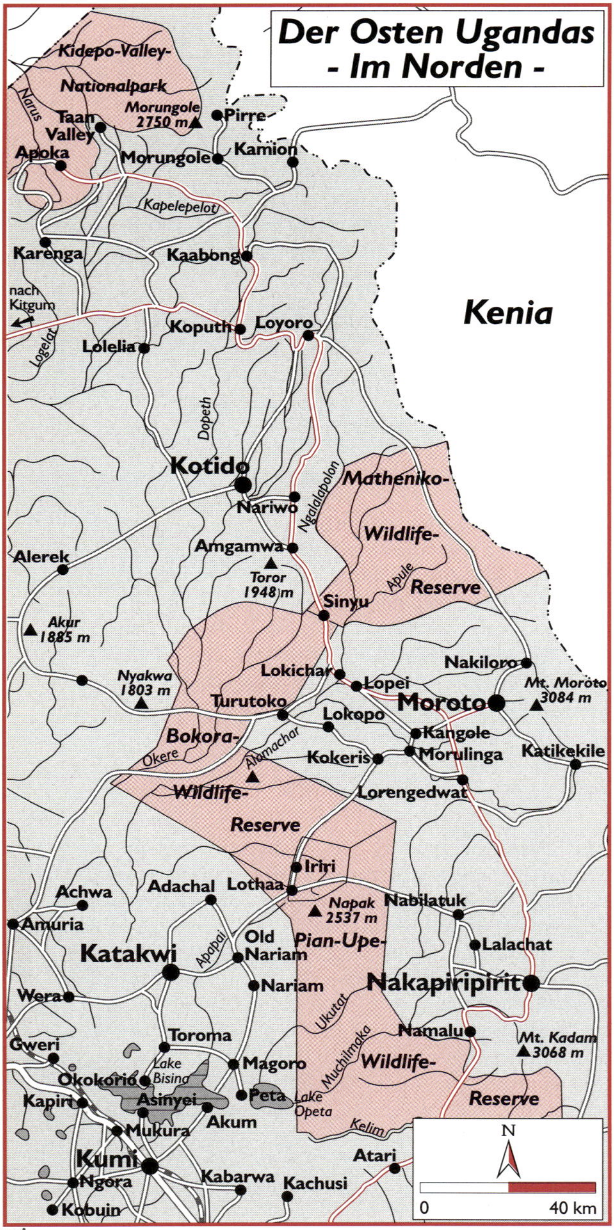

Erst einige wenige Pisten gibt es in Pian Upe. Eine führt von der Hauptstraße zu den Loporokocho-Sümpfen. Das Reservatbüro liegt in Maruajore, gut 90 km von Mbale und 11 km nach der südlichen Parkgrenze (ausgeschildert). Im Büro bekommt man weitere Informationen zu möglichen Unternehmungen im Reservat. Darunter geführte Wanderungen und Ausflüge zu den Hirtendörfern in der Umgebung.

Hinweis
Das Reservat hat wie die benachbarten Schutzgebiete sehr unter der Wilderei der letzten Jahrzehnte gelitten und fast seinen gesamten Tierbestand verloren. Mittlerweile sind einige Tierarten aber wieder zurückgekehrt, wie z.B. sogar die Pferdeantilopen. Erwarten Sie jedoch nicht, allzu viel zu sehen.

Lage und Klima

Das Reservat liegt nördlich des Mount Elgon und westlich des **Mount Kadam** (ⓘ s. S. 194) im Osten Ugandas. Das Gebiet besteht aus trockener Savannenlandschaft, die im Norden von den Kamalinga Hills begrenzt wird. Der höchste Punkt ist der **Mount Napak** mit einer Höhe von 2.537 m. Der Regen fällt im Gebiet nördlich des Mount Elgon nicht so ausgiebig wie in anderen Teilen Ugandas. Die einzige Zeit für mögliche Niederschläge sind die Monate April und Juni bis Anfang September. Die Temperaturen sind das ganze Jahr über relativ hoch, mit Mittelwerten um die 26 bis 30 °C.

Strauße

Tiere in Pian Upe

Der Tierreichtum im Reservat hält sich in Grenzen. Noch leidet das Gebiet an den Folgen jahrzehntelanger Wilderei. Aber auch hier sind die Ranger optimistisch, dass sich über die nächsten Jahre die Bestände weiter erholen werden. Zu den Säugetierarten, die noch (oder wieder) in Pian Upe leben, gehören: Leopard, Löwe, Gepard, Tüpfelhyäne, Kaffernbüffel, Elandantilope, Pferdeantilope, Großer Kudu, Topi, Oribi, Dikdik und Anubis-Pavian.

Ob sie sich wohl erholen?

Streckenhinweis

Etwa am Ende des Reservates macht die Straße einen Knick nach Osten. Der Weg führt weiter über Nakapiripirit am Mount Kadam (3.068 m) vorbei und weiter Richtung Norden über Lorengedwat nach Moroto.

Moroto (ⓘ s. S. 194)

Überblick

Die 8.000-Einwohner Stadt Moroto liegt auf einer Höhe von 1.370 m weit abgelegen im östlichen Uganda. Hinter der Stadt im Osten ragt der Mount Moroto mit einer Höhe von 3.084 m empor. Hinter dem Berg befinden sich gleich die Grenze zu Kenia und der ostafrikanische Grabenbruch. Der Ort liegt auf gleicher Höhe wie das südliche Ende des Turkana-Sees in Kenia (220 km Luftlinie entfernt). Moroto befindet sich im Gebiet der Karamojo, einem noch sehr ursprünglichem Hirtenvolk, das entfernt mit den Maasai verwandt ist. Die Stadt ist mit Überlandbussen zu erreichen. Der Flugzeuglandeplatz liegt etwa 10 km außerhalb der Stadt in Nadunget.

Entfernte Verwandte der Maasai

Entfernungen

Von Moroto nach Kampala: 474 km, nach Lokitanyala (Grenze zu Kenia): 40 km, nach Kotido: 108 km, nach Soroti: 158 km, nach Mbale: 224 km, zum Kidepo-Valley-Nationalpark: 255 km, nach Kitgum: 281 km, nach Gulu: 321 km, nach Jinja: 394 km und nach Masindi: 456 km.

Die Wildschutz-Reservate (Wildlife Reserves)

Touristisch noch nicht erschlossen

Das **Bokora Wildlife Reserve** schließt nördlich an das Pian-Upe-Reservat an und erstreckt sich im Norden bis zur Straße Moroto – Kotido. Das **Matheniko Wildlife Reserve** schließt sich wiederum im Norden an das **Bokora Wildlife Reserve** an und reicht bis zur kenianischen Grenze. Dort liegt der einzige Höhenzug des ansonsten für diese Region sehr flachen Gebietes. Die höchste Erhebung (1.847 m) befindet sich nahe der Siedlung Magosi. Beide Reservate weisen noch keine touristische Infrastruktur auf.

• Aktivitäten/Sehenswürdigkeiten

Der Mt. Moroto stellt vielleicht für den einen oder anderen Bergsteiger eine Herausforderung dar. Erkundigen Sie sich im Moroto-Hotel nach Möglichkeiten der Besteigung. Die Wildreservate von Matheniko, Pian Upe und Bokora liegen nicht weit von Moroto, allerdings werden Sie dort nicht viele Tiere zu sehen bekommen.

Streckenhinweis

Von Moroto aus geht es wieder zurück auf die Nord-Süd-Verbindung und über Lokichar, Koputh, Kaabong zum Kidepo-Valley-Nationalpark.

Kidepo-Valley-Nationalpark (ⓘ s. S. 194)

Überblick

Der Kidepo-Valley-Nationalpark liegt im äußersten Nordosten des Landes und ist wahrscheinlich der am wenigsten besuchte Nationalpark in Uganda. Der 1.442 km² große Park liegt im Dreiländereck zu Kenia und dem Sudan. An seiner südwestlichen Grenze erstreckt sich das **Nangeya-Gebirge** mit Gipfeln etwas über 2.000 m. Der höchste Berg innerhalb des Nationalparks ist der **Mount Morungole** mit 2.750 m.

Abseits im Norden

Das Gebiet wird durch zwei Flusstäler zerschnitten. Zum einem durch das Narus Valley und durch das namensgebende Kidepo Valley. Die Landschaft ist sehr abwechslungsreich, auch wenn die offene Savanne dominiert. An den Berghängen gibt es Teile von Berg-Regenwald und an den Flussläufen Galeriewälder oder Borassus-Palmen. Der Kidepo-Fluss führt nur während der Regenzeit Wasser. Ansonsten ist sein sandiges Flussbett ausgetrocknet. Zumindest oberflächig, denn tiefer gibt es immer noch Wasser, das einige Tiere durch Buddeln zum Vorschein bringen.

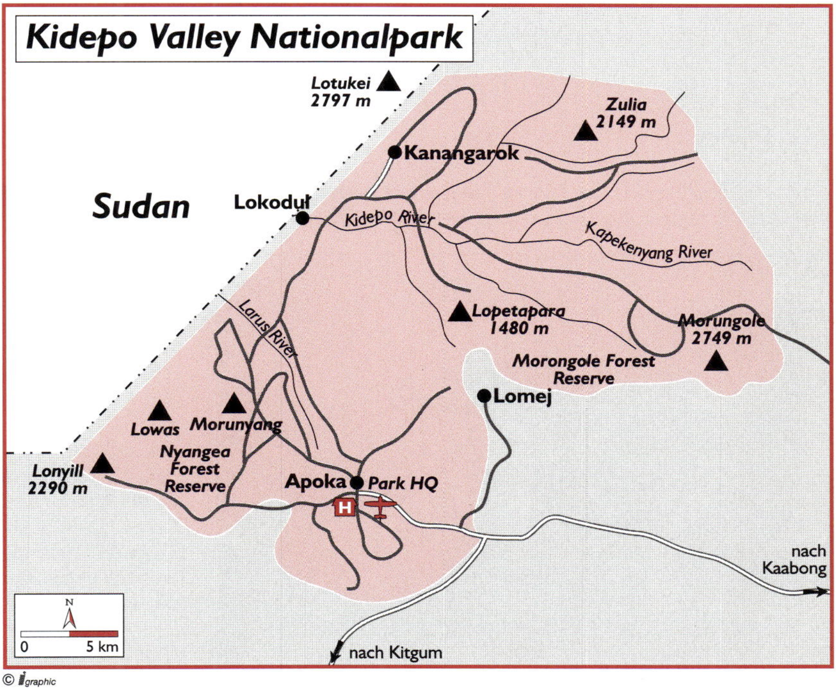

Am Kidepo-Fluss gibt es heiße Quellen, die so genannten **Kanangarok Hot Springs**. Beim Parkbüro befindet sich auch ein kleines Museum. Hier werden Fundstücke aus dem Park wie Skelette und getrocknete Insekten ausgestellt.

Entfernungen
Vom Kidepo-Valley-Nationalpark nach Kampala: 596 km, nach Kitgum: 162 km, nach Moroto: 255 km, nach Soroti: 393 km, nach Masindi: 428 km, nach Mbale 461 km, nach Arua: 499 km und nach Tororo: 506 km.

Anubis-Pavian

Lage und Klima

Der Nationalpark liegt auf einer Höhe zwischen 914 und 2.750 m. Das Gebiet ist sehr niederschlagsarm mit einer langen Trockenperiode von Mai bis Oktober. Die durchschnittlichen Tagestemperaturen liegen im Bereich zwischen Ende 20 und Anfang 30 °C. Zeitweise auch etwas darüber.

Die Tierwelt im Kidepo Valley

Die Tierwelt des Kidepo Valley unterscheidet sich etwas von den anderen Parks in Uganda. Insgesamt gibt es hier 86 Säugetierarten, davon 28 endemische Arten. Fünf Primatenarten gibt es, darunter der Husarenaffe, und 22 Arten von Raubtieren wie den Afrikanischen Wildhund, den Schabracken-Schakal, die Streifenhyäne, den Leopard, den Gepard, den Löwen und andere. Ganze 17 Antilopenarten hat Kidepo Valley zu bieten, darunter Großer Kudu, Kleiner Kudu, Grant-Gazelle, Pferdeantilope, Oryx-

Löwin mit Jungen

INFO Unterarten des Geparden

Man unterscheidet bei den Geparden sieben Unterarten. Fünf von diesen kommen aus Afrika und zwei aus Asien. Davon sind drei Unterarten besonders bedroht oder bereits ausgestorben:

- *A. j. hecki*: Verbreitet im Afrika nördlich der Sahara. Ist hier weitgehend ausgestorben, nur kleine Rückzugsbestände haben sich in Libyen gehalten.
- *A. j. venaticus*: Der früher in Indien, Afghanistan und Pakistan verbreitete Gepard ist heute ausgestorben.
- *A. j. raddei*: Einst in Zentralasien verbreitet, gibt es heute nur noch etwa 50 Tiere im Norden des Iran. Die Unterart steht im Iran unter strengem Schutz, wird aber wahrscheinlich aussterben.

Die weiteren vier Unterarten sind:

- *A. j. jubatus*, im Südlichen Afrika.
- *A. j. raineyi*, in Kenia.
- *A. j. ngorongorensis*, in Ost- und Zentralafrika.
- *A. j. soemmeringii*, in West- und Zentralafrika.

Gepard in der Savanne

Die Einteilung in Unterarten ist aber durchaus umstritten. Nach anderer Ansicht werden nur zwei Unterarten, nämlich der Afrikanische und der Asiatische Gepard, unterschieden. In den letzten Jahren wurde unter verschiedenen Populationen der Geparde eine sehr nahe genetische Verwandtschaft festgestellt. Durch immunologische und genetische Untersuchungen konnte festgestellt werden, dass die heutigen Geparde wahrscheinlich alle von einer kleinen Stammgruppe abstammen, die vor etwa 10.000 Jahren gelebt hat. Entsprechend stellte man hohe Inzuchtraten fest. Geparde sind daher entsprechend anfällig für Krankheiten und reagieren empfindlich auf Umweltveränderungen.

Der so genannte Königsgepard, der anstatt runder längliche schwarze Punkte auf seinem gelblich-braunen Fell hat, ist keine Unterart des Geparden, sondern eine Mutationsform, die immer wieder einmal auftaucht (ähnlich dem „Schwarzer Panther“ genannten Schwärzlingen bei den Leoparden).

Besonderheit: Geparden

Antilope, Bohor-Riedbock, Uganda-Kob, Günther's Dikdik und weitere. Daneben gibt es noch Elefanten, Zebras, Warzenschweine und Kaffernbüffel. Bei den Vögeln finden sich 463 Arten im Kidepo Valley, davon 60 Arten, die in keinem anderen Nationalpark von Uganda vorkommen.

Flüge

Wer die weite Anfahrt wie zuvor beschrieben scheut, der hat die Möglichkeit mit einem Charter-Unternehmen in den Kidepo-Valley-Nationalpark zu fliegen. Genauer gesagt, tun dies auch mehr als 90 % der Parkbesucher. Die bisher einzige Lodge im Park organisiert den Flug bei der Buchung gleich mit. Die Lodge plant, ein eigenes Charter-Flugzeug anzuschaffen, um damit die Gäste selber zum Nationalpark fliegen zu können.

Streckenhinweis

Um vom Kidepo-Valley-Nationalpark eine Rundreise mit dem Wagen in Richtung Westen fortzusetzen, fahren Sie vom Nationalpark zurück in südlicher Richtung bis Koputh. In dem Ort befindet sich die Abzweigung nach Westen über die Orte Orom, Naam Okoro und Kitgum Matidi nach Kitgum. Informationen zum Ort Kitgum und die Route Richtung Süden und Westen entnehmen Sie bitte dem Kapitel: Der Norden Ugandas.

Hinweis

Beachten Sie bitte die aktuellen ***Sicherheitshinweise*** *für diesen Streckenabschnitt. Der Norden Ugandas oberhalb der Linie Kitgum, Gulu, Arua sollte möglichst gemieden werden. Hier operiert zum Teil noch die Rebellengruppe der LRA. Aktuelle Informationen bekommen Sie beim Tourismusamt und bei der Deutschen Botschaft in Kampala.*

8. DER NORDEN UGANDAS

Um den Kyoga-See

Streckenhinweis

Fahrt von Jinja zum Kyoga-See

Der Kyoga-See gehört zu den selten besuchten Gebieten Ugandas. Das liegt auch daran, dass der See nur über schlechte Pistenanbindungen verfügt. Eine Möglichkeit bis zum Kyoga-See zu gelangen, ist die Straße von Jinja aus über Buwenge (28 km) und Kamuli (von hier Abstecher nach Namasagali). Kamuli ist eine kleine Stadt mit 12.000 Einwohnern. Sie liegt auf halben Weg zwischen Jinga (64 km) und dem Kyoga-See, inmitten einer sehr fruchtbaren Landschaft.

Von Kamuli führen mehrere Pisten zu verschiedenen Dörfern am Kyoga-See. Am kürzesten sind die Pisten nach Iyingo (54 km) und Kakoge am südöstlichen Ufer. Ist eine Seeüberquerung geplant (z. B. während einer Fahrradtour), ist es jedoch günstiger, die Piste nach Norden über Ndolwa und Kidera bis nach Bukungu (80 km von Kamuli) zu nehmen. Dort gibt es die Möglichkeit, mit einer einfachen Fähre hinüber nach Muntu zu fahren.

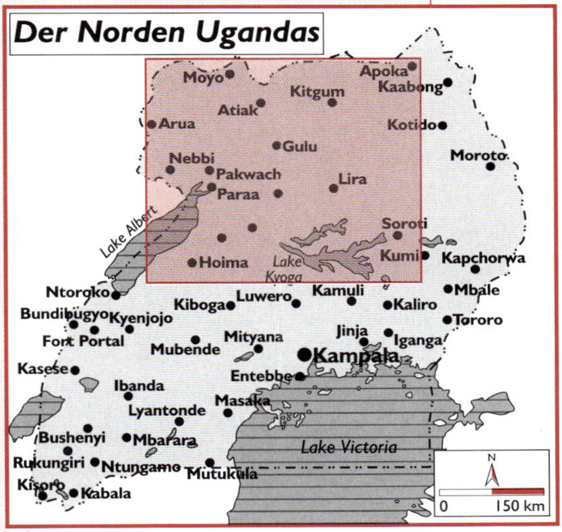

© igraphic

Der Kyoga-See (ⓘ s. S. 194/Soroti)

Überblick

Verzweigte Seelandschaft

Wie ein Krake, der seine Arme ausbreitet, liegt der Kyoga-See im Zentrum von Uganda. Um ihn herum liegen weitere Seen wie der Kwania im Nordwesten, der Nakuwa im Südosten und der Bisina im Osten. Hinter den Uferbereichen bis teilweise weit ins Land hinein ziehen sich zudem ausgedehnte Sümpfe, die der Landschaft ein sehr grünes Aussehen geben.

Der **Kyoga-See**, oder auch Kioga geschrieben, ist mit einer maximalen Tiefe von 5,70 m und einer durchschnittlichen Tiefe von 3 m ein relativ seichter See. Er liegt auf einer Höhe von 914 m, ist 160 km lang und hat eine Wasseroberfläche von 1.720 km². Der See wird vom Weißen oder Viktoria-Nil durchflossen, der vom Viktoria-See kommend zum Albert-See weiterfließt. An seinen seichten Flächen und Uferregionen sind Wasserlilien, Papyrus und Wasserhyazinthen zu Hause. 46 Arten von endemischen Fischarten wurden im See nachgewiesen und es gibt eine große Krokodilpopulation.

Endemische Fische

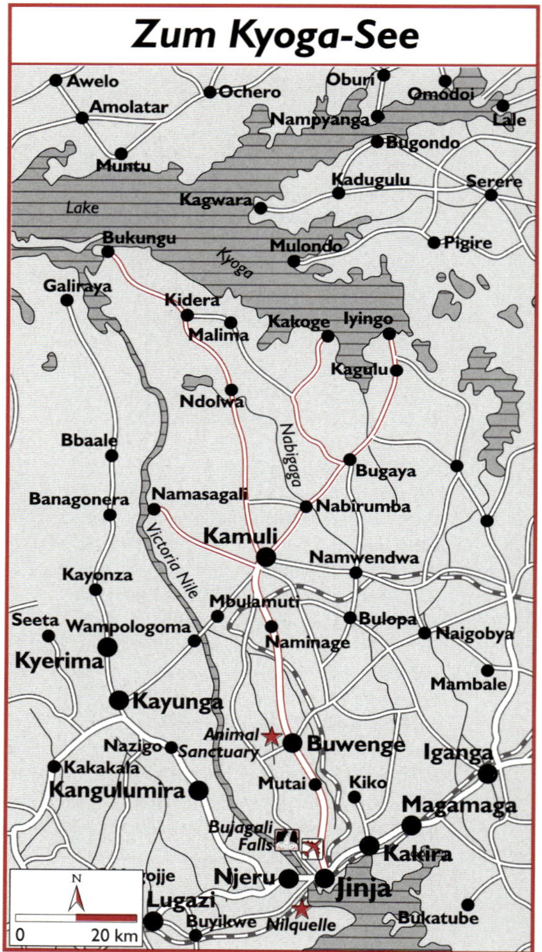

© igraphic

Starke Regenfälle in den Jahren 1997 und 1998 führten zu einem Anstieg des Wasserspiegels, wodurch sich schwimmende Matten von Papyrus und Wasserhyazinthen bildeten, die dazu beitrugen, dass der Abfluss in den Nil blockiert wurde. Der zusätzliche Wasseranstieg überschwemmte etwa 580 km² Land, was dazu führte, dass Menschen umgesiedelt werden mussten.

Im Osten und Norden des Kyoga-Sees

Von Mbale aus erreicht man nach 36 km den Ort **Bukedea**. 20 km weiter durchfährt man den 9.000 Einwohner großen Ort **Kumi**. Er wurde 1904 gegründet und ist heute Hauptstadt des gleichnamigen Distrikts. Der Name stammt von einem hier überall zu findenden Baum, den die Einheimischen *ekum* nennen. Von diesem Ort führt ein nördlicher Abstecher zum **See Bisina**. Der 190 km² große See war früher unter dem Namen Salisbury-See bekannt. Der südliche Abstecher führt zu den winzigen Resten des Fort Opege und den Felsmalereien von Nyero. Die „Rock Paintings“ erreichen Sie mit jedem Transport von Kumi nach Ngora. Steigen Sie dann in Nyero aus. Zu den Felsmalereien geht es dann nach rechts. Auf der Hauptstraße zwei Kilometer hinter Kumi, liegt links

Felsmalereien

INFO Der Schuhschnabel – ein etwas anderer Vogel

Der Schuhschnabel hat eine durchschnittliche Höhe von 1,20 m und eine mittlere Flügellänge von 70 cm. Sein auffälligstes Körpermer kmal ist der ungefähr 20 cm lange, außergewöhnlich hohe und breite Schnabel, der bei jedem Tier verschieden ist. In seinem Körperbau weicht der Schuhschnabel so sehr von anderen Vögeln ab, dass er von den Ornithologen in eine eigene Familie gestellt wurde. Über seine Verwandtschaft innerhalb der gefiederten Welt wurde lange Zeit diskutiert, nachdem er vom englischen Forscher *John Gould* im Jahr 1851 zum ersten Mal beschrieben wurde. Aufgrund eingehender körperbaulicher Untersuchungen wurde er schließlich in die Ordnung der Stelzvögel eingeteilt und dort in der Nähe der Störche untergebracht. Neuere molekularbiologische Untersuchungen des Erbguts scheinen die Richtigkeit dieser Zuordnung jetzt zu bestätigen.

Zunehmend bedroht: der Schuhschnabel

Das **Verbreitungsgebiet** des Schuhschnabels erstreckt sich über Gebiete des östlichen und zentralen Afrika. Die Hauptbrutgebiete befinden sich in den Sumpflandschaften des Sudans, Ugandas, der D. R. Kongo und Sambias. Kleinere Brutbestände kommen in Äthiopien, Ruanda, Tansania und der Zentralafrikanischen Republik vor. Hin und wieder wurde auch von Sichtungen in Angola, Botswana, Kamerun, Kenia und Malawi berichtet. Brutbestände scheint es in diesen Ländern allerdings keine zu geben.

Als Lebensraum wählt sich der Schuhschnabel unwegsame Süßwassersümpfe, welche dicht mit Schilf, Papyrus, Rohrkolben und anderen Wasser liebenden Gräsern und Schwimmpflanzen bewachsen sind. Vorzugsweise bewohnt er großflächige Sumpflandschaften. Außerhalb der Brutsaison kann man ihm aber auch in kleineren Feuchtgebieten (von zum Teil weniger als einem Quadratkilometer Oberfläche) und in saisonal überschwemmten Grasländern begegnen.

Im Gegensatz zu vielen anderen Stelzvögeln ist der Schuhschnabel ein ungeselliger Vogel. Selbst in Gebieten mit verhältnismäßig großer Bestandsdichte halten sie mindestens 200 m Abstand. Wie der Großteil der Stelzvögel ist der Schuhschnabel ein **Beutegreifer**. Bei der Jagd hält er sich gewöhnlich in Gegenden mit weniger als einen Meter hoher Vegetation auf und meidet Bereiche, die mit den bis vier Meter hohen Papyrusstauden bewachsen sind.

Der blaugraue Vogel ist fast ausnahmslos am Tag unterwegs. Wenn er bei der Jagd auf Beute lauert, steht er oft lange Zeit wie versteinert im Sumpf und richtet seine Augen starr auf das Wasser. Dabei entgeht ihm nicht die leiseste Bewegung und auch nicht das geringste Kräuseln der Wasseroberfläche. Gerät ein Fisch oder ein anderes Beutetier in seine Reichweite, so stößt er blitzschnell und zielsicher seinen Kopf ins Wasser und packt mit seinem scharfrandigen, hakenbewehrten Schnabel zu. Manchmal reißt ihn die Wucht der Bewegung aus dem Gleichgewicht, so dass er vornüber fällt und sich zuerst wieder aufrappeln muss. Vielfach packt er im Übrigen zusammen mit der Beute ein ganzes Bündel Sumpfpflanzen und tut sich schwer damit, dieses loszuwerden, ohne dass die zappelnde Beute verloren geht. Das Beutegreifen des Schuhschnabels ist so insgesamt keine sehr elegante Angelegenheit.

Die Hauptbeutetiere des Schuhschnabels sind größere Fische wie der Leopard-Lungenfisch*)*, der Senegal-Flösselhecht*)* oder der Mosambik-Buntbarsch. Daneben erlegt er allerlei kleinere Fische, ferner Frösche, Wasserschlangen, Warane, junge Krokodile und gelegentlich sogar Wasservögel, Ratten und andere warmblütige Tiere.

Nach jedem Zupacken – ob erfolgreich oder nicht – verlegt der Schuhschnabel seinen Standort. Manchmal schreitet er bloß ein paar Meter weit weg, meistens aber fliegt er in geringer Höhe ein gutes Stück weiter. Daneben unternimmt der Schuhschnabel häufig ausgedehnte Segelflüge in Höhen von 500 Metern und mehr. Mit seinen langen und breiten Schwingen ist er ein ausgezeichneter Segler, der sich von Wärmeaufwinden in die Höhe tragen lässt und daher kaum Energie verbraucht. Diese Segelflüge scheinen als eine Form der territorialen Kundgebung zu dienen, denn insbesondere zu Beginn der Fortpflanzungszeit segeln Schuhschnabelpaare ausgiebig oberhalb ihres Brutreviers.

Weil der **Lebensraum** des Schuhschnabels in unzugänglichen Sumpflandschaften liegt, haben Ornithologen den Artbestand lange Zeit unterschätzt. Noch Ende der 1970erJahre ging man von einer Gesamtpopulation von nur etwa 1.500 Individuen aus und stufte den Vogel als vom Aussterben bedroht ein. Bestandserhebungen mit Hilfe von Kleinflugzeugen – insbesondere im südlichen Sudan, dem Hauptbrutgebiet des Schuhschnabels – haben inzwischen gezeigt, dass der Artbestand mindestens 11.000 Vögel umfasst, rund 9.000 im Sudan und etwa 2.000 im restlichen Verbreitungsgebiet. Dies ist zwar keine enorme Zahl, sie lässt aber die Prognosen hinsichtlich der Überlebenschancen der Art weit günstiger ausfallen, als vermutet.

In den meisten Ländern, in denen der Schuhschnabel vorkommt, steht er heute unter gesetzlichem Schutz. Tatsächlich scheint nirgendwo eine gezielte Bejagung stattzufinden. Zu schaffen macht dem Schuhschnabel jedoch der Verlust seines Lebensraums auf breiter Front. Seit längerem werden in Afrika Sümpfe als wertloses Land betrachtet und nach Möglichkeit trockengelegt, um sie als Anbauflächen oder als Viehweiden zu nutzen. So wurde zum Beispiel die östliche und südliche Uferzone

des Kyoga-Sees in Uganda in Reisfelder umgewandelt und dadurch der einst dort heimische Schuhschnabelbestand verdrängt.
Zurzeit gilt der Schuhschnabel nicht in seinem Bestand gefährdet. Sofern die gegenwärtigen Entwicklungen aber anhalten, kann dies sehr schnell der Fall sein. Der Weltvogelschutzverband «BirdLife International» (ehem. ICBP) und die Weltnaturschutzunion (IUCN) führen den Schuhschnabel deshalb in der Kategorie «bald gefährdet» auf ihrer Roten Liste.

der Platz für den Wochenmarkt (jeden Samstag) des Ortes. Nach weiteren 47 km erreichen Sie **Soroti**, bis hierhin führt eine gute Asphaltstraße.

Soroti (ⓘ s. S. 194)

Soroti liegt auf einer Höhe von 1.145 m und beherbergt 42.000 Einwohner. Die Gegend ist bereits wesentlich trockener als noch in Mbale. Dadurch zeigt sich hier auch eine ganz andere Landschaft. Es ist flacher und die Savanne sieht besonders am Ende der Trockenzeit etwas trostlos aus. Als ob das Landschaftsbild etwas aufgewertet werden soll, liegen einige große Granitfelsen in der Gegend. Der bekannteste ist der **Soroti Rock**, der von der Innenstadt aus zu Fuß zu erreichen ist und von dem man einen herrlichen Blick bis zum See Kyoga genießt.

Die Straßen im Norden von Uganda gehen oft schnurgeradeaus

Die Stadt ist mit Überlandbussen sowie mit Matatus aus Lira und Mbale zu erreichen. Soroti hat auch einen kleinen Flughafen und es gibt eine Flugschule, in der künftige Piloten ausgebildet werden.

Streckenhinweis

Weiterfahrt um den Kyoga-See
Ab Soroti geht es auf einer recht guten Piste weiter. Während der Regenzeit kann ein Allradfahrzeug allerdings von Nöten sein. 51 km weiter kommt der Ort ***Otuboi****. Wenn Sie nicht allzu lange Pausen einlegen, sollten Sie von Mbale bis hierher ca. drei Stunden brauchen. Nach weiteren 21 km wird der Ort* ***Dokolo*** *erreicht. 24 km später kommt eine Gabelung (in Agwata). Nach links geht es zum Kwania-See. Rechts die Hauptstrecke führt weiter nach* ***Lira****, das nach weiteren 31 km erreicht wird.*

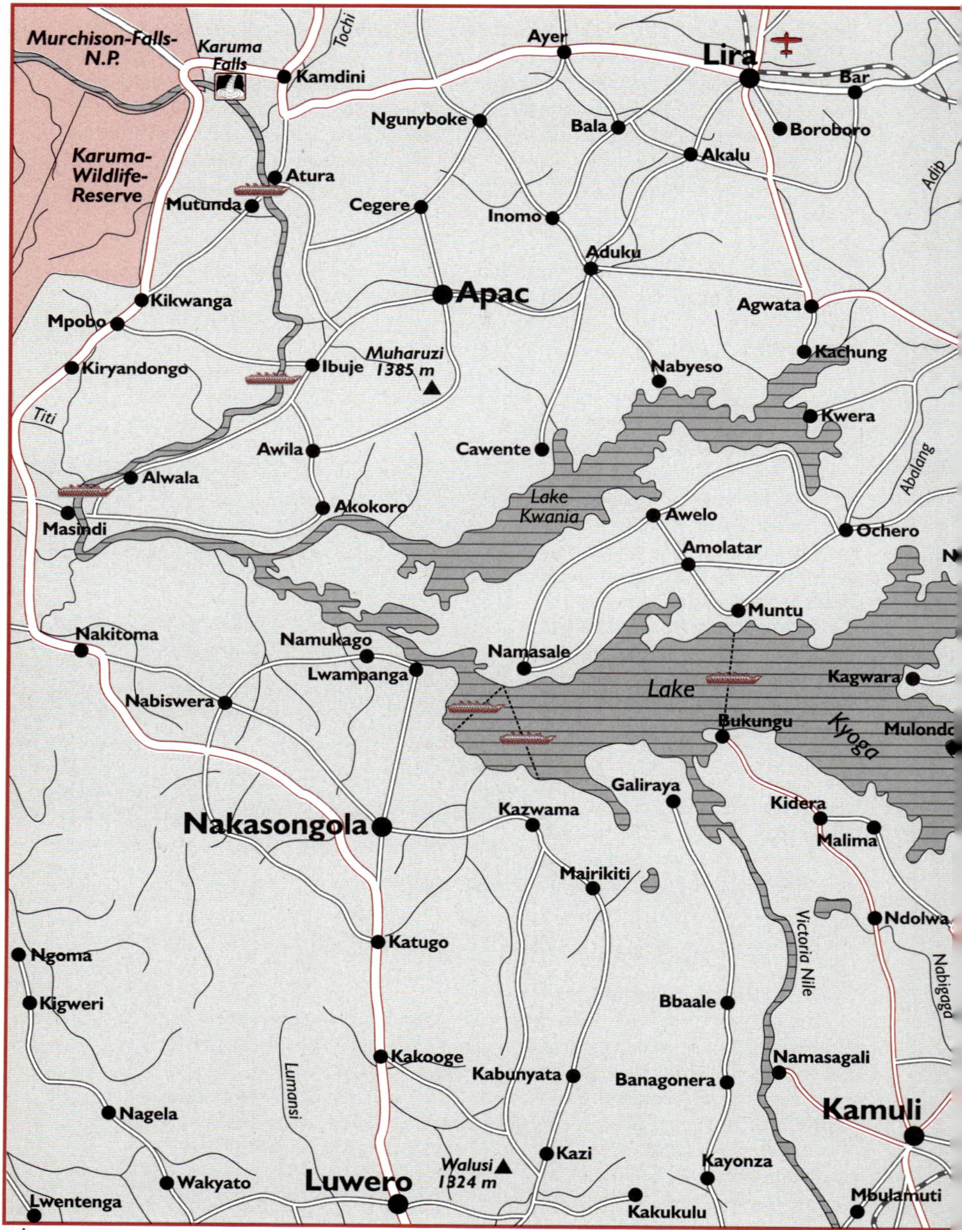
Murchison-Falls-N.P.
Karuma Falls
Tochi
Kamdini
Ayer
Lira
Bar
Ngunyboke
Bala
Boroboro
Akalu
Adip
Karuma-Wildlife-Reserve
Atura
Mutunda
Cegere
Inomo
Aduku
Apac
Kikwanga
Mpobo
Agwata
Kachung
Kiryandongo
Ibuje
Muharuzi 1385 m
Nabyeso
Kwera
Titi
Awila
Cawente
Alwala
Abalang
Lake Kwania
Akokoro
Awelo
Masindi
Ochero
Amolatar
Muntu
Nakitoma
Namukago
Namasale
Lwampanga
Kagwara
Lake Kyoga
Nabiswera
Bukungu
Galiraya
Kidera
Nakasongola
Kazwama
Malima
Mairikiti
Ndolwa
Victoria Nile
Katugo
Ngoma
Nabigaga
Kigweri
Bbaale
Kakooge
Namasagali
Kabunyata
Banagonera
Lumansi
Kamuli
Nagela
Kazi
Walusi 1324 m
Kayonza
Wakyato
Luwero
Mbulamuti
Lwentenga
Kakukulu

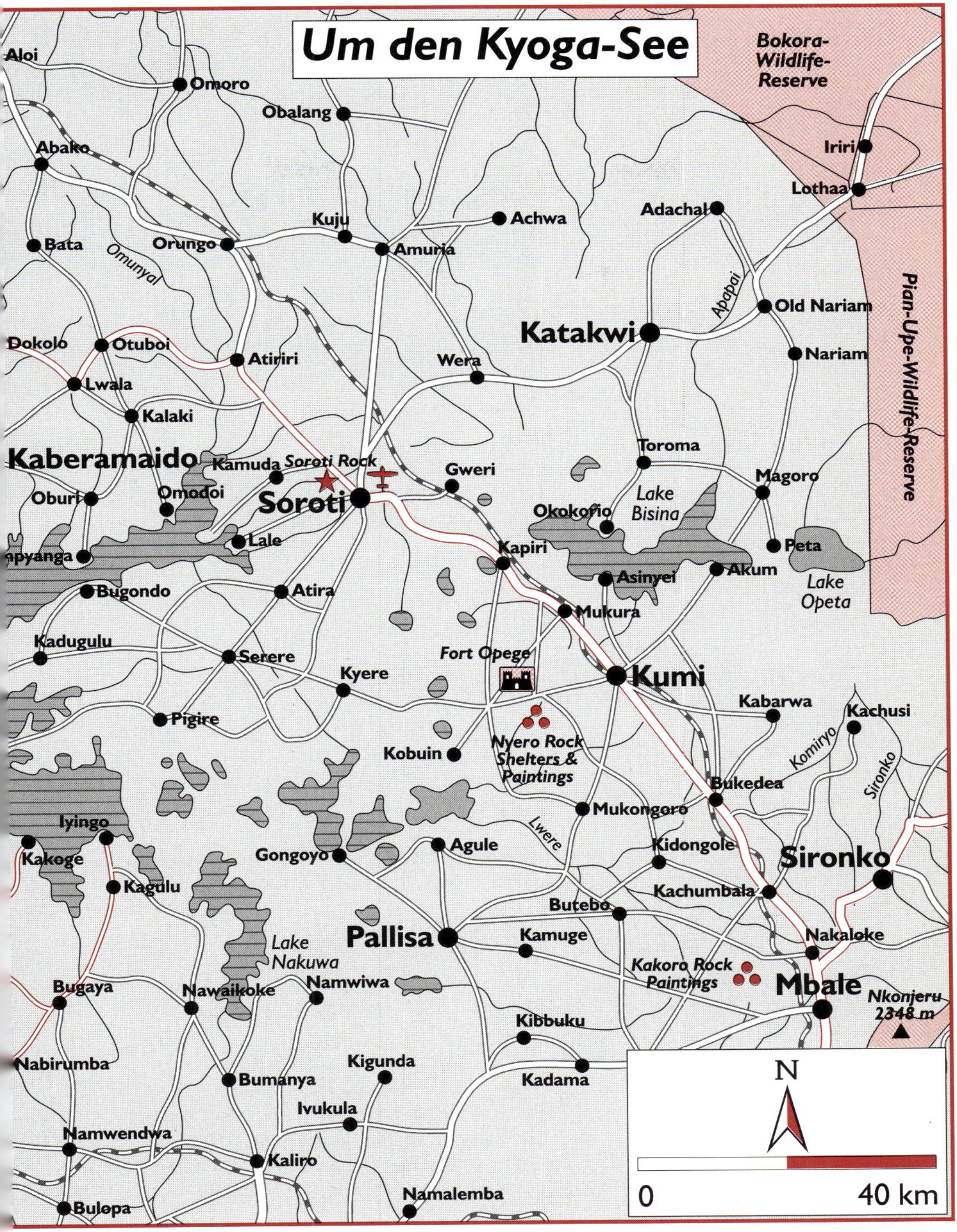
Um den Kyoga-See
Bokora-Wildlife-Reserve
Pian-Upe-Wildlife-Reserve
Aloi
Omoro
Obalang
Abako
Iriri
Lothaa
Adachal
Kuju
Achwa
Bata
Orungo
Amuria
Omunyal
Apapai
Old Nariam
Katakwi
Nariam
Dokolo
Otuboi
Atiriri
Wera
Lwala
Kalaki
Toroma
Kaberamaido
Kamuda
Soroti Rock
Gweri
Magoro
Oburi
Omodoi
Soroti
Okokorio
Lake Bisina
Lale
Peta
Kapiri
Asinyei
Akum
Lake Opeta
Bugondo
Atira
Mukura
Kadugulu
Serere
Fort Opege
Kyere
Kumi
Kabarwa
Kachusi
Pigire
Komiryo
Nyero Rock Shelters & Paintings
Kobuin
Sironko
Bukedea
Iyingo
Mukongoro
Lwere
Kakoge
Gongoyo
Agule
Kidongole
Sironko
Kagulu
Kachumbala
Butebo
Lake Nakuwa
Pallisa
Kamuge
Nakaloke
Kakoro Rock Paintings
Bugaya
Nawaikoke
Namwiwa
Mbale
Nkonjeru 2348 m
Kibbuku
Nabirumba
Kigunda
Kadama
Bumanya
N
Ivukula
Namwendwa
Kaliro
0
40 km
Namalemba
Bulopa

Entfernungen
Von Soroti nach Kampala: 347 km, nach Lale (Kyogasee): 32 km, nach Bugondo (Kyogasee): 53 km, nach Mbale: 103 km, nach Lira: 127 km, nach Moroto:158 km, nach Kitgum: 247 km, nach Jinja: 267 km, nach Paraa: 317 km und zum Kidepo-Valley-Nationalpark: 393 km.

Piste zwischen Soroti und Lira

Lira (ⓘ s. S. 194)

Die Stadt Lira befindet sich nördlich des Kyoga-Sees, etwa auf halben Weg zwischen Kenia und dem Kongo. Sie ist die Hauptstadt des gleichnamigen Distriktes und liegt auf einer Höhe von 1.090 m. Seit 1990 wuchs die Stadt rapide, da viele Flüchtlinge aus dem Norden vor der Rebellenarmee LRA flohen und hierher kamen. 1991 hatte die Stadt 30.000 Einwohner, heute sind es dreimal so viele.

Schnell gewachsen

Entfernungen
Von Lira nach Kampala: 352 km, nach Karuma Falls: 72 km, nach Gulu: 125 km, nach Soroti: 127 km, nach Kitgum: 127 km und nach Mbale 230 km.

Das Stadtzentrum von Lira ist lang gezogen. Fährt man durch den Ort, passiert man auf der linken Seite die Post. Kurz vor dem Erreichen des Kreisverkehrs liegt vorher auf der rechten Seite das St. Augustin Guest House sowie das **Immigration Office**. Am erwähnten Kreisverkehr geht es rechts zum Lira Hotel, links zur Polizei-Station. Um die Stadt wieder zu verlassen, bleibt man auf der Hauptstraße Richtung Karuma / Murchison-Falls-Nationalpark.

Die Stadt ist mit Überlandbussen sowie mit Matatus von Soroti und Gulu aus zu erreichen. Zudem verfügt Lira auch über eine Flugpiste für kleinere Flugzeuge.

Streckenhinweis

*Von Lira führt eine gute Asphaltstraße nach Westen Richtung Karuma.
Nach 72 km erreichen Sie **Kamdini**. Hier zweigt rechts die Straße nach Gulu ab (Informationen zu Gulu weiter unten). Etwa 10 km weiter wird der Ort Karuma erreicht. Hier gibt es eine Abzweigung nach Pakwach (106 km) und Arua (230 km). Kurze Zeit später (3 km) passiert man die Brücke über die Karuma Falls, die eigentlich eher starke Stromschnellen sind, denn ein Wasserfall. Beachten Sie bitte, dass das Fotografieren an der Brücke verboten ist. Kurz nach der Brücke ist in der Regel ein Straßenkontrollpunkt der Armee. Die weitere Strecke führt am **Karuma Wildlife Reserve** vorbei. Nach 23 km erreichen Sie die Einfahrt in das Reservat.*

INFO Omweso – ein traditionelles Spiel

Das Spielbrett besteht aus einem einfachen geometrischen Muster, indem in einem Quadrat die Ecken und Mittelpunkte miteinander verbunden werden. Zwei Spieler nehmen sich je drei farbige Steine. Der beginnende Spieler muss seinen Stein in der Mitte platzieren (dort darf er nicht mehr weggenommen werden).

Jeder setzt dann abwechselnd einen Stein auf die äußeren Schnittpunkte. Darauf kann man mit seinem Stein ziehen wohin man möchte. Ziel des Spiels ist es, seine drei Steine in einer Reihe (egal ob waagerecht, senkrecht oder diagonal) zu setzen, bzw. das beim Gegenspieler zu verhindern. Also im Grunde genommen schon eine einfache Version von „Vier gewinnt".

Karuma Falls (ⓘ s. S. 194/Lira)

Karuma Falls

Auf der Straße von Lira (oder auch von Gulu kommend) nach Kampala wird auf der Höhe des östlichsten Punktes des Murchison-Falls-Nationalpark der Weiße Nil auf einer Brücke überquert. An dieser Stelle befinden sich die Karuma Falls.

Im Oktober 1862 war es *John Speke*, der als erster Europäer die Karuma Falls zu Gesicht bekam. Er schien nicht sonderlich beeindruckt von diesem Platz zu sein, da er entgegen den Gepflogenheiten vieler „Entdecker"

Eigentlich Stromschnellen

dem Wasserfall keinen europäischen Namen gab. Vielleicht liegt es daran, dass es sich in Wirklichkeit auch nicht um Wasserfälle handelt, sondern eher um rasante Stromschnellen (wie auch andere so genannte „Falls" am Nil).

In früheren Jahren gab es in diesem Gebiet große Sicherheitsprobleme und es kam häufig zu Überfällen. Mittlerweile hat sich die Situation deutlich verbessert. Ein Militärlager auf der Anhöhe südlich der Karuma-Fälle sorgt mit seinen Soldaten für Sicherheit.

Hinweis

Vorsicht Kamera!

Da die Brücke als militärisch sensibler Ort gilt, ist das Fotografieren hier verboten. Achten Sie darauf, auch wenn Sie keine Soldaten sehen, werden Sie wahrscheinlich längst beobachtet. Zuwiderhandlungen können zum Kameraentzug führen.

Karuma Wildlife Reserve (ⓘ s. S. 194/Lira)

Das Karuma Wildlife Reserve umschließt die östlichen und südlichen Grenzen des Murchison-Nationalparks. Es gibt zurzeit keine touristische Infrastruktur im Reservat. Es ist aber möglich, über das Nanda Gate 23 km südlich der Karuma Falls (Hauptstraße nach Kampala) in das Reservat hinein zu fahren. Der Weg durch das Reservat führt unterhalb des Nils weiter in den Murchison-Nationalpark. Dort gibt es diverse Unterkünfte.

Holzkohle zum Verkauf am Straßenrand

Streckenhinweis

*12 km nach der Einfahrt zum Reservat (120 km von Lira) durchfahren Sie den Ort **Bwayare**.*
Der Ort Kiryanudongo folgt nach weiteren 14 km. 9 Kilometer dahinter erreichen Sie Kigumba. Dort befindet sich im Ort eine Abzweigung nach Osten, die nach Masindi (39 km) und zum Murchison-Falls-Nationalpark (Main Gate 47 km) führt (ausgeschildert, direkt gegenüber dem Post Office). Wenn Sie geradeaus weiterfahren, erreichen Sie nach 200 km Kampala. Von hier Richtung Norden nach Gulu sind es 132 km.
Auf der guten Piste nach Masindi geht es bei KM 35 rechts ab zum Murchison-Falls-Nationalpark (Main Gate 27 km). Sechs Kilometer weiter erreichen Sie das Masindi Hotel (an der Ecke rechts) In die Stadt fahren Sie dann allerdings nach links. (Informationen zu Masindi und dem Murchison-Nationalpark entnehmen Sie bitte dem Kapitel: Der Westen Ugandas*)*

Nordwest-Uganda

Gulu (ⓘ s. S. 194)

Überblick

Die Stadt Gulu ist mit 120.000 Einwohnern mittlerweile die zweitgrößte Stadt Ugandas. Sie liegt im Norden Ugandas zwischen dem Kyoga-See und der sudanesischen Grenze. Gulu ist ein Verkehrsknotenpunkt, mehrere Hauptverkehrsstraßen gehen von hier ab. So die Strecken nach Kitgum (107 km) im Nordosten, zum sudanesischen Grenzort Nimule (113 km) im Norden, zu den Karuma Falls (80 km) im Süden und nach Pakwach (212 km) im Westen. Nach Lira und Pakwach gibt es gute Matatu-Verbindungen. Der Flughafen von Gulu wird regelmäßig angeflogen, mit Verbindungen nach Entebbe und Kitgum.

Knotenpunkt

Entfernungen

Von Gulu nach Kampala: 346 km, nach Karuma Falls: 80 km, nach Kitgum: 107 km, nach Paraa: 114 km, nach Masindi: 178 km, nach: Hoima: 234 km, nach Kidepo-Valley-Nationalpark: 250 km, nach Tororo: 409 km, nach Jinja: 426 km und nach Fort Portal: 432 km.

Lage und Klima

Gulu liegt auf einer Höhe von 1.146 m auf einem ausgedehnten Plateau. Hier herrscht ein relativ trockenes und warmes Klima mit Tagestemperaturen meist im oberen Bereich der 20 °C.

Geschichte

In der Umgebung von Gulu wurde einst ein Fort errichtet, von dem heute nur noch Ruinen zeugen. Dieses liegt in Patiko, 26 km nördlich der Innenstadt. Baker's Fort wurde 1872 von *Sir Samuel Baker* erbaut, dem Gouverneur der damals ägyptischen Provinz Equatoria (sehen Sie dazu auch: *Die Geschichte Ugandas*). Später wurde das Fort von seinem Nachfolger *Emin Pasha* genutzt, der von 1878 bis 1883 Gouverneur der Provinz war, bevor die Ägypter das Land verlassen mussten. Die Stadt hatte in den 1980ern und 1990ern starke Sicherheitsprobleme durch die im Norden Ugandas operierende Rebellengruppe Lord Resistence Army (LRA). Seit 1996 ist hier ein großer Militärstützpunkt der ugandischen Armee, um das Problem in den Griff zu bekommen.

Zeugen der Geschichte

Die Stadt selber und die Straße nach Süden (Richtung Karuma Falls) gelten seitdem als sicher. Für Fahrten Richtung Sudan, nach Pakwach oder Kitgum ist es ratsam, sich vorher über die aktuelle Sicherheitslage zu informieren.

Tankstelle in Norduganda

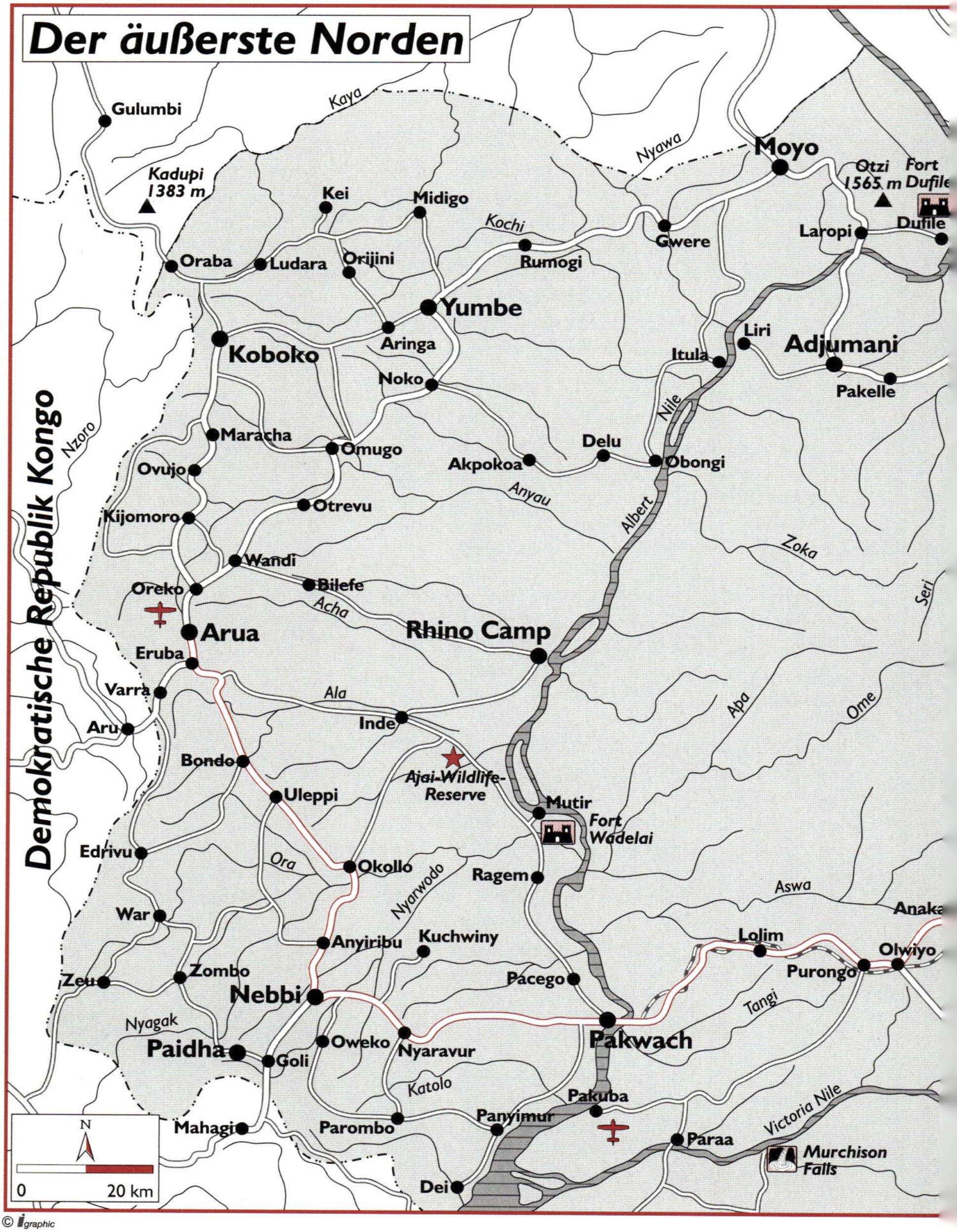
Der äußerste Norden
Gulumbi
Kaya
Kadupi 1383 m
Kei
Midigo
Kochi
Nyawa
Moyo
Otzi 1565 m
Fort Dufile
Dufile
Laropi
Gwere
Rumogi
Oraba
Ludara
Orijini
Yumbe
Koboko
Aringa
Liri
Adjumani
Itula
Pakelle
Noko
Nile
Maracha
Omugo
Nzoro
Delu
Akpokoa
Obongi
Ovujo
Anyau
Otrevu
Albert
Kijomoro
Zoka
Wandi
Demokratische Republik Kongo
Oreko
Bilefe
Acha
Seri
Arua
Rhino Camp
Eruba
Varra
Ala
Inde
Apa
Ome
Aru
Bondo
Ajai-Wildlife-Reserve
Uleppi
Mutir
Fort Wadelai
Edrivu
Ora
Okollo
Nyarwodo
Ragem
Aswa
War
Anaka
Anyiribu
Kuchwiny
Lolim
Olwiyo
Zombo
Purongo
Zeu
Pacego
Nebbi
Tangi
Nyagak
Pakwach
Oweko
Paidha
Goli
Nyaravur
Katolo
Pakuba
Victoria Nile
Mahagi
Parombo
Panyimur
Paraa
Murchison Falls
Dei
N
0
20 km
© igraphic

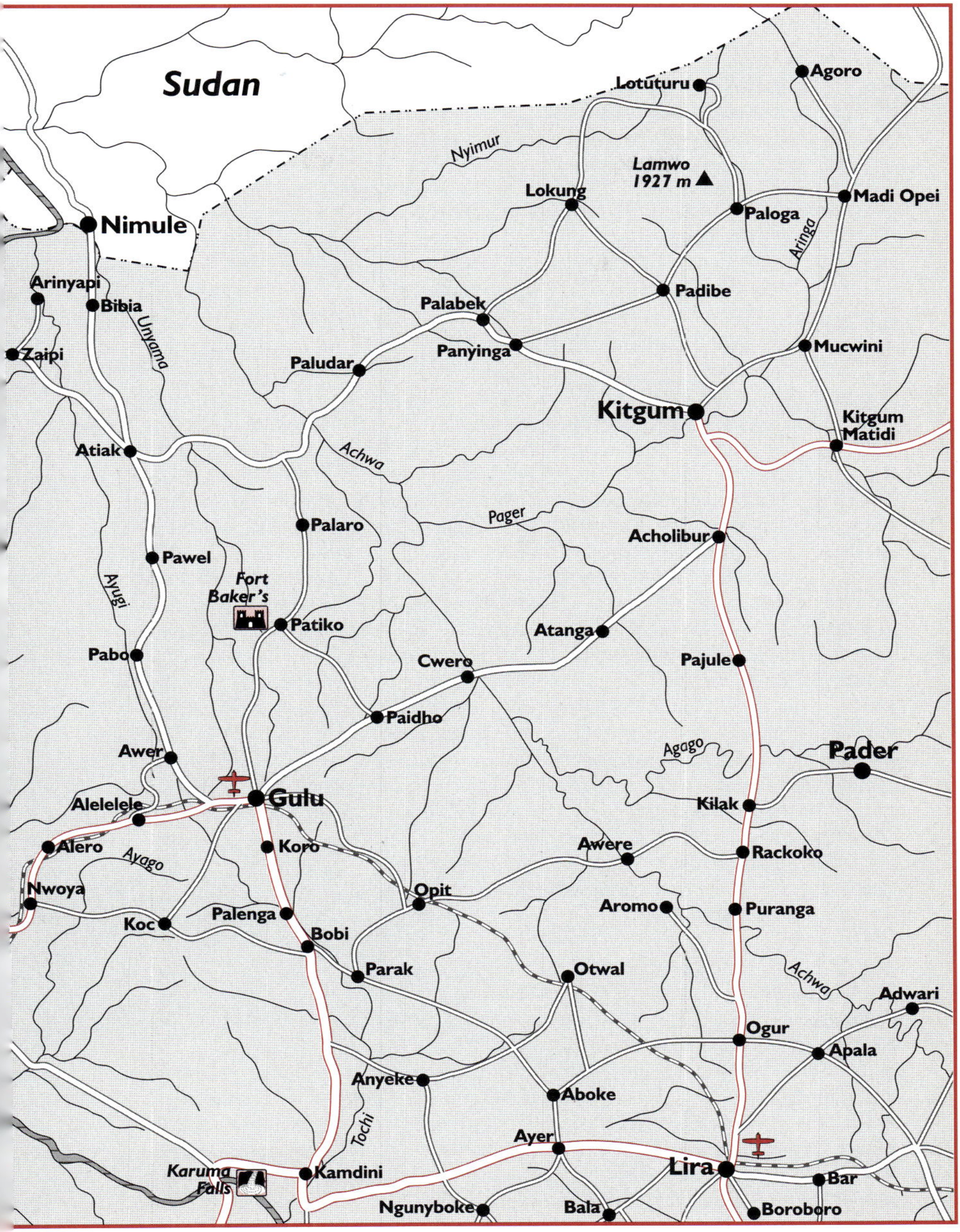
Sudan
Lotuturu
Agoro
Nyimur
Lamwo
1927 m
Lokung
Madi Opei
Nimule
Paloga
Aringa
Arinyapi
Bibia
Padibe
Palabek
Unyama
Zaipi
Paludar
Panyinga
Mucwini
Kitgum
Kitgum Matidi
Atiak
Achwa
Palaro
Pager
Acholibur
Pawel
Fort Baker's
Ayugi
Patiko
Atanga
Pabo
Cwero
Pajule
Paidho
Agago
Awer
Pader
Gulu
Alelelele
Kilak
Alero
Koro
Awere
Rackoko
Ayago
Nwoya
Opit
Aromo
Puranga
Koc
Palenga
Bobi
Parak
Otwal
Achwa
Adwari
Ogur
Apala
Anyeke
Aboke
Tochi
Ayer
Karuma Falls
Kamdini
Lira
Bar
Ngunyboke
Bala
Boroboro

Streckenhinweis

Wenn Sie von Gulu zum Murchison-Falls-Nationalpark möchten, nehmen Sie die Straße zu den Karuma Falls und dann weiter durch das Karuma Wildlife Reserve zum Murchison-Falls-Nationalpark. Der etwas kürzere Weg über Pakwach wird aus Sicherheitsgründen nicht empfohlen. Nach weiteren 57 km Richtung Süden erreichen Sie die Abzweigung nach Masindi (gute Piste).
Weitere Informationen ab Masindi finden Sie im Kapitel: Der Westen Ugandas.
Wenn Sie auf der asphaltierten Hauptstraße bleiben, erreichen Sie nach ca. 200 km Kampala.

INFO Kony's dunkle Welt

Die **Lord Resistence Army** (LRA) kämpft seit Jahren für unterschiedliche, diffuse Ziele. Eines davon ist die Errichtung eines christlich-religiösen Acholi-Reiches. Die LRA hat in ihrem jahrelangen Kampf den Norden Ugandas ruiniert. Dort, wo einst das Hauptanbaugebiet für Bohnen und Hirse lag, wächst heute kaum noch etwas. Nach zwei Jahrzehnten Bürgerkrieg haben sich 1,5 Millionen Menschen in der Region in Flüchtlingscamps geflüchtet. In Kauf nehmend vielleicht an Krankheiten in den überfüllten Lagern zu sterben, dafür aber nicht eines Tages in die Gewehrläufe der LRA zu schauen. Die Masche der LRA ist simpel und grausam. Sie überfällt Dörfer und lässt die Erwachsenen verstümmeln, indem sie ihnen Nasen, Ohren oder Genitalien abschneiden. Dann rauben sie die Kinder und „erziehen" sie zu Soldaten. *Joseph Kony* heißt ihr Anführer. Er soll 56 Frauen haben und um die 100 eigene Kinder. Er hat es sich zur Aufgabe gemacht, seinen Stamm, die Acholi, zu neuer Größe zu führen. Die entführten Kinder glaubten zunächst meist dem selbst ernannten Messias, dass dieser der neue Jesus sei, der das auserwählte Volk der *Acholi* in die Zukunft führt. Seine Leute nennen ihn *Lakwena*, ein Acholi-Wort für eine Person, die den Heiligen Geist empfangen hat. Immer wieder gelingt es Kindern, der LRA zu entfliehen. Sie haben eine schlimme Zeit hinter sich, besonders die Mädchen. Sie werden von Kony an die Soldaten „verteilt". Als Strafe für die Verweigerung von Sex stehen 200 Stockhiebe und ein Brandzeichen auf der Stirn und auf dem Gesäß.

Auf Grund der Erfolge der ugandischen Armee gegen die LRA in den letzten Jahren, konnten mehr als 10.000 Rebellen festgenommen werden oder aus ihrer Zwangssituation fliehen. Die befreiten **Kindersoldaten** kommen in besondere Einrichtungen, um sie mit ihren traumatischen Erlebnissen besser betreuen zu können. Eines dieser Kinderzentren liegt in Lira. Nach Berichten von ehemaligen Kindersoldaten wissen wir heute, dass die Kinder bereits in der ersten Woche gezwungen wurden, den ersten Menschen zu töten. Nach Angaben von Menschenrechtsgruppen wurden mehr als 20.000 Kinder entführt und zu Kindersoldaten ausgebildet. *Text: Yves G. Ampihery*

Pakwach (ⓘ s. S. 194)

Der Ort Pakwach mit seinen 18.000 Einwohnern liegt malerisch am Nil, direkt an der Nordwestgrenze des Murchison-Falls-Nationalpark. Die Brücke am Ort ist die einzige Verbindung von Gulu nach Nebbi und damit die einzige Strecke, die vier nordwestlichen Distrikte Nebbi, Arua, Yumbe und Moyo zu erreichen. Die Soldaten reagieren gereizt, wenn Reisende sich nicht an die Regeln halten. Dazu gehört das **absolute Fotografierverbot** und sogar das Aussteigen auf der Brücke ist verboten.

Fotografieren und Aussteigen verboten

Webervogelnester

Außer dem Nil, der an anderen Stellen problemlos erreicht und fotografiert werden kann, hat Pakwach nicht viel Sehenswertes. Ein historischer Ort ist das ehemalige **Fort Wadelai** von *Emin Pasha*, etwa 30 km nördlich von Pakwach am Nil. Die Straße zum **Ajai Wildlife Reserve** führt in seiner Nähe vorbei. Die Piste erfordert jedoch ein Allradfahrzeug. Es gibt keinen öffentlichen Transport nach Wadelai. Vom alten Fort ist allerdings so gut wie nichts mehr übrig geblieben.

Hinweis

In früheren Zeiten fuhren Reisende gerne hinüber in den Kongo zum ***Parc National de Garamba****. Die schlechte Sicherheitslage im Kongo ließ dies viele Jahre nicht mehr zu.*

Erkundigen Sie sich in der Deutschen Botschaft in Kampala ggf. nach der Sicherheit in diesem Gebiet des Kongo.

Entfernungen

Von Pakwach nach Kampala (über Gulu): 467 km, nach Nebbi: 52 km, zum Ajaj Wildlife Reserve: 60 km, nach Goli (Grenze zum Kongo): 75 km, nach Gulu: 121 km und nach Arua: 130 km.

Arua (ⓘ s. S. 194)

Die Stadt Arua, Hauptstadt des gleichnamigen Distrikts, hat 44.000 Einwohner. Sie liegt auf einer Höhe von 1.310 m, rund 130 km nördlich von Pakwach in der Nähe der Grenze zur D. R. Kongo. In der Stadt sind mehrere Hilfsorganisationen ansässig. Die Gegend galt bis jetzt für Reisende als nicht sicher! Für Fahrten nach

Arua und darüber hinaus, ist es ratsam, sich vorher über die Sicherheitslage genau zu informieren. Arua verfügt über einen kleinen Flughafen mit regelmäßigen Flugverbindungen (Charterflüge).

Entfernungen

Von Arua nach Kampala: 504 km, nach Araba (Grenze zum Kongo): 16 km, nach Rhino Camp: 71 km, nach Moyo: 146 km, nach Paraa: 216 km, nach Karuma Falls: 238 km, nach Gulu: 249 km, nach Masindi 320 km, nach Kitgum: 356 km, nach Hoima: 392 km, zum Kidepo-Valley-Nationalpark: 499 km und nach Malaba: 596 km.

Der äußerste Norden

Überblick

Karte
S. 424

Der äußerste Norden und Nordwesten Ugandas gehört seit vielen Jahren zum so genannten „No-Go"-Gebiet Hier liegen Städte wie **Adjumani** (ⓘ s. S. 194) und Moyo. Zum einen war der Bürgerkrieg im Süden Sudans, der immer mal wieder über die Grenze schwappte, ein Sicherheitsrisiko. Zum anderen sind es die seit Ende der 1980er Jahre operierenden Rebellen der LRA. Diese Gruppe unter dem Führer *Joseph Kony* will eine Art fundamentalen Christenstaat errichten, obwohl Teile seiner Weltanschauung sicherlich der christlichen Religion zuwider laufen. Seit den Friedensverhandlungen und deren Abschluss im Südsudan ist es etwas ruhiger geworden, allerdings hat die Regierung die LRA immer noch nicht unter Kontrolle.

Rebellen-Gebiet

!!! Wichtig

Die nördlichen Gebiete oberhalb Gulus an der sudanesischen bis hinüber zur kongolesischen Grenze sollten zurzeit nicht bereist werden.

Kitgum

Die Stadt Kitgum ist die größte der Ortschaften im äußersten Norden Ugandas. Sie hat 42.000 Einwohner und liegt zwischen Gulu im Südwesten und dem Kidepo-Valley-Nationalpark im Nordosten. Touristisch hat die Stadt eigentlich nichts zu bieten. Es gibt nur sehr einfache Hotels und Unterkünfte.

Entfernungen

Von Kitgum nach Kampala: 452 km, nach Gulu: 107 km, nach Lira: 125 km, zum Kidepo-Valley-N. P.: 162 km, zu den Karuma Falls: 185 km, nach Paraa: 221 km, nach Soroti: 247 km, nach Masindi: 285 km, nach Hoima: 341 km, nach Arua: 356 km, nach Malaba: 407 km, nach Jinja: 469 km und nach Fort Portal: 483 km.

9. DER WESTEN UGANDAS

Strecke von Kampala nach Masindi

Überblick

Wenn man Kampala Richtung Norden verlässt, um auf die Hauptstraße nach Masindi zu kommen, passiert man nach 51 km den Ort **Wobulenzi**. Nach weiteren 15 km wird der Ort Luweru erreicht. Hier gibt es zwei Abzweigungen. Eine davon führt nach rechts über Kiziba nach Kazwana, in der Nähe des Kyoga-Sees. Die andere Abzweigung (links) führt über Ngoma ebenfalls nach Masindi. Auf Grund der schlechten Pistenverhältnisse ist von dieser Strecke aber abzuraten.

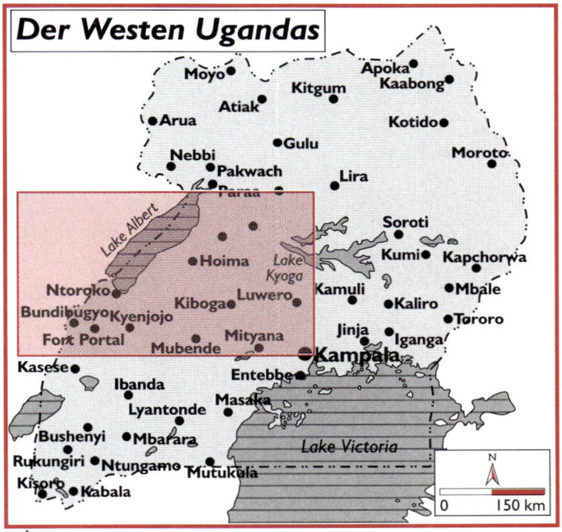

© graphic

Folgen Sie weiter der Hauptstraße in westlicher Richtung. Sie führt über die Orte Nakasongola und Nakitoma. Einige Kilometer nach Nakitoma (176 km von Kampala), wenn die Asphaltstraße Richtung Norden nach Kigumba und Karuma verläuft, befindet sich die Abzweigung (links, Piste) ins 42 km entfernte Masindi. Die Pistenstraße ist in einem guten Zustand und kann auch mit einem normalen PKW befahren werden.

Nach 31 km passiert man einen kleinen See (Lake Kafu). Nach weiteren 11 km (insgesamt 218 km von Kampala) erreicht man die Stadt Masindi.

Masindi (ⓘ s. S. 194)

Überblick

Zwischen den Reservaten

Die Stadt Masindi liegt im zentralen Westen Ugandas auf einer Höhe von 1.149 m. Sie ist der **Ausgangspunkt** zum Besuch des Murchison-Falls-Nationalparks sowie des Budongo Forest Reserve. Die beschauliche Stadt, mit heute 29.000 Einwohnern, war einst eine blühende Handelsstadt im Zentrum des Königreiches Bunyoro. Heute ist sie ein Verkehrsknotenpunkt zwischen dem Albert- und dem Kyoga-See.

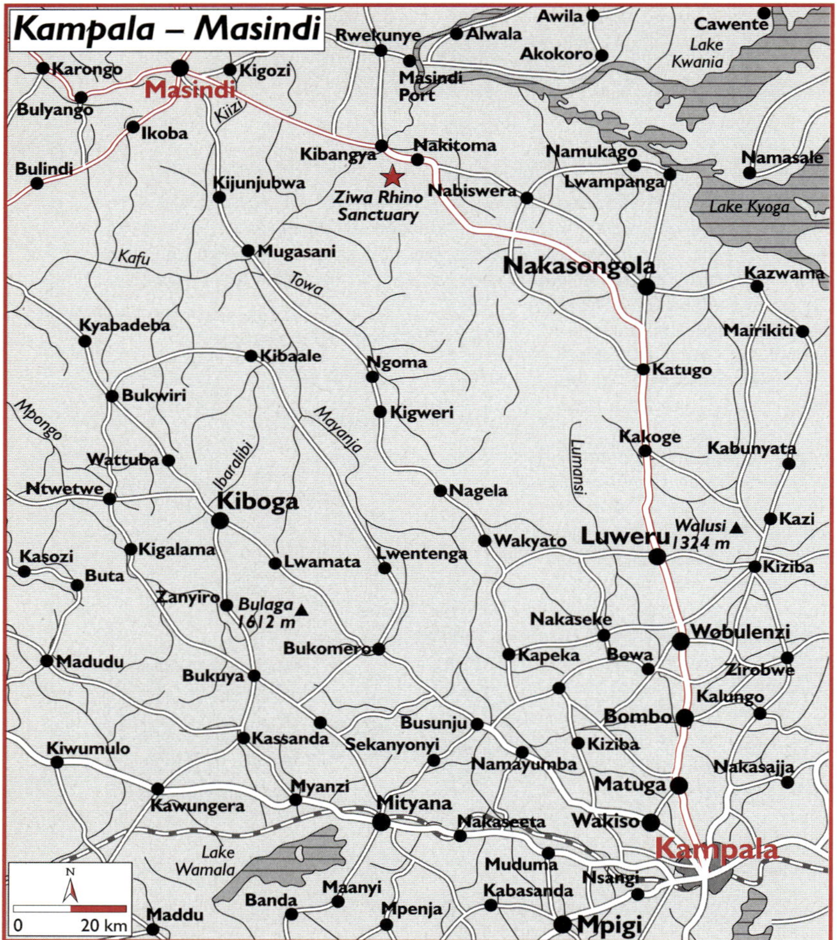

© igraphic

Entfernungen

Von Masindi nach Kampala: 217 km, nach Masindi Port (am Nil): 47 km, nach Hoima: 56 km, nach Butiaba: 70 km, nach Paraa: 92 km, nach Karuma Falls: 98 km, nach Fort Portal: 254 km und nach Mbarara 486 km.

Geschichte

Während der Kolonialzeit war Masindi ein recht geschäftiger Ort. Die Stadt befand sich an einem Knotenpunkt mehrerer Handelswege. Zum einem vom nördlichen Kongo über den Albert-See und die Hafenstadt Butiaba. Dann nördlich entlang des Nils bis in den Sudan sowie entlang des Kyoga-Sees bis zur Eisenbahnverbindung Soroti – Mombasa. Die wichtige Handelsstrecke vom Kongo fiel im Jahr 1962 weg. Auf Grund des immer weiter steigenden Pegels des Albert-Sees musste der langsam in den Fluten versinkende Hafen der Stadt Butiaba geräumt werden. Die beginnenden politischen Probleme und Konflikte im Kongo taten das Übrige, dass sich dieser Handelsweg über den Albert-See bis heute nicht von den Ereignissen erholt hat. Auch die Handelsbeziehungen zwischen Uganda und dem Süden des Sudan haben während des längsten Bürgerkriegs in Afrika stark gelitten. Der Handelsweg über den Kyogo-See hinüber zur Eisenbahnlinie ab Soroti hat heute ebenfalls kaum noch eine Bedeutung. Der Ortsname Masindi Port am Nil-Abfluss des Kyoga-See zeugt aber noch von dieser Handelsvergangenheit.

Redaktions-Tipps

- **Übernachten** in einem der ältesten Hotels Ugandas, dem Masindi-Hotel.
- Sicher ein **Highlight**, die **Bootstour auf dem Nil** zu den Murchison Falls in abendlicher Stimmung *(S. 441)*.
- Sehr interessante **Wanderungen** durch den Regenwald des **Budongo Forest Reserve**, mit Beobachtung von Schimpansen *(S. 445)*.
- Hervorragende **Bergtouren** in einzigartiger afroalpiner Natur und mit Schnee bedeckten Bergspitzen im **Ruwenzori-Mountain-Nationalpark** *(S. 466)*.

Alte Handelswege

Karte S. 430/436

Masindi Hotel, Ugandas ältestes Hotel

Ausflüge von Masindi

Hauptausflugsziel für Besucher ab Masindi ist der Murchison-Nationalpark, der von Masindi aus über eine relativ gute Pistenstraße zu erreichen ist. Das Gleiche gilt für das **Budongo Forest Reserve**. Beide Schutzgebiete werden weiter unten ausführlich behandelt (s. S. 445).

Vor der Kolonialzeit war Masindi ein wichtiger Ort im Königreich Bunyoro. Der Palast des Omukama genannten Königs befindet sich noch heute auf dem Kihende Hill einige Kilometer außerhalb der Stadt. Zum **Königspalast der Bunyoro** führt die Straße nach Butiaba. Am Wegweiser für die Greenfield Secondary School links abbiegen und der Piste eine kleine Weile folgen, bis am Ende der Palast, oder besser gesagt das Wohnhaus, der königlichen Familie erscheint. Die Familie, speziell der König, lebt überwiegend in Hoima. Das Haus in Masindi ist so etwas wie ein „Zweitwohnsitz“. Der Besuch des Königspalastes von Bunyoro ist ohne vorherige Erlaubnis der Königsfamilie nicht möglich.

Haus des Königs

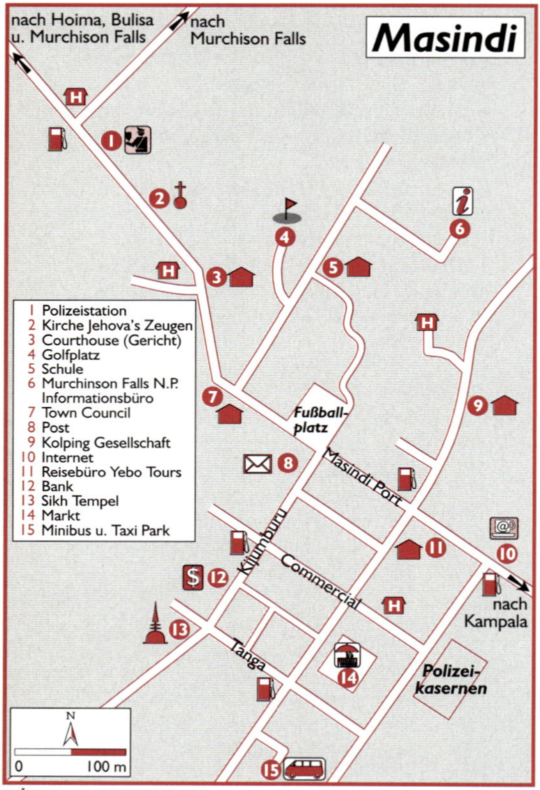

© igraphic

Der frühere Hafen von Masindi, **Masindi Port**, liegt 47 km östlich am Weißen Nil, kurz nach dem Austritt aus dem Kyoga-See. Dort gibt es eine Fähre, die Sie auf die andere Seite des Nils nach Maiyuge bringt. In diesem Gebiet gibt es zahlreiche Sümpfe mit einem großen Vogelreichtum.

Karte S. 430

Das **Ziwa Rhino Sanctuary** liegt etwa 50 km östlich von Masindi, nahe der Ortschaft Nakitoma, an der Straße nach Kampala. Das 70 km² große private Schutzgebiet wurde zur Wiedereinführung und Zucht von Nashörnern in Uganda errichtet. Bis diese sich soweit vermehren, das an eine Aussiedlung der Tiere in bestehende Nationalparks zu denken ist, wird mindestens noch ein Jahrzehnt vergehen.

In der Zwischenzeit können Sie die Nashörner im Ziwa-Schutzgebiet erleben. Mit dem Besuch unterstützen Sie zugleich dieses wichtige Projekt.

• Ziwa Rhino Sanctuary

Die Rückkehr der Nashörner

Die Nashörner gehören heute zu den **bedrohtesten Säugetierarten** Afrikas. Durch die Wilderei sind in den letzten Jahrzehnten die Bestände auf dem gesamten Kontinent dramatisch zurückgegangen. In Uganda wurden sie sogar während der unruhigen 1970er und 1980er Jahre völlig ausgerottet. Der größte Markt für das namensgebende Horn der Nashörner ist der Jemen, wo reiche Männer Unsummen für Dolche aus echtem Nashorn bezahlen. Eine weitere große Bedrohung stellt

Ankunft der ersten Nashörner in Ziwa

INFO Königreich Bunyoro

Das Königreich Bunyoro-Kitara gilt als das **erste große Königreich**, das im Gebiet des heutigen Uganda entstand. Man geht heute von einer Entstehung zwischen dem 12. und 14. Jh. aus. Je nach Version der überlieferten Geschichten folgten 10 bis 22 Könige (hier *Omakuma* genannt) der ersten Dynastie (*Batembusi*) aufeinander. Als letzter Herrscher dieser Dynastie ist König *Isuza* bekannt. Die darauf folgende Dynastie der Bacwezi wurde von König Ndahura eingeleitet. Unter dieser Dynastie, dessen Beginn sich heute ebenfalls nicht genau bestimmen lässt (etwa Mitte/Ende des 14. Jh.), erlebte das Reich seine **Blütezeit**. Zu dieser Zeit dehnte es sich über Zentral- und Westuganda hinaus bis nach Westkenia, Nordwest-Tansania und Ostkongo aus. Das Herz des Königreiches lag wahrscheinlich in Mubende und Ntusi. Die Dynastie bestand nur aus zwei Königen, *Ndahura* und *Wamala*. Danach zerfiel das Reich an seinen Rändern und umfasste dann in etwa nur noch die heutigen ugandischen Gebiete. Die Nachfolge-Dynastie Babiito leitete König *Ruhinda* ein. Sie regierte in der zweiten Hälfte des 15. Jh. Unter dieser Dynastie begann das Reich wieder zu expandieren und überfiel Gebiete seiner Nachbarn. Bis zum Ende des 17. Jh. blieb das Königreich Bunyoro das größte und einflussreichste in Uganda. Mit König *Cwa I.* begann der Untergang von Bunyoro und diese Entwicklung setzte sich unter seinen Nachfolgern fort.

1869 übernahm König *Kabalega* das Regiment. Er hatte nun vor allem mit den eindringenden Europäern und Ägyptern zu tun, die sich von Norden her in Uganda festsetzen wollten. Ihm gelang es zunächst, die Eindringlinge in Schach zu halten und sogar teilweise von ihnen zu profitieren, wie bei der Rückeroberung des Königreiches Toro.

Später wurde König Kabalega wegen „mangelnder Kooperation" mit den Briten von diesen auf die Seychellen verbannt. Von dort aus schrieb er: „Nur die von meinen Söhnen sollen sich Babito (Prinz) nennen, die Widerstand geleistet und gegen die Briten gekämpft haben. Jene, die es nicht taten, sollen sich nicht Babito nennen dürfen und sich für immer unterordnen."

Heute gehören zum Gebiet des Königreiches die Provinzen entlang des Albert-Sees (Masindi, Hoima und Kibale).

der Markt in Asien dar. Dort gilt das Keratin des Nashorns (nichts anderes als der Stoff aus dem auch unsere Fingernägel sind) als Medizin und Aphrodisiakum.

In Uganda gab es früher beide Nashornarten. Zum einen die nördliche Unterart des **Breitmaulnashorns**, das es ursprünglich noch in der D. R. Kongo, dem Tschad und der Zentralafrikanischen Republik gab. In letzteren beiden ist das Nashorn mittlerweile ebenfalls ausgerottet. Das Nördliche Breitmaulnashorn ist heute nur noch im Garamba-Nationalpark im Kongo zu beobachten, wo die Bestandszahlen seit Jahren dramatisch fallen. Nach starker Wilderei vor allem durch eindringende Sudanesen ist ihre Zahl auf ganze 15 zusammengeschmolzen. Beim **Spitzmaulnashorn** war einst die östliche Unterart in Uganda vertreten. Jene Unterart, die man heute noch in Kenia und Tansania findet.

Nur zwei

Seit 2001 gibt es wieder Nashörner in Uganda. Allerdings nur zwei, und diese gehören der südlichen Unterart des Breitmaulnashorns an. Sherrino und Kabira leben im Wildlife Education Centre in Entebbe und sollen die Bevölkerung für eine Neuansiedlung dieser imposanten Tiere sensibilisieren.

In der Zwischenzeit werden die Vorbereitungen getroffen, das Projekt Wiedereingliederung der Nashörner voranzutreiben. Im **Nakasongola-Distrikt** wurde ein geeignetes Stück Land gefunden, etwa 170 km nordwestlich von Kampala. Die private Ziwa Ranchers Ltd., der das Land gehört, erklärte sich bereit, etwa 70 km^2 an das Projekt abzutreten. So war das Ziwa Rhino Sanctuary (Ziwa-Nashorn-Schutzgebiet) geboren. Das ganze Gebiet wurde 2004 eingezäunt. Um den 50 km langen Elektrozaun finanzieren zu können, mussten viele Spenden gesammelt werden. Unter anderem beteiligten sich das UNDP, die EU, die niederländische Regierung, sowie das Sheraton Hotel und die Crane Bank daran. 28 Wildhüter wurden gleichzeitig vom UWA im Pian-Upe-Reservat ausgebildet. Anfang 2005 wurde ein **Informationszentrum** fertig gestellt, das auch Schulklassen informieren kann. Im Mai 2005 eröffnete Präsident Museveni offiziell das Schutzprojekt. Es ist geplant, an den Lugogo-Sümpfen später eine Lodge für Besucher zu errichten, sowie einen Campingplatz einzurichten.

Transport der ersten Nashörner nach Ziwa

Zwei Paare Breitmaulnashörner sind mittlerweile von der Solio-Farm in Kenia nach Uganda gebracht worden. Auch die beiden Nashörner aus dem WEC in Entebbe sollen nach Ziwa übergesiedelt werden, um sie mit den „kenianischen" zusammenzubringen. Es ist geplant, dann nicht zuchtfähige Nashörner nach Entebbe zu bringen. Es werden aber noch mindestens 20 weitere Nashörner gebraucht, um eine gesunde Population aufzubauen. Pläne dazu gibt es bereits.

Fünf vor zwölf!

Es ist wohl unrealistisch, dass Uganda jemals wieder seine angestammte Unterart der Nördlichen Breitmaulnashörner bekommt. Aber Verhandlungen mit der Regierung der D. R. Kongo haben erste Erfolge dahingehend erzielt, dass die Regierung einer Umsiedlung der letzten Tiere im Kongo in ein sichereres Gebiet zugestimmt hat. Hoffen wir, dass es passiert, bevor auch die letzten Tiere verschwunden sind.

Von Masindi zum Albert-See

Überblick

Die Strecke zum Albert-See führt aus der Stadt am Masindi-Hotel vorbei Richtung Westen. Die Piste ist für alle Fahrzeuge gut zu befahren, nur während der Regenzeit ist ein Allradfahrzeug sicherer. Nach 4 km passieren Sie links die Piste nach Hoima. Sie fahren danach durch ausgedehnte Zuckerrohrplantagen, bevor Sie schon an einem Teil des herrlichen **Budongo Forest** vorbei kommen. Nach 41 km erreichen Sie eine kaum erkennbare Abzweigung (nach links) in den Budongo Forest.

Genau hinschauen

Busingiro heißt der Ort, der für Wanderer interessant ist. Schimpansen werden Sie hier bei der Wanderung nicht unbedingt sehen. Dafür ist die Gegend hervorragend für Vogelbeobachtungen geeignet. Es gibt hier aber kein Büro, Sie müssen die Gebühren in Masindi bei der Murchison Falls C. A. Tourist Information bezahlen und dort auch einen Führer anheuern. 53 km nach Masindi erreichen Sie das Dorf **Biiso**. Hier zweigt erneut eine Piste nach links ab, um nach Hoima zu gelangen (51 km). Von nun an nähern Sie sich dem Grabenbruch. Die Fahrt hinunter zum Albert-See, übrigens auf Asphalt (aber nur die kurze Strecke hinunter), eröffnet wunderschöne Blicke über den See bis hinüber in den Kongo und seinen **Blauen Bergen**. Nach einiger Zeit erreichen Sie dann das Ufer des Sees am Fischerdorf Butiaba. Von hier gibt es eine, teilweise schlechte, Piste über **Bulisa** (ⓘ s. S. 194) zum Murchison-Falls-Nationalpark.

Kühl-LKW in Butiaba für den Fischtransport nach Kampala

Das Bugungu Gate liegt 136 km von Masindi oder 69 km von Biiso.

Im Fischerdorf Butiaba ist nicht viel zu sehen. Es gibt zahlreiche Fischerboote hier, die den Fisch für Ugandas Hauptstadt fangen. Sie werden mit Hilfe von Kühllastern direkt nach dem Anlanden nach Kampala abtransportiert.

Der Albert-See (ⓘ s. S. 194/Lake Albert)

Der Albert-See (ursprünglich Mwatanzige-See) liegt östlich der großen Zentralafrikanischen Schwelle und westlich des weitläufigen Uganda-Hochlandes. Er ist Teil des **Großen Afrikanischen Grabenbruchs**, direkt nördlich des Ruwenzori-Gebirges und liegt an der Grenze zwischen Uganda und der D. R. Kongo. Die

Grenze verläuft quer durch den See. Die Wasseroberfläche des 5.347 km² großen Sees liegt auf 619 m Höhe. In vorgeschichtlicher Zeit soll diese mal bei 915 m gelegen haben. Durch die Bewegung der Zentral- und Ostafrikanischen Kontinentalplatten hat sich im Laufe der Jahrmillionen der oben genannte Graben herausgebildet. Das führte dazu, dass sich die Grabensohle langsam absenkte. Der sehr fischreiche Albert-See hat eine Maximaltiefe von 48 m und wird von mehreren Zuflüssen gespeist. Die beiden größten sind der Semliki, der vom rund 150 km weiter südlich liegenden Edward-See herführt, und der Weiße oder Viktoria-Nil, der vom Kyoga-See zufließt. Der ab dem Albert-See auch oft Albert-Nil genannte Weiße Nil, verlässt diesen schon kurz nach dem Eintritt am Nordende wieder.

Am Rift Valley

Der See wurde bereits 1864 von dem Briten *Samuel White Baker* für die westliche Welt entdeckt. Zu Ehren des damaligen Prinzgemahls der Königin Viktoria von England, *Prinz Albert*, gab er ihm den Namen Albert-See. 1972 wurde der See zu Ehren des zairischen Präsidenten **Mobutu Sese Seko** in Lac/Lake Mobu-

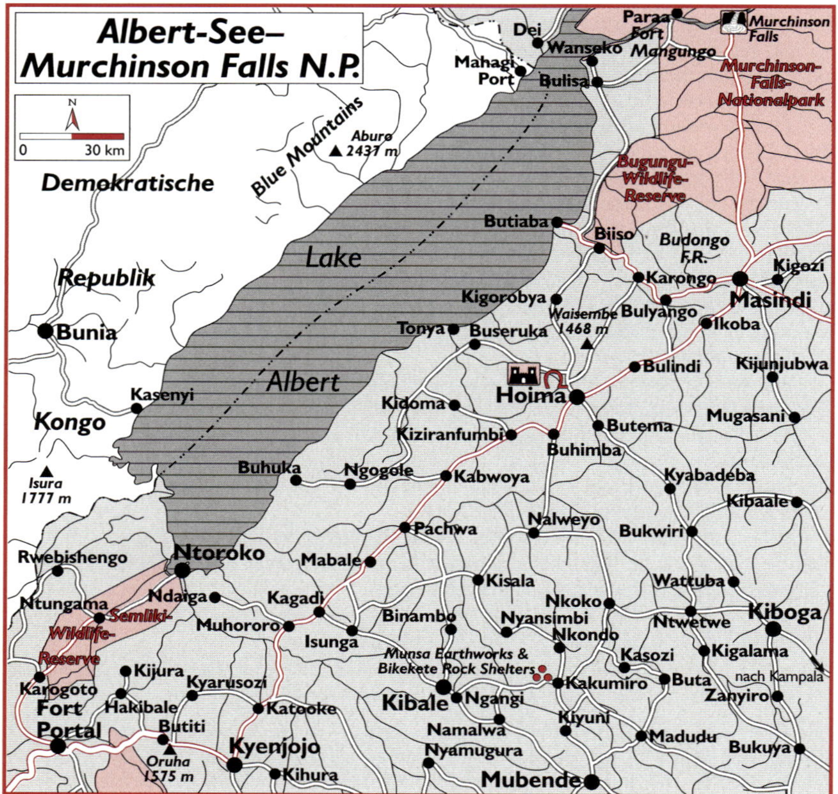

tu Sese Seko umbenannt. In der D. R. Kongo trägt er bis heute immer noch diesen Namen.

Albert-See bei Butiaba

Der Ost- und Zentralafrikanische Grabenbruch

Nach der Bildung der zwei Urkontinente um die beiden Pole im Süden und Norden unseres Erdballs, begannen beide im Laufe von Jahrmillionen wieder auseinander zu brechen. Aus dem südlichen paläozoischen Urkontinent *Gondwana* entstanden die heutigen Kontinente Südamerika, Afrika und Australien, sowie einzelne Bereiche von Indien und Madagaskar. Da die Erdkruste auch an weiteren Stellen brach, kommt es bis heute zu Verschiebungen und dadurch auch zu vulkanischen Aktivitäten. Einer dieser Risse zieht sich vom Roten Meer, durch Äthiopien und Ostafrika bis nach Mosambik, wo dieser so genannte **Ostafrikanische Grabenbruch** den Indischen Ozean erreicht. Entlang dieses Risses wird sich hier Ostafrika vom Rest des afrikanischen Kontinents trennen, ähnlich wie dies mit Madagaskar vor etwa 150 Millionen Jahren geschah. Zurzeit bewegt sich Ostafrika etwa 1 bis 2 mm pro Jahr vom afrikanischen Kontinent weg. Der Trennungsprozess wird also noch einige Jahrtausende dauern. Vom Ostafrikanischen Grabenbruch (engl.: Rift Valley) zweigt ein weiterer Erdriss ab, der **Zentralafrikanische Grabenbruch** (engl.: Albertine Rift). Dieser zieht sich etwa entlang der Grenze zwischen Uganda und dem Kongo.

Riss durch Ostafrika

Die durch den Bruch einhergehende vulkanische Tätigkeit im und entlang dieser beiden Gräben, ließ im Laufe der Jahrtausende zahlreiche Berge und Gebirgslandschaften entstehen, die heute das Erscheinungsbild der ostafrikanischen Landschaft bestimmen. Entlang des Grabenbruchs haben sich zahlreiche Seen gebildet, die sich wie eine Perlenkette entlang des Rift ziehen. Beim Ostafrikanischen Graben sind dies zum Beispiel der Langano-See (Äthiopien), der Nakuru-See (Kenia) oder der Natron-See (Tansania). Im Zentralafrikanischen Graben liegen zum Beispiel der Albert-See und der Edward-See (Uganda/Kongo), der Kivu-See (Ruanda/Kongo) und der Tanganjika-See (Tansania/Burundi/Kongo/Sambia).

Die Seen des Grabenbruchs

Murchison-Falls-Nationalpark (ⓘ s. S. 194)

Überblick

Karte S. 424

Der Murchison-Falls-Nationalpark ist mit 3.877 km² das größte Schutzgebiet Ugandas. Zusammen mit den Wildreservaten (Wildlife Reserves) von Bugungu (473 km²) und Karuma (675 km²) sowie dem Budongo-Wald bildet der Nationalpark die **Murchison Falls Conservation Area**. Der Weiße oder hier auch Viktoria-Nil genannte Fluss fließt zwischen dem Kyoga- und dem Albert-See durch den Nationalpark und teilt diesen in zwei Hälften. Beide Teilstücke unterscheiden sich durch ihre Vegetationsformen. Im nördlichen Teil herrscht eine **Gras-Savanne** vor, nur vereinzelt finden sich Gruppen von Akazien und Borassus-Palmen. Der südliche Teil dagegen besteht hauptsächlich aus **Trockenwald**. Hier liegt mit 1.292 m auch der höchste Punkt des Parks, der Rabongo Hill.

Schöne Landschaften am Nil

Streckenhinweis

*Von **Panyimur** aus kommen Sie nach ca. 25 km nach **Paraa** und zum Murchison-Falls-Nationalpark. Oder nehmen Sie die Fähre nach **Wanseko** (ⓘ s. S. 194) und fahren Sie südlich über Bulisa durch das **Bugungu Wildlife Reserve** (ⓘ s. S. 194) in den Murchison-Nationalpark.*

Lage und Klima

Der Park liegt auf einer Höhe zwischen 619 und 1.292 m und gehört damit zu den am tiefsten liegenden Gebieten Ugandas. Dadurch liegen hier die Tagestemperaturen etwas über dem sonstigen Landesdurchschnitt. Die mittlere Tageshöchsttemperatur beträgt 29 °C, die mittlere Tagesmindesttemperatur 21 °C. Als Trockenzeit gilt die Zeit von Mitte Dezember bis Mitte Februar und die beiden Monate Juni und Juli. Die jährliche Niederschlagsmenge beträgt 1.080 mm.

Geschichte

Bereits im Jahre 1910 wurde der Vorläufer des Nationalparks gegründet, das **Bunyoro Wildlife Reserve**. Die Gründung wurde möglich, da durch eine Epidemie der Schlafkrankheit weite Teile des Gebietes von Menschen verlassen wurden. 1954 wurde aus dem Reservat der Murchison-Falls-Nationalpark. In den 1960er Jahren gehörte der Murchison-Falls-Nationalpark zu den in allen Belangen besten und bekanntesten Schutzgebieten in Afrika. Er war vor allem für seine enormen Elefantenherden bekannt, die teilweise bis zu 500 Tiere umfassten. Insgesamt gab es damals rund 14.500 Elefanten im Park. Nach einer Zählung von 1969 lebten im Nationalpark: 30.000 Uganda-Kobs, 26.500 Kaffernbüffel, 16.000 Jackson-Kuhantilopen, 14.000 Flusspferde und 11.000 Warzenschweine. Dazu kamen ausreichende Bestände der heute seltenen Rothschild-Giraffe und beide

Nashornarten. Im Park waren sogar zeitweise die Populationen einiger Tierarten zu groß geworden, so dass die Parkverwaltung eingreifen musste. Das galt vor allem für die Elefanten und die Flusspferde.

Nach der Machtübernahme von *Idi Amin* wurden die Grenzen Ugandas für ausländische Touristen geschlossen. Daher schloss der Nationalpark im September 1972 seine Pforten. Idi Amin gab dem Park während seiner Amtszeit einen neuen Namen. Zur Erinnerung an einen der letzten Könige der Bunyoro ließ Amin den Park in Kabalega-Falls-Nationalpark umbenennen. Ohne ausländische Besucher und ohne Schutz motivierter Park-Ranger nahm die Wilderei im Park schnell überhand. Nach Amins Vertreibung wurde 1980 eine erste (erschreckende) Bilanz für den Murchison-Falls-Nationalpark gezogen: Es gab nur noch 1.400 Elefanten und 1.200 Flusspferde. Bei den übrigen Tierarten waren die Bestandszahlen halbiert. Doch der Bürgerkrieg ging bald weiter und bescherte den Schutzgebieten weitere schwierige Jahre.

Steppenzebra

Erst Ende der 1980er Jahre begann sich die Situation nach dem Wahlsieg Musevenis zu stabilisieren. 1990 gab es im Park nur noch 250 Elefanten und 1.000 Kaffernbüffel. Die Nashörner, Rothschild-Giraffen und Afrikanischen Wildhunde waren im Parkgebiet ausgerottet. Hinzu kam, dass alle drei Hotels im Park völlig zerstört waren und so eine Rückkehr zum Tourismus zunächst aussichtslos schien. Doch im Laufe der 1990er Jahre begannen sich die Dinge schneller (zum Positiven) zu ändern, als mancher geglaubt hatte. Die Tierbestände erholten sich langsam, und es fanden sich Investoren für neue Unterkünfte, um den Park wieder für Besucher attraktiv zu machen.

Tierbestände im Aufwind

Kronenkraniche

Tiere im Nationalpark

Insgesamt gibt es im Murchison-Falls-Nationalpark 76 Säugetierarten zu entdecken. Dazu gehören u. a.: Elefant, Flusspferd, Kaffernbüffel, Rothschild-Giraffe, Defassa-Wasserbock, Bohor-Riedbock, Buschbock, Uganda-Kob, Topi, Oribi, Löwe, Leopard, Tüpfelhyäne, Streifenschakal, Warzenschwein, Schimpanse, Zaire-Guereza), Grünmeerkatze, Anubis-Pavian und Husarenaffe. Eine große Anzahl von rund 460 Vogelarten ist im Parkgebiet zu beobachten. Der eindrucksvollste Vertreter unter ihnen ist sicherlich der Schuhschnabel. Unter den zahlreichen Reptilienarten fallen außer den nachtaktiven Hausgeckos vor allem die größeren Arten auf, wie das Nil-Krokodil, der Nil-Waran und der Felsenpython.

INFO Die Geschichte des Nördlichen Breitmaulnashorns

Erst im Jahr 1900 wurde die nördliche Unterart des Breitmaulnashorns von Major Gibbons bei Lado am oberen Nil entdeckt. Gut 105 Jahre nach der Entdeckung könnte es bald wieder verschwunden sein – es steht heute am Rand der Ausrottung. Das ursprüngliche Verbreitungsgebiet des Nördlichen Breitmaulnashorns erstreckte sich über die heutigen Staaten Sudan, Uganda, Zaire, Tschad und Zentralafrika. Noch vor wenigen Jahrzehnten waren die Bestände dieser Unterart recht groß. Aus Notizen eines Naturwissenschaftlers weiß man, dass er im Jahr 1932 während eines einzigen Tagesmarsches in Uganda 38 bis 40 Gruppen von Breitmaulnashörnern mit je mindestens sieben Tieren begegnet war. Keine 50 Jahre später waren keine 1.000 Exemplare der Unterart mehr übrig. Nur wenige Jahre später (1983) gab es sogar keine 50 Tiere mehr.

Naturschutzorganisationen setzen derzeit alles daran, das Nördliche Breitmaulnashorn in freier Wildbahn zu erhalten. Durch finanzielle und fachliche Hilfe unterstützen sie die Naturschutzbehörden Zaires bei der wirksamen Bewachung des Garamba-Nationalparks, in dem die letzten Exemplare dieser Unterart überlebt haben. In Zoologischen Gärten gab es 1986 weltweit noch 13 Nördliche Breitmaulnashörner. 2005 waren es nur noch zehn. So ist der Plan, durch ein wissenschaftlich fundiertes Zuchtprogramm den Bestand der Tiere in Menschenhand zu vermehren, fast aussichtslos.

Der Bestand des Nördlichen Breitmaulnashorns in freier Wildbahn (Garamba-Nationalpark) wird unterschiedlich mit 15 bis 22 Tieren angegeben. Die Uganda Wildlife Authority hat der kongolesischen Regierung und den Naturschutzverbänden angeboten, ein Teil der Tiere in ein besser zu schützendes Gebiet nach Uganda zu verlegen. Entscheidungen dazu stehen noch aus. Für die Tiere ist es derweil schon kurz vor zwölf.

Aktivitäten im Park

Die Einfahrt in den Murchison-Falls-Nationalpark kann von mehreren Seiten aus erfolgen. Insgesamt gibt es fünf **Park-Gates**, an denen man theoretisch in den Park hineinkommt. Der vom Süden (Masindi) kürzeste Weg ist die Einfahrt am **Kichumbanyobo** (oder Wairingo) **Gate**.

Löwennachwuchs

Das **Bugungu Gate** liegt an der unteren Westseite des Parks und ist über die Straße entlang des Albert-Sees und den Ort Bulisa (hier befindet sich die Abzweigung zum Park, (ⓘ s. S. 194) zu erreichen. Ebenfalls an der Westseite, allerdings im oberen Bereich des Parks, liegt das Tangi Gate. Von Norden her ist der Park über den Ort **Purongo** zu erreichen. Das Gate dort heißt Wangkwar, ist aber wegen der instabilen Lage in Norduganda nicht zu empfehlen.

Außer den **Pirschfahrten**, zu denen immer ein Park-Ranger mitgenommen werden muss, gibt es noch die Möglichkeit verschiedener **Wanderungen**. Es gibt mehrere Wanderwege an den oberen Nil-Fällen sowie im Rabongo-Wald und in Kaniyo Pabidi, einem Teil des Budongo-Waldes. Die Wanderungen um die Nilfälle eröffnen teilweise herrliche Blicke auf den Fluss und die Landschaft des Parks. Oberhalb der Fälle gibt es einen Picknick-Platz. Im Rubongo-Wald gibt es eine ganze Reihe von Affen und Vogelarten zu sehen, die es in der Savannenlandschaft nicht gibt. Am Wairingo-Fluss findet man außerdem einen schönen Picknick-Platz. In **Kaniyo Pabidi**, 8 km vom Kichumbanyobo/Wairingo Gate, sind die Hauptattraktion die Schimpansen. Es gibt zwei geführte Wanderungen täglich. Eine am Morgen und eine am Nachmittag.

Zu Fuß auf Pirsch

Hinweise

*Das **Chobe Gate** in der Nähe der an der östlichen Parkgrenze gelegenen Karuma Falls war lange Zeit geschlossen. Informieren Sie sich vorher beim UWA, ob dieses Gate wieder geöffnet hat.*

Der Park ist täglich geöffnet von 6.30 bis 18.30 Uhr. Außerhalb dieser Zeit ist es untersagt, sich im Parkgebiet aufzuhalten.

Neben den Wanderungen ist eine Bootsfahrt auf dem Nil zu den Murchison-Fällen zu empfehlen. Gestartet wird von **Paraa**.

Die Entfernung zu den Fällen beträgt etwa 17 km und die **Bootstour** dauert drei Stunden (hin und zurück). Eine weitere Bootstour führt über 28 km von Paraa bis zum Delta. Diese dauert insgesamt vier bis fünf Stunden. Die Bootsfahrten sind ein einmaliges Erlebnis, bei dem man zahlreiche Wasservögel, Nilkrokodile, Flusspferde und andere Tiere am Fluss beobachten kann. Es gibt feste Abfahrtzeiten zweimal täglich (9 und 14 Uhr), für Gruppen können aber auch

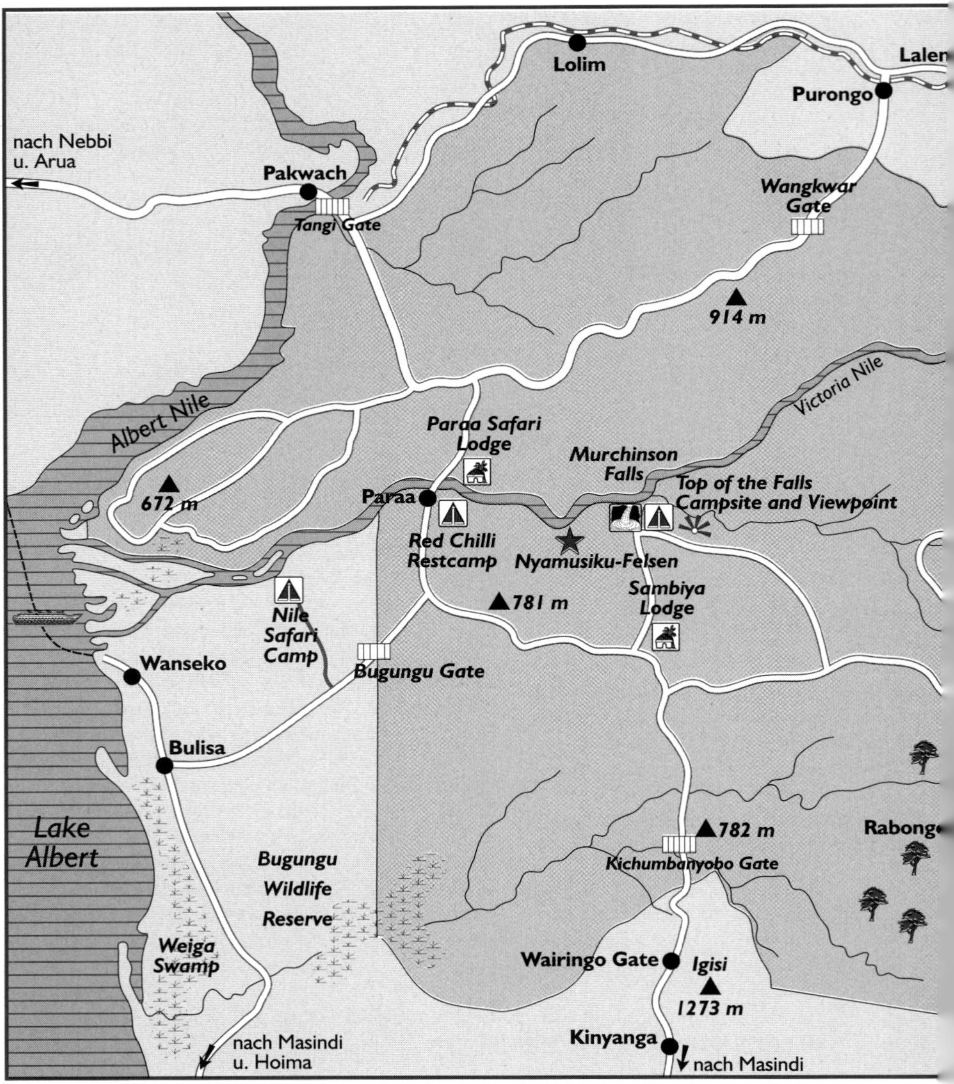
Lolim
Purongo
nach Nebbi u. Arua
Pakwach
Tangi Gate
Wangkwar Gate
914 m
Victoria Nile
Albert Nile
Paraa Safari Lodge
Murchinson Falls
Top of the Falls Campsite and Viewpoint
672 m
Paraa
Red Chilli Restcamp
Nyamusiku-Felsen
Sambiya Lodge
781 m
Nile Safari Camp
Wanseko
Bugungu Gate
Bulisa
Lake Albert
Bugungu Wildlife Reserve
782 m
Rabong
Kichumbanyobo Gate
Weiga Swamp
Wairingo Gate
Igisi
1273 m
Kinyanga
nach Masindi u. Hoima
nach Masindi

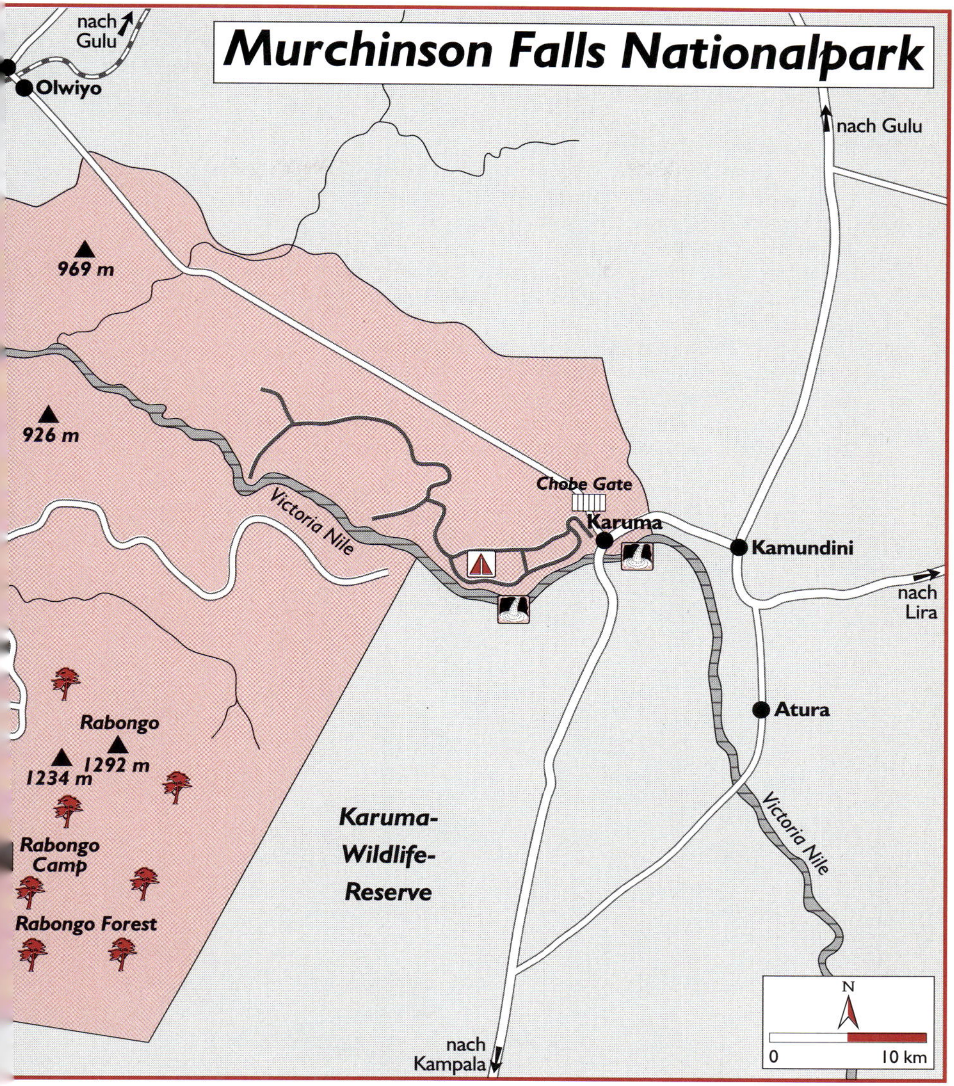
Murchinson Falls Nationalpark
nach Gulu
Olwiyo
nach Gulu
969 m
926 m
Victoria Nile
Chobe Gate
Karuma
Kamundini
nach Lira
Atura
Rabongo
1234 m
1292 m
Rabongo Camp
Rabongo Forest
Karuma-Wildlife-Reserve
Victoria Nile
N
0
10 km
nach Kampala

Sonderfahrten organisiert werden. Für interessierte Angler gibt es ferner die Möglichkeit, einen Angelausflug am Nil zu unternehmen. Dieser muss im Voraus bei der Parkverwaltung angemeldet werden. Die Ausrüstung zum Angeln ist selber mitzubringen.

Verhaltensregeln im Nationalpark:

- *Das Betreten des Parks ist nur an den drei dafür vorgesehenen Gates erlaubt.*
- *Quittungen über Parkgebühren etc. müssen immer bei sich geführt werden.*
- *Es ist nur erlaubt, die angelegten Wege zu befahren.*
- *Das Hupen im Park ist verboten.*
- *Das Spazieren und Wandern ist nur auf gekennzeichneten Wegen erlaubt.*
- *Besucher dürfen im Park und auf den Wanderpfaden nur in Begleitung eines Parkführers unterwegs sein.*
- *Zelten ist nur an ausgewiesenen Campingplätzen gestattet.*
- *Blumen pflücken oder das Abreißen von Pflanzen ist verboten.*
- *Haustiere aller Art sind im Parkgebiet nicht erlaubt.*
- *Das Anzünden von Feuer bitte nur in den dafür vorgesehenen Feuerstellen.*
- *Das Mitführen von Waffen und Munition ist strengstens untersagt.*

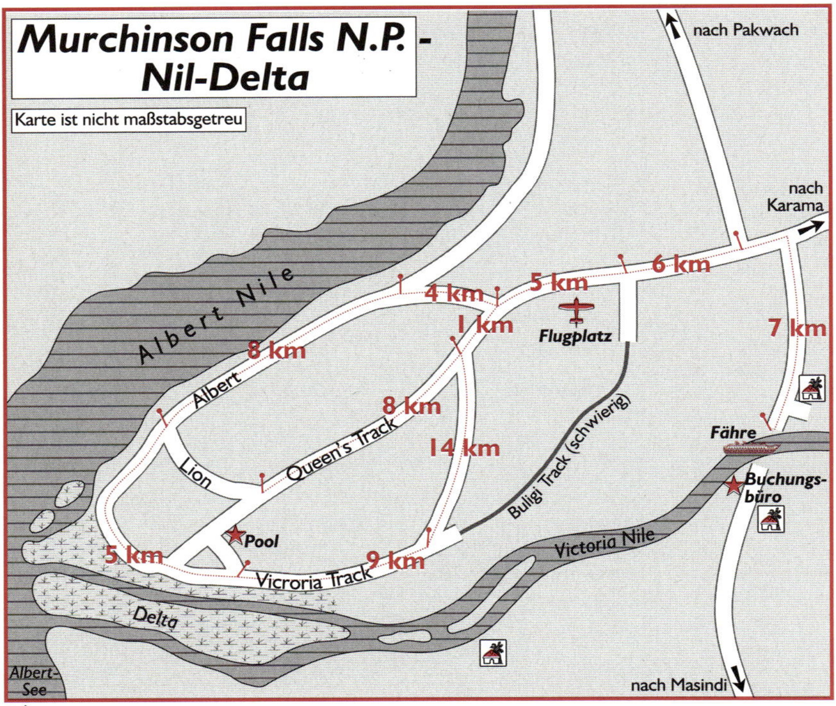

Junger Elefant

Die Entfernungen innerhalb des Nationalparks

Entfernungen jeweils vom Park Headquarter:

Red Chilli Rest Camp	*0,6 km*	
Paraa Safari Lodge	*2,0 km*	
Nil-Fälle (unterhalb)	*14 km*	
Nyamusika-Felsen	*14 km*	
Bugungu Gate	*15 km*	
Nil-Fälle (oberhalb)	*17 km*	*(über Wasser)*
Nile Safari Camp	*22 km*	
Sambiya River Lodge	*25 km*	
Tangi Gate	*25 km*	
Nil-Delta	*28 km*	
Nil-Fälle (oberhalb)	*34 km*	*(über Landweg)*
Rabongo-Wald	*67 km*	
Kichumbanyobo Gate	*69 km*	

Flüge

Der Murchison-Falls-Nationalpark ist ebenfalls mit Charter-Flugzeugen zu erreichen. Es gibt zwei offizielle Landepisten sowie eine private Landepiste. Der Pakuba Airstrip liegt im Nordwesten des Parks, in der Parkhälfte oberhalb des Nils. Im Westen des Parks, in der Parkhälfte unterhalb des Nils, befindet sich der 2004 angelegte Bugungu Airstrip. Zudem verfügt die Paraa Safari Lodge über eine eigene Landepiste für ihre Gäste.

Angrenzend an den Park befinden sich zwei Wildschutzreservate. Das **Bugungu Wildlife Reserve** (ⓘ s. S. 194) und das **Karuma Wildlife Reserve**. In beiden ist keine touristische Infrastruktur vorhanden, jedoch führen Wege zu den wenigen Dörfern im Reservat, auf denen man die Gegend etwas erkunden kann.

In der Umgebung des Murchison-Falls-Nationalparks

Budongo Forest Reserve (ⓘ s. S. 194)

- Überblick

Das 790 km² große Budongo Forest Reserve besteht aus mehreren Waldgebieten. Zahlreiche Tierarten sind hier zu Hause, darunter auch etwa 640 Schimpansen. An zurzeit drei Stellen ist es möglich, den Wald zu besuchen. Die von Masindi aus nächstgelegene und beste Möglichkeit Schimpansen zu beobachten, ist der **Kanyiyo-Pabidi-Wald**. Er liegt an der Straße von Masindi aus zum Murchison-Falls-Nationalpark (29 km), dann nur einige Kilometer hinter dem Eingangstor. Da die Straße zum Wald-Reservat über das Eingangstor zum Nationalpark führt, sind hier auch die Parkgebühren für den Park zu entrichten.

Karte S. 436

Ein Reservat – mehrere Parzellen

Weitere Möglichkeiten bieten sich in **Busingiro**, beim eigentlichen Budongo Forest. Der Ort liegt etwa 40 km westlich Richtung Albert-See, auf der Straße zum Ort **Butiaba**. Dieser Teil des Reservates ist etwas günstiger zu besuchen, da keine Nationalpark-Gebühren anfallen. Dieses Waldstück ist ebenso für seinen Vogelreichtum bekannt. Sie können es mit den Minibussen von Masindi nach Butiaba erreichen. Lassen Sie sich vom Fahrer in der Nähe des Campingplatzes absetzen. Falls Sie am gleichen Tag wieder nach Masindi zurück möchten, bedenken Sie bitte, dass die letzten Minibusse Richtung Masindi bereits gegen 16 / 16.30 Uhr fahren.

Es geht früh zurück

• Geschichte

Budongo hat bereits seit Jahrzehnten den eher geringen Schutzstatus als Waldreservat. Noch bis 1992 war Budongo für Touristen völlig unerschlossen. Damals gab es nur eine Handvoll Wissenschaftler, die eine Gruppe von Schimpansen beobachtete. 1992 wurde das **Budongo Forest Eco-Tourism Project** ins Leben gerufen. Es sollte Möglichkeiten schaffen, den Wald durch Besucher langfristig zu erhalten. Den umliegenden Dörfern sollte dabei die Möglichkeit gegeben werden, direkt vom Tourismus in „ihrem" Wald zu profitieren. Seitdem wurden drei Ausgangspunkte für Touristen geschaffen, von wo aus der Wald erkundet werden kann. Nur zwei Stellen allerdings verfügen über Infrastruktur und die Möglichkeit, Schimpansen zu beobachten: Busingiro und Kanyiyo Padibi.

• Tiere und Pflanzen im Reservat

Der Budongo-Wald verfügt über eine unglaubliche Artenvielfalt. Allein 465 **Pflanzenarten** wurden bisher beschrieben. Besonders beeindruckend sind die bis zu 500 Jahre alten und bis zu 60 m hohen Mahagonibäume.

Die Tierwelt ist nicht minder interessant. Außer den Schimpansen gibt es weitere Affenarten wie Diadem-Meerkatzen und den nachtaktiven Potto. Bei den Vögeln verzeichnet Budongo 366 Arten. Zudem bereichern rund 250 Schmetterlingsarten mit ihren Farben den Wald.

• Aktivitäten

Rendezvous mit Schimpansen

Es gibt zur Zeit zwei Möglichkeiten während einer Wanderung im Reservat auch Schimpansen zu sehen. Die eine ist in **Kaniyo Pabidi**, eine nördlich gelegene Waldinsel an der Grenze zum Murchison-Falls-Nationalpark. Das 286 km² große Waldstück ist das zweitgrößte der vier Parzellen des Budongo Forest Reserve. Die **Wanderungen** beginnen am Kaniyo Pabidi Tourist Center, 29 km von Masindi und 8 km vom Wairingo Gate entfernt. Es finden zwei Wanderungen täglich statt, eine um 8 Uhr und eine um 15 Uhr.

Der zweite Ort für Wanderungen zu den Schimpansen liegt in **Busingiro**, 42 km von Masindi an der Straße zum Albert-See. Hier ist das Herzstück des Waldreservates und es gibt ein Besucherzentrum, von wo aus die Wanderungen starten.

Die **Dauer der Wanderung** wird vom Erfolg der Schimpansensuche bestimmt. Die Tiere können bereits nach einer halben Stunde auftauchen, oder aber erst nach mehreren Stunden. Die Wahrscheinlichkeit, Schimpansen zu sehen, ist relativ hoch, aber auch von der Saison abhängig. In den Monaten Juli und September, wenn viele Früchte reif sind, liegt die Chance bei etwa 95 %. In den an Futterpflanzen nicht so reich gesegneten Monaten Oktober bis Januar nur bei etwas mehr als 50 %.

Schimpanse

Generell kann man sagen, dass bei der Wanderung am Morgen größere Chancen bestehen als bei der am Nachmittag. Für Besucher mit einem Interesse an Vögeln kann die so genannte **Royal Mile** empfohlen werden. Dies ist der Weg zwischen dem Nyabyeya Forestry College und der Forschungsstation. Auf dem 14 km langen Weg bekommt man einen Großteil der im Wald heimischen Vogelarten zu Gesicht.

Saison- und Tageszeit-abhängig

Streckenhinweis

Um von Masindi nach Fort Portal zu kommen, gibt es zwei verschiedene Pisten, die beide von der Straße von Masindi zum Albert-See abzweigen. Die Pisten sind oft in einem nicht allzu guten Zustand. Ein Allradfahrzeug wäre sicher von Vorteil. Der nächstgrößere Ort nach etwa einem Viertel der Strecke ist Hoima.

Strecke zum Ruwenzori-Gebirge

Hoima (ⓘ s. S. 194)

Überblick

Die Stadt Hoima liegt am Rand des Zentralafrikanischen Grabenbruchs, etwa 30 km vom Albert-See entfernt. Sie ist umgeben von einer Hügellandschaft, in der einige Erhebungen über 1.400 m herausragen. Hoima ist eine kleine und auf den ersten Blick etwas heruntergekommene Stadt. Kaum ein Besucher verbringt in dem 28.000-Einwohner-Ort längere Zeit. Hoima ist eher nur eine Durchgangsstation auf dem Weg nach Masindi und Fort Portal.

Entfernungen

Von Hoima nach Kampala: 203 km (über die direkte Route via Kiboga), nach Masindi: 56 km, nach Butiaba: 58 km, nach Kiboga: 87 km, nach Paraa: 148 km, nach Fort Portal: 198 km und nach Mbale: 453 km.

Fahrradtransport – voll bepackt

Geschichte

Sitz des Königs

Die Stadt ist historisch gesehen ein wichtiger Ort des Königreiches Bunyoro. Der letzte berühmte König *Kabalega* hatte seine Residenz 4 km außerhalb der Stadt in Mparo (an der Straße nach Masindi). Dort befinden sich heute auch einige **Königsgräber**, in denen Könige und auch deren Familienmitglieder beerdigt wurden. Unter anderem sind dort *Cwa II. Kabalega* (✝ 1924) und *Tito Winyi IV.* (✝ 1971) begraben. Der aktuelle König *Solomon Iguru Gafabusa* und seine Familie residieren direkt in der Stadt. Im Jahr 1894 erbaute Colonel Colville im Umfeld des Königs Kabalega ein Fort, um den König und sein Reich zu gegebener Zeit unterwerfen zu können. Das **Katashia-Fort** liegt 3 km außerhalb von Hoima, an der Straße nach Biso (39 km) und Butiaba. Heute sind nur noch wenige Reste dieses Forts zu sehen.

Streckenhinweis

Es gibt die Möglichkeit, von Hoima aus direkt nach Kampala zu fahren. Die 203 km lange Piste über Kiboga ist allerdings in keinem guten Zustand. Folgt man der Straße von Masindi weiter nach Südwesten, stößt man nach 150 km beim Ort ***Kyenjojo*** *auf die gute asphaltierte Straße zwischen Kampala (weitere 250 km) und Fort Portal (weitere 48 km).*

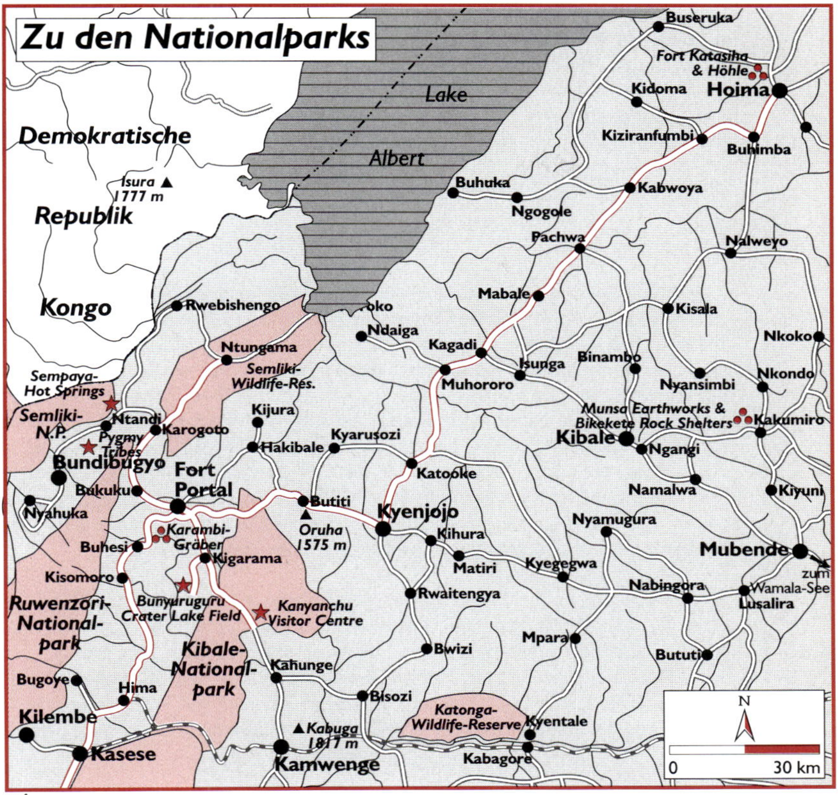

Fort Portal (ⓘ s. S. 194)

Überblick

Fort Portal liegt auf 1.540 m Höhe in einer herrlichen Umgebung am nördlichen Rand des Ruwenzori-Gebirges. Die 41.000-Einwohner-Stadt hat sich in den letzten Jahren zu einem wichtigen Knotenpunkt für Reisende entwickelt, die von hier aus den **Kibale-** und den **Semliki-Nationalpark** sowie das **Semliki W. R.** besuchen möchten.

Die Umgebung von Fort Portal mausert sich zudem zum Zentrum des von örtlichen Gemeinden und Dörfern organisierten Tourismus. Als Beispiel dieser Initiativen seien das **Bigodi Wetland Sanctuary** und das **Nkuruba Nature Reserve** genannt.

Vom Kabarole Hill, dem höchsten Hügel der Stadt, hat man einen herrlichen Ausblick auf die Umgebung. Zu den alten Palastruinen oder dem neuen Palast haben Besucher allerdings keinen Zutritt.

Entfernungen

Von Fort Portal nach Kampala: 322 km, nach Nyabusokoma (Semliki W. R.): 30 km, nach Bundibugye: 65 km, nach Kasese: 75 km, nach Hoima: 198 km, nach Mbarara: 232 km, nach Masindi: 254 km, nach Paraa: 346 km, nach Masaka: 378 km.

Geschichte

Das abtrünnige Königreich

Zwischen 1891 und 1893 wurde an der Stelle des heutigen Golfplatzes ein Fort zum Schutz des **Königreiches Toro** erbaut. Fort Gerry (so der damalige Name) sollte als Bollwerk gegen die Attacken des Bunyoro-Königs Kabalega dienen, der sich das abtrünnige kleine Königreich wieder einverleiben wollte. Das Fort und der dazugehörige Ort wurden einige Jahre später (1900) zu Ehren des britischen Generalkonsuls auf Sansibar, *Sir Gerald Portal*, in Fort Portal umbenannt. Gerald Portal war 1892 wegen Erledigung einiger Formalitäten für das Protektorat in Buganda gewesen, kam aber nie in die Stadt. Er starb einige Monate nach seiner Rückkehr von Buganda nach Sansibar an Malaria. Nach der Jahrhundertwende begann die Stadt schnell zu wachsen. In den 1930ern kamen viele Inder und Europäer hierher und gründeten Teeplantagen oder Handelsgeschäfte.

Toros König ließ in den 1960ern einen neuen Palast auf dem höchsten Hügel der Stadt (Kabarola Hill) errichten. Dieser wurde unter Amin 1979 zerstört und angezündet. Heute steht neben den Ruinen ein neuer **Palast des Königs** von Toro. Der Bau dieses neuen Palastes wurde vom libyschen Staatschef Gaddafi finanziert. Die älteste Prinzessin und Schwester des heutigen Königs studierte in Tripolis und die Stadtbevölkerung erzählt, dass sich Gaddafi in sie verliebt hätte.

Sehenswertes

• Karambi-Gräber (1)

Die **Königsgräber** (Karambi Tombs) liegen 4 km außerhalb der Stadt an der Straße nach Kasese. Achten Sie auf der rechten Seite auf ein kleines Schild, das auf die kurze Piste zu den Gräbern hinweist. Auf der rechten Seite sind die Angehörigen der königlichen Familie begraben. Darunter die Schwester des heutigen Königs, die nur vier Jahre alt wurde. Auf der linken Seite befinden sich drei Hausgräber. Im ersten Grab rechts ist *König Rukidi III.* begraben, daneben liegt das Grab seines Vaters und links daneben das des Großvaters. Die Frauen der Könige sind nicht auf diesem Friedhof begraben, für sie gibt es einen gesonderten Platz.

Die Frauen woanders

• Amabeere-Höhlen (2)

Die Ambeere-Höhlen (auch Nyakasura-Höhlen genannt) liegen etwa 8 km außerhalb der Stadt. Sie sind einfach mit dem Auto, Taxi oder Motorrad-/Fahrradtaxi vom Stadtzentrum aus zu erreichen. Zunächst nimmt man die Straße nach Bundibugyo (ⓘ s. S. 194). Nach 6 km zweigt eine Piste nach rechts ab (ausgeschildert). Nach einem Kilometer geht es wieder rechts weiter und nach etwa 500 m

INFO Königreich Toro

Das Königreich Toro liegt im Bereich zwischen Albert- und Edward-See an der Grenze zum Kongo. Es entstand durch eine Sezession vom Königreich Bunyoro. 1830 rebellierten einige Prinzen gegen den altersschwachen König *Kyebambe III.* Einer der Prinzen ernannte sich selbst zum König. Das kleine Königreich Toro sollte aber immer wieder mit großen Schwierigkeiten zu kämpfen haben. Vor allem mit dem neuen und starken, seit 1869 regierenden Bunyoro-König *Kabalega*.

Nach der Nachricht vom Tod des Toro-Königs *Nyaika* war Kabalega nach Toro einmarschiert und hatte das einst abtrünnige Reich unter seinem neuen König *Kasamaga* 1875 zurückerobert. Tausende von Männern, Frauen und Kindern wurden gefangen genommen. Die erbeuteten Waffen und das Vieh wurden nach Bunyoro gebracht. Toros Königin *Victoria* gelang es aber mit ihrem einjährigen Sohn *Kyibambe* 1875 in das **Königreich Ankole** zu fliehen. Sie glaubten sich in Ankole zunächst sicher. Victoria und ihr Sohn ließen sich im Ort Sema nieder, etwa 35 km von der Hauptstadt des Ankole-Königreichs Mbarara entfernt.

Palast des Königs von Toro

Als Kabalega von der Flucht erfuhr, schickte er der Königsmutter Kiboga (Königsmutter von Ankole) eine Nachricht, um sie unter Druck zu setzten. Kiboga fühlte sich eingeschüchtert und gab dem Drängen Kabalegas schließlich nach. Es wurde geplant, ein Festmahl zu veranstalten, bei dem der Kronprinz von Toro ermordet werden sollte. Boten der Königsmutter kamen nach Sema, um den Prinzen, der damals etwa 10 Jahre alt war, und seine Begleiter abzuholen. Die Mutter aber hatte eine Vorahnung und versteckte ihren Sohn. Königin Victoria flüchtete daraufhin ins Königreich Buganda. Als sie vom Briten *Lugard* und seinen modernen Waffen hörte, nahm sie Kontakt zu ihm auf. Sie versprach Lugard, ihn an den königlichen Salz- und Mineralienminen zu beteiligen, sollte er ihr helfen, das Königreich Toro wieder zurückzuerobern und ihren Sohn als König einzusetzen. Lugard entschied sich, das Angebot anzunehmen.

So wurde mit Hilfe von Lugards Waffen und nubischen Helfern 1893 das Königreich Toro zurück erobert. Der zu zahlende Preis war hoch. Der von den Briten wieder eingesetzte König war dankbar über die Hilfe der Briten, musste als Gegenleistung gleichzeitig aber einen Vertrag unterzeichnen, in dem er nicht nur sämtliche Minen, sondern auch die Souveränität Toros zu Gunsten der Briten abtrat.

erreichen Sie rechts eine Wiese. Fahren Sie den Weg entlang und schon erreichen Sie einen Campingplatz (sehr zu empfehlen). Von dort werden **geführte Wanderungen** zu den Höhlen angeboten. Die Höhlen sind allerdings eher Felsvorsprünge denn richtige Höhlen. Für die kurze Wanderung (½ Stunde) brauchen Sie gute Schuhe, da es über und an einem Bach vorbeigeht.

Aktivitäten

In dem bilharziosefreien Vulkan-See **Lake Nkuruba** (ⓘ s. S. 194) *können Sie baden. Der Wald um den See lädt zum Spazierengehen und Wandern ein. Hier leben u.a. Guerezas, Rote Colobusaffen und Schimpansen. Zudem können Sie vor Ort Mountainbikes mieten und Touren unternehmen.*

INFO Die Sage der Amabeere-Höhlen

Es war einmal im 13. Jh. moderner Zeitrechnung, da regierten zwei Könige die Welt. Der eine, König *Isaza*, das Oberirdische Reich und der andere, König *Nyamiyonga*, das Unterirdische Reich. Eines Tages beschloss der König der Unterwelt eine große Feier auszurichten und lud dazu auch den König der Oberwelt ein. Isaza nahm die Einladung gerne an und machte sich auf den Weg in Richtung Unterwelt. Er musste allerdings ein Tor passieren, das diese beiden Welten von einander trennte und das von einem Torwächter bewacht wurde. Normalerweise war es nicht möglich, zwischen den beiden Welten zu wechseln, außer, man hatte einen triftigen Grund. Als König Isaza das Tor erreichte, berichtete er dem Torwächter Bukuku über seine Einladung in die Unterwelt und machte mit ihm einen Zeitpunkt für seine Rückreise aus.

So zog er weiter und erreichte zum ersten Mal in seinem Leben die Unterwelt. König Nyamiyonga hatte wirklich ein rauschendes Fest organisiert und König Isaza amüsierte sich königlich. Doch er durfte die Verabredung mit dem Torwächter nicht verpassen und so brach er zeitig wieder auf. Auf dem Weg zurück zum Tor verlief sich König Isaza. Als die verabredete Zeit verstrich und Bukuku merkte, dass der König nicht zurückkam, machte er sich auf in die Hauptstadt der Oberwelt, um sich selbst als neuen König zu krönen. Der rechtmäßige König Isaza, der nach vielen Stunden endlich den richtigen Weg gefunden hatte, stand derweil vor dem verschlossenen Tor und konnte nicht mehr zurück. Bukuku, jetzt König, heiratete die zurückgelassene Königin und bekam eine sehr schöne Tochter. Sie wurde *Nyinamwiru* (Mutter des Sklaven) genannt und sobald sie erwachsen wurde, schauten sich alle Männer nach ihr um.

Durch ihre unglaubliche Schönheit war sie schon im ganzen Land bekannt. Es stellte sich aber heraus, dass ihr Vater, König Bukuku, damit nicht sehr glücklich war, denn er wollte verhindern, dass seine Tochter heiratete. Ein Wahrsager hatte ihm nämlich prophezeit, dass sie einen Sohn gebären würde, der ihn töten würde, um frühzeitig den Thron besteigen zu können. So versteckte er seine Tochter im Labyrinth seines Palastes, denn nie mehr sollte ein Mann seine Tochter zu Gesicht bekommen. Auch Prinz *Isimbwa* hörte von der wunderschönen Tochter des Königs. Er selber war der Sohn von König Isaza, der in der Unterwelt als verschollen galt. Da Isimbwa sich im Palast auskannte, fand er einen Weg zur schönen Prinzessin. Er verliebte sich in ihre Schönheit und verbrachte so viele Stunden wie möglich mit ihr, immer auf der Hut vor den königlichen Soldaten und Wächtern.

Nach drei Monaten hatte er jedoch das Versteckspiel satt und sah ein, dass ihre Verbindung keine Zukunft hatte. Es verließ die schöne Prinzessin wieder, diese aber war bereits schwanger. Als ihr Vater die Schwangerschaft bemerkte, war er bitterböse. Er wartete die Schwangerschaft geduldig ab. Als es soweit war und seine Tochter einen Jungen gebar, da nahm er ihr das Baby direkt nach der Geburt weg und gab seinen Soldaten den Auftrag, das Kind zu töten. Doch keiner der Soldaten brachte es über das Herz. So nahm es einer von ihnen und warf es kurzerhand in einen Fluss. Doch das Baby hatte Glück im Unglück. Es verfing sich in einer Pflanzenschlinge, die den Kopf über Wasser hielt. Der König hatte inzwischen seiner Tochter ein Auge und die beiden Brüste abschneiden lassen, damit die Männer nicht länger ihre Schönheit bewunderten. Er ließ das Auge und die Brüste in eine Höhle in der Nähe des Flusses werfen. Dort wuchsen die Brüste an den Felswänden wieder an. Seitdem heißen die Höhlen **Amabeere ga Nyinamawiru** (der Busen von Nyinamawiru). Ein alter Töpfer namens *Indahura* (Störenfried) hatte derweil das Baby entdeckt und aus seiner misslichen Lage befreit. Er war allein und hatte keine Frau oder älteren Töchter, die ihm beim Aufziehen des Babys helfen konnten. Während er Ton für seine Töpferarbeiten suchte, stieß er auf die Höhlen am Fluss und entdeckte dort Brüste an den Felswänden die Milch gaben. Sie reichte zwar nicht aus, aber mit der zusätzlichen Milch seiner Kühe konnte er den kleinen Jungen ernähren und großziehen.

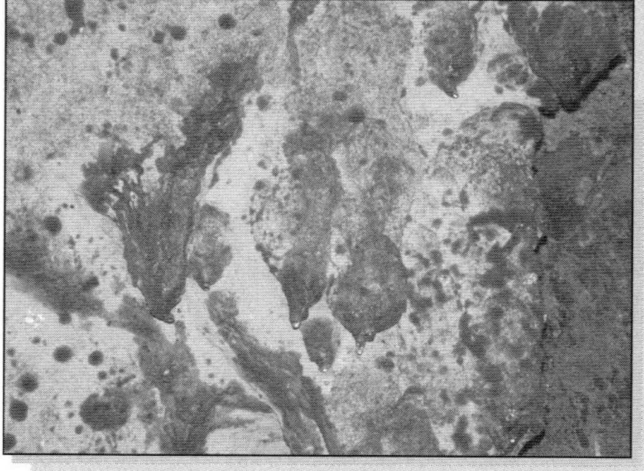

Die „Brüste" der Amabeere-Höhle

Als der Junge alt genug war, bekam er vom Töpfer die Aufgabe, seine Kühe zu hüten. Er war zwar stolz auf diese Aufgabe, aber auch ein wenig faul. Da die nächste Wasserstelle die des Königs war, zog er mit seiner Kuhherde jeden Tag dorthin, um sie zu tränken. Die königlichen Wächter versuchten den Jungen immer wegzuschicken, aber dieser ließ sich nicht beeindrucken. So erzählten die Wächter eines Tages dem König über den Jungen, der seine Kühe immer an die königliche Tränke führte.

König Bukuku war neugierig, welcher Junge so frech war und beschloss selber zur Tränke zu gehen. Als er auf den Jungen traf und ihm den Zutritt verbieten wollte, ließ sich der Junge nicht beirren und pochte auf sein Recht, die Tränke zu nutzen. Der König wurde so wütend über den frechen Jungen, dass er seinen Speer nahm, um ihn zu töten. Der Junge aber war schneller, wich aus, um dann seinerseits einen Speer zu nehmen und damit den König zu töten.

Daraufhin ging er zum Palast und ließ sich dort als neuen König ausrufen. So wurde die Prophezeiung doch noch wahr, dass der König durch die Hand seines eigenen Sohnes sterben würde.

Streckenalternative: Von Kampala nach Fort Portal

Sollten Sie direkt von Kampala nach Fort Portal fahren wollen und nicht wie oben beschrieben über Masindi und Hoima, dann fahren Sie folgende Route:
Verlassen Sie Kampala in Richtung Westen, dann passieren Sie nach ungefähr 64 km den Ort **Mityana** (ⓘ s. S. 194). Auf der Weiterfahrt kommen Sie nach weiteren 75 km an einem Forest Reserve (Waldreservat) vorbei. Nur 8 km weiter durchfahren Sie die kleine Stadt

Mubende

☞ Karte S. 449

Aktivitäten/Sehenswürdigkeiten

- **Ausflug zum Wamala-See**

Wenn Sie den von Legenden umwobenen **Wamala-See** besuchen möchten, folgen Sie von Mityana aus der von Kampala kommenden Hauptstraße in Richtung Fort Portal. Fahren Sie bis zum 8 km entfernten Dorf **Naama**. Von dort sind es nur noch 20 Minuten zu Fuß. Fragen Sie vor Ort nach dem richtigen Weg, die Menschen helfen Ihnen gerne weiter. Der See hat eine große Insel, auf die Sie mit Fischerbooten übersetzten können.

- Der **Mubende Forest** liegt nur 500 m vom Ort entfernt. Es gibt einen 8 km langen Wanderweg durch den Wald mit seinen vielen Bächen. Sie beginnen die Wanderung am besten am Community Center (New Kampala Road). 100 m dahinter beginnt links ein Fußweg hinunter zum Fluss und auf der anderen Seite wieder hoch. Nach ca. 500 m erreichen Sie die Old Kampala Road und gehen rechts weiter. Schon jetzt haben Sie die Möglichkeit, **Guerezas** zu sehen, von Vögeln und Schmetterlingen nicht zu reden. Gehen Sie ca. 4 km die Straße entlang und biegen dann rechts ab. Der Weg wird zum Trampelpfad und nach 2-3 km erreichen Sie wieder die New Kampala Road (fragen Sie nach dem Weg zurück nach Mubende, falls Sie unsicher sind).

- Eine **Wanderung** zu den zwei Wasserfällen der Umgebung von **Ntusi**, die Nyahuka und die Ngite Falls, bietet sich an, wenn Sie etwas Zeit haben.

☞ ***Tipp***
*Der archäologisch interessante Ort **Munsa** mit seinen Erd- und Höhlenarbeiten liegt 6 km außerhalb von Kakumiro. Folgen Sie der Straße nach Hoima für 2 km und biegen Sie am Munsa-Primary-School-Schild nach links ab. Nach 3,5 km erreichen Sie den Platz (gegenüber der Schule). Führer gibt es vor Ort, eine Taschenlampe ist von Nutzen.*

Von Mubende führt eine Abzweigung über Nyarweyo nach Hoima (133 km). Die Piste ist aber in einem schlechten Zustand. Auf dem weiteren Weg Richtung Westen erreichen Sie Kyegegwa (48 km von Mubende). In diesem Ort befindet sich die Abzweigung zum Katonga WildlifeReserve (Richtung Süden). Auf der weiteren Strecke nach Fort Portal folgen Kyenjojo (247 km von Kampala), der Kibale-Nationalpark (bei km 278) und das Sebutooli Tourist Camp (bei 283 km). Von Kampala aus erreichen Sie nach insgesamt 294 km Fort Portal.

Ausflüge von Fort Portal

Zum Katonga Wildlife Reserve

Um von Fort Portal zum abgelegenen Katonga W. R. zu kommen, fahren Sie Richtung Osten (Richtung Kampala) bis zum Ort Kyegegwa (rund 110 km). Von dort nehmen Sie eine Piste nach Süden, über den Ort Mpara bis zum Headquarter des Reservates (am Katonga-Fluss). Während der Regenzeit ist ein Allradfahrzeug erforderlich.

Streckenhinweis

Weiterfahrt zum Kibale-Forest-Nationalpark
Fahren Sie in Fort Portal in südöstlicher Richtung aus der Stadt heraus. Die Abzweigung (ausgeschildert) befindet sich in der Nähe der Brücke. Die Piste führt über Kigarama nach Kanyanchu, wo sich das Besucherzentrum des Nationalparks befindet.
*Auch von **Kamwenge** (ⓘ s. S. 194) aus können Sie den **Kibale-Forest-Nationalpark** besuchen (an der Straße Richtung Fort Portal). Das Kanyanchu-Besucherzentrum liegt ca. 30 km nördlich von Kamwenge.*
*Das **Katonga Wildlife Reserve** (ⓘ s. S. 194) ist nur etwa 25 km Luftlinie entfernt (an der Bahnstrecke nach Kampala), aber mit dem Auto müssen größere Umwege gefahren werden (über Kasozi etwa 95 km).*

Katonga Wildlife Reserve (6) (ⓘ s. S. 194)

Überblick

Abseits der Routen

Das 207 km² große Reservat liegt etwas abseits der üblichen Routen und ist daher nicht sehr bekannt. Es liegt vor dem Queen-Elizabeth-Nationalpark an der Eisenbahnlinie von Kampala nach Kasese. Allerdings führt keiner der Hauptverkehrswege zum Reservat oder auch nur in der Nähe vorbei. Das Gebiet wird geprägt durch ausgedehnte Sümpfe auf der einen und Grassavannen auf der anderen Seite. In Katonga leben 40 Säugetierarten, darunter die seltene **Sitatunga-Antilope**.

Geschichte

Das Katonga-Wildreservat wurde 1964 gegründet. In dieser Zeit gab es in diesem Gebiet noch große Herden an Zebras und Antilopen. Wie in vielen anderen Schutzgebieten in Uganda auch, wurde der Tierbestand durch Wilderei in den 1970er und 1980er Jahren drastisch dezimiert. Seit den 1990ern erholen sich glücklicherweise auch hier die Bestände kontinuierlich. Bis 1998 war das Reservat auf Touristen nicht eingestellt. Seitdem gibt es mit Unterstützung amerikanischer Entwicklungshilfe einige Projekte, um das Reservat für Besucher attraktiver zu machen.

Aktivitäten

Zu empfehlen ist der angebotene Kanu-Ausflug. Dieser führt auf einem schmalen Kanal (ca. 2 km) durch die Sümpfe des Reservates. Vom Boot aus sind die Chancen gut, Sitatunga, Otter und eine Vielzahl an verschiedenen Vögeln zu sehen. Des Weiteren gibt es einige **Wanderwege**. Der Sitatunga Trail führt durch verschiedene Grassavannen und Sumpfgebiete. Der Kisharara Trail versucht, dem Besucher alle im Reservat vorkommenden Lebensräume zu zeigen, und der Kyeibale Trail führt die Wanderer mehr in die trockenen Bereiche, vorbei an Felsen und kleinen Höhlen.

Verschiedene Trails

Streckenhinweis

Fahren Sie zurück nach Kyegegwa und dann weiter nach Westen. Auf der Strecke nach Fort Portal folgen Kyenjojo (247 km von Kampala), Kibale-Nationalpark (bei km 278) und das Sebutooli Tourist Camp (bei km 283). Von Kampala aus erreichen Sie nach insgesamt 294 km Fort Portal.

Kibale-Forest-Nationalpark (ⓘ s. S. 194)

Überblick

Der 766 km² große Kibale-Forest-Nationalpark liegt nördlich des Queen-Elizabeth-Nationalparks zu Füßen des Ruwenzori-Gebirges. Der Wald ist ein Spiegel der typischen ostafrikanischen Regenwälder mit einer Mischung aus Tiefland- und Bergregenwald. Kibale wird von zwei Flüssen durchzogen, dem Mpanga und dem Dura. Letzterer entspringt im Kibale-Wald. Den Nationalpark kann man mittlerweile von zwei Stellen aus besuchen: einmal von **Kanyanchu** (36 km von Fort Portal) aus, wo sich auch das Park-Büro befindet und von wo aus die Schimpansen-Wanderungen starten. Der andere, erst 2002 eröffnete Eingangsbereich nennt sich **Sebitoli**. Er liegt an der Straße Fort Portal – Kampala, 14 km außerhalb von Fort Portal. Das Parkbüro hat geöffnet täglich von 7.30-17 Uhr.

Kibale-Forest-Nationalpark

Lage und Klima

Der Kibale-Wald liegt auf einer Höhe von 960 und 1.590 m. Das Klima ist sehr angenehm. Die Temperaturen bewegen sich am Tag meist im mittleren 20er-Grade-Bereich. Als durchschnittliche Tageshöchsttemperatur werden 28 °C erreicht. Nur abends kann es recht frisch werden mit einer durchschnittlichen Minimaltemperatur von 12,7 °C. Daher sollte man immer etwas zum Überziehen dabei haben. Im Kibale-Wald regnet es an etwa 160 Tagen im Jahr, dies ergibt eine jährliche Niederschlagsmenge von 1.480 mm. Als regenreichste Monate gelten März bis Mai und September bis Dezember.

Geschichte

Der Kibale-Forest-Nationalpark wurde 1993 gegründet. Das Gebiet stand bereits seit 1932 als so genannter „Crown Forest" unter eingeschränktem Schutz. 1948 wurde Kibale dann ein Waldschutzgebiet (Forest Reserve). Gleichzeitig diente es als Pufferzone für den angrenzenden Queen-Elizabeth-Nationalpark. Trotz des Schutzstatus wurde der Wald bereits von den Briten genutzt. Ebenholz wurde geschlagen und es wurden sogar Kaffeeplantagen im Wald angelegt. Zum Teil bereits verwilderte Kaffeesträucher der Sorte Robusta sind noch auf rund 70 km² des Waldgebietes zu finden.

Kaffee im Wald

Tiere im Kibale-Forest-Nationalpark

Im Kibale-Forest-Nationalpark leben 71 Säugetierarten, davon 13 Primatenarten. Der Kibale-Wald ist damit der an Primatenarten reichste Wald Ugandas und zugleich einer der reichsten der Welt (ca. 1.420 Tiere). Von den hier vorkommenden Primaten sind besonders der Langhaar-Schimpanse und der Rote Stummelaffe zu erwähnen. Weitere Säugetierarten im Nationalpark sind der Afrikanische Steppenelefant, Baumschliefer, Riesen-Waldschwein, Ducker, Sitatunga-Antilope, Defassa-Wasserbock, Kaffernbüffel, Leopard, Goldkatze, Serval, Tüpfelhyäne und Streifenschakal.

Hornvogel

Unter den Vögeln hat man insgesamt 372 Arten im Kibale-Wald registriert. Seltener zu sehen sind Reptilien. Vor allem Schlangen gelten als scheue Tiere und sind daher nicht leicht zu beobachten. Einige der in Kibale vorkommenden Arten sind die Blaukehl-Agame, der Streifenskink, die Nashorn-Viper, die Schwarzweiße Kobra und die Lianennatter.

Von den zahlreichen Schmetterlingen in Uganda sind hier rund 140 Arten vertreten.

Aktivitäten

Viele der Besucher des Kibale-Forest-Nationalparks kommen wegen der Schimpansen. Die **Wanderungen** zu unseren nächsten Verwandten beginnen in **Kanyanchu**, jeweils zweimal täglich (8 und 15 Uhr). Die Chancen, Schimpansen auch wirklich zu sehen, sind sehr gut und liegen bei über 90 %. Der Tag startet allgemein sehr früh, um die Schimpansen zwischen 5.30 und 6.30 Uhr beim Verlassen

Es geht früh los

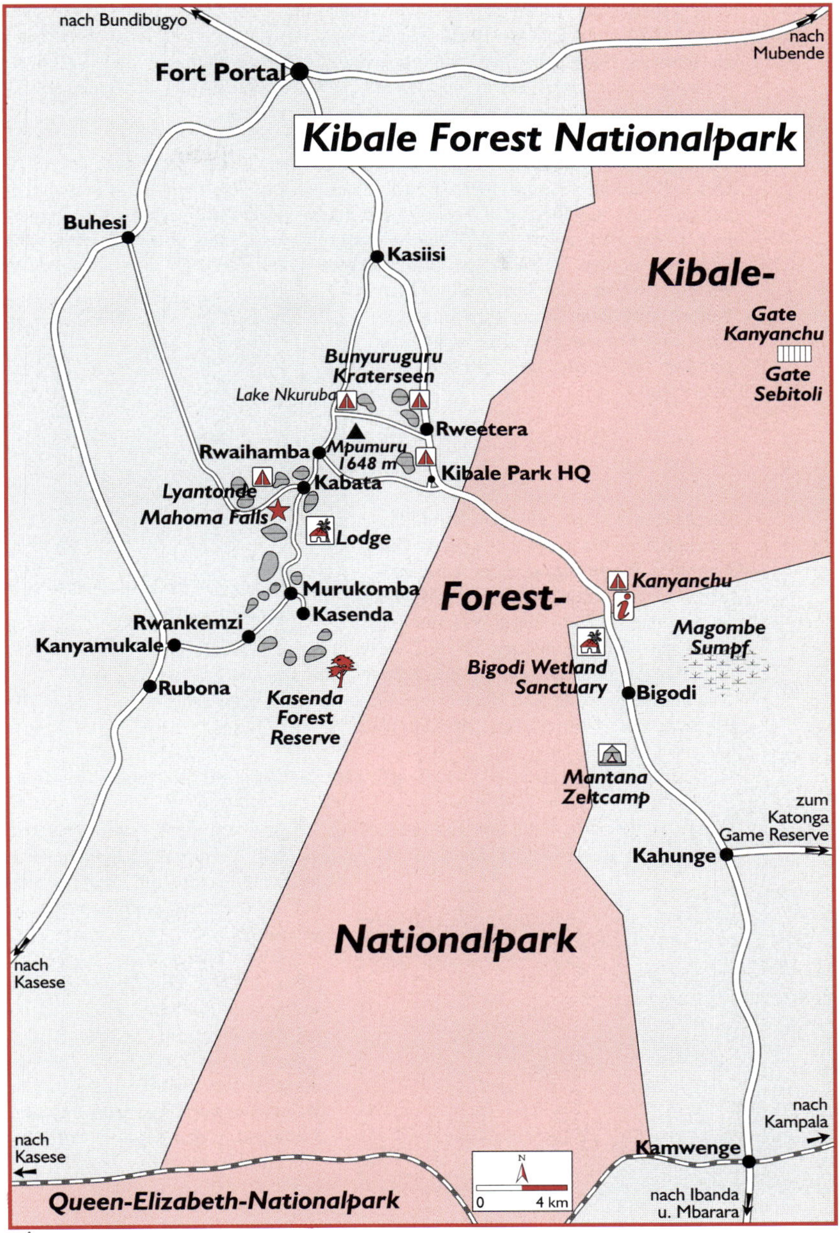
nach Bundibugyo
Fort Portal
nach Mubende
Kibale Forest Nationalpark
Buhesi
Kasiisi
Kibale-
Gate Kanyanchu
Gate Sebitoli
Bunyuruguru Kraterseen
Lake Nkuruba
Rweetera
Rwaihamba
Mpumuru 1648 m
Kibale Park HQ
Lyantonde
Kabata
Mahoma Falls
Lodge
Kanyanchu
Murukomba
Forest-
Kasenda
Rwankemzi
Magombe Sumpf
Kanyamukale
Bigodi Wetland Sanctuary
Rubona
Bigodi
Kasenda Forest Reserve
Mantana Zeltcamp
zum Katonga Game Reserve
Kahunge
nach Kasese
Nationalpark
nach Kampala
nach Kasese
Kamwenge
Queen-Elizabeth-Nationalpark
N
0 4 km
nach Ibanda u. Mbarara

ihrer Schlafnester zu beobachten. Die Wanderung bzw. Beobachtung endet zwischen 17.30 und 16.30 Uhr, wenn die Schimpansen wieder ihre Nester bauen, um zu schlafen. Relativ neu ist die Möglichkeit, mehrere Tage bei den Tieren zu verbringen. Für einen Betrag von zurzeit 500 US$ können die Schimpansen mit den Forschern zusammen 6 Tage lang beobachten werden.

Kinder-Spaziergang

Ein ebenfalls interessanter Ausflug ist die Nachtwanderung. Sie startet um 19.30 Uhr und dauert etwa bis gegen 22 Uhr. Hier hat man die Möglichkeit, die nachtaktiven Tiere zu sehen, vor allem das Buschbaby oder den Potto. Eine Besonderheit ist die Möglichkeit einer Kinder-Wanderung für Kinder unter 12 Jahren, die nicht mit zu den Schimpansen dürfen. Während die Eltern zu den Schimpansen wandern, werden die Kinder von Mitarbeitern des Jane-Goodall-Instituts betreut. Das Programm enthält einen Spaziergang mit Spielen und Informationen zum Wald.

Der Riesenturako begrüßt die Besucher

Bigodi Wetland Sanctuary (5)

(ⓘ s. S. 194)

Privates Schutzprojekt

Dieses kleine Schutzgebiet am Rande des Kibale-Forest-Nationalparks schützt den Magombe-Sumpf und wird von einer örtlichen Organisation (KAFRED) geleitet. Es gibt einen 4,5 km langen Wanderweg durch das Gelände, der am KAFRED-Büro in Bigodi startet. Auch hier gibt es zwei angebotene Führungen. Eine am Morgen und eine am Nachmittag. Die Wanderung, die besonders Vogelfreunde begeistern wird, dauert rund drei Stunden.

☞ **Karte**
S. 452

Bunyuruguru-Kraterseen (4) (ⓘ s. S. 194) (auch Kasenda-Kraterseen genannt)

Dieses regelrechte Feld aus Kraterseen liegt 30 km von Fort Portal entfernt. Mehr als 30 dieser Seen formen aus dieser einst sehr vulkanischen Gegend eine herrliche Landschaft. Nur ein Teil der Seen ist mit dem Fahrzeug zu erreichen (z.B.: Nkuruba (ⓘ s. S. 194), Nyinambuga, Nyabikere (ⓘ s. S. 194)). Das Gebiet ist hervorragend für einen Zwischenstopp auf dem Weg zum nächsten Nationalpark geeignet, oder auch für Aufenthalte von mehreren Tagen mit Wanderungen, Bootstouren und Ausflügen in den Kibale-Forest-Nationalpark.

Flamingos

Semliki Wildlife Reserve (ⓘ s. S. 194) (früher: Toro Game Reserve)

Überblick

Das Semliki-Gebiet liegt am Grund des Grabenbruchs (Albert-Rift), zwischen dem Albert-See im Nordosten und dem Ruwenzori-Gebirge im Südwesten. Seine Landschaft besteht größtenteils aus Akazien-Savannen und Galeriewäldern entlang der Flüsse. Mit zunehmender Nähe zum Albert-See bestimmen auch Sumpfgebiete die Landschaft. Das 548 km^2 große Semliki Wildlife-Reservat liegt, entgegen des Namens, nicht am Semliki-Fluss, sondern am Fluss Wasi. Dieser Fluss teilt das Reservat in zwei Hälften, bevor es im Nordosten vom Albert-See begrenzt wird. Zu erreichen ist das Semliki Wildlife Reserve über die Straße von Fort Portal nach Bundibugyo (72 km). Bei Kilometer 30 hinter Fort Portal befindet sich eine Abzweigung nach rechts Richtung Reservat und Ntoroko. Dies ist ein Fischerdorf am Rande des Reservats, das nur über die Straße durch das Schutzgebiet erreicht werden kann.

Heiße Quellen in Semliki

Lage und Klima

Da das Gebiet des Semliki Wildlife Reserve auf dem Grund des Grabenbruchs liegt, erstreckt es sich nur auf Höhen von 600 bis 700 m über dem Meeresspiegel. Durch diese Lage ist das Gebiet des Reservates mit überdurchschnittlichen Temperaturen im oberen 20-Grad-Bereich und darüber gesegnet.

Geschichte

Auf Grundlage eines seit 1913 bestehenden Jagdschutzgebietes wurde das heutige Semliki Wildlife Reserve 1932 als Toro Game Reserve gegründet. Unter dieser Bezeichnung ist es noch auf vielen Uganda-Karten zu finden. Eine eher ausgefallene Geschichte ereignete sich zu Zeiten Idi Amins. Der Diktator war nicht nur für seine Brutalität bekannt, sondern auch für seine zum Teil verrückten Ideen. Er hatte gehört, wie viel Geld Jäger für die Erlegung eines Tigers in Indien bezahlen mussten, und wollte daher die Tigerjagd auch in Uganda als lukratives Geschäft etablieren. Zu diesem Zweck wurden ein Dutzend Tiger importiert, um sie in Semliki auszuwildern. Das Projekt scheiterte aber an großen Protesten von Bevölkerung und Naturschützern, die Tiger blieben vorerst in Entebbe.

Amins verrückte Ideen

Mitte der 1990er Jahre war das Gebiet Angriffziel der ADF (Allied Democratic Front). Diese brutale, aus dem Kongo agierende Gruppe, ist für diverse Überfälle in der Region verantwortlich. Sinn, Zweck und Ziel dieser Gruppierung sind nicht eindeutig zu bestimmen. Das Reservat blieb während dieser Zeit für Besucher geöffnet. Seit Ende der 1990er hat sich die Situation um einiges verbessert. Übergriffe auf ugandisches Territorium sind seitdem nicht mehr vorgekommen. Das Gleiche gilt auch für die Wilderei und die Entwicklung der Tierbestände. Mit der Eröffnung der Semliki Safari Lodge im Jahr 1997 konnte die Wilderei eingedämmt werden. Die Tierbestände haben sich seitdem positiv entwickelt. Das Reservat ist heute weitestgehend unter privater Leitung und wird von der Green Wilderness Group gemanagt.

Tierwelt im Semliki W. R.

Paradies für Vögel

Mittlerweile gibt es wieder über 8.000 Uganda-Kobs und über 1.000 Kaffernbüffel im Reservat. Im Mugiri-Wald leben auch etwa 60 Schimpansen. Eine Gruppe wird seit Jahren von Forschern beobachtet und ist daher an Menschen gewöhnt. Allerdings soll die Chance, die Tiere zu sehen, nicht allzu groß sein. Auch wenn das Großwild noch nicht wieder so zahlreich ist wie im Queen-Elizabeth- oder Murchison-Falls-Nationalpark, so sind es zumindest die Vögel. Mit fast 400 Arten sind sie hier im Grabenbruch vertreten.

Aktivitäten

Semliki Lodge

Interessant ist eine Bootstour auf dem Albert-See, die von der Lodge oder den hier heimischen Fischern organisiert werden kann. An den Ufern bestehen gute Möglichkeiten, den Schuhschnabel zu sehen. Während einer Bootstour können auch die Nkusi Falls angesteuert werden. Sie muten wie eine kleinere Ausgabe der Murchison Falls an. Das Semliki-Reservat ist zurzeit der einzige Ort in Uganda, wo Nachtfahrten möglich sind. Dabei hat man gute Chancen, einen Leopard auf der Pirsch zu beobachten. Für Angler gibt es hier die Möglichkeit nach dem Nilbarsch und anderen Fischen zu angeln. Bei der Semliki Safari Lodge kann man sich informieren und auch anmelden.

Im kleinen Ort **Ntandi** außerhalb des Reservates leben Pygmäen, deren Besuch für die Besucher nicht so beschämend ist wie an anderen Orten. Falls Sie diesen Menschen begegnen wollen, dann am ehesten hier.

Streckenhinweis

Fahren Sie die Semliki-Straße weiter Richtung Bundibugyo und Sie kommen zum Semliki-Nationalpark (ausgeschildert).

Semliki-Nationalpark (ⓘ s. S. 194)

Überblick

Im äußersten Westen Ugandas an der Grenze zum Kongo (52 km von Fort Portal) liegt der 220 km² große Semliki-Nationalpark. Er befindet sich innerhalb des Grabenbruchs und wird im Nordosten durch den Semliki-Fluss begrenzt, im Südosten durch die Hauptstraße nach Bundibugyo. Der Park schützt hauptsächlich den Tiefland-Regenwald, der als Teil des im Kongo liegenden Ituri-Waldes angesehen wird.

Tiefland-Regenwald

Lage und Klima

Der Semliki-Nationalpark liegt auf einer durchschnittlichen Höhe von 700 m. In seinem Bereich ist das Klima relativ feucht und sehr warm. Die Tagestemperaturen liegen meist um die 30 °C.

Geschichte

Aus dem Bwamba Forest Reserve wurde im Oktober 1993 der Semliki-Nationalpark. Seitdem hat er eine kurze, aber turbulente Vergangenheit hinter sich. Der Aufbau einer Infrastruktur für den Nationalpark wurde immer wieder empfindlich gestört. Die Rebellentruppe ADF und ihre Überfälle machten den Behörden und den Menschen im Gebiet immer wieder zu schaffen. So musste der Park von 1997 bis 1998 aus Sicherheitsgründen ganz geschlossen werden. Nach der Wiedereröffnung blieb die Lage zunächst unruhig und bis 2001 wurde der Park des Öfteren für einige Monate gesperrt. Seit der letzten Wiedereröffnung 2001 ist es bisher ruhig geblieben und langsam kommen auch wieder mehr Besucher in diesen abgelegenen Teil Ugandas.

Uganda-Kob

Tier- und Pflanzenwelt im Semliki-Nationalpark

Die Tierwelt des Semliki-Parks weist einige Arten auf, die ansonsten nur im Kongo heimisch sind – ein Beleg dafür, dass der im Semliki-Park liegende Bwamba-Wald **Teil des Ökosystems** des kongolesischen Ituri-Waldes ist. Die Spannbreite der Säugetierarten ist dabei nicht so zahlreich, rund 65 Arten sind offiziell registriert. Davon elf Arten, die in Uganda sonst nicht zu finden sind. Eine Besonderheit ist das hier vorkommende Afrikanische Hirschferkel, dessen Ursprünge noch aus der Tertiär-Zeit stammen und das somit fast schon ein lebendes Fossil ist.

Die Vogelwelt ist bei Weitem artenreicher. Fast 400 Vogelarten, davon knapp 40 endemische Arten finden sich hier. Im Parkgebiet leben zudem über 300 Schmetterlingsarten Und auch die Pflanzenwelt ist sehr faszinierend. Durch das feuchtwarme Klima gedeiht die Vegetation besonders üppig. 300 Baumarten wurden entdeckt, 30 % davon gibt es sonst nirgendwo in Ostafrika zu sehen.

Aktivitäten

Karte S. 452

Das Parkbüro befindet sich in **Ntandi**. Dort leben auch einige der Pygmäen aus dieser Gegend, die man hier besuchen kann. Einer der Höhepunkte im Nationalpark sind die **heißen Quellen von Sempaya (3)**. Sie sind Ziel auf einer von mehreren Wanderrouten im Nationalpark. Die größte der Quellen ist ein Geysir, der hin und wieder Wasser aus einem Loch mit 8m Durchmesser schießt. Vorsicht ist hier geboten, denn das Wasser ist teilweise über 100 °C Grad heiß. Interessant ist auch eine Wanderung weiter zum **Mungilo-Wasserfall**. Chancen, besonders viele verschiedene Tierarten zu sehen, hat man vor allem bei der Wanderung entlang des Semliki-Flusses. Diese Wanderung dauert hin und zurück rund 6 Stunden.

Interessante Wanderungen

Es ist auch möglich, bei vorheriger Anmeldung, größere Wanderungen (wie die am Semliki-Fluss) mit einer Zeltübernachtung zu unternehmen. Sicher ein unvergleichliches Erlebnis.

Für Abenteurer sei in diesem Zusammenhang noch auf den **Kirumia River Trail** hingewiesen. Eine mehrtägige Wanderung (oder eher Expedition) von Kirumia Richtung Semliki-Fluss mit zweifacher Überquerung des Kirumia-Flusses führt tief ins Gebiet des Parks und gibt die Möglichkeit auch die seltensten Tierarten zu sehen.

Zu guter Letzt sei noch ein **Spaziergang** zwischen Sempaya und Ntandi empfohlen. Der 5 km lange Weg ist außerhalb des Nationalparks und kann daher auch ohne Führer gelaufen werden. Der Pfad ist besonders gut geeignet, um Vögel zu beobachten.

Streckenhinweis

Da die Straße von Fort Portal zum Semliki-Nationalpark ab dem Park nach weiteren Kilometern im Niemandsland der Grenzzone zum Kongo endet, muss diese Stecke wieder zurückgefahren werden. Von Fort Portal führt dann eine gute Straße Richtung Kasese. 4 km außerhalb der Stadt befinden sich die Königsgräber, nach weiteren 27 km passieren Sie den Ort Kibiito und nach weiteren 44 km erreichen Sie Kasese (insgesamt 90 km von Fort Portal).

Kasese (ⓘ s. S. 194)

Diese kleine, etwas verschlafen wirkende Stadt hat immerhin 54.000 Einwohner. Sie liegt eingekeilt zwischen dem Queen-Elizabeth-Nationalpark und dem Ruwenzori-Gebirge und war in früheren Jahrzehnten ein sehr geschäftiger Ort. Die Minen und Plantagen der Umgebung transportierten ihre Erzeugnisse mit dem Zug Richtung Hauptstadt. Umgekehrt kamen Reisende, um von Kasese aus das Umland und seine Schutzgebiete zu erkunden. Diese Zeiten sind längst vorbei. Zwar fahren noch einige Güterzüge die Strecke hinunter zum Viktoria-See, aber die Personenzüge sind seit 1997 eingestellt. Dennoch ist diese wenig attraktive Stadt bis heute Ausgangspunkt für die Ruwenzori-Wanderungen *(siehe S. 470)*.

Die Straße zwischen Kasese und Bushenyi

Wenig attraktiv

In **Kilembe**, 13 km westlich von Kasese, liegt eine ehemalige Kupfermine. Das Metall war in den 1970ern eines der wichtigsten Exportgüter Ugandas. Heute gewinnt eine Firma aus dem Abraum der damaligen Mine Kobalt.

Entfernungen

Von Kasese nach Kampala: 430 km, nach Kilembe (Ruwenzori-Nationalpark): 12 km, nach Bwera (Grenze zum Kongo): 56 km, nach Fort Portal: 90 km, nach Mbarara: 155 km, zum Lake-Mburo-Nationalpark: 211 km und nach Masaka: 297 km.

Ruwenzori-Mountain-Nationalpark (ⓘ s. S. 194)

Überblick

Der Ruwenzori-Mountain-Nationalpark schützt die oberen Bereiche des Ruwenzori-Gebirges entlang der Grenze zum Kongo. Dieses Gebirge liegt direkt am Grabenbruch zwischen den Städten Fort Portal und Kasese. Der 996 km² große Nationalpark ist in mehrere Vegetationszonen eingeteilt (siehe *Landschaftlicher Überblick – Pflanzenwelt*). Das Gebirge steht auf einem etwa 120 km langen und 50 km breiten Sockel. Es hat mehrere Berge bzw. Bergspitzen: Mt. Stanley mit den Spitzen Margherita (5.109 m) und Alexandra (5.044 m), Mt. Speke (4.889 m), Mt. Baker (4.843 m), Mt. Gessi (4.797 m), Mt. Emin (4.791 m) und Savoyen (4.626 m). Das Ruwenzori-Gebirge ist damit die dritthöchste Erhebung Afrikas, nach dem Kilimandscharo (Tansania) und dem Mt. Kenya (Kenia). Der westlichste Teil des Gebirges (von Uganda aus hinter den Bergspitzen) gehört bereits zur D. R. Kongo.

Geschichte

Das Ruwenzori-Gebirge ist im Gegensatz zu den anderen hohen Bergen der Region, und vor allem auch im Gegensatz zu den anderen schneebedeckten Bergen Afrikas, nicht vulkanischen Ursprungs. Die Entstehung des Gebirges geht auf die beginnenden Verschiebungen am heutigen Zentralafrikanischen Grabenbruch vor etwa 10 Mio. Jahren zurück.

Geschichte der „Mond-Berge"

Einige Forscher glauben, dass das Ruwenzori-Gebirge jene Berge sind, die vor Jahrhunderten von Gelehrten als Quelle des Nil bezeichnet wurden. Einer der ersten, der sich mit den Quellen des Nil beschäftigte, war der Philosoph *Aristoteles*. Er spekulierte im 4. Jh. vor Chr., dass der Nil von einem „Silbernen Berg" entspringen würde. Im 2. Jh. nach Chr. behauptete der Römer *Claudius Ptolemäus*, dass das Wasser des Nil aus den Bergen des Mondes entspringt. Diese wurden lange gesucht, wurden aber nie eindeutig lokalisiert. In Uganda ist man fest überzeugt, dass der Römer ihr Ruwenzori-Gebirge meinte, dessen zum Teil schneebedeckte Gipfel mit dafür sorgen, dass der Viktoria-See mit Wasser gespeist wird. Und aus diesem wiederum entspringt der so genannte Weiße Nil.

Unterer Kitandara-See

Es ist heute nicht mehr zu klären, ob die damaligen Aussagen reine Spekulation waren oder sich auf ein

Wissen beriefen, das uns nicht überliefert wurde. Genauso wenig sind die Bezeichnungen „Silber-Berg" und „Mond-Berge" heute eindeutig zuzuordnen.

Die wahrscheinlich ersten Europäer, die dieses Gebirge zu Gesicht bekamen, waren *Henry M. Stanley* und seine Mitreisenden bei einer Expedition Richtung Kongo. Stanley schlug im Oktober 1875 erstmals seine Zelte an den Osthängen des Ruwenzori auf. Aus den Gesprächen mit den Einheimischen erfuhr er erst von den Bergen und dem Schnee, glaubte den Berichten aber nicht, da das Gebirge zunächst im Dunst nicht zu erblicken war. 1889 passierte Stanleys Expedition auf ihrem Rückweg vom Kongo erneut dieses Gebiet.

Stanley und der Regenmacher

Diesmal wollte er es genau wissen und ließ das Gebiet von seinen Mitreisenden eingehender untersuchen. Erst jetzt wurde ihnen die Entdeckung einer riesigen Gebirgskette klar, auf deren bis über 5.000 m hohen Spitzen tatsächlich Schnee lag. So gilt das Jahr 1888 heute als das eigentliche „Entdeckerjahr". Stanley war derjenige, der sich entschloss, den heimischen Namen des Gebirges zu verwenden und keine europäische Bezeichnung (diese folgten später bei der Benennung der einzelnen Bergspitzen). Ruwenzori bedeutet in der Sprache der hier ansässigen Völker „Regenmacher".

Der nächste Forscher am Ruwenzori war der deutsche *Dr. F. Stuhlmann* im Jahr 1891. Er wanderte fünf Tage in den Bergen, konnte jedoch keine der Spitzen erreichen. Es folgten weitere Forscher und Expeditionen in den folgenden Jahren, aber keinem gelang es, eine Bergspitze zu erklimmen. Dann wurde 1906 das Gebirge von *Ludwig Amadeus von Savoyen* näher erforscht und während seiner Expedition konnte er gleich alle Gipfel des Ruwenzori bezwingen.

Die Erstbesteigung

Die moderne Geschichte des Ruwenzori ist schnell erzählt. Im Jahr 1991 wurde das Gebirge als Nationalpark deklariert. 1994 folgte die Einstufung als **Weltnaturerbe**. Der Park musste aber auf Grund der Probleme mit der ADF 1997 wieder vorübergehend geschlossen werden. Seit Juli 2002 ist er wieder ohne Unterbrechung und Probleme geöffnet.

INFO Ludwig Amadeus von Savoyen

Der Herzog der Abruzzen wurde 1878 als Sohn des damaligen Königs von Spanien geboren. Er wurde Marineoffizier, ein Beruf, in dem er viel in der Welt herumkam. Seine ganze Leidenschaft galt allerdings dem Bergsteigen. Schon 1897 bezwang er als erster Mensch den 5.488 m hohen Mount Elias in Alaska. Nach einer Nordpolexpedition von 1899 bis 1900 kam er nach Afrika und erforschte 1906 das Ruwenzori-Gebirge. Bei seinen Erkundungen bestieg er auch als erster Europäer sämtliche Gipfel des Gebirges. Zurück in Europa schrieb er 1908 seinen Expeditionsbericht, der unter dem Titel „Il Ruwenzori" erschien. In Deutsch erschienen unter dem Titel „Auf dem Gipfel des Ruwenzori / Die Erstbesteigung des Kilimandscharo / Zu den Quellen des Blauen Nils" im Verlag Edition Erdmann.

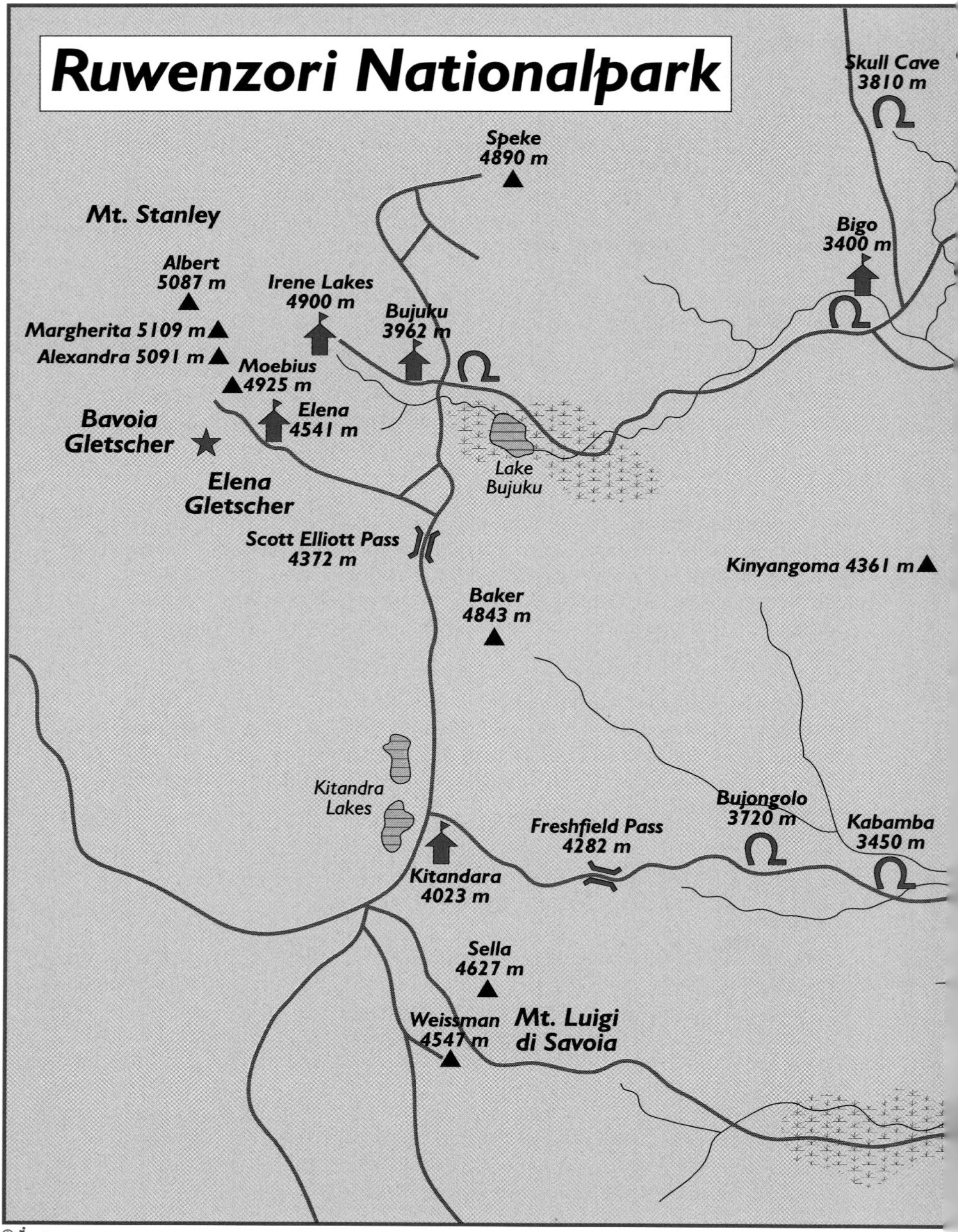
Ruwenzori Nationalpark
Skull Cave
3810 m
Speke
4890 m
Mt. Stanley
Bigo
3400 m
Albert
5087 m
Irene Lakes
4900 m
Bujuku
3962 m
Margherita 5109 m
Alexandra 5091 m
Moebius
4925 m
Elena
4541 m
Bavoia
Gletscher
Lake
Bujuku
Elena
Gletscher
Scott Elliott Pass
4372 m
Kinyangoma 4361 m
Baker
4843 m
Kitandra
Lakes
Bujongolo
3720 m
Freshfield Pass
4282 m
Kabamba
3450 m
Kitandara
4023 m
Sella
4627 m
Weissman
4547 m
Mt. Luigi
di Savoia

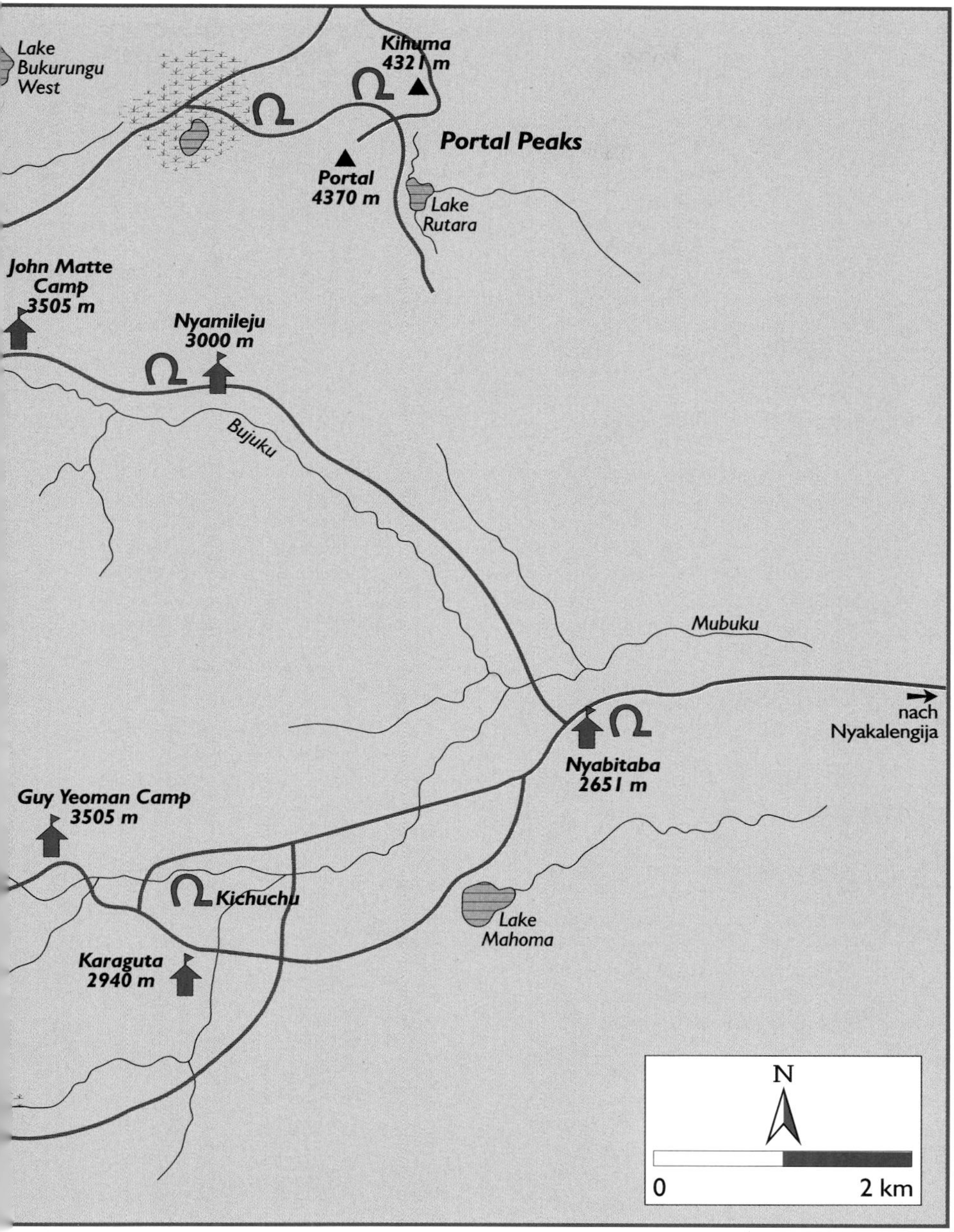
Lake
Bukurungu
West
Kihuma
4321 m
Portal Peaks
Portal
4370 m
Lake
Rutara
John Matte
Camp
3505 m
Nyamileju
3000 m
Bujuku
Mubuku
nach
Nyakalengija
Nyabitaba
2651 m
Guy Yeoman Camp
3505 m
Kichuchu
Lake
Mahoma
Karaguta
2940 m
N
0
2 km

Lage und Klima

Temperatur-Beispiele im Januar	
Nyakalengija (1.615 m)	25 bis 28 °C am Tag
John Mate Camp (3.480 m)	10 °C am Morgen, 20 bis 25 °C am frühen Nachmittag
Kitandara (3.990 m)	-4 bis +1 °C am Morgen, 19 bis 24 °C am frühen Nachmittag
Elena (4.541 m)	-5 bis 0 °C in der Nacht

Es kann jederzeit regnen

Das Ruwenzori-Gebirge liegt knapp oberhalb des Äquators auf Höhen zwischen 1.300 bis 5.109 m. Als die trockenste Zeit im Gebirge gelten die Perioden von Ende Dezember bis Anfang März und von Ende Juni bis Anfang September. Allerdings kann es theoretisch jeden Tag regnen, Besucher sollten daher zu jeder Jahreszeit darauf eingestellt sein. Der Jahresniederschlag beträgt stolze 3.000 mm. Die Temperaturen in den höheren Lagen sind besonders nachts extrem kalt. Reichlich warme und regenfeste Kleidung sollte daher immer zur Ausrüstung gehören.

Wander- und Trekkingrouten

Alle Wanderungen müssen über den Ruwenzori Mountain Service (RMS) organisiert werden. Diese Firma mit Sitz in Kasese hat das Monopol für die Wanderungen im Park, da ihr alle Hütten und Einrichtungen gehören. Wanderungen können auch bei der UWA oder bei Reiseagenturen gebucht werden. Die Durchführung wird in allen Fällen vom RMS vorgenommen. Diese stellen auch die Bergführer, die in ihrer Qualität sehr unterschiedlich sind. Bei den Vorbereitungen ist darauf zu achten, dass vor dem Erreichen des Ausgangsortes an alle nötigen Ausrüstungsgegenstände gedacht ist (siehe Kasten).

Wasserfeste, warme Kleidung und feste, gute Wanderschuhe sind unerlässlich. Ein warmer Schlafsack (tauglich bis mind. -5 °C) und eine Iso-Matte sind ebenfalls erforderlich. Einige Gegenstände können zur Not auch am RMS-Büro ausgeliehen werden, doch sind diese meist in einem schlechten Zustand. **Träger** sind für die mehrtätigen Wanderungen unabdingbar und werden mit Hilfe des RMS engagiert. Auch die gesamte **Verpflegung** für die Tage im Gebirge muss mitgenommen werden.

!!! Wichtig

*Denken Sie bei diesen Höhen daran, dass Sie an der so genannten **Höhenkrankheit** erkranken können. Informieren Sie sich ausführlich im Vorfeld darüber, so dass Sie darauf vorbereitet sind. Auf jeden Fall sollten Sie Ruhe bewahren und in Begleitung eines Führers (nie allein!) so zügig wie möglich versuchen, wieder auf niedrigere Höhen zu kommen. Danach ist ein Ruhetag/eine Ruhenacht dringend anzuraten. Der RMS hält für Notfälle ein Rettungs-Team bereit. Dieses muss allerdings erst benachrichtigt werden und zu dem Verletzten hinaufkommen, was einige Stunden in Anspruch nimmt. Man kann dann mit Hilfe einer Bahre nach unten getragen werden.*

Wenn möglich, sollten die wichtigsten Dinge bereits in Kampala organisiert bzw. gekauft werden. In Kasese gibt es einen Markt und einige kleine Geschäfte für die Beschaffung der Lebensmittel.

Die Träger

Sie tragen pro Person 20 bis 22 kg, davon sind etwa 10 kg eigenes Gepäck. Das Gepäck wird vor der Tour gewogen und auf die

Träger verteilt. In der Regel tragen zwei Träger das Gepäck von einem Reisenden (außer Verpflegung). Es ist auch möglich, dass ein Träger das Tagesgepäck eines Reisenden trägt. Diesen Wunsch sollte man am besten gleich abklären.

Senecien im Nebel

Zur **Ausrüstung** einer **Ruwenzori-Trekkingtour** sollten zählen:

- Wasserdichte Jacke (oder Jacke und Regenumhang)
- T-Shirt, langärmeliges Hemd, Pullover
- Baumwollhose
- Wanderschuhe mit guter Profilsohle
- Gummistiefel mit guter Profilsohle
- Handschuhe
- Sonnenhut, Sonnenbrille, Sonnencreme
- Tagesrucksack (am besten wasserfest)
- Fahrradflasche oder Thermosflasche (für das Trinkwasser)
- Iso-Matte zum Schlafen
- Schlafsack (tauglich bis mind. -5 °C)
- Taschenlampe (mit Ersatzbatterien), ggf. Kerzen (mit Streichhölzern)
- Karte und Kompass
- Taschenmesser
- Toilettenpapier, Handtuch
- Gas- oder Kerosinkocher (um den Holzverbrauch zu minimieren)
- Campinggeschirr
- Zelt (während der Hochsaison Dez. bis Jan. und Aug. bis Sept.)

Die Wanderungen starten in der Regel von Nyakalengija (1.615 m) aus, dort befindet sich auch das RMS-Büro.

Der **Ruwenzori-Rundweg** (Central Circuit oder Loop Trail genannt)

Es gibt verschiedene Touren im Gebirge. Die bekannteste ist der im Folgenden beschriebene Central Circuit Trail (sieben Tage). Weitere Gipfeltouren führen auf die **Margherita-** und **Alexandra-Spitze**. **Tagestouren** sind ab Nyakalengija aus möglich. Erkundigen Sie sich beim Ruwenzori Mountain Service nach weiteren Möglichkeiten.

Dieser bei Ruwenzori-Besuchern sehr beliebte Rundweg, zeigt die gesamte Vielfalt des Gebirges. Während der Wanderung erreichen Sie Gebiete bis zu einer Höhe von 4.267 m (ohne gesonderte Gipfelbesteigungen). Der Rundweg dauert sieben Tage, kann aber auch auf drei Tage verkürzt werden (zwei Tage laut Programm, ein Tag denselben Weg zurück).

▶ **1. Tag: Nyakalengija (1.615 m) bis zur Nyabitaba-Hütte (2.651 m)**: Der Startpunkt in Nyakalengija ist 22 km abseits der Hauptstraße Fort Portal – Kasese. Die Fahrt dorthin wird von RMS vermittelt. Am dortigen Parkbüro befinden sich ein Campingplatz und ein Gästehaus. Der erste Abschnitt ist etwa 10 km lang, für den in etwa fünf Stunden veranschlagt werden.

Eine Auswahl der Ruwenzori-Gipfel		
Mt. Stanley	Margherita	5.109 m
	Alexandra	5.091 m
	Albert	5.087 m
	Savoia	4.977 m
	Great Tooth	4.950 m
	Elizabeth	4.928 m
Mt. Speke	Vittoria Emanuele	4.890 m
	Ensonga	4.865 m
	Johnston	4.834 m
Mt. Baker	Edward	4.843 m
	Semper	4.794 m
Wollaston		4.626 m
Moore		4.623 m
Mt. Emin	Umberto	4.798 m
Mt. Gessi	Jolanda	4.715 m
Mt. Luigi di Savoia	Sella	4.627 m

▶ **2. Tag: Nyabitaba-Hütte bis zur John-Matte-Hütte (3.505 m)**: Von der Nyabitaba-Hütte geht es erst durch dichten Wald. Dann wird über die 1989 erbaute Kurt-Schäfer-Brücke der Bujuku-Fluss überquert, danach wird der Pfad langsam steiler und felsiger. Nach dem Passieren der alten Nyamileju-Hütte geht es noch etwa zwei Stunden weiter bis zur John-Matte-Hütte, 200 m neben dem Bujuku-Fluss. Dies ist die längste und anstrengendste Tagesetappe, für die man mindestens sieben Stunden benötigt.

▶ **3. Tag: John-Matte-Hütte bis zur Bujuku-Hütte (3.962 m)**: Auf dieser Route sind Moore zu durchqueren, in denen man teilweise bis zu den Knien versinkt. Der Bakuju-See entschädigt mit seiner herrlichen Lage zwischen Mt. Stanley, Mt. Speke und Mt. Baker. Die Wanderung am dritten Tag dauert etwa fünf Stunden. Von der Bujuku-Hütte ist es möglich, den Mt. Speke zu erklimmen, wobei eine weitere Übernachtung erforderlich wird. Um die höchste Spitze zu erklettern (Margherita 5.109 m) startet man von der 2 km abseits des Rundweges gelegenen Elena-Hütte (4.541 m), in der man dann eine Zwischenübernachtung einplanen muss.

▶ **4. Tag: Bujuku-Hütte bis zur Kitandara-Hütte (4.023 m)**: Die Wanderung führt über den Scott-Elliot-Pass (4.372 m) zu den beiden Kitandara-Seen. Die Hütte befindet sich in der Nähe des zweiten Sees.

▶ **5. Tag: Kitandara-Hütte bis zur Guy-Yeoman-Hütte (3.505 m)**: Über den Freshfield-Pass (4.282 m) führt die Wanderung zur Bujongolo-Höhle (3.720 m), die schon 1906 bei der Erstbesteigung als Lager diente. Der Weg führt weiter zur Kabamba-Höhle (3.450 m) mit einem schönen Wasserfall bis zur Guy-Yeoman-Hütte, die man nach rund fünf Stunden erreicht.

▶ **6. Tag: Guy-Yeoman-Hütte zum Mahoma-See**: Von der Hütte aus geht die 5-stündige Wanderung bis zum Mahoma-See. Hier gibt es ebenfalls eine Hütte zur Übernachtung. Wer lieber früher zurück möchte, kann die Tour nach Nyakalengija fortführen. Das letzte Stück dauert etwa noch drei Stunden.

Blick auf das Stanley-Massiv

▶ **7. Tag: Mahoma-See bis nach Nyakalengija**: Diese letzte Etappe dauert rund drei Stunden bis der Ausgangspunkt der Wanderung wieder erreicht ist.

Streckenhinweis

Weiterfahrt Richtung Mbarara

Von Kasese fahren Sie auf der Hauptstraße durch den Queen-Elizabeth-Nationalpark in Richtung Kampala. Schon wenn Sie Kasese verlassen, fahren Sie direkt am Q. E. N. P. vorbei (linker Hand). Nach 22 km überqueren Sie den Äquator, etwa von da an liegt der Park zu beiden Seiten der Straße. Nach weiteren 10 km erreichen Sie Kaba. Von hier aus gibt es eine Abzweigung links nach Kasenyi (16 km) und nach rechts zum Main Gate des Nationalparks und zur Halbinsel Mweya (22 km).

*Auf der Hauptstraße 4 km weiter biegt rechts eine Piste zur **Mweya Lodge** ab. Es folgen 4 km später der Ort **Ishaka** (ⓘ s. S. 194) (es gibt in Uganda eine ganze Reihe von Orten dieses Namens!) und weitere 4 km die Abzweigung zu den **Kyambura-Höhlen**. Es folgt eine Abzweigung (ausgeschildert) zur Jacana Lodge und dann geht es langsam die Anhöhe des Grabenbruchs hinauf. Oben angekommen, bietet sich ein grandioser Blick zurück auf den Queen-Elizabeth-Nationalpark und bei gutem Wetter auch weiter bis zum Ruwenzori-Gebirge.*

Ein einmaliger Blick

*Auf der weiteren Fahrt passieren Sie den **Karinzu Forest** (ca. 74 km nach Kasese) und 20 km weiter erreichen Sie Ishaka. Dort biegt die Straße nach Osten ab und nach 7 km erscheint die Stadt **Bushenyi**. Den Ort **Kabwohe** durchqueren Sie dann nach weiteren 24 km. Wieder 27 km später befindet sich die Abzweigung nach Ibanda und Mbarara. Nehmen Sie letztere und fahren Sie die 3 km weiter (am Airfield vorbei) bis in die Stadt **Mbarara** (155 km von Kasese, mit Fotopausen ca. 3 ½ Stunden Fahrt).*

INFO Pflanzen zum medizinischen Gebrauch

Das traditionelle Wissen um pflanzliche Medizin in Afrika steht seit einiger Zeit im Blickpunkt der Forschung. Vor allem, weil befürchtet wird, dass mit der „Verwestlichung“ der afrikanischen Gesellschaften das Wissen über kurz oder lang verloren geht. Ein Augenmerk der Forschung gilt auch den Menschenaffen, denn auch sie kennen einige Pflanzenarten, um ihre Leiden zu lindern oder zu heilen.

Lobelia bequaerti

Hier einige Pflanzenarten, die in Uganda als Heilmittel eingesetzt werden (in Klammern die englische Bezeichnung):

• *Jatropha curcas* (Fig Nut), in der Sprache Luganda *Kiryowa*genannt. Sie soll Tetanus, Schlangenbisse und Nierenkrankheiten heilen und wird auch als Seife zum Kleiderwaschen genutzt. Die Pflanze ist in Zentral-, Ost- und Norduganda verbreitet.
• *Leonotis mollisima* (Lions Ear), in Luganda *Kifumufumu* genannt. Sie wirkt antibiotisch, hilft gegen brennende Haut, lindert Herzprobleme und wirkt blutstillend. Die Pflanze wächst in den Savannen Ugandas und Ruandas.
• *Vangueria apiculata*, in Luganda *Mutugunda* genannt. Sie wird gegen Wurmbefall eingesetzt und lindert auch sonstige Darmbeschwerden. Die Pflanze wächst vor allem in Grassavannen.
• *Spathodea campanulata* (Nile Flame), in Luganda *Kifabakazi* genannt. Sie wird zur Malaria-Therapie eingesetzt. Die Pflanze ist weit verbreitet und man findet sie in Baumsavannen und Wäldern.
• *Antiaris toxicaris* (False Mvule), in Luganda *Kirundi* genannt. Schimpansen essen die Blätter und Früchte dieser Pflanze. Vor allem vor der Regenzeit, um zu erbrechen und dadurch den Wurmbefall zu reduzieren.
• *Ficus exasperata*, in Luganda *Luwawu* genannt. Die Schimpansen falten die Blätter und schlucken sie unzerkaut. Das hilft gegen Würmer, die an den Haaren der Blätter hängen bleiben und so mit ausgeschieden werden.

10. DER SÜDWESTEN UGANDAS

Überblick

Ugandas Südwesten erstreckt sich von den Ufern des Edward-Sees bis zu den Virunga-Vulkanen. Das Gebiet wird geprägt durch zahlreiche Seen und offene Landschaften. Hier begegnet man häufig Herden der Ankole-Rinder mit ihren extrem langen Hörnern. Klimatisch liegt es im Einflussbereich des Viktoria-Sees. Übers Jahr gesehen fällt genügend Regen, so dass die Region zu den landwirtschaftlich wichtigsten des Landes zählt. Die Temperaturen sind gemäßigt, vor allem oberhalb des Grabenbruchs. Der Südwesten beherbergt einige der meistbesuchten Naturattraktionen, wie die Nationalparks Queen Elizabeth, Lake Mburo und Bwindi.

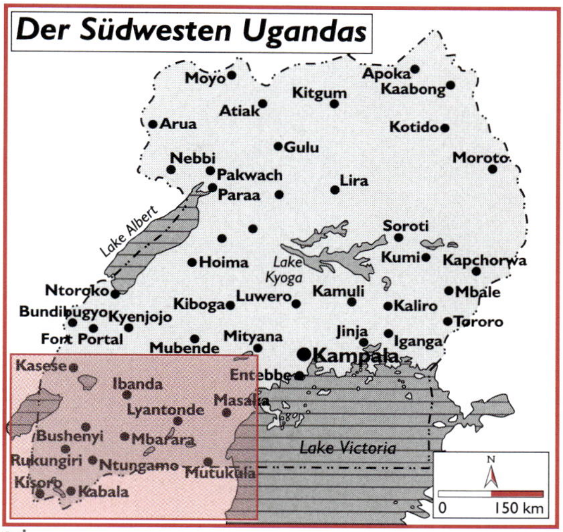

Queen-Elizabeth-Nationalpark (ⓘ s. S. 194)

Überblick

Zwischen Ruwenzori-Gebirge und den Virunga-Vulkanen liegt der Queen-Elizabeth-Nationalpark. Er erstreckt sich über 1.978 km² zwischen den beiden Seen Edward und George bis zur kongolesischen Grenze. Jenseits der Grenze, im Kongo, befindet sich als Fortsetzung des Schutzgebietes der Virunga-Nationalpark (Parc National de Virunga). Das Gebiet des Parks besteht hauptsächlich aus Savanne. Außerdem gehören auch die Feuchtgebiete der beiden Seen, die Kyambura-Schlucht und der

Redaktions-Tipps

- **Übernachten** im einmaligen **Gorilla Forest Camp** im Regenwald des Bwindi-Impenetrable-Nationalpark.
- Mindestens zwei Tage **Aufenthalt** für Safaris, Bootstouren und Wanderungen im **Queen-Elizabeth-Nationalpark** mit seiner Fülle an Tieren *(S. 475)*.
- Eine Wanderung, die man wohl nie vergisst. Ein **Besuch bei den Berg-Gorillas** im Bwindi-Impenetrable-Nationalpark *(S. 495)*.

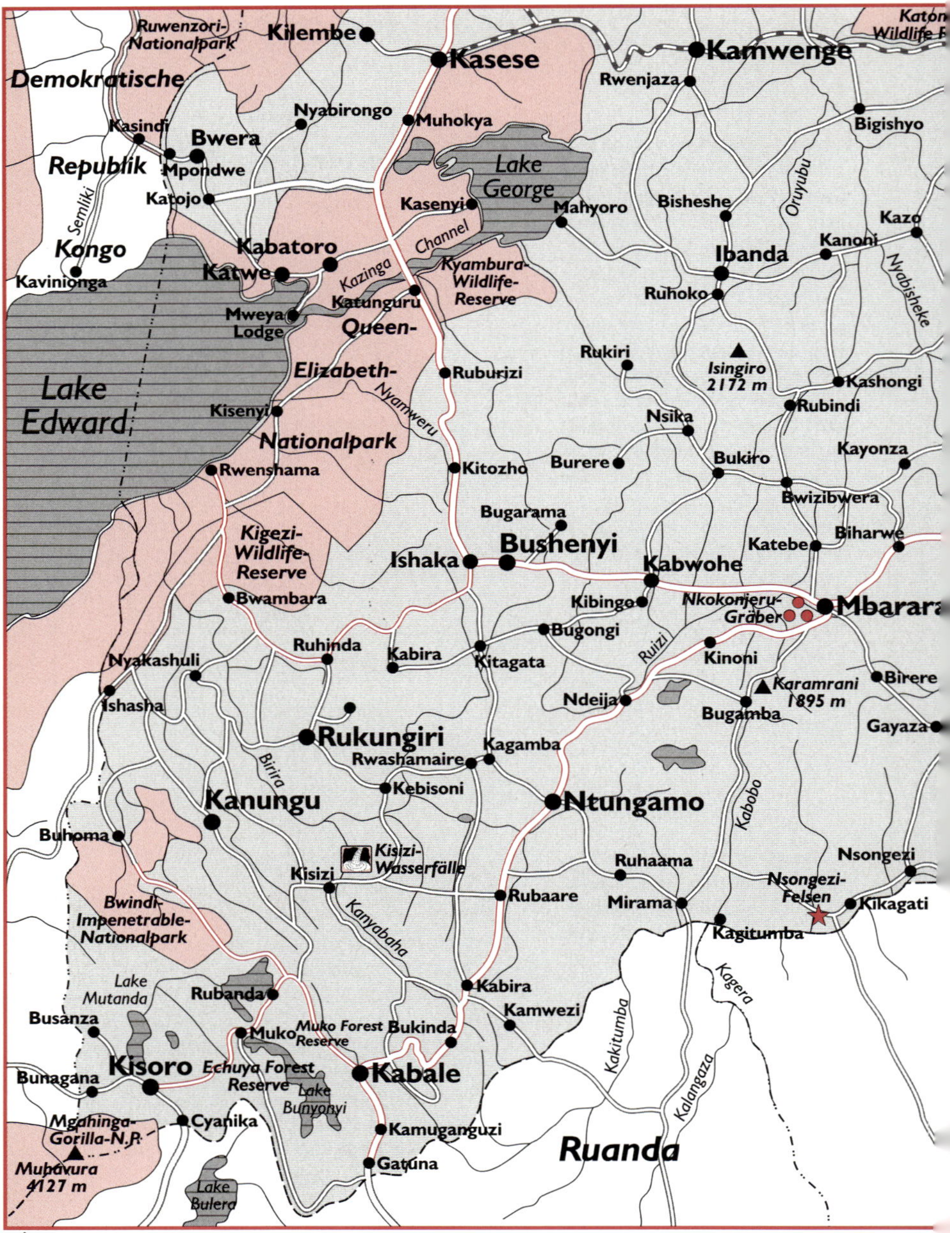
Ruwenzori-Nationalpark
Kilembe
Kasese
Kamwenge
Katonga Wildlife R
Demokratische
Republik
Kongo
Rwenjaza
Nyabirongo
Muhokya
Bigishyo
Kasindi
Bwera
Mpondwe
Lake George
Oruyubu
Katojo
Semliki
Kasenyi
Mahyoro
Bisheshe
Kazo
Kabatoro
Channel
Kanoni
Ibanda
Katwe
Kazinga
Kyambura-Wildlife-Reserve
Kavinionga
Ruhoko
Nyabisheke
Katunguru
Mweya Lodge
Queen-
Elizabeth-
Nationalpark
Nyamweru
Rukiri
Isingiro 2172 m
Lake Edward
Ruburizi
Kashongi
Rubindi
Kisenyi
Nsika
Kayonza
Rwenshama
Kitozho
Burere
Bukiro
Bwizibwera
Bugarama
Kigezi-Wildlife-Reserve
Biharwe
Katebe
Ishaka
Bushenyi
Kabwohe
Mbarara
Bwambara
Kibingo
Nkokonjeru-Gräber
Bugongi
Ruhinda
Kabira
Kitagata
Ruizi
Kinoni
Nyakashuli
Birere
Karamrani 1895 m
Ishasha
Ndeija
Bugamba
Rukungiri
Kagamba
Gayaza
Birira
Rwashamaire
Kebisoni
Kanungu
Ntungamo
Kabobo
Buhoma
Kisizi-Wasserfälle
Nsongezi
Kisizi
Ruhaama
Nsongezi-Felsen
Rubaare
Mirama
Kikagati
Bwindi-Impenetrable-Nationalpark
Kanyabaha
Kagitumba
Kagera
Lake Mutanda
Kabira
Rubanda
Kamwezi
Busanza
Muko
Muko Forest Reserve
Bukinda
Kakitumba
Kisoro
Echuya Forest Reserve
Kabale
Bunagana
Lake Bunyonyi
Kalangaza
Mgahinga-Gorilla-N.P.
Cyanika
Kamuganguzi
Ruanda
Muhavura 4127 m
Gatuna
Lake Bulera

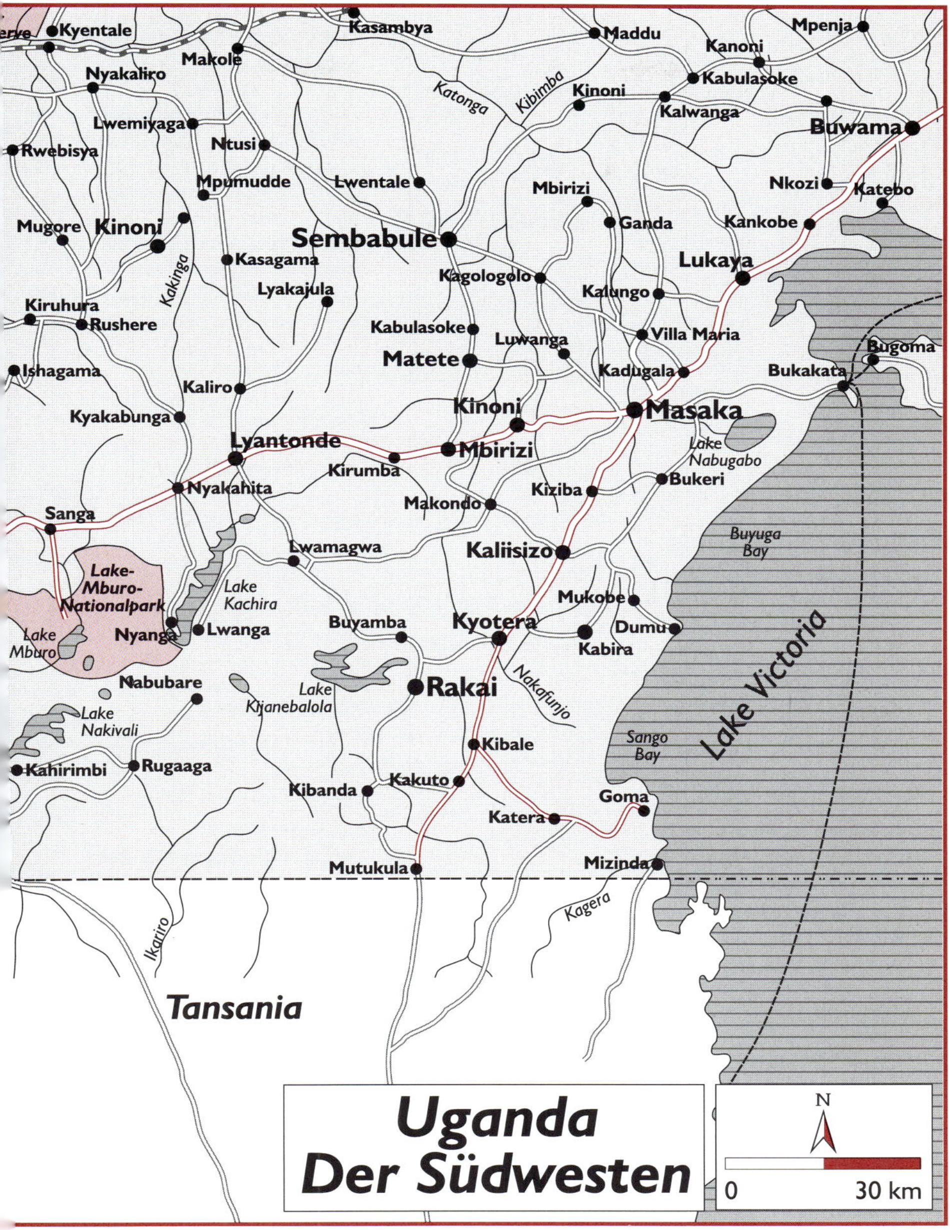
Uganda
Der Südwesten
N
0
30 km
Kyentale
Kasambya
Maddu
Mpenja
Kanoni
Makole
Nyakaliro
Kabulasoke
Katonga
Kibimba
Kinoni
Kalwanga
Lwemiyaga
Buwama
Rwebisya
Ntusi
Mpumudde
Lwentale
Mbirizi
Nkozi
Katebo
Mugore
Kinoni
Ganda
Kankobe
Sembabule
Kasagama
Lukaya
Kakinga
Kagologolo
Lyakajula
Kalungo
Kiruhura
Rushere
Kabulasoke
Villa Maria
Luwanga
Bugoma
Matete
Ishagama
Kadugala
Bukakata
Kaliro
Kinoni
Masaka
Kyakabunga
Lyantonde
Mbirizi
Lake Nabugabo
Kirumba
Bukeri
Nyakahita
Kiziba
Makondo
Sanga
Buyuga Bay
Lwamagwa
Kaliisizo
Lake-Mburo-Nationalpark
Lake Kachira
Mukobe
Nyanga
Lwanga
Buyamba
Kyotera
Dumu
Lake Mburo
Kabira
Lake Victoria
Nabubare
Lake Kijanebalola
Rakai
Nakafunjo
Lake Nakivali
Sango Bay
Kibale
Kahirimbi
Rugaaga
Kakuto
Kibanda
Goma
Katera
Mutukula
Mizinda
Kagera
Ikgiro
Tansania

Sonnenuntergangsstimmung im Q. E. N. P.

Maramagambo-Wald mit zum Landschaftsbild des Schutzgebietes.

Der Queen-Elizabeth-Nationalpark ist durch den 33 km langen Kazinga-Kanal in zwei Hälften geteilt, die nur durch eine (künstliche) Brücke miteinander verbunden sind. Der nördliche Teil des Parks wird wiederum durch die Hauptstraße von Kasese nach Bushenyi in einen westlichen Sektor (am Edward-See) und einen östlichen Sektor (am George-See) geteilt. Im südlichen Bereich des westlichen Sektors liegt zwischen Kazinga-Kanal und dem Edward-See die **Mweya-Halbinsel**. Dort befindet sich das Parkbüro und es gibt einige Unterkünfte. Gegenüber an der östlichen Grenze des südlichen Parkteils markiert die Kyambura-Schlucht die Grenze zum gleichnamigen Wildschutz-Reservat (Wildlife Reserve). Im zentralen Bereich des südlichen Teils liegen einige kleinere Seen und Sumpfgebiete sowie der **Maramagambo-Wald** (ⓘ s. S. 194).

Herrliche Landschaften

Tipp

Wenn Sie von Kampala und Masaka aus kommen und in den südlichen Teil des Queen-Elizabeth-Nationalparks wollen, dann nehmen Sie in Ishaka (7 km nach Bushenyi) die Abzweigung Richtung Rwashamaire und dann weiter Richtung Rukungiri. Von dort die Piste Richtung Ishasha nehmen, diese trifft später auf die Straße von Kanungu. Von da an sind es nur noch einige Kilometer bis zum Parkeingang.

Es gibt mehrere Möglichkeiten, in den Park zu fahren. Das **Main Gate Kabatoro** befindet sich auf dem Weg von der Kasese/Mbarara-Hauptstraße zur Mweya-Halbinsel (Abzweigung ausgeschildert). Ein weiteres Gate (Katuguru) liegt an derselben Hauptstraße von Kasese aus kommend vor der Überquerung des Kazinga-Kanals. Das dritte Gate (Katookye) ist im Süden des Parks von Ishasha aus zu erreichen.

Lage und Klima

Der Nationalpark liegt direkt am Äquator in Höhen zwischen 910 und 1.390 m. Er ist von Gebirgsketten umgeben, den Ruwenzoris im Nordwesten und den Virungas im Südwesten Das Parkgebiet selbst hat weniger Niederschlag zu verzeichnen als die beiden Bergregionen. Das Klima ist dadurch trockener und auch wärmer. Die Tagestemperaturen liegen meist zwischen 25 und 30 °C, selten darüber (Mindesttagestemperatur 18 °C). Die Regenzeit fällt in die Monate März bis Mai und September bis November mit Niederschlagsmengen von 700 bis 1.250 mm pro m².

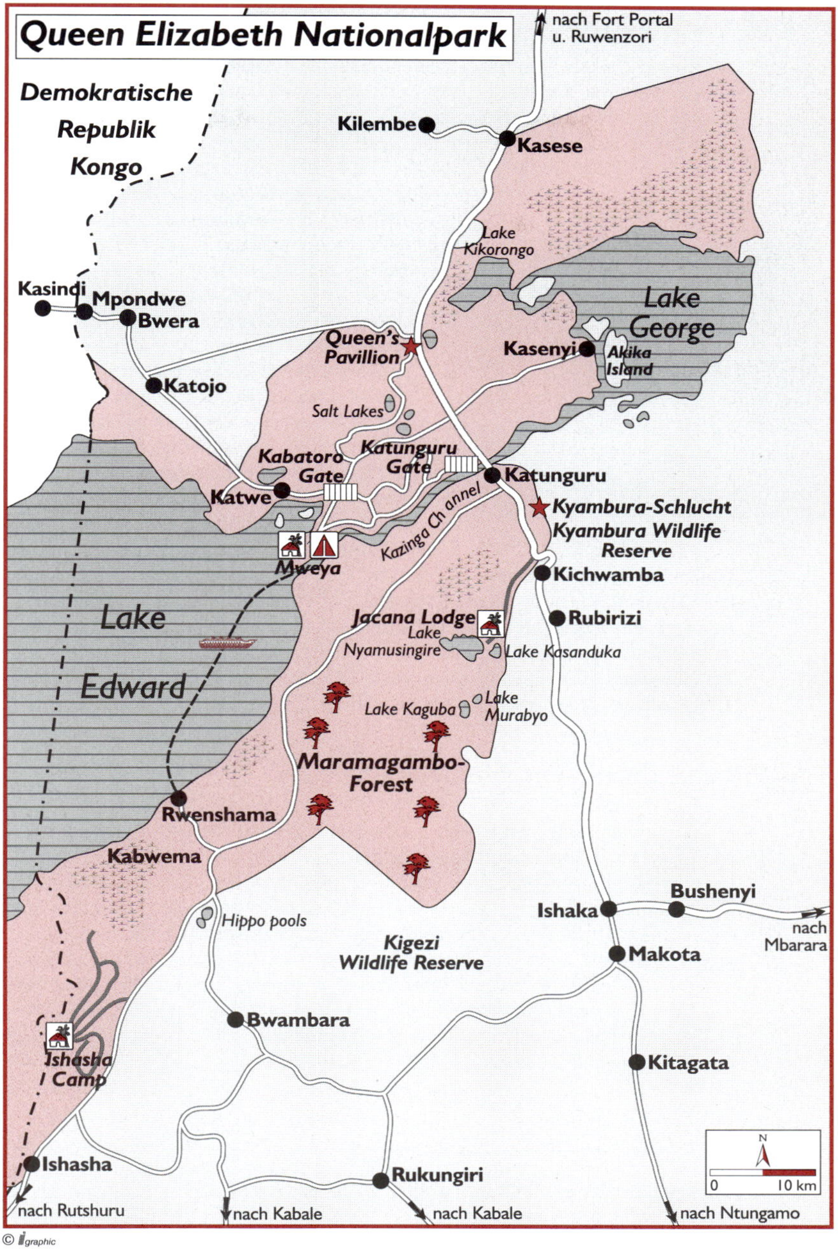
Queen Elizabeth Nationalpark
nach Fort Portal u. Ruwenzori
Demokratische Republik Kongo
Kilembe
Kasese
Lake Kikorongo
Lake George
Kasindi
Mpondwe
Bwera
Queen's Pavillion
Kasenyi
Akika Island
Katojo
Salt Lakes
Kabatoro Gate
Katunguru Gate
Katunguru
Katwe
Kyambura-Schlucht
Kyambura Wildlife Reserve
Kazinga Channel
Mweya
Kichwamba
Jacana Lodge
Rubirizi
Lake Nyamusingire
Lake Kasanduka
Lake Edward
Lake Kaguba
Lake Murabyo
Maramagambo-Forest
Rwenshama
Kabwema
Ishaka
Bushenyi
nach Mbarara
Hippo pools
Kigezi Wildlife Reserve
Makota
Bwambara
Ishasha Camp
Kitagata
Ishasha
Rukungiri
N
0
10 km
nach Rutshuru
nach Kabale
nach Kabale
nach Ntungamo

© igraphic

Geschichte

Die Geschichte des heutigen Queen-Elizabeth-Nationalparks als Schutzgebiet begann relativ früh. Bereits im Jahr 1925 wurde das Gebiet um die beiden Seen George und Edward zum Wildschutz-Reservat (Lake George and Edward Game Reserve) erklärt. Das Land war zu dieser Zeit fast nicht bewohnt, da der Ausbruch der Rinderpest in den 1890ern viele Bauern aus der Gegend vertrieben hatte. Nach dem vermehrten Auftreten der Schlafkrankheit 1910, wurde beschlossen, alle Bewohner aus dem Gebiet zu evakuieren und sie in Regionen umzusiedeln, wo es keine Tsetse-Fliegen gab. Im Jahr 1952 wurde das Reservat unter dem Namen Kazinga zum Nationalpark erhoben. Zwei Jahre später (1954) wurde der Kazinga-Nationalpark während eines Besuches der englischen Königin Elizabeth ihr zu Ehren in Queen-Elizabeth-Nationalpark umbenannt. Während der Ära von *Idi Amin* hieß der Park für einige Jahre Ruwenzori-Nationalpark, nicht zu verwechseln mit dem Ruwenzori-Mountains-Nationalpark im gleichnamigen Gebirge. Während Amins Herrschaft hatte der Park einen großen Verlust an Wildtieren zu beklagen. 1971 lebten noch rund 4.000 Elefanten im Park. 1980 waren es gerade noch 150. Die Population der Kaffernbüffel fiel in der Zeit von 18.000 auf 8.000 Tiere. Seit Anfang der 1990er Jahre erholen sich die Bestände allerdings kontinuierlich. Die Elefantenpopulation ist zumindest wieder auf über 1.000 Tiere angewachsen und auch die Löwen, einst fast völlig verschwunden, zählen wieder mehr als 200 Tiere.

Main Gate, Queen-Elizabeth-N. P.

Tierleben im Queen-Elizabeth-Nationalpark

Große Tiervielfalt

An Säugetieren sieht man im Nationalpark in der Regel folgende Tierarten: Flusspferd, Elefant, Kaffernbüffel, Löwe, Leopard, Tüpfelhyäne, Wasserbock, Uganda-Kob, Jackson-Kuhantilope, Topi, Buschbock, Kronenducker, Riesen-Waldschwein, Warzenschwein, Zebramanguste und verschiedene Affen wie Meerkatzen und Paviane. Der Nationalpark beherbergt insgesamt 610 Vogelarten. Die meisten sind in der Nähe der Seen und Sümpfe zu beobachten, wie: Kormorane, Kuhreiher, Silberreiher, Goliath-Reiher, Schwarzhals-Reiher, Marabu, Sattelstorch, Löffler, Heiliger Ibis, Hagedasch-Ibis, Rosa Pelikan, Rötelpelikan, Schrei-Seeadler, Schopfadler, Spornkiebitz, Stelzenläufer, Rotkehl-Frankoline, Helmperlhuhn, Weißbrauen-Kuckuck und viele mehr.

Aktivitäten

Der Q.E.N.P. hat ein breites Spektrum an Landschaftsformen und damit auch an vielen verschiedenen Tierarten, die gut beobachtet werden können. Der **nördli-**

INFO Schuppentier (engl.: *Pangolin*)

Die afrikanischen Schuppentiere erinnern viele an die amerikanischen Gürteltiere, mit denen sie aber nicht näher verwandt sind. Sie sind nachtaktiv und so werden nur wenige Afrikabesucher diesen bizarren, wie Tannenzapfen anmutenden Tieren begegnen.

Körper und Schwanz sind von überlappenden Schuppen bedeckt, eine einmalige Körperbedeckung bei Säugetieren. Während des Schlafens sowie bei Gefahr können sie sich wie ein Igel einrollen und sind dann vor Feinden relativ sicher. Ihr Geruchs- und Gehörsinn ist besonders ausgebildet, wogegen sie nicht gut sehen. Schuppentiere sind Einzelgänger mit eigenem Revier, das 3 bis 5 ha bei weiblichen Tieren und 15 bis 25 ha bei männlichen Tieren umfasst.

In Uganda leben das Weißbauch-Schuppentier), das Steppenschuppentier und das Riesenschuppentier. Die beiden letztgenannten Arten sind in ihrem Bestand bedroht. Schuppentiere ernähren sich von Insekten, speziell von Ameisen und Termiten. Sie gebären nach einer Tragzeit von ungefähr 140 bis 150 Tagen ein Jungtier, das nach etwa drei Monaten anfängt, sich von der Mutter zu entwöhnen. Es beginnt selbst Insekten zu fressen und lernt auf den Streifzügen mit der Mutter Termiten- und Ameisennester zu öffnen. Zu den Hauptfeinden des Schuppentiers zählen der Leopard und der Python.

che Sektor ist gut von der Mweya-Halbinsel und ihren Unterkünften zu erreichen. Es gibt ein gut ausgebautes Wegesystem, so dass man Rundfahrten planen kann, ohne Strecken doppelt zu fahren. Auffällig sind die zahlreichen Flusspferd-Pfade, da vor allem Einzelgänger immer den gleichen Weg zu den Weideplätzen zurücklegen. In der Regel sind die Tiere in der Dämmerung und nachts unterwegs. Sollten sich aber tagsüber Flusspferde außerhalb des Wassers befinden, ist darauf zu achten, dass das Fahrzeug nicht zu nahe an die Tiere herankommt und sich auf keinen Fall zwischen Flusspferd und Gewässer stellt.

Achtung, Hippos

Flusspferde sind nicht zu unterschätzen. Durch kein anderes Tier kommen jährlich in Afrika so viele Menschen ums Leben wie durch die massigen Hippos!

Im Nordteil befinden sich auch einige Krater-Seen. Der bekannteste ist der **Katwe-See**, in dem schon seit Jahrhunderten Salz abgebaut wird. So liegt der See zusammen mit dem benachbarten **Munyanyange-See** und dem Ort Katwe zwar im Bereich des Nationalparks, gehört selber aber nicht zum Schutzgebiet. Westlich von Katwe liegen der Kihabule-Wald und der Pelican Point. Die weiteren Krater-Seen befinden sich weiter östlich im Park. Die Krater-Seen Kitagata, Murumuli und Nyamunuka sind ebenfalls salzhaltig und bilden eine kleine Seenlandschaft. Ein lohnender Abstecher ist ein Ausflug zu den so genannten **Boboon Cliffs** (Pavian-Felsen). Von dort hat man eine herrliche Aussicht bis hinüber zum George-See.

Chance auf den Schuhschnabel

Am See befinden sich zwei Enklaven, die ebenfalls nicht zum Nationalpark-Gebiet gehören: die Orte **Kasenyi** und **Hamukungu**. Entlang des George-Sees gibt es zahlreiche Sümpfe, in denen es die Möglichkeit gibt, den Schuhschnabel zu entdecken.

Karte S. 479

INFO Uganda-Panzerspitzmaus

Die kleinen Säugetiere gehören nicht zu den bekannten „Safari-Tieren" Afrikas, sind deswegen aber nicht minder interessant. Exemplarisch dafür steht die Uganda-Panzerspitzmaus mit ihrem auffällig gewölbten und sehr kräftigen Rücken. Ursache dafür ist, dass die Wirbel nicht nur an den Seiten, wie bei anderen Säugetieren auch, sondern auch oben und unten durch ineinander greifende Fortsätze verbunden sind. Der geschickte Kletterer wird 10 bis 15 cm lang (plus 6 bis 9 cm Schwanz) und hat ein dichtes, wolliges, schwarzes bis grauschwarzes Fell. Die Nahrung des 70 bis 125 Gramm schweren Einzelgängers besteht überwiegend aus Insekten, Würmern, Spinnen und Aas. Trotz ihres Verbreitungsgebietes über ganz Zentralafrika ist die Spitzmausart in ihrem Bestand bedroht.

Der **Süden** des Q.E.N.P. kann über die Kazinga-Brücke erreicht werden, falls man von Mweya aus kommt. Das Gebiet unterhalb des Kanals ist durch weitläufiges Grasland geprägt, in dem sich zahlreiche Großtiere wie Zebras und Antilopen aufhalten. Die häufigste Baumart ist hier die Akazie, hauptsächlich *Acacia gerrardii*. Im Osten liegen das große **Kibona-Sumpfgebiet** und der Nyamusingire-See. Im zentralen Bereich befindet sich der **Maramagambo-Wald**. Das Gebiet um Ishasha ist bekannt für seine auf Bäume kletternden Löwen. Diese galten nach ihrer Entdeckung in den 1960ern am Manyara-See in Tansania noch als Sensation. Im Gegensatz zu damals weiß man heute, dass Löwen in vielen Gegenden Afrikas auf Bäume klettern. Nur über die wirklichen Gründe streitet sich die Wissenschaft noch. Für eine Tour durch den südlichen Parkteil sollte mindestens ein ganzer Tag veranschlagt werden.

Löwe, ruhend im Baum

Außer den Pirschfahrten zur Tierbeobachtung durch die Savannenlandschaft sind noch weitere Tätigkeiten im Q.E.N.P. möglich. Dazu gehört das **Schimpansen-Trekking** in der Kyambura-Schlucht (auch Chambura geschrieben). Die Schlucht gehört wie der Maramagambo-Wald sowie die angrenzenden Waldstücke und das **Kalinzu Forest Reserve** zu einem einst zusammenhängenden Waldgebiet, in dem heute eine der größten Schimpansen-Populationen Ostafrikas lebt. Zu sehen bekommt man die Tiere in den Wäldern allerdings nur selten. Um den Tieren dennoch zu begegnen, ist daher zu einer geführten Wanderung zu raten. Am besten zu beobachten ist die an Menschen gewöhnte Schimpansengruppe (ca. 30 Tiere) in der **Kyambura-Schlucht**. Diese Schlucht ist 16 km lang, 400 m breit und etwa 100 m tief. Hier hat ein Teil des Waldes überlebt, der im Umland schon einer Savanne gewichen ist. Die Wanderung wird vom UWA organisiert; dort muss man sich auch vorher anmelden. Die Wanderung beginnt in der Regel um 7.30 Uhr und dauert etwa 3 ½ Stunden. Dabei lassen sich auch andere Tiere trefflich beobachten. Dazu gehören Meerkatzen, Guereza-Affen und Paviane. Auch eine Menge Vögel trifft man hier an.

Hinweis

In einigen älteren Reiseführern ist noch von einer Gruppe Schimpansen-Waisen auf der Isinga-Insel die Rede. Diese Gruppe wurde in der Zwischenzeit auf die Insel Ngamba im Viktoria-See umgesiedelt.

Schimpansen-Walk

Eine weitere Wanderung führt durch Teile des **Maramagambo-Waldes**. Die Wanderungen werden über die UWA oder die Jacana Lodge organisiert. Weitere Informationen finden Sie dazu unter: *Queen-Elizabeth-Nationalpark*.

Ein weiterer und sehr beliebter Ausflug ist die Bootstour auf dem **Kazinga-Kanal**. Dieser findet bei Nachfrage bis zu dreimal täglich statt (morgens / später Mittag / nachmittags) und dauert etwa zwei Stunden. Auf dieser interessanten Bootstour sind vom Wasser aus eine Menge interessanter Tiere zu beobachten. Dazu gehören Flusspferde, Elefanten, Kaffernbüffel und Antilopen. Wenn Sie genau hinschauen, werden Sie sicher auch die wendigen Nil-Warane und die großen Nil-Krokodile im Wasser entdecken. Manchmal sind Krokodile auch an der Uferböschung auszumachen, wenn sie sich dort „sonnen". Zudem gibt es diverse Vogelarten zu beobachten. Für Ornithologen ist der Bereich am Kazinga-Kanal eine wahre Fundgrube. Unter anderem sind zu sehen: Nimmersatt-Storch, Löffler, Rosa Pelikan, Goliath-Reiher, Silberreiher, Schwarzhals-Reiher, Schrei-Seeadler, Kronenadler, Blatthühnchen, verschiedene Lieste (Baumeisvogel), Kiebitze und viele mehr.

Schöne Bootstour am Kanal

Defassa-Wasserbock im Q. E. N. P.

Die Bootsfahrten am Morgen und am späten Nachmittag sind sicher von den Lichtverhältnissen für Fotografen am besten geeignet. Bei der Bootstour am späten Nachmittag ist die Chance, Elefanten zu sehen, am größten, denn nach einem heißen Tag kommen sie an den Fluss, um zu trinken.

Flüge

Charterflüge in den Queen-Elizabeth-Nationalpark können von Kampala aus organisiert werden. Die Landepiste befindet sich auf der Mweya-Halbinsel in der Nähe der Mweya Lodge. Es ist auch möglich, im 64 km entfernten Kasese zu landen.

In der Umgebung des Q.E.N.P.

Chambura Wildlife Reserve (ⓘ s. S. 194)

Besser später

Das an der östlichen Grenze des Queen-Elizabeth-N.P. gelegene Reservat (auch „Kyambura" geschrieben) hat in punkto Tier- und Pflanzenarten Ähnliches zu bieten wie der Q.E.N.P., nur dass die Tiere hier wesentlich schlechter zu beobachten sind. Das Gebiet des Reservates besteht vorwiegend aus dichter Busch-Savanne. Hinzu kommen noch einige kleinere Kraterseen. Das Wegesystem ist noch sehr spärlich und schlecht, aber es bestehen Pläne für den weiteren Ausbau des Reservates, so dass sich in einigen Jahren ein Besuch weitaus mehr lohnen könnte.

Kigezi Wildlife Reserve (ⓘ s. S. 194)

Dieses Wildschutzgebiet grenzt östlich an den südlichen Teil des Queen-Elizabeth-Parks. Es ist kaum für Touristen erschlossen. Es gibt aber einige Pisten zu den noch im Reservat befindlichen Dörfern, so dass Teile des Kigezi Wildlife Reserve befahren werden können.

Sie erreichen das Reservat vom nördlichen Teil des Queen-Elizabeth-Parks, indem Sie südlich Richtung Ishasha fahren. Oder Sie kommen von Rukungiri aus in das Kigezi Wildlife Reserve. Von dort führen einige wenige schlechte Pisten zu den im Reservat liegenden kleinen Dörfern. Eine Piste führt über Bwambara nach Kikarara, eine andere nach Nyakashuli. Von dort führt eine Verbindung zur Kikarara-Ishasha Straße, die praktisch die Grenze zwischen dem Q.E.N.P. und Kigezi darstellt.

Kalinzu Forest Reserve (ⓘ s. S. 194)

Der Kalinzu-Wald liegt etwa 15 km nordwestlich von **Ishaka** an der Hauptstraße von Mbarara nach Kasese. Es gibt mittlerweile eine kleine touristische Infrastruktur in diesem Waldreservat. Dazu gehört ein einfacher Zeltplatz, in dessen Nähe sich allerdings kein Restaurant befindet. Lebensmittel und Trinkwasser müssen mitgebracht werden.

Es gibt einige angelegte **Wanderwege** von unterschiedlicher Länge:
▸ **River Trail:** Der 2,5 km lange Rundweg führt über den Kajojo-Fluss und dauert etwa eine Stunde. Früher gab es hier zahlreiche Elefanten (Kajojo), leider sind schon seit vielen Jahren keine mehr gesichtet worden. Die kurze Wanderung eignet sich gut, um Affen zu beobachten. Außer verschiedenen Meerkatzen-Arten leben im Wald auch rund 230 Schimpansen.
▸ **Valley Trail:** Auf diesem Pfad hat man immer mal wieder herrliche Aussichten zum Grabenbruch. Für den etwa 2,5 km langen Pfad braucht man rund zwei Stunden.

▶ **Palm Trail:** Dieser 5 km lange Weg nimmt etwa 2,5 Stunden in Anspruch. Hier sind besonders viele verschiedene Pflanzenarten zu entdecken.
▶ **Waterfall Trail:** Dieser Wanderweg ist 11 km lang und damit die längste der hier beschriebenen Routen. Es geht auf und ab, und man sollte mit rund fünf Stunden rechnen. Wie der Name der Route verrät, führt sie zum Kilyantama-Wasserfall.

Kasyoha-Kitomi Forest Reserve (ⓘ s. S. 194)

Dieses Wald-Reservat liegt 35 km nördlich von Ishaka, zwischen mehreren Krater-Seen. Kasyoha-Kitomi gehört zu den Resten des AlbertRift-Waldes, der einst den gesamten Grabenbruch überzog. Es gibt eine große Zahl von verschiedenen Tier- und Pflanzenarten. Darunter sind Arten von Duckern, Affen und Schleichkatzen sowie auch etwa 410 Schimpansen. In Kürze soll es sogar hier eine an Menschen gewöhnte Schimpansengruppe geben. Für Besucher gibt es einen Zeltplatz, dieser befindet sich am Besuchszentrum bei den Kraterseen Chemo und Mweru. Mehrere **Wanderrouten** führen ins Innere des Waldes. Die Strecken sind teilweise recht anstrengend, man sollte vorher seine Fitness mit den Führern besprechen. Die Wanderungen gehen meist vom weiter entfernt liegenden Kamunzuku-See aus. Die 3,5 km können im eigenen Fahrzeug, mit einem Boda-Boda oder zu Fuß zurückgelegt werden.

Vielfältige Flora und Fauna

▶ **Lakeside Trail:** Die einfachste Wanderung führt über 3 km um den Kamunzuku-See herum. Auf dem einstündigen Marsch werden einige Felshöhlen aufgesucht, in denen in früheren Zeiten Fischer und Jäger bei schlechter Witterung Schutz suchten.
▶ **Waterfall Trail:** Der Weg führt nördlich vom See in den Wald. Sein Ziel ist der Lubale-Wasserfall. Auf dem Weg lassen sich meist Affen gut beobachten. Diese Wanderung kann auch mit dem Lakeside Trail kombiniert werden.
▶ **Rurama Hill Trail:** Dieser relativ neue Pfad führt tief in den Wald und soll später den Besuch der habituierten Schimpansengruppe einschließen.
▶ **Kyambura River Trail:** Auf diesem 17 km langen und nicht einfachen Wanderweg erkundet man die Kamunzuku-Höhlen und den Kyambura-Wasserfall. Der Ausflug dauert einen ganzen Tag.

George- und Edward-See (ⓘ s. S. 194/Lake Edward)

Der **George-See** (auch Dweru-See genannt) liegt auf einer Höhe von 914 m und wurde wie die anderen Seen im Bereich des Grabenbruchs ebenfalls nach Mitgliedern der englischen Königsfamilie benannt. In diesem Fall nach König Georg V. Der See hat eine Fläche von 250 km², der Äquator läuft direkt durch ihn

Fischer am Edward-See

hindurch. Er hat eine maximale Ausdehnung von 18 mal 23 km, eine maximale Tiefe von 7 m bei einer durchschnittlichen Tiefe von 2,50 m. An seinem Nordufer sind weitgehend Feuchtgebiete zu finden. Der See hat einen großen Artenreichtum, besonders vielfältig sind die Vögel vertreten. Er gehört zum Queen-Elizabeth-Nationalpark. Bei **Kilembe**, in der Nähe des Sees, liegen Kupferminen, deren mit Schwermetallen belastete Abwässer die Ökologie des – auf Grund seines verhältnismäßig geringen Volumens – empfindlichen Sees gefährden. Sein bedeutendster Zufluss ist der Nyamwamba. Über den Kazinga-Kanal hat er einen Abfluss zum Edward-See.

Der kleinere Teil

Der **Edward-See** ist etwas größer als sein nördlicher Nachbar. Allerdings gehört nur der kleine nordöstliche Teil des Sees zum ugandischen Staatsgebiet. Der größere Teil liegt auf der Seite der D. R. Kongo. Das zu Uganda gehörende Gebiet des Edward-Sees ist gleichzeitig Teil des Queen-Elizabeth-Nationalparks.

Streckenhinweis

Durch den Queen-Elizabeth-Park führt die Hauptverbindungsstraße von Fort Portal / Kasese nach Mbarara und Masaka. Nach dem Erreichen der Hauptstraße führt diese hinauf auf den Grabenbruch. Von dort über Bushenyi weiter nach Mbarara.

Mbarara und Umgebung (ⓘ s. S. 194)

Überblick

Die 70.000 Einwohner zählende Stadt liegt im Süden Ugandas auf einer Höhe von 1.470 m. Sie ist ein wichtiger Verkehrsknotenpunkt. Von hier aus führen Straßenverbindungen über Masaka nach Kampala, über Kabale nach Kigali (Ruanda) und über Kasese nach Fort Portal. Die Stadt Mbarara wurde während des Krieges mit Tansania stark zerstört, wovon heute aber nicht mehr viel zu sehen ist.

Mbarara liegt im Gebiet der **Ankole** und war schon zu Zeiten des Königreiches Ankole ein wichtiger Ort. Zuletzt befand sich hier sogar der Königssitz, ehe die Monarchie Ende der 1960er Jahre abgeschafft wurde. Der Palast der Könige liegt auf Kamukuzi, einem der Hügel, die die Stadt umgeben. In ihm soll früher auch die königliche Trommel (*Bagyendwaza*) aufbewahrt worden sein. Sie war das wichtigste Zeichen der Macht und der Einheit der Ankole. Der Legende nach soll diese Trommel vom Bacwezi-König *Wamala* stammen. Seit der Abschaffung der Königreiche wird das Gebäude allerdings von der Armee genutzt. Die Gräber (*Nkokonjeru Tombs*) der letzten beiden Könige der Ankole-Dynastie (*Omugabe Kahaya II.* und *Omugabe Gasyonga II.*) liegen ca. 3,5 km außerhalb der Stadt Richtung Westen.

Ort der Königstrommel

INFO Königreich Ankole

Das ehemalige Königreich Ankole liegt im Südwesten von Uganda. Es grenzte im Norden an **Bunyoro** und im Osten an **Buganda** und erstreckt sich vom George-See bis hinunter zur ruandisch-tansanischen Grenze. Im Reich der Ankole gab es eine Zweiklassen-Gesellschaft. Die eine Klasse bildeten die *Bahima*. Sie waren Hirten und das Rind stand im Zentrum ihres Lebens. Die andere Klasse war die der *Bairu*. Diese waren sesshaft und betrieben Ackerbau. Der regierende König der Erbmonarchie wird bei den Ankole *Omugabe* genannt. Die lokalen Führer waren immer aus der Klasse der Bahima. Das Gesellschaftssystem war also ähnlich dem in Ruanda aufgebaut, mit den *Batutsi* und den *Bahutu* in der jeweiligen Rolle.

Entfernungen

Von Mbarara nach Kampala: 283 km, zum Nakivali-See: 45 km, zum Lake-Mburo-Nationalpark (Main Gate): 54 km, nach Kikagati (Grenze zu Tansania): 75 km, nach Kagitumba (Grenze zu Ruanda, über Ntungamo): 100 km, nach Kagitumba (Grenze zu Ruanda, über Nsongezi): 120 km, nach Masaka: 146 km, nach Kabale: 147 km, nach Fort Portal: 232 km, nach Entebbe: 317 km, nach Jinja: 363 km, nach Hoima: 430 km und nach Gulu: 588 km.

Karte S. 476

Nkokonjeru-Gräber

Die Königsgräber erreichen Sie auf der Ntare Road. Dabei passieren Sie etwa 1 km nach Verlassen des Stadtzentrums die Ntare-Schule. Rund 500 m danach biegen Sie rechts ab und erreichen nach 900 m die Gräber.

Mangelnde Pflege

In den beiden Hauptgräbern liegen die letzten beiden Könige der Ankole. *Omugabe Edward Solomon Kahaya II.* starb 1944. Sein Nachfolger *Omugabe Rutahaba Gasyonga II.* regierte von 1944 bis zur Abschaffung der Monarchie 1967. Er starb im Jahre 1982. Die Gräber sind leider nicht sehr gut erhalten und werden offensichtlich nicht gepflegt. In der unmittelbaren Nähe liegen weitere Gräber von Mitgliedern der königlichen Familie.

Ausflug ins Dreiländereck

Von Mbarara aus haben Sie die Möglichkeit, nach Tansania und nach Ruanda zu reisen. Die Grenzregion war ursprünglich sehr wildreich, allerdings hat die Wilderei der 1990er Jahre und der Bevölkerungszuwachs zu einer starken Dezimierung der Tierpopulation geführt. Dennoch kann man auch heute noch einige Tierarten im Dreiländereck beobachten, wie die Uganda-Kob, Kuhantilopen und Riedböcke.

Eine Gruppe Uganda-Kob-Antilopen

Von Mbarara führt südlich eine Straße über Gayaza Richtung tansanische Grenze. Nach 59 km erreichen Sie den Ort **Nsongezi**. Von dort führt die Straße weiter entlang der Grenze bis zum **Grenzpunkt Kikagati** (nach 16 km). Wenn Sie von dort nach Tansania einreisen, führt Sie die Piste über Kibingo und Kaisho ins 59 km entfernte Kigarama am Rushwa-See. Diese Piste liegt zwischen den tansanischen Wildreservaten **Ibanda** (westlich) und Rumanyika-Orugundu (östlich). Es gibt allerdings keine touristischen Einrichtungen.

Bestandsrückgang

Bei Kikagati befinden sich in der Nähe des Akagera-Flusses die **Nsongezi-Felsen** (Nsongezi Rock Shelter). Von dort aus konnte man früher riesige Flusspferdherden beobachten. Leider sind die Bestände im letzten Jahrzehnt rasant zurückgegangen.

Von Kikagati führt die Straße in einem Bogen landeinwärts über Chitwe ins 35 km entfernte Kafunzo. Von dort sind es etwa 10 km bis zum ruandischen **Grenzort Kagitumba**. Falls Sie dort die Grenze nach Ruanda überqueren, brauchen Sie genügend Zeit zur Weiterreise (mind. 3 Std.), da kein größerer Ort in der Nähe der Grenze liegt. Das nächste Dorf Ndoma (keine Unterkunft!) liegt 22 km von der Grenze entfernt. Die Piste führt dann weiter entlang der ehemaligen Abgrenzung des Akagera-Nationalparks nach Süden. Bis zum heutigen Parkeingang sind es etwa 130 km.

In dem Dreieck zwischen der Straße von Kikagati nach Kafunzo und Kagitumba und der tansanischen Grenze lag früher das Kikagati Game Reserve. Es hat mittlerweile leider seinen Status als Reservat verloren und hier siedeln einige Tausend aus Tansania zurückgekehrte Flüchtlinge. Seit 2002 gibt es Pläne, diese Rückkehrer in andere Gebiete Ugandas umzusiedeln. Bisher scheiterte das Vorhaben allerdings an geeigneten alternativen Siedlungsgebieten.

Streckenhinweise

Weiterfahrt zum Lake-Mburo-Nationalpark
Folgen Sie von Mbarara der Straße nach Osten, dann kommen Sie zum Lake-Mburo-Nationalpark, dessen Grenze Sie nach etwa 24 km erreichen. Nach weiteren 30 km folgt die Abzweigung nach rechts zum Eingangstor des Nationalparks (9 km nach Süden).

Weiterfahrt zum Katonga Wildlife Reserve *(siehe S. 456)*
Von Mbarara nehmen Sie die Straße in nördlicher Richtung über Rutoma nach Ibanda (67 km). Bis Ibanda ist die Straße gut ausgebaut. Von dort geht es in nordöstlicher Richtung über Kazo nach Kabagole, am südlichen Rand des Reservates (hauptsächlich Piste!).

Sehenswürdigkeit
Der im Stil einer kleinen Pyramide gebaute Gedenkstein des britischen Offiziers Harry St. George Galt *befindet sich 3 km außerhalb Ibandas. Er soll der einzige britische Offizier gewesen sein, der während der Kolonialzeit ermordet wurde.*

Das einzige Opfer

Weiterfahrt nach Kabale *(siehe S. 494)*
Möchten Sie von Mbarara aus weiter Richtung Süden (Bwindi-I.-N. P., Mgahinga-Gorilla-N. P.), dann nehmen Sie von Mbarara aus die Straße nach Kabale. Nach Ndija (ⓘ s. S. 194), etwa auf halber Strecke, passieren Sie den Ort Ntungamo (km 62) mit rund 13.500 Einwohnern.

Für weitere Informationen überspringen Sie den Abschnitt „Lake-Mburo-Nationalpark" und lesen Sie weiter ab „Kabale".

Lake-Mburo-Nationalpark (ⓘ s. S. 194)

Überblick

In dem weitläufigen Gebiet zwischen Viktoria-See und Ruanda gibt es zahlreiche mittelgroße Seen. Der 260 km² große Lake-Mburo-Nationalpark liegt im Süden Ugandas, etwa auf halbem Weg zwischen Viktoria- und Edward-See. Es ist über
15 Seen die Hauptstraße zwischen Masaka und Mbarara gut zu erreichen. Außer dem Mburo-See liegen noch weitere 14 kleinere Seen im Parkgebiet. Dazwischen befinden sich viele Sümpfe, die einer großen Zahl von Tieren als Lebensraum dienen.

Entfernungen

Vom Lake-Mburo-Nationalpark nach Kampala: 230 km, nach Mbarara: 54 km, nach Masaka: 92 km, zum Nakivali-See: 99 km und Kasese: 207 km.

Lage und Klima

Der Lake-Mburo-Nationalpark liegt unterhalb des Äquators auf einer Höhe zwischen 1.220 und 1.828 m. Die Niederschlagsmenge ist relativ gering, sie beträgt im jährlichen Durchschnitt gerade 800 mm. Wenn es dann allerdings regnet, sind für den Besuch im Park Allradfahrzeuge nötig.

Geschichte

Die Gegend um den Mburo-See war Anfang des 20. Jh. stark von der Rinderpest betroffen und viele Farmer verließen die Gegend. Im Jahr 1935 entschied die Kolonialregierung das Gebiet um den Mburo-See als Jagdgebiet zu erklären. Ende der 1940er Jahre kam es zu einem erneuten massenhaften Auftreten der Tsetse-Fliege und dadurch der Schlafkrankheit. Die Kolonialregierung war entschlossen, zu handeln und entschied, alle Grasfresser in dem Gebiet abzuschießen. Denn, so die Logik, wo kein Wirtstier (sprich Blut) ist, da gibt es auch keinen Schmarotzer (Blutsauger).

Doch die Jäger und ihre Helfer konnten nicht alle Tiere eliminieren. Besonders einige Ducker und Buschböcke schafften es, ihren Henkern zu entkommen. Um den letzten Tieren den Schutz der Vegetation zu nehmen, wur-

Der Name des Sees wird mit einer ***überlieferten Sage*** *in Verbindung gebracht. Die besagt, dass vor langer Zeit zwei Brüder, Kigarama und Mburo, im Tal des Ruizi-Flusses lebten. Eines Nachts hatte Kigarama einen heftigen Traum. Am darauf folgenden Morgen ließ ihn der Traum nicht los. Er hatte das Gefühl, sein Bruder und er seien in Gefahr. Er erzählte es seinem Bruder und versuchte, ihn zur Flucht auf die nahen Hügel zu bewegen. Aber sein Bruder wollte nicht auf ihn hören. Noch während Kigarama die Hügel hinaufwanderte begannen sintflutartige Regenfälle und der Ruizi-Fluss schwoll dermaßen an, dass das gesamte Tal überflutet wurde. Mburo kam in diesen Fluten ums Leben. Seitdem gibt es den See, der den Namen des ertrunkenen Bruders trägt, während die Hügel zur Ehre den Namen des geretteten Bruders bekamen.*

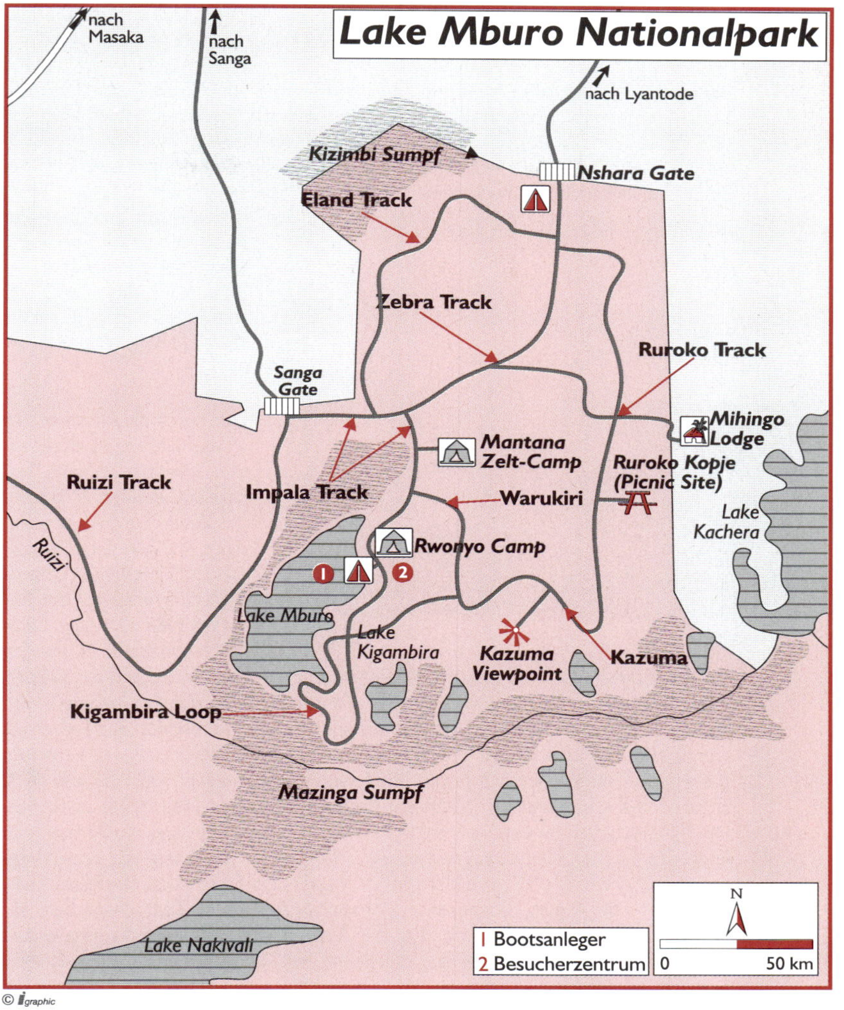

de beschlossen das gesamte Gebiet abzuholzen und abzubrennen. Hunderte von Quadratkilometern ödes und verbranntes Land sollte diese Aktion hinterlassen. Doch nach dem nächsten Regen wuchs die Vegetation schneller als je zuvor und schuf Rückzugsmöglichkeiten für Tiere und Tsetse-Fliegen. In der darauf folgenden Trockenheit wurde beschlossen, nach dem Abbrennen der trockenen Vegetation das Gebiet flächendeckend mit Insektiziden zu behandeln. Erst diese radikale Kur

Grausamer Rundumschlag

brachte das Aus für die Tsetse-Fliege, genauso wie für alle anderen Insekten und den Tieren, die sich von ihnen ernährten.

Anfang der 1960er Jahre kamen die Bahima-Hirten in die Mburo-Gegend zurück. Unter der ersten Obote-Regierung wurde 1964 das Jagdschutzgebiet aufgelöst und große Teile zur Besiedlung freigegeben. Der verbleibende Rest um den Mburo-See wurde als Wildschutzgebiet deklariert. Die Hirten bekamen allerdings das Recht bei besonderer Trockenheit ihr Vieh am See zu tränken. In den 1970er Jahren wurde erneut ein Teil des Reservates für landwirtschaftliche Zwecke umfunktioniert. Um 650 km² schrumpfte das Reservat zur Gründung einer Rinderfarm.

Lake Mburo

Der durch die Aktionen der 1950er Jahre stark dezimierte Tierbestand erholte sich langsam wieder. Während der Amin-Ära begann allerdings die Wilderei auszuufern. Die zweite Obote-Regierung ernannte das Reservat 1983 zum Lake-Mburo-Nationalpark. Es wurden die ursprünglichen Grenzen zugrunde gelegt, so dass 4.500 Menschen das Gebiet, ohne Entschädigung, verlassen mussten. Dadurch wurde der Nationalpark von den Einheimischen sehr negativ betrachtet. In den Wirren des Bürgerkrieges wurde das Gebiet von der Bevölkerung wieder „zurückerobert". Dabei wurde die gesamte Infrastruktur zerstört. 1987 wurde entschieden, den Park um 60 % zu verkleinern und den Menschen das Recht zu geben, im Mburo-See zu fischen. Die Naturschutzorganisationen befürchteten, dass diese Regelung der Anfang vom Ende des Schutzgebietes sein würde. Sie schlugen der Regierung vor, neue Wege zu gehen. So wurde 1991 mit Hilfe der Africa Wildlife Foundation ein Pilotprojekt gestartet – die Mburo Community Conservation Unit. In Zusammenarbeit mit der lokalen Bevölkerung wurde über die Zukunft des Nationalparks gesprochen und es wurden gemeinsame Pläne erarbeitet. Seit 1995 gehen 20 % der Einnahmen des Parks direkt in Projekte der umliegenden Gemeinden. Dadurch konnten Schulen gebaut, kleine medizinische Stationen eingerichtet und sonstige Hilfsmaßnahmen durchgeführt werden.

Wechselvolle Geschichte

Die Tierwelt am Mburo-See

Einige der Großtierarten kommen in dem relativ kleinen Nationalpark leider nicht mehr vor. Dazu zählen auch Elefanten und Löwen. Letztere wurden bereits Ende der 1970er Jahre im Parkgebiet ausgerottet. Trotzdem kann man um den

See herum eine ganze Menge von Tieren beobachten. Zu erwähnen ist besonders die ansonsten in Uganda nicht anzutreffende Impala-Antilope. Zudem gibt es Eland-Antilopen, Defassa-Wasserböcke, Topis, Busch- und Riedböcke sowie Tüpfelhyänen, Schakale und einige Leoparden. Bis heute wurden 315 Vogelarten im Park gezählt, darunter besonders viele Wasservögel. Mit viel Glück sind auch gelegentlich die schönen Sattelstörche oder der interessante Schuhschnabel zu erblicken.

Graufischer am See

Aktivitäten im Lake-Mburo-Nationalpark

Außer Pirschfahrten um den See, wobei man die vielfältige Tierwelt beobachten kann, gibt es weitere interessante Möglichkeiten in diesem relativ kleinen Nationalpark. Besonders schön ist eine **Bootstour** auf dem See, bei der man den dortigen Tieren etwas näher kommt. Der Bootssteg befindet sich am Campingplatz, etwa einen Kilometer vom Rwonyo Camp entfernt. Daneben gibt es noch die Möglichkeit, durch den Nationalpark zu **wandern**. Es ist ein besonderes Erlebnis, die Tiere einmal ohne „schützendes" Fahrzeug zu erleben. In Begleitung eines bewaffneten Rangers können alle Bereiche des Parks auch zu Fuß erreicht werden. Viele Huftiere sind nicht besonders scheu, so dass man Zebras und Impalas teilweise recht nahe kommt. Beim Besucherzentrum des Nationalparks befindet sich ein Naturlehrpfad, der auch ohne Führer begangen werden kann.

... ganz nah ...

Streckenhinweis

Vom Lake-Mburo-Nationalpark führt die Hauptstraße weiter nach Masaka. Nach Erreichen der Hauptstraße bei der Abzweigung zum Main Gate fahren Sie 14 km bis zum Ort Lyantonde, dann sind es weitere 23 km bis Kyazanga. Es folgt der Ort Kinoni (nach 29 km) und nach weiteren 20 km erreichen Sie die Stadt Masaka (298 km von Kasese).

Informationen zur Stadt Masaka und die Stecke nach Kampala finden Sie im Kapitel: Kampala und der Viktoria-See – Westufer des Viktoria-Sees *(S. 380).*

In den äußersten Südwesten Ugandas

Kabale (ⓘ s. S. 194)

Überblick

Karte S. 477

Kabale liegt auf einer Höhe von 1.867 m, im äußersten südwestlichen Dreieck des Landes. Mitten in der **Kigezi-Berglandschaft**, eingebettet zwischen grünen Bergen, war die Stadt mit dem milden Klima in Kolonialtagen ein beliebter Aufenthaltsort. Mit einer Einwohnerzahl von mittlerweile 42.000 ist Kabale der größte Ort der Region Kigezi. Durch die Nähe des Nachbarlandes Ruanda ist die Stadt auch ein großer Handelsplatz. Seit einigen Jahren zieht es wieder vermehrt Besucher in die Stadt. Sie ist Ausgangspunkt für Besuche des Bwindi-Impenetrable-Nationalparks, des Mgahinga-Gorilla-Nationalparks und des herrlich gelegenen **Bunyonyi-Sees** (ⓘ s. S. 194).

Handelsplatz

Entfernungen

Von Kabale nach Kampala: 430 km, Gatuna (Grenze Ruanda): 20 km, nach Cyanika (Grenze Ruanda): 80 km, nach Mbarara 147 km, nach Masaka 293 km, nach Fort Portal 298 km und nach Masindi 552 km.

Geschichte

Die Stadt Kabale wurde 1913 von den Briten gegründet, als ein Regierungsposten von Ikumba zum Kabaare Hill (heute Makanga Hill) verlegt wurde. Auf diesem Hügel befinden sich heute ein Golfplatz, einige Verwaltungsgebäude sowie das White Horse Hotel. In diesem Bereich des ehemals kolonialen Kabale wachsen viele Eukalyptus-Bäume, die von den Briten in den 1920ern hierher gebracht wurden.

Metzgerei an der Straße

Aktivitäten

Wer etwas Zeit mitbringt, kann von Kabale aus auch die **Kisizi-Wasserfälle** besuchen. Sie liegen etwa 30 km nördlich von Kabale an der Straße, die über Rwamucucu nach Kisizi und Nyarushanje führt. Etwas schneller ist Kisizi aber über die Hauptstraße nach Mbarara zu erreichen. Fahren Sie zunächst 30 km bis nach Muhanga und biegen dann erst auf die Straße über Rwamucucu nach Kisizi ab. Die Fahrt im privaten Fahrzeug dauert rund zwei Stunden. Die Fälle sind dann einfach zu finden, nur einige hundert Meter entfernt vom Kisizi-Hospital. Die 27 m hohen Wasserfälle liegen in einer üppig grünen Landschaft. Früher wurde der Wasserfall zur Stromgewinnung für den Ort genutzt. Er ist auch mit einem Matatu über Muhanga (umsteigen) zu erreichen.

Per Auto oder Matatu

In der Nähe von Kabale (ca. 8 km), an der Straße nach Gatuna (auch Katuna geschrieben), gibt es auch eine heiße Quelle (Hot Springs). Sie ist nicht besonders attraktiv, ein mehr oder weniger matschiger Pool. Das Wasser soll aber heilende Wirkung haben.

Streckenhinweis

Von Kabale kommen Sie in zunächst westlicher Richtung zum Bwindi-Park und nach Kisoro (Mgahinga-Nationalpark). Wenn Sie die Stadt in Richtung Südosten verlassen, gelangen Sie zur ruandischen Grenze und zum Grenzort Gatuna.

Gatuna (Grenze zu Ruanda)

Der kleine Grenzort zu Ruanda, 20 km südlich von Kabale gelegen, hat außer einigen kleinen Geschäften und billigen Restaurants nichts zu bieten. Die Grenze nach Ruanda ist problemlos zu überqueren, Visa für Ruanda werden am Grenzposten ausgegeben (sehen Sie auch in den Gelben Seiten unter: *Grenzübergänge*).

Bwindi-Impenetrable-Nationalpark (ⓘ s. S. 194)

Überblick

Der Bwindi-Nationalpark liegt im äußersten Südwesten des Landes an der Grenze zum Kongo. Er umfasst den Rest des ursprünglichen Albert-Rift-Waldes, der sich in früheren Zeiten entlang des gesamten Zentralafrikanischen Grabenbruchs zog. Der 331 km² große Park wurde hauptsächlich zum Schutz der letzten etwa 400 hier lebenden **Berg-Gorillas** eingerichtet. Das Gebiet ist mit einem Berg-Regenwald überzogen, der größtenteils fast undurchdringlich (*impenetrable*) ist. Im Wald verstreut liegen wie Oasen im Meer der Bäume einige Sumpfgebiete, der größte dieser Sümpfe ist der südöstlich des Parks bei **Ruhija** (ⓘ s. S. 194) gelegene 2 km² umfassende **Mubwindi-Sumpf**.

Undurchdringlicher Wald

Hinweis
Ruhija war ein Forschungszentrum und dort lag das Verwaltungsbüro des Impenetrable Forest Reserve, bevor es 1991 zum Bwindi-Nationalpark befördert wurde. Mittlerweile kommen kaum noch Reisende dorthin, das Zentrum der Bwindi-Besucher liegt heute in Buhoma.

Aktivitäten

Es gibt außer dem Gorilla-Trekking mehrere Wanderungen, die Sie von Buhoma aus unternehmen können. Der **Mubwindi Swamp Trail** dauert etwa drei Stunden und führt durch den Teil des Parks, in dem es noch Elefanten gibt. Der 6-stündige Bamboo Trail führt hinauf zum Rwamunyoni Peak in 2.607 m Höhe.

Hinweis

s.a. Community Walk, S. 505.

Lage und Klima

Von der Hauptstadt Kampala über Mbarara ist der Park in etwa sieben bis acht Stunden zu erreichen. Vom Queen-Elizabeth-Nationalpark (Ishasha) dauert die Fahrt drei bis vier Stunden und von Kabale aus braucht man etwa zwei Stunden (je nach Pistenzustand und Anzahl der Stopps). Die Straße zum Parkbüro in **Buhoma** (ⓘ s. S. 194) führt über das 17 km entfernte Butogota (ⓘ s. S. 194). Ein Allradfahrzeug ist, vor allem während der Regenzeit, sehr zu empfehlen. Der Bwindi-Park liegt auf Höhen zwischen 1.160 und 2.600 m. Die klimatischen Verhältnisse sind ähnlich wie im Virunga-Gebiet, nur dass hier die besonders kühlen Hochzonen (über 2.600 m) fehlen. Die Niederschlagsmengen betragen durchschnittlich 1.500 mm pro Jahr.

Geschichte

Der Bwindi-Wald gehört zu den wenigen Wäldern, die die Zeiten der wiederkehrenden klimatischen Veränderungen in der Spanne vor 1,8 Millionen bis 40.000 Jahren überdauerten. Während der letzten Eiszeit vor 12.000 Jahren herrschte am Äquator in Afrika wahrscheinlich ein recht trockenes und vor allem kühleres Klima. Teile des einst übermächtigen Waldes in Afrika mit seinen an tropischfeuchtes Klima gewöhnten Pflanzen wurden zurückgedrängt, nur wenige Waldrefugien blieben übrig, darunter der Bwindi-Wald. Nach Ende der Eiszeit vor etwa 10.600 Jahren begann sich der Wald von hier aus wieder über weite Flächen auszubreiten.

Unterwegs im Bwindi Nationalpark

Zur Namensgebung des Waldes gibt es eine in Uganda sehr bekannte Sage. In dieser Sage wird berichtet, dass vor etwa 100 Jahren zahlreiche Menschen aus Ruanda Richtung Norden gezogen sind. Um zum Edward-See zu kommen, mussten die Menschen einen dichten Wald durchqueren.

Sagenumwoben

Die Sage erzählt, dass eine Familie den Wald durchquerte und an einen Sumpf kam. Der Geist des Sees sah, dass bei der Familie eine junge, hübsche Magd namens *Nyinamukari* war. Der Geist sprach zur Familie: „Gebt mir eure Magd, dann lass ich euch sicher den Sumpf durchqueren". Die Familie wusste nicht, was sie tun sollte und blieb zwei Tage am Rand des Sumpfes. Letztendlich wurde ihnen bewusst, dass sie keine andere Möglichkeit hatten, als dem Wunsch des Geistes nachzukommen. Sie warfen die Magd in den Sumpf und konnten ihn daraufhin problemlos durchqueren. Die Geschichte der Familie und ihrer Magd machte bald die Runde, und die Menschen begannen, sich vor dem Wald und besonders vor dem Sumpf zu fürchten. Sie nannten das Gebiet fortan *Mubwindi bwa Nyinamukari*. Das bedeute so viel wie „Nyinamukari (die Magd) im Sumpf der Dunkelheit". Ableitend von dieser Geschichte bekam das Schutzgebiet seinen Namen: Bwindi-Impenetrable- (undurchdringlich) Nationalpark.

Beeindruckend: Begegnung mit den Gorillas

Im Jahr 1932 installierte die damalige britische Verwaltung in Uganda zwei Waldschutzgebiete von insgesamt 207 km² im Bereich des Bwindi-Waldes. 1942 wurden die beiden Gebiete zum **Impenetrable Crown Forest Reserve** mit dann 298 km² zusammengefasst. Zwei Jahrzehnte später (1961) bekam das Reservat zusätzlich den Status eines Wildschutzgebietes. Gleichzeitig wurde das Gebiet auf 321 km² erweitert. In den 20 Jahren zwischen 1966 und 1986 bestand der Schutz des Reservates allerdings mehr oder weniger nur auf dem Papier. Durch die politischen Verhältnisse im Land war an geordneten Naturschutz nicht zu denken.

Nur ein Lippenbekenntnis

Nach 1986 begann sich die Situation für die Schutzgebiete des Landes wieder zu bessern. Für viele mittlerweile zerstörte Naturflächen kam das allerdings zu spät. Die Ausläufer des Bwindi-Waldes im Kongo waren bis 1971 vollständig abgeholzt. In Uganda verlor der Bwindi-Wald in den letzten 45 Jahren etwa die Hälfte seines Gebietes. 1986 wurde ein Projekt namens Impenetrable Forest Conservation ins Leben gerufen. Es sollte damit ein Masterplan zum Schutz und zur Zukunft des Waldes entwickelt werden. Am 13. August 1991 wurde aus dem Waldreservat offiziell ein Nationalpark. Im Masterplan wurde die Finanzierung des Projektes u. a. mit der Einführung des Gorilla-Tourismus gesichert. Im Oktober 1991 begann die Habituierung der ersten beiden Gorilla-Gruppen. Mit der **Mubare-Gruppe** fällt im April 1993 der Startschuss für den Gorilla-Tourismus in Bwindi. Ab Januar 1994 konnte auch die **Katendegyere-Gruppe** besucht werden. Aufgrund der vielen besonderen Tier- und Pflanzenarten wurde der Park im Dezember 1994 von der **UNESCO als Weltnaturerbe** eingestuft.

Anfänge des Gorilla-Torismus'

Der wohl schwärzeste Tag in der Geschichte des Nationalparks war die Entführung und Ermordung von amerikanischen und britischen Touristen am 1. März 1999. Dies brachte den Gorilla-Tourismus erst einmal zum Erliegen, aber auch die anderen Regionen Ugandas hatten als Reisedestination erheblich unter diesem Vorfall zu leiden. Ugandas Präsident *Museveni* versuchte durch verstärkte Militärpräsenz, die Sicherheit wieder herzustellen und gleichzeitig durch eine groß angelegte Fahndung die Schuldigen vor Gericht zu bringen.

Anfang Oktober 2002 teilte die ugandische Presse mit, dass der Drahtzieher für die Touristenmorde in Bwindi von 1999 im Kongo festgenommen und dem inter-

Sühne für Touristenmorde

nationalen Strafgerichtshof in Ruanda übergeben wurde. Es handelt sich um *Tharcisse Renzaho*, den früheren Präfekten von Kigali und einen engen Vertrauten des ehemaligen ruandischen Präsidenten *Juvenal Habyarimana*. Er war seit dem Zusammenbruch der Regierung 1994 auf der Flucht. Renzaho wird auch des Völkermords angeklagt. Am 21. Juli 2004 wurde ein ruandischer Soldat namens *J. P. Bizimana* wegen der Beteiligung an einem 9-fachen Mord in Kampala angeklagt. Die ugandische Polizei hatte ihn mit Unterstützung von Interpol und des FBI am 16. Juli im Kabale-Distrikt nahe der ruandischen Grenze gefangen genommen.

INFO Gorillas

Die Gorillas werden aus zoologischer Sicht in zwei Arten eingeteilt. Diese wiederum unterscheiden sich zusammen in fünf Unterarten.

Zu den Unterarten des **Westlichen Gorillas** (*Gorilla gorilla*) gehören der Westliche Flachland-Gorilla (*Gorilla gorilla gorilla*) und der Cross River-Gorilla (*Gorilla gorilla diehli*). Der Westliche Flachland-Gorilla, von dem es noch etwa 150.000 gibt, lebt im westlichen Zentralafrika. Von der Unterart des Cross-River-Gorilla, der in Südost-Nigeria und West-Kamerun zu Hause ist, gibt es vermutlich nur noch um die 200 Tiere. Zu dem **Östlichen Gorilla** (*Gorilla beringei*) gehören die Unterarten Östlicher Flachland-Gorilla oder Grauer-Gorilla (*Gorilla beringei graueri*) sowie der Berg-Gorilla (*Gorilla beringei beringei*). Der Grauer-Gorilla lebt im Flachland des Kahuzi-Biéga-Nationalparks in der Demokratischen Republik Kongo. Dort herrschte jahrelang Bürgerkrieg und in dieser Zeit wurden viele Grauer-Gorillas gejagt und getötet. 1998 gab es noch 18.000 dieser Tiere, heute (2013) sind es nur noch 3.000 bis 5.000.

Berg-Gorilla

Die **Berg-Gorillas** werden von einigen Wissenschaftlern in zwei geografische Unterarten eingeteilt: den eigentlichen Berg-Gorilla der Virunga-Vulkane und den **Bwindi-Berg-Gorilla** (*Gorilla beringei bwindii*). Der Berg-Gorilla, von dem es noch etwa 880 Tiere gibt (480 in Virunga, 400 in Bwindi), lebt in den Virunga-Bergen von Uganda, Ruanda und dem Kongo sowie im Bwindi-Wald.

Gorillas in Bwindi

Im Bwindi-Nationalpark gibt es etwa **36 Gorilla-Gruppen** (insgesamt etwa 400 Tiere), wovon zehn Gruppen an Menschen gewöhnt sind und neun für einen

Besuch von Touristen in Frage kommen. Dazu gehören die nahe von **Buhoma** lebenden Gruppen: Mubare, Habinyanja und Rushigura. Nahe **Ruhija** leben die Gruppen Bitukura und Oruzogo sowie nahe **Rushaga** die Gruppen Kahugye, Mishaya, Nkuringo und Nshongi.

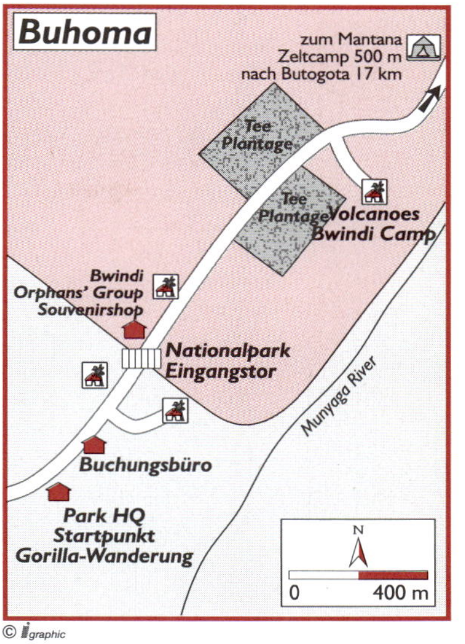

© graphic

In der Nkuringo-Gruppe kamen am 25. Dezember 2004 Zwillinge zur Welt. Leider starb eines der beiden Jungtiere nach wenigen Tagen, vermutlich am 1. Januar 2005. Eine interessante Beobachtung wurde gemacht, als der Tod des Zwillings entdeckt wurde. Der Leichnam wurde vom Silberrückenmann der Gruppe (Safari) getragen. Er gab aber bald den leblosen Körper der Mutter Kirungi zurück und diese trug ihn zusammen mit dem lebenden Zwilling noch einige Tage mit sich herum.

Tierarten im Bwindi-Wald

120 Säugetierarten leben im Nationalpark, davon 10 Affenarten. Darunter sind die Vollbart-Meerkatze (etwa 1.200 Tiere in Bwindi), die Rotschwanz-Meerkatze (5.500 Tiere), die Stuhlmann-Diadem-Meerkatze, die Dogget-Diadem-Meerkatze (beide zusammen ca. 3.200 Tiere), der Nördliche Guereza (400 Tiere), der Anubis-Pavian (1.200 Tiere), der Langhaar-Schimpanse (210 Tiere), der Bwindi-Berg-Gorilla sowie zwei weitere nachtaktive Primatenarten.

Im Bwindi-Wald

Im Wald leben 350 Vogelarten. Sie sind am besten in den Perioden von Februar bis Mai und September bis Dezember zu beobachten. Dann ist Regenzeit, und viele Vögel brüten oder sind auf Brautschau und dadurch aktiver und lauter (im Gesang). Von den 350 Arten in Bwindi sind 23 Arten endemisch im Albert-Rift-Gebiet. Zudem gibt es unter den Amphibien und Reptilien des Parks 28 Arten von Fröschen und Kröten, 14 Schlangenarten und 14 Echsenarten. Besonders schön anzusehen sind die Vertreter der 310 im Wald lebenden Schmetterlingsarten.

Auf Freiersfüßen

Pflanzenwelt im Bwindi-Wald

Pflanzenvielfalt

324 Baum- und Straucharten wurden bis jetzt im Bwindi-Wald ermittelt. Zehn Baumarten davon sind endemisch in Uganda, das heißt, sie kommen nur in Uganda vor. Eine wichtige und weit verbreitete Pflanze ist der Bambus, der ganze Wälder bildet. Daneben gibt es eine Menge von Farnen und epiphytischen (= auf anderen Pflanzen lebenden) Pflanzen auf den Wanderungen zu entdecken.

Wichtig:
Bei einem Besuch der Gorillas sind folgende Regeln unbedingt zu beachten:

- Mit ansteckenden Krankheiten (Schnupfen, Grippe, etc.) ist der Besuch verboten. Bitte gefährden Sie die Gorillas nicht!
- Das Mindestalter für den Besuch der Gorillas liegt bei 15 Jahren.
- Der Aufenthalt im Park ohne Führer ist verboten.
- Versuchen Sie einen Toilettengang zu vermeiden. Sollte das nicht gehen, müssen Sie diesen in einem gegrabenen Erdloch verrichten und dieses anschließend wieder gut mit Erde verschließen.
- Werfen Sie unter keinen Umständen irgendetwas während Ihres Aufenthaltes im Park weg, nehmen Sie alle Abfälle wieder mit.
- Zu den Gorillas muss ein Abstand von mindestens 5 m eingehalten werden.
- Das Rauchen, Essen oder Trinken in der Nähe der Gorillas ist während des Aufenthaltes untersagt.
- Falls Sie doch mal niesen müssen, halten Sie sich etwas vor die Nase und versuchen Sie sich vorher zu entfernen oder sich zumindest von den Gorillas wegzudrehen.

Gorilla-Besuch

Ein Besuch bei den Berg-Gorillas ist nicht billig. Das liegt an der begrenzten Zahl der Familiengruppen, die für Touristen zugänglich sind. Zudem möchte man die Tiere nicht unnötig belasten, so dass pro Tag nur eine Besuchergruppe pro Gorillafamilie zugelassen ist. Aber auch die Menschen profitieren von den hohen Einnahmen. So gehen 20 % der Eintrittsgelder für den Nationalpark an die jeweils umliegenden Dörfer. Bei den Gorilla-Permits gehen 9 US$ pro Permit an die jeweiligen Dörfer am Park.

Aktivitäten im Bwindi-Impenetrable-Nationalpark

In den letzten Jahren wurden etliche **Wanderrouten** durch den Bwindi-Wald geschaffen. Es wird auch weiterhin an der Ausarbeitung neuer Routen gearbeitet, so dass das Angebot in Zukunft sicher noch umfangreicher sein wird.

Hier einige der **Wanderrouten** als Beispiel:

- Ein kurzer (20 Minuten) und einfacher Spaziergang ist der **Munyaga-River-Pfad**. Er startet von der Buhoma-Hauptstraße und führt am Waldrand den Bizenga-Bach entlang bis zum Munyaga-Fluss. Dem Fluss folgend erreicht man das Park-Hauptquartier.

▶ Eine mittelschwere Wanderung ist der **Ivi River Walk**. Der Weg ist nicht steil, zieht sich aber, so dass man sechs Stunden einplanen und genügend Wasser und etwas Proviant dabei haben sollte. Der Pfad ist bei den Einheimischen ein beliebter Verbindungsweg zwischen den Dörfern.

▶ Die **Wasserfall-Wanderung** dauert etwa drei Stunden. Sie führt entlang eines 1970 gerodeten Weges, da hier eine Straße durch den Wald nach Kisoro gebaut werden sollte. Diese Bauarbeiten kamen zum Erliegen und wurden später nicht weiter verfolgt. Von diesem Weg geht 2 km weiter ein Pfad in den Wald links ab. Es geht teilweise bergauf und während der Tour kommt man – wie der Name schon sagt – an 3 Wasserfällen vorbei. Der höchste ist 33 m hoch.

Vom kurzen Spaziergang bis zur 6-stündigen Wanderung

▶ Der **Muzabajiro-Rundweg** startet am Parkbüro und dauert drei Stunden. Er führt an einem 1992 durch ein Feuer zerstörten Waldgebiet vorbei, in dem die Natur noch versucht, sich wieder zu regenerieren. Dadurch eröffnen sich schöne Ausblicke auf den Bwindi-Wald, den Grabenbruch und die Virunga-Vulkane.

▶ Eine 3-stündige Wanderung führt zum **Rushura Hill** (1.915 m). Dies ist die höchste Erhebung in der Nähe des Parkbüros. Die Wanderung erfordert Kondition und man sollte genügend Wasser mitnehmen. Von oben hat man einen herrlichen Ausblick, bei schönem Wetter bis zum Edward-See und dem Ruwenzori-Gebirge.

▶ Von Ruhija aus gibt es auch einige Wandermöglichkeiten, z. B. den so genannten **Gästehaus-Pfad** (Guesthouse Trail). Dieser ist eher ein Spaziergang von etwa 30 Minuten (s. auch S. 495).

▶ Der **Bambus-Pfad** (Bamboo Trail) ist mit sechs Stunden wesentlich länger und führt durch Bambus-Wälder zum Rwamunyonyi Hill. Vom höchsten Punkt des Parks kann man bei gutem Wetter bis zum Bunyonyi-See schauen.

INFO Das Ankole-Rind

Das für weite Teile Ruandas und Ugandas typische Hausrind ist das sogenannte Ankole-Rind. In Europa wird diese Rinderrasse häufig auch „Watussi"-Rind genannt. Dieser Bezeichnung geht ein Missverständnis voraus, denn bei dem Wort „Watussi" handelt es sich um die Bezeichnung der Batutsi aus Ruanda. Im Englischen werden die Batutsi Tussi genannt und die Vorsilbe „wa" entspricht in der ruandischen Sprache Kinyarwanda der Mehrzahl. Die aus dem Englischen kommende Bezeichnung meinte damit ursprünglich „die Rinder der Watutsi".

Bekannt wurden diese Rinder aber zunächst durch die Ankole im gleichnamigen Königreich. Daher werden die Rinder in Afrika heute als „Ankole-Rinder" bezeichnet. Gehalten und gezüchtet werden sie seit Jahrhunderten von mehreren Stämmen in Ostafrika, so auch von den Batutsi in Ruanda. Die Rinder-Rasse hat sich wahrscheinlich aus dem Zebu-Rind entwickelt. Bei der Zuchtauslese war die Hornlänge von entscheidender Bedeutung. Diese können heute eine Länge über 2,60 m erreichen. Die afrikanischen Stämme betrachten diese Rinder als ein Zeichen des Reichtums. Bei einigen Völkern werden den Töchtern der Familie Tiere als Mitgift mitgegeben.

Ankole-Rind

Die Ankole-Kühe liefern nur wenig Milch, aus der teilweise eine Art Weichkäse hergestellt wird. Da die Rinder eine wichtige ökonomische Funktion inne haben – der Besitz der Ankole-Rinder gilt als Status-Symbol und als Ausdruck von Reichtum –, werden sie gehegt und gepflegt, und in der Regel nicht geschlachtet. Außer der wenigen Milch wird noch das Blut der Tiere genutzt. Dazu werden sie zur Ader gelassen und ihnen einige hundert Milliliter Blut an der Halsschlagader abgezapft. Die Wunde wird mit einer Mischung aus Speichel und Erde wieder verschlossen, damit sie sich im Nachhinein nicht entzündet und auch schneller wieder verheilt. Das Blut wird mit Milch vermischt getrunken. Auch der Dung der Tiere ist nützlich: Vermischt mit Lehm dient er zur Abdichtung, getrocknet als Brennmaterial.

Text: Thomas Breuer

Grenzregion zu Ruanda

Überblick

Die Grenzregion zu Ruanda liegt etwas abseits der anderen Gebiete Ugandas. Es gibt zwei Grenzübergänge. Ein Grenzübergang führt über Kabale und Gatuna weiter nach Kigali und ein zweiter von Kisoro über Cyanika weiter nach Ruhengeri.

Karte S. 476

Kisoro (ⓘ s. S. 194)

Kisoro ist eine mittlerweile recht schnell wachsende Stadt im Dreiländereck. Durch die guten Anschlüsse an die kongolesische und die ruandische Grenze ist die kleine Stadt so etwas wie ein Verkehrsknotenpunkt. Das heißt allerdings nicht, dass Kisoro für den Reisenden außer einigen Hotels und Restaurants etwas zu bieten hätte. Die Stadt, etwa 540 km von Kampala, hat rund 12.000 Einwohner und gilt als **Ausgangspunkt** zum Besuch des Mgahinga-Gorilla-Nationalpark oder zur Weiterfahrt nach Ruanda zum Volcanoes-Nationalpark.

Der Gorilla-Tourismus begann in Uganda mit *Walter Baumgärtel*, der von 1955-1969 das Hotel *Travellers Rest* in Kisoro führte. Intensiv betrieben wurde es aber erst ab 1978, als das *Mountain Gorilla Project* im Nachbarland Ruanda die Berg-Gorillas speziell an Touristen gewöhnte. Von 1973 bis 1989 stieg die Zahl der Virunga-Gorillas von 261 auf 324 an. Diese positive Entwicklung wurde auf das Gorilla-Tourismusprojekt zurückgeführt.

Die ersten „Gorilla-Touristen"

Jeden Montag und Donnerstag wird es sehr voll in der Stadt. Dann findet jeweils ein regionaler Markt statt. Die Stadt ist bekannt für ihre Möglichkeit, die Pygmäen zu besuchen. Diese wurden aus dem Gebiet des Nationalparks evakuiert und fristen seitdem ihr trauriges Dasein in einer Art Flüchtlingscamp. Den Besuch der Pygmäen sollte man sich daher vorher gut überlegen, da ein Besuch sehr beschämend sein kann.

Etwa 6-7 km außerhalb der Stadt liegen zwei schöne Seen. Mutanda und **Mulehe** (ⓘ s. S. 194) sind auf der Hauptstraße nördlich von Kisoro Richtung Mushangiro zu erreichen. Eine schöne Wanderung führt zum **Mutanda-See** (ⓘ s. S. 194), örtliche Führer zeigen Ihnen gerne Abkürzungen.

Mutanda-See

INFO Die Batwa in Uganda

Die Mehrheit der so genannten Pygmäen in Uganda gehört zum Volk der Batwa. Sie leben in den südwestlichen Bezirken Kabale, Kisoro und Rukungiri. Im Jahr 1996 lebten von diesem Stamm noch etwas über 1700 Menschen in dieser Region. Die Batwa waren einst die Herren der Bergwälder. Die Männer waren für die Jagd zuständig und für das Sammeln von Honig. Dieser wurde gegen landwirtschaftliche Güter aus den Dörfern getauscht. Die Frauen sammelten Pilze und Früchte. Später arbeiteten sie auch für örtliche Farmer. Ende des 19. Jh. gehörte der Südwesten Ugandas zum Königsreich von Ruanda. Zu dieser Zeit waren die Batwa geschätzte Unterhalter und Soldaten der ruandischen Herrscher.

Die Batwa verloren ihren Lebensraum, und wurden mittellos, nachdem der Wald von ansässigen Farmern abgeholzt wurde. Heute leben sie als Pächter oder illegale Siedler auf Farm-, Kirchen- oder Staatsland und bezahlen die Vermieter mit ihrer Arbeitskraft. Nur wenige besitzen ein kleines Stück eigenes Land.

Die Nationalparks von Mgahinga und Bwindi befinden sich in ihrem ursprünglichen Siedlungsgebiet. Bereits in den 1930er Jahren wurden Schutzreservate errichtet, aber erst nach der Deklarierung als Nationalpark wurden die Batwa letztendlich aus ihrem angestammten Gebiet vertrieben. Die größte Ungerechtigkeit dabei ist, dass die Farmer, die den Wald zerstörten, Rechte auf das Land bzw. eine Entschädigung bekamen. Die Batwa, die über Generationen ohne die Zerstörung des Waldes und der Tiere dort lebten, erhielten keinen Ausgleich und fristen heute ein erbärmliches Leben am Rande der ugandischen Gesellschaft. Im Jahre 2000 haben die Batwa ihre eigene Organisation (United Organisation for Batwa Development in Uganda – UOBDU) gegründet. Seitdem zeigen sich die offiziellen Gremien offener, aber bis heute wird den Batwa der von ihnen verlangte Zutritt zu den Wäldern verwehrt.

Pygmäen

Das Verbot zu jagen und Waldprodukte zu sammeln, hat das Leben der Batwa stark beeinträchtigt. Um die Ressourcen des Waldes beraubt und ohne zugewiesenes Land, haben sie nur ihre Arbeit, die sie den Farmern anbieten können. Dabei hält sich die etablierte Gewohnheit aufrecht, die Batwa nur mit Essen zu entlohnen – ein Kreislauf, der die Abhängigkeit aufrechterhält.

Markt in Kisoro

Hinweis

Es gibt im Bwindi-Nationalpark die Möglichkeit, einen so genannten „Community Walk" zu unternehmen. Man besucht zusammen mit einem Guide ein traditionelles Dorf der Batwa. Vom Besuch des Medizinmannes, der Craft Shops, die Herstellung von Bananen-Wein und der Besuch der Schule ist alles enthalten. Alles in allem interessant, etwas folkloristisch, aber die Gemeinde wird dadurch finanziell unterstützt!
Dauer: etwa 2 Stunden.
Informationen *bei der Nationalparkverwaltung des Bwindi-Nationalparks, siehe dort.*

Umgebung von Kisoro

Aktivitäten / Sehenswürdigkeiten

Das 340 km² große **Echuya Forest Reserve** liegt zwischen Kisoro und dem Bunyonyi-See. Es ist eines der am seltensten besuchten Reservate, obwohl es in Sachen Artenvielfalt auf Platz 6 in Uganda steht. Die Mutanda- und Mulehe-Seen liegen ca. 10 km nördlich von Kisoro. Hier befindet sich auch die Mgahinga Safari Lodge. Der 2.000 m hohe Shozi-Krater und seine Höhle liegen an der Kabale Road. Fünf Kilometer nach dem Verlassen von Kisoro biegen Sie nach links Richtung Mutolere und erreichen den Krater nach einigen Hundert Metern.

Wenig besucht

Außer den Aktivitäten auf dem Bunyonyi-See und seinen Inseln, lohnt sich noch ein Abstecher zum **Muko Forest Reserve** und zum **Ruvuma-Sumpf** am nördlichen Ende des Sees, wo der Ndego-Fluss den See verlässt. Das Far Out Island Camp organisiert Wanderungen und Mountainbike-Touren von ein bis drei Tagen Dauer in die Umgebung. Ebenso Bootstouren auf dem Bunyonyi-See und seinen Sümpfen. Erkundigen Sie sich im Camp.

Streckenhinweis

Um von Kisoro zum Mgahinga-Gorilla-Nationalpark zu kommen, nehmen Sie die südliche Ausfahrt aus der Stadt. Folgen Sie dieser Straße bis zur großen Kreuzung. Nach links führt die Straße über Nyabihuniko nach Cyanika. Geradeaus kommen Sie zwar zum Nationalpark (Muhavura Base Camp), aber von dort startet nur die Wanderung auf den Mount Muhavura (kein Parkbüro oder sonstige Einrichtungen!). Um das Park Headquarter mit dem Haupteingang zu erreichen, fahren Sie an dieser Kreuzung nach rechts und folgen der Straße Richtung Bunagana bis eine Abzweigung nach links zum Parkbüro nach Ntebeko führt.

Mgahinga-Gorilla-Nationalpark (ⓘ s. S. 194)

Überblick

Ugandas Seite der Virungas

Südlich des Bwindi-Nationalparks liegt der etwas unbekanntere Mgahinga-Gorilla-Nationalpark. Er schützt den zu Uganda gehörenden Teil der **Virunga-Vulkane**. Zu ihm gehören die nördlichen Hälften der Vulkane Muhavura (4.127 m) und Gahinga (3.474 m) sowie das nordöstliche Viertel des Sabinyo-Vulkans (3.645 m). Alle drei Vulkane sind wohl mittlerweile erloschen. Der Mount Sabinyo ist bereits stark erodiert und besitzt eine sehr zerklüftete Kuppe. Der Krater des Mgahinga beherbergt einen Sumpf von 180 m Breite, während auf dem Muhavura ein kleiner Kratersee von 36 m Durchmesser thront. Der 33,7 km² große Nationalpark gehört zur grenzüberschreitenden 434 km² großen Virunga Conversation Area. Der ugandische Teil stellt damit nur 7,8 % des gesamten Virunga-Schutzgebietes.

Geschichte

Glühende Vergangenheit

Die drei im Parkgebiet stehenden Vulkane entstanden vor ein bis zwei Millionen Jahren in der Reihenfolge: Sabinyo, Gahinga und Muhavura. Reisende aus den 1930er Jahren berichten von ihrem Zusammentreffen mit älteren Menschen im Vulkangebiet, die ihnen erzählten, dass sie als Kinder einen Vulkan noch glühen gesehen hätten. Das würde bedeuten, dass der Muhavura-Vulkan noch in den 1860ern aktiv war. Ab etwa 1900 begann sich die Landschaft um die Vulkane durch einen explosionsartigen Zuwachs der Bevölkerung radikal zu verändern. Die waldreiche Gegend wurde völlig abgeholzt und überall entstanden neue Dörfer und Ackerflächen.

Ein unvergessliches Erlebnis: Gorilla-Trekking

Ab Anfang des 20. Jh. begann man zu begreifen, wie wichtig das Virunga-Gebiet für den Wasserhaushalt der Region war. Im Jahr 1930 wurde das erste Gorilla-Reservat mit einer Größe von 33,7 km² von der britischen Verwaltung eingerichtet. Elf Jahre später (1941) bekam das Gebiet den Status einer Wildlife Reserve (Wildschutzgebiet). Auf Druck der Bevölkerung wurden 1951 10,4 km² Land des Reservates zur landwirtschaftlichen Nutzung freigegeben.

Zwar bestand weiterhin der Schutzstatus für die Wildtiere (kein Abschuss erlaubt), durch die Rodung der Fläche wurde den Tieren aber die Lebensgrundlage entzogen. In den Jahren 1963 und 1964 wurde der streng geschützte Teil des Gorilla-Reservates durch ein gemeindeeigenes Waldstück von 23,3 auf 27 km² vergrößert. Das gesamte Wildschutzreservat be-

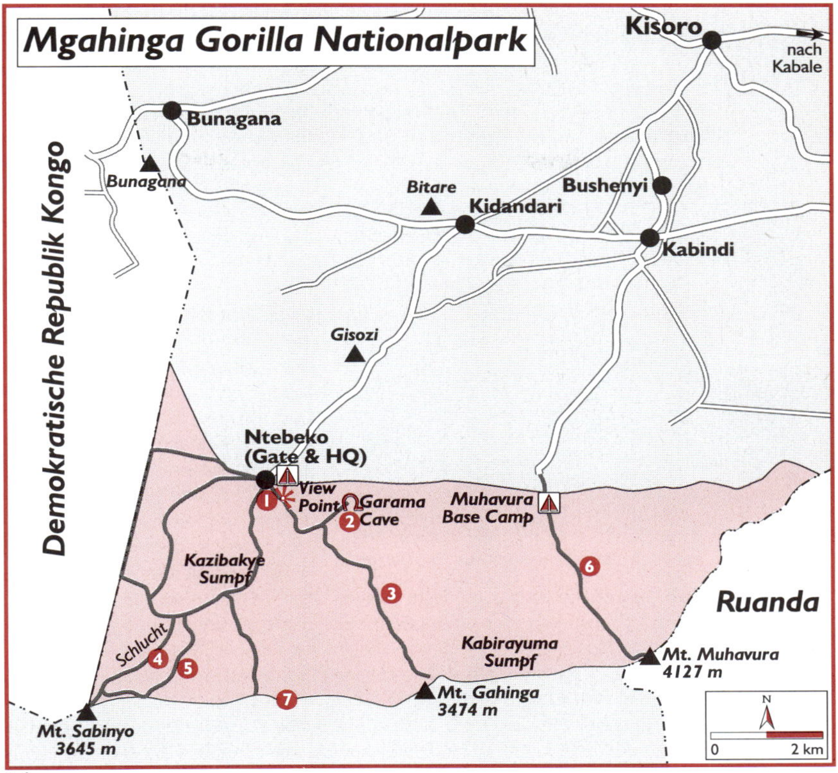

kam 13,8 km² landwirtschaftliches Gebiet dazu, so dass es danach insgesamt 47,5 km² umfasste. Auf massiven internationalen Druck wurde 1989 das **Gorilla Game Reserve Conservation Project** (Gorilla-Wildschutzreservat-Projekt) mit Unterstützung der deutschen Organisation „Berg-Gorilla- & Regenwald-Direkthilfe" ins Leben gerufen. 1991 war es dann so weit – der Mgahinga-Gorilla-Nationalpark wurde gegründet. Er entstand in den ursprünglichen Grenzen von 1930. Dadurch mussten Menschen, die seit einigen Jahrzehnten im Parkgebiet lebten, umgesiedelt werden. 1992 wurden 2.420 Menschen mit finanzieller Hilfe der amerikanischen Hilfsorganisation USAID umgesiedelt. 1997 folgten noch einmal 70 Personen mit finanzieller Unterstützung des Nationalparks.

Schutzmaßnahmen

Interessant ist es auch zu wissen, wie die drei Vulkane zu ihren Namen kamen. Der für den Park namensgebende Mount Gahinga ist der kleinste der drei Park-Vulkane. Das Wort Gahinga meint übersetzt so 'viel wie „Steinhaufen". Wenn die Bauern in der Region ein Stück Land urbar machen wollten, mussten sie zunächst die Lavabrocken auf dem Feld beiseite räumen. Diese wurden dann zu Haufen geschichtet, und um diese herum wurde der Acker angelegt und es wurden Nutzpflanzen angebaut. Diese Steinhaufen nennt man Gahinga.

Er weist den Weg

Der Name des Vulkans Muhavura meint „Führer“ oder „Leiter“ (im Sinne von Leitung). Zum einen führt er die Gruppe der Vulkane an, da er der nächstgelegene Vulkan ist. Zum anderen war er vor etwa 150 Jahren wohl noch aktiv und leitete durch seine leuchtende Kuppe bei Nacht den Bauern den Weg. Der Name des ältesten der Vulkane, Sabinyo, bedeutet „Zähne des alten Mannes“ und bezieht sich auf seine zerklüftete Kuppe.

Ausblick im Mgahinga Nationalpark

Lage und Klima

Der Mgahinga-Nationalpark liegt im Südwesten Ugandas 10 km von der Stadt Kisoro entfernt an der Grenze zu Ruanda und dem Kongo. Der Park liegt auf einer Höhe von 2.227 bis 4.127 m und hat daher ein gemäßigtes bis kühles Klima. Die Trockenzeiten in diesem Gebiet sind im Januar und Februar sowie von Mai bis September, wobei es auch während der Trockenzeiten zu vereinzelten Schauern kommen kann. Als die trockensten Monate gelten Juni und Juli (10 mm). Feuchtester Monat ist mit 250 mm Regen der Monat Oktober. Die Niederschlagsmenge ist auch von der Höhe abhängig. So nimmt mit zunehmender Höhe die Regenmenge zu. Bei 2.700 bis 3.000 m ist das Haupt-Niederschlagsgebiet erreicht. Darüber hinaus nimmt die niedergehende Wassermenge wieder ab. Die Temperaturen sind moderat bis frisch. Auf Höhen von über 3.000 m ist nachts auch mit Temperaturen um Null und sogar darunter zu rechnen. Generell lässt sich sagen, dass die Temperaturen pro 300 Höhenmetern um 1,6 °C sinken.

Regenreiches Gebiet

Die Tierwelt des Mgahinga-Gorilla-N. P.

Außer den Berg-Gorillas gibt es noch viele andere Tiere im Park zu sehen. Zurzeit sind 39 Säugetierarten beschrieben, es wird aber mit etwa 90 Arten gerechnet. Dazu gehören Elefant, Kaffernbüffel, Buschbock, Schwarzstirn-Ducker, Tüpfelhyäne, Leopard, Serval, Goldkatze und Streifenschakal, Riesen-Waldschwein, Stachelschwein, Ruwenzori-Sonnenhörnchen, Savannen-Hase, Afrikanische Zibet-Katze, Waldginsterkatze, Ichneumon, Baumschliefer, Kleine Rohrratte, Stuhlmann-Goldmull, Hufeisennase.

Neben den Berg-Gorillas kommen drei weitere Affenarten im Park vor: Goldene Diadem-Meerkatze, Dogett-Diadem-Meerkatze, Schouteden-Diadem-Meerkatze.

Bis jetzt wurden 79 Vogelarten registriert. Wahrscheinlich leben aber noch weitere im Park, denn im benachbarten Volcanoes-Nationalpark auf ruandischer Seite

Probleme und Lösungen des Nationalparks

Als **Hauptprobleme** des Nationalparks sind zu nennen:

- Bevölkerung: Die Bevölkerungsdichte liegt bei etwa 300 Menschen pro km² und mit einem Bevölkerungswachstum von etwa 3,5 % wird sich die Bevölkerung in den nächsten 20 bis 25 Jahren verdoppeln.
- Krieg und Bürgerkrieg: In der Vergangenheit wurde das Parkgebiet immer wieder von Militär oder Rebellengruppen als Rückzugsgebiet auch aus dem Nachbarland Ruanda genutzt. – Grenzprobleme: Da der Park an der Grenzen zweier Nachbarländer liegt (Ruanda, Kongo), ergeben sich bei den Schutzbemühungen immer wieder Probleme. Die Berg-Gorilla-Gruppen halten sich nicht an die Grenzen, es bedarf grenzüberschreitender Schutzbestimmungen, die in den vergangenen Jahren zum Teil schwer umzusetzen waren.
- Jagd: Die Schutzgebiete gelten für viele Wilderer als Ort der (kostenlosen) Fleischbeschaffung (Bush-Meat). Die Tiere werden auf unterschiedliche Weise gejagt. „Beliebt“ sind Tierfallen, da diese weniger Aufsehen bei den Rangern erzeugen als laute Schüsse. Die Wilderer benutzen Drahtschlingen, um Büffel, Ducker, Riesen-Waldschweine und Affen zu fangen. Aber auch Gorillas verfangen sich immer wieder in diesen Eisenschlingen. Auf Grund des Elfenbeinschmuggels wurde bereits mehr als die Hälfte der Elefantenpopulation gewildert.
- Landnutzung/Naturraumzerstörung: Die Wälder werden immer wieder zur Gewinnung von Feuerholz missbraucht. Gleichzeitig werden Rinder in die Schutzzone getrieben. Auch durch das Abbrennen von trockenen Grasflächen greifen Feuer immer wieder auf den Nationalpark über.
- Park-Ranger: Die Parkangestellten bekommen meist nur sehr geringe Löhne und haben oft eine schlechte Ausrüstung, was nicht zur Arbeitsmotivation beiträgt.

Als **Lösungsansätze** wurden in letzter Zeit folgende Maßnahmen diskutiert:

- Einbeziehung der lokalen Bevölkerung: Dies bildet mittlerweile einen Teil des Grundsatzprogramms der **Uganda Wildlife Authority**. In mehreren Projekten wurde bereits an der Einbeziehung der örtlichen Bevölkerung in das Park-Management gearbeitet.
- Gewinnbeteiligung: Die Bevölkerung muss auch am ökonomischen Erfolg der Nationalparks beteiligt werden. Das geschieht bereits mit der prozentualen Beteiligung an den Parkeinnahmen durch Eintrittsgelder und Gorilla-Permits.
- Anteil am Tourismusgeschäft: Durch Handarbeits-Kooperativen und die Führung kleiner Restaurants oder Geschäfte wird den Anwohnern Gelegenheit gegeben, auch in dieser Form vom Parktourismus zu leben bzw. zu profitieren. Zudem entstehen in den Hotels und Restaurants Arbeitsplätze für die heimische Bevölkerung.
- Grenzüberschreitende Zusammenarbeit: Seit der Gründung einer Arbeitsgruppe zum Virunga-Conservation-Area-Projekt beginnt sich die grenzüberschreitende Kommunikation und Zusammenarbeit zu verbessern. Oft stehen aber noch politische oder verwaltungstechnische Probleme im Weg.
- Die Büffel-Mauer: Diese Büffel-Mauer ist bereits ein Erfolg. Unter dem Motto „Gute Zäune – Gute Nachbarn“ bauten die Anwohner einen 9 km langen und 1 m hohen Steinwall, um die Büffel aus den Feldern zu halten und die Hauskühe aus dem Nationalpark.

konnten die Wissenschaftler 185 Arten beobachten. Zu den im Park vorkommenden gehören: Kronenkranich, Raubadler, Augur-Bussard, Schmarotzer-Milan, Kronentoko, Ruwenzori-Turako, Mönchs-Kuckuck, Schildrabe, Geierrabe, Braunflügel-Mausvogel.

Auch Schmetterlinge fühlen sich hier wohl

Auch Reptilien sind im Nationalpark vertreten, wie zum Beispiel Chamäleons: Johnston-Chamäleon, Zweistreifen-Chamäleon und das Blaue Chamäleon.

Besuch der Berg-Gorillas

Den Wildhütern entwischt

In Mgahinga besuchen die Touristen nur eine Gruppe – die **Nyakagezi-Familie**. Die Gorillas halten sich allerdings zeitweise im Kongo oder in Ruanda auf, wohin ihnen die Wildhüter nicht folgen dürfen. Der Erfolg eines Gorilla-Trekkings ist in Mgahinga also nicht garantiert. Bitte informieren Sie sich vorher bei der Uganda Wildlife Authority über den Stand der Dinge. Falls die Gruppe trotz Vorhersage nicht in Uganda sein sollte, bekommen Sie Ihr Geld zurück.

Aktivitäten

Für alle Unternehmungen im Park benötigt man einen Führer, der im UWA-Büro vermittelt wird. Das Büro befindet sich am Parkeingang, 14 km von Kisoro. Zu den Wanderungen sind gute Wanderschuhe zu empfehlen, sowie eine Regenjacke, da das Wetter sich hier immer schnell ändern kann.

Es gibt zahlreiche Wandermöglichkeiten im Nationalpark, hier einige Vorschläge:

▸ Eine **kleine Wanderung** (1 km) zu Beginn eröffnet die Möglichkeit, sich einen Überblick über den Park zu verschaffen. Der Spaziergang ist einfach und dauert etwa eine halbe Stunde. Er führt vom **Park Gate Ntebeko (1)** zum so genannten View Point. Von dort sieht man in nördlicher Richtung Ackerflächen bis zum Horizont. Dazwischen liegen der Mutanda-See sowie das Hochland von Kigezi und Bwindi. In südlicher Richtung schaut man auf die drei Vulkane. Vor allem der Sabinyo ist gut zu erkennen.

▸ Die **Garama-Wanderung (2)** führt über 4 km zu den gleichnamigen Höhlen. Die Wanderung dauert etwa drei Stunden. Wasserfeste Wanderschuhe und eine Taschenlampe sind von Vorteil. Die Garama-Höhle wurde in früheren Zeiten vom Volk der Batwa bewohnt, die von hier aus zur Jagd gingen. Heute findet man in der 342 m breiten und 14 m tiefen Höhle nur noch Fledermäuse.

Karte S. 507

▶ Eine **Besteigung des Mount Gahinga (3)** nimmt ca. sechs Stunden (hin und zurück) in Anspruch. Auf der 8 km langen Wanderung muss ein Höhenunterschied von 1.100 m überwunden werden. Der Weg führt größtenteils durch Bambuswald, der 58 % des Parkgebietes einnimmt. Oben angekommen, erblickt man den Sumpf, der sich mittlerweile im Krater gebildet hat. Halten Sie während der Wanderung auch Ausschau nach den seltenen Goldenen Diadem-Meerkatzen und Buschböcken.

▶ Die **Wanderung zur Sabinyo-Schlucht (4)** ist mittelschwer und führt in vier Stunden über 6 km. Dabei müssen keine nennenswerten Höhenunterschiede gemeistert werden. Der Weg führt hinein in die Saniyo-Schlucht, durch dichte Vegetation, einen Bach. Am Ende der Schlucht befindet sich ein Wasserfall. Hier ist ein schöner Platz für eine Pause. Nutzen Sie die Gelegenheit, nach Vögeln Ausschau zu halten.

▶ Die **Besteigung des Mount Sabinyo (5)** verlangt etwas Kondition. Sie dauert hin und zurück etwa acht Stunden und führt über ca. 8 km. Der Höhenunterschied beträgt 1.300 m. Der Weg führt zu mehreren Spitzen des Vulkans. Zunächst erreicht man über die östliche Seite die erste Spitze, dann geht es auf Wunsch weiter zur zweiten Spitze. Von hier hat man bereits herrliche Aussichten auf die Vulkanlandschaft. Wer möchte, kann den Weg zur dritten und höchsten Spitze fortsetzen. Bis dorthin ist es aber sehr steil, und es muss viel geklettert werden. Wenn Sie die Spitze erreicht haben, stehen Sie gleichzeitig in Uganda, Ruanda und im Kongo.

▶ Über 12 km und einen Höhenunterschied von 1.700 m führt die **Wanderung auf den Mount Muhavura (6)**. Der Rundweg dauert etwa acht Stunden und beginnt am Muhavura Base Camp (wenn Sie von Kisoro kommen, an der Kreuzung geradeaus). Die Wanderung ist zwar nicht sehr schwierig, Sie sollten aber schon allein wegen der Höhe (4.127 m) in guter körperlicher Verfassung sein. Der Weg zur Spitze führt durch meist offenes Gelände. Bei gutem Wetter kann man bis zum Edward-See und zum Ruwenzori-Gebirge schauen.

▶ Bei der so genannten **„Grenz-Wanderung"(7)** ist man fünf Stunden unterwegs. Der 10 km lange Weg führt erst Richtung Mount Sabinyo bis zum Kongo. Von dort geht es entlang der Grenze weiter. Mehrere Hütten am Weg laden zum Picknick ein. Die Wanderung ist mittelschwer und erreicht keine größeren Höhenunterschiede.

▶ Eine einfache **Wanderung für Vogelfreunde** entlang der Parkgrenzen wird zwischen 17 und 18 Uhr angeboten. Anmeldung am selben Tag bis 10 Uhr erforderlich.

Streckenhinweis

Von Kisoro führt eine Abzweigung Richtung Südosten über Nyabihuniko bis zur Grenze nach Ruanda. Vom Grenzort Cyanika führt die Straße weiter nach Ruhengeri.

Es gibt auch die Möglichkeit, von Kisoro oder dem Nationalpark über Bunagana zur Grenze der D. R. Kongo zu fahren. Vor dem Grenzübertritt sollten Sie sich aber über die aktuelle Sicherheitslage in diesem kongolesischen Gebiet erkundigen.

11. RUANDA: KIGALI UND DER OSTEN

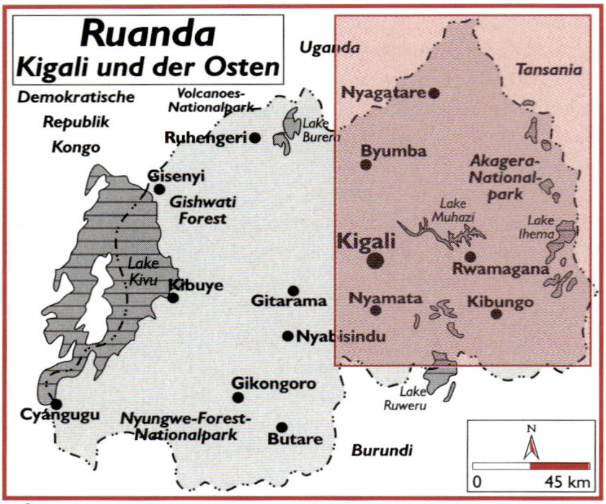

Überblick

Die Hauptstadt Ruandas liegt eingebettet zwischen den Hügeln des ruandischen Hochlandes, dessen Erhebungen in östlicher Richtung zunehmend flacher werden. Der östliche Landesteil ist geprägt durch weitläufige Savannen-Landschaften und seine für Ostafrika typische Tierwelt. Diese wird im **Akagera-Nationalpark** geschützt, einem der touristischen Höhepunkte in Ruanda. Im Osten befindet sich auch das Gros der ruandischen **Binnenseen**. Allen voran der für Wochenendausflüge bei der Stadtbevölkerung beliebte Muhazi-See und der für Tierbeobachtungen bekannte Ihema-See im Akagera-Nationalpark. Für Reisende bietet sich in diesem Gebiet eine zum Rest Ruandas sehr unterschiedliche Landschaft, mit Seen, großen Ankole-Rinderherden, Teeplantagen und verträumten Dörfern. Eine Großwild-Safari bildet einen schönen Kontrast zu den Wanderungen in den Berg-Regenwäldern während einer Ruanda-Reise.

Kigali und Umgebung (ⓘ s. S. 319)

Überblick

Das Herz Ruandas

Die Stadt Kigali liegt über mehrere Hügel verteilt im Zentrum des Landes. Alle Landesteile sind von hier in weniger als einer Tagesfahrt zu erreichen, kein Ort ist mehr als 300 km von Kigali entfernt. Obwohl als Kolonialstadt von den Deutschen gegründet, ist heute nur noch wenig von dieser Zeit zu sehen. Das liegt unter anderem daran, dass Ruanda als Teil der Kolonie Deutsch-Ostafrika nur als Außenposten der deutschen Kolonialverwaltung diente. Unter der belgischen Herrschaft verlor Kigali selbst diesen Status an das heutige Bujumbura (Burundi) und die ruandische Stadt Butare. An die Kolonialzeit der Deutschen erinnern nur noch das Fort (heute ein **Gefängnis/3**) und das ehemalige Wohnhaus von *Richard Kandt* (heute das **Kigali-Museum/4**).

Kigali ist eine weitläufige Stadt, der man ihre Einwohnerzahl auf den ersten Blick nicht unbedingt ansieht, da sie in vielen Stadtteilen ihren Kleinstadt-Charakter

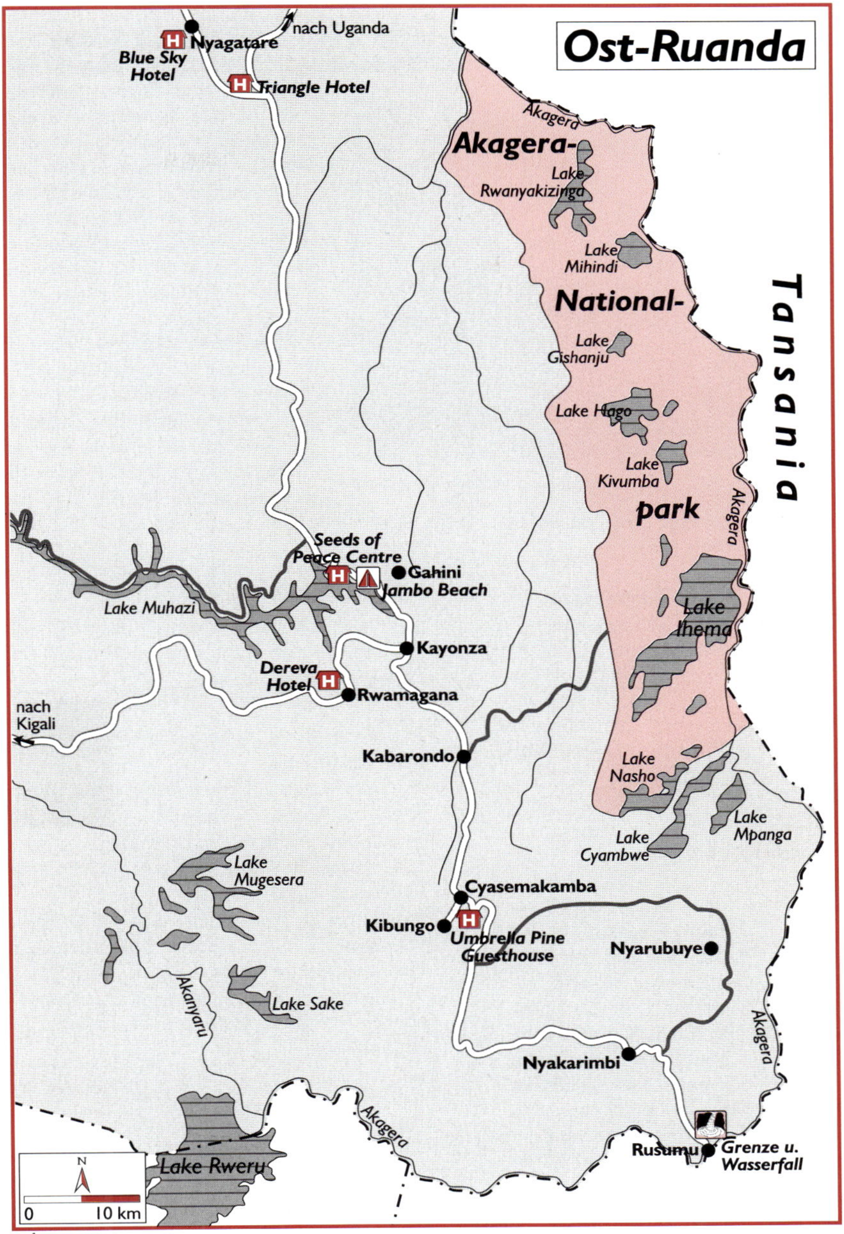
Ost-Ruanda
nach Uganda
Nyagatare
Blue Sky Hotel
Triangle Hotel
Akagera
Akagera-
Lake Rwanyakizinga
Lake Mihindi
National-
Lake Gishanju
Lake Hago
Lake Kivumba
park
Tansania
Akagera
Lake Ihema
Seeds of Peace Centre
Gahini
Jambo Beach
Lake Muhazi
Kayonza
Dereva Hotel
Rwamagana
nach Kigali
Kabarondo
Lake Nasho
Lake Cyambwe
Lake Mpanga
Lake Mugesera
Cyasemakamba
Kibungo
Umbrella Pine Guesthouse
Nyarubuye
Akanyaru
Lake Sake
Nyakarimbi
Akagera
Akagera
Rusumu
Grenze u. Wasserfall
Lake Rweru
N
0
10 km

beibehalten hat. Das Zentrum um die **Place de l'Indépendence** (Platz der Unabhängigkeit) und entlang der beiden Straßen Avenue de la Paix (Friedensallee) und dem Boulevard de la Révolution ist relativ klein. Hier befinden sich Banken, Geschäfte und Büros. Unterhalb (östlich) des Zentrums erstreckt sich ein grüner Bereich mit vielen Villen in großen Gärten. Hier liegt das Diplomaten-Viertel, in dem heute auch viele wohlhabende Ruander wohnen. In diesem Viertel befindet sich auch die **Deutsche Botschaft (21)**.

Blick auf das Stadtzentrum von Kigali

Im Nordosten Kigalis befindet sich im Stadtteil Nyabugogo der große Busbahnhof **(Taxi-Park/1)**. Von hier kommen Sie in alle Landesteile sowie ins umliegende Ausland (Burundi, Kongo, Uganda). Ewas abseits im Süden befindet sich der Stadtteil Nyamirambo. Dort liegen ausgedehnte Wohnviertel und das größte **Stadion (18)**.

Entfernungen

Von Kigali nach Giterama: 53 km, nach Byumba: 60 km, nach Gatuna: 79 km, nach Kibungo: 112 km, nach Ruhengeri: 118 km, zum Akagera-Nationalpark: 119 km, nach Butare: 135 km, nach Kibuye: 144 km, nach Gikongoro: 164 km, nach Gisenyi: 187 km und nach Cyangugu: 293 km.

Redaktions-Tipps

- **Übernachten** im besten Hotel Kigalis, dem **Intercontinental**.
- **Abendessen** auf einer Terrasse mit Blick auf Kigali im **Cactus**-Restaurant.
- Für eine **Mahlzeit** zwischendurch, leckere Sandwichs und deutsches Essen im Restaurant **La Galette**.
- Um die Ereignisse des Völkermords besser verstehen zu können, **Besichtigung** der **Genozid-Gedenkstätte** in Gisozi / Kigali *(S. 521)*.
- Die einzige Savannen-Landschaft Ruandas erleben bei einem **Ausflug** in den **Akagera-Nationalpark** *(S. 526)*.

Geschichte

Deutsche Gründung

Kigali, die heutige Hauptstadt Ruandas, wurde 1907 während der deutschen Kolonialzeit gegründet. Den Ort hatte **Richard Kandt** (siehe S. 520) bestimmt, indem er auf seiner Ruandakarte zwei Diagonalen zeichnete und sich beim Schnittpunkt einen geeigneten Ort suchte. Er entschied sich für Nyarugenge (1.550 m), ein Platz zu dem mehrere Pfade führten. Der Platz lag gegenüber dem Berg Kigali (1.852 m), auf dem sich ein für die Einheimischen heiliger Hain befand. Durch die Bekanntheit des Berges wurde die neue Station der Deutschen in Ruanda von allen nur Kigali genannt. Darum änderte Kandt offiziell am 19. Oktober 1908 den Namen der deutschen Residentur in Ruanda von Nyarugenge in Kigali.

Sie diente damals nur als Sitz des von der Kolonialverwaltung für Deutsch-Ostafrika in Daressalam entsandten Statthalters für die beiden Königreiche Ruanda und Urundi (das heutige Burundi). Am 26. Oktober 1908 bekam Kigali, und damit Ruanda, sein erstes Postamt. Im selben Jahr begannen die Bauarbeiten für den deutschen Verwaltungssitz. Die Bauzeit für das **Boma** (Kisuaheli-Wort für Festung) dauerte mehrere Jahre. Es bestand aus einem Wohnhaus für den Residenten, mehreren Häusern mit Wohnungen, Lagerräumen und einer Polizei-Schreibstube, einem Hospital mit abgetrennten Abteilungen für Europäer und Afrikaner, einem Gefängnis und aus Pferdeställen. Im Jahr 1912 wurde die Mauer um den Komplex mit einem großen Eingangstor fertig gestellt. In diesem Jahr betrug die Einwohnerzahl Kigalis keine 2.000, darunter waren 420 Nichtafrikaner.

Lange Bauzeit

Gefängnis im ehemaligen Fort

Die Belgier übernahmen 1919 die Stadt Kigali zunächst als Verwaltungssitz, doch mehr und mehr wurde Ruanda vom belgischen Sitz im Königreich Urundi (Usumbura, das heutige Bujumbura) aus verwaltet. Im Laufe der Zeit richteten die Belgier Verwaltungsstrukturen für das Königreich Ruanda in der Stadt Butare ein, die näher zur Grenze Urundis lag. Nach der **Unabhängigkeit** 1962, Kigali hatte gerade mal 5.000 Einwohner, gab es ein monatelanges Tauziehen um die Hauptstadt des neuen unabhängigen Ruanda. Diese Auseinandersetzung entschied 1965 Kigali für sich und wurde am 26. Juni 1965 offiziell zur Hauptstadt erklärt. Folge war ein Anwachsen der Einwohnerzahl der Stadt. Allein in den ersten fünf Jahren stieg die Zahl um das 10-fache. Auf dem **Kacyiru-Hügel** entstand das politische und administrative Zentrum mit dem Bau des **Parlaments (20)** und diverser Ministerien. Heute, mehr als vier Jahrzehnte nach der Proklamation als Hauptstadt des Landes, hat Kigali rund 800.000 Einwohner mit immer noch steigender Tendenz.

Endgültig Hauptstadt

Lage und Klima

Die Hauptstadt Ruandas liegt im Zentrum des Landes auf einer Höhe von 1.550 m. Sie hat ein angenehmes Klima, auch wenn es hier durchaus ein paar Grad wärmer ist als an den Ufern des Kivu-Sees. Im Durchschnitt erwarten Sie in Kigali Tagestemperaturen von 14-28 °C. Die Luftfeuchtigkeit ist nicht ganz so hoch wie in Kampala, durchschnittlich etwa 60 bis 70 %. Nur in den regenreicheren Monaten Oktober bis Mai kann sie auf bis zu 80 % ansteigen.

Boulevard de Nyabugogo
Rue du Lac Hago
Rue du Nasho
Avenue de la Justice
Rue du Mont Huye
Rue de l'Epargne
Rue du Lac Ihema
Avenue de Commerce
Rue de
Rue du Marché
Avenue de la Jus tice
Ave.
de
Rue
nach Nyamirambo
1 Nyabugogo Taxi Park und Busbahnhof
2 Markt
3 Gefängnis
4 Kigali-Museum
5 La Galette Supermarkt
6 Markt
7 Minibus Station
8 Hauptpostamt
9 Tourist & Nationalpark Büro (ORTPN)
10 Supermarkt
11 Franco-Rwanda Kulturzentrum
12 Kirche Sainte Famille
13 Caritas Buchladen
14 Ikirezi Buchladen
15 Kirche St. Michael
16 Genozid Gedenkstätte Gisozi
17 Moschee
18 Stadion
19 Flughafen
20 Parlament
21 Deutsche Botschaft

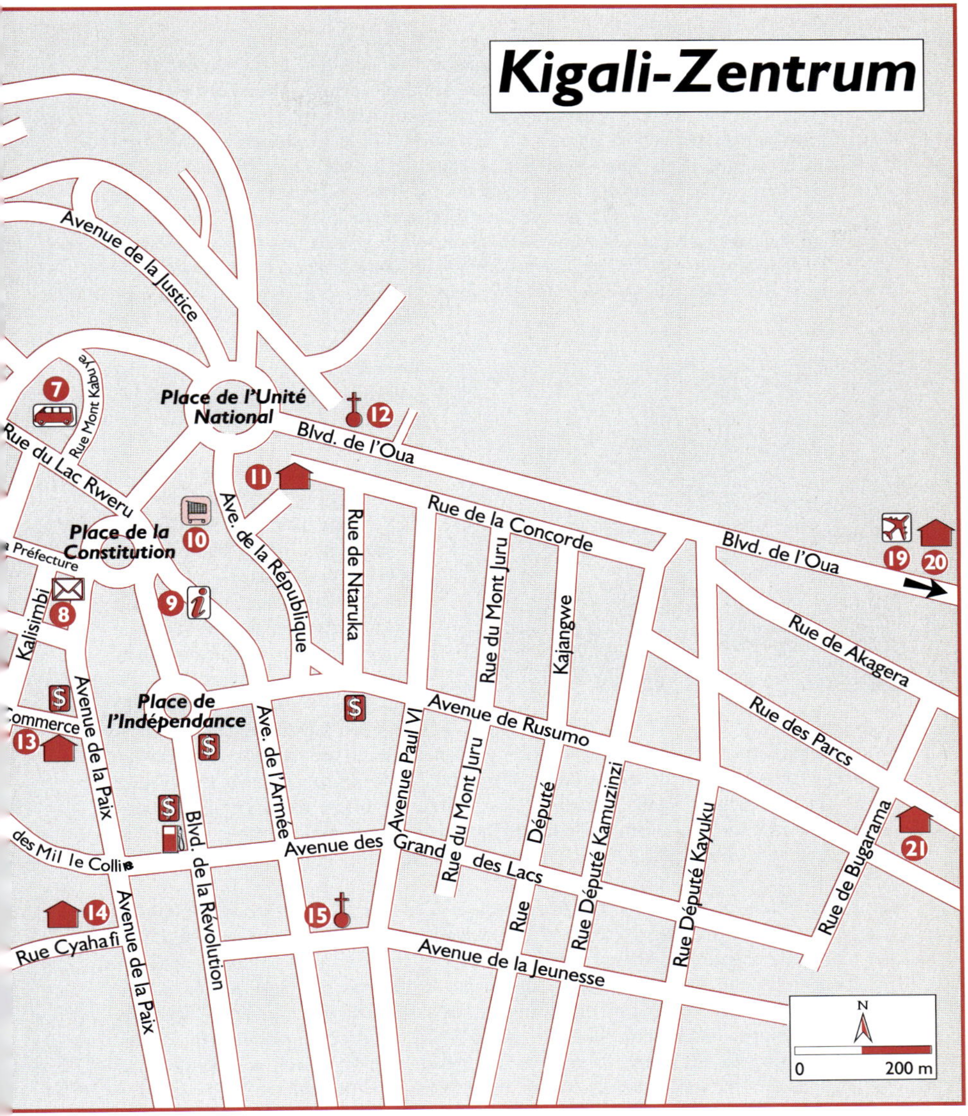
Kigali-Zentrum
Avenue de la Justice
Place de l'Unité National
Rue Mont Kabuye
Rue du Lac Rweru
Blvd. de l'Oua
Place de la Constitution
Préfecture
Kalisimbi
Ave. de la République
Rue de Ntaruka
Rue de la Concorde
Rue du Mont Juru
Kajangwe
Blvd. de l'Oua
Rue de Akagera
Rue des Parcs
Place de l'Indépendance
Commerce
Avenue de la Paix
Ave. de l'Armée
Avenue Paul VI
Avenue de Rusumo
Rue du Mont Juru
Député
Rue Député Kamuzinzi
Rue Député Kayuku
Rue de Bugarama
des Mil le Collins
Blvd. de la Révolution
Avenue des Grand des Lacs
Rue
Rue Cyahafi
Avenue de la Paix
Avenue de la Jeunesse
N
0
200 m

Stadtrundgang

Eine gesamte Stadterkundung zu Fuß ist auf Grund der Entfernungen etwas schwierig, da sich die Stadt über mehrere Hügel verteilt. Aber zumindest das kleine Zentrum und die angrenzenden Stadtteile lassen sich gut „erlaufen“. Das Zentrum befindet sich im Bereich der **Place de l'Indépendence** und der Straßen Boulevard de la Révolution und Avenue de la Paix. Dort gibt es ein paar Geschäfte, einige Banken und Reiseveranstalter. Nördlich der Place de l'Indépendence befindet sich ein weiterer Kreisverkehr (Place de la Constitution). Hier befindet sich das **ORTPN-Büro** (Amt für Tourismus und Nationalparks/**9**), bei dem Sie die Gorilla-Permits bekommen. Weitere Einkaufsmöglichkeiten gibt es auf dem Weg zum **Markt (6)**, der vom Zentrum westlich über die Rue de l'Epargne zu erreichen ist. Der Markt ist, wie so oft in Afrika, sehr geschäftig. Es macht auch Spaß, hier einfach nur zu schauen und zu beobachten.

Kleines Zentrum

Kigalis Wohnviertel

Eine gute Gelegenheit sich auf dem Stadtrundgang in Kigali etwas zu stärken, vor allem für die, die Lust auf deutsches Essen haben, ist der Supermarkt und das Restaurant **La Galette (5)**. Es liegt unterhalb des Marktes, zwischen Rue de l'Epargne und der Rue du Marché. Im Supermarkt La Galette gibt es alles, von deutschen Tütensuppen bis zur deutschen Marmelade. In der angeschlossenen Bäckerei findet man die gleiche Auswahl wie in jeder Bäckerei in Deutschland (Brötchen, Brot und Teilchen) und in der Metzgerei kann man Wurst nach deutschem Standard kaufen. Das Restaurant bietet außer internationalen Gerichten auch Gerichte wie bayrischen Fleischkäse und Strammer Max. Das Essen kann man schön auf der Veranda zu sich nehmen.

Vom Markt geht es über die Avenue de la Commerce zur zentralen **Minibus-Station (7)**. Von hier werden die verschiedenen Stadtteile sowie einige Überlandziele angefahren. An der Straße befinden sich zahlreiche Geschäfte und Geldwechselstuben. Folgt man der Straße weiter, stößt man auf die Place de l'Unité Nationale. Von hier zweigt die Avenue de la Justice ab, die in einem Bogen um einen Hügel herumführt. Hier im Norden der Innenstadt gibt es ein kleines **geologisches Museum**. Es gehört zum Ministerium für Minen und Energie und hat die gleichen Öffnungszeiten wie das Ministerium (Bürozeiten!). Ein weiteres Museum ist das neue **Kigali-Museum (4)** in einer Seitenstraße der Avenue de la Justice.

Alle weiteren interessanten Orte sind bequemer per Minibus oder Taxi zu erreichen. Etwas außerhalb der Innenstadt und abseits der Hauptstraße liegt die

Gedenkstätte Gisozi (16). Am einfachsten ist sie mit einem Taxi zu erreichen. Keine der Minibus-Linien fährt direkt dorthin, man kann sich aber an der Hauptstraße absetzen lassen und zu Fuß hinüber laufen. (s. *Gedenkstätten*)

Für die Mehrzahl der Reisenden ist Kigali nur eine Zwischenstation auf dem Weg, das Land zu erkunden. Tickets für Fahrten in andere Städte oder ins Ausland sollten am besten im Voraus gekauft werden. Im Inland einige Stunden, für die Strecken ins Ausland mindestens einen Tag vorher. Die Tickets bekommen Sie direkt bei den (Mini-) **Bus-Stationen (7)**. Eine liegt zentral in der Stadt, die andere außerhalb im Nordwesten **(Stadtteil Nyabugogo/1)**. Da nicht alle Ziele vom zentralen Taxi-Park in der Innenstadt aus angefahren werden (vor allem in Richtung Nordwest-Ruanda und ins Ausland), müssen Sie für diese Ziele zum Nyabugogo Taxi-Park fahren.

Busse

- *Taxi-Park Innenstadt*

Von hier aus fahren die Minibusse in alle Stadtteile Kigalis. Darüber hinaus auch nach Gitarama, Butare und **Rwamagana** *(ⓘ s. S. 319). Zu unterscheiden sind private Minibusse und Minibus-Unternehmen. Die privaten Busse verkaufen in der Regel keine Tickets im Voraus, hier wird abgefahren, sobald der Bus voll ist und während der Fahrt kassiert. Bei den Minibus-Unternehmen (Okapi, Atraco, u.s.w.) werden Tickets für eine bestimmte Abfahrt im Büro/Ticketschalter verkauft. Beim zentralen Taxi-Park liegen etliche dieser Büros außerhalb der eigentlichen Minibus-Station, aber in der direkten Umgebung. Am besten, Sie fragen sich durch. Für Minibusse in Richtung Ruhengeri, Gisenyi und Goma liegt eine Station (Okapicar) unterhalb der Place de l'Unité Nationale. Die meisten Unternehmen fahren aber vom großen Taxi-Park Nyabugogo ab.*

Nyabugogo Taxi-Park

- *Taxi-Park Nyabugogo (1)*

Von hier geht es in alle Landesteile Ruandas sowie nach Uganda, in den Kongo (Goma) und nach Burundi (Bujumbura). Die Station liegt etwa 2 km außerhalb der Innenstadt, zu erreichen mit einem Taxi oder Minibus. An der Einfahrt zum Taxi-Park (links) liegen direkt etliche Büros der Busunternehmen (z.B.: Atraco, Jaguar).

Kigali-Museum (4)

Geschichte im deutschen Haus

Als Gemeinschaftsprojekt der Regierungen Ruandas und Deutschlands sowie des Bundeslandes Rheinland-Pfalz wurde das so genannte **Kandt-Haus** renoviert und hier ein **Stadtmuseum (4)** eingerichtet. Bei dem Haus handelt es sich um die Kolonialresidenz des ersten kaiserlichen Generalresidenten im Königreich Ruanda, *Richard Kandt*. Das Kigali-Museum wurde im April 2004 offiziell eröffnet und zeigt eine Ausstellung der Stadt, von ihren kolonialen Anfängen bis zur modernen afrikanischen Hauptstadt.

INFO Richard Kandt

Richard Kandt wurde am 17. Dezember 1867 in Posen (Preußen) unter dem Namen Richard Jacob Kantorowicz geboren. Sein Vater Siegfried Kantorowicz war ein wohlhabender jüdischer Kaumann, der im Oktober 1868 verstarb. Seine Mutter Janny lebte anschließend vom Erbe ihres Mannes. Richard Kandt ging nach dem Abitur nach Leipzig, um an der dortigen Universität Kunstgeschichte und neue Sprachen zu studieren. Im Sommersemester 1888 wechselte er nach München und studierte dort ab Herbst 1888 Medizin.

Im Deutschen Kaiserreich bestand Wehrpflicht und so diente auch Kandt in seiner Zeit als junger Medizinstudent. Eine Zeit, die ihn für sein späteres Leben sehr prägen sollte. Richard Kandt war mit seinem Leben als Arzt jedoch nicht zufrieden. Er hörte und las von berühmten Afrikaforschern wie *Heinrich Barth* (1821-1865), *David Livingstone* (1813-1873), *Georg Schweinfurth* (1836-1925), *John Speke* (1827-1864) und anderen. Besonders interessierte ihn das Werk des Deutschen *Graf von Goetzen* (1866-1910). In seinem Buch „durch Afrika von Ost nach West" schildert er die Entdeckung des Kivu-Sees und die Suche nach der Nilquelle, sowie eine Begegnung mit dem damaligen ruandischen König, die ihn sehr beeindruckt hatte.

Richard Kandt war fasziniert und entwickelte ein zunehmendes Interesse an der Afrikaforschung. Er quittierte seine Arbeit in der damals so genannten „Irrenanstalt" und ging nach Berlin. Dort begann Kandt, Anthropologie und Völkerkunde zu studieren. Auch belegte er einen Kisuaheli-Kurs. Durch seine Professoren erfuhr er, dass es noch eine Menge Forschungsarbeit in den deutschen Afrika-Kolonien zu leisten gab, und dass Ruanda noch weitestgehend unerforscht war. Da die ersten Versuche nach Ruanda zu kommen, fehlschlugen, begann er damit, seine eigene Expedition vorzubereiten. Er erhielt die Erlaubnis des Auswärtigen Amtes und fand die Unterstützung zahlreicher prominenter, so genannter Kolonialpolitiker.

Im Mai 1897 erreichte er die Insel Sansibar. Er hielt sich zunächst in Daressalam auf und traf dort auf den berühmten Mediziner *Robert Koch*. Ende Juli 1897 war die Expedition soweit vorbereitet. 140 Träger wurden angeheuert, drei Führer, drei eigens für ihn abgestellte und 15 bewaffnete Soldaten. Am 25. März brach die Expedition endgültig nach Ruanda auf. Als erstes erreichte sie am 11. Mai 1898 der Akagera-Fluss, den der Forscher *Stanley* zuvor „Alexandra-Nil" getauft hatte, da er in ihm den Quellfluss des Viktoria-Sees sah. Am 14. Juni residierten Kandt und sein Gefolge in Mukingo (Provinz Gitarama) vor den Toren der Königsresidenz.

Kulturzentren

Mehrere Kulturzentren bieten unterschiedliche Angebote. Das *Communauté des Autochtones Rwandais* (CAURWA) bietet Einblicke in die Batwa-Kultur und veranstaltet Tanzvorführungen. Zu dem Projekt gehört auch die Förderung der Vermarktung von Batwa-Tonarbeiten. Das Geschäft befindet sich hinter dem Hotel des Mille Collines. Im **Centre Culturel d'Echanges Franco-Rwandaises**, ebenfalls in der Nähe des Hotel des Mille Collines, finden zahlreiche kulturelle Veranstaltungen statt. Im eigenen kleinen Theater gibt es Konzerte, Lesungen, Theaterstücke und Tanz sowie Ausstellungen und Informationsveranstaltungen.

Deutsch-Ruandisches Denkmal

Das Denkmal „Die Räder der deutsch-ruandischen Geschichte" wurde 1987 auf dem Gelände der **Deutschen Botschaft (21)** errichtet. In einem aus Bruchsteinen gemauerten „Block der Gemeinsamkeit", sind zwei alte Räder eines Lastwagens aus der Zeit der deutschen Kolonialherrschaft montiert. Die zwei Räder (symbolisch für die zwei Länder) sind unabhängig voneinander angebracht und symbolisieren die getrennt voneinander verlaufende Geschichte. Auf dem „Block der Gemeinsamkeit", stehend für die gemeinsamen Werte wie Frieden, Fortschritt und Zusammenarbeit, sind mehrere Jahreszahlen angebracht. Die Jahre 1894, 1907, 1916, 1962 und 1987 haben eine jeweilige Bedeutung in den deutsch-ruandischen Beziehungen. Die einzelnen Räder wiegen 250 kg, das gesamte Denkmal 6,3 t.

Räder der Geschichte

Buchtipp

*Helmut Strizek, **Geschenkte Kolonien**, Ruanda und Burundi unter deutscher Herrschaft. War der Völkermord in Zentralafrika eine Nachwirkung der kolonialen Herrschaft?, Christoph Links Verlag, Berlin*

Gedenkstätten

In ganz Ruanda sind in den Jahren nach dem Völkermord eine ganze Reihe von Gedenkstätten und Mahnmalen entstanden, um an das schreckliche Ereignis von 1994 zu erinnern. Sie sind auch ein Zeichen für die Überlebenden, dass so etwas nie wieder geschehen möge. Die meisten Gedenkstätten sind Orte von Massengräber oder aber Stätten und Gebäude, wie zum Beispiel Kirchen, an denen hunderte oder gar tausende von Menschen zu Tode kamen. In Kigali befindet sich die zentrale Gedenkstätte für den Völkermord in **Gisozi (16)**. Das Gebäude ist ähnlich der Form einer Kirche nachgebaut worden. Im Kellergeschoss befindet sich eine unheimliche Sammlung von Knochen und Schädeln, sowie von persönlichen Dokumenten und Habseligkeiten der Opfer. Dazu das mörderische Werkzeug – in der Regel Macheten. Im Erdgeschoss ist ein Dokumentationszentrum über diese Zeit untergebracht.

Ort des Gedenkens

Auf dem Gelände befinden sich ebenfalls Massengräber. Sie wurden wie große Räume in die Erde eingelassen und sind mit riesigen Betonplatten abgedeckt. Im Innern sind zahlreiche Särge mit den Überresten Ermordeter aufgebahrt. Wer

Gisozi Memorial Centre

Gedenken an den Völkermord

mehr über diesen Teil der Vergangenheit Ruandas erfahren möchte, kann die etwas außerhalb der Stadt gelegenen beiden Gedenkstätten besuchen. Beides sind Kirchen, in denen mehrere tausend Ruander (Batutsi) ermordet wurden. Ntarama (25 km) und Nyamata (30 km) liegen südlich von Kigali, die Abzweigung nach Nyamata führt von der Flughafenstraße ab.

Kirchen als Mahnmal

In **Nyamata** steht eine Kirche, die Schauplatz eines schrecklichen Massakers war. Die Kirche wurde leer geräumt, nur einige Blutspuren zeugen noch von den Ereignissen. Außerhalb der Kirche wurde ein unterirdischer Grabraum angelegt, in dem die Toten aufgebahrt werden. Ein Führer erklärt Ihnen die Geschehnisse jener Zeit. Die zweite Kirche befindet sich in **Ntarama**. Hier wurde bis auf die Leichname alles so belassen wie es vorgefunden wurde. Das hat schon eine beeindruckende Wirkung. Mehr als 5.000 Menschen sollen hier ermordet worden sein. Beide Gedenkstätten kosten zur Zeit keinen Eintritt, die Führer erwarten (und verdienen) allerdings ein Trinkgeld.

Streckenhinweis

Von der recht zentral gelegenen Hauptstadt Kigali kommen Sie bequem in jede andere größere Stadt oder Region des Landes. Die Hauptstraße nach Norden führt nach Byumba und zur ugandischen Grenze. Sie schlängelt sich zunächst durch die nördlich der Hauptsstadt liegenden Hügel. Etwa 10 km außerhalb von Kigali passieren Sie eine Schnittblumenfarm, auf der hauptsächlich Rosen angebaut werden. Bei Kilometer 53 erscheint links die Abzweigung nach Byumba.

Byumba und die Grenzregion zu Uganda (ⓘ s. S. 319)

Überblick

Bester Tee

Die Stadt liegt einige Kilometer abseits der Hauptstraße zwischen Kigali und der Grenze zu Uganda. Byumba selbst hat keine touristischen Attraktionen, liegt aber in einer **wunderschönen Landschaft** inmitten grüner Hügel. Diese Gegend ist das Hauptanbaugebiet für Tee in Ruanda. Hier wird mittlerweile der qualitativ beste Tee Afrikas produziert.

Streckenhinweis

Von Byumba aus gibt es eine 42 km lange Piste bis nach Base. Dort wird auf halber Strecke die Straße von Kigali nach Ruhengeri erreicht. Die Piste ist nicht in bestem Zustand, aber die Fahrt durch die saftig grünen Hügel der Teeplantagen ist sehr schön.

Entfernungen

Von Byumba nach Gatuna: 32 km, nach Kigali: 60 km, nach Ruhengeri: 104 km und nach Butare: 210 km.

Minibusse

Es gibt den ganzen Tag über regelmäßig Minibus-Verbindungen nach Kigali und nach Gatuna, der Grenzstadt zu Uganda. Am Morgen gibt es auch einen Bus nach Base, mit der Möglichkeit, nach Ruhengeri zu kommen. Dazu müssen Sie in Base umsteigen, die Minibusse nach Ruhengeri erreichen Sie dann an der Hauptstraße, die von Kigali kommt.

Maiskolben beim Trocknen

Grenzregion zu Uganda

Wenn man von Kigali kommend die Abzweigung nach Byumba links liegen lässt, erreicht man nach weiteren 26 km den Grenzort **Gatuna**. Außer dem Grenzposten, ein paar Geschäften, einfachen Restaurants und Geldwechslern hat der kleine Ort nicht viel zu bieten. Sollten Sie Gatuna mit einem öffentlichen Minibus erreichen und weiter nach Uganda wollen, dann passieren Sie die Grenze zu Fuß. Auf der anderen Seite finden Sie einen Minibus-Anschluss nach Kabale. Wenn Sie Glück haben und in einem der großen Überlandbusse ist noch ein Platz frei, können Sie auch direkt weiter nach Mbarara oder Kampala fahren.

Mit Glück kommt man weiter

Der Osten

Karte
S. 513

Überblick

Nun wird's flacher

Der Osten Ruandas ist geprägt durch eine **Seen- und Savannen-Landschaft**. Östlich der Hauptstadt Kigali liegen die beiden Seen **Muhazi** (ⓘ s. S. 319) und **Mugesera**, mit ihren ausufernden Armen. Die für Ruanda typischen Hügel prägen auch hier noch das Bild. Doch je weiter man Richtung Osten vorstößt, desto flacher wird die Landschaft. Die Savanne breitet sich aus und reicht bis hinüber zur Grenze nach Tansania. Entlang dieser Grenze reihen sich weitere Seen auf. Vom Rwanyakizinga-See im Nordosten über den Ihema-See bis hin zum Cyambwe-See im Südosten.

Der Osten Ruandas besteht aus den ehemaligen Provinzen Umutara, Nyamata, Kibungo und Byumba. Zusammengenommen leben dort 2,63 Mio. Menschen. Interessantestes Ziel für Reisende in diese Region ist der **Akagera-Nationalpark**.

Streckenhinweis

Von der Hauptstadt Kigali führt nur eine Straße nach Osten in Richtung Muhazi-See. Nach dem See trifft sie auf die östliche Nord-Südverbindung. Diese Straße verläuft quasi um den Nationalpark herum. In Richtung Norden führt die Straße nach Nyagatare, in südlicher Richtung nach Kibungo.

Um von Kigali zum Akagera-Nationalpark zu kommen, fährt man in der Stadt zunächst Richtung Flughafen. Vor dem Flughafen geht links die Abzweigung nach Osten (Kayonza) ab. Nach ca. 78 km endet in Kayonza die Straße an einer T-Kreuzung. Links geht es nach Nyagatare (siehe weiter unten) und zum Akagera-National-park geht es rechts Richtung Kibungo. Die Straßen sind asphaltiert und in gutem Zustand. In Kabarondo geht links (von Kibungo kommend entsprechend rechts) eine Abzweigung Richtung Nationalpark (ausgeschildert). Ab hier befährt man eine relativ gute Piste, die trotzdem das eine oder andere Schlagloch aufweist. Mit einem normalen Auto kommt man vielleicht noch bis zum Park. Im Park selbst ist dann aber ein Allradwagen nötig. Nicht so sehr des Vierradantriebes wegen, viel mehr wegen des hohen Fahrwerks. Allradantrieb selber ist nur bei Regen erforderlich.

Dann folgt man immer der Piste, auch wenn es mal nach rechts oder links geht. An einigen Stellen ist die ***Akagera Game Lodge*** *als Orientierung noch mal ausgeschildert. Nach 22 km erreicht man den Nationalpark, ein Schild mit Giraffe macht darauf aufmerksam. Das* ***Eingangstor (Main Gate)*** *folgt allerdings erst nach weiteren 5 km. Dort müssen die Eintrittsgebühren bezahlt werden und man bekommt einen obligatorischen Guide mit auf den Weg. In den Park geht es dann weiter geradeaus, zum Hotel Akagera Game Lodge fährt man rechts (ca. 1 km).*

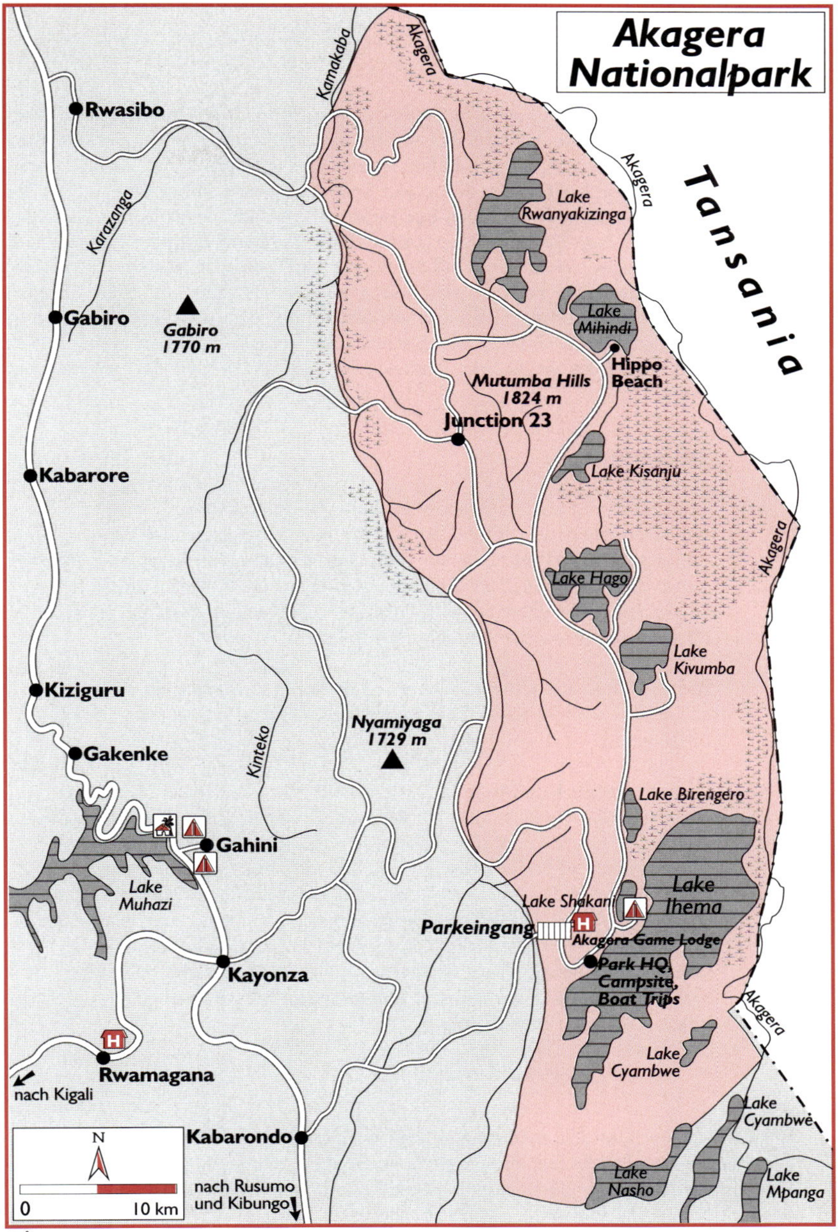
Akagera Nationalpark
Tansania
Akagera
Kamakaba
Rwasibo
Karazanga
Gabiro
Gabiro 1770 m
Lake Rwanyakizinga
Lake Mihindi
Hippo Beach
Mutumba Hills 1824 m
Junction 23
Kabarore
Lake Kisanju
Lake Hago
Lake Kivumba
Kiziguru
Gakenke
Kinteko
Nyamiyaga 1729 m
Lake Birengero
Gahini
Lake Muhazi
Lake Ihema
Lake Shakani
Parkeingang
Akagera Game Lodge
Park HQ, Campsite, Boat Trips
Kayonza
Rwamagana
nach Kigali
Lake Cyambwe
Kabarondo
N
0
10 km
nach Rusumo und Kibungo
Lake Nasho
Lake Mpanga

© igraphic

Akagera-Nationalpark (ⓘ s. S. 319)

Überblick

Der Akagera-Nationalpark schützt Teile der einzigen Savannen-Landschaft Ruandas. Hier leben die meisten der für die ostafrikanischen Savannen bekannten Tiere, wie Zebras, Antilopen, Büffel, Hyänen und Elefanten. Die Savannen-Landschaft wird durch zahlreiche Hügel und Seen strukturiert. Der größte See ist der **Ihema-See**, der sich im Süden des Parks befindet und damit in der Nähe des Parkeingangs liegt. Sieben weitere größere Seen folgen in Richtung Norden. Hier leben zahlreiche Wasservögel und teilweise auch Flusspferde, wie am Mihindi-See. Zwischen den Seen befinden sich etliche Sümpfe, die meist von einem breiten Rand von Papyruspflanzen gesäumt werden. An der östlichen Grenze des Parks, die gleichzeitig die Grenze zum Nachbarland Tansania darstellt, schlängelt sich der Akagera-Fluss. Er ist der Namensgeber des Parks und der größte Fluss Ruandas.

Am größten Fluss Ruandas

Informationen

Es ist nicht gestattet, den Park ohne Guide zu durchfahren. Da es kein gutes Kartenmaterial gibt, ist das sicherlich auch besser so, um sicher wieder zurück zu finden. Einige Wege des Nationalparks verlassen diesen zeitweise, da ursprüngliche Gebiete vor einigen Jahren wieder an die Bevölkerung abgegeben wurden. In diesen Gebieten am Parkrand leben Hirten mit einer großen Anzahl von Rindern.

Weitere Informationen zum Akagera-Nationalpark erhalten Sie entweder im ORTPN-Büro in Kigali oder im Headquarter des Nationalparks direkt am Eingang.

Es gibt mehrere **Rundwege** im Park, jeweils mit unterschiedlicher Länge. Besprechen Sie vorher mit Ihrem Park Guide, wie viel Zeit Sie haben und wie oft Sie ggf. in den Park möchten, so dass er mit Ihnen die Routen dementsprechend zusammenstellt. Um den Park einigermaßen gesehen zu haben, brauchen Sie mindestens einen Tag. Starten Sie deshalb früh in Kigali, falls Sie nicht im Park übernachten möchten. Am besten um 5 Uhr morgens, dann sind Sie gegen 7.30 Uhr im Park, eine gute Zeit, Tiere zu sehen, da die meisten Tiere später zur Mittagzeit im Unterholz Schatten suchen. Für Bootstouren auf dem **Ihema-See** erkundigen Sie sich am besten bereits am Parkeingang .

Im Internet: www.rwandatourism.com

Im Vergleich zu den anderen Regionen in Ruanda ist das Parkgebiet relativ flach und warm. Busch- und Baumsavanne wechseln einander ab. In der Baumsavanne ist die Akazie der dominierende Baum. Auffällig ist die an einen Kaktus erinnernde Kandelaber-Euphorbie (*Euphorbie candelabra*). Diese zu den Wolfsmilchgewächsen zählende Pflanze kann stattliche Höhen von mehreren Metern erreichen. Es wäre vermessen, den Park mit anderen Schutzgebieten Ostafrikas zu vergleichen. Zu viele Tiere wurden in den vergangenen Jahrzehnten gewildert, einige Arten gar völlig ausgerottet (Spitzmaulnashorn, Afrikanischer Wildhund). Seit die Schutzbemühungen zunehmen, kommen die Tiere aber langsam wieder zurück. Zu sehen sind vor allem Zebras, Impalas, Giraffen, Kaffernbüffel und Paviane. Je nach Glück und Tageszeit, erscheinen noch eine Reihe weiterer Tiere im Blickfeld, wie zum Beispiel Topis, Oribis, Elandantilopen, Buschböcke und Sitatunga-Antilopen. Erst vor kurzem hat man sogar überraschenderweise eine einsame Nashornkuh im Akagera-Park entdeckt. Wahrscheinlich war dieses Östliche Spitzmaulnashorn von Tansania aus eingewandert. Auch wer sich für Vögel interessiert, wird auf seine Kosten kommen. Über 420 Arten leben im Park.

Meerkatze im Akagera-N. P.

Kein Touristenrummel

Einen Vorteil hat der Akagera-Nationalpark gegenüber vielen anderen in Afrika: Sie können oft stundenlang durch die schöne Landschaft fahren und Tiere beobachten, ohne dass Sie auch nur einem anderen Wagen begegnen. Als Kontrastprogramm zu den beiden anderen Nationalparks lohnt sich Akagera alle mal.

Lage und Klima

Der Akagera-Nationalpark liegt im Osten Ruandas an der Grenze zu Tansania. Er erstreckt sich über Höhen von 1.280 bis 1.800 m. Sein Klima ist trockener als in den anderen Landesteilen Ruandas, die Regenzeit kürzer und weniger ergiebig. Die Temperaturen liegen tagsüber meist über 25 °C, teilweise sogar leicht über 30 °C. Nachts kann es in einigen Monaten unter 18 °C sein, so dass wärmere Kleidung für den Abend empfohlen wird.

Geschichte

Gründung durch Belgier

Die Belgier begannen schon recht früh, sich für Naturschutz zu interessieren. Seit 1920 gab es etliche amtliche Verfügungen zu diesem Thema. Dennoch dauerte es noch einige Jahre, bis am 26. November 1934 der „Parc National de la Kagera" geschaffen wurde. Der damals 250.000 ha (2.500 km^2) große Park wurde bereits nach heute üblichen Regeln geführt. Ein Teil wurde als strikte Schutzzone ausgewiesen, Randbereiche durften von der Bevölkerung noch teilweise weiter genutzt werden. Verwaltet wurde der Park damals vom „Institut des Parcs Nationaux du Congo Belge et du Ruanda-Urundi" (Nationalpark-Institut Belgisch-Kongo und Ruanda-Urundi).

Nach der Unabhängigkeit wurde der Park in Parc National d'Akagera (Akagera-Nationalpark) umbenannt und unterstand zunächst dem Ministerium, bevor später ein eigenes Amt für Nationalparks gegründet wurde. Die neue Regierung hatte große Probleme mit dem anhaltenden Bevölkerungswachstum. So wurde der Akagera-Nationalpark bereits einige Jahre nach der Unabhängigkeit um einige tausend Hektar verkleinert. Der Aufbau einer eigenen Nationalparkverwaltung verlief nur schleppend, die Schutzmaßnahmen in den Nationalparks ließen zunächst zu wünschen übrig. Erst im Laufe der 1970er Jahre verbesserte sich die Situation. Durch die bessere Zusammenarbeit zwischen der ehemaligen deutschen Kolonie Ruanda und der Bundesrepublik Deutschland rückten der Naturschutz und der Tourismus mehr in den Blickpunkt der ruandischen Politik.

Marabu im Akagera-N. P.

1975 half *Bernhard Grzimek*, der berühmte Zoologe, im Akagera-Nationalpark wieder Elefanten anzusiedeln. Leider haben die späteren Unruhen dieses Projekt scheitern lassen. Heute leben nur noch vereinzelt Elefanten innerhalb des Parks.

Ein zweiter Prozess der Landnahme von Akagera erfolgte 1998. Die nach dem Ende des Völkermordes zurückkehrenden Exil-Batutsi benötigten dringend Land. Die Regierung entschloss sich, große Teile im Osten und Norden des Parks für diese Zwecke von dem Parkgebiet abzutrennen. So schrumpfte der Park auf heute 90.000 ha (900 km²) und verlor damit fast 2/3 seines ursprünglichen Gebietes. Das Problem der schnell wachsenden Bevölkerung besteht weiterhin, voraussichtlich wird sich die Bevölkerungszahl in den nächsten 20 Jahren verdoppeln. Nur wenn der Akagera-Nationalpark ein viel besuchtes Reservat wird, besteht die Hoffnung, verhindern zu können, dass weitere Gebiete abgetrennt werden.

Bevölkerungsexplosion

Tiere im Akagera-Nationalpark

Zahlreiche Huftierarten bevölkern die Savannen von Akagera. Dazu gehören die Elandantilope, die Impala- oder Schwarzfersen-Antilope, der Defassa-Wasserbock, das Topi, die Pferdeantilope, der Buschbock, der Bohor-Riedbock, die Sitatunga-Antilope, das Oribi und der Klippspringer. Die Maasai-Giraffe wurde 1975 von Kenia eingeführt. Weitere Säugetiere sind der Afrikanische Steppenelefant, das Flusspferd, der Ostafrikanische Leopard, die Tüpfelhyäne, der Serval, der Streifenschakal, das Warzenschwein, die Zebramanguste und der Anubis-Pavian.

Aktivitäten im Park

Nachdem sich die Tierpopulationen wieder einigermaßen erholt haben, lohnt sich der Akagera-Park wieder für Beobachtungen der Savannentiere. Pirschfahrten im

Nationalpark führen auf Strecken ab zwei Stunden bis hin zu einem ganzen Tag. Um auch nur annähernd einen Eindruck vom Nationalpark zu erhalten, ist mindestens ein halber Tag einzuplanen, besser aber gleich ein ganzer Tag.

Zeit mitbringen!

Hinweis

Benutzen Sie nur den Haupteingang (Main Gate) zum Akagera-Nationalpark, da das Gabiro Gate nahe dem Ihema-See geschlossen ist.

Die Einfahrt zum Park befindet sich in der Nähe der Akagera Game Lodge. Von dort gibt es verschiedene Routen durch den Park, die sich vor allem danach richten, wie viel Zeit Sie zur Verfügung haben. Vom Main Gate führt eine Route in 5 km zum Ihema-See. Dort befindet sich auch die **Hauptverwaltung** des Parks. Nördlich des Ihema-Sees führt die Strecke etwa 4 km bis zum Shakani-See. Hier gibt es eine große Anzahl an Flusspferden und einen schönen Picknickplatz. Weitere 8 km Richtung Norden folgt der Birengero-See mit einer Vielzahl an Wasservögeln. Zur Wildbeobachtung eignet sich die Gegend um den Hogo-See, der 15 km nördlich des Birengero liegt. Ebenso gut geeignet zur Tierbeobachtung sind die Mutumba Hills, bei denen sich auch seltenere Huftiere aufhalten.

Kormorane am Ihema-See

Lohnend ist auch eine **Bootsfahrt** auf dem Ihema-See. Diese kann im Voraus schon im ORTPN-Büro in Kigali gebucht werden. Auf der faszinierenden Bootstour sieht man große Nilkrokodile, zahlreiche Flusspferde und Brutkolonien von Wasservögeln.

Streckenhinweis

Vom Eingang des Nationalparks geht es auf der Piste wieder zurück zur asphaltierten Hauptstraße. Diese führt Richtung Süden (links) nach Kibungo und Richtung Norden (rechts) nach Nyagatare, mit einer Abzweigung nach Kigali (links).

Kibungo (ⓘ s. S. 319)

Überblick

Abseits der Routen

Karte S. 513

Die Stadt Kibungo liegt 3 km abseits der Straße von Kigali Richtung der Grenze nach Tansania. Sie ist Hauptstadt der gleichnamigen Provinz im Südwesten Ruandas. Die Einwohner der Provinz hatten unter dem Völkermord besonders zu leiden. Durch die etwas abgeschiedene Lage im Länderdreieck ging der Wiederaufbau nach dem Bürgerkrieg hier nur schleppend voran.

Kibungo ist eine ruhige Stadt ohne weitere Besonderheiten. Ihre Lage ist jedoch günstig für einen Besuch des Akagera-Nationalparks oder zum Besuch der **Rusumu-Fälle**. Theoretisch ist auch eine Weiterfahrt nach Tansania möglich. Allerdings gibt es hier auf tansanischer Seite keine Nationalparks oder ähnlich interessante Orte in der Nähe.

Entfernungen
Von Kibungo nach Kayonza: 36 km, nach Rusumu: 60 km, nach Kigali: 112 km, nach Gitarama: 165 km, nach Ruhengeri 230 km, nach Butare: 247 km und nach Kibuye: 256 km.

Grenzregion zu Tansania

Von der Abzweigung nach Kibungo sind es auf der von Kigali kommenden Hauptstraße nur noch 60 km bis zur tansanischen Grenze. Auf dem Weg dorthin passiert man 20 km vor der Grenze den Ort **Nyakarimbi**.

Grenzstation Rusumu

Die Gegend um den Ort ist bekannt für die so genannten **„Kuhdungbilder"**. Diese Verzierungen aus dem Dung der Rinder befinden sich traditionell an den Innenwänden der Hütten. In Nyakarimbi gibt es aber auch einige Hütten mit Verzierungen an der Außenwand. Außerdem findet man im Ort eine Kooperative zur Herstellung von Handarbeiten.

Die Grenze markiert der Akagera-Fluss, der auf Höhe der Grenzbrücke durch eine kleine Schlucht donnert. An der Grenze selber gibt es nur ein kleines Dorf mit einigen einfachen Restaurants und Bars. Am Grenzposten geht es sehr beschaulich zu, es gibt hier keinen sehr starken Grenzverkehr mit dem Nachbarland. Fragen Sie die Grenzpolizisten höflich, ob

Sie auf die Grenzbrücke dürfen, um sich die **Rusumu-Fälle** anzusehen. In der Regel sind die Polizisten freundlich und es gibt kein Problem. Bitte achten Sie darauf, dass im Grenzbereich nicht alles fotografiert werden darf.

Landschaft bei den Rusumu-Fällen

Minibusse
Es gibt mehrmals täglich Verbindungen von Kibungo nach Kigali sowie nach Rusumu. Von Kigali kommend, können Minibusse nach Rusumu bereits an der 3 km vor Kibungo liegenden Kreuzung Cyesamakamba erreicht werden.

Rusumu-Fälle

Hier in Rusumu liegt die Stelle, an der der Deutsche *Graf von Goetzen* 1894 den Akagera-Fluss überquerte und als erster Deutscher einen Fuß auf ruandischen Boden setzte. Im 1. Weltkrieg besetzten 1916 die Belgier die strategisch wichtige Brücke und sorgten für einen Rückzug der Deutschen aus Ruanda.

Nyagatare (ⓘ s. S. 319)

Die Stadt Nyagatare liegt im Nordosten des Landes, zwischen Uganda, Tansania und dem nördlichen Ende des Akagera-Nationalparks. Die Gegend ähnelt sehr der Savannen-Landschaft von Akagera, nur dass hier hauptsächlich Hausrinder anzutreffen sind. Meist handelt es sich dabei um die langhornigen Ankole-Rinder. In der weiten Landschaft fallen einem einförmig gebaute Häuser auf. Diese wurden mit internationaler Unterstützung für die aus dem Exil zurückkehrenden Batutsi erbaut. Die Stadt selber hat nicht viel zu bieten. Abseits der Hauptrouten sind hier Touristen selten gesehene Gäste. Es gibt aber einige einfache und kleine Hotels und Restaurants sowie Geschäfte und eine Post.

Meist Ankole-Rinder

12. DAS GEBIET DER VULKANE

Überblick

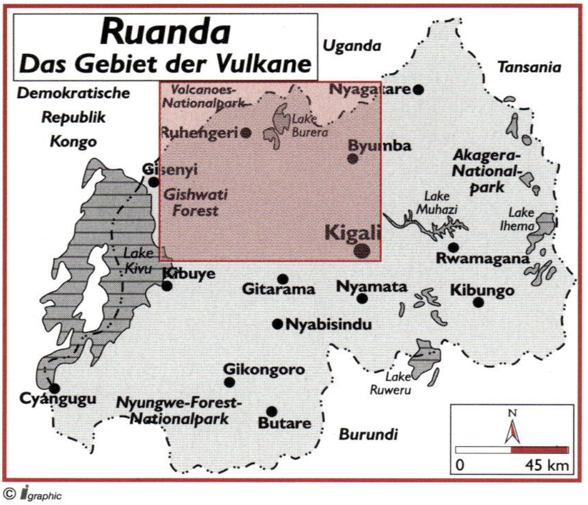

© graphic

Das Gebiet der Vulkane liegt im Nordosten Ruandas und umfasst den zu Ruanda gehörenden Teil der Virunga-Vulkane und das angrenzende Hochland bis zum zentralafrikanischen Grabenbruch am Kivu-See im Westen. Das Gebiet um die Vulkane ist sehr hügelig. Die Landschaft ist durch die guten klimatischen Verhältnisse sehr grün und weitestgehend landwirtschaftlich geprägt. Im restlichen Berg-Regenwald an den Virunga-Vulkanen leben die berühmten Berg-Gorillas, wegen derer ein Großteil der Ruanda-Reisenden das Land besucht. Das Gebiet hat aber einiges mehr zu bieten.

Für jeden etwas

Bergsteiger und Wanderer kommen genauso auf ihre Kosten wie Angler oder Ornithologen an den Seen Burera und Ruhondo.

Ruhengeri (ⓘ s. S. 319)

Überblick

Die Stadt zu Füßen der Virunga-Vulkane ist eine eher verschlafene, mittelgroße Stadt mit 72.000 Einwohnern. Sie hat außer einigen Hotels nicht viel zu bieten. Als nächstgelegene Stadt zum Volcanoes-Nationalpark ist sie Anlaufstelle für alle Reisende, die Berg-Gorillas besuchen möchten. Das macht Ruhengeri eigentlich zu dem touristischen Zentrum in Ruanda. Das heißt aber, dass man hier auf

Streckenhinweis

Strecke Kigali – Ruhengeri

Um von Kigali nach Ruhengeri zu kommen, fahren Sie von der Innenstadt Richtung Taxi-Park. Kurz dahinter, auf der Straße nach Butare, zweigt rechts die Straße nach Ruhengeri und Gisenyi ab. Zunächst geht es bergauf, bis Sie hinter sich einen Blick auf Kigali genießen können. Dann schlängelt sich die Straße um und über die Hügel, bis Sie in der Ferne die Virunga-Vulkane erkennen. Ruhengeri erreichen Sie dann nach etwa 1 ¾ bis 2 Stunden Fahrt.

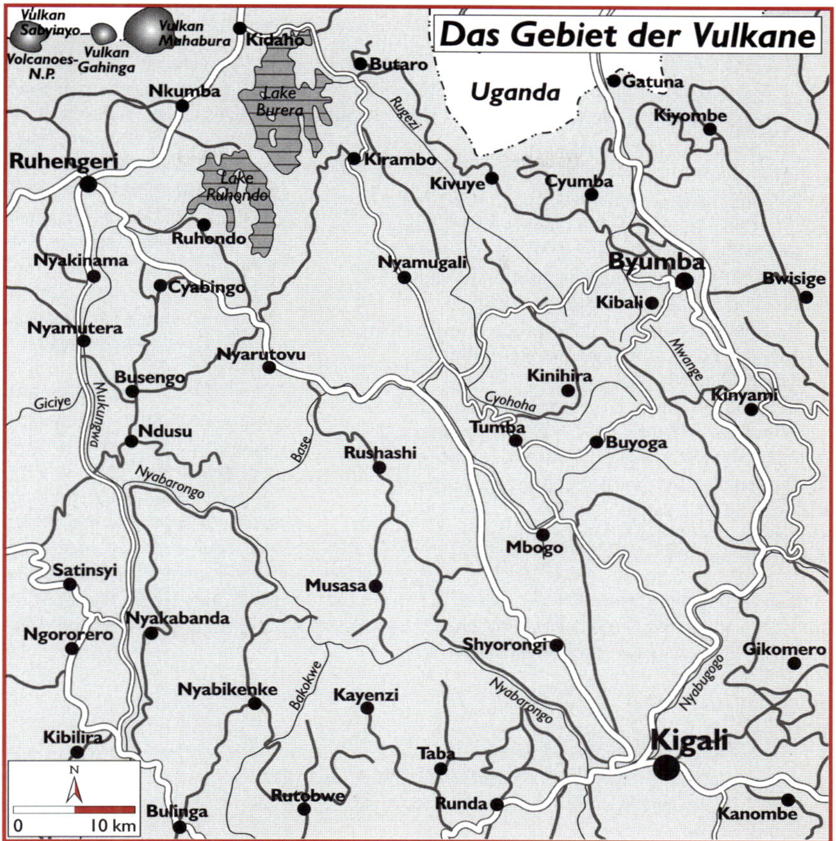

© igraphic

vielleicht gerade einmal zwei Dutzend andere Reisende stößt. Hier geht es also weit ruhiger und beschaulicher zu als in allen anderen touristischen Hochburgen des Kontinents. Das macht Reisen in Ruanda zu etwas ganz Besonderem.

In der östlichen Umgebung der Stadt liegen zwei schöne Seen, der Ruhondo- und der Burera-See, die ebenfalls einen Abstecher lohnen (s. S. 550). Die zu den beiden Seen führende Straße geht weiter nach Cyanika an die Grenze zu Uganda.

Entfernungen

Von Ruhengeri nach Kigali: 118 km, nach Cyanika (Grenze zu Uganda): 28 km, nach Gisenyi: 69 km, nach Butare: 190 km, nach Gatuna: 198 km, nach Kibungo: 230 km und nach Cyangugu: 307 km.

Geschichte

Über die Geschichte der Stadt Ruhengeri ist nicht viel bekannt. Zur Zeit der ersten Europäer in Ruanda war Ruhengeri ein kleines Dorf mit einigen typischen Rundhütten. In der Nähe (von Kigali kommend, ca. 1,5 km vor Ruhengeri) lag allerdings eine bekannte Mineralwasserquelle, die schon vom Herzog von Mecklenburg 1907 erwähnt wird. Auch der damalige Gouverneur Deutsch-Ostafrikas, *Heinrich Schnee*, soll 1913 von der Quelle getrunken haben. Heute kann man die Quelle nicht mehr besuchen.

Redaktions-Tipps

- **Übernachten** an den Berghängen der berühmten Virunga-Vulkane in der **Gorillas Nest Lodge**.
- Ein frühes **Abendessen** mit Blick auf die Virunga-Vulkane und die Seen Ruhondo und Burera in der **Volcanoes Safari Camp**.
- Eine **Wanderung** auf den Spuren von Dian Fossey, der Besuch bei den **Berg-Gorillas** im Volcanoes-Nationalpark *(S. 538)*.
- **Bergtouren** durch die wunderschöne Bergwelt der **Virunga-Vulkane**, bei deren Besteigung sich atemberaubende Aussichten auftun *(S. 548)*.
- Ein **Ausflug** zu den herrlich gelegenen **Seen Ruhondo und Burera** *(S. 550)*.

Nach der Unabhängigkeit Ruandas war Ruhengeri hauptsächlich ein Marktplatz, zu dem die Bauern der gesamten Region strömten, um ihre Waren zu verkaufen. Erst mit Beginn des Tourismus und der Möglichkeit, die Berg-Gorillas zu besuchen, erwachte das Städtchen etwas zum Leben. Ruhengeri ist heute Hauptstadt der gleichnamigen Provinz und verfügt dadurch über einige Verwaltungsbauten und über ein Krankenhaus.

Stadtrundgang

Von Kigali kommend, erreichen Sie Ruhengeri vom Westen her. Kurz nach Erreichen der Stadt liegt auf der linken Seite der **Marktplatz (3)**. Einige Minibus-Unternehmen legen hier einen Stopp auf dem weiteren Weg nach Gisenyi und Goma ein. Die eigentliche Minibus- und **Taxistation (4)** liegt beim zweiten Kreisverkehr, vom Markt kommend, rechts. Wenn Sie weiter der Hauptstraße (Rue du 5 Juillet) folgen, passieren Sie auf der linken Seite das **Krankenhaus (5)**. Entlang des weiteren Weges liegen einige Bankfilialen und auf der linken Seite das **ORTPN-Büro (6)**. Hier melden Sie sich bitte am Vortag für Ihre Wanderung an. Falls Sie noch kein Gorilla-Permit haben, können Sie hier Ihr Glück versuchen, und fragen, ob kurzfristig noch etwas arrangiert werden kann.

Hotel Muhabura, Ruhengeri

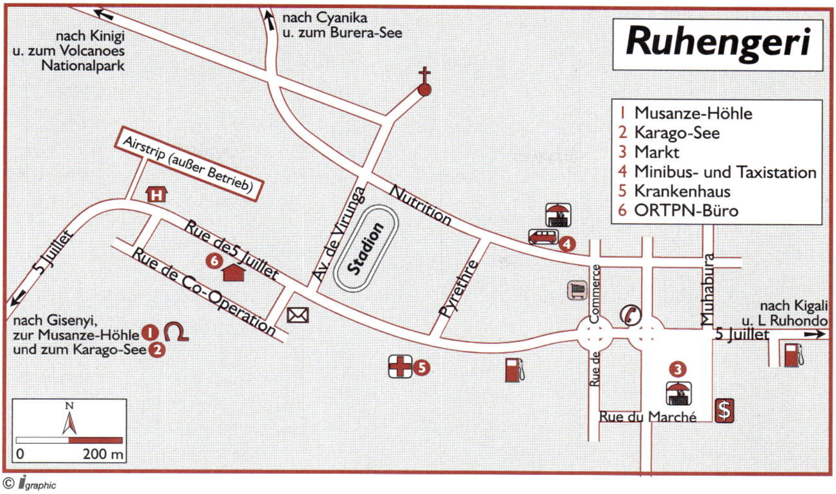

Die Umgebung von Ruhengeri

Auch wenn die Stadt hauptsächlich **Ausgangspunkt** zum Besuch des Volcanoes-Nationalpark ist, so bietet ihre Umgebung für Reisende mit etwas Zeit weitere Ausflugsmöglichkeiten.

- **Musanze-Höhle (1)**: Die interessante Musanze-Höhle liegt 2 km außerhalb Ruhengeris an der Straße nach Gisenyi, etwa 100 m rechts hinter einem Fußballfeld. Der Eingang in die etwa 2 km lange Haupthöhle erinnert an eine Kathedrale, und im Innern haben zahlreiche Fledermäuse ihr Quartier. Die Höhle soll in früheren Jahrhunderten immer wieder Zufluchtsort für Verfolgte gewesen sein und wurde während des Völkermords 1994 als Grab benutzt. Es gibt Pläne, die Höhle offiziell für Besucher zu öffnen. Bis dahin sollte jeder Interessierte nur mit einem einheimischen Führer den Bereich der Höhle betreten, um die Würde des Ortes zu wahren.

Zwei Kilometer lange Höhle

- **Karago-See (2)**: Dieser kleine See in einer schönen Hügel-Landschaft liegt zwischen Ruhengeri und Gisenyi. Er war früher das Urlaubsdomizil des ruandischen Präsidenten. Folgt man der Hauptstraße von Ruhengeri ca. 24 km bis Mukamira, hier zweigt die Straße nach Gitarama ab, erreicht man von dort zu Fuß in etwa 15 Min. den ersten Aussichtspunkt. Von dort führen dann mehrere Pfade hinunter zum See.

Virunga-Vulkane (ⓘ s. S. 319)

Überblick

Die Virunga-Vulkane liegen im Dreiländereck Uganda, Ruanda und Kongo und verlaufen nördlich des Kivu-Sees entlang des westlichen Ausläufers des Grabenbruch-Systems. Diese Vulkankette besteht aus acht an den Riftspalten entstandenen Vulkanen. Die beiden westlichen Vulkane **Nyiragongo** und **Nyamuragira** (3.063 m) befinden sich auf kongolesischer Seite am Boden des Grabenbruchs und sind heute noch aktiv. Der Nyiragongo, ein großer Schichtenvulkan von 3.462 m Höhe, wird von zwei Seitenkratern flankiert (Shaheru im Süden und Baruta im Norden). Sein Hauptkegel wird von einem abrupt abfallenden Krater mit einem Durchmesser von einem Kilometer ausgehöhlt. Zur zentralen Gruppe der Virungas zählen der **Karisimbi**, mit 4.507 m Höhe größte Vulkan der Gebirgskette, gefolgt vom **Mikeno** mit 4.437 m und dem **Visoke** mit 3.711 m. Die östliche Gruppe umfasst den **Sabinyo** (3.634 m), den ältesten der Virunga-Vulkane, den **Gahinga** (3.474 m) und den **Muhabura** (4.127 m).

Die Vulkane Mikeno und Karisimbi

Lage und Klima

Der zu Ruanda gehörende Teil der Virunga-Vulkane liegt im äußersten Norden des Landes. Es ist ein sehr niederschlagsreiches Gebiet, in dem es das ganze Jahr über regnen kann. Die trockensten Monate sind Dezember bis Februar und Juni bis September. Je nach Höhe liegen die durchschnittlichen Tagestemperaturen zwischen 5 und 22 °C. Auf den Bergspitzen, vor allem dem Karisimbi, kann es nachts auch mal frieren.

Volcanoes-Nationalpark (Parc National des Volcans) (ⓘ s. S. 319)

Überblick

Der 12.500 ha (125 km²) große Nationalpark schützt den ruandischen Teil der Virunga-Vulkane. Er liegt auf einer Höhe zwischen 2.400 und 4.507 m. Den höchsten Punkt markiert die Spitze des Karisimbi-Vulkans an der Grenze zum Kongo. Es folgen von Nordwest bis Nordost die Vulkane Bisoke (3.711 m), Sabinyo (3.634 m),

INFO Eine seltene Pflanze – die Virunga-Lilie

Die Virunga-Lilie (*Lilium zairii*) ist eine sehr enge Verwandte von *Lilium formosanum* und ähnelt dieser auch stark. Die Pflanze ist immergrün, und scheint fast endlos zu blühen. Während der erste der bis zu 110 Zentimeter hohen Stängel bereits Früchte trägt, blüht der zweite mit ein bis drei Blüten und der dritte treibt schon wieder aus. Die Blüte ist stark duftend, weiß und trompetenförmig, und rückseitig bronzerot gefärbt.

Die Virunga-Lilie ist eine endemische Lilienart. Sie ist sowohl für den afrikanischen Kontinent als auch für die gesamte südliche Hemisphäre einzigartig. Sie vermehrt sich durch Samen, die sofort keimen. *Lilium zairii* ist erst im April 1982 von dem polnischen Wissenschaftler *Dr. Henryk Mackiewicz* im damaligen Zaire (heute D. R. Kongo) entdeckt worden und wurde von ihm und Prof. Kaziemierz Mynett 1986 erstmals wissenschaftlich beschrieben.

Gahinga (3.474 m) und Muhabura (4.127 m). Die Vegetationszonen der Vulkane sind vergleichbar mit denen im Ruwenzori-Gebirge. Allerdings wurde der Wald unterhalb von 2.500 m bereits vollständig abgeholzt. Das Gebiet des Parks ist sehr regenreich, um die 2.000 mm Niederschlag werden hier pro Jahr gemessen.

Wirkungsstätte von Dian Fossey

Die bekanntesten Bewohner dieses Nationalparks sind die weltweit berühmten **Berg-Gorillas**. Dazu beigetragen hat die amerikanische Forscherin **Dian Fossey**, die diese Tiere fast 20 Jahre lang erforschte, bis sie ihren Einsatz für die letzten Berg-Gorillas 1985 mit dem Leben bezahlte. Nur drei Jahre später wurde ihr Leben von Hollywood unter dem Titel „Gorillas im Nebel" verfilmt. Ihre Arbeit und ihr Anliegen, die Berg-Gorillas zu schützen, wurden in der ganzen Welt berühmt.

Virunga-NP im Kongo

Geschichte

Der heutige Volcanoes-Nationalpark war in Zeiten der belgischen Kolonialherrschaft Teil des damaligen **Albert-Nationalparks**. Dieser wurde am 21. April 1925 als erster Nationalpark in Afrika gegründet. Bereits vier Jahre später, am 9. Juli 1929 wurde das *Institut du Parc National Albert* ins Leben gerufen, das erste Forschungen in dem interessanten Vulkangebiet betrieb. Am 12. November 1935 wurden die Grenzen des Parks neu festgelegt, womit der Park nun eine Größe von insgesamt 809.000 ha (8.090 km²) hatte. Davon entfielen gerade mal 8 % auf das heutige Staatsgebiet von Ruanda. Im Jahr 1960 wurde der Park in Folge der Unabhängigkeitsbestrebungen des

INFO Die Gorillaforscherin Dian Fossey

Dian Fossey wurde am 16. Januar 1932 in Falifax (Kalifornien) geboren. Nach der allgemeinen Schulausbildung studierte sie am San Jose College in Kalifornien. Sie absolvierte eine Ausbildung als Bewegungstherapeutin und arbeitete nach ihrem Abschluss 1954 mehrere Jahre in einem Kinderkrankenhaus in Louisville (Kentucky, USA). Als sie im Alter von 31 Jahren einen Vortrag des bekannten Anthropologen *Louis Leakey* über die Berg-Gorillas hörte, war sie so begeistert, dass sie sich spontan entschloss, Leakey bei seinen Forschungsarbeiten in Afrika zu unterstützen.

Berg-Gorilla-Jungtier

Im Jahr 1963 reiste sie zum ersten Mal nach Ostafrika. Im Grenzland zwischen dem Kongo und Uganda kam sie erstmals in die Region der Berg-Gorillas. Was sie dort vorfand, sollte ihr ganzes weiteres Leben verändern. Die Gorillas wurden gewildert und abgeschlachtet, ihre Köpfe und Hände als makabere Souvenirs an geschmacklose Touristen verkauft. Erschreckend war vor allem die Jagd auf die Gorilla-Babys. Für ein solches Baby erhielten Tierhändler bis zu 60.000 US$. Da Gorillas ihren Nachwuchs bis zur Selbstaufopferung verteidigen, schlachteten die Wilderer die erwachsenen Tiere skrupellos ab, um an die wertvollen Gorilla-Babys zu kommen.

Entschlossen, in Afrika mit Menschenaffen zu arbeiten, suchte Dian Fossey nach Unterstützung für ein **Forschungsprogramm in Ostafrika**, die sie dann in der berühmten National Geographic Society und der Wilkie-Stiftung auch fand. So begann sie 1967 mit ihrer Arbeit im Kongo. Ein halbes Jahr später zwangen politische Unruhen im Kongo sie nach Ruanda zu fliehen und ihr Forschungsprojekt dort neu aufzubauen. Im September 1967 gründete sie in den Virunga-Bergen in über 3.000 m Höhe die **Karisoke-Forschungsstation**. Der Name der Station setzte sich aus den Namen zweier Vulkane zusammen, dem Karisimbi und dem Visoke. In ihrem Buch „Gorillas im Nebel" schreibt sie später über ihre Arbeit: „Ich hatte den tief empfundenen Wunsch, gemeinsam mit wilden Tieren in einer Welt zu leben, die von den Menschen noch nicht zerstört wurde."

1970 wurde ihre Arbeit, die Berg-Gorillas an sich zu gewöhnen (zu habituieren) endlich belohnt. Sie konnte sich bis zu 45 Meter an eine Gorilla-Gruppe heranwagen. Dabei machte sie ständig die Fressgewohnheiten der Gorillas nach, brach Äste ab und aß die Blätter. Nach und nach konnte sie den Abstand verringern, bis sie eines Tages *Digit*, ein 2-jähriges Gorilla-Männchen, berühren konnte. Für Außenstehende ist es nicht einfach, sich den Aufwand dieser Forschung vorzustellen: Bis ein Forscher die Menschenaffen auch nur kurz zu Gesicht bekommt, können leicht Jahre vergehen.

Fast 20 Jahre verbrachte Dian Fossey nun bei „ihren" Berg-Gorillas in den Virungas. Aus der anfänglichen wissenschaftlichen Faszination entstand zunehmend eine tiefe emotionale Beziehung zu den Berg-Gorillas. Dian Fossey zog sich immer mehr von den Menschen zurück und lebte nur noch für „ihre" Gorillas. *Nyiramachabelli*, die einsame Frau des Waldes, wurde sie von den Afrikanern genannt.

Als Wissenschaftlerin lieferte Dian Fossey wichtige Beiträge zum Verhalten und zur Sozialstruktur der Gorilla-Familien. 1974 erlangte sie an der University of Cambridge die Doktorwürde in Zoologie. 1980 nahm sie eine Stelle an der Cornell University, welche es ihr erlaubte, mit der Niederschrift ihres Buches **Gorillas in the Mist** (Gorillas im Nebel, 1983) zu beginnen.

Buchtipp
Dian Fossey: Gorillas im Nebel, Droemer-Knaur-Verlag, 2002

Die Wilderei in der Region konnte nicht gestoppt werden. Immer wieder erlagen Gorillas den Begierden nach Fleisch oder Trophäen. Zum Schutz vor den Gorilla-Wilderern organisierte Dian Fossey Patrouillen, und unterhielt eine Truppe von bewaffneten Söldnern. Damit aber schuf sie sich Feinde in der Region. Ein weiterer Grund, warum Dian Fossey sich bei den Einwohnern um die Forschungsstation wenig Sympathie erworben hatte, war die strikte Weigerung, **Ökotourismus** in den Virungas zu fördern.

Nyirmachabelli
Dian Fossey 1932-1985
Niemand hat Gorillas mehr geliebt
Ruhe in Frieden, liebe Freundin
Auf ewig im Schutz
dieses heiligen Bodens
Denn jetzt bist du da,
Wo du zu Hause warst.
(Text auf dem Grabstein von Dian Fossey)

Am 27. Oktober 1985 fand sie vor ihrer Tür ein hölzernes Bild, dessen symbolische Bedeutung sie erkannte: Man wünschte ihr den Tod. In den frühen Morgenstunden des 27. Dezembers 1985 fand ein Mitarbeiter Dian Fosseys Leiche. Ihr Schädel war durch Macheten zertrümmert worden. Das Verbrechen an der mutigen Zoologin wurde nie aufgeklärt. Auf ihren ausdrücklichen Wunsch wurde ihre Leiche neben dem Grab von Digit auf dem Gorilla-Friedhof begraben.

Drei Jahre später, 1988, wurde das Leben und die Arbeit von Dian Fossey in einem beeindruckenden Film nachgezeichnet. Der Film **Gorillas in the Mist** von Michael Apted zeigt Sigourney Weaver in der Hauptrolle als Dian Fossey. Die Schauspielerin war durch die Filmarbeit mit den Gorillas von diesen so begeistert, dass sie heute Ehrenpräsidentin des Dian Fossey Gorilla Fund (DFGF) ist.

Text: Thomas Breuer

Eine Vulkankette – drei Nationalparks

Kongo und Ruandas geteilt. Der kongolesische Teil nannte sich fortan **Parc National des Virunga** (Virunga-Nationalpark), die ruandische Seite **Parc National des Volcans** (Vulkan-Nationalpark). Letzterer wurde des Öfteren in seiner Fläche verkleinert, so 1969 um 8.900 ha zur Anlage von Plantagen zur Pyrethrum (Insektizid)-Gewinnung.

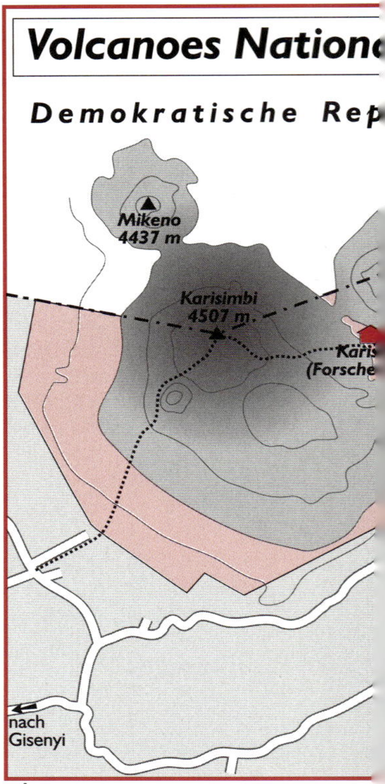

© igraphic

In den 1980er Jahren begann der **Gorilla-Tourismus** im Vulkan-Nationalpark und der Park entwickelte sich bis 1990 zum bekanntesten Ort zur Beobachtung von Menschenaffen. Nur kurze Zeit später, im Februar 1992, kam der Berg-Gorilla-Tourismus zum Erliegen. In diesem Monat wurde das Parkbüro überfallen und zwei Angestellte ermordet. Daraufhin wurde das Forschungszentrum, das einst von Dian Fossey gegründet wurde, zunächst geschlossen. Die ruandische Regierung bemühte sich, die Situation zu verbessern, denn der Tourismus war ein wichtiger Devisenbringer für das Land. So wurde der Park im Juni 1993 wieder eröffnet.

Kein Jahr später, im April 1994, musste er wegen der Ereignisse (Völkermord an den Batutsi) wieder geschlossen werden. Erst nach Entspannung der Lage konnten die Forscher 1998 zurückkehren, und der Park für Besucher wieder eröffnet werden. Seit Juli 1999 ist das Besuchen von Berg-Gorilla-Gruppen für Besucher wieder durchgehend möglich.

Geschichte der Berg-Gorillas

Berg-Gorilla bei der Mahlzeit

Zufällige Entdeckung

Die Berg-Gorillas wurden erst 1902 vom deutschen Forscher *Friedrich Robert von Beringe* entdeckt (siehe S. 542). Es ist nicht klar, wie viele Berg-Gorillas es damals gab. Es wird angenommen, dass ihre Population wohl nie sehr groß war. Ursprünglich lebten etwa einige Tausend in den Bergwäldern der heutigen Länder

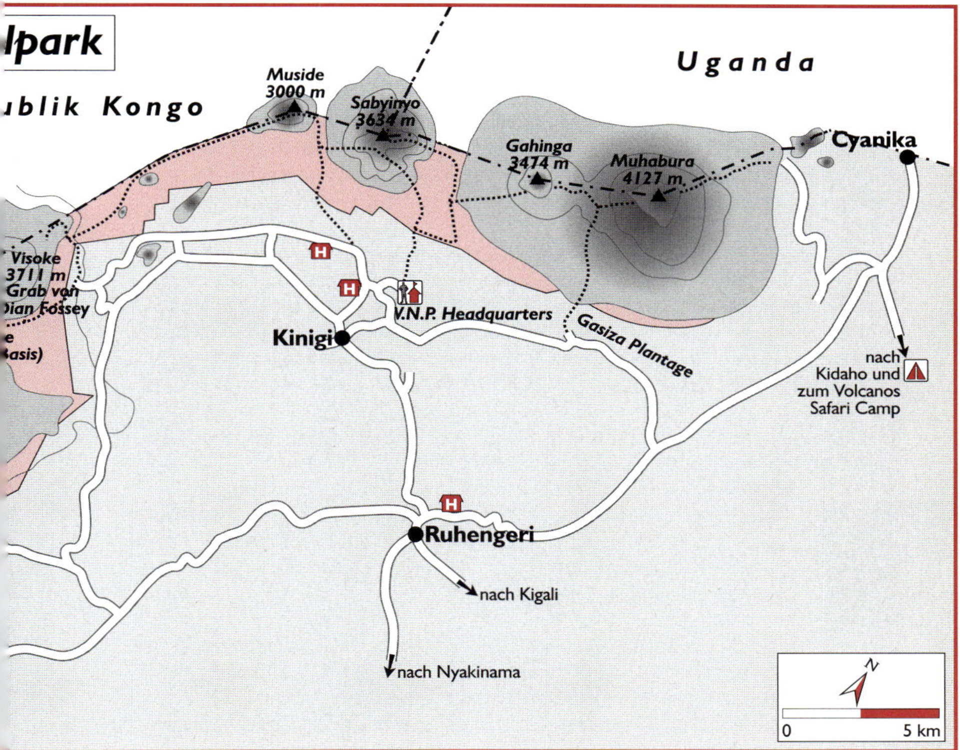

Uganda, Ruanda und Kongo. Die Zersiedlung ihres Lebensraumes hatte zu der Zeit ihrer Entdeckung bereits begonnen. Der Bwindi-Wald in Uganda war schon seit einigen hundert Jahren von den Wäldern der Virunga-Vulkane durch menschliche Siedlungen getrennt. Ein Grund, warum heute einige Wissenschaftler die Berg-Gorillas in zwei Unterarten aufteilen. Den eigentlichen Berg-Gorilla *(Gorilla beringei beringei)* und den Bwindi-Berg-Gorilla *(Gorilla beringei bwindii)*. Diese Einteilung ist allerdings noch umstritten.

Einige Jahre nach ihrer Entdeckung verfolgte die belgische Kolonialregierung bereits mit Sorge die zunehmende Jagd auf die großen Affen. Vom Ende des 1. Weltkrieges bis Mitte der 1920er Jahre wurden aktenkundig mehr als 50 Berg-Gorillas getötet. Das war einer der Gründe, die 1925 zur Gründung des Albert-Nationalparks führten. Erst 1960 begannen die Forscher, sich näher mit den Gorillas zu beschäftigen. *George Schaller* war der erste, der sich der Freilandforschung dieser Tiere verschrieb. Seinen Zählungen zufolge soll es Anfang der 1960er Jahre 450 Berg-Gorillas gegeben haben. 20 Jahre später wurden nur noch 250 gezählt. Mehrere Gründe waren ausschlaggebend für den rasanten Niedergang der **Go-**

George Schaller erster Freilandforscher

INFO F. R. von Beringe – der Entdecker der Berg-Gorillas

Friedrich Robert von Beringe wurde am 21. September 1865 in Aschersleben am Nordostrand des Harzes geboren. Nach dem Vorbild seines Vaters entschied sich Friedrich Robert von Beringe für eine Offizierslaufbahn und ging auf eigenen Wunsch 1898 zur Kaiserlichen Schutztruppe nach Deutsch-Ostafrika.

In der Zeit von 1902 bis 1904 war von Beringe Leiter des Militärstützpunktes in Usumbura. Von dort unternahm er am 19. August 1902 eine Reise nach Norden, um deutsche Außenposten im heutigen Burundi und Ruanda zu besuchen. Die Expedition diente dazu die Beziehungen und Kontakte mit lokalen Führern zu stärken und das Ansehen sowie den Machtanspruch der Deutschen zu festigen. In der Reisegruppe befanden sich ein Unteroffizier, ein Militärarzt sowie 20 Askari und die Träger.

Von Beringe besuchte zunächst König Msinga von Ruanda. Dann führte ihn die Route weiter nordwärts Richtung Vulkane im heutigen Gebiet des „Parc National des Volcans“. Von dort unternahm er vom 16. bis 18. Oktober zusammen mit dem Militärarzt Dr. Engeland sowie einigen Askari und Trägern den Versuch zum ersten Mal den auf damals 3.300 m Höhe geschätzten Mount Sabinyo (von den Einheimischen **Kirunga ya Sabyingo** genannt) zu besteigen.

F. R. von Beringe

Schon am Abend des ersten Tages errichteten sie ihr Lager auf einem Bergsattel in ca. 2.500 m Höhe. Aus der Ebene waren einige neugierige Einheimische mit hinaufgeklettert, von denen sie „reichlich Verpflegung“ erhielten, wie von Beringe später im „Deutschen Kolonialblatt“ berichtete. Am 17. Oktober 1902 begannen von Beringe und Dr. Engeland mit fünf Askari und den Trägern die Besteigung des Gipfels. Der Weg führte am Beginn durch Bambuswald mit dichtem Unterbewuchs. Obwohl sie weitestgehend auf den Pfaden der Elefanten gingen, mussten sie sich immer wieder mit Macheten den Weg Freischlagen.

Auf einer Höhe von 3.100 m errichteten die zwei Deutschen dann erneut ihr Zelt. Die Träger und Askari fanden in Felshöhlen Schutz, wo sie sich durch ein Lagerfeuer etwas gegen die Kälte schützen konnten. Bei diesem Lager fand die historische Begegnung statt, die von Beringe im **Deutschen Kolonialblatt** mit folgenden Sätzen beschrieb: „Von unserem Lager aus erblickten wir eine Herde schwarzer, großer Affen, welche versuchten, den höchsten Gipfel des Vulkans zu erklettern. Von diesen Affen gelang es uns, zwei große Tiere zur Strecke zu liefern, welche mit großem Gepolter in eine nach Nordosten sich öffnende Kraterschlucht abstürzten. Nach fünfstündiger anstrengender Arbeit gelang es uns, ein Tier angeseilt heraufzuholen.“ Bei dem Tier handelte es sich um einen menschenähnlichen Affen mit einem Körpermaß von 1,5 m Länge. Der männliche Affe wog mehr als 200 Pfund, hatte eine unbehaarte Brust und große Hände und Füße. „Es war mir leider nicht möglich, die Gattung des Affen zu bestimmen“, bedauerte der von Beringe. Auf Grund der Größe des Affen konnte es sich nach seiner Meinung nicht um einen Schimpansen handeln. Ein Verbreitungsgebiet der nur aus dem Flachland bekannten Gorillas war im Gebiet um die ostafrikanischen Seen bis dato „nicht festgestellt worden“.

Robert von Beringe schickte daher seinen Fund zur weiteren Untersuchung an das Zoologische Museum in Berlin. Auf der Rückreise nach Usumbura wurden die Haut sowie eine Hand des Affen von einer Hyäne gefressen. Doch der Schädel und Teile des Skelettes kamen unversehrt in Berlin an, so dass der am Museum tätige Professor *Paul Matschie* (1861-1926) das Tier als neue Gorilla-Art beschreiben konnte. Er benannte die Art nach ihrem Entdecker: „*Gorilla beringei*“.

F. R. von Beringe starb am 5. Juli 1940 in Stettin. Als Entdecker der Berg-Gorillas ist Hauptmann von Beringe bis heute vielen unbekannt. Allerdings erinnert eine Gedenktafel am Eingang zum **Virunga-Nationalpark** im Dreiländereck (Kongo, Ruanda und Uganda) an ihn. Fälschlicherweise wird er dort mit dem Vornamen Oscar genannt. Seine Berichte von den Expeditionen in der Vulkanregion finden sich nur noch in wenigen Exemplaren in Museumsarchiven und Fachbibliotheken. Die meisten seiner persönlichen Dokumente fielen im Zweiten Weltkrieg den Bombenangriffen auf Dresden zum Opfer.

Text: Dr. Andreas von Beringe, Gorilla-Journal 2002

rilla-Population: Zum einen die Teilung des bisherigen Albert-Nationalparks, für den jetzt zwei Staaten verantwortlich waren, zum anderen die Verkleinerung der Fläche zugunsten der lokalen Farmer 1957 sowie zugunsten eines europäisch finanzierten Plantagenprojektes im Jahr 1968. Dazu kam die Jagd auf Gorillas zum Zweck des Souvenirhandels. Gab es doch Touristen, die sich gerne echte, präparierte Gorillahände als Aschenbecher kauften.

Etablierung der Gorilla-besuche

1978 wurde das erste **Projekt zum Besuch von Berg-Gorillas** durch Touristen gestartet. Bis Mitte der 1980er Jahre war dieses Projekt so profitabel, dass 10 Mio. US$ pro Jahr eingenommen werden konnten. Damit war der Berg-Gorilla-Tourismus die dritthöchste Devisen-Einnahmequelle Ruandas. Bis zum Ende der 1980er Jahre wuchs die Gorillazahl auf 320 Tiere an. Durch die Berg-Gorillas bekamen mehr Menschen Arbeit, und sie verdienten mehr Geld, als sie es durch Wilderei je konnten. Aufgrund des Bürgerkrieges kam der Berg-Gorilla-Tourismus 1991 zum Erliegen.

In der Folge der instabilen Jahre dauerte es bis etwa zum Ende der 1990er Jahre, bevor die Pforten des Nationalparks für ausländische Besucher wieder geöffnet werden konnten. Für die zurückkehrenden Forscher brachte die mit Bangen verfolgte Zählung der Berg-Gorillas nach den Jahren des Bürgerkrieges überraschend Positives zu Tage. Nur vier Tiere fehlten in den von den Wissenschaftlern kontrollierten Gruppen, davon zwei alte Männchen, die durchaus auch eines natürlichen Todes gestorben sein konnten. Niemand hatte nach dem Tod fast einer Million Menschen geglaubt, die Berg-Gorillas in fast vollständiger Zahl wieder anzutreffen.

Trotz der bisherigen Erfolge hat der **Gorilla-Tourismus** allerdings mindestens auch zwei negative Effekte. Zum einen besteht die Gefahr von Krankheiten, die durch den Menschen übertragen werden und gegen die Gorillas keine Abwehrstoffe besitzen, zum anderen sind an Menschen gewöhnte Gorillas auch immer leichtere Beute für Wilderer. Das Problem der Wilderei zeigte sich erst wieder vor einigen Jahren. Im Jahr 2002 wurde gleich zweimal der Versuch unternommen, Gorilla-Babys zu entführen. Im Mai wurden zwei weibliche Tiere getötet, um an die beiden Jungen zu kommen, im Oktober wurde ein Jungtier von Wilderern entführt, das glücklicherweise wieder befreit werden konnte und zur Gruppe zurückkehrte. Der **Schutz der Berg-Gorillas** braucht daher auch in Zukunft den ganzen Einsatz der Forscher und Parkmitarbeiter.

Hinweis

Informationen hierzu finden Sie unter www.berggorilla.org.

Die Kehrseite der Medaille

Besuch der Susa-Gruppe – Erlebnisbericht

„I've been accepted by a Gorilla". Es war ein kurzes Telegramm, das Dian Fossey 1967 an Louis Leakey sandte, den weltbekannten Paläo-Anthropologen und ihr „Projekt Manager" in Bezug auf ihre Berg-Gorilla-Studien. Sie berichtete von einem unvergesslichen Ereignis. Peanut, ein junges Männchen, schaute ihr direkt in die Augen, bevor es sich entschloss weiter zu fressen. Von den Erlebnissen, an die sie sich nach 13 Jahren Forschung am liebsten erinnerte, gehört dieser Moment zu ihren ergreifendsten. Diese faszinierende Begegnung zwischen Mensch und Tier lockt auch heute Naturliebhaber in Ruandas Parc National des Volcans, der durch Dian Fosseys Artikel im Magazin National Geographic und ihr Buch „Gorillas im Nebel" weltberühmt wurde.

Nach den Schimpansen sind die Gorillas die nächsten Verwandten der Menschen im Tierreich. Der Kontakt mit den Berg-Gorillas ist heute eines der großen **Highlights** für Ostafrika-Besucher, auch wenn die Besuchserlaubnis unglaubliche 375 US$ kostet. Aber es hilft, wenn man sich daran erinnert, dass das Geld in den Naturschutz eines Landes investiert wird, das zu den ärmsten der Welt zählt. In Ruanda ist der Besuch der Gorillas relativ einfach (wobei „relativ" in Afrika relativ ist). Die **Gorilla-Permits** gibt es im ORTPN-Büro im Herzen von Ruandas Hauptstadt Kigali. Auch wer nicht im Voraus gebucht hat, hat zumindest in der Nebensaison die Chance, eines der täglich 32 Besuchertickets zu ergattern.

Von Kigali fahren zahlreiche Minibusse in rund 90 Minuten durch und über die Hügel Ruandas bis zum Ort **Ruhengeri** (s. S. 532), am Fuß der Vulkane. Auch wenn es in Ruhengeri mehrere Hotels gibt, so ist es besser in Kinigi zu übernachten, da der **Treffpunkt für die Wanderung** meist um 7 Uhr am Parkeingang ist. Es gibt keinen öffentlichen Verkehr in das 14 km entfernte Dorf. Aber man kann versuchen, die 50 US$ für den Transport dorthin mit anderen Reisenden zu teilen (in den Hotels nachfragen, wer am nächsten Tag zu den Gorillas möchte).

Gorillamann

Es gibt **vier an Besucher gewöhnte Gorilla-Gruppen**. Die Gruppe „Susa" ist mit zur Zeit 37 Tieren die größte, die anderen Gruppen sind aber meistens näher am Dorf, was den Besuch der Tiere vereinfacht. Aber egal, welche Gruppe man besucht, die Besucher erzählen alle von überwältigenden Erlebnissen. In der **Susa-Gruppe** wurden im Mai 2004 Zwillinge geboren. Der männliche Zwilling Impano (Geschenk) und der weibliche Zwilling Byishimo (Freude) sind heute die Stars im Nationalpark. Die Parkführer gehen oft erst zur Susa-Gruppe, wenn die Plätze für den Besuch der anderen Gruppen vergeben sind. Mit etwas Überredungskunst und der Versicherung, dass man fit genug für die weite und anstrengende Wanderung ist, lassen sie aber mit sich reden.

Einer einstündigen Fahrt bis zum Beginn des Wanderweges folgt eine weitere Stunde Wanderung bis zum **Erreichen der Parkgrenze**. Vorbei geht es an winkenden und lachenden Kindern sowie Chrysanthemen-Feldern. An der Parkgrenze angekommen, steht man vor den Hängen des Mount Karisimbi, dem höchsten der Vulkane des Virunga. Spätestens jetzt wird einem klar, warum die Parkführer auf körperliche Fitness und Kondition Wert legten. Mit Hilfe von Funkgeräten verständigen sich die Führer mit den vorauseilenden Fährtensuchern. Ansonsten versuchen sie, ihre Gäste – mit Pausen zum Durchatmen – durch Bambuswälder und dorniges Gestrüpp weiter den Berg hinauf zu bringen. Das Dickicht ist auch der Grund, warum man dicke Hosen und (Garten-) Handschuhe tragen sollte.

Es dauert etwa zwei Stunden bis Sie die ersten Gorillas beobachten können (oder vier, wenn Sie weniger Glück haben). Den ersten Gorilla, den man i.d.R. zu Gesicht bekommt, ist eines der jungen Männchen oder Schwarzrücken, die in der Umgebung der Gruppe „patrouillieren". Vom Ort dieser Begegnung ist die Gruppe meist nur noch einige hundert Meter entfernt. Es wird versucht, den Besuch der Gorillas so zu legen, dass man sie zur Mittagszeit sieht, da sie dann in Ruhe fressen oder sich gegenseitig säubern, und die Jungtiere die Pause zum Spielen nutzen. Bevor es dann endgültig zur eigentlichen Gorilla-Gruppe geht, geben die Führer **Anweisungen zum richtigen Verhalten**. Die Tagesrucksäcke müssen abgenommen werden, sie dürfen nicht mit zu den Tieren genommen werden.

Hinweis

Bitte beachten Sie unbedingt die Hinweise auf Seite 500.

Früher hatten Gorillas ein „King-Kong"-Image. Doch sollte sich mittlerweile herum gesprochen haben, dass Gorillas an sich friedliche Tiere sind. Zeichen von Gewalt und

Angriff sind meist nur Bluffs, um sich Respekt zu verschaffen. Manchmal beobachtet man in Ruhe einige Gorillas, bis plötzlich ein Tier so nah an einem vorbeirennt, dass man es kaum glauben kann. Da gilt es, einfach Ruhe zu bewahren.

Der **Kontakt mit den Menschen** ist für die Gorillas meist gefährlicher als umgekehrt. Durch die genetische Nähe zum Menschen (98,7 %) können Gorillas sich auch mit den meisten menschlichen Krankheiten anstecken. Eine einfache Grippe kann dabei eine komplette Gorilla-Familie vernichten, da die Tiere gegen diese Krankheiten keine Abwehrstoffe haben. Das ORTPN bittet daher inständig, bei Krankheitsanzeichen auf einen Besuch zu verzichten. Die gezahlte Gebühr für den Besuch wird erstattet.

Bei unserem Besuch bei der Susa-Gruppe saßen die Tiere an diesem Tag um ihren Silberrücken Kurira versammelt. Die Jungtiere spielten und rannten umher. Sie sind wie alle Jungtiere neugierig. Auch wenn sie zu einem kommen, man darf sich nicht weiter mit ihnen beschäftigen. Die Parkführer helfen einem aus kniffligen Situationen (Gorillajunges am Bein) auch wieder heraus.

Das **Fotografieren der Gorillas** ist etwas schwierig, auch wenn man so nah herankommt, dass man sie riechen kann. Die Umgebung ist oft nebelig und Autofokus-Kameras haben so ihre Probleme mit den dazwischen befindlichen Ästen und Blättern. Das benutzen von Blitzlicht ist strengstens untersagt. Dazu alle Dinge, die die Gorillas erschrecken oder verstören könnten. Vermeiden sollte man unbedingt, die ganze Zeit durch die Linse seiner Kamera zu schauen. Der Besuch der Gorillas ist ein einmaliges Erlebnis und zu schade, es nur durch die Linse gesehen zu haben. Nehmen Sie sich Zeit, diese Augenblicke ohne störende Einflüsse zu genießen.

Gewiss, eine Stunde ist nicht viel. Aber es wird auf ewig in Erinnerung bleiben!

Ein Bericht von *Paisarn Likhitpreechakul,* der die Gorillagruppe Susa im März 2005 besuchte.

Besuch der Berg-Gorillas

Vom Parkeingang geht es erst mal eine Stunde durch dichtes Gestrüpp und über steile Hänge mit zum Teil tiefem Boden bis zum Waldgebiet. Von dort sind es an glücklichen Tagen nur noch 30 Minuten bis zur Susa-Gruppe, bei weniger Glück dauert es noch weitere 2 bis 3 Stunden.

Friedlicher Silberrücken

Einfacher zu besuchen als die o.a. Susa-Gruppe ist die **Sabinyo-Gruppe**. Sie lebt zwischen Mount Sabinyo und Mount Gahinga. Mit Glück erreichen Sie die Gruppe auf einfacheren Wegen schon in einer halben Stunde. Die dritte Gruppe heißt „**13**". Der Name stammt von der ersten Begegnung, bei der die Forscher damals 13 Tiere zählten. Heute ist die Gruppe durch Abgänge etwas kleiner. Gruppe 13 lebt auch am Mount Sabinyo, ist allerdings nicht immer auf der ruandischen Seite. Der Silberrückenmann dieser Gruppe ist der friedlichste unter den Anführern im Park. Die Gruppe ist ähnlich einfach zu besuchen wie die Sabinyo-Gruppe.

Eine weitere Gruppe ist **Amahoro**. Sie lebt an den Hängen des Mount Visoke und stellt an die Besucher ebenfalls niedrigere Ansprüche in Sachen Kondition als die Susa-Gruppe. Die Wanderung ist aber dennoch deutlich schwieriger als die Wanderung zu den beiden Gruppen am Mount Sabinyo.

Unterschiedliche Ansprüche

Nicht immer ist es möglich, sich die zu besuchende Gruppe auszusuchen. Gerade ohne Vorausbuchung wird die Auswahl manchmal schwierig, da bestimmte Besucherkontingente für einzelne Gruppen bereits ausgeschöpft sind.

Um von Ruhengeri aus zum ca. 14 km entfernten Parkeingang zu kommen, brauchen Sie ein Fahrzeug, am besten einen Allradwagen. Fragen Sie im ORTPN-Büro nach Mietfahrzeugen. Als einzelne Person ist es vielleicht möglich, bei anderen Besuchern eine Mitfahrgelegenheit zu bekommen. Wie auch immer, stellen Sie sicher, dass der Transport verlässlich organisiert ist und Sie zum verabredeten Zeitpunkt am Parkeingang sind. Ansonsten laufen Sie Gefahr, Ihren Anspruch auf den Besuch einer Gorilla-Gruppe zu verlieren.

Seien Sie für die Wanderungen gut vorbereitet. Eine normale Kondition (kein Sportler, keine Krankheiten) ist ausreichend, außer wenn Sie die Susa-Gruppe besuchen wollen, wofür eine bessere Kondition von Vorteil ist (s.o.). Zum Zeitpunkt des Besuches sollten Sie keine ansteckenden Krankheiten haben. Die Schwierigkeiten bei den Wanderungen ergeben sich durch die teilweise steilen Berghänge, die schon mal auf allen Vieren erklommen werden müssen. Dazu kommen eine dichte Vegetation und nach Regenfällen ein sehr tiefer, matschiger Boden.

Mount Sabinyo

Auch die Höhe sollte nicht unterschätzt werden. Die Wanderung findet auf Höhen zwischen 2.500 und 3.000 m statt. Das bringt auch sportliche Menschen schnell aus der Puste. Wenn Sie befürchten, allzu große Anstrengungen nicht zu schaffen, dann fragen Sie direkt bei der Buchung nach den einfacher zu erreichenden Gruppen Sabinyo und 13! Da die Wanderungen in einem niederschlagsreichen Gebiet verlaufen, sollten Sie an eine regenfeste Jacke denken. Dazu gute feste Wanderschuhe, eine dicke Hose und ein langärmeliges Shirt. Nehmen Sie ansonsten so wenig wie möglich mit. Am besten nur Ihre Kamera und Wasser, das aber ausreichend.

Der **Aufenthalt** bei den Gorillas ist auf eine Stunde begrenzt. Besucher dürfen nicht näher als 5 m an die Gorillas heran. Das lässt sich allerdings nicht immer einhalten, da vor allem neugierige Jungtiere des Öfteren in die unmittelbare Nähe kommen. Bisher hat es keine Unfälle mit Gorillas gegeben, dennoch sollten Sie

Einzigartiges Erlebnis

sich immer besonnen und vor allem ruhig verhalten. Folgen Sie in jedem Fall den Anweisungen der Parkführer, sie kennen die Tiere gut und können die Situationen am besten einschätzen (*Verhaltensregeln* s. auch S. 500).

Weitere Tierarten im Vulkan-Nationalpark

Nicht nur Berg-Gorillas

Außer den Berg-Gorillas kommen drei weitere Affenarten im Park vor. Die Goldene Diadem-Meerkatze, die Dogett-Diadem-Meerkatze und die Schouteden-Diadem-Meerkatze. Weitere Säugetierarten leben ebenfalls im Parkgebiet, auch wenn sie nicht immer zu sehen sind: Elefant, Kaffernbüffel, Buschbock, Schwarzstirn-Ducker, Tüpfelhyäne, Leopard, Serval, Goldkatze und Streifenschakal, Riesen-Waldschwein, Stachelschwein, Ruwenzori-Sonnenhörnchen, Savannen-Hase, Afrikanische Zibet-Katze, Waldginsterkatze, Ichneumon, Baumschliefer, Kleine Rohrratte, Stuhlmann-Goldmull, Hufeisennase.

Im Vulkan-Nationalpark konnten die Wissenschaftler **185 Vogelarten** beobachten. Zu den im Park vorkommenden Arten gehören: Kronenkranich, Raubadler, Augur-Bussard, Schmarotzer-Milan, Kronentoko, Ruwenzori-Turako, Mönchskuckuck, Schildrabe, Geierrabe, Braunflügel-Mausvogel. Auch Reptilien sind im Nationalpark vertreten, wie zum Beispiel Chamäleons: Johnston-Chamäleon, Zweistreifen-Chamäleon und das Blaue Chamäleon.

Aktivitäten im Park

Auch wenn die meisten Besucher wegen der Berg-Gorillas kommen, es gibt im Vulkan-Nationalpark mehr zu sehen und zu unternehmen. Durch mehrere Hotels in der Nähe des Parks ist ein mehrtägiger Aufenthalt möglich und eröffnet neben dem Besuch der Gorillas weitere interessante Möglichkeiten.

▶ **Besteigung des Mount Karisimbi**: Für die Besteigung sind zwei Tage vorgesehen. Das ORTPN stellt für die Bergtour einen Führer (im Preis für die Tour enthalten), alles andere muss mitgebracht werden. Denken Sie vor allem an die **richtige Kleidung** gegen Regen und Kälte. Ein gutes, regendichtes Zelt sowie genügend Wasser und Verpflegung sind ebenfalls wichtig. Sollte Ihnen das Gepäck zu schwer werden, können Sie sich über das ORTPN-Büro einen Träger organisieren.

▶ **Besteigung des Mount Visoke**: Dieses ist eine kürzere Wanderung als die zum Karisimbi und kann an einem Tag durchgeführt werden. Der Anstieg selber dauert etwa zwei Stunden. Denken Sie aber auch hier an die richtige Kleidung. Der Führer kennt sich mit den aktuellen Wetterverhältnissen aus und kann zusätzlich gute Tipps für den Tagesmarsch geben.

▶ **Wanderung zum Grab von Dian Fossey**: Diese Halbtages-Tour zum Grab der berühmten Gorilla-Forscherin und zu den Gräbern der hier getöteten Gorillas (einschließlich ihres Lieblings Digit) ist eine interessante Wanderung, die keiner besonderen Vorbereitungen bedarf.

▶ **Golden-Monkey-Wanderung**: Die im Englischen „Golden Monkey" genannte Goldene Diadem-Meerkatze ist eine mittlerweile seltene Meerkatzen-Unterart, die nur in den Virunga-Vulkanen und den restlichen Wäldern Ruandas anzutreffen ist. Im

Vulkan-Nationalpark gibt es eine etwa 40 Affen umfassende Gruppe, die an Menschen gewöhnt ist. Pro Besuch sind sechs Personen erlaubt, nach dem Aufspüren können die Tiere, wie bei den Gorillas, eine Stunde lang beobachtet werden.

▶ **Kurze Wanderungen**: Weitere Wanderungen dauern zwischen 2 und 3 Stunden und führen am Wald entlang oder zu den Kraterseen. Die Mitarbeiter des ORTPN oder Ihr Führer geben weitere Auskünfte.

INFO Die Goldene Diadem-Meerkatze

Diese seltene Unterart der Diadem-Meerkatze, manchmal auch als „Kandt's Meerkatze" bezeichnet, lebt in den Wäldern der Virunga-Vulkane und in den benachbarten Wald-Gebieten von Gishwati und Nyungwe (Ruanda). Sie leben in großen Gruppen von bis zu 60 Tieren. Ihre Ernährung besteht aus (hauptsächlich jungen) Blättern und Früchten von 32 verschiedenen, zur Zeit bekannten Pflanzenarten. Außerdem ernähren sie sich zusätzlich von Insekten und Larven.

Lebensraum der Goldenen Diadem-Meerkatze

Im Mgahinga-Gorilla-Nationalpark wurden die Goldenen Diadem-Meerkatzen (engl.: Golden Monkey) vor kurzem eingehend untersucht. Im Parkgebiet leben demnach etwa 3.200 bis 5.000 dieser Affen. Nach Vergleichen mit Untersuchungen an der gleichen Affenunterart von 1991 konnte eine leichte Verbesserung der Bestandszahlen festgestellt werden. Die durchschnittliche Größe der Gruppen im Mgahinga-Park beträgt 30, bei einer Anzahl von 3 bis 62 Tieren pro Gruppe. Sie halten sich hauptsächlich in Höhen von 2.450 bis 3.280 m auf. Auch in höher gelegenen Gebieten sind die Meerkatzen noch zu finden, allerdings weniger häufig und in kleineren Gruppen. Besonders gerne halten sie sich in den Waldbereichen mit großem Bambusbestand auf, auch wenn dieser nicht Hauptbestandteil ihrer Nahrung ist. Diese Gruppen legen am Tag bei der Nahrungssuche und -aufnahme etwa 1 km pro Stunde zurück.

Trotz der verbesserten Schutzbemühungen sind die Goldenen Diadem-Meerkatzen weiterhin bedroht. Immer noch werden von Wilderen Fallen für kleine Antilopen aufgestellt, in die teilweise auch die Affen geraten. Der illegale Einschlag in den Bambuswald konnte immer noch nicht unterbunden werden. Im ruandischen Volcanoes-Nationalpark ist es seit Mitte 2003 möglich, eine an Menschen gewöhnte Gruppe dieser Tiere zu beobachten. Durch das Angebot möchte man auf die bedrohten Tiere aufmerksam machen, um die Forschungs- und Schutzbemühungen auszuweiten.

Streckenhinweis

Von Ruhengeri gibt es mehrere Möglichkeiten weiterzukommen. Zum einen die asphaltierte Hauptstraße Richtung Westen, über Nkulli und Mukamira nach Gisenyi am Kivu-See, zum anderen die Strecke nach ***Gitarama****, die zunächst Richtung Gisenyi führt und dann in Mukamira abzweigt. Die Straße führt über den Ort Ngororero und ist teilweise nur eine Piste. Eine weitere, allerdings viel schlechtere Piste Richtung Gitarama führt direkt von Ruhengeri Richtung Süden, zunächst entlang des Mukungwa-Flusses und nach seiner Mündung in den Nyabarongo-Fluss diesem folgend bis Gatumba. Dort stößt die Piste auf die von Mukarima kommende Straße nach Gitarama.*

Nach Norden führt eine Straße von Ruhengeri aus zum knapp 30 km entfernten Grenzort ***Cyanika*** *(ⓘ s. S. 319). Auf dem Weg passiert man die beiden Seen Ruhondo und Burera.*

Lake Ruhondo (ⓘ s. S. 319/Ruhondo-See) und Burera

Überblick

Geteilter See

Die beiden Seen liegen östlich von Ruhengeri und werden von einem 1 km breiten Landstreifen voneinander getrennt. Ursprünglich bildeten die beiden Seen einen einzigen See, bis ein Lavastrom des Sabinyo-Vulkans den See in zwei Teile teilte. Ruhondo und Burera sind seitdem nur durch einen Flusslauf miteinander verbunden.

Heute sind weite Teile des Umlandes kultiviert. Dennoch ist es eine herrlich grüne Landschaft, in der man bei gutem Wetter eine wundervolle Aussicht auf die Virunga-Vulkane genießt. Für leichte Wanderungen, oder um einen Tag zu entspannen, ist man hier genau richtig. Mittlerweile gibt es auch einige Unterkünfte in der Gegend, und bei Interesse kann man mit einem Fischerboot die Seen näher erkunden. Die Pisten rund um die beiden Seen sind durch den vielen Regen meist in keinem guten Zustand. Ein Allradfahrzeug ist daher hier von Vorteil.

Ruhondo-See

Geschichte

Im Bereich der beiden Seen fand einer der entscheidenden Kämpfe der

Streit um die Nachfolge

deutschen Kolonialmacht mit aufständischen Ruandern statt. Dabei ging es zunächst um einen Nachfolgestreit in der ruandisch-königlichen Familie. Seit der Inthronisierung *König Yuhis V. Musinga* im Jahre 1897 hielten sich hartnäckig Gerüchte, dass *König Kigeri IV. Rwabugiri* (Amtszeit 1853-1895) einen Sohn zur Nachfolge bestimmt hatte, dieser aber nach dem Staatsstreich von Rucunshu, bei dem der neue König *Mibambwes IV. Rutarindwa* 1896 getötet wurde, mit seiner Mutter fliehen musste. Später erklärte eine Person, die sich als Mutter des Prinzen ausgab, den amtierenden König für nicht autorisiert und begann zahlreiche Anhänger um sich zu scharen.

Vom heutigen Grenzgebiet zwischen Ruanda und Uganda begannen die Anhänger das Königreich zu destabilisieren. Die Deutschen wollten mit Hilfe von so genannten Strafexpeditionen wieder „Ruhe und Ordnung“ in ihrer Kolonie herstellen. Am Ruhondo- und Burera-See kam es 1912 zu der entscheidenden Schlacht zwischen der deutschen Kolonialmacht und den Truppen des amtierenden Königs auf der einen und den Aufständischen auf der anderen Seite.

13. UM DEN KIVU-SEE

Überblick

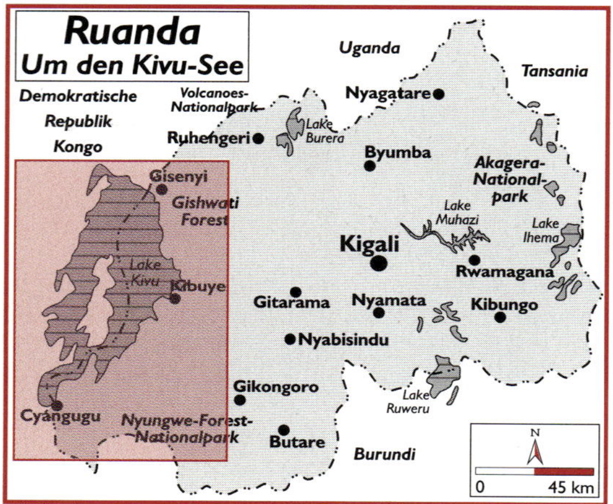

© graphic

Das Gebiet um den Kivu-See ist geprägt durch den zentralafrikanischen Grabenbruch und die ihn flankierenden Vulkane. Das Klima ist mild und zog schon in Kolonialtagen die Europäer hierher. Zudem gibt es ausreichend Regen. Der früher hier vorherrschende Regenwald hat allerdings mittlerweile einer ausgedehnten Landwirtschaft Platz gemacht.

Für Reisende ist der Kivu-See ein hervorragender Ort, um die Umgebung und die Bergwelt Ruandas und (bei politisch stabiler Lage) des Kongos zu erkunden. Nach den Bergtouren locken die Strände des Sees zum Entspannen und Ausruhen.

Der Kivu-See (ⓘ s. S. 319)

Überblick

Ruandas größter See

Der Kivu-See ist der größte See in Ruanda und hat eine Fläche von 2.650 km². Davon gehört allerdings nur etwa ein Drittel zum ruandischen Staatsgebiet, da im See die Grenze zwischen den Staaten Ruanda und der D. R. Kongo (früher Zaire) verläuft. Der See liegt auf einer Höhe von 1.462 m am afrikanischen Grabensystem und misst grob 100 mal 50 km. Über zwei Millionen Einwohner leben an seinen Ufern.

Vor Jahren wurde entdeckt, dass unter dem See große Gasvorkommen liegen. Die Vorkommen werden auf 55 Millionen Kubi kmeter geschätzt. Mit dem Ziel der nachhaltigen Verbesserung der Energieversorgung hat die Regierung im Frühjahr 2005 einen Vertrag mit einem internationalen Konsortium geschlossen, wonach beabsichtigt ist, innerhalb der nächsten zwei Jahre am Kivu-See ein 30-MW-Kraftwerk zu errichten, das mit dem im See vorkommenden Methangas betrieben werden soll. Dies würde die Stromerzeugungskapazität des Landes verdoppeln. Der französische Wissenschaftler *Michel Halbwachs* ist mit den Forschungen und

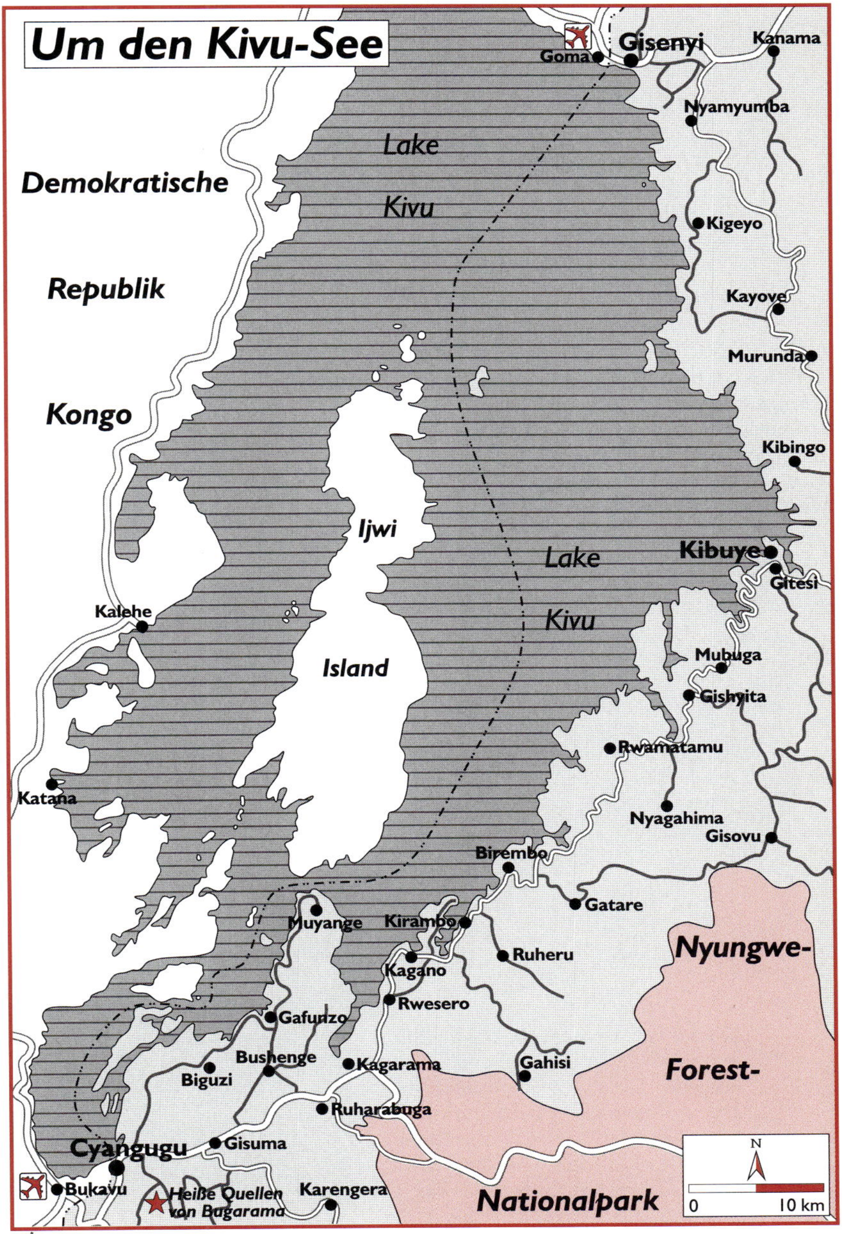
Um den Kivu-See
Demokratische
Republik
Kongo
Lake
Kivu
Lake
Kivu
Ijwi
Island
Goma
Gisenyi
Kanama
Nyamyumba
Kigeyo
Kayove
Murunda
Kibingo
Kibuye
Gitesi
Mubuga
Gishyita
Rwamatamu
Nyagahima
Gisovu
Birembo
Gatare
Kalehe
Katana
Muyange
Kirambo
Kagano
Ruheru
Rwesero
Gafunzo
Bushenge
Biguzi
Kagarama
Gahisi
Ruharabuga
Cyangugu
Gisuma
Bukavu
Heiße Quellen von Bugarama
Karengera
Nyungwe-
Forest-
Nationalpark
N
0
10 km

Planungen beschäftigt. Der Plan sieht vor, ein 360 Meter langes Rohr in der Mitte des Kivu-Sees zu versenken.

Strände

Im Kivu-See kann zu jeder Jahreszeit ohne Probleme gebadet werden, da das Wasser bilharziosefrei ist. Durch die einmündenden Flüsse ist das Wasser in der Nähe dieser Mündungen nicht immer ganz klar. Das liegt vor allem an den Sedimenten. Die Wasserqualität hier ist unbedenklich. Theoretisch kann man überall baden, da der See an vielen Stellen von einem Sandstrand gesäumt wird. Da viele Abschnitte aber entweder in Privatbesitz sind oder aber pflanzlicher Wildwuchs herrscht, ist es zu empfehlen, an einem Strand der Hotels (z. B. Palm Beach) oder an einem der Strandrestaurants (z. B. Bikini TamTam) zu baden. Die Strände dort sind sauber und die Kellner werfen gerne einen Blick auf Ihre Sachen, während Sie baden. Und ein kühles Bier ist bei Bedarf auch nicht weit.

Redaktions-Tipps

- **Übernachten** und relaxen am Strand des Kivu-Sees im **Kivu Sun Hotel**, Gisenyi.
- **Abendessen** in schöner Atmosphäre im **Restaurant des Stipp Hotels**, Gisenyi.
- Nach anstrengenden Wanderungen in den Virungas eine **Empfehlung**: einen oder zwei **Ruhetage am Strand des Kivu-Sees** in Gisenyi oder Kibuye *(S. 559)*.
- Ein landschaftlich schöner **Ausflug** ist die **Strecke zwischen Kibuye und Cyangugu** entlang des Kivu-Sees *(S. 560)*.

Um diese Idee verwirklichen zu können, und das Methan aus dem Wasser zur Energiegewinnung zu nutzen, muss zunächst das Methan aus seiner Verbindung mit Kohlendioxid und Wasser herausgelöst werden. Dafür werden Gasblasen aus

Verbindung lösen

CO_2 und Methan in einer Tiefe von nur 20 Metern durch eine Kammer mit Frischwasser geleitet. In dieser Tiefe ist der Druck so niedrig, dass sich das Kohlendioxid im Wasser löst, das Methan jedoch nicht. Aus dem Ende des Rohres würde dann reines Methangas strömen. Die Weltbank hat schon Bereitschaft signalisiert, das Projekt zur Nutzung der Methangas-Vorkommen im Kivu-See zu finanzieren.

Gisenyi (ⓘ s. S. 319)

Überblick

Gisenyi liegt eingezwängt zwischen den Ausläufern der Virunga-Vulkane und dem Kivu-See. Unten am See befindet sich der alte (koloniale) Stadtteil, leicht darüber erstreckt sich die „Neustadt" mit ihrer Geschäftsmeile und dem bunten Markt. Dahinter wird die Stadt von einem 3.000 m hohen Bergrücken des

Kolonial-Villa in Gisenyi

Grabenbruchs begrenzt. Die kleine Stadt am Nordostufer des Kivu-Sees, nahe der Grenze zur Demokratischen Republik Kongo, ist ein verschlafener Ort mit aber immerhin 68.000 Einwohnern. Die Lage am Kivu-See und die nahe kongolesische Stadt **Goma** bescheren dem Ort ein wenig Treiben. Etliche Ruander aus Gisenyi gehen zum Handeln nach Goma (und umgekehrt), einige auch, um dort zu arbeiten.

Gisenyi war während der belgischen Kolonialzeit ein fast schon mondäner Badeort. Die alten, mittlerweile in schlechtem Zustand befindlichen Villen in riesigen parkähnlichen Gärten, zeugen noch heute von dieser großen Zeit. Die Strandpromenade bzw. der zwischen Allee und Strand gelegene kleine Park wird heute noch gepflegt (und ist wohl der einzige regelmäßig gepflegte Ort in dieser Stadt). Hier am See liegt auch eines der besten Hotels des Landes, das Kivu Sun.

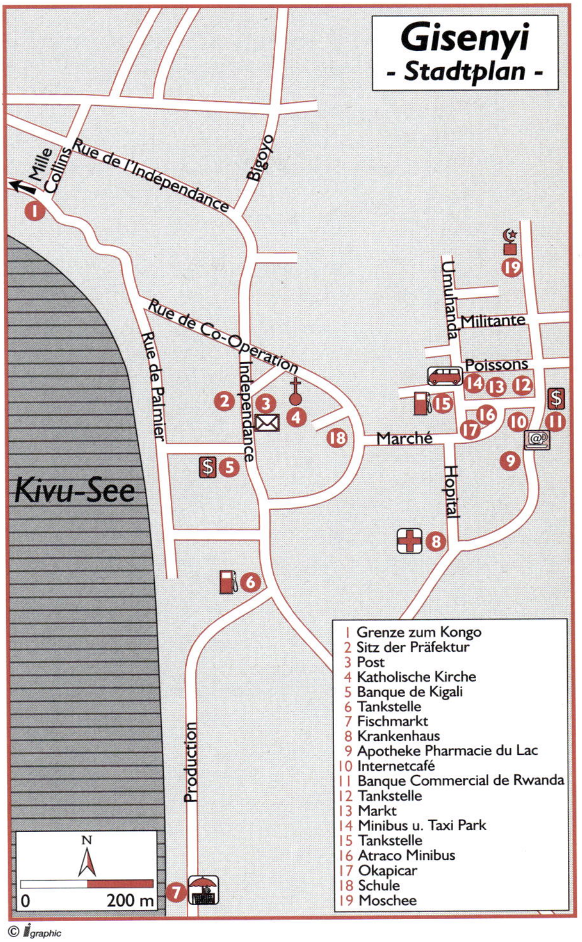

© igraphic

Entfernungen

Von Gisenyi nach Kigali: 187 km, nach Ruhengeri: 69 km, nach Cyanika (Grenze zu Uganda): 98 km, nach Butare: 170 km, nach Cyangugu: 248 km und nach Gatuna (Grenze zu Uganda): 267 km.

Geschichte

Die Geschichte der Stadt Gisenyi (zu Kolonialzeiten Kissenji geschrieben) geht auf die deutsche Kolonialzeit zurück. Die Deutschen unterhielten hier von 1906 bis 1916 einen Militärposten. Die Errichtung an dieser Stelle hatte mit den Gebietsstreitigkeiten zwischen Deutschen und Belgiern zu tun, die den Kivu-See für ihre Kolonie Belgisch-Kongo beanspruchten. In dieser Zeit war Gisenyi einer der größten Orte im Königreich Ruanda, und am 20. Dezember 1911 wurde hier nach Kigali das zweite kaiserliche Postamt eröffnet. Einziger Zeuge aus dieser Zeit ist das Grab eines deutschen Soldaten. Das Grab von *Johannes Plaen* (01.03.1888-19.10.1912) befindet sich in der Rue Véterinaire, einige Hundert Meter vom heutigen Kivu Sun Hotel entfernt. Das Grab wurde 1985 erneuert, die alte Grabplatte ist allerdings noch erhalten. Das nahe gelegene alte Gebäude der Veterinärstation weist Züge deutscher Kolonialarchitektur auf, es könnte daher auch auf deutschen Ursprung zurückgehen.

Nachdem die Belgier in Folge des 1. Weltkrieges das Völkerbundmandat über Ruanda und Burundi bekamen, zogen die neuen Beamten in die von den Deutschen verlassene Stadt Kigali (später wurde Astrida Verwaltungssitz). Da der Hauptverwaltungsort nicht viel zu bieten hatte, suchten die in Kigali lebenden Belgier nach einem schönen, klimatisch angenehmen Ort für das Wochenende. Die Wahl fiel auf ein kleines Fischerdorf am Kivu-See, das den Vorteil hatte, nahe der belgischen Stadt Goma (heute D. R. Kongo) zu liegen. So entstanden im Laufe der Zeit herrliche Villen in großen tropischen Gärten entlang der Uferpromenade, da der Kivu-See zum Baden einlud, und das Klima am See angenehmer war als in der Hauptstadt. Nach dem Ende der Kolonialzeit und dem Abzug der Belgier übernahm die neue afrikanische Oberschicht den Ort und setzte die Tradition als Badeort fort. An dem wirtschaftlichen Niedergang Ruandas in den Jahrzehnten danach und den folgenden Bürgerkriegen hatte die Stadt sehr zu leiden, und langsam begannen die Villen zu verfallen und die Hotels mussten immer mal wieder ihre Tore schließen. So langsam scheint sich die Stadt aber aus dieser Misere wieder zu befreien. Heute ist Gisenyi eine kleine Verwaltungsstadt, Hauptstadt der gleichnamigen Provinz, die den Anschluss an vergangene glorreichere Tage sucht.

Avenue des Palmiers

Badeort der Belgier

Lage und Klima

Gisenyi liegt auf einer Höhe von 1.480 m am nordöstlichen Ende des 2.650 km^2 großen Kivu-Sees (zum Vergleich: Bodensee 260 km^2). Das Gebiet ist hoch vulkanisch mit dem noch aktiven Vulkan Nyiragongo (3.470 m, letzter Ausbruch 17.01.02) sowie den Vulkanen Karisimbi (4.507 m) und Mikeno (4.437 m) im Nordosten. Direkt hinter der Stadt erstreckt sich im Osten eine etwa 30 km lange und 2.500 bis 3.000 m hohe Bergkette als Teil des Grabenbruchs. Diese ist der Grund, dass Gisenyi vom Rest des Landes etwas „abgeschnitten" ist, denn die Einwohner der

Stadt können wegen dieser Bergkette kein ruandisches Fernsehen empfangen. Entlang dieser Bergkette erstreckt sich, oder erstreckte muss man mittlerweile sagen, der Gishwati-Wald. Leider sind heute nur noch Reste dieses einzigartigen **Waldgebietes** vorhanden, das sich ursprünglich unterhalb der Virungas bis zum Nyungwe-Wald hinzog.

Durch die Höhenlage hat Gisenyi ein sehr angenehmes Klima. Die Tagestemperaturen liegen gewöhnlich im mittleren 20er-Grad Bereich. Nur an Regentagen und in der Nacht kann es recht frisch werden.

Stadtrundgang

Kleines Zentrum

In der Regel werden Sie in der etwas höher gelegenen „Neustadt" von Gisenyi ankommen. Zentral in der Mitte liegt ein großer Platz, an dem sich die **Busstationen (14)** und der **Markt (13)** von Gisenyi befinden. Um diesen Platz herum gibt es alles Wichtige zu kaufen. Außer dem Markt liegen hier auch diverse Geschäfte, eine Tankstelle, **Internetcafé (10)** und die Ticket-Verkaufsbüros der Busgesellschaften. Die **Ticketbüros** von Okapicar **(17)** und Atraco **(16)** liegen an der Südwest-Seite des Platzes.

Rosa Männer

Gehen Sie die östlich des Platzes vorbeiführende Hauptstraße Richtung Norden, so kommen Sie zur größten **Moschee (19)** der Stadt. Darauf folgen nur noch Wohngebiete bis zur Grenze zum Kongo. In südlicher Richtung hat die Hauptstraße ein wenig von einer Geschäftsstraße. Durch die schwierige Lage in den 1990er Jahren waren lange Zeit viele dieser Läden geschlossen, aber so langsam wird wieder investiert, und neue Geschäfte eröffnen. Dennoch macht die Straße nicht gerade einen geschäftigen Eindruck. Wenn Sie der Hauptstraße weiter folgen, macht diese einen Rechtsschwenk und führt am Gefängnis (links) und dem **Krankenhaus** (rechts/**8**) vorbei. Vielleicht werden Ihnen dort Kolonnen von rosafarben gekleideten Männern begegnen. Dies sind Gefangene, die tagsüber unter Aufsicht Arbeiten für die Allgemeinheit verrichten müssen.

Gehen Sie weiter nach rechts und passieren Sie linker Hand eine Tankstelle. Danach gabelt sich die Straße am **Kivu Sun Hotel**, links geht es zum Strand (Bikini TamTam), rechts zur Uferpromenade.

Fischerboote in der Rubona-Bucht

Der kürzere Weg vom Marktplatz zum See führt allerdings vom zentralen Platz westlich hinunter. Dabei kommen Sie an der **Post (3)** und der großen Schule Gisenyis vorbei. Wenn Sie dann entlang der mit alten Bäumen bestandenen Allee Rue de l'Indépendance spazieren, die parallel am Ufer entlang führt, achten Sie auf kreischende Laute, denn in den Bäumen befinden sich große **Flughundkolonien**. Wenn Sie zum Ende der Straße dem Schild des Kivu Sun Hotel folgen, kommen Sie zur Avenue des Palmiers. Hier erreichen Sie zuerst das Hotel Palm Beach und dessen Strand. Das Kivu Sun liegt daneben am Ende der Straße. Auf der Uferpromenade gelangen Sie an weiteren Hotels vorbei, bevor Sie nach etwa 20 bis 30 Min. zu Fuß den Grenzposten der D. R. Kongo erreichen.

An **Sehenswürdigkeiten** hat der Ort Gisenyi nichts weiter zu bieten. Also genießen Sie den Strand und den herrlichen See. Wenn Sie möchten, können Sie südwärts einige Kilometer bis zum Vorort Rubona gehen, dort gibt es eine schöne Bucht, in der immer viele Anglerboote zu sehen sind. Es gibt ein schönes Restaurant, aber zum Baden ist die Bucht nicht geeignet. An der gegenüber liegenden Seite der Bucht befindet sich die größte Brauerei des Landes (Mützig Bier).

Abstecher nach Goma (D. R. Kongo) (ⓘ s. S. 319)

Katastrophenmeldungen

Vielleicht haben Sie Interesse, bei einem Aufenthalt in Gisenyi auch die kongolesische Nachbarstadt Goma zu besuchen. Sie liegt nur einen Steinwurf entfernt, und vielleicht fallen Ihnen auch die Flugzeuge der UN und sonstiger Hilfsorganisationen auf, die auf dem nahe gelegenen Flughafen von Goma landen. Die Stadt Goma (400.000 Einw.) ist wesentlich größer als Gisenyi, allerdings in den letzten Jahren nur durch Katastrophenmeldungen in den Medien präsent gewesen. Zum einen flüchteten Ende 1994 Tausende von Bahutu hierher, nachdem die Batutsi die Macht in Kigali erobert hatten. Dann brach am 17. Januar 2002 der Vulkan Nyiragongo aus und zerstörte Teile der Innenstadt. Aber nichtsdestotrotz haben sich die Menschen in der Stadt ihren Lebensmut und ihre Lebensfreude erhalten, und die Stadt ist geschäftig wie eh und je. Durch die von Ruanda garantierte Ordnung und relative Sicherheit hat sich hier abseits der weit entfernten Hauptstadt Kinshasa eine kleine „Oase" etabliert, die auch wegen des, teils illegalen, Abbaus der Bodenschätze in der Umgebung zu bescheidenem Reichtum gekommen ist.

> **Hinweis**
>
> *Die Lage in und um Goma ist laut Aussage der Deutschen Botschaft in Kigali vom Januar 2006 ruhig und sicher. Diese Aussage gilt nur für die Stadt Goma und die Bereiche direkt um den Kivu-See. Für den Rest der Demokratischen Republik Kongo besteht eine Reisewarnung des Auswärtigen Amtes.*

Die Grenze zwischen Ruanda und der Demokratischen Republik Kongo ist zur Zeit geöffnet und ohne Schwierigkeiten zu passieren. Ruandische und kongolesische Personen brauchen nur einen Ausweis, Europäer müssen ein Visum erwerben.

Dass Goma und Umgebung zurzeit recht sicher sind, hat viel mit der Politik im so genannten **Gebiet der Großen Seen** zu tun. Das Gebiet um den Kivu-See wird mehr oder weniger von Ruanda kontrolliert. Zwar hat Ruanda schon vor einiger Zeit offiziell seine Truppen aus dem Kongo zurückgezogen, aber an ihrer Stelle sorgen ruandatreue und von Ruanda finanzierte Kongolesen für Ruhe und Ordnung.

Nehmen Sie sich ein Taxi in Gisenyi (diese dürfen passieren), lassen sich das Visum am Grenzposten geben und fahren weiter bis zur Innenstadt Gomas. Von dort kann man dann später mit einem kongolesischen Taxi zurück fahren. Sie brauchen kein Geld zu tauschen, da in Goma beide Währungen akzeptiert werden.

!!! Achtung

Ein in Europa für die D. R. Kongo (Kongo-Kinshasa) ausgestelltes Visum wird in der Region um den Kivu-See von den dortigen kongolesischen Beamten nicht immer akzeptiert. Am besten ist es, sich das Visum direkt beim örtlichen Grenzposten zu besorgen. Das ist in nur wenigen Minuten erledigt.

Für **Nachtschwärmer** ist ein Ausflug nach Goma besonders am Wochenende zu empfehlen, da dort das Nachtleben weitaus vielfältiger ist als in Gisenyi. Von Goma aus ist der erst vor kurzem ausgebrochene Vulkan Nyirangongo zu besteigen, oder aber man zieht entlang der Ufer des Kivu-Sees. Für weitere Ausflüge von Goma aus, zum Beispiel zum kongolesischen Teil der Virunga-Vulkane (Parc National des Virunga) erkundigen Sie sich bitte über die derzeitige Sicherheitslage vor Ort, am besten bei der Deutschen Botschaft in Kigali.

Am Ostufer des Kivu-Sees

Karte
S. 553

Überblick

Das ruandische Ufer des Kivu-Sees unterhalb von Gisenyi hat bis zur Stadt **Kibuye** keine größeren Orte mehr zu bieten. Auf etwa halbem Weg Richtung Kibuye liegt im See eine kleine Insel namens Bugarura. Die Straße von Gisenyi nach Kibuye folgt in einigem Abstand zur Uferlinie, der See ist während der Fahrt nicht immer zu sehen.

Strandidylle am Kivu-See

Kibuye (ⓘ s. S. 319)

Überblick

Die Stadt Kibuye liegt malerisch auf mehrere Hügel verteilt am östlichen Ufer des Kivu-Sees. Die teilweise wieder aufgeforsteten Hügel im Hintergrund geben dem Ort einen romantischen Anstrich. Nicht wenige glauben, dass Kibuye die landschaftlich schönste der Kivu-Städte ist. Seit der Fertigstellung der asphaltierten Straße von Gitarama ist Kibuye die von der Hauptstadt Kigali aus am schnellsten und am einfachsten zu erreichende Stadt am Seeufer. Sie zieht daher mittlerweile mehr Besucher an als jeder andere Ort am Kivu-See. Besonders die Ruander selber kommen gerne hierher und genießen an Wochenenden den See und die Umgebung.

Hier genießen die Ruander

Entfernungen

Von Kibuye nach Kigali: 144 km, nach Giterama: 91 km, nach Gisenyi: 108 km, nach Butare: 129 km, nach Cyangugu: 130 km und nach Ruhengeri 199 km.

Geschichte

Grüne Bananenstauden zum Verkauf

Kibuyes Anfänge gehen zurück auf ein kleines Dorf, in dem in der Hauptsache Landwirtschaft betrieben wurde. Der Fischfang war nur eine Nebenbeschäftigung. Auf den ersten Karten der deutschen Kolonialmacht ist das Dorf bereits eingezeichnet. Während der Kolonialzeit begann der Ort zu wachsen, hatte zunächst aber keine besondere Bedeutung.

Die Provinz Kibuye hatte vor dem Völkermord eine landesweit untypisch hohe Anzahl von Batutsi in der Bevölkerung, rund 20 % ihrer Einwohner (ca. 60.000). Mehr als 90 % der Batutsi in Kibuye starben 1994 während des Genozids. Ein Massengrab mit etwa 10.000 Menschen befindet sich in der Nähe des Sportstadions (durch eine Gedenktafel gekennzeichnet). Heute ist Kibuye die Hauptstadt der gleichnamigen Provinz.

Opfer des Genozids

Bootsverkehr

Einen öffentlichen Bootsverkehr gibt es zurzeit nicht. Mit der weiteren Stabilisierung der politischen Lage rund um den Kivu-See ist aber damit zu rechnen, dass es in Zukunft wieder regelmäßigen Bootsverkehr zwischen den Orten am Kivu-See (inkl. denen auf kongolesischer Seite) geben wird. So lange gehört der See den Fischerbooten. Es gibt aber Möglichkeiten, in den Hotels in Kibuye Boottransfers nach Gisenyi oder Cyangugu zu organisieren.

Streckenhinweis

Wenn Sie von Kibuye aus weiter entlang des Kivu-Sees nach Süden fahren möchten, dann wartet eine ***malerische Strecke*** *auf Sie. Sie benötigen allerdings ein Allradfahrzeug, da sich die Piste nicht überall in einem guten Zustand befindet. Nach 130 Kilometern erreichen Sie Cyangugu.*

Cyangugu (ⓘ s. S. 319)

Karte
S. 553

Überblick

Der Ort Cyangugu liegt am Südende des Kivu-Sees, direkt an der kongolesischen Grenze. Die Umgebung ist etwas flacher als die um Kibuye oder Gisenyi. Das liegt unter anderem daran, dass hinter Cyangugu im Süden ein tiefer gelegenes Becken beginnt (der Boden des Grabenbruchs), in dem weiter südlich der große

Tanganjika-See liegt. Beim 60.000 Einwohner zählenden Ort Cyangugu handelt es sich in Wirklichkeit um einen Doppelort. Cyangugu heißt der Bereich am Seeufer an der Grenze zum Kongo. Die heutige Stadtmitte nennt sich **Kamembe**. Hier liegen einige Geschäfte und einfache Hotels sowie die Minibus-Station.

Cyangugu wird im Westen durch den Rusizi-Fluss begrenzt, der gleichzeitig die Grenze zur D. R. Kongo darstellt. Über den Grenzfluss führt eine Holzbrücke hinüber zum Kongo. Durch die Probleme zwischen den beiden Regierungen war es zwischenzeitlich (2004) nicht möglich, die Grenze zu passieren. Mittlerweile dürfte es kein Problem mehr sein.

> **Hinweis**
> *Die aktuelle Lage erfragen Sie bitte bei der Deutschen Botschaft oder bei Ihrem Reiseveranstalter.*

Die nächstgelegene kongolesische Stadt heißt **Bukavu** (S. 563) (320.000 Einwohner). Der Hauptgrenzposten befindet sich allerdings an der Hauptstraße weiter südlich. Dort haben Sie auch bessere Chancen, einen Transport nach Bukavu zu bekommen. Die Stadt Bukavu ist Ausgangspunkt zum Besuch des kongolesischen **Nationalparks Kahuzi-Biéga**.

Entfernungen
Von Cyangugu nach Kigali: 293 km, nach Gikongoro: 128 km, nach Kibuye: 130 km, nach Butare: 158 km, nach Gisenyi: 248 km, nach Ruhengeri: 307 km, nach Gatuna: 373 km und nach Kibungo: 386 km.

Geschichte

Cyangugu ist ein seit Jahrhunderten eher ruhiges Dorf. Hier findet sich nicht viel, was an die Vergangenheit erinnert, zumindest nicht an die vor der Ankunft der Europäer. Cyangugu, von den Deutschen erst „Tschangugu", später dann „Shangugu" geschrieben, wurde im Februar 1914 als letzter Militär- und Verwaltungsposten gegründet. In der Umgebung finden sich noch einige Zeugnisse der kolonialen Vergangenheit. In Mibirizi, 12 km südöstlich von Cyangugu, befindet sich das Grab eines deutschen Soldaten. *Fulpontius Mechau* fiel am 21. April 1916 beim Kampf gegen die anrückenden Belgier. Das Grab befindet sich zwischen Kirche und Hospital, der Grabstein wurde 1986 erneuert.

Im etwa 17 km nordöstlich an der Straße nach Gafunzo gelegenen Ort **Shangi** (Ischangi) befand sich von 1898 bis 1911 ein deutscher Militärposten. Im Jahre 1966 erwarb die Braunschweiger Firma Buchler das Gelände für die Errichtung einer Kaffeefarm. Heute zeugt nur noch eine Palmenallee von der deutschen Vergangenheit.

Die Umgebung von Cyangugu

Die Umgebung der Stadt hat für Reisende mit Zeit durchaus etwas zu bieten. Allerdings können die Erkundungen ohne eigenes Fahrzeug recht schwierig und langwierig werden.

• Der Cyamudongo-Wald

Das 6 km^2 große Waldstück ist ein bislang ungeschützter Rest des **Hochlandwaldes am Albert Rift**. Er liegt in der Nähe von Nyakabuye, etwa 20 km von Bugarama entfernt. Von Nyakabuye führt eine steile Straße 8 km bergauf, bevor man auf ein erstes Stück natürlichen Waldes trifft. Nach 2 km geht es links durch Teeplantagen, bis nach 15 km der Wald auftaucht. Die Einheimischen nennen den Wald hier **Nyirandakunze**. Es gibt eine Reihe von seltenen Vogelarten und auch einige Meerkatzenarten. Vor dem Völkermord soll es in diesem relativ kleinen Waldstück sogar noch Schimpansen gegeben haben. Der Besuch des Waldes ist ein kleines Abenteuer jenseits jeder Touristenpfade, aber er lohnt sich.

Erst Tee, dann der Wald

• Die heißen Quellen von Bugarama

Die **Amashyuza ya Bugarama** befinden sich 60 km außerhalb Cyangugus und 5 km von der Cimerwa-Zementfabrik entfernt. Zunächst müssen Sie die Straße Richtung Burundi nehmen bis zur Abzweigung nach Bugarama. Danach geht es nach links und Sie fahren durch den Ort Bugarama. Nach 11 km erscheint die Cimerwa-Zementfabrik, hier biegen Sie nach rechts ab (durch das Fabriktor) bis zum Schild „Secteur Nyamaranko". Von dort nehmen Sie die linke Piste und fahren dann noch etwa 200 m bis zum Becken der Quelle.

Westufer des Kivu-Sees (D. R. Kongo)

Überblick

Das Westufer des Kivu-Sees gehört wie die im See gelegene große **Insel Ijwi** zur D. R. Kongo. Am See finden sich zwei größere Städte, **Goma** im Norden und **Bukavu** im Süden. Beide verfügen über einen Flughafen. Der in Goma hat sogar internationalen Flugverkehr durch die dort ansässigen internationalen Hilfsorganisationen.

Die Stadt Goma und die Nordspitze des Kivu-Sees gehören zur kongolesischen Provinz Nord-Kivu. Von Goma aus entlang des Ufers gibt es zunächst keine größeren Städte. Kleine Orte wie Kashero, Bulenga und Mobimbi folgen entlang des Sees Richtung Süden. Einziger größerer Ort auf dem Weg nach Bukavu ist **Kalehe**, etwa auf der gegenüberliegenden Seite von Kibuye. Bukavu ist die Hauptstadt der kongolesischen Provinz Süd-Kivu.

☞ Karte S. 553

Bukavu (D. R. Kongo) (ⓘ s. S. 319)

Bukavu wurde 1901 von den Belgiern unter dem Namen Costermansville gegründet. In den 1920er Jahren löste Bukavu den Ort Rutshuru als Provinzhauptstadt von Süd-Kivu ab und entwickelte sich zu einem Mittelpunkt europäischer Besiedlung vor der Unabhängigkeit des Kongo.

Die Stadt liegt auf einer Halbinsel am Südwestufer des Kivu-Sees. Sie besitzt einen Hafen und ist das Handels- und Verkehrszentrum der Region. Kaffee, Zitrusfrüchte und Gemüse werden hier angebaut. Bedeutende Industrieprodukte sind Arzneimittel, Bier und Nahrungsmittel. Bukavu war vor dem Bürgerkrieg Ausgangsort für touristische Ausflüge in die Seengebiete und nahen Nationalparks. Die heutige Einwohnerzahl wird offiziell mit rund 250.000 angegeben, mit den Rangebieten dürften es aber mindestens 320.000 sein.

!!! Wichtig

Der Ort Bukavu liegt bereits in der D. R. Kongo. Die Grenze verläuft hier am Rusizi-Fluss und die Grenzstation befindet sich auf der Brücke über diesen Fluss. Visa für den Kongo gibt es direkt an der Grenzstelle. Bitte beachten Sie, dass Visa, die in einer Botschaft der D. R. Kongo ausgestellt wurden, in den letzten Jahren an den Grenzposten im Ostkongo nicht akzeptiert wurden. Daher ist es besser, sich das Visum direkt bei der Einreise am Grenzposten ausstellen zu lassen.
*In Bukavu (Stadtteil Nyawera) können Sie sich bei der kongolesischen Naturschutzbehörde ICCN (*Institute Congolaise pour la Conservation de la Nature*) über die Besuchsmöglichkeiten im Kahuzi-Biéga-Nationalpark erkundigen.*
Ebenso kann die deutsche Entwicklungsorganisation GTZ, die den Nationalpark betreut, Auskunft geben. Das Büro liegt im Stadtteil Muhumba.

INFO Kahuzi-Biéga-Nationalpark (D. R. Kongo)

Der Parc National de Kahuzi-Biéga in der Demokratischen Republik Kongo ist ein **UNESCO-Weltnaturerbe**, steht allerdings seit 1997 auf der Liste der gefährdeten Schutzgebiete. Seine Fläche beträgt 6.000 km² und in seinem Gebiet liegen die namensgebenden Berge **Kahuzi** (3.308 m) und **Biéga** (2.790 m).

Mit einem Bestand von ca. 8.000 Grauergorillas vor dem Bürgerkrieg war der Park der wichtigste Lebensraum dieser Gorilla-Unterart. Leider verlor die Parkverwaltung während der Zeit des Bürgerkrieges die Kontrolle über große Teile des Nationalparks. Der Tieflandteil des Parks mit rund 5.000 km² sowie weite Teile des Hochlandgebietes waren für die Park-Ranger nicht mehr zugänglich. Durch Abholzung und Feuer wurden im Hochland nicht unerhebliche Teile des Schutzgebietes zerstört, der wichtiger Lebensraum für die Gorillas war. Der die beiden Teile des Nationalparks verbindende Korridor wurde weitflächig abgeholzt und ist heute von Menschen besiedelt.

Die Sicherheitslage hat sich allerdings in der Region seit einigen Jahren verbessert. Die Zone um den Park bekommt Unterstützung von der amerikanischen Hilfsorganisation USAID sowie dem Hilfsprojekt: „Congo Basin Forest Partnership“ und das

GTZ-Programm für den Park selber wurde auch verlängert. Im November 2004 führten Naturschützer eine Zählung der Gorillas im Hochlandteil des Nationalparks durch. Diese zählten 168 Gorillas – zwar weniger als die 250 bis 270 Tiere vor dem Bürgerkrieg, aber immerhin mehr als befürchtet wurde (im Jahr 2000 schätzte man die Zahl der Gorillas auf nur noch 140). Die Zahl der Schimpansen im Parkgebiet scheint währenddessen konstant geblieben zu sein.

Das Schicksal der Gorillas hängt nicht nur von den Patrouillen der Park-Ranger ab, sondern vor allem von der Erhaltung ihres Lebensraums. Zurzeit stellt eine Pflanze eine ernste Bedrohung für den Lebensraum der Gorillas dar, die sich im Hochlandteil des Nationalparks stark vermehrende Lianenart *Sericostachys scandens.* Diese Art besiedelte zunächst die durch Abholzung und Feuer entstandenen Freiflächen, zerstört nun aber auch Bäume und den Bambus. Bisher konnten die Ursachen für die Vermehrung dieser Lianenart nicht eindeutig geklärt werden. Die Parkmitarbeiter nahmen Ende 2003 die Arbeit in den beiden Stationen Itebero und Nzovu wieder auf. Parkdirektor Bernard Iyomi Iyatshi konnte im Mai 2005 sogar zum ersten Mal seit neun Jahren wieder die abgelegene Station Hombo besuchen.

Bizarre Pflanzenwelt im Nationalpark

Der riesige Tieflandbereich des Nationalparks wird auch in Zukunft nicht ganz durch Patrouillen der Park-Ranger zu kontrollieren sein. Wesentlich wird sein, dass die Parkmitarbeiter genaue Informationen über die Aufenthaltsorte der Gorillas und Schimpansen sammeln können, um so die ihnen drohenden Gefahren besser einschätzen zu können und auch darauf zu reagieren. So könnten – im besten Falle zusammen mit der lokalen Bevölkerung – wirkungsvolle Schutzmaßnahmen für die Menschenaffen und ihren Lebensraum entwickelt werden.

Gorillabesuche sind seit 2005 zwar wieder erlaubt, aber weiterhin mit einem gewissen Risiko behaftet. Am 29. April 2005 wurden in der habituierten Gruppe Chimanuka Zwillinge geboren. Die Mutter heißt Nabintu und kam aus der Mugaruka-Gruppe, die Zwillinge haben die Namen Mushoho und Busasa erhalten.

Text: John Hart/Innocent Liengola, Gorilla-Journal Juni 2005

14. DER SÜDEN RUANDAS

Überblick

Im südlichen Teil Ruandas erstrecken sich weitläufige Hügellandschaften, im Südwesten bedeckt mit Regenwald bzw. seinen Resten, die im Nyungwe-Forest-Nationalpark geschützt werden. Daneben gibt es Plantagen, auf denen Gemüse, Tee und Kaffee angebaut werden. Zum Südosten hin nehmen die Grasflächen und damit die Rinderhaltung zu. In dieser Gegend, weit ab von den drei Nationalparks, begegnet man nur selten Reisenden. Hier ist Ruanda noch am ursprünglichsten.

Das „echte" Ruanda

Gitarama (ⓘ s. S. 319)

Überblick

Die Stadt Gitarama liegt 53 Kilometer südwestlich von Kigali und ist über eine gut ausgebaute Asphaltstraße zu erreichen. Die 85.000-Einwohner-Stadt ist ein Verkehrsknotenpunkt. Von hier aus gibt es direkte Verbindungen zum Kivu-See (Gisenyi, Kibuye, Cyangugu) und nach Butare.

Entfernungen

Von Gitarama nach Kigali: 53 km, nach Ruhango: 24 km, nach Nyanza (Nyabisindu): 42 km, nach Butare: 82 km, nach Kibuye: 91 km, nach Ruhengeri: 108 km, nach Fugi (Grenze zu Burundi): 113 km, nach Kibungo: 165 km, nach Cyangugu 221 km und nach Bujumbura (Burundi): 222 km.

Geschichte

Obwohl Gitarama geschichtlich immer wieder erwähnt wird, ist im Ort selber nicht viel Historisches zu sehen. An die Kolonialzeit erinnern hier allenfalls Orte in der Umgebung. So der etwa 25 km Luftlinie südwestlich von Gitarama gelegene Ort **Kilinda** (in der Nähe des Flusses Nyabaronga). Dort befand sich die Niederlassung der ersten protestantischen Mission in Ruanda. In der unter den Belgiern 1926 erneuerten Kirche hängt eine Glocke mit deutscher Inschrift. Diese besagt, dass die Glocke 1908 im

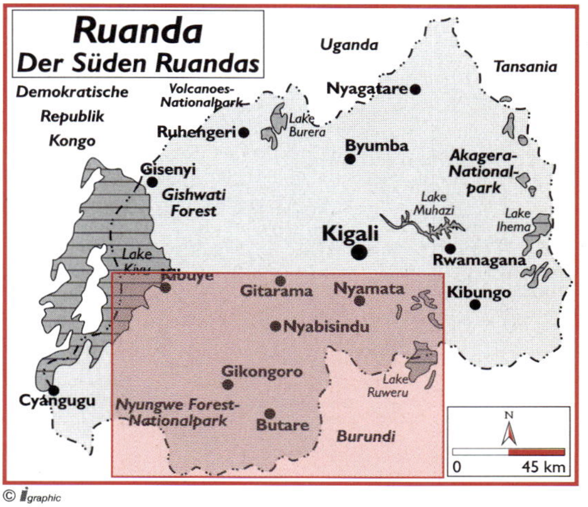

© igraphic

Redaktions-Tipps

- Gutes **Abendessen** gibt es im **Restaurant Ibis**, beim gleichnamigen Hotel in Butare.
- Viele interessante Informationen und Einblicke über Ruanda bietet ein **Besuch** des **Nationalmuseums** in Butare *(S. 569)*.
- **Sehenswert** sind die **Kathedrale** und das **Museum von Kabgayi**, mit seiner Ausstellung traditioneller Kulturgüter *(S. 566)*.
- Herrliche **Wanderungen** im Regenwald des **Nyungwe-Forest-Nationalparks**, mit seiner Fülle an Tier- und Pflanzenarten *(S. 571)*.

Auftrag der Bethel-Mission in Stuttgart gegossen wurde.

Auf Grund einiger historischer Ereignisse ist Gitarama für den Staat Ruanda ein besonderer Ort. Von hier aus begannen im Juli 1959 ethnische Unruhen, nachdem ein lokaler Führer der PARMEHUTU-Partei von Anhängern der königstreuen UNAR-Partei angegriffen wurde. Am folgenden Tag mordeten und brandschatzten radikale PARMEHUTU-Anhänger im ganzen Land, 300 Batutsi kamen dabei ums Leben. Es war der erste dokumentierte Fall eines organisierten Vorgehens von Bahhutu gegen Batutsi. Die belgische Verwaltung verhängte daraufhin das Kriegsrecht über Ruanda. Am 28. Januar 1961 erklärten sich die Ruander in Gitarama für unabhängig. Zugleich ist Gitarama auch der Geburtsort des ersten ruandischen Präsidenten *Grégoire Kayibanda.*

Die Kathedrale von Kabgayi & Museum (ⓘ s. S. 319)

Etwa 3 km von Gitarama entfernt liegt die Kathedrale Kabgayi. Sie wurde 1925 erbaut und ist damit die älteste Kathedrale Ruandas. Ihre Anfänge gehen zurück

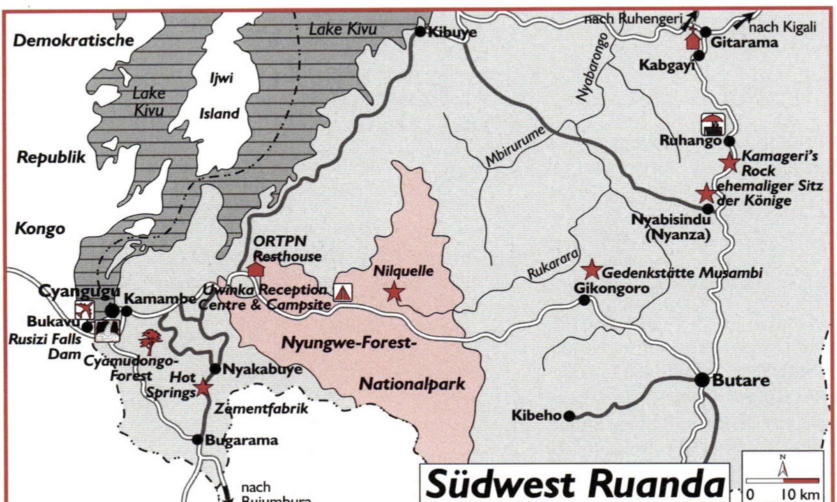

© graphic

auf eine 1906 an dieser Stelle errichtete katholische Missionsstation. Kabgayi wurde gleichzeitig der erste Bischofssitz des Königreiches. Die Kathedrale ist durchaus sehenswert, vor allem auch wegen des angeschlossenen **Museums**. Hier gibt es einen Überblick über die Kultur und die traditionellen Gebrauchsgegenstände in Ruanda. Dazu gehören alte Waffen wie Speere, Messer und Bögen. Aber auch Kleidung aus Baumrinde, Musikinstrumente, Spiele, verschiedene Körbe und historische Fotografien. Interessant sind auch die Informationen zu Heilpflanzen und traditioneller Medizin.

Ziegelbrennerei

Streckenhinweis

Etwa 24 km von Gitarama in südlicher Richtung nach Butare liegt der Ort ***Ruhango*** *(ⓘ s. S. 319). Dort gibt es einen der größten Märkte Ruandas. Nach weiteren 18 km (42 km von Git.) folgt* ***Nyanza*** *(Nyabisindu), ehemaliger Sitz der Könige.*

Der Fels von Kabgayi (ⓘ s. S. 319)

Der historische Felsen (*Uratare rwa Kamageri*) liegt in der Nähe von Ruhango, an der Straße von Gitarama nach Butare. Er befindet sich südlich des Ortes, von der Hauptstraße etwa einen 10-minütigen Spaziergang entfernt. Die örtlichen Guides erzählen gerne die Geschichte, die sich hinter diesem Felsen verbirgt. Es geht um einen örtlichen Führer namens Kamageri, der dem Mwami (König) eine neue Art der Bestrafung für Kriminelle vorgeschlagen haben soll. Seine Idee war es, den Felsen zu erhitzen und den Übeltäter der Länge nach auf den glutroten Felsen zu legen. Der Mwami war so erschüttert über die Idee, dass er Kamageri selber auf seinen glutheißen Felsen legen ließ.

Nyanza (Nyabisindu) (ⓘ s. S. 319)

Die historische Stadt Nyanza heißt heute offiziell Nyabisindu. Sie liegt etwa auf halbem Weg zwischen Gitarama und Butare. Hier befand sich der Sitz der Batutsi-Monarchie. Der Palastbereich des Königs liegt einige Kilometer außerhalb der heutigen Stadt. Dort befindet sich ein Nachbau des Originalpalastes sowie der neuere Palast von *Mwami Rudahigwa Mutara III.*, der im Jahre 1932 erbaut wurde. Im historischen Nachbau befinden sich noch etliche Original-Gegenstände aus der Königsfamilie. Der im westlichen Stil erbaute Palast aus den 1930ern wurde mittlerweile restauriert und dient heute der nationalen Tanzgruppe als Quartier. In Nyanza trafen die Deutschen als erste Europäer auf den ruandischen König. Alle Reisenden, die über die Jahrzehnte danach nach Nyanza kamen, waren von dem Pomp, dem großen Hofstaat und der Würde der königlichen Familie beeindruckt. Heute erzählen die örtlichen Palastführer bei einem Rundgang von dieser Vergangenheit.

Beeindruckte Europäer

Butare (ⓘ s. S. 319)

Karte S. 566

Überblick

Die 78.000-Einwohner-Stadt Butare liegt im Süden des Landes. Sie ist auf der von Gitarama aus nach Süden führenden Hauptstraße gut zu erreichen. Für die asphaltierte 82 km lange Strecke benötigt man etwa 1 ½ Stunden.

Hauptstadt der Studenten

Die Stadt liegt auf einem Hochplateau zwischen den Niederungen des Cyohoha-Sees (Burundi) und dem Zentralafrikanischen Grabenbruch. Hier befindet sich die **Nationale Universität Ruandas (12)**, weswegen Butare auch als die Hauptstadt der Intellektuellen bezeichnet wird. Am nördlichen Eingang zur Stadt liegt auf der rechten Seite das **Nationalmuseum (1)**. Es zeigt einen Überblick zur Geschichte und Kultur des Landes und ist als eines der besten Museen Ostafrikas auf jeden Fall einen Besuch wert.

Main Road, Butare

Entfernungen
Von Butare nach Kigali: 135 km, nach Gikongoro: 29 km, zur Grenze nach Burundi: 31 km, nach Nyanza (Nyabisindu): 40 km, nach Giterama: 82 km, nach Kibuye: 129 km, nach Bujumbura (Burundi): 140 km, nach Cyangugu: 158 km, nach Ruhengeri: 190 km und nach Kibungo: 247 km.

Geschichte

Rivale Kigalis

Die Stadt Butare wurde 1926 von den Belgiern gegründet und zu Ehren der belgischen Königin Astrid „Astrida“ genannt. Nach der Unabhängigkeit bekam sie 1962 den ruandischen Namen Butare. In der Zeit der politischen Umwälzungen, die zur Unabhängigkeit führten, sah es so aus, als ob Butare die Hauptstadt des freien Ruandas werden würde. Am Ende entschied man sich allerdings für Kigali. Während die neue „alte“ Hauptstadt (Kigali war bereits unter den Deutschen Hauptverwaltungssitz in Ruanda) in den Jahrzehnten wuchs und wuchs, ist Butare hingegen eine beschauliche Stadt geblieben.

Gemessen an der Zahl der Einwohner gibt es wohl keine andere Stadt in Ostafrika, die prozentual so viele Studenten und Schüler beherbergt. Butare hat als Lehrort bereits eine lange Tradition. War es doch der Ort, an dem 1928 die erste Schule in Ruanda überhaupt eröffnet wurde. Zum Beginn des Völkermordes kamen viele Menschen aus den umliegenden Dörfern nach Butare, in der Hoffnung, dass die Stadt mehr Sicherheit böte. Butare war zu dieser Zeit die einzige Provinz, die noch von einem Batutsi -Präfekten regiert wurde. Er schaffte es etwa zwei Wochen lang, den mordenden Mob aus der Stadt zu halten. Dann wurde er von der Zentralregierung abgesetzt und selber ermordet. Unter dem neu eingesetzten Präfekten *Tharcisse Muvunyi* begannen die Massaker auch in Butare. Durch die vielen nach Butare geflüchteten Batutsi waren die Opferzahlen hier besonders groß. Muvunyi setzte sich nach dem Sieg der Batutsi-Rebellen nach Europa ab, wo er im Jahr 2000 in London festgenommen wurde. Sein Fall kam so vor das Internationale Strafgericht zur Aufklärung des Völkermords in Arusha.

Etwas außerhalb von Butare, im heutigen Ort **Save** (früher Issavi), befand sich zur deutschen Kolonialzeit eine katholische Mission. Heute erinnert an die zwischen Juni 1905 und Februar 1907 erbaute Missionskirche nur noch die Ruine mit einem Taufstein.

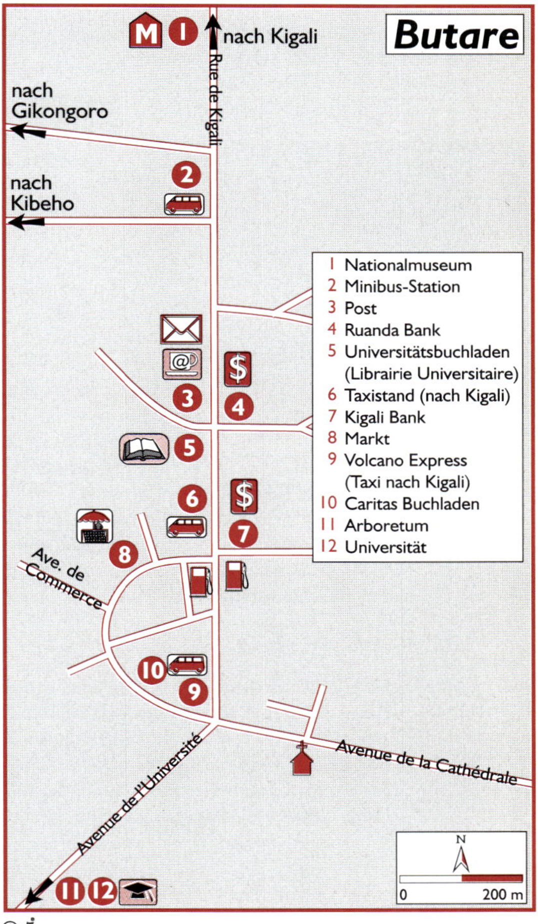

© igraphic

Sehenswürdigkeiten

Nationalmuseum (1)

Ruandas Nationalmuseum wurde 1988 eröffnet und war ein Geschenk des belgischen Königs *Baudouin I.* In den Räumen des Museums ist die Kultur und Geschichte Ruandas und seiner Menschen von den Anfängen bis heute dargestellt.

Im Eingangsraum befindet sich neben dem Ticketschalter auch ein Museums-Shop und zahlreiche Vitrinen mit ruandischen Handarbeiten. Ein Rundweg führt von hier aus (links) durch die Räume des Museums. Im nächsten Raum gibt es ein Relief von Ruanda und allgemeine geographische Informationen zu sehen. Im dritten Raum sind alte Waffen, traditionelles Handwerkszeug und verschiedene

Tierfallen für die Jagd ausgestellt. Im anschließenden Raum sind Aufbewahrungsbehälter und verschiedene handwerkliche Fähigkeiten das Thema. Im fünften Raum geht es um die Architektur in Ruanda. Eine traditionelle königliche Hütte ist im Inneren aufgebaut. In Raum sechs sind traditionelle Spiele zu sehen, sportliche Aktivitäten und die Geschichte der ruandischen Tänzer. Im letzten Raum zeigen Vitrinen das Geld (Scheine und Münzen) der verschiedenen Epochen. Die Kolonialgeschichte wird auf Tafeln und Bildern dargestellt, ebenso wie die Präsidenten des unabhängigen Ruanda.

Lohnendes Museum

Ruandas Nationalmuseum

Traditionelle Flechtarbeiten

Arboretum der Universität (11)

In der Nähe der Universität befindet sich das Ruhande-Arboretum, das den Studenten seit 1934 zu Forschungs- und Zuchtzwecken dient. Heute ist es ein nettes und ruhiges schattiges Plätzchen, fragen Sie in der Universität nach einer Besuchserlaubnis.

Das Ruhande-Arboretum der Universität entstand 1934. Es war zunächst hauptsächlich dazu gedacht, eingeführte Pflanzen auf ihre Tropentauglichkeit zu prüfen und zu erfahren, unter welchen Umständen sich die Pflanzen wie entwickeln. Später wurden Nutzpflanzen weitergezüchtet, um sie zu verbessern. Dazu gehörten dann auch einheimische Pflanzen wie Harthölzer. Für einen Besuch ist eine Erlaubnis der Universität nötig.

Nur mit Erlaubnis

Streckenhinweis

Von Butare aus führt die südliche Hauptstraße in Richtung Grenze nach Burundi. Der Grenzposten ist tagsüber geöffnet, die Straße führt weiter in die von dort 109 km entfernte Hauptstadt Burundis am Tanganjika-See. Vor einer Fahrt nach Burundi bitte vorher immer Informationen über die aktuelle Sicherheitslage einholen. Nördlich von Butare führt eine Straße über Gikongoro und dem Nyungwe-Forest-Nationalpark nach Cyangugu am Kivu-See.

Gikongoro (ⓘ s. S. 319)

Die Stadt Gikongoro liegt im südlichen Ruanda, zwischen der Stadt Butare und dem Nyungwe-Forest-Nationalpark. Außer ein paar Geschäften und einfachen Gästehäusern für Reisende hat dieser Ort nicht viel zu bieten. Während des Genozids fanden um Gikongoro furchtbare Massaker statt. Ein Denkmal in Murambi erinnert heute daran. Im späteren Verlauf des Genozids richteten französische Soldaten der „Operation Türkis" hier eine umstrittene Schutzzone ein. Den Franzosen wurde der Vorwurf gemacht, diese nur zum Schutz der Bahutu-Mörder vor den anrückenden Batutsi-Rebellen errichtet zu haben. Frankreich hatte jahrelang das Bahutu-Regime mit Geld, Waffen und Soldaten unterstützt.

Massaker

Entfernungen

Von Gikongoro nach Kigali: 164 km, nach Butare: 29 km, nach Cyangugu: 128 km, nach Gitarama: 112 km und nach Kibungo: 277 km.

Genozid-Denkmal Murambi

Das Denkmal liegt 2 km nördlich von Gikongoro. Es ist eine der bewegendsten Völkermord-Gedenkstätten Ruandas. Auf dem Murambi-Hügel liegt die Technische Schule, die Schauplatz eines unvorstellbaren Mordens war. 50.000 bis 60.000 Menschen aus der Umgebung wurden hierher gelockt oder auch gebracht, um sie angeblich in den 64 Klassenräumen in Sicherheit zu bringen. Dann wurde das Gebäude von den Interahamwe-Milizen angegriffen. Innerhalb von vier Tagen wurden alle Menschen in Murambi getötet. Aus den Massengräbern auf dem Hügel und seiner Umgebung wurden 27.000 Leichen exhumiert. 1.800 davon werden heute in der ehemaligen Schule ausgestellt. Eine erschütternde Mahnung gegen das Vergessen.

Nyungwe-Forest-Nationalpark (ⓘ s. S. 319)

Überblick

Der Nyungwe-Wald ist der letzte noch intakte **Berg-Regenwald** Ruandas. Der Nationalpark schützt ein Gebiet von 970 km², das auf dem Rücken des Grabenbruchs liegt. Im Park gibt es zahlreiche Tier- und Pflanzenarten, die den Nyungwe-Wald nach den Virungas zu einem der lohnenden Ziele für Naturfreunde in Ruanda werden lassen. Im Wald leben 86 Säugetierarten, 280 Vogelarten, 120 Schmetterlingsarten, über 260 Baum- und Straucharten und es gibt etwa 200 Arten von Orchideen.

Wie ein Märchenwald

Streckenhinweis

Der Nationalpark ist von Butare aus über Ginkongoro Richtung Cyangugu gut über eine Asphaltstraße zu erreichen. Schon von der Hauptstraße aus eröffnet sich ein Blick in diesen Urwald. Über 50 km führt die Straße durch den dichten Wald, bevor sie zum Kivu-See hinabführt.

Lage und Klima

Der Nationalpark liegt im Südwesten des Landes auf einer Höhe von 1.600 bis 2.950 m zwischen Gikongoro im Osten und Cyangugu im Westen sowie Kibuye im Norden und Burundi im Süden. Der Wald zieht sich jenseits der Grenze in Burundi weiter in südliche Richtung. Offiziell ist der Wald in Burundi auch geschützt (Parc National de la Kibira), durch die politischen Unruhen und den Bürgerkrieg dürfte von ihm allerdings nicht mehr viel übrig sein.

Das Klima ist wie im übrigen Hochland sehr angenehm. Da große Teile des Waldes über 2.000 m liegen, ist es vor allem in der Dämmerung und in der Nacht recht frisch. Die Niederschlagsmenge ist ähnlich hoch wie in den Virungas, durchschnittlich rund 2.000 mm pro Jahr.

Geschichte

Immer wieder Raubbau

Der Nationalpark wurde erst 2004 gegründet, ging aber aus einem Waldschutzgebiet (Forest Reserve) hervor, das bereits 1933 eingerichtet wurde. Die Belgier sahen sich damals nach massiven Rodungen Ende der 1920er Jahre genötigt, den Wald unter Schutz zu stellen. Der Nyungwe-Wald ist heute nur noch ein kleiner Teil des Waldes, der sich einst entlang des gesamten so genannten Albert Rifts hinzog. Bereits vor etwa 2.000 Jahren begann die Zerstörung des Waldes durch den Menschen. Erste Waldstücke wurden zur Gewinnung von Ackerflächen gerodet. Die größten Zerstörungen erlebte der Wald allerdings erst in des letzten einhundert Jahren.

Durch die erhöhte Lage bekam der Wald auch während der trockeneren Perioden der letzten Jahrtausende noch genügend Niederschläge, um zu überleben. Er bildete einen Teil der Rückzugsgebiete für die an das feuchte Klima angepassten Pflanzen und Tiere, die sich nach den Trockenperioden von dort wieder im gesamten Gebiet ausbreiten konnten.

INFO Der Nil und seine Quellen

Der Nil (arabisch: *Bahr al-Nîl*) ist mit einer Länge von bis zu 6.671 km der längste oder zweitlängste Fluss der Erde, je nach Längenangabe des Amazonas (zwischen 6.500 und 7.000 km). Aber auch die Längenangabe des Nil ist teilweise umstritten, je nachdem, welche Quelle man zugrunde legt. In der längsten möglichen Version entspringt der Nil in den Bergen von Ruanda und Burundi und beginnt dort seinen langen Weg zum Mittelmeer. Dazwischen durchfließt er sechs Staaten: Burundi, Ruanda, Tansania, Uganda, den Sudan und Ägypten. Besonders für Ägypten hat der Nil eine überragende wirtschaftliche Bedeutung.
Der Nil besitzt zwei so genannte Quellflüsse – den **Blauen Nil** und den **Weißen Nil**. Der **Weiße Nil** entsteht in über 2.000 m Höhe als **Akagera-Nil** (850 km lang) in den Gebirgen von Ruanda und Burundi aus zwei Quellflüssen:

1.) Burundischer Quellfluss: Luvironza – Ruvjironza – Ruvubu – Akagera
Dieser bildet den südlichsten und längsten Quellfluss des gesamten Nil. Der Flusslauf ist von der Quelle bis zur Mündung 6.671 km lang. Dadurch wird er von einigen Forschern als tatsächlicher Quellfluss des Nil angesehen. Seine Quelle liegt im südlichen Hochland von Burundi etwa 45 km östlich des Tanganjika-Sees zwischen Bururi und Rutana. Sein Quellbach heißt **Luvironza**. Von dort aus fließt dieser über den **Ruvjironza** und den **Ruvubu** in Richtung Norden, um nach 350 km in den **Akagera** zu münden.

2.) Ruandischer Quellfluss: Rukarara – Nyabarongo – Akagera
Der **Rukarara-Nyabarongo-Akagera** bildet den nördlicheren und kürzeren Quellfluss des Weißen Nil. Entdeckt wurde die Quelle des **Rukarara** im Jahr 1898 durch *Richard Kandt* (s. S. 520).
Das Quellgebiet liegt rund 185 km weiter nördlich als der zuvor genannte erste Quellfluss. Die Quelle liegt in etwa 2.700 m Höhe im Nyungwe-Wald im südlichen Ruanda, etwa 40 km südöstlich des Kivu-Sees. Von dort aus fließt er als **Rukarara** 50 km in östlicher Richtung ab und bildet später – zusammen mit dem **Mwogo** – den etwa 225 km langen **Nyabarongo**, der zuerst in nordöstlicher Richtung fließt, um dann nach Osten abzuknicken. Diese Laufänderung ist geologisch durch die Entstehung der Virunga-Vulkane bedingt. Dort steuert der Nyabarongo auf Kigali zu, ohne die Hauptstadt von Ruanda direkt zu erreichen. Südlich dieser Stadt nimmt er den aus dem Süden kommenden 165 km langen **Akanyaru** auf. Der Nyabarongo setzt seinen Lauf nach Osten fort und streift den **Rweru-See**. Von dort an heißt der Fluss **Akagera** und bildet die Grenze zwischen Ruanda und Burundi, später dann mit Tansania. Oberhalb der Rusumu-Fälle nimmt er den aus Süden kommenden Ruvubu-Fluss auf. Der Akagera fließt rund 400 km lang nach Norden und kommt dabei durch den Akagera-Nationalpark. Hier schlängelt er sich über die Grenze zwischen Ruanda und Tansania. Der Akagera wechselt in Uganda abermals geologisch/tektonisch bedingt seine Fließrichtung nach Osten, um schließlich in den Viktoria-See zu münden.

Nilgänse

Viktoria-Nil
Nachdem der rund 850 km lange **Akagera** (früher auch **Alexandra-Nil** genannt) im Viktoria-See entschwunden ist, entspringt an seinem nördlichen Ende bei der Stadt Jinja als einziger großer Abfluss der **Viktoria-Nil**. Ursprünglich lagen mehrere Fälle auf seinem Weg nach Nordosten, die Ripon und die Owen-Fälle sind allerdings heute durch den Owen-Damm überflutet. Nur die weiter unten liegenden Bujagali-

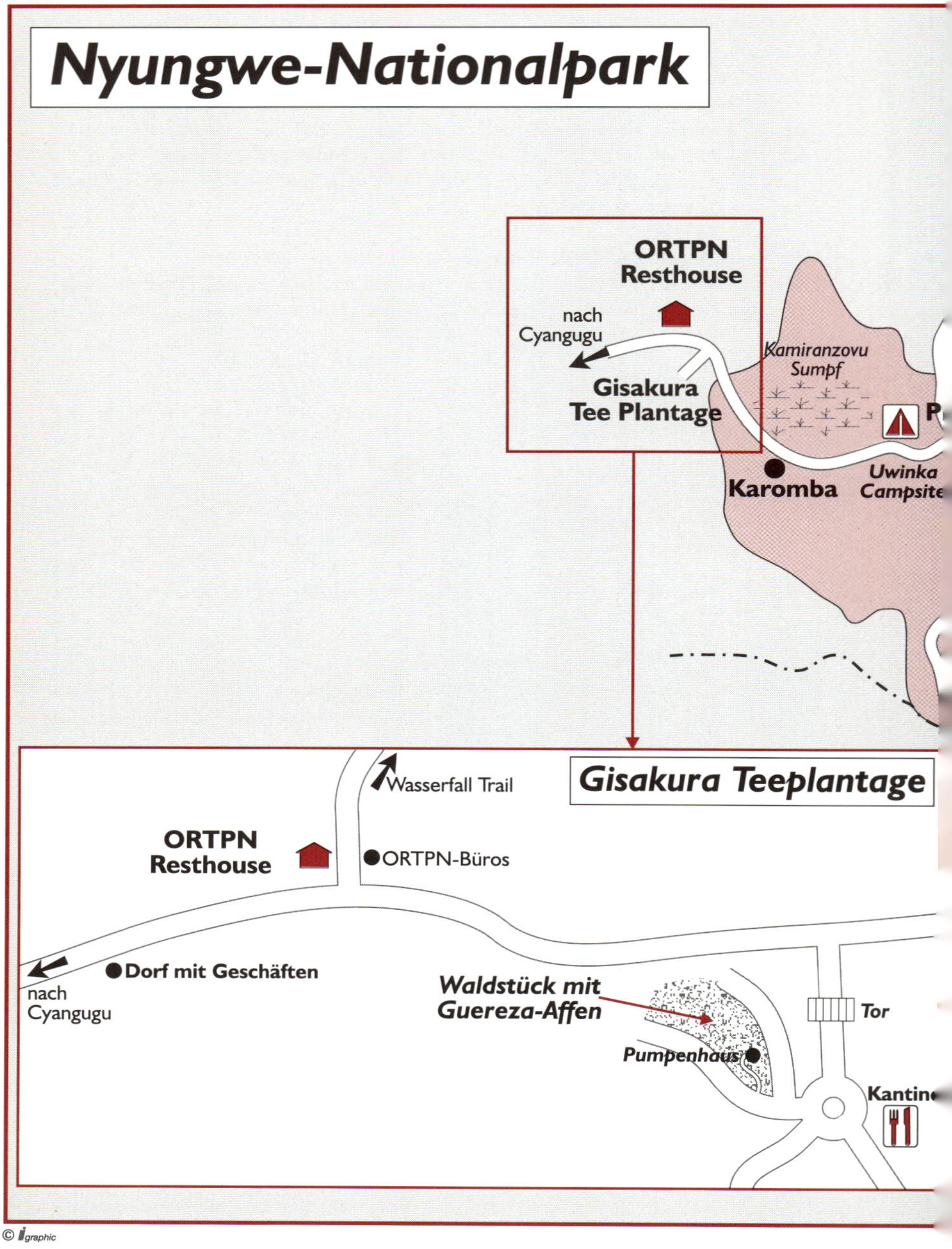
Nyungwe-Nationalpark
ORTPN Resthouse
nach Cyangugu
Gisakura Tee Plantage
Kamiranzovu Sumpf
Karomba
Uwinka Campsite
Gisakura Teeplantage
Wasserfall Trail
ORTPN Resthouse
ORTPN-Büros
Dorf mit Geschäften
nach Cyangugu
Waldstück mit Guereza-Affen
Tor
Pumpenhaus
Kantin

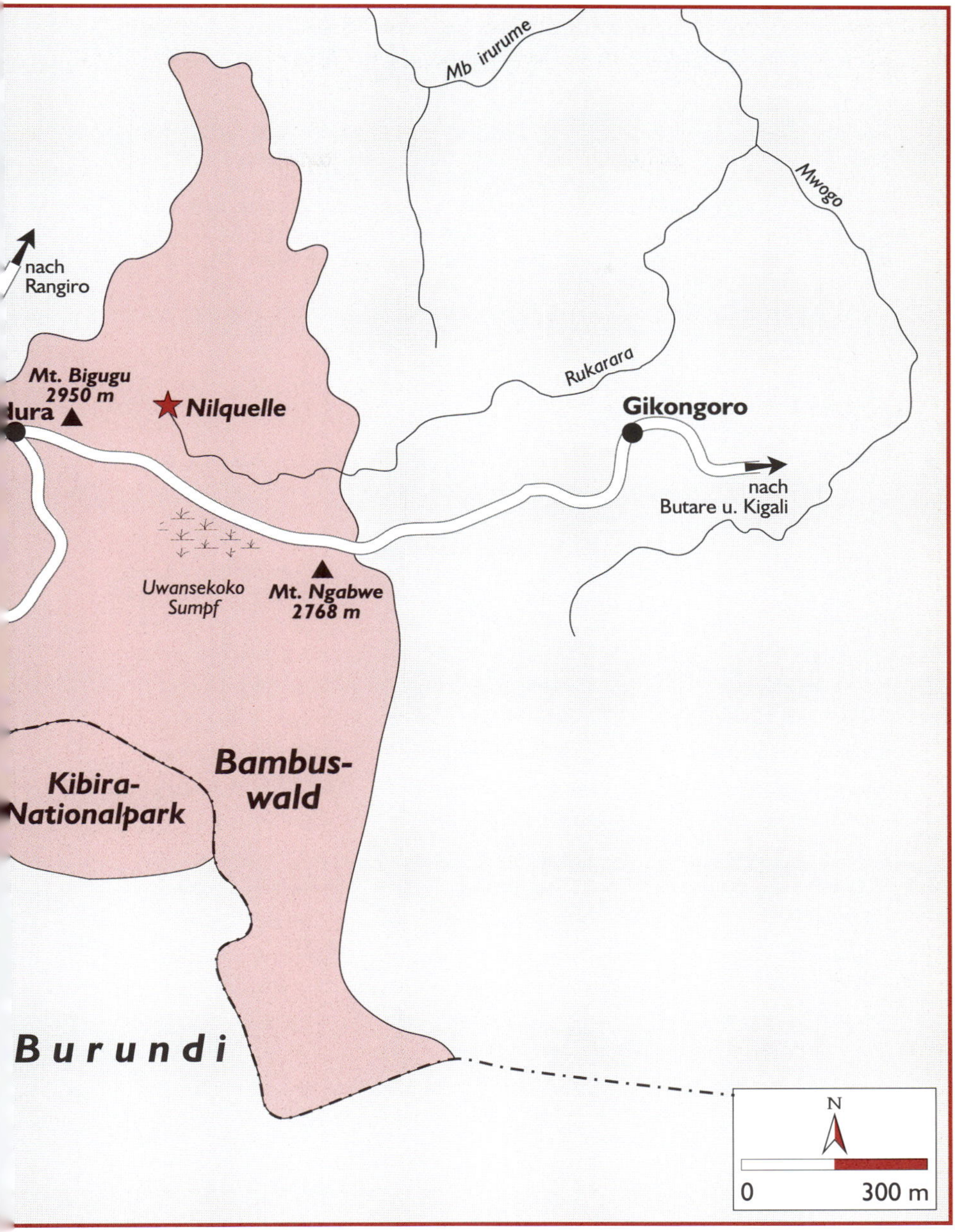
Mb irurume
Mwogo
nach
Rangiro
Rukarara
Mt. Bigugu
2950 m
lura
Nilquelle
Gikongoro
nach
Butare u. Kigali
Uwansekoko
Sumpf
Mt. Ngabwe
2768 m
Bambus-
wald
Kibira-
Nationalpark
Burundi
N
0
300 m

Fälle sind noch zu sehen. Im weiteren Verlauf fließt der Nil durch den **Kyoga-See** und über die Murchison-Fälle im gleichnamigen Nationalpark in den Albert-See.

Albert-Nil und Bahr al-Dschabal
Nachdem der Nil den Albert-See wieder verlässt, wird er ab dort meist Albert-Nil genannt. Nun fließt er nach Norden und überquert die Grenze zum Sudan. Im Sudan heißt der Fluss zunächst Bahr al-Dschabal (arabisch: Bergfluss). Mit dem Zufluss der Flüsse Bahr al-Ghazal und Sobat wird der Nil als so genannter **Weißer Nil** (*al-Bahr al-Abyad*) benannt, wobei aber bereits der Oberlauf ab dem Viktoria-See meist schon als Weißer Nil bezeichnet wird. Bei Khartum fließt ihm der **Blaue Nil** zu, der von Südosten aus Äthiopien kommt.
Vereint fließt nun der Große Nil Richtung Ägypten und Mittelmeer.

Tiere und Pflanzen

Die bekanntesten Tiere des Nyungwe-Waldes sind sicherlich die Primaten, von denen es hier insgesamt 13 verschiedene Arten gibt.

Die Affen des Nyungwe-Nationalparks		
Deutscher Name	Englischer Name	Wissenschaftlicher Name
Langhaar-Schimpanse	Chimpanzee	(Pan troglodytes schweinfurthii)
Ruwenzori-Guereza	Ruwenzori colobus	(Colobus angolensis ruwenzori)
Vollbart-Meerkatze	L'Hoest's Monkey	(Ceropithecus l'hoesti)
Silberne Diadem-Meerkatze	Silver Monkey	(Ceropithecus mitis doggetti)
Eulenkopf-Meerkatze	Owl-faced Monkey	(Ceropithecus hamlyni)
Kongo-Weißnasen-Meerkatze	Red-tailed Monkey	(Ceropithecus ascanius)
Dent-Mona-Meerkatze	Dent's Mona Monkey	(Ceropithecus mona denti)
Kronen-Meerkatze	Crowned Monkey	(Ceropithecus pogonias)
Grüne Meerkatze	Vervet Monkey	(Ceropithecus aethiops)
Anubis-Pavian	Olive Baboon	(Papio anubis)
Mantel-Mangabe	Grey-cheeked Mangabe	(Cercocebus albigena)
Potto	Potto	(Perodicticus potto)
Riesengalago	Giant Galago	(Galago crassicaudatus)

Big Five

Früher waren die für Safaris in Afrika so berühmten Big Five auch in Nyungwe zu sehen. Zu den „Großen 5“ gehören der Elefant, das Nashorn, der Kaffernbüffel, der Löwe und der Leopard. Der Kaffernbüffel ist mittlerweile in diesem Gebiet ausgerottet, 1976 wurde der letzte geschossen. Die letzten Elefanten, eine Gruppe von sechs Tieren, wurden 1990 im Parkgebiet gesichtet. Seit dem Bürgerkrieg sind auch diese letzten Tiere verschwunden. Leoparden dagegen gibt es noch, allerdings nur in kleiner Anzahl. Bewohner der anliegenden Dörfer berichten immer mal wieder darüber. Als Besucher braucht man schon sehr viel Glück, um die scheue Raubkatze zu Gesicht zu bekommen. Kleinere Raubtiere sind noch etwas häufiger, dazu zählen die Goldkatze, die Afrikanische Wildkatze, der Serval, der Streifenschakal und diverse Schleichkatzenarten.

Nyungwe-Forest-N. P.

In Waldgebieten sind größere Antilopenarten generell selten. Die größte im Nyungwe-Wald ist der Buschbock, daneben gibt es noch drei Duckerarten. Weitere Säugetierarten sind die afrikanischen Buschschweine, Riesen- und Flughörnchen sowie die Baumschliefer.

Die Vogelwelt im Nationalpark ist nicht minder interessant. Mehr als 260 Arten sind hier zu beobachten, davon 26 Arten, die nur in den Wäldern des Albert Rift Valley vorkommen.

Im Nyungwe-Wald sind mindestens 200 Baumarten heimisch. Die höchsten von ihnen können 50 bis 60 m erreichen. Einer der beeindruckendsten und zugleich wertvollsten ist sicherlich der Afrikanische Mahagony (*Entandrophragma excelsum*). Bei den mittelhohen Bäumen sticht *Dichaetanthera corymbosa* durch seine leuchtend roten Blüten heraus. In der unteren Etage des Waldes fallen die bis zu 5 m großen Farnbäume (*Cyathea mannania*) auf. In den höheren Lagen des Waldes wächst auch Bambus, der zur Familie der Gräser gehört, und eine Art Riesenlobelie. Verteilt im Wald liegen immer wieder Moorgebiete. Das größte unter ihnen ist das 13 km^2 große **Kamiranzovu-Moor** (von der Straße aus zwischen Campingplatz und Gästehaus zu sehen). In diesen offeneren Gebieten waren früher viele Elefanten zuhause, die mittlerweile nicht mehr zu finden sind. Dafür gibt es an den Mooren interessante Pflanzen zu entdecken, wie zum Beispiel verschiedene Arten von Orchideen.

Bis zu 60 m hohe Baumhünen

INFO Die Nebelwälder Ruandas und Ugandas

An der östlichen Randschwelle des zentralafrikanischen Grabenbruchs liegt in Höhen von 1.700 bis 3.000 m der **immergrüne Nebelwald**. Er weicht im Erscheinungsbild und in der Zusammensetzung der Pflanzen vom Regenwald des angrenzenden Kongobeckens ab. Die Bezeichnung Nebelwald entstand auf Grund unterschiedlicher Wasserkondensation, durch die der Wald häufig in Wolken gehüllt ist. Diese Nebelwälder finden sich in Ruanda nur noch in Form von Restbeständen im Westen des Landes, deren flächenmäßig größter der Nyungwe-Wald ist. Der ehemals großflächige Gishwati-Wald ist heute zu mehr als zwei Dritteln abgeholzt. In Uganda begegnen Sie dem Nebelwald vor allem im Mgahinga-Gorilla-Nationalpark, auf der ugandischen Seite der Virunga-Vulkane, und am Ruwenzori-Gebirge.

Kennzeichen des Nebelwaldes:
- Zwei bis drei Baumetagen (Höhe ca. 20-30 m)
- Reiches Auftreten von Flechten, Moosen, Farnen und Orchideen als Epiphyten.
- Bäume mit einfachen Blättern (nicht gefiedert oder gefingert)
- Farnbäume der Gattung *Cyathea*
- Riesenlobelien

Zur Geschichte des Nebelwaldes
Schon seit Millionen von Jahren existiert ein Regenwald im west- und zentralafrikanischen Gebiet. Aufgrund von Rekonstruktionen, zum Beispiel durch Pollenanalysen, und von Wasserspiegel-Schwankungen der Seen (z.B. am Kivu-See / Ruanda) geht man davon aus, dass es als Folge mehrerer Klimaveränderungen in diesem Gebiet zu Vegetationsfluktuationen kam. Im Verlauf von warmen Feuchtphasen waren stets die Wälder auf dem Vormarsch, während sich zu Zeiten kühler Trockenphasen Savannen-Formationen großzügig ausdehnten. Von relativ kleinflächigen Rückzugsgebieten ging bei erneutem Klimawechsel die Wiederbesiedlung aus. So kommt den Nebelwäldern eine große Bedeutung als Rückzugsgebiet für die tropischen Feuchtwälder in den Trockenperioden Afrikas zu. Die Lagen zwischen 1.700 und 3.000 m boten immer noch ausreichend Niederschläge für das Überleben vieler, in diesen feuchten Wäldern heimischen Arten.

Die Ausbreitungen der Höhen- und Nebelwälder aufgrund feuchter und warmer Bedingungen vor 32.000 bis 27.000 Jahren und vor 13.000 bis 5.000 Jahren konnten durch Pollenanalysen belegt werden. In dieser Zeit entwickelten sich dichte und geschlossene Waldformationen in Ruanda. Nach erneuter Ausbreitung der Savannen kehrten vor etwa 3.000 Jahren humidere Bedingungen zurück, unterbrochen durch zwei Trockenzeiten vor 1.600 bis 1.500 Jahren sowie vor 1.000 bis 200 Jahren. In der letzten Trockenzeit begann bereits die Zerstörung der Wälder durch den Menschen. Im Verlauf dieser Fluktuationen änderte sich nicht nur das Verbreitungsgebiet, sondern auch die Zusammensetzung der Arten.

Aufteilung und typische Arten der Nebelwaldzonen
Die Nebelwälder Ugandas und Ruandas zeigen in vertikaler Richtung folgende Vegetationszonen:
- die **Untere Nebelwaldzone** (1.700-2.300 m)
- die **Mittlere Nebelwaldzone** (2.300-2.600 m)
- die **Obere Nebelwaldzone** (oberhalb 2.600 m)

Großflächig findet sich die **Untere Nebelwaldzone** zum Beispiel in Ruanda nur noch im westlichen Bereich des Nyungwe-Waldes. Die obere Baumschicht von insgesamt drei gut zu unterscheidenden Schichten hat eine Höhe von ca. 30 m und kann durch herausragende Bäume unterbrochen sein. Im Gegensatz zum Regenwald verfügen Nebelwälder über eine gut ausgeprägte Krautschicht. Auffallend ist auch

Farnbäume

der große Epiphytenreichtum, vor allem an Moosen, Farnen und Orchideen. In der Nähe von Gewässern findet man reiche Bestände des Farnbaums *Cyathea manniana*, eine international geschützte Art.

Eine Reihe einst typischer Arten dieser Vegetationszone ist in Ruanda nur aus dem Wald von **Cyamudongo** (20 km nordöstlich von Bugarama / Provinz Cyangugu) bekannt. So gibt es zum Beispiel zwei völlig blattgrünlose Wurzelparasiten der Urwaldbäume: Die purpurfarbenen Blütenstände von *Thonningia sanguinea* durchbrechen für kurze Zeit den Boden, während der übrige Teil der Pflanze als Parasit in den Wurzeln des Wirtes schmarotzt. Der Rachenblüter *Harveya alba*, auch ein Wurzelparasit, steht unseren europäischen Sommerwurzarten nahe, Spross und Blüten sind völlig weiß.

Mit zunehmender Höhe ändert sich das Erscheinungsbild des Nebelwaldes. In der **Mittleren Nebelwaldzone** erreicht die obere Baumschicht nur noch etwa 15 m an Höhe. Insgesamt lassen sich nur noch zwei Schichten voneinander abgrenzen. In der Epiphytenvegetation häufen sich die Flechten, insbesondere die Bartflechten.
In der **Oberen Nebelwaldzone** treten je nach Bodenverhältnissen Bambuswälder in Verbindung mit anderen baumförmigen Arten (Kossobaum, *Hagenia abyssinica*, Baumheiden, z.B. *Erica rugegensis*) auf. Die Baumhöhe beträgt in den oberen Bereichen nur noch fünf bis zehn Meter. Der Besatz an Epiphyten (insbesondere Moose und Flechten) nimmt weiter zu.

Flachmoore im Nebelwald
In allen drei Zonen des Nebelwaldes können Flachmoore mit angrenzenden Sumpfwäldern auftreten. Charakteristisch ist hier sicherlich die auffällige Wollkerzenpflanze *Lobelia mildbraedii* (Riesenlobelie, Mildbraed-Lobelie), die eine Höhe von vier Metern erreichen kann (Blütenstand ein bis zwei Meter). Beim Kamiranzovu-Sumpf (Untere Nebelwaldzone) im ruandischen Nyungwe-Wald handelt es sich beispielsweise um einen ehemaligen Krater, dessen See mit der Zeit verlandete. Den Großteil der Sumpfoberfläche deckt ein dichter Rasen aus Zyperngräsern, der sogar Elefanten tragen kann (die es dort leider nicht mehr gibt). Viele dieser Naturräume sind speziell in diesem Höhenbereich durch den Menschen trockengelegt und in landwirtschaftlich genutztes Land umgewandelt worden. In den Flachmooren der Mittleren und Oberen Nebelwaldzone tritt eine sogenannte afromontane Flora auf: Es zeigen sich Arten und Gattungen, die auch in Mitteleuropa zu finden sind wie Disteln, Enziane, Frauenmantel, Königsfarn und Weideröschen. Die Flachmoore gehören nicht nur wegen ihrer Bedeutung für den Wasserhaushalt zu den besonders schützenswerten Biotopen.

Die Nutzung der Wälder

Die natürlichen Ressourcen von Primärwäldern werden von der Bevölkerung traditionell in vielfältiger Weise genutzt. Die Batwa und Pygmäen betrieben von jeher die sanfteste Nutzung der Wälder, da sich ihre Kulturstufe bis vor kurzem noch auf dem Niveau der Jäger und Sammler befand. Traditionell betreiben sie keinen Holzeinschlag. Auf Grund der stark zurückgegangenen Wälder und der dezimierten Tierbestände stellt dieses Jagen und Sammeln im Primärwald mittlerweile aber doch eine potenzielle Bedrohung verschiedener Arten dar. Weniger gefährdend erscheint das Sammeln von Früchten oder Beeren sowie die Entnahme von Honig. Erwähnenswert ist auch das Sammeln zur Herstellung traditioneller Medikamente (Heilpflanzen) und zur Zauberei. So werden z.B. die Späne von *Ficus gnaphalocarpa* im Haus zum Schutz gegen Dämonen verstreut. Die später zugewanderten Volksgruppen wie die Bahutu und Batutsi in Ruanda haben die gleiche Nutzung der Wälder erlernt. Jedoch kommt bei ihnen der Holzeinschlag zur Gewinnung von Bau- und Feuerholz sowie zur Werkstoffgewinnung hinzu. Außerdem werden Flächen zur Anlage von Äckern gerodet. Traditionell fertigen sie Haushaltsgegenstände aus bestimmten Hölzern an, so z.B. die Bananenbiertröge aus *Newtonia buchanani*, mit deren Holz man inzwischen Höchstpreise erzielen kann. Diese Nutzung sowie der gezielte Einschlag von Edelholzarten zur Vermarktung hat in der Vergangenheit zu einer erheblichen Dezimierung der Waldbestände geführt. Die Behörden sind leider nicht in der Lage illegalen Einschlag zu unterbinden.

Dichte Vegetation im Nyungwe-Wald

Nach der Rodung werden die entstandenen Lichtungen sofort als Waldweiden genutzt, was eine natürliche Sukzession mit schnellwüchsigen Baumarten verhindert. Die größte Gefährdung der Nebelwälder geht also von der ständig wachsenden Bevölkerung aus. Der Holzbedarf pro Einwohner und Jahr kann bereits nicht mehr gedeckt werden und bedürfte in Ruanda einer Aufforstung von ca. 300.000 ha Wald. Da eine Forstwirtschaft in diesem Umfang auch mittelfristig nicht zu erwarten ist, verliert der Primärwald jährlich im Randbereich durch Holzeinschläge, Rodungen, Waldweiden und der Neuanlage von Feldern an Fläche. Erfreulicherweise ist im fast gänzlich abgeholzten Ruanda der Nyungwe-Wald inzwischen unter Schutz gestellt worden.

Die ökologischen Folgen werden zurzeit in einem gemeinsamen Projekt des ruandischen Institut de Recherche Scientifique et Technologique und der Universität Mainz erforscht. Zu befürchten sind Klimaveränderungen (Verschiebung der Regenzeiten, Rückgang der Niederschlagsmengen), Erosion und die Gefährdung der Trinkwasserversorgung. Bisher ist über die Ökologie der Nebelwälder leider nur wenig bekannt – wie so oft bleibt den Forschern nicht mehr viel Zeit, bevor der Mensch solche Naturräume völlig zerstört hat.

Wander-Routen

Es gibt verschiedene Wander-Routen im Nationalpark. Welche bei einem Besuch des Nationalparks in Frage kommen, liegt zunächst an der Mobilität. Ohne eigenes Fahrzeug können im Prinzip nur die Wanderwege vom Campingplatz und vom Gästehaus genutzt werden. Mit einem eigenen Fahrzeug ist es möglich, etwas abgelegenere Wanderwege zu erreichen. Die Pfade sind oft in dichter Vegetation und können nach einem Regen sehr rutschig werden. Eine angemessene Kleidung ist daher erforderlich. Dazu gehören gute feste Wanderschuhe, eine Hose aus festem Stoff (Jeans), ein langärmeliges Shirt und eine wasserfeste Jacke.

Herrliche Wanderwege

Um Schimpansen zu sehen, sind die Monate der Regenzeit am günstigsten, da die Tiere sich dann im Bereich der „Farbigen“ Wander-Routen aufhalten. In der Trockenzeit halten sich die Schimpansen lieber in höheren Lagen auf. Wanderungen bis zu den Menschenaffen können dann insgesamt bis zu acht Stunden dauern (hin und zurück).

Nyungwe-Wald

Die Uwinka- oder „Farbigen“ Routen

Vom Uwinka-Campingplatz starten **sieben Wander-Routen**. Jede einzelne Route ist mit einer bestimmten Farbe markiert. Die Wege reichen von der 1 km langen Grauen Route bis zur 10 km langen Roten Route. Alle Wege sind gut gekennzeichnet. Beim Aussuchen der Route ist zu bedenken, dass die Wege teilweise sehr steil sind und bei Regen recht matschige Verhältnisse herrschen.

Die Uwinka-Routen sind recht beliebt, da sie durch ein Gebiet führen, in dem eine riesige Gruppe von **400 Guereza-Affen** lebt. Um sie zu sehen, kann man sich auf sein Glück verlassen oder aber einen Führer für einen „Primaten-Walk“ nehmen (kostet extra). Zeitweise hält sich auch eine Gruppe Schimpansen in diesem Teil des Waldes auf, vor allem während der Regenzeit. Auch hier kann man sein Glück alleine versuchen oder sich einen Führer nehmen. Auf allen Wander-Routen sind verschiedene Affenarten und Vögel zu sehen. Die 10 km lange Rote Route passiert mehrere Wasserfälle und die Chance, Schimpansen zu sehen, ist hier am größten. Gut zum Beobachten von Meerkatzen und diversen Vögelarten ist die 2,5 km lange Blaue Route.

Wer in Nyungwe etwas Zeit hat, dem sei auch die **Kamiranzovu-Route** zu empfehlen, da diese in ein anderes Ökosystem führt. Der Weg geht an

Moor- und Sumpfgebieten vorbei, in denen viele Orchideen sowie typische Sumpfvogelarten vorkommen. Hier wurden in früheren Jahren auch Nyungwe-Elefanten gesichtet.

Die Wasserfall-Route

Diese Wander-Route startet am ORTPN-Gästehaus bzw. am 3 km entfernten Parkplatz. Die 3 km sind ohne eigenes Fahrzeug aber auch gut zu Fuß zu bewältigen. Die Wanderung dauert je nach Startpunkt (Gästehaus oder Parkplatz) und je nach Pausen und Fotostopps 3 bis 6 Stunden. Die Strecke bis zum Parkplatz führt an Teeplantagen und Waldresten vorbei, in denen oft schon Gruppen von Affen zu sehen sind. Ab dem Parkplatz geht es in den Wald, über mehrere Bäche und an kleinen Wasserfällen vorbei.

Mangaben-Route

Eine Gruppe der Mantel-Mangaben wurde von Forschern an Menschen gewöhnt, sie leben in einem Waldstück an der Straße zur Episcopal-Kirche. Die Abzweigung liegt von Butare kommend, 800 m vor dem Uwinka-Campingplatz (ausgeschildert). Für die Fahrt dorthin wird ein privates Fahrzeug benötigt. Um die Mantel-Mangaben zu sehen, muss auch ein Führer mitgenommen werden.

Gisakura-Teeplantage

In den Teeplantagen befindet sich noch ein Stück des Berg-Regenwaldes, in dem sich eine Gruppe von über drei Duzend Ruwenzori-Guerezas aufhält. Sie sind an Menschen weit mehr gewöhnt als die Gruppen im Nationalpark und lassen sich daher hier besser beobachten und auch fotografieren. ***Hinweis:*** Ein Besuch dieses Waldstückes in den Teeplantagen wird vom ORTPN als Affen-Wanderung (Primate Walk) gewertet und muss dementsprechend bezahlt werden (die übliche Gebühr für eine Affen-Wanderung).

Gisakura-Teeplantage

Streckenhinweis

Von Gisakura und dem Nyungwe-Wald aus führt die Hauptstraße weiter nach Westen bis Cyangugu am Kivu-See. Informationen darüber finden Sie im Kapitel ***Um den Kivu-See*** *(S. 552).*

15. ANHANG

Tiere Ugandas & Ruandas

Deutscher Name	*Englischer Name*	*Wissenschaftlicher Name*
Säugetiere		
Afrikanischer Löwe	African Lion	Panthera leo
Afrikanische Zibet-Katze	African Civet	Viverra civetta
Afrikanisches Stachelschwein	Cape porcupine	Hystrix africae-australis
Afrikanischer Wildhund	African Wild Dog	Lycaon pictus
Afrikanischer Steppenelefant	African Elephant	Loxodonta africana
Anubis-Pavian	Olive Baboon	Papio anubis
Baumschliefer	Tree Hyrax	Dendrohyrax dorsalis
Blau-Ducker	Blue Duicker	Cephalophus monticola
Bohor-Riedbock	Bohor Reedbock	Redunca redunca
Buschbock	Bushbock	Tragelaphus scriptus
Defassa-Wasserbock	Defassa's Water Buck	Kobus ellipsiprymnus defassa
Dent-Mona-Meerkatze	Dent's Mona Monkey	Ceropithecus mona denti
Dogett-Diadem-Meerkatze	Dogett's Blue Monkey	Cercopithecus mitis dogetti
Elandantilope	Eland	Taurotragus oryx
Eulenkopf-Meerkatze	Owl-faced Monkey	Cercopithecus hamlyni
Flusspferd	Hippo	Hippopotamus amphibius
Gepard	Cheetah	Acinonyx jubatus
Goldene Diadem-Meerkatze	Golden Monkey	Cercopithecus mitis kandti
Goldkatze	Golden Cat	Felis aurata
Gorillas:		
Berg-Gorilla		Gorilla beringei beringei
Bwindi-Berg-Gorilla		Gorilla beringei bwindii
Östlicher Gorilla		Gorilla beringei
Östlicher Flachland-Gorilla oder Grauer-Gorilla		Gorilla beringei graueri
Westlicher Gorilla		Gorilla gorilla
Westlicher Flachland-Gorilla		Gorilla gorilla gorilla
Grant-Gazelle	Grant's Gazelle	Grazella granti
Großer Kudu	Greater Kudu	Tragelaphus strepsiceros
Grüne Meerkatze	Vervet Monkey	Ceropithecus aethiops tantalus
Guereza	Black & White Colobus	Colobus guereza occidentalis
Günther-Dikdik	Guenther's Dikdik	Tricholipeurus victoriae
Harvey-Ducker	Red Duicker	Cephalophus harveyi
Hufeisennase	Horseshoe Bat	Rhinolophus sp.
Husarenaffe	Patas monkey	Erythrocebus patas
Ichneumon	Egyptian Mongoose	Herpestes ichneunion
Kaffernbüffel	African Buffalo	Syncerus caffer
Keine Rohrratte	Savanna Cane Rat	Thyronomys gregorianus
Kleiner Kudu	Lesser Kudu	Tragelaphus imberbis
Klippspringer	Klipspringer	Oreotragus oreotragus
Kronen-Meerkatze	Crowned Monkey	Ceropithecus pogonias
Langhaar-Schimpanse	Chimpanzee	Pan troglodytes schweinfurthii
Mantel-Mangabe	Grey-cheeked Mangabe	Cercocebus albigena
Maasai-Giraffe	Masai Giraffe	Giraffa camelopar. tippelskirchi
Oribi	Oribi	Ourebi ourebi
Ostafrikan. Oryx-Antilope	Beisa Oryx	Oryx gazella beisa
Ostafrikanischer Leopard	Leopard	Panthera pardus
Östl. Kielnagelgalago	East. Needle-nailed Bushbaby	Galago inustus

Pferdeantilope	Roan Antilope	Hippotragus equinus
Potto	Bosman's Potto	Perodicticus potto
Riesengalago	Giant Galago	Galago crassicaudatus
Riesenschuppentier	Giant Pangolin	Manis gigantea
Riesen-Waldschwein	Giant Forest Hog	Hylochoerus meinertzhageni
Roter Stummelaffe	Uganda Red Colobus	Pilocolobus badius tephosceles
Rothschildgiraffe		Giraffa camelop. rothschildi
Ruwenzori-Ducker	Ruwenzori red Duiker	Cephalophus rubidus
Ruwenzori-Guereza	Ruwenzori colobus	Colobus angolensis ruwenzori
Ruwenzori-Sonnenhörnchen	Ruwenzori Sun Squirell	Heliosciurus ruwenzori
Savannen-Hase	Savannah Hare	Lepus crawshayi
Schabracken-Schakal	Black backed Jackal	Canis mesomelas
Schmidt-Weißnasen-Meerkatze	Uganda Redtail Monkey	Cercopithecus ascanius schmidti
Schouteden-Diadem-Meerkatze	Schouteden's Monkey	Cercopithecus mitis schoutedeni
Schwarzfersenantilope	Impala	Aepeceros melampus
Schwarzstirn-Ducker	Black fronted Duiker	Cephalophus nigrifrons
Serval	Serval	Felis serval
Silberne Diadem-Meerkatze	Silver Monkey	Cercopithecus mitis doggetti
Sitatunga-Antilope	Sitatunga	Tragelaphus spekii
Steppenschuppentier	Ground Pangolin	Manis temmincki
Steppen-Zebra	Boehm's Zebra	Equus quagga boehmi
Streifenhyäne	Striped Hyena	Hyaena hyaena
Streifenschakal	Side-striped Jackal	Canis adustus
Stuhlmann-Diadem-Meerkatze	Blue Monkey	Cercopithecus mitis stuhlmanni
Stuhlmann-Goldmull	Golden Mole	Chrysochloris stuhlmanni
Topi oder Leierantilope	Topi	Damaliscus lunatus
Tüpfelhyäne	Spotted Hyena	Crocuta crocuta
Uganda-Kob	Uganda Kob	Kobus kob thomasi
Vollbart-Meerkatze	L'Hoest's Monkey	Cercopithecus l'hoesti
Waldginsterkatze	Servaline genet	Genetta servalina
Warzenschwein	Warthog	Phacochoerus aethiopicus
Weißbauch-Schuppentier	African Tree Pangolin	Manis tricuspis
Zebramanguste	Banded Mangoose	Mungos mungo
Zwerggalago	Dwarf Galago	Galagoides demidoff
Vögel		
Afr. Löffler	Spoonbill	Platalea alba
Augur-Bussard	Augur Buzzard	Buteo augur
Bandamadine	Cut-throat	Amadina fasciata
Blaustirn-Blatthühnchen	Jacana	Actophilornis africanus
Blutschnabelweber	Red-billed Quelea	Quelea quelea
Brauner Schlangenadler	Brown Snake Eagle	Circaetus cinereus
Braunflügel-Mausvogel	Speckled mousebird	Colius striatus
Brillenweber	Spectacled Weaver	Ploceus ocularis
Buntastrild	Green-winged Pytilia	Pytilia melba
Dominikanerwitwe	Pin-tailed Whydah	Vidua macroura
Dorfweber	Black-headed Weaver	Ploceus cucullatus
Gaukler	Bateleur	Terathopius ecaudatus
Geierrabe	White-necked Raven	Corvus albicollis
Gelbschnabelente	Yellow billed Duck	Anas undulata
Gelbschulterwida	Yellow-mantled Widowbird	Euplectes macrourus
Goldbugpapagei	Brown Parrot	Poicephalus meyeri
Goliathreiher	Goliath Heron	Ardea goliath
Graukopfsperling	Grey-headed Sparrow	Passer griseus
Graurückenwürger	Grey-backed Shrike	Lanius excubitorius
Hagedasch-Ibis	Hadada	Bostrychia hagedash

Hammerkopf	Hamerkop	Scopus umbretta
Heiliger Ibis	Sacred Ibis	Threkiornis aethiopicus
Helm-Perlhuhn	Helmed Guineafowl	Numida meleagris
Höhlenweihe	Harrier Hawk	Polyboroides radiatus
Klaffschnabel	Open billed Stork	Anastomus lamelligerus
Kormoran	Greater Cormorant	Phalacrocorax carbo
Kronenkranich	Cowned Crane	Balearica regulorum
Kronentoko	Crowned Hornbill	Tockus alboteminatus
Kuhreiher	Cattle Egret	Bubulcus ibis
Lappenkiebitz	Wattled Plover	Vanellus senegalensis
Marabu	Marabou	Leptoptilos crumeniferus
Mönchskuckuck	Blue-headed Coucal	Centropus monarchus
Nektarvogel	Olive-bellied Sunbird	Nectarinia chlorogypia
Nilgans	Egyptian Goose	Alopochen argyptiacus
Nimmersatt	Yellow billed Stork	Mycteria ibis
Palmgeier	Vulturine Fish Eagle	Gypohierax angolensis
Paradieswitwe	Paradise Whydah	Vidua paradisaea
Purpurreiher	Purple Heron	Ardea purpurea
Rallenreiher	Squacco Heron	Ardeola ralloides
Raubadler	Tawny Eagle	Aquila rapax
Riesentrappe	Kori Bustard	Ardeotis kori
Rosa Flamingo	Greater Flamingo	Phoenicopterus ruber
Rotschnabelente	Red billed Teal	Anas erythrorhychos
Ruwenzori-Turako	Ruwenzori Turaco	Musophaga johnstoni
Sattelstorch	Saddle billed Stork	Ephippiorhynchus senegalensis
Scharlachspint	Southern Carmine Bee-eater	Merops nubicus
Schildrabe	Pied Crow	Corvus albus
Schlangenadler	Short toed Eagle	Circaetus gallicus
Schmarotzer Milan	African Black Kite	Milvus migrans parasiticus
Schmetterlingsfink	Red-cheeked Cordon-blue	Uraeginthus bengalus
Schopfadler	Long crested Eagle	Lophaetus occipitalis
Schopffrankolin	Crested Francolin	Francolinus sephaena
Schrei-Seeadler	Fish Eagle	Haliaeetus vocifer
Schwarzbrust-Trappe	Black bellied Bustard	Eupodotis melanogaster
Schwarzhalsreiher	Black headed Heron	Ardea melanocephala
Seidenreiher	Great White Egret	Casmerodius albus
Sekretär	Secretary Bird	Sagittarius serpentarius
Starweber	White-headed Buffalo Weaver	Dinemellia dinemelli
Teichhuhn	Common Moorhen	Gallinula chloropus
Veilchenastrild	Purple Grenadier	Uraeginthus ianthinogaster
Weißrückengeier	White backed Vulture	Gyps africanus
Witwenpfeifente	W.-f. Whistling Duck	Dendrocygna viduada
Zwergflamingo	Lesser Flamingo	Phoeniconaias minor
Reptilien		
Blattnasen-Chamäleon	Rhino Chameleon	Chamaeleo xenorhinus
Blaues Chamäleon	Elliot's Chameleon	Chamaeleo ellioti
Blaukehl-Agame	Blue headed Tree-Agama	Agama atricolis
Dreihorn-Chamäleon	Jackson's Chameleon	Chamaeleo jacksonii
Johnston-Chamäleon	Johnston's Chameleon	Chamaeleo johnstoni
Lianennatter	Forest Vine Snake	Theolotornis kirtlandii
Nashorn-Viper	Rhinocerus horned Viper	Bitis nasicornis
Nil-Krokodil	Nile Crocodile	Crocodylus niloticus
Nil-Waran	Water Monitor	Varanus niloticus
Schwarzweiße Kobra	Forest or Black Cobra	Naja melanoleuca
Streifenskink	Striped Skink	Mabuya striata
Zweistreifen-Chamäleon	Side Striped Chameleon	Chamaeleo bitaeniatus

Ausgesuchte Buchtipps

Natur- und Trekkingbücher

• Denzer, Wolfgang: Naturreiseführer **Kenia, Tansania, Uganda.** Natur und Tier-Verlag (Februar 2006). Naturreiseführer für die Nationalparks Ostafrikas.

• Dippelreither, Reinhard: **Uganda, Ruwenzori Wanderungen**. Conrad-Stein-Verlag (Juni 2006). Genaue Beschreibungen der Bergtouren und Gipfelbesteigungen im Ruwenzori-Gebirge.

• Fossey, Dian: **Gorillas im Nebel**. (in verschiedenen Verlagen erschienen, nur noch antiquarisch erhältlich). Der Bestseller der Gorillaforscherin, die viele Jahre die Berg-Gorillas von Ruanda erforschte und ihre Erlebnisse und wissenschaftlichen Erkenntnisse in diesem Buch verarbeitete. Dieses Buch war auch die Grundlage für den gleichnamigen Hollywoodfilm über das Leben der 1985 ermordeten Forscherin.

• Hess, Jörg: **Familie 5**. **Berggorillas in den Virunga-Wäldern** (Echtzeit 2011, gebundene Ausgabe). Der Autor berichtet mit herrlichen Bildern über das Leben einer Berg-Gorillafamilie, die von den Forschern „Familie 5" genannt wurde.

• Klotz, Andreas **Perle Afrikas: Impressionen aus Uganda: Berggorillas, Ruwenzori-Mondberge, Safari**. **FOTOGRAFENEDITIONEN** 2012. Bildband mit beeindruckenden Bildern von sieben Fotografen.

Politik Uganda

Drechshage, Magnus: **Die 'Lord's Resistance Army': Krieg um Gottes Willen?: Die Frage nach dem religiösen Fundament der Freiheitsbewegung des Joseph Kony**. Grin Verlag 2010. Studienarbeit über die Hintergründe der im Norden Ugandas operierenden LRA.

• Wiedemann, Erich: **Idi Amin – Ein Held von Afrika?** Paul-Zsolnay-Verlag (1976), 292 Seiten, nur antiquarisch erhältlich. Der frühere „Spiegel"-Korrespondent berichtet über den Diktator noch während seiner Amtszeit. Interessante Einblicke über die Betrachtungsweise eines der grausamsten Herrschers Afrikas in der Zeit der 1970er Jahre.

• Wooding, Dan, und Barnett, Ray: **Unter dem Folter-Präsidenten**. Tatsachenbericht über die Christenverfolgung in Uganda und die Foltermethoden unter *Idi Amin*. In diesem Buch geht es hauptsächlich um das Unrecht, das den Christen unter der Herrschaft Amins zugefügt wurde. Nur antiquarisch erhältlich

Politik Ruanda

• Brunhold, Georg König; Andrea Ulutuncok; Guenay: **Ruanda – Zehn Jahre seit dem Genozid**. Schmidt Von Schwind (März 2004). Dallaire, Romeo: **Handschlag mit dem Teufel**. **Die Mitschuld der Weltgemeinschaft am Völkermord in Ruanda**. Verlag Zu Klampen 2008. Der kanadische *General Dallaire*, als Leiter der UN-Blauhelme beim Völkermord in Ruanda dabei, beschreibt das Versagen der Vereinten Nationen.

• DesForges, Alison: **Kein Zeuge darf überleben**. Hamburger Edition (2002). Die Autorin verbindet die Zusammenstellung von umfangreichem Material und eine detaillierte Darstellung des Völkermords, mit einer sachkundigen Analyse der Hintergründe.

• Hatzfeld, Jean: **Zeit der Macheten – Gespräche mit den Tätern des Völkermords in Ruanda**. Psychosozial-Verlag (3. Aufl. 2012). Der 1949 in Madagaskar geborene Journalist versucht in Gesprächen mit einer Gruppe von Männern, die als Täter am Völkermord in Ruanda beteiligt waren, zu verstehen wie es zu dieser schrecklichen Tragödie hatte kommen können.
• Hatzfeld, Jean: **Nur das nackte Leben. Berichte aus den Sümpfen Ruandas.** Psychosozial-Verlag (April 2004). In diesem Buch wird durch Interviews mit Überlebenden des Völkermords versucht, ein Bild jener Tage zu zeichnen. Ein erschütterndes Dokument.
• Melvern, Linda: **Ruanda**. Diederichs (März 2004). Englische Reporterin geht den Hintergründen des Völkermords nach. Gut recherchiert, bietet unverzichtbare Hintergrundinformationen.
• Strizek, Helmut: **Geschenkte Kolonien – Ruanda und Burundi unter deutscher Herrschaft**. Links Verlag (2006). Das Buch beschreibt die Kolonialherrschaft von den Anfängen bis zum Rückzug der Deutschen 1916. Abgerundet wird die Darstellung durch ein Essay, das einen Bogen schlägt über die belgischen Mandatsjahre, die UN-Treuhandverwaltung bis zur Gründung selbstständiger Staaten. Hochinteressantes Buch für alle, die tiefer einsteigen wollen in die geschichtlichen Hintergründe dieser Gebiete und Gründe für den Genozid. Ein eher unbekannter Teil der deutschen Kolonialgeschichte

Sachbuch und Biografien Uganda

• Crothers, Tim: **Das Mädchen, das barfuß Schach spielte: Aus den Slums von Uganda zur internationalen Schachmeisterin.** btb Verlag 2013. Die ungewöhnliche Geschichte von Phiona Mutesi, die in einem Slum am Rande Kampalas aufwächst und ihr Geburtsdatum auf 1983 schätzt. Sie wird die jüngste Schachmeisterin Afrikas und nimmt 2010 an der Schach-Olympiade teil.
• Keitetsi, China: **Sie nahmen mir die Mutter und gaben mir ein Gewehr**. Sigrid Engeler (Übersetzer). Ullstein-Taschenbuch-Verlag (Dez. 2003). Erstmals berichtet eine Kindersoldatin, wie sie als 9-Jährige zwangsrekrutiert wurde und aktiv an Kampfhandlungen teilnehmen musste, und wie sie dieses Leben unvorstellbarer Gewalt 10 Jahre lang bis zu ihrer Flucht ins Ausland überlebt hat. Von Keitetsi erschien 2009 ihr zweites Buch: **Tränen zwischen Himmel und Erde: Mein Weg zurück ins Leben** (Ullstein Taschenbuch 2009), in dem sie von ihrem neuen Leben in Dänemark erzählt und wie schwer es ist, nach solchen Erlebnissen auch im sicheren Europa ein normales Leben zu führen.
• Mankell, Henning: **Ich sterbe, aber die Erinnerung lebt**. Deutscher Taschenbuch Verlag (2006) Mütter und Väter in Uganda, die an AIDS erkrankt sind und bald sterben werden, schreiben für ihre Kinder so genannte „Erinnerungsbücher", damit die Familienhistorie und die wichtigsten Ereignisse ihres Lebens nicht verloren gehen. Mankell erzählt auf sehr persönliche Art und Weise von seinen Gesprächen mit Sterbenden und Angehörigen.
• Nyabongo, Elisabeth: **Elisabeth of Toro. Die Odyssee einer afrikanischen Prinzessin**. G. Kiepenheuer-Verlag Leipzig (1993). In ihrer Autobiografie erzählt die Tochter des letzten Königs von Toro über ihr schillerndes Leben als Botschafterin und Außenministerin unter Idi Amin bis zur Flucht vor dem Diktator. Nur antiquarisch erhältlich.

- Schwelien, Maria: **Uganda, Uganda. Das verlorene Paradies / Betrachtungen zur Jahrhundertwende.** Gerhard-Hess-Verlag (2002). Diese recht unterhaltsame Lektüre besteht aus einer Art Reisetagebuch mit geschichtlichen Eingaben und Zeitungsartikeln zu aktuellen Themen.
- Shipman, Pat: **Mit dem Herzen einer Löwin. Lady Florence Baker und ihre Suche nach den Quellen des Nils** MalikVerlag (2005). Die Erschließung des afrikanischen Kontinents wird immer als eine Geschichte der Männer dargestellt. In diesem Buch geht es um die Afrika-Pionierin Lady Florence Baker und ihre Suche nach den Quellen des Nil.
- Savoyen, Ludwig Amadeus von u.a.: **Auf dem Gipfel des Ruwenzori: Entdeckung, Erforschung und Erstbesteigung 1906.** Edition Erdmann 2005. Historische Berichte zu Expeditionen im Ruwenzori-Gebirge von Savoyen, Henry Morgan Stanley, Franz Stuhlmann. Gebundene Ausgabe.

Erlebnisberichte und Biografien Ruanda

- Bindseil, Reinhart: **Ruanda im Lebensbild des Offiziers, Afrikaforschers und Kaiserlichen Gouverneurs Gustav Adolf Graf von Götzen**. Reimer (1992). Ausführliche Darstellung der Zeit von Götzens in Ruanda während der deutschen Kolonisation. Nur antiquarisch erhältlich.
- Bindseil, Reinhart: **Ruanda im Lebensbild von Hans Meyer (1858-1929)**. Ein biographisches Portrait, mit Tagebuchaufzeichnungen aus dem Land der tausend Hügel, einer Darstellung des Kivu-Grenzstreits (1885-1910). Reimer (2004). Berichtet wird aus dem Leben des Kilimandscharo-Erstbesteigers Meyer und seiner Beziehung zu Ruanda.
- Mazimpaka, Thomas: **Ein Tutsi in Deutschland.** Evangelische Verlagsanstalt (1998). Authentischer Bericht über die Flucht aus den Bürgerkriegswirren Ruandas. Mazimpaka beschreibt seine Erfahrungen als Flüchtling, mit der Fremdenfeindlichkeit, über die problematischen Bedingungen in Asylbewerberheimen und über das langwierige Asylverfahren in Deutschland. Nur antiquarisch erhältlich.
- Mujawayo, Esther: **Ein Leben mehr**. Ullstein Taschenbuch (2007). Ergreifend schildert Esther Mujawayo mit Hilfe der Journalistin Soud Belhaddad, wie sie die Kraft für ein Leben nach dem Völkermord aufbringt. Zusammen mit anderen Witwen gründete sie die Hilfsorganisation Avega für die Opfer des Genozids. Weil der Bedarf an psychotherapeutischer Hilfe in Ruanda immens war, ließ sich Esther zur Therapeutin ausbilden. Anders als ausländische Therapeuten verstand sie als Frau, die den Völkermord selbst erlebt hatte, auch das, was die Opfer nicht aussprachen. Vor 5 Jahren kam Esther mit ihrem neuen Ehemann nach Deutschland. Jetzt therapiert sie hier traumatisierte Flüchtlinge, vor allem afrikanische Frauen und Kinder, und kämpft gegen das Vergessen der Ereignisse in ihrer Heimat. Ein weiteres Buch ist **„Auf der Suche nach Stéphanie: Ruanda zwischen Versöhnung und Verweigerung“**, in dem sie die Suche nach ihrer Schwester beschreibt (Peter Hammer Verlag 2007).
- Rusesabagina, Paul: **Ein gewöhnlicher Mensch: Die wahre Geschichte hinter „Hotel Ruanda“**. Berlin Verlag Taschenbuch 2008. In seiner Biografie erzählt der durch den Film „Hotel Ruanda“ bekannt gewordene Paul Rusesabagina seine persönliche Sicht der Geschichte, wie er als Hoteldirektor über 1.200 Menschen das Leben rettet.

• Weber, Norbert: **Hey, Muzungu!: Reisenotizen aus Uganda.** ars vagandi 2010. Unterhaltsam geschriebenes Buch über die Erlebnisse auf der Reise des Autors durch Uganda.

Belletristik Uganda

• Foden, Giles **Der letzte König von Schottland.** Aufbau Taschenbuch 2007. Der später als oscargerkrönter Film auf die Leinwand gebrachte Roman, der die Geschichte eines englischen Arztes erzählt, der Leibarzt des Diktators Idi Amins und dadurch in dessen politische Machenschaften und Terror verwickelt wird. Verfilmung mit Forest Whitaker.

Drayson, Nicholas **Kleine Vogelkunde Ostafrikas.** Rororo 2010. Der Roman spielt zwar in Kenia, ist aber eine herzergreifende Liebesgeschichte eines älteren Mannes, der in die Leiterin einer Gruppe von Vogelbeobachtern verliebt ist.

Belletristik Ruanda

• Courtemanche, Gil: **Ein Sonntag am Pool in Kigali**. Kiepenheuer & Witsch (2004). Dieser fiktive Roman schildert sehr realistisch den schleichenden Beginn des Völkermordes. Am Beispiel einiger weniger Menschen in Ruanda wird erzählt, welche Auswirkungen Mord, Vergewaltigung, Armut, Korruption und AIDS auf die Menschen haben.

Parkin, Gaile: **Kuchen backen in Kigali**, Ullstein Taschenbuch 2010. Ein Roman über die Kraft der Versöhnung im Ruanda nach dem Völkermord. Zur Bäckerin Angel kommen alle, die für verschiedene Festlichkeiten einen Kuchen bestellen möchten und erzählen ihre Geschichten. Ein stilles, aber kraftvolles Buch.

Ilibagiza, Immaculée: **Aschenblüte: Ich wurde gerettet, damit ich erzählen kann.** Ullstein Taschenbuch 2008. Die Geschichte einer Tutsi-Frau, die ihre Familie verliert und auf der Flucht vor einstigen Freunden und Nachbarn mit Hilfe eines Hutu-Pastors den Völkermord überlebt, indem sie sich mehrere Monate in einem winzigen Badezimmer versteckt. Gebete, Spiritualität und ein unerschütterlicher Glauben lassen sie das Greuel überstehen.

Sprachen

• Dekempe, Karel: **Kauderwelsch, Kinyarwanda für Ruanda & Burundi**. Reise Know-How-Verlag Bielefeld (2009). Kleiner Sprachführer für alle, die sich gerne auf ihrer Reise mit ein paar Wörtern und Sätzen in der lokalen Sprache verständlich machen wollen.

Landkarten

International Adventure Map/National Geographic Maps: **Tanzania, Rwanda, Burundi** (2012). 1:1.315.000

• Nelles Maps: **Tanzania, Rwanda, Burundi**. Landkarte Maßstab 1:1.500.000, Nelles Verlag (2010) .

• Nelles Maps: **Uganda**. Maßstab 1:700.000 Nelles Verlag (2012)

• **Ruwenzori Mountains**. Landkarte Maßstab 1:25.000 Lands and Surveys Department Uganda. Die Karte ist besonders für Ruwenzori-Wanderungen und Gipfelbesteigungen geeignet. Sie ist ein vergrößerter Reprint der normalen Ruwenzori-Karte im Maßstab 1:50.000. Erhältlich in Europa in guten Reisebuchläden, in Uganda bei Trekking-Veranstaltern oder direkt beim Hersteller.

- International Travel Maps: **Rwanda / Burundi**. Landkarte Maßstab 1:300.000 ITMB Publishing Canada (2010)
- International Travel Maps: **Uganda**. Landkarte Maßstab 1:550.000 ITMB Publishing Canada 2011.
- Freytag & Berndt: **Kenya, Tanzania, Uganda**. Landkarte 1:2.000.000 Freytag-Berndt Verlag (2012)

Andere Medien

- **Der letzte König von Schottland**: USA 2007. Forest Whitaker gewann den Oscar für seine Darstellung von Idi Amin.
- **Gorillas im Nebel**. Warner Home Video DVD (2003). Grandiose Hollywoodverfilmung über das Leben der Gorillaforscherin Dian Fossey. Sigourney Weaver in einer ihrer besten Rollen. Gedreht an Original-Schauplätzen, absolut sehenswert!
- **Hotel Ruanda**. Spielfilm GB, I, USA 2005. Internationaler Spielfilm zur Thematik des Völkermordes. Der Film erzählt die wahre Geschichte eines Hotelmanagers in Kigali, der es schafft durch sein mutiges Handeln Hunderte von Menschen vor dem Völkermord zu retten. Sehr ergreifend, sehenswert!

Jane's Journey - Die Lebensreise der Jane Goodall. Universum Film GmbH 2011. Filmisches Porträt einer faszinierenden Frau, neben Godall selber kommen auch Hollywoodstars wie Angelina Jolie und Pierce Brosnan zu Wort, die über ihre Begegnungen mit der Affenforscherin und Naturschützerin sprechen.

- **Sometimes in April**. Spielfilm GB, USA 2004 Darsteller: Idris Elba, Debra Winger. Regie: Raoul Peck. 139 min. Internationaler Spielfilm zur Thematik des Völkermords. Hollywoodschauspieler Idris Elba, der selbst ruandische Wurzeln hat, spielt einen Bahutu-Soldaten, der sich dem Militärdienst entzieht, um seine den Batutsi angehörende Frau und seine Kinder zu retten. Während der Unruhen wird er von seiner Familie getrennt. Zehn Jahre später will er einen Schlussstrich unter die Vergangenheit ziehen und besucht das UN-Tribunal, vor dem sich sein Bruder für die aufhetzerische Rolle verantworten muss, die er und andere Journalisten in diesem Krieg spielten.

Englische Literatur Uganda

- Behrend, Heike: **Alice Lakwena and the Holy Spirits: War in Northern Uganda, 1986-97** (Eastern African Studies) James Currey Publishers (Nov. 2003). Die Geschichte eines Acholi-Mädchens, das 1986 begann einen „christlichen Geist" zu empfangen, der sie auffordert, gegen die Regierung zu kämpfen.
- **Eichstaedt, Peter: First Kill Your Family: Child Soldiers of Uganda and the Lord's Resistance Army.** Lawrence Hill 2013. Ehemalige Kindersoldaten und Betroffene kommen zu Wort, zudem wird die Situation im nördlichen Uganda und die Gründe analysiert.
- Magezi, M. W.; Nyakango, T.E.; Aganatia, M.K.: **The People of the Rwenzoris: The Bayira (Bakonzo/Banande) and their Culture**. Heike Behrend (Herausgeber), R.Köppe Taschenbuch
- Mwakikagile, Godfrey: **Uganda: A Nation in Transition: Post-colonial Analysis**. New Africa Press 2012.

Englische Literatur Ruanda

- Eltringham, Nigel: **Accounting for Horror: Post-genocide Debates in Rwanda**. Pluto Press Ltd. (Jan. 2004)
- Gordon, Nicholas: **Murders in the Mist: Who Killed Dian Fossey?** Hodder & Stoughton Ltd (Okt.1993). Nur antiquarisch erhältlich.
- Lewis, Tim: **The Land of Second Chances: The Impossible Rise of Rwanda's Cycling Team.** Yellow Jersey Press 2013. Ende 2013 soll das Buch erscheinen, dass die sechsjährige Geschichte des ruandischen Fahrrad-Teams zu den Olympischen Spielen in London 2012 beschreibt. Die Teilnehmer sind Überlebende des Völkermordes und gehören verschiedenen Ethnien an. Auch ein Dokumentarfilm (Rising from Ashes) gibt es dazu. Infos unter http://teamrwanda cycling.org/.
- Melvern, Linda: **A People Betrayed: The Role of the West in Rwanda's Genocide.** Zed Books Ltd 2009. Spannendes Buch der englischen Journalistin über die Rolle des Westens während des Völkermords.
- Prunier, Gerard: **Africa's World War: Congo, the Rwandan Genocide, and the Making of a Continental Catastrophe.** Oxford University Press 2011. Das 576 Seiten dicke Buch überflutet den Leser mit Fakten, bietet aber so einen detaillierten Einblick in die Geschichte der Region nach dem Völkermord.
- Shapiro, Norma: **Dian and the Gorillas**. Oxford University Press (2010)

Englische Naturbücher

- Stevenson, Terry, und Fanshawe, John: **Birds of East Africa: Kenya, Tanzania, Uganda, Rwanda, Burundi.** Helm Field Guides 2004.
- Spawls, Stephen u.a.: **A Field Guide to the Reptiles of East Africa**. A&C Black (2011)
- Dharani, Najma: **Field Guide to Common Trees and Shrubs of East Africa**. New Holland Publishers (2011)
- Tilde, Stuart, und Tilde, Chris: **Pocket Guide to Mammals of East Africa**. Struik Publishers (2009). Praktischer kleiner Fotoführer mit den gängigsten Säugetierarten im östlichen Afrika.
- Schaller, George B.: **The Year of the Gorilla: An Exploration**. University of Chicago Press (2010)

Ältere Literatur ist meist über den Buchhandel nicht mehr zu beziehen. Versuchen Sie es dann in Antiquariaten. Der einfachste Weg zu vergriffenen Buchtiteln ist aber sicherlich das Internet. Bei den Online-Buchhändlern gibt es oft auch Antiquarisches zu ersteigern.
Die englische Literatur ist in Deutschland am einfachsten über das Internet zu beziehen (z.B. www.amazon.co.uk), oder in den Buchhandlungen vor Ort in Kampala und Kigali.

Stichwortverzeichnis

Bildnachweis

Hintere Umschlagklappe: Heiko Hooge: Virunga Mountains, Stipp-Hotel

Heiko Hooge: 27, 31, 32, 34, 35, 40, 43, 55, 59, 62, 63, 64, 66, 70, 75 (u.), 77 (o.), 78, 79, 80 (o.), 81, 82 (u.), 83, 85 (o.), 86 (o.), 89 (o.), 90, 91 (o.), 93, 97, 110, 111, 115, 116, 127, 128, 131 (m.), 133 (o.), 134, 135 (o.), 136, 137, 138 (u.), 139, 140, 149, 173, 201, 206 (2x), 213, 221, 223, 234, 239, 267, 269, 271, 281, 282, 286 (2x), 299, 327, 337, 360, 361, 364, 365, 367, 370, 372, 374, 376, 377, 378, 379, 387, 389, 391, 392, 398, 400, 403, 410, 415, 416, 417, 420, 421, 422, 431, 435, 437, 440, 441, 445, 451, 454, 460 (u.), 465, 483, 492, 496, 497, 505, 508, 510, 514, 519, 530, 531, 536, 554, 556, 557, 568, 570 (o.), 573
Christoph Andreas: 46, 49, 50, 52, 72, 73, 95, 96, 106, 118, 119, 121, 124, 132 (o. rechts), 135 (u.), 137, 138 (o.), 140, 301, 308, 317, 320, 333, 515, 518, 521, 522, 523, 527, 528, 529, 534, 540, 547, 549, 551, 559, 560, 562, 564, 567, 570 (u.), 577, 579, 580, 581, 582
Dr. Andreas von Beringe: 542
Ehepaar Helm: 28, 80 (u.), 385, 478, 504
Andrea Lazar: 176, 273, 385, 396, 423, 447, 448, 457, 498, 538, 545
Paisarn Likhitpreechakul: 98
Theo Pagel: 42, 69, 75 (o.), 76, 77 (u.), 79, 86 (u.), 87, 88, 113, 125, 129, 130 (o), 131 (o., u. links), 132 (o. links, m., u.) 133 (m. rechts, u. links), 439, 458, 460 (o.), 463, 480, 482, 488, 493, 494, 499, 502
Styve Reineck: 89, 103, 393, 426, 427, 428, 506
Kai Schröder: 91, 112, 126, 131 (u. rechts), 133 (m. links, u. rechts), 248, 381, 404, 466, 471, 473, 474
Uganda Safari Company: 151,153, 159, 235, 252, 289, 407, 411, 461, 462
Herman Tenywa: 101
Yvonne C. Verkaik: 432, 434
Kirsten Vollmer: 503
Peter Zwanzger: 82 (o.), 84, 85 (u.), 303, 486, 537, 550
Wild Frontieres: 130 (u.)

Allen Fotografen, die ihre Bilder zur Verfügung gestellt haben, auf diesem Wege nochmals ein herzliches Dankeschön.

Iwanowski's Reisebuchverlag GmbH • Salm-Reifferscheidt-Allee 37 • D- 41540 Dormagen
TEL: 02133/260311 • FAX: 02133/26 03 33 • E-MAIL: INFO@IWANOWSKI.DE
www.iwanowski.de • www.facebook.com/Iwanowski.Reisebuchverlag
www.twitter.com/Iwanowskireisen